18.10.00
Reiner Ruhfus

Klartext

Für meinen Vater, Jahrgang 1920,
und meinen Großvater,
der damals christlicher Gewerkschaftssekretär
bei den Phönixwerken in Düsseldorf war.

Reiner Rhefus

Spurensicherung 1920

Der Arbeiteraufstand gegen den Kapp-Putsch
und die damalige Arbeiterkultur im Bergischen Land

Stadthistorische Wanderungen und Touren
durch Remscheid, Wuppertal und Velbert

Ein politischer Reiseführer
unter Mitarbeit von Wolfgang Fey,
Günter Judick und Manfred Krause

Das Titelbild zeigt die Grafik „Bürgerkrieg“ von Gerd Arntz. (StA Remscheid)

Die Genehmigung zum Abdruck der Luftaufnahmen wurde erteilt durch die Stadt Wuppertal, Ressort Vermessung, Katasteramt u. Geodaten, Kontroll-Nr S3/2000.

Die Deutsche Bibliothek – CIP-Einheitsaufnahme

Reiner Rhefus :
Spurensicherung 1920 : der Arbeiteraufstand gegen den Kapp-Putsch und die damalige Arbeiterkultur im Bergischen Land ; Stadthistorische Wanderungen und Touren durch Remscheid, Wuppertal und Velbert – Ein politischer Reiseführer unter Mitarb. von Wolfgang Fey, Günter Judick und Manfred Krause. –
Essen : Klartext-Verl., 2000
ISBN 3-88474-877-7

Alle nicht anders gekennzeichneten Abbildungen: Archiv der Verfasser

1. Auflage April 2000
Satz und Gestaltung: Klartext Verlag, Essen
Druck und Bindung: Runge, Cloppenburg

ISBN 3-88474-877-7

Vorwort

„Die Demokratie im Staat, in der Gesellschaft und in den Organisationen der Arbeiterbewegung, für die Menschen in mehreren Generationen – oft unter heute nur noch schwer vorstellbaren Bedingungen – eingetreten sind, ist ein Gut, an dem wir festhalten müssen. Die Erfahrung lehrt uns, dass nur diejenigen dieses Gut auch in schwierigen Zeiten verteidigen, die sich seiner historischen Bedeutung bewusst sind."

Johannes Rau

Der Staatsstreich reaktionärer Politiker und Militärs unter Führung von Kapp und von Lüttwitz gegen die junge Weimarer Republik rollt stabsplanmäßig und präzise ab. Hart knallen die Militärstiefel auf das Pflaster, als die Soldateska ohne Widerstand in den Reichstag eindringt. Berlin wird kampflos besetzt. So geschehen in den frühen Morgenstunden des 13. März 1920.

Die Gewerkschaften und die sozialistischen Parteien antworteten den Putschisten mit einem Generalstreik. „Der Generalstreik hat heute im Wuppertal bereits mit voller Schärfe eingesetzt. Meldungen aus den beiden Städten (Barmen und Elberfeld) lassen erkennen, dass die Arbeitseinstellung fast allgemein ist", berichtet das lokale SPD-Organ „Freie Presse" am 15. März.

Am 17. März kommt es auf Klausen, an der damaligen Stadtgrenze zwischen Barmen und Elberfeld, zu heftigen Kämpfen zwischen eingerückten Reichswehrtruppen und streikenden Arbeitern. Rund 50 Teilnehmer auf Seiten der streikenden und bewaffneten Arbeiter finden dabei den Tod.

Der Kapp-Putsch bricht zusammen. Die rechtmäßig gewählte Regierung nimmt am 20. März wieder ihre Arbeit in Berlin auf. Am nächsten Tag finden Trauerfeiern für die im städtischen Krankenhaus Barmen und in der Stadthalle Elberfeld aufgebahrten Opfer statt, bevor sich zwei eindrucksvolle Trauerzüge mit den Särgen der Toten in Richtung auf die Südhöhen bewegen. „Die Wuppertaler Bevölkerung hat unter großer Beteiligung die Toten der Märzkämpfe 1920 auf den Ehrenfriedhöfen in Barmen und Elberfeld beigesetzt", erinnerte Hermann Herberts in seinem 1963 erschienenen Buch „Zur Geschichte der SPD in Wuppertal".

Damit der damals erbitterte und letztlich doch erfolgreiche Widerstand gegen die Zerschlagung der ersten Republik nicht in Vergessenheit gerät, laden verschiedene Organisationen in Wuppertal und in anderen bergischen Städten – wie der DGB, die Arbeitsgemeinschaft „Arbeit und Leben", die Naturfreunde sowie Jugendverbände – regelmäßig zu Busfahrten, Radtouren und Wanderungen auf den Spuren des Kapp-Lüttwitz-Putsches ein. Einer der bewährten Führer und Begleiter solcher wichtigen Initiativen ist der Wuppertaler Reiner Rhefus.

Gemeinsam mit Wolfgang Fey aus Remscheid, Günter Judick aus Velbert und Manfred Krause aus Solingen begab er sich auf die „Spurensicherung 1920". Der nun vorliegende „politische Reiseführer", so der Untertitel, unterscheidet sich von den gängigen Stadtführern in mehrfacher Hinsicht. In erster Linie dadurch, dass der Herausgeber und die Autoren den Versuch unternehmen, Plätze und Straßen, öffentliche Gebäude und Wohnhäuser, Gedenkstätten und Grabanlagen in Verbindung mit dem Kampf gegen den Kapp-Putsch sowie als Brennpunkte anderer demokratischer und sozialer Auseinandersetzungen vor allem in den zwanziger Jahren darzustellen. Darstellen bedeutet gleichzeitig „erlebnisfähig" zu machen.

Das gilt für Rathäuser, Verlagssitze sozialistischer Zeitungen, Genossenschaftsgebäude ebenso wie für Geburtshäuser von Funktionären der Arbeiterbewegung, die damals in besonderer Weise hervorgetreten sind. Beschrieben werden auch Gedenkstätten und die Ehrengräber der März-Gefallenen, um weitere Beispiele zu nennen.

Erinnert wird in diesem Zusammenhang auch an das breite Spektrum von sportlichen, kulturellen und sonstigen Freizeitaktivitäten im Umfeld der Arbeiterbewegung vor allem im Wuppertal.

Schließlich verfolgen der Herausgeber Reiner Rhefus und die Autoren Wolfgang Fey (Remscheid), Manfred Krause (Solingen) und Günter Judick (Velbert) mit ihrem Buch „Spurensicherung 1920" auch die Absicht, die Leser zu ermutigen, sich auf eigene Spurensuche zu begeben, die Geschichte vor Ort neu zu entdecken und zu bewerten. Denn ein demokratisches und soziales Bewusstsein in der heutigen Zeit setzt, so die Intention von Herausgeber und Autoren, auch den bewußten Umgang mit der eigenen Geschichte voraus.

In diesem Sinne wünsche ich dem „politischen Reiseführer" durch Wuppertal und weite Teile der bergischen Region viele Leser.

Dr. Hans Kremendahl
Oberbürgermeister der Stadt Wuppertal

Inhalt

Einleitung

Vor nunmehr 80 Jahren, im März 1920, putschen kaisertreue und militaristische Generäle gegen die erst kurz zuvor durch die Novemberrevolution errungene deutsche Republik.

Das Buch möchte auf die Spuren des mutigen Arbeiteraufstandes führen, der diesen reaktionären Putsch zum Scheitern brachte. An diesem Aufstand waren viele Menschen beteiligt, als Streikende, als bewaffnete Aufständische, als Opfer des Straßenterrors der Soldaten, als Helfer und Sammler für die Unterstützung der Opfer, als Sanitäter und Hilfsschwestern.

Deshalb wird er von Historikern als der größte bewaffnete Aufstand in der Geschichte der deutschen Arbeiterbewegung, von einigen sogar als die größte Volkserhebung nach dem deutschen Bauernkrieg, angesehen.[1]

Vielen Zeitgenossen von damals sind die Ereignisse nachhaltig in Erinnerung geblieben und in den wenigen Memoiren, die Arbeiter geschrieben haben, wird darüber immer wieder berichtet. Die Aufständischen von damals gehören zu den Verlierern der Geschichte. Darum ist ihre Geschichte auch nur mangelhaft festgehalten und wenig erforscht. Bis in die jüngste Zeit gibt es Auseinandersetzungen über den Umgang mit den Grabstätten und Denkmalen, die damals die Arbeiterschaft ihren Gefallenen errichtet hat. Auch heute noch werden die Arbeitersoldaten von damals als „rote Vagabunden", „Terroristen" oder ähnliches bezeichnet, wie eine heftige Leserdiskussion im Frühjahr 1997 in einer Wuppertaler Zeitung zeigte.

Diese Diskussionen zeigen, wie wenig aufgearbeitet dieses Kapitel der deutschen Geschichte ist, dessen Ausgang doch weitreichende Folgen für die erste deutsche Republik hatte. Der Putsch und die Folgen gehören zu den wenigen Ereignissen, die deutlich kennzeichnen, was aus der Demokratie kurz nach der Novemberrevolution 1918 geworden war und die gleichsam konstitutiv für die Entwicklung bis 1933 wurden. Die Weimarer Republik ging aus den Märztagen nicht befreit, sondern enorm belastet hervor, auch wenn viele Geschichtsschreiber der deutschen Arbeiterbewegung den Erfolg der Generalstreiks zur Abwehr des Putsches in den Vordergrund stellen.[2]

Der Aufstand gegen den Kapp-Putsch im Bergischen Land ist weitgehend unbekannt

Die durchaus bedeutsame Rolle, die das Bergische Land im Zusammenhang mit der Abwehr des Putsches gespielt hat, ist zwar in Expertenkreisen hinreichend bekannt, jedoch in der Region nur wenig beachtet geblieben.

In Elberfeld, dem Sitz der Bezirksleitungen des Bezirks Niederrhein von SPD, USPD und KPD, wurde erstmals ein gemeinsamer Aufruf an die Arbeiterschaft erlassen, der nicht nur zum „Generalstreik" sondern auch zum „Kampf gegen die Reaktion" aufforderte. Dieser Aufruf hatte eine Wirkung weit über den Bezirk Niederrhein hinaus. Er trug wesentlich zu den ersten Aktionen der Gegenwehr in Wetter, Dortmund und Elberfeld bei. Bei der anschließenden Schlacht um Remscheid waren 20.000 Arbeiter beteiligt. Hier bildeten sich vermutlich erstmals die Strukturen einer Armee, der späteren „Roten Ruhrarmee", heraus, die somit ihre Wurzeln im Bergischen Land hat. Der Widerstand gegen die Freikorps und die Einigkeit der Arbeiterparteien war hier geschlossener als in anderen Regionen. So trug diese Erfahrung in den folgenden Jahren zu einem großen Selbstbewusstsein der hiesigen Arbeiterschaft bei.

Auch in der Endphase des Aufstandes spielte das Bergische Land eine Rolle. Durch das Bergische Land verlief damals die Grenze des von den Siegermächten besetzten Gebietes. Mit Rücksicht auf diese Siegermächte wurde das Gebiet dann auch nicht von Freikorps besetzt und wurde so Fluchtweg und Rückzugsgebiet der geschlagenen Arbeiterarmee. Über die Wupper nach Solingen, in den Schutz der englischen Besatzungsmacht, flüchteten Tausende der geschlagenen Rotarmisten. Im Barmer Gewerkschaftshaus fand die letzte Konferenz des „Zentralrates" statt, bei der er seine Auflösung beschloss. Die Wuppertaler Gewerkschaften organisierten in den folgenden Wochen und Monaten eine reichsweite Sammel- und Unterstützungsaktion für die Opfer des „weißen Terrors" und deren Angehörige.

In den Städten die Bergischen Landes, meist traditionsreiche Hochburgen der Arbeiterbewegung, gab es bei den folgenden Wahlen starke politische Verschiebungen. Die Erfahrung des Kapp-Putsches prägte die politische Haltung der Arbeiterschaft nachhaltig.

Der Reiseführer bietet Wanderungen durch die damals selbständigen Städte Cronenberg, Velbert, Elberfeld, Remscheid und Barmen. Sie waren die Städte im Bergischen Land, in denen es zu bewaffneten Auseinandersetzungen zwischen Arbeitern und den Freikorps bzw. der Sicherheitspolizei kam. Auf die Vorkommnisse in anderen bergisch-märkischen Städten, wie Schwelm, Solingen, Hagen, Lennep, wird in unterschiedlichen Zusammenhängen, vor allem in den Kapitel 3, 5 und 11 hingewiesen.

Grabe wo du stehst! – Die Idee des politischen Reiseführers

Noch leben einige wenige Beteiligte und Zeitzeugen, die damals als Kinder die Beteiligung ihrer Eltern und Geschwister verfolgt haben und dies häufig noch in erstaunlich guter Erinnerung haben. Noch sind einige der Schauplätze vorhanden oder können mit Hilfe alter Foto rekonstruiert werden. Dieses Buch möchte diesen Spuren nachgehen, sie sichtbar machen und sichern. Es möchte den proletarischen Opfermut von vielen einfachen Menschen aus der ehemaligen Nachbarschaft dokumentieren, die ihr Leben für Demokratie und Freiheit – auch Freiheit von Ausbeutung und Militarismus – riskierten. Dies Buch möchte den anonymen Toten ihre Namen und ihr Gesicht zurückgeben und einige der lokalen Arbeiterführer und Arbeiter-Künstler vor dem Vergessen bewahren.

Aus den Erinnerungen und Familiengeschichten, aus Zeitungsberichten und Anzeigen und den Fakten der Geschichtsbücher entsteht, Station für Station, wie bei einem Puzzle, ein Bild des Aufstandes, wie er sich hier vor Ort abspielte. Das Buch erhebt nicht den Anspruch auf Vollständigkeit und wissenschaftliche Arbeit. Viele der Erinnerungsberichte lassen sich nicht mehr überprüfen und enthalten gewiss Ungenauigkeiten. Doch gerade die subjektiven Eindrücke aus den damals betroffenen Familien lassen ein lebendiges Bild der Zeit entstehen.

Der Arbeiteraufstand gegen den Militärputsch kann jedoch nicht isoliert betrachtet werden. Das Buch nimmt deshalb auch Bezug auf die lokalen Ereignisse und enttäuschten Erwartungen der Revolution von 1918, ohne die diese zweite Revolution nach dem Krieg nicht zu verstehen ist.

Es möchte auch den vielen Initiativen und Organisationen der damaligen Arbeiterkultur nachspüren, ohne die der Aufstand nicht zu verstehen ist. Erst der feste Zusammenhalt in einem eigenständigen kulturellen Milieu verlieh der Arbeiterschaft die Kraft und Geschlossenheit zur Gegenwehr.

Über Jahrzehnte hatte sich ein eigenständiges Kulturleben in der Arbeiterschaft der Bergischen Städte entwickelt, das jetzt in den unruhigen Jahren nach der Revolution seine Blüte erlebte. Als die Erwartung nach grundlegenden staatlichen Veränderungen nach den politischen Aufbrüchen vom November 1918 und März 1920 enttäuscht worden waren, traten die Bestrebungen nach „Veränderungen von unten" stärker in den Vordergrund. Es entstanden kulturelle und wirtschaftliche Selbsthilfeprojekte, die die gesellschaftlichen Machtverhältnisse allmählich umwälzen sollten.

Die Touren führen u.a. zu „freien Schulen", Verlags- und Volkshäusern, Gesundheitseinrichtungen, Denkmalen, Sportplätzen und anderen Treffpunkten der Arbeiterorganisationen. Auf Gebäude am Weg, die in anderen lokalgeschichtlichen Zusammenhängen interessant sind, wird hingewiesen. Die Arbeiterkultur von damals ist heute vergessen. Doch manches ist unbemerkt auch Grundlage unseres heutigen Lebens geworden und man kann bei genauerem Hinsehen auch noch bauliche Spuren dieses Aufbruchs erkennen, der 1933 brutal zerschlagen wurde.

Diese Forschung will auch Anregung geben, die eigenen Straßen, den eigenen Stadtteil und die umliegende Landschaft als einen gewachsenen Ort voller vergessener Geschichten zu verstehen. Geschichte, auch die „große", hat immer konkrete Orte und handelnde Personen. Den Beitrag dieser meist „einfachen" Leute vor Ort möchte das Buch ins Blickfeld rücken und würdigen. Das Buch stellt viele einzelne Stationen zu geschlossenen Stadtwanderungen und Radtouren zusammen. Diese Touren folgen der Chronologie der Ereignisse. Sie führen durch schöne Täler und über aussichtsreiche Höhen, in kleine Städte mit einer lange Arbeitertradition wie Cronenberg, Velbert, Ronsdorf und durch gut erhaltene Wuppertaler Arbeiterviertel wie die Elberfelder Nordstadt oder den Sedansberg in Barmen. Der Blick des Lesers wird auf Details gelenkt, die nur zu Fuß oder mit dem Rad wahrgenommen werden können. Manche Touren führen aber auch durch moderne Zentren von Elberfeld und Remscheid, in denen der Zustand vor dem Krieg nur noch mit alten Fotos zu erahnen ist.

Die Stationen sind jedoch auch einzeln, bei zufälligem Vorbeikommen, zu betrachten. Die Zusammenhänge sind dann mit Hilfe der Verweise oder der „Chronologie" im Anhang nachzuvollziehen.

Das Buch ist aber auch ohne eine gleichzeitige Wanderung für den geschichtsinteressierten Leser ein historischen Lesebuch zu Orten, Ereignissen und Personen. Mit seinem Stichwortverzeichnis, dem Verzeichnis der Örtlichkeiten und den zahlreichen eingestreuten Kurzbiographien ist es auch als ein Nachschlagewerk der „alternativen" Lokalgeschichte zu verwenden. Damit knüpft es an das Buch von Hermann Herberts „Zur Geschichte der SPD in Wuppertal"[3] an und stellt die Generation von Sozialdemokraten dar, die den Übergang vom Kaiserreich zur Republik vor Ort mitgestalteten. Für die jüngere Generation der klassenbewussten Arbeiter war der Arbeiteraufstand und die folgenden Jahre ein Schlüsselerlebnis, das ihre weitere politische Entwicklung prägen sollte. Mit den kurzen biographischen Notizen zu vielen beteiligten Personen will das Buch diese Generationen, die in schweren Zeiten politisch Position bezogen, vor dem Vergessen bewahren und zu einer gerechteren Beurteilung beitragen, die die Hintergründe ihres Handelns einbezieht.

Dieses etwas andere Geschichtsbuch dient im besten Falle auch als Anleitung zum Erforschen der eigenen Geschichte, zum genauen Hinsehen, Nachfragen und Wahrnehmen von Geschichte in unserer Umgebung.

Die Schwerpunktthemen einer Wanderung und der Charakter des Viertels sind in den jeweiligen Vorbemerkungen zu den Kapiteln erläutert. Hier finden sich auch Angaben zu den verschiedenen Möglichkeiten, ob mit öffentlichen Verkehrsmitteln, mit dem Rad oder zu Fuß, den Stationen zu folgen ist.

Danksagung

Das Buch ist aufgrund stadthistorischer Wanderungen, wie sie in den letzten Jahren in Wuppertal und Remscheid angeboten wurden, entstanden. Die Anregung zu dem Buch und viele Hinweise stammen von geschichtsinteressierten Menschen, die dort mit wanderten. Ihnen, und den vielen befragten Zeitzeugen und Familienangehörigen, die im Anhang des Buches aufgeführt sind, sei zu allererst mein Dank ausgesprochen. Vor allem den Gesprächen mit Herrn Kurt Matthes (MdB a.D.) und Herrn Hans Schmitz (heute Düsseldorf) habe ich ein lebendiges Bild der Zeit zu verdanken.

Danken möchte ich den Lokalhistorikern Wolfgang Fey (W.F.) aus Remscheid, Günter Judick (G.J.) aus Velbert und Manfred Krause (M.K.) aus Solingen. Sie schrieben die Teile des Buches, die sich auf ihre Heimatstädte bezogen. Die von ihnen stammenden Texte, soweit sie nicht eindeutig bei einzelnen Kapiteln und Kapitelteilen benannt sind, wurden mit den Kürzeln am Ende des Textes gekennzeichnet.

Für weitere freundliche Unterstützung danken die Autoren den Stadtarchiven der angegebenen Städte. Danken möchte ich jedoch auch meiner Frau Eva und den beiden Söhnen, für ihre Geduld und Toleranz, wenn ihr Vater sich über ein Jahr während seiner Freizeit immer wieder ins Arbeitszimmer verkroch.

Das Buch konnte erscheinen mit finanzieller Unterstützung des Bergischen Geschichtsvereins, Abt. Wuppertal, des Fördervereins Historisches Zentrum, Wuppertal, der Stadt Wuppertal, Referat Regionale Kultur, und des Fördervereins der Volkshochschule Wuppertal sowie des Landschaftsverbandes Rheinland, Fachstelle Regional- und Heimatgeschichte, Köln.

Vorgeschichte – Vom Novembersturz 1918 zum Kapp-Putsch

Das Datum des Novemberumsturzes im Jahr 1918 scheint die Geschichte in ein Vorher und Nachher zu trennen; vorher die Monarchie mit der zweijährigen Militärdiktatur Ludendorffs, nachher die Republik mit demokratischer Verfassungswirklichkeit. Aber genauso wenig wie beim Kriegsende 1945 markierten die Novembertage 1918 eine absolute „Stunde Null“, obwohl die Hoffnungen auf einen gesellschaftlichen Neuanfang ungleich größer waren als nach dem totalen und vor allem auch moralischen Bankrott Deutschlands am Ende des Nazi-Regimes.

Die Demokratisierung Deutschlands war mit der Kriegsniederlage, um überhaupt zu Waffenstillstandsverhandlungen zu kommen, unvermeidlich geworden. Aber erst durch den Aufstand der Kieler Matrosen und in seiner Folge die Aufstandsbewegung im ganzen Reich wurde der Weg frei für die wirkliche Selbstbestimmung der Massen. Wohin dieser Weg führte, d.h. was für eine Demokratie erkämpft werden würde, war im November 1918 aber keineswegs entschieden. Klar war nur eines: Der SPD war durch ihre Mehrheit in den sich überall bildenden Arbeiter- und Soldatenräten eine Schlüsselstellung für den Verlauf der Entwicklung zugefallen.

Die Räte verstanden sich, wo sie von Vertretern der Arbeiterparteien getragen wurden – anders zusammengesetzte Räte gab es kaum –, als revolutionäre Organe der demokratischen und sozialistischen Umgestaltung. Aber die Entscheidungen über ihren Handlungsspielraum trafen nicht sie selbst, sondern die jeweiligen Parteiführungen. Für die SPD waren die Räte lediglich Übergangslösung mit begrenzter politischer Legitimität und ohne Einfluss etwa auf die Verhältnisse in den Betrieben. Sie gestand ihnen die Kontrolle der kommunalen Verwaltungen und äußerstenfalls die Organisierung von Sicherheitsdiensten mit Polizeifunktionen zu. Weitergehende Befugnisse müßten durch ein noch zu wählendes Parlament beschlossen werden. Anders die Unabhängige Sozialdemokratische Partei (USPD, 1917 von sozialdemokratischen Kriegsgegnern gegründet) und die syndikalistischen und kommunistischen Gruppen: sie suchten die Räte auf allen politischen Ebenen – lokal, regional, national – als tatsächliche Machtorgane zu etablieren, die dann auch über die Gestaltung der zukünftigen Wirtschaftsordnung zu entscheiden hätten, und zwar auf dem Wege einer direkteren, „basisnäheren“ Form der Demokratie.

Zu Beginn der Weimarer Republik gab es also unter den wichtigsten Trägern der Umwälzung keinen Konsens über den Inhalt der neuen Staatsform: indirekte, parlamentarische Demokratie oder direkte Rätedemokratie. Für eine andere Alternative, etwa eine Form der Parteidiktatur nach dem Vorbild der russischen Bolschewiki, fehlten in der Realität alle Voraussetzungen.

Die Entscheidung fiel auf dem ersten nationalen Rätekongress Mitte Dezember 1918 in Berlin. Die Frage, welche Befugnisse der Zentralrat haben sollte, d.h. die nationale Vertretung sämtlicher Arbeiter- und Soldatenräte, bekam dabei überragende Bedeutung. Die SPD setzte sich mit ihrer Definition der „parlamentarischen Überwachung“ durch, der USPD-Vorschlag, wonach der Zentralrat „das volle Recht der Zustimmung oder Ablehnung von Gesetzen vor ihrer Verkündigung“ haben sollte, fand weitaus weniger Stimmen. Der Rätekongreß folgte auch dem SPD-Votum eines möglichst frühen Termins für die Wahl einer verfassungsgebenden Nationalversammlung und arbeitete damit auf seine eigene Auflösung hin. Soviel war damit bereits vor dieser Wahl entschieden: die umgehende Schaffung einer parlamentarischen Demokratie war nur unter Mißachtung eines erheblichen, wenn auch uneinheitlichen Teils der Arbeiterbewegung mit direkteren Demokratievorstellungen möglich, also eines Teils jener Kräfte, die die Republik als Staatsform erkämpft hatten. Das Parlament – eine weitere Konsequenz der Entscheidungen auf dem Rätekongreß – würde somit auch zum Forum der antirepublikanischen, monarchistischen und antidemokratischen Kräfte werden können.

Die SPD sah sich während und nach dem Novemberumsturz zunächst – so Friedrich Ebert auf der konstituierenden Sitzung des ersten Nachkriegsparlaments am 6. Februar 1919 – als „Konkursverwalter“ des alten Regimes und dementsprechend handelte sie. Eine sozialistische Umgestaltung sei nur dann möglich, „wenn die Produktion eine genügend hohe Stufe der Arbeitsleistung innehält“.[4]

Die Wahrung der Kontinuität, vor allem in Gestalt der Weiterexistenz des gesamten, noch aus der Monarchie stammenden Staatsapparats, das Fallenlassen der Demokratisierung von Militär und ziviler Verwaltung, die Absage an Konzepte zur Sozialisierung wichtiger Industriezweige, schließlich die Fixierung auf die Höhe der Produktionsziffern wurden zu entscheidenden innenpolitischen Postulaten, durch die das Bürgertum – und die ab Februar 1919 mitregierenden bürgerlichen Parteien – mit dem politischen Umsturz versöhnt werden sollten.

Für die politisch links von der SPD stehenden Parteien und Gruppen zeigte sich in dieser Politik die Berufung der SPD auf die Revolution als bloße Formel, die in der Praxis wenig bedeutete. Die Selbstbeschränkung der Partei hatte zum Ergebnis, dass ihr langsam der Einfluß auf wichtige Arbeiterschichten entglitt, deren Unterstützung sie dringend gebraucht hätte. Als dann, erstmals schon im November 1918 im Ruhrgebiet, die Arbeiter anfingen, auf ihre ökonomische Situation aufmerksam zu machen, ohne von ihrem wichtigsten Adressaten gehört zu werden, setzte eine Radikalisierung aus Enttäuschung und Verzweiflung ein, die mit den staatspolitischen Argumenten der SPD – unbedingte Produktionssteigerung bei großer Arbeitsdisziplin, Ruhe und Ordnung – nicht aufzuheben war.

Das Frühjahr 1919 stand weitgehend im Zeichen einer radikalen Protestbewegung gegen die zunehmende Verelendung weiter Kreise der Arbeiterschaft in den industriellen Zentren Deutschlands. Die Regierung bekämpfte die Streiks und Demonstrationen mit größter Härte und setzte zunehmend Militär ein. Reichswehrminister war Gustav Noske, und sein Name wurde dort, wo das Militär auftauchte, bald stellvertretend für die gesamte SPD-Politik genannt. Seine ordnungspolitischen Vorstellungen entsprachen denen des Militärs, das in der Innenpolitik die „Fortsetzung des Krieges mit kriegerischen Mitteln“ sah. Wo Ruhe und Ordnung gestört schienen, setzte Noske zur „Abschreckung durch massive Vergeltung“ Truppen ein, und es gab niemanden im Parteivorstand der SPD, der ihm hier widersprochen hätte. Es war im wesentlichen die Militärstrategie Noskes, die Deutschland 1919 in den Bürgerkrieg trieb.

Zu den ersten Zusammenstößen zwischen streikenden Arbeitern und Militär war es im Ruhrgebiet bereits im Dezember gekommen, und ab Februar 1919 häuften sie sich. Überall erhielten die militärischen Generalkommandos – für das Ruhrgebiet und das Bergische Land befand es sich in Münster unter Führung des Generals von Watter – die Vollmacht der Regierung, Streiks und Demonstrationen durch militärische Gewalt zu beenden. Sie bedienten sich dazu vorrangig der aus ehemaligen Frontsoldaten neu gebildeten Freikorps, antidemokratische Truppen, denen die Rückkehr ins Zivilleben unmöglich oder überhaupt zuwider war. Ihnen begegnete bald, wo immer sie hinkamen, Angst und Hass, jede der besetzten Städte und die dortigen Arbeiterbewegungen erlebten ihr Trauma.

In Oberschlesien wurde im Januar 1919 zuerst der militärische Belagerungszustand verhängt, im Februar im Industriegebiet um Halle, im April im Ruhrgebiet. Die Militärherrschaft war dort allgemein; in der Regel wurden die Städte besetzt, das politische Leben verboten, Grundrechte außer Kraft gesetzt und Strafandrohungen bekanntgegeben. Es kam zu massenhaften Hausdurchsuchungen, wo die Protestbewegungen dezentral organisiert waren, und zu gezielten Verhaftungen bekannter Funktionäre. Es kam bereits jetzt – und nicht erst nach dem Kapp-Putsch – zu Erschießungen „auf der Flucht“ und zu Massakern an protestierenden Arbeitern. Allein während und nach einem Generalstreik in Berlin im März 1919, an dessen Niederschlagung das Freikorps Lützow – ein Jahr später in Remscheid – hauptsächlich beteiligt war, wurden mindestens 1.200 Menschen getötet. Hierbei setzte das Militär Kriegswaffen gegen Arbeiterviertel ein: Bombenflugzeuge, Minenwerfer und schwere Geschütze.

Es dürfte klar sein, dass bei einer solchen ordnungspolitischen Konstellation die eigentlich handelnde Seite, das Militär, nicht nur auf ausdrücklichen Befehl hin agierte. Indem es freie Hand erhielt, nutzte es die Chance, die ihm die Regierungspolitik bot, zuerst als Vollstrecker des politischen Willens, schließlich mehr und mehr eigenständig. Und ab Mitte 1919 gab es deutliche Signale, dass es beim Kampf gegen Streikende und Demonstranten nicht stehenbleiben wollte. General von Lüttwitz, als einer der führenden Militärs auch für die Hauptstadt Berlin zuständig, erklärte gegenüber Noske, das Offizierkorps verliere allmählich das Vertrauen in die Regierung, die Lage zu bessern. Putschphantasien verdichteten sich bald zu Plänen, und Noske wusste davon.

Nach einer Protestdemonstration am 13. Januar 1920 vor dem Berliner Reichstag, als das Betriebsrätegesetz beraten wurde, gingen Militär und staatliche Polizei gegen die Masse vor, und wieder blieben zahlreiche Tote liegen. Unmittelbar darauf verhängten Reichspräsident und Reichsregierung den Ausnahmezustand über große Teile Deutschlands. Spätestens von diesem Tag an befand sich die tatsächliche Macht in den Händen des Militärs. Zwei Monate später ging es letztlich nur noch darum, diesen Zustand unumkehrbar zu machen. (W.F.)

Der Kapp-Lüttwitz-Putsch in Berlin

Der eigentliche Anlaß zum Putsch war die Aufforderung der Weltkriegssiegermächte an die deutsche Regierung Ende Februar 1920, zwei aus der Marine hervorgegangene Freikorps aufzulösen, entsprechend den Vereinbarungen des Versailler Vertrags, der die Friedensstärke der Reichsmarine auf 15.000 Soldaten begrenzte. Noske befahl die Auflösung zum 10. März, Lüttwitz als verantwortlicher General weigerte sich nicht nur, sondern trug ultimativ Gegenforderungen vor, die bei Berücksichtigung einem kalten Staatsstreich entsprochen hätten:

Auflösung des Parlaments, Einsetzung von „Fachministern", seine eigene Ernennung zum Oberbefehlshaber u.a. Statt ihn sofort verhaften zu lassen, legte Noske ihm lediglich den Abschied nahe.

Von jetzt an war Lüttwitz der militärische Kopf der Putschisten, der ostpreußische Generallandschaftsdirektor Wolfgang Kapp (DNVP) ihr ziviles Aushängeschild. Seit Monaten war ein Putsch herbei phantasiert und geplant worden, und das Militär hatte sich durch sein Vorgehen während des Belagerungs- und Ausnahmezustands auf seine Aufgabe vorbereitet: nun wurden die Weichen endgültig gestellt.

Im Reichswehrministerium fand Noske, als sich am 12. März putschistische Truppen zum Marsch auf Berlin vorbereiteten, keine Unterstützung für einen militärischen Widerstand. Die in der Nacht zum 13. März erreichbaren Reichs- und preußischen Kabinettsmitglieder konnten diese Weigerung nur mehr hinnehmen. Als Ergebnis ihrer bisherigen Politik zeigte sich die Regierung den Putschisten gegenüber absolut ohnmächtig. Wenige Minister blieben in Berlin zurück, die meisten flohen über Dresden nach Stuttgart, unter ihnen auch Reichspräsident Ebert und Kanzler Bauer. Seit dem Frühmorgen des 13. März, einem Samstag, befand sich das Regierungsviertel in der Hand der Putschisten, am Stahlhelm das Hakenkreuz, die schwarz-weiß-rote Fahne der Monarchie auf den Fahrzeugen.

Noch kurz vorher war im Auftrag der SPD-Minister ein Generalstreikaufruf herausgegangen, der in seiner verbalen Radikalität vollkommen überraschte:

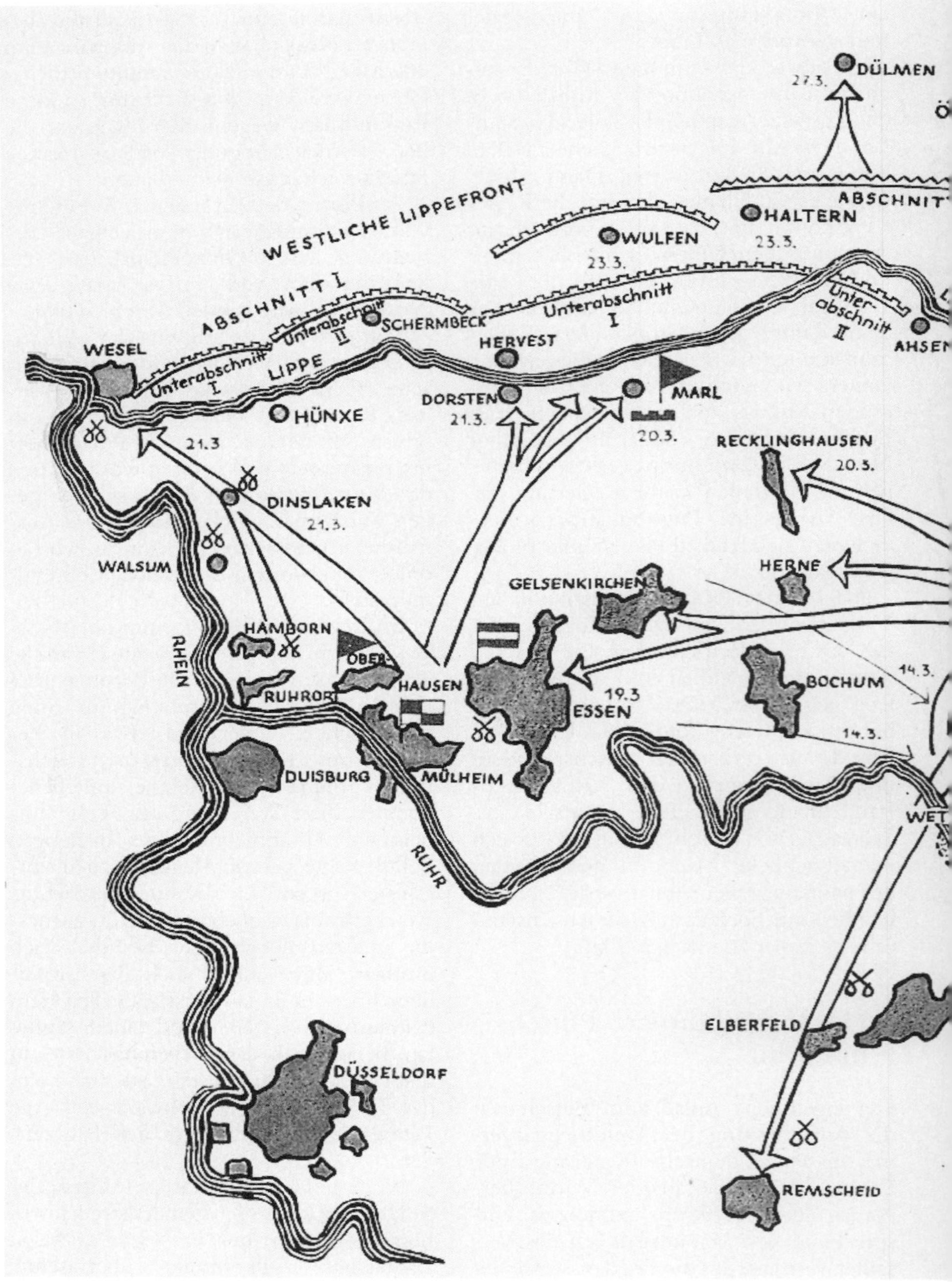
DÜLMEN
27.3.
ABSCHNITT
HALTERN
23.3.
WESTLICHE LIPPEFRONT
WULFEN
23.3.
ABSCHNITT I
Unterabschnitt II
SCHERMBECK
Unterabschnitt I
Unterabschnitt II
AHSEN
WESEL
Unterabschnitt I
LIPPE
HERVEST
DORSTEN
21.3.
MARL
20.3.
HÜNXE
21.3
RECKLINGHAUSEN
20.3.
DINSLAKEN
21.3.
WALSUM
HERNE
GELSENKIRCHEN
HAMBORN
RHEIN
OBER-
HAUSEN
RUHRORT
19.3
ESSEN
BOCHUM
14.3.
14.3.
DUISBURG
MÜLHEIM
RUHR
ELBERFELD
DÜSSELDORF
REMSCHEID

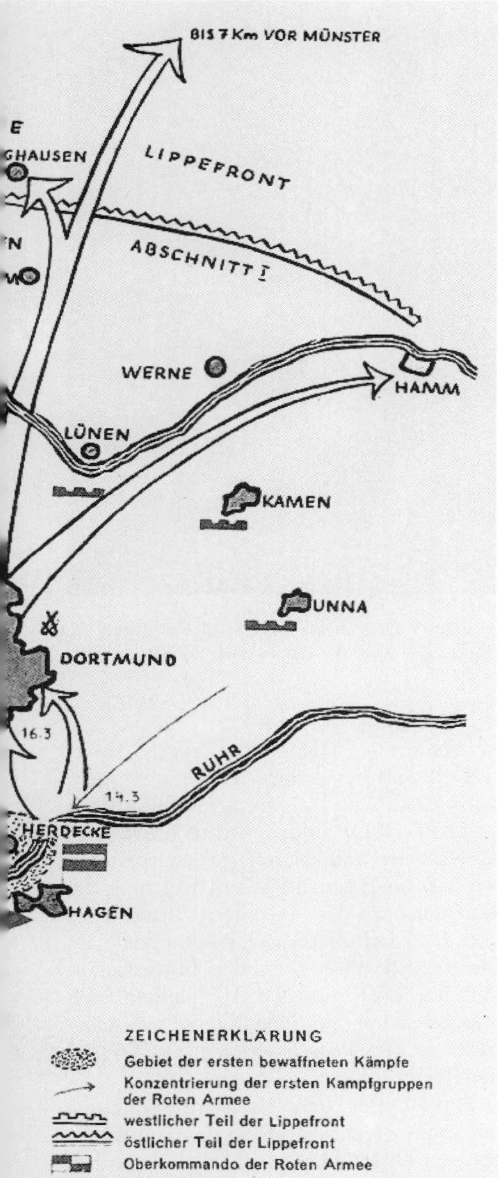

„Arbeiter, Genossen Der Militärputsch ist da! ... Die Landsknechte, welche sich vor der befohlenen Auflösung fürchten, wollen Reaktionäre auf die Ministerposten bringen. ... Wendet jedes Mittel an, um diese Wiederkehr der blutigen Reaktion zu vernichten. Streikt ... Proletarier, vereinigt Euch!“[5]

Wie würden die Arbeiter dem Militärputsch begegnen? Würden sie für eine Regierung kämpfen, die bisher das Militär gegen sie eingesetzt hatte, diese „Regierungstruppen“, die nun von der SPD als Landsknechte und Reaktionäre bezeichnet wurden, gegen die jedes Mittel gefordert wurde?

Noch am 13. März erklärte Kapp die Regierung für abgesetzt, das Parlament für aufgelöst, den Ausnahmezustand für weiterbestehend und kündigte Neuwahlen für eine Zeit an, „sobald die innere Ordnung hergestellt ist“. Streiks würden rücksichtslos unterdrückt, dem Großgrundbesitz seine wirtschaftliche Freiheit zurückgegeben.

Nachdem der Generalstreik eingesetzt hatte, wurden weitere Verordnungen erlassen, so etwa Zwangsarbeit im Falle der Bedrohung Arbeitswilliger, schließlich sogar die Todesstrafe für Streikposten. (W.F.)

General von Watter in Münster und die Gegenwehr im Bergischen Raum

In der Mehrheit stellte sich die Reichswehrführung praktisch auf die Seite der Putschisten, so auch General von Watter, der für das Ruhrgebiet und das Bergische Land zuständige Oberbefehlshaber in Münster. Er trat der Öffentlichkeit gegenüber meistens mit der Aufforderung auf, Ruhe und Ordnung zu bewahren, die Arbeit fortzusetzen, auf jeden Fall nicht voreilig zu handeln. Gleichzeitig schickte er seine Truppen in die Hochburgen der Arbeiterbewegung im Bergischen Land, um seiner Aufforderung

Eine motorisierte Patrouille der Brigade Erhard am Potsdamer Platz in Berlin. Am Helm führen die Soldaten das Hakenkreuz, das „Zeichen der Zukunft". Vom LKW weht die Reichskriegsflagge. (Foto: Könnemann)

Nachdruck zu verleihen. Eine solche „Neutralität", verbunden mit dem Verzicht auf jede Loyalitätserklärung für die alte Regierung, musste nach Lage der Dinge als Zustimmung zu Kapp-Lüttwitz gesehen werden.

Bereits am Vormittag das 13. März brachen die Telefonverbindungen zwischen Berlin und den örtlichen Partei- und Gewerkschaftsbüros zusammen, lediglich der SPD-Generalstreikaufruf war bis dahin bekannt. Die lokalen Organisationen konnten sich also nicht an ihren Zentralen orientieren, sondern handelten aus örtlichen Einsichten und Erfordernissen heraus. Dabei lag die Bildung von Widerstandsorganen, den Aktionsausschüssen, meist in den Händen der drei Arbeiterparteien SPD, USPD und KPD, so es sie gab, etwa in Remscheid und Elberfeld; gelegentlich, etwa in Hagen, wurden auch Vertreter der Demokratischen Partei (DDP) und des Zentrums hinzugezogen; schließlich gab es vereinzelt Bündnisse von SPD, DDP und Zentrum unter Ausschluss der radikaleren Arbeiterparteien wie z.B. in Essen. In jedem Fall hing die Konstellation des jeweiligen Bündnisses von der Formulierung der Kampfziele ab. Die beiden übrigen großen bürgerlichen Parteien DVP und DNVP stellten sich teils offen auf die Seite Kapps, teils nahmen sie den Putsch einfach als Wechsel der Regierung hin.

Am Montag, dem 15. März, setzte der politische Generalstreik in den Industriezentren Deutschlands und den Regionen mit starken Landarbeiterbewegungen mit einer unvergleichlichen Wucht ein. Lediglich in Ostpreußen gab es so gut wie keine Gegenwehr. Dort erklärte die SPD, man wolle zunächst abwarten, wie sich

Die Arbeitertruppe auf dem Dortmunder Hansaplatz wird auf requirierten Lastautos zur Kampffront befördert. (Foto: Bundesarchiv Koblenz)

die Dinge entwickelten. Wo es jedoch zum Generalstreik kam – in manchen Fällen von den Arbeitern gegen örtliche Gewerkschafts- und Parteifunktionäre erzwungen, welche Proteststreiks für ausreichend hielten – war die Arbeitsverweigerung total. Für die Isolation der Putschisten bildeten die Streiks die unbedingte Voraussetzung, für ihren Rückzug jedoch nicht. Ausschlaggebend dafür waren weitergehende Kampfmittel.

Putschistische Militärs lassen sich in der Regel durch einen Generalstreik zwar beeindrucken, allerdings mit dem Ergebnis noch härterer Repression. An zahlreichen Orten kam es nun – über den Generalstreik hinaus – zu bewaffneten Kämpfen zwischen Arbeiterformationen auf der einen und Freikorps-, Reichswehr- und Sicherheitspolizeitruppen auf der anderen Seite, Truppen, die sich als kappistisch zu erkennen gegeben, als Besatzungsmacht aufgeführt und die einsetzende Streikbewegung gewaltsam zu unterdrücken versucht hatten: durch Kundgebungsverbote, Straßenabsperrungen, Besetzungen von Partei- und Gewerkschaftsbüros, durch das Verschleppen von Arbeiterfunktionären, massenhafte Hausdurchsuchungen, durch gezielte Schüsse auf unbewaffnete Demonstranten; kurz: durch die Etablierung örtlicher Militärdiktaturen.

In furchtbaren Kämpfen gelang es unabhängig voneinander entstandenen Arbeiterformationen, diese putschistischen Truppen zu vertreiben, zuerst am 15. März aus Wetter bei Hagen, am nächsten Tag aus Herdecke, gleichzeitig aus Kamen und dann rasch aus weiteren Orten des östlichen Ruhrgebiets, wie Dortmund (am 17. März) oder Elberfeld. Anfangs schlugen die Arbeiter mit wenigen Waffen los, dann kamen die erbeuteten hinzu. Von Hagen ging am 16. März erstmals die Initiative aus, eine „Proletarische Armee" zu bilden, und die örtlichen Kämpfe über eine „Hagener Zentrale" zu koordinieren. Nur im Ruhrgebiet und im Bergischen Land kam es daraufhin zu einer Zusammenfassung der Arbeiterformationen zu regelrechten Truppen.

Wo es zu bewaffneten Auseinandersetzungen kam, handelten die Arbeiter mit der Perspektive, auch für die Zukunft einen Militärputsch unmöglich zu machen, also die bis zum Staatsstreich vorgedrungenen antirepublikanischen und antidemokratischen Kräfte endgültig zurückzudrängen. Zwar waren die programmatischen Ziele der örtlichen Widerstandsbündnisse unterschiedlich wie die politische Konstellation, aus denen jene bestanden, aber in diesem Punkt glichen sie sich.

In Hagen etwa, einer Hochburg der USPD wie Remscheid, wo es zu einem Bündnis mit dem Zentrum und der DDP gekommen war, lauteten die vergleichsweise moderaten Ziele: „Niederwerfung des Militärputsches, Sicherung der Republik und der erreichten Arbeiterrechte".

Die Zielsetzungen unterschieden sich vor allem darin, ob man der wichtigsten Regierungspartei, der SPD, wegen ihres bisherigen innenpolitischen Vorgehens Mitverantwortung anlasten sollte. Wo das der Fall war, gingen die Forderungen weiter und zielten auf eine andere Gesellschaftsordnung.

Daneben gab es aber ein wesentliches Moment, das ausschlaggebend dafür war, dass die Kämpfe an vielen Orten nicht mit dem 17. März, dem Tag des Rückzugs der Putschführer in Berlin, eingestellt wurden. Reichskanzler Bauer verleugnete den Generalstreikaufruf der SPD vom 13. März, kein Minister habe „etwas Derartiges angeordnet oder unterschrieben"[6], und in einem gemeinsamen Aufruf Eberts und Bauers vom 17. März hieß es, als gelte nun ohne weiteres die alte Tagesordnung: „Arbeiter! Seid jetzt ebenso tatkräftig und willfährig zur Stelle, wie bei der Abwehr der Aufrührer. Jeder Mann an die Arbeit!" Wo es nicht bisher schon so war, machten sich heftigste Empörung gegen die SPD, Erbitterung, Verratsvermutungen und solche Einschätzungen breit, die Partei habe insgeheim mit den Putschisten verhandelt. Denn trotz des Rückzugs in Berlin beherrschte putschistisches Militär an vielen Orten nach wie vor die Lage. Durch die Waffensiege ohnehin radikalisiert, wirkten sich die Äußerungen und Aufrufe der SPD-Führer, auch und gerade bei den lokalen Parteiführern im Bezirk Niederrhein, völlig entgegengesetzt aus, als sie beabsichtigt waren: als Aufforderung, die Kämpfe nicht eher einzustellen, bis auch die Voraussetzungen des Militärputsches beseitigt waren. Die gesellschaftliche Umgestaltung hin zum Sozialismus, das war das Ziel der Kämpfe und Auseinandersetzungen, wie sie sich nach dem 17. März entwickelten. (W.F.)

Tour 1:
Die Besetzung von Elberfeld und der Generalstreik
13. bis 15. März 1920

Die ersten beiden Stationen befinden sich im Zentrum von Wuppertal-Elberfeld und sind im Gegensatz zu den anderen Kapiteln nicht als Wanderung konzipiert. An den beiden Stationen werden die angespannte politische Situation vor dem Putsch und die ersten Reaktionen nach seinem Bekanntwerden geschildert. Die wichtigen Städte des Bergischen Landes, die alten Hochburgen seiner Arbeiterbewegung werden von Militärs besetzt. Der Aufruf der Gewerkschaften und der sozialdemokratisch geführten Regierung zur Gegenwehr wird entschlossen umgesetzt. Hierbei haben die örtlichen Arbeiterparteien eigene Vorstellungen – und setzen eigene Akzente. Es kommt dabei auch ein junger Arbeiter aus dem damaligen Elberfeld zu Wort, der später als Schriftsteller und Politiker „Karriere" machen sollte.

Prolog – Der Eisenbahnerstreik in Elberfeld
Januar 1920 – Eisenbahndirektion Hauptbahnhof Wuppertal

Das mächtige Gebäude gegenüber dem Bahnhof wurde 1871 gebaut, als Deutschland im Krieg über Frankreich gesiegt und den ersten Versuch einer sozialen Revolution, die „Pariser Kommune“[1], zerschlagen hatte. Es flossen riesige Reparationssummen nach Deutschland, die hier zu den sogenannten „Gründerjahren“ führten. In dieser Phase wurde auch dieses Gebäude als zentrale „Eisenbahndirektion“ für Westdeutschland gebaut. Es hat eine bewegte Geschichte, die auch mit politischen Ereignissen der Stadtgeschichte verbunden ist. Im Februar 1919 fand hier die blutigste Auseinandersetzung der „Novemberrevolution“ in Wuppertal statt. Anhänger der Arbeiterräte hatten das Gebäude besetzt, weil die alten Bahn-Behörden die Arbeiter- und Soldatenräte nicht mehr anerkennen wollten. Am 18. Februar eroberte das Freikorps Niederrhein in einer nächtlichen Aktion das Gebäude. Zwölf Menschen, einige unbeteiligte Passanten unter ihnen, wurden von den Soldaten ermordet. Diese Niederlage bedeutete faktisch das Ende der Revolution in den Wupperstädten[2].

Die Eisenbahn hatte zu dieser Zeit in allen Transportfragen eine enorme Bedeutung. Sie war das wichtigste Massenverkehrsmittel, da es nur sehr wenige LKW gab. Die Beschäftigten der Eisenbahn waren fast zu 100% in ihren (freien und christlichen) gewerkschaftlichen Verbänden organisiert und hatten deshalb bei gewerkschaftlichen Auseinandersetzungen eine große Bedeutung. Bei der Streikwelle im Januar 1920, als es um einen akzeptablen Lohnausgleich ging, übernahmen die Eisenbahner im Direktionsbezirk Essen und Elberfeld die Streikführung. Dieser harte und folgenschwere Streik hatte hier an diesem Gebäude seinen Mittelpunkt.

In den letzten sechs Monaten, seit Juni 1919, waren die Lebenshaltungskosten um 100% gestiegen. Auch die Versicherungsangestellten, die Straßenbahner, die Telegrafenarbeiter und die Buchdrucker streikten. Die Eisenbahner in Elberfeld hatten eine 75%-Lohnerhöhung und höhere Abschlagszahlungen gefordert. Am 6. Januar versammelte sich eine große Menschenmenge vor dem Direktionsgebäude und zog zu einer Kundgebung auf den Exerzierplatz am Ostersbaum.[3] Als die zentrale Streikleitung in Berlin am 13. Januar, nach vierwöchigem Streik[4], lediglich eine Erhöhung um 25% durchsetzte, war die Erbitterung groß. Die Elberfelder Streikleitung war mit diesem „Erfolg“ nicht einverstanden und setzte den Streik fort. Sie versuchte, auch die Nachbarbezirke zu Solidaritätsstreiks zu bewegen. Am 14. Januar erließ der sozialdemokratische Innenminister Severing ein Ultimatum an die Eisenbahner: Wer binnen drei Tagen nicht wieder die Arbeit aufnimmt, wird entlassen.

Am 13. Januar 1920 kam es auch auf Reichsebene zur Zuspitzung der Lage: In Berlin protestierte die Arbeiterschaft in einer Massenkundgebung gegen das Betriebsrätegesetz,[5] das die Nationalversammlung gerade in zweiter Lesung beriet[6]; Militär und staatliche Polizei trieben die Demonstranten mit Maschinengewehren, Handgranaten und schließlich mit aufgepflanztem Seitengewehr auseinander. 42 Arbeiter fielen dieser Militäraktion zum Opfer, über 100 wurden verwundet. Leiter der Militäraktion war General Lüttwitz, der wenige Wochen später gegen die Regierung putschte. Reichspräsident Ebert und Reichsregierung verhängten sofort nach Artikel 48 der neuen Verfassung den Ausnahmezustand über das ganze Reich.[7]

Wegen des Streiks der Eisenbahner[8] wurde für den Regierungsbezirk Düsseldorf am 15. Januar sogar der „verschärfte Ausnahmezustand“ erlassen. Damit übernahmen die Militärbehörden die Regierungsgewalt und hatten die Möglichkeit, Standgerichte einzusetzen.[9] Der Abschnittskommandant Gillhausen in Elberfeld kündigte ein scharfes Vorgehen gegen die streikenden Eisenbahner an. Unter diesen Umständen brach der Streik am 20. Januar zusammen. Viele gewerkschaftlich und politisch aktive Eisenbahner wurden entlassen, die Streikführer verhaftet. Die Eisenbahnwerkstätten wurden geschlossen, bis die Arbeiter in ihren Tarifverträgen der Verlängerung der Arbeitszeit und der Einführung von Akkordlohn zustimmten.

Seit Januar 1920 übten die Militärbehörden im Auftrag der sozialdemokratischen Regierung eine sanfte Form der Militärherrschaft aus. Jedes Flugblatt mußte von ihnen genehmigt werden. Streiks wurden unter drakonische Strafen gestellt. Die Regierung, ihr sozialdemokratischer Innenminister Severing, ihr verhasster Reichwehrminister Noske und die Militärbehörden, in denen die alten kaiserlichen Offiziere den Ton angaben, beschnitten gemeinsam die Rechte, die sich die Arbeiterschaft in der Revolution vom November 1918 friedlich erstritten hatte.

Diese Erfahrung führte zu einer großen Verbitterung über die Militärherrschaft aber auch über die Kumpanei der sozialdemokratisch geführten Regierung mit den Generälen.

Die Eisenbahndirektion am Bahnhof Elberfeld um die Jahrhundertwende. Das Gebäude stand immer wieder im Zentrum von Kämpfen und Streikaktionen: Am 19. Februar 1919 starben hier zwölf Menschen. Im Januar 1920 war es Ziel der Streikaktionen der Eisenbahner und im März übernahm hier ihr Aktionsausschuss die Federführung. (Foto: StA W)

Ein Aufruf übertrifft alle Erwartungen *13.3.1920 – Rathaus Elberfeld*

Elberfeld war der Sitz der Bezirksleitungen von SPD und USPD im Bezirk Niederrhein; es hatte dadurch besondere Bedeutung. An dem Morgen des 13. März 1920 sollte eine Konferenz im Rathaus Elberfeld stattfinden, zu der die sozialdemokratischen Stadtverordneten der umliegenden Gemeinden eingeladen waren. Es sollte über die Versorgung der Gemeinden mit „elektrischer Kraft" beraten werden.

Doch als die Gerüchte vom Putsch des Militärs in Berlin aufkamen, sollte diese Konferenz im Elberfelder Rathaus der Ausgangspunkt einer Bewegung mit weittragender politischer Bedeutung werden. Die SPD-Bezirksleitung hatte einen Informationsvorsprung gegenüber den beiden anderen Arbeiterparteien durch ständige Telefonverbindung mit Berlin; sie ergriff nach Eintreffen der ersten Nachrichten vom drohenden Putsch die Initiative und bat am Nachmittag im Volkshaus Elberfeld auf einer Sitzung die anwesenden Vertreter der anderen Arbeiterparteien, USPD und KPD, an der anberaumten Sitzung teilzunehmen. Es sollte über Maßnahmen gegen den Putsch beraten werden. Außer den Parteivertretern war auch Paul Sauerbrey als Vertreter der Freien Gewerkschaften und ein Vertreter der Eisenbahnerverbands anwesend.

Der SPD-Bezirkssekretär und Abgeordnete der Nationalversammlung Ernst Dröner hob einleitend hervor, „dass alle Sozialisten sich in der Abwehr einig sein müßten". Justizrat Lande, ebenfalls SPD, schlug als gemeinsame Plattform folgende Forderungen an die Regierung vor, die die späteren Forderungen der Arbeiteraufstandes weitgehend vorwegnahmen:

1. *Sofortige Entfernung aller Monarchisten aus dem Heere.*
2. *Sofortige Amtsenthebung aller monarchistischen Beamten in Reich, Ländern und Gemeinden.*
3. *Sofortige Zurückziehung der Vorlage zur Abfindung der Hohenzollern; statt dessen sofortige entschädigungslose Enteignung der Hohenzollern.*
4. *Die Sozialisierung ist energischer zu betreiben, besonders in der Großeisenindustrie und im Großgrundbesitz.*

Erfülle die Regierung diese Forderungen nicht, so müsse sie durch ein „sozialistisches Ministerium" (also eine Regierung der beiden großen Arbeiterparteien) ersetzt werden.

USPD, KPD und die Gewerkschaften erklärten ihre Solidarität im Kampfe gegen die Reaktion: Der Kommunist Fritz Charpentier forderte die „Bewaffnung der Proletariats". Dann zogen sich die beteiligten Parteien zu internen Beratungen zurück. Am Nachmittag lief die Nachricht ein, die Regierung sei gestürzt. Daraufhin kam man erneut zu einer gemeinsamen Sitzung der Bezirksleitungen von USPD und SPD zusammen. Auch einige Kommunisten waren beteiligt. Es wurde ein aufsehenerregender Aufruf verfasst:

„An die Gesamt-Arbeiter-, Angestellten- und Beamtenschaft von Rheinland-Westfalen!

Nachdem durch einen vorläufig gelungenen Putsch in Berlin es der Reaktion gelungen ist, eine gegenrevolutionäre Regierung aufzurichten, verpflichten sich die sozialistischen Parteien des Bezirks Niederrhein, den Kampf gegen die neu gebildete Kapp-Regierung mit allen Kräften geschlossen aufzunehmen. Der einheitliche Kampf ist zu führen mit dem Ziele:

1. *Erringung der politischen Macht, durch die Diktatur des Proletariats bis zum Siege des Sozialismus, auf der Grundlage des Rätesystems.*
2. *Sofortige Sozialisierung der dazu reifen Wirtschaftszweige.*

Um dieses Ziel zu erreichen, rufen die unterzeichneten sozialistischen Parteien alle Arbeiter, Beamten und Angestellten auf, am Montag den 15. März geschlossen in den Generalstreik zu treten.

Die Eisenbahner werden aufgefordert jede Beförderung von Truppen und Munition strikt abzulehnen. Die Lebensmittelbeförderung ist unter Kontrolle aufrechtzuerhalten.
Auf zum Kampf gegen die Reaktion!
Es lebe der Sieg des Proletariats!"

Auch die SPD-Vertreter stimmten dem Aufruf zu. Das war auf den ersten Blick eine Sensation; denn das formulierte Kampfziel: „Erringung der politischen Macht ... auf der Grundlage des Rätesystems" bedeutete einen klaren Bruch mit dem Bekenntnis zu Parlamentarismus und eine Übernahme wesentlicher Punkte der Parteiprogramme von USPD und KPD. Die verantwortlichen Funktionäre begründeten diesen Elberfelder „Sündenfall" mit der Notwendigkeit, der Diktatur von Rechts die Geschlossenheit der Arbeiterschaft entgegenzustellen.

Die politischen Ziele, die im Ruhrgebiet mit dem Generalstreik gegen den Kapp-Putsch verknüpft wurden, sahen von Ort zu Ort sehr unterschiedlich aus: In Hagen beschränkte man sich bei der Zielsetzung des Streiks auf „die Niederwerfung des Militärputsches, Sicherung der Republik und der erreichten Arbeiterrechte" und verzichtete auf weitergehende Forderungen. Auf diese Weise kam ein Aktionsausschuß, bestehend aus USPD, KPD, SPD, den Gewerkschaften sowie der Deutschen Demokratischen Partei (DDP) und dem katholischen „Zentrum" zustande.[10] In Essen, wo die KPD einen großen Rückhalt hatte, kam es zu keiner Einigung der Arbeiterparteien. Es gab zwei konkurrierende Aktionsausschüsse, die den Generalstreik führten. Hier lehnten Kommunisten wie Sozialdemokraten die „falsche Einigkeit" ab.

Doch der gemeinsame Aufruf aus Elberfeld hatte überall die stärkste Wirkung. Bereits am Abend wurde er auf Funktionärskonferenzen in Düsseldorf und Velbert verteilt, am 14. März wurde er in Remscheid, Hagen und Stoppenberg gelesen und am 15. März war er im ganzen Revier bekannt.[11] *„Endlich war die parteipolitische Spaltung mit einem Schlag vorüber; geschlossen, in einer Front, stand die Arbeiterschaft der Reaktion kampfbegeistert gegenüber. Hoffnungsfreudigkeit, Siegeszuversicht erfüllte die Massen"*, schrieb ein Essener Kommunist über die Stimmung nach diesem Aufruf.[12]

In Elberfeld bildeten alle drei Arbeiterparteien eine „Kommission zur Durchführung des Kampfes". Die sozialdemokratische „Freie Presse" forderte alle „Sozialdemokraten, und alle auf den Boden der Republik stehenden Staatsbürger auf, den Weisungen dieser Kommission gemäß zu handeln".[13]

Der Generalstreik und die Militärs am Neumarkt
15.3.1920 – Neumarkt und angrenzender Kerstenplatz, Elberfeld

Elberfeld war der Sitz des Abschnittskommandos II der Reichswehr. Der Befehlshaber im Bergischen Lande und der südlich davon stehenden Truppen war General v. Gillhausen. Er erhielt seine Befehle von dem alten kaiserlichen Generalleutnant Oskar Freiherr von Watter in Münster. Der Sitz des Bergischen Abschnittskommandos war gleich neben dem Gebäude der Reichsbank am Mäuerchen, im Zentrum von Elberfeld.

Gillhausen hatte am 14. März aus Münster den Befehl erhalten, alle kritischen Punkte und das „militärfreie Loch" im Wuppertal zu stopfen. Gillhausen bestimmte das in Lennep stehende Freikorps Hacketau zum Einmarsch in Elberfeld.

Dem Wehrkreiskommando in Münster schien die Stadt Elberfeld so wichtig, dass gleichzeitig 250 Mann Sipo unter Major Gärtner vom Sennelager nach Elberfeld in Bewegung gesetzt wurden.

An die Gesamt-Arbeiter-, Angestellten- u. Beamtenschaft von Rheinland-Westfalen!

Nachdem durch einen vorläufig gelungenen Putsch in Berlin es der Reaktion gelungen ist, eine **gegenrevolutionäre Regierung** aufzurichten,

verpflichten sich die sozialistischen Parteien des Bezirks Niederrhein, den Kampf gegen die neugebildete Kapp-Regierung mit allen Kräften geschlossen aufzunehmen.

Der **einheitliche Kampf ist zu führen** mit dem Ziele:

1. **Erringung der politischen Macht, durch die Diktatur des Proletariats bis zum Siege des Sozialismus, auf der Grundlage des Rätesystems.**
2. **Sofortige Sozialisierung der dazu reifen Wirtschaftszweige.**

Um dieses Ziel zu erreichen, rufen die unterzeichneten sozialistischen Parteien **alle Arbeiter, Beamten und Angestellte** auf, am **Montag, den 15. März,** geschlossen in den

Generalstreik

zu treten.

Die **Eisenbahner** werden aufgefordert, jede Beförderung von Truppen und Munition **strikte abzulehnen.** Die Lebensmittelbeförderung ist unter Kontrolle aufrechtzuerhalten.

Auf zum Kampf gegen die Reaktion!

Es lebe der Sieg des Proletariats!

Bezirksvorstand der Sozialdemokratischen Partei.
" " Unabhängigen Sozialdemokratischen Partei.
" " Kommunistischen Partei.

Die Bezirksleitungen der drei Arbeiterparteien SPD, USPD und KPD einigten sich im Rathaus Elberfeld auf gemeinsame Zielsetzung im Generalstreik gegen Kapp. Die Einigung der bisher zerstrittenen Parteien löst eine unerwartete breite Zustimmung unter den Arbeitern aus. (Abb.: Zur Geschichte der KPD, Berlin 1954)

Elberfeld-Barmen. Samstag, den 13. März 1920. Nr. 62. 36. Jahrg.

Freie Presse

Organ des werktätigen Volkes von Rheinland und Westfalen.

Die Gegenrevolution ist da! Arbeiter schützt die Republik!

Elberfeld, 13. März.

Gestern nachmittag nach Schluß der Redaktion erhielten wir folgende Wolffdepesche:

Gegen den Generallandschaftsdirektor Kapp, den Hauptmann a. D. Papst und die Schriftsteller Gra-

General von Lüttwitz

ist an der Aufruhrbewegung beteiligt. In einer Unterredung mit Noske und Ebert hat er seine Meinung frei klargelegt und an der Politik des Reichskabinetts eine scharfe Kritik geübt, daß er sofort seines

gegenübersteht, vor den letzten Konsequenzen zurückschrecken. Begrabt die Streitaxt des Bruderkrieges. Heute gilt es

höheren Interessen

der Republik, der Zukunft unserer Kinder. Zeigt der Gegenwart die heilige Einigkeit der Arbeiterklasse.

Das Titelblatt der SPD Zeitung in Elberfeld „Freie Presse" ruft die Arbeiterschaft am 13. März zur Gegenwehr.

General von Watter, der Oberbefehlshaber des Wehrkommandos in Münster hatte es vermieden, Stellung für die verfassungsgemäße Regierung zu nehmen. Gleichzeitig gab er an, mit dem Militär für Ruhe und Ordnung sorgen zu wollen.

Montag, 15. März, war der erste Tag des Generalstreiks. Im Stadtzentrum von Elberfeld wimmelte es von Menschen. Am Tag zuvor hatten die freien Gewerkschaften eine Kundgebung mit 15.000 Menschen auf dem Neumarkt abgehalten. Auch nachmittags um 15:00 Uhr sollte wieder eine Kundgebung stattfinden. Dem Aufruf zum Generalstreik waren die meisten Betriebe gefolgt. Lediglich einige christliche Gewerkschaftsverbände und die Beamten verhielten sich zunächst abwartend. In Barmen hatte der städtische Personalchef wegen der Streikenden sogar die Entlassung angedroht. Später klagten einige christliche Gewerkschafter darüber, dass ihre freigewerkschaftlichen Kollegen sie gewaltsam von ihren Arbeitsplätzen vertrieben hätten.

Einen Eindruck von diesem Streik und der Atmosphäre dieser Tage gibt ein Bericht von Werner Eggerath, der damals als junger Arbeiter im Elberfelder Elektrizitätswerk in Sonnborn arbeitete. Er schreibt in seinen Erinnerungen:

„Die großen Leiden des Krieges waren damals noch unvergessen. Die vielen Gräber des Krieges waren noch nicht durch Gras und Gewohnheit überwuchert, noch waren die Wunden nicht verharscht, noch waren die Gesichter der Menschen gelb von Hunger und Unterernährung. Doch schon damals sahen wir mit Besorgnis, wie schnell die Sorglosigkeit und Gleichgültigkeit um sich griff, die Wachsamkeit nachließ und wie sich die Kräfte wieder entwickelten, die verhindern wollten, dass sich irgendwie etwas Grundsätzliches änderte. Völkische Bünde, Freikorps wuchsen aus der Erde und sammelten alles um sich, was reaktionär und militaristisch war.

Da flog ein Funke und setzte alles in Flammen. Kapp hat geputscht! Die Regierung ist geflohen, die Baltikumer mit dem Hakenkreuz am Stahlhelm haben die Regierungsgebäude besetzt,

Generalstreik! Wenige Stunden darauf wälzte sich eine Menschenmasse durch die Stadt.
'Generalstreik, Massenkundgebung, nieder mit der Reaktion!'
Sollte jetzt die Wende da sein, sollte jetzt die Arbeiterschaft die Lehre ziehen und konsequent das Geschick in ihre Hände nehmen?
Ich lief ans Telephon: 'Gewerkschaftsleitung, hier ist Elektrizitätswerk. Sollen wir stilllegen, uns dem Generalstreik anschließen?'
'Ihr seid lebenswichtiger Betrieb, ihr seid vom Generalstreik ausgeschlossen, und außerdem arbeiten wir morgen früh wieder.'
Wir saßen mit drei, vier Mann hinter den Kesseln, wir hatten die Schieber zugezogen und auf kleines Feuer eingestellt, denn die Straßenbahnen und die Betriebe standen still, und deshalb war der Verbrauch gering.
Sollten wir tatenlos beiseite stehen, mußte man nicht heute die ganze Kraft der Arbeiterklasse zeigen, musste man nicht zum wenigsten mit aller Schärfe demonstrieren: Bis hierher und nicht weiter? Ich war der Jüngste und der Eifrigste und der Unvorsichtigste. Wir riefen die Belegschaft zusammen, stellten ihr vor, dass wir abschalten müßten, zum wenigsten alles bis auf Krankenhaus und Wasserwerk. Die Belegschaft bestand aus Leuten, die zum Teil ein Menschenalter den Trott des Arbeiters gegangen waren. Sie waren stumpf und hatten Angst, die Stelle zu verlieren. Sie schüttelten nur mit dem Kopf: 'Wir dürfen nicht streiken, wir sind zu alt, um noch einmal auf Arbeitsuche zu gehe, und es ist verboten.' Es war alles zwecklos, doch acht Tage darauf erhielten zwei Mann von uns die Entlassung, überzählig. Wir wußten, unser Betriebsleiter säuberte auf diese Art die Belegschaft von 'Hetzern', denn das RWE, dieser große Konzern, duldete nur treue und ergebene Arbeiter in seinen Betrieben mit den riesigen Kapitalanlagen.
Nun, ich war jung, und ich sah das Leben noch nicht so ernst. Ich putzte meine Schaufel, verabschiedete mich und ging meiner Wege. Zum ersten mal war ich gemaßregelt, und es sollte nicht das letzte mal sein." [14]

In der Nacht zum 15. März war die Abteilung der Sicherheitspolizei, im Volksmund die „Sipo", mit schwerer Bewaffnung in der Stadt eingetroffen. Die Streikenden begegneten dem Militär mit großem Mißtrauen. Es war ihnen noch aus der Diktatur der letzten Kriegsjahre verhaßt. Die Freikorps hatten vor einem guten Jahr in Elberfeld die Macht der Räte blutig beendet. Seit der Verhängung des Belagerungszustandes in Januar 1920[15] mußte man jedes Flugblatt bei den Militärbehörden zensieren lassen. Die Menschen vermuteten in den Offizieren und „Zeitfreiwilligen" zurecht „verkappte" Monarchisten.

Als die Sipo am Vormittag über den Neumarkt zogen, wurden sie von einer misstrauischen Menschenmenge um-

Bekanntmachung

Der Oberbürgermeister und die Verwaltung erklären, daß sie sich einmütig auf den Boden der bestehenden Verfassung und der alten Regierung stellen. Sie erkennen die sogenannte Regierung Kapp nicht nur nicht an, sondern werden auch jede Anweisung von dieser Seite ablehnen.

Die Verwaltung steht dafür ein, daß die in ihrem Besitz befindlichen Waffen nur im Dienst der Polizeiverwaltung Verwendung finden und zu anderen Zwecken nicht abgegeben werden.

Barmen, den 15. März 1920.

Der Oberbürgermeister
Hartmann

Der Bürgermeister versicherte die Verfassungstreue der städtischen Polizei. Er billigte dem Aktionsausschuss zu,die Polizeistreifen von Arbeitern begleiten zu lassen. Doch zwei Tage später löste das gewaltsame Vorgehen der Barmer Polizei die Kampfhandlungen aus. (Foto: StA W)

ringt. Mayor Gärtner ließ Schreckschüsse abgeben. Die Unruhe in der Stadt wuchs weiter, als die Sipo etwas später Verstärkung erhielt: das Freikorps Hacketau unter Major Freiherr von Falkenstein. Es war zum Teil zu Fuß nach Elberfeld marschiert, weil sich die Eisenbahner geweigert hatten, den Transport zu übernehmen. Vorweg marschierten 50 Soldaten mit gefälltem Bajonett. Ein Schild warnte „Straße frei". Die Leutnants hielten ihre Revolver ebenfalls schussbereit in den Fäusten. Hinter dem Vortrupp die spielende Kapelle des Freikorps mit Trommeln und Pfeifen, dann folgte die Hauptmasse: Fußtruppen, Lkws, auf denen die Soldaten Gewehre und Maschinengewehre in Anschlag hielten. Auch Geschütze waren im Zug zu sehen.

Das Gelände um den Sitz des Abschnittskommandanten wurde durch spanische Reiter abgesperrt, ein Schild verkündete: „Halt! Wer weitergeht, wird erschossen!" Vor der Absperrung sammelte sich eine erregte Menge. Die Soldaten entsicherten die Gewehre und riefen: „Straße frei!" Die Menschen stoben fort, doch schon wurde hinter ihnen her geschossen, es gab die ersten Verwundeten.

Begleitet von den Blicken und Rufen einer feindseligen Menge, wurde der Hauptteil des Freikorps am Wall und am Neumarkt postiert. Hier sollte in wenigen Stunden, am Nachmittag um 15.00 Uhr, die Kundgebung der Arbeiterorganisationen stattfinden. Der Neumarkt wurde abgesperrt, das Rathaus besetzt. Das Pflaster vor dem Rathaus wurde aufgerissen, die Straßen anschließend „gesäubert". Mit dem immer wiederkehrenden Ruf „Fenster zu!" marschierten einzelne Trupps durch die Straßen. Auf Fenster, die sich nicht sofort schlossen,

Das Rathaus Elberfeld ca. 1920. Der Rathausvorplatz wurde zum Ort einer riesigen Kundgebung gegen den Putsch in Berlin. Sie musste unter der scharfen Bewachung durch die Soldaten stattfinden, die in Elberfeld den Putsch absichern sollten. (Foto: StA W)

wurde geschossen. Zusammenstöße mit der Menge ereigneten sich bis in den Nachmittag hinein. Am Realgymnasium in der Herzogstraße schleuderten Soldaten zwei Handgranaten in eine Menschengruppe. Eine davon detonierte!

Das Ortskartell der vereinigten Beamten Elberfeld, das den Generalstreik der freien Gewerkschaften bisher nicht unterstützte, beschloss, sofort in den Streik zu treten, falls sich herausstellen sollte, dass die in Elberfeld anwesenden Truppen „verkappte Kapptruppen" sind.[16] Die Funktionäre der Arbeiterparteien befürchteten zu Beginn der angekündigten Kundgebung einen schweren Zusammenstoß. Sie ließen überall verkünden: „Lasst euch nicht provozieren! Nicht den Kopf verlieren!" Sie erreichten in fieberhaften Verhandlungen mit dem Kommandanten die Freigabe des Kundgebungsplatzes für die Dauer der Kundgebung.

Zu den parallelen Kundgebungen in Elberfeld und Barmen kamen diesmal ca. 50.000 Menschen. Am Neumarkt standen die Menschenmengen bis weit in die umliegenden Straßen hinein. Die Frage der Redner nach der politischen Stellung der Truppe blieb unbeantwortet; die Kommandeure verweigerten darüber jede Erklärung. Zu denken gab jedoch, dass die „Bergisch-Märkische Zeitung", die ihren Sitz gleich gegenüber am Kerstenplatz hatte (vgl. Kap. 6[17]), ungestört ein Extrablatt verbreitete, das die neuesten amtlichen Verlautbarungen der Kapp-Regierung enthielt. Die Forderung der SPD nach Verhaftung des Herausgebers der Zeitung blieb unbeachtet. Ein junger Leutnant fasste einen protestierenden SPD-Funktionär öffentlich am Kragen und schrie ihn an: „Gehen sie weiter, sie dummes Schwein!" Der Streik ging ruhig weiter, doch das Militär beherrschte die Stadt.

In Barmen fand ebenfalls eine Kundgebung der Streikenden gegen die Putschisten statt. Doch hier ließ sich das Militär nicht sehen. Gillhausen hatte mit den ihm zur Verfügung stehenden Kräften nur die zentralen Hochburgen der Arbeiterbewegung im Bergischen Land, die Städte Remscheid, Hagen und Elberfeld besetzen lassen können.

Werner Eggerath – ein junger Arbeiter aus Elberfeld wird Ministerpräsident

Werner Eggerath (1900-1977) war damals ein junger Arbeiter, der nach der anstrengenden Arbeit die Volkshochschule besuchte. *„Des öfteren sah ich ein Lächeln, wenn ich mit meinen steifen Händen den Bleistift führte, oder aber wenn der Kohlenstaub nicht weggebracht werden konnte und die Spuren des Kesselhauses allzu deutlich sichtbar waren. In dieser Zeit und in der Hochschule lernte ich den Mann kennen der meinem Leben eine neue Richtung gab. Er war ein junger Mann und hatte Gedichte geschrieben. Bei den Spartakuskämpfen in Berlin war er dabei gewesen"*, schreibt er in seinem autobiographischen Buch. Mit diesen Diskussionen in der VHS und den Erfahrungen um den Kapp-Putsch begann seine politische Karriere. Werner Eggerath wurde ein bekannter Kommunist in der Stadt. 1932 war er Vorsitzender des KPD-Unterbezirks Wuppertal und hatte sein Büro im Geburtshaus von Friedrich Engels. Ein Jahr später wurde er gesucht und ging in den Untergrund. Er wurde führender Funktionär in der jungen DDR und war 1946 zeitweise Ministerpräsident des Landes Thüringen.

In den Jahren 1948 bis 1975 schrieb er mehrere meist autobiographische Bücher. Unter anderem das Buch „Die Stadt im Tal"[18] über seine Heimatstadt. Kurz vor seinem Lebensende, im Juni 1977, besuchte er sie zum letzten Mal.[19]

Tour 2:
Die ersten Toten bei Velbert – Dalbecksbaum
16. März 1920
Eine Wanderung durch Velbert

Velbert ist der Ort im Bergischen Land, an dem es erstmals zu Kämpfen zwischen Arbeitern und Militär kam. Durch die Schilderung der vorangegangenen Tarifauseinandersetzungen und die Auswirkungen des Ausnahmezustandes lassen sich die Spannungen der damaligen politische Atmosphäre gut nachempfinden.

Treffpunkt für eine Stadtwanderung ist der Velberter Rathausplatz. Bei einem Abstecher zur Sternbergstraße finden wir das damalige Haus des Unternehmerverbandes, vor dem im Januar 1920 große Demonstrationen stattfanden. Der weitere Weg führt über die Poststraße zum Dalbecksbaum, dem Ort der Kämpfe am 16. März 1920. Von dort geht es zum Waldfriedhof mit dem Grab des ums Leben gekommenen Kollegen Tönnes. Durch den Hermingshauspark kommen wir zu dem Ort, wo die Villen der führenden Velberter Unternehmer standen, zum damaligen Krankenhaus, in dem das zweite Opfer der Velberter Arbeiter starb, und zum früheren Gewerkschaftshaus. Auf diesem Rundgang, der wieder auf dem Rathausplatz endet, gibt es einige Punkte, die auf Versammlungslokale der Arbeiterbewegung und ihrer Kulturorganisationen verweisen. Das Kapitel wurde von Günter Judick geschrieben.

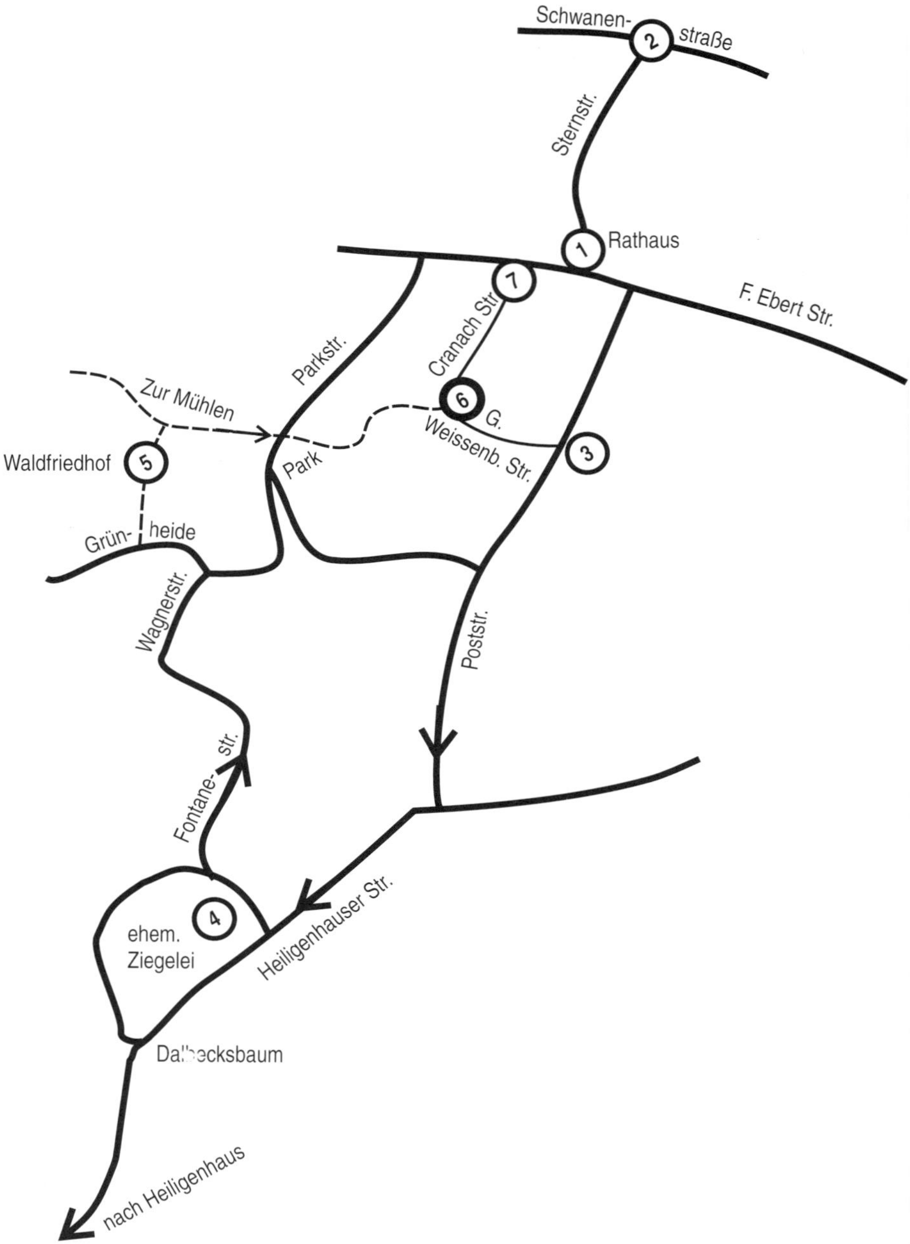
Schwanen-
straße
2
Sternstr.
1
Rathaus
7
F. Ebert Str.
Cranach Str.
Parkstr.
Zur Mühlen
6
G.
Weissenb. Str.
3
Waldfriedhof
5
Park
Grün-
heide
Wagnerstr.
Poststr.
Fontane-
str.
4
ehem.
Ziegelei
Heiligenhauser Str.
nach Heiligenhaus

Velbert im Jahr 1919
Rathaus Velbert (1)

Velbert im Frühjahr 1920 war eine weitgehend von der Metallindustrie geprägte Stadt mit rund 25.000 Einwohnern. Sie wurde seit den ersten, nach gleichem und geheimen Wahlrecht durchgeführten Kommunalwahlen vom 23. Februar 1919 von einer linken Mehrheit regiert. Neuer Bürgermeister war der bisherige Beigeordnete Dr. Tweer, der zu dieser Zeit Mitglied der linksliberalen DDP ist. Er wechselte später noch zweimal das Parteibuch, passte sich als treuer Diener des Staates den jeweiligen Mehrheiten an, war seit Mitte der zwanziger Jahre Mitglied der DVP und nach 1933 der NSDAP.

Bei den genannten Kommunalwahlen erhielt die SPD 4.496 Stimmen und 17 Mandate, die USPD 1.685 Stimmen und sechs Mandate, alle bürgerlichen Parteien zusammen erhielten nur 3.667 Stimmen und 13 Mandate. Trotz der Spaltung der sozialdemokratischen Partei und einem konkurrierenden Wahlkampf bestand eine enge Zusammenarbeit. So war einer der wichtigen Funktionäre der USPD, Ernst Ellenbeck, zum ersten besoldeten Beigeordneten gewählt worden. Die linke Ratsmehrheit ermöglichte 1919 z.B., in den heiligen Hallen des Velberter Realgymnasiums eine Volkshochschule einzurichten, ebenso wurde die Stadtbücherei ausgebaut und ein öffentlicher Lesesaal eingerichtet. Dem großen Arbeitersportverein standen endlich auch die städtischen Turnhallen und Sportplätze zur Verfügung.

Diese neuen sozialistischen oder liberalen Impulse im Bildungssystem der Stadt führten im Jahr 1920 zu heftigen Auseinandersetzungen um neue (konfessions-)freie Schulen oder den Erhalt der Konfessionsschulen. Der Wahlkampf zu den Elternräten, die hierbei eine wichtige Funktion hatten, wurde von konservativer wie von sozialistischer Seite mit Erbitterung geführt.

In Velbert herrschte ebenfalls wie in anderen Städten des bergischen Raums große Not. Lebensmittel waren noch immer scharf rationiert, dazu kamen massive Preissteigerungen und zunehmende Geldentwertung. Wohnungen fehlten und der Wohnraum unterstand einer Zwangsbewirtschaftung, wobei Unternehmer immer neue Tricks fanden, um eine Einweisung Wohnungsloser in ihre Villen zu verhindern.

Die schwierigen Lebensbedingungen führten in dieser Zeit bei den kleinen Leuten in Velbert noch zu einer anderen, verhältnismäßig breiten Organisation: dem „Auswanderer-Verein“. Der Verein führte viele Versammlungen durch und machte für die Auswanderung nach Brasilien Stimmung. Mit Erfolg, denn zahlreiche Velberter wanderten wenige Jahre später dorthin aus, wo sie sich eine bessere Zukunft versprachen. Nicht alle hielten durch, bei manchem war das Heimweh stärker.

Die Nachricht vom Putsch und eine große Demonstration vor dem Rathaus Velbert
13.3.1920 – Rathausvorplatz

Während einer Sitzung des Ernährungsausschusses im Rathaus traf am Nachmittag des 13. März die Nachricht vom Putsch in Berlin ein.

Am nächsten Tag, einem Sonntag, fand auf dem Platz vor dem Rathaus eine große Demonstration der gesamten Velberter Arbeiterschaft statt. Hier wurde der Generalstreik proklamiert, der am nächsten Tag beginnen sollte. Der Aktionsausschuss der Arbeiterparteien übte nun schon die vollziehende Gewalt aus. Die Ortswehr der Arbeiterschaft sicherte Ruhe und Ordnung in der Stadt und arbeitete mit der Polizei zusammen. Am

Montag begann der Generalstreik in allen Betrieben.

Auf welche gespannte politischen Lage die Nachricht vom Putsch in Velbert traf, lässt sich an der harten Tarifauseinandersetzungen ermessen, die sich im Januar 1920 unter anderem vor dem Haus des Velberter Unternehmerverbandes in der Sternbergstraße abspielte.

Protest beim Unternehmerverband *17.1.1920 – Sternbergstr. 59 (2)*

Bei einem Abstecher zur früheren Neustraße, der heutigen Sternbergstr. 59, erreichen wir das ehemalige Haus des Velberter Unternehmerverbandes. Dieses noch erhaltene Haus wurde ab 1922 der Sitz des christlichen Metallarbeiterverbandes.[1] Vor diesem Haus fand im Januar 1920 eine der größten Arbeiterdemonstrationen in der Geschichte Velberts statt.

War es im März 1919 gelungen, zum ersten Mal für die Velberter Metallarbeiter einen Tarifvertrag abzuschließen und die dort vereinbarten Löhne auch in relativ kurzen Abständen entsprechend der Inflation aufzustocken, so hatte sich die Lage im Januar 1920 zugespitzt.

Seit dem 11. Januar 1920 war über den Regierungsbezirk Düsseldorf auf Grund des Artikels 48 der Reichsverfassung der Ausnahmezustand verhängt worden. Die vollziehende Gewalt lag beim Wehrkreisbefehlshaber VI in Münster, Generalleutnant Freiherr von Watter.

Gestützt auf den Belagerungszustand, glaubten die Unternehmer die Arbeiter mit weit unter den Preissteigerungen liegenden Lohnerhöhungen abspeisen zu können. Daraufhin legten am Samstag,

Das Velberter Rathaus zu Beginn der zwanziger Jahre. Der Ort der Kundgebungen und Demonstrationen im März 1920 (Foto: StA Velbert)

den 17. Januar 1920 alle Velberter Metallarbeiter die Arbeit nieder und zogen zu Tausenden vor das Haus des Unternehmerverbandes in der Neustraße 59. Angstschlotternd und angesichts der empörten Masse um ihr Leben fürchtend unterschrieben die Führer des Unternehmerverbandes einen Tarifvertrag, der ganz den Forderungen der Arbeiter entsprach. Für diese Entscheidung hatten die Demonstranten den Unternehmern ein Ultimatum von fünf Minuten gegeben. Doch das Unternehmerwort galt nicht lange. Sie riefen die Militärbehörden zu Hilfe, die den Vertrag für ungültig erklärten. In neuen Verhandlungen, die jetzt auch beim Militärkommando in Münster geführt wurden und in die sich auch der zivile Staatskommissar Carl Severing einmischte, kam schließlich ein wesentlich schlechterer Vertrag zustande. Die Enttäuschung über die sozialdemokratisch geführte Regierung und deren Staatskommissar Severing, aber auch der Hass auf die Militärdiktatur war bei den Velberter Arbeitern groß. Diese angespannte politische Lage lag noch in der Luft, als die Nachrichten vom Militär-Putsch in Berlin bekannt wurde.

Der Aktionsausschuss in der Gaststätte Otting *13.3.1920 – Poststraße 59 (3)*

Im heutigen Wohnhaus Poststraße 59 befand sich 1920 die Gaststätte Otting. Hier hatte 1920 auch der DMV seine Geschäftsstelle. Der DMV war die wichtigste Organisation der Velberter Arbeiterschaft. In Velbert war die Mitgliederzahl im DMV von 1.538 Mitgliedern im letzten Vorkriegsjahr 1913 auf 8.400 Mitglieder im Jahr 1919 gestiegen. Das war ein

Die Ortsverwaltung des DMV Velbert 1922 – Das Foto zeigt die Mitglieder der Velberter Ortsverwaltung des DMV. Mindestens drei Funktionäre der Ortsverwaltung waren auch im Aktionsausschuss tätig: Zweite Reihe 3. v.l. der Geschäftsführer Heinrich Fink, erster v.r. (sitzend) Heinrich Thielen und in der Mitte des Bildes August Lange. (Foto: Judick 1991)

Organisationsgrad, der zu keiner Zeit wieder erreicht wurde, zumal auch die Christlichen Gewerkschaften eine große Mitgliederzahl aufwiesen.

Die Funktionäre der Metaller bekleideten gleichzeitig auch in den Arbeiterparteien Schlüsselfunktionen. Auch der Wirt des Lokals Otting war einer der ersten Stadtverordneten der SPD. 1920 war er als ehrenamtlicher Beigeordneter tätig.

Im Lokal Otting trafen sich am Abend des 13. März die wichtigsten Funktionäre der Arbeiterparteien. Es wurde über Gegenmaßnahmen beraten. Zur Koordinierung der Bewegung wurde ein aus acht Personen bestehender Aktionsausschuss gebildet, dem Vertreter der USPD, der SPD und der KPD angehören.

Der Aufruf der Bezirksleitungen der drei Arbeiterparteien, der an diesem Tag in Elberfeld beschlossen worden war,[2] war wohl schon in Velbert angekommen. Später berichtete der Velberter Bürgermeister über die politische Zielsetzung, die auf dieser Versammlung beschlossen wurde: *„Es wurde als Gegenpol gegen den Rechtsbruch in Berlin und auf Weisung der Leitung der sozialistischen Gruppe 'Niederrhein' die Losung der Rätediktatur auf das Programm gesetzt."*

Man zog auch militärischen Widerstand in Erwägung. Am gleichen Abend wurde noch eine Ortswehr aus Mitgliedern der drei Arbeiterparteien und der Gewerkschaften gebildet.

Am Montag begann der allgemeine Generalstreik in allen Betrieben. Im Laufe des Vormittags wurde bekannt, dass beim Sipo-Einmarsch in Werden offener Terror gegen die streikenden Arbeiter ausgeübt wurde und es mehrere Tote gegeben hatte. Die Ortswehr wurde mit Gewehren ausgerüstet, einige Autos bei Unternehmern beschlagnahmt, um Verbindung zu den umliegenden Städten aufzunehmen. An den Zugangsstraßen zur Stadt wurden Feldwachen aufgestellt um nicht von Reichswehr oder Sipo überrascht zu werden – so auch an den Höhen, die nach Heiligenhaus hinausführen.

Die Gaststätte Otting war über Jahrzehnte, seit dem Ende des Sozialistengesetzes bis 1933 eine traditionelle Versammlungsstätte der Velberter Arbeiterbewegung. Hier traf sich vor allem die SPD und ihre Neben- und Jugendorganisationen.

Die USPD tagte nicht weit davon im Waldschlößchen, heute Poststraße 70. Das Stammlokal der KPD war die Gaststätte Schoppmann auf der Friedrichstraße (heute Hotel Zur Traube). Auch die anderen Arbeitervereine hatten ihre festen Lokale und zu dieser Zeit kaum Schwierigkeiten, Unterkünfte zu finden, zumal es 1920 in Velbert 79 Wirtschaften gab.[3]

Mutige Kämpfer am Dalbecksbaum
16.3.1920 – Heiligenhauser Str./ Ernst-Moritz-Arndt Str. (4)

Auf dem unbebauten Platz an der Heiligenhauser Straße, Ecke Ernst-Moritz-Arndt Straße stand 1920 eine Ziegelei. Das Gebiet Richtung Heiligenhaus war unbebaut und an dieser erhöhten Stelle zwischen den beiden Städten hatte man eine weite Sicht.

An diesem Morgen rückten zwei berittene Kompanien und eine Batterie des 51. Regiments aus Düsseldorf nach Heiligenhaus an die Grenze Velberts vor. Die einmarschierenden Truppen gingen wie überall ausgesprochen gewalttätig vor. Sie erschossen bei ihrem Einmarsch drei Heiligenhauser Bürger, darunter ein Kind. 17 Arbeiterfunktionäre wurden nach vorbereiteten Listen verhaftet, darunter alle Mitglieder des dortigen Aktionsausschusses der Arbeiterparteien. Vorausgegangen war, dass der Aktions-

Die Verbindungsstraße nach Heiligenhaus wurde am Dalbecksbaum von den gefällten Bäumen versperrt. Die Barrikaden sollten den Vormarsch der Soldaten aufhalten. (Foto: StA Velbert)

ausschuss von Heiligenhaus die illegal bestehende Einwohnerwehr aus wohlhabenden Bürgerkreisen entwaffnet hatte.

Als bekannt wurde, dass die Militäreinheiten bereits einen starken Maschinengewehrposten bis zur Velberter Stadtgrenze vorgeschoben hatten, hielt es der Aktionsausschuss für unmöglich, die Stadt gegen eine reguläre Armeeeinheit zu verteidigen. Er gab die Anweisung, die Kampforganisationen der Arbeiter aufzulösen und im Falle des Einmarsches die Häuser nicht zu verlassen.

Die Feldwache an der Straße nach Heiligenhaus hatte ihre Stellung in der alten Ziegelei bezogen. Sie bestand lediglich aus 13 Kämpfern. Durch einen glücklichen Zufall sind von diesem Ort an diesem Tag drei Fotos erhalten.[4] Die Arbeiter hatten die Bäume an der Heiligenhauserstraße gefällt. Die querliegenden Bäume sollten den Vormarsch der Militärs aufhalten. Auf einem Foto ist auch ein quergestellter LKW-Anhänger zu erkennen.

Entgegen den Anweisungen des Aktionsausschusses nahm diese Feldwache den Kampf gegen heranrückende Truppen auf. Die sozialdemokratische „Freie Presse“ aus Elberfeld berichtete einige Tage später: „Eine kleine Schar von Arbeitern ging aber auf eigene Faust mit einer unbeschreiblichen Begeisterung und unübertrefflichen Todesverachtung zum Angriff vor, trotz der Übermacht der Reichswehr.“ Dieser Funken genügte. Der Feldwache kamen bald Gruppen aus Flandersbach und Tönisheide mit einem MG zu Hilfe. Auch hunderte Velberter stießen später hinzu. Die „Freie Presse“ berichtete weiter: „Nach mehrstündigen Gefecht mussten sich die Söldnerknechte, die von ihrem überlegenen Kriegsmaterial keinen rechten Gebrauch zu machen wussten, Hals über Kopf zurückziehen, mit Hinterlassung von drei Toten und fünf Gefangenen; außerdem wurden drei Maschinengewehre mit Munition und ein Auto erbeutet. Im Sturmschritt ging es nach und durch Heiligenhaus, wo noch aus einzelnen Häusern auf die siegreichen Arbeiter geschossen wurde. Die 'Tapferen' Zeitfreiwilligen aus Fabrikantenkreisen flohen eiligst mit den Soldaten.“[5]

Das Militär nahmen dabei die 17 verhafteten Arbeiter mit. Ihr Schicksal war zunächst ungewiss. Sie kamen in die Kasernen nach Düsseldorf. Wenige Tage später wurden sie durch einen Streik der dortigen Arbeiterschaft befreit.

Die Velberter Arbeiter beklagten einen Toten: Alfred Tönnes war Metallarbeiter bei der Fa. Niederdrenk.[6] Ein junger Arbeiter, Karl Schulte, wurde bei den Kämpfen schwer verletzt. Er kam ins Velberter Krankenhaus, wo er wenige Tage später verstarb.[7]

Das Ehrengrab auf dem Waldfriedhof
Waldfriedhof, Eingang Grünheide (5)

Das Grab des am Dalbecksbaum gefallenen Kollegen Alfred Tönnes auf dem kommunalen Waldfriedhof ist noch erhalten. Vom Eingang Grünheide auf dem Hauptweg nach links zur Friedhofskapelle. Am Ende des Hauptwege, gehen wir wenige Schritte nach links. Auf der rechten Seite finden wir die schwarze Stele für den Velberter Ehrenbürger Nicolaus Ehlen. Gleich gegenüber befindet sich das Grab von Alfred Tönnes.

Seine Beisetzung fand unter der Beteiligung tausender Arbeiter statt. Die Kosten hierfür hatte die Stadt übernommen. Der damalige Geschäftführer der DMV-Ortsverwaltung Heinrich Fink hielt die Gedenkrede. Die Trauerfeier wurde umrahmt von Liedern des ältesten Velberter Arbeitergesangvereins „Freie Liederhalle“.

Es ist heute noch ein Ehrengrab der Stadt Velbert. In den 20er Jahren fanden hier jährlich Gedenkfeiern statt. Zum 60. Jahrestag nahm die DKP, die VVN und einige andere Organisationen 1980 diese Tradition wieder auf – allerdings nur für kurze Zeit.

Ehemaliges Velberter Krankenhaus
Weissenbornstraße (6)

Unser Weg führt uns vom Waldfriedhof, vorbei am Stadtbad und durch den Herminghauspark. Am Ende des Parks stand bis vor nicht allzu langer Zeit das Velberter Krankenhaus, bekannt als „Kaiser Wilhelm Stift“. (Heute ist dort Velberts Renommierstube, das „Queens Hotel“ ansässig.) Hier starb das zweite Opfer der Kämpfe, der junge Kollege Karl Schulte. Er war Mitglied des „Vereins Arbeiterjugend – Velbert“. Er wurde ebenfalls unter großer Anteilnahme auf dem katholischen Friedhof beigesetzt.

Verein Arbeiterjugend, Velbert.

Infolge schwerer Verwundung, zugezogen bei dem Kampf gegen die Kapptruppen, verstarb unser lieber Jugendgenosse und treuer Freund

Karl Schulte.

Ehre seinem Andenken!
Velbert, den 21. März 1920.
Der Vorstand.

Die Beerdigung findet am Dienstagnachmittag 4 Uhr vom Krankenhause aus statt.

Die Todesanzeige der Velberter Arbeiterjugend für ihren Genossen Karl Schulte

Der Chefarzt des Krankenhauses war Dr. Knickmeier. Er ist ein Beispiel für den ungebrochenen Einfluß, den die deutschnationalen Kreise auf alle staatlichen Einrichtungen hatten, und der mit dem Aufstand gegen den Kapp-Putsch zunichte gemacht werden sollte. Seine Biographie macht auch die Kontinuität nationalistischer Kreise der Kaiserzeit bis zum Nationalsozialismus deutlich. Dennoch erwarb er für das Gesundheitswesen seiner Zeit einige Verdienste. Zugleich jedoch gehörte er schon vor 1914 zur Partei der Antisemiten; er war Anfang der 20er Jahre eines der ersten Mitglieder der NSDAP und wurde kurz vor seinem Tod 1933 zusammen mit Hitler zum Ehrenbürger der Stadt ernannt. Im Rahmen der Umbenennung von zehn Straßen mit den Namen der Nazi-Größen entstand so auch eine Knickmeier Straße, die am Krankenhaus vorbeiführte. Erst nach harten kommunalen Auseinandersetzungen wurde in den 70er Jahren diese Straße umbenannt nach dem – in Velbert geborenen – Antifaschisten und Schriftsteller Günter Weissenborn.

Doch zurück zu 1920. Am Eingang des Herminghausparks standen an der heutigen Cranachstraße, in bester Wohnlage, die Villen von zwei Vertretern der Velberter Unternehmerschaft, van den Kerkhoff und vom Bruck. Von ihnen heißt es in einem Bericht der Wuppertaler „Freien Presse“: „Die Fabrikanten, die siegesgewiss von den Dächern ihrer Villen, wie zum Beispiel van den Kerkhoff, den Einzug der Kapp-Truppen erwartet hatten, waren wieder einmal um eine Enttäuschung reicher.“[8]

Sie waren wütende Gegner der Gewerkschaften und der durch die Novem-

August Meinert (1891-1957) hatte schon während des Ersten Weltkrieges als Unteroffizier militärische Erfahrungen gesammelt. In der Novemberrevolution war er Delegierter des Velberter Arbeiterrates auf dem Reichsrätekongress in Berlin. Das Foto zeigt ihn (2. von rechts) in einer Gruppe von Delegierten. Während der Nazidiktatur war er Häftling im KZ Sachsenhausen. (Foto: Archiv Judick)

berrevolution erreichten Reformen. Beide vertraten im 1919 gegründeten „Reichsverband der Deutschen Industrie“ den Eisen und Stahlwarenindustriebund und waren dort die schärfsten Redner gegen das noch gar nicht verabschiedete Betriebsrätegesetz. Nur ein Zitat aus der Rede van den Kerkhoffs im Oktober 1919 sei hier genannt: *„Angesichts des Betriebsrätegesetzes, das unsichere Verhältnisse nach Deutschland bringe, dürfe der Staat sich nicht wundern … wenn sich die Industrie unter den Schutz eines fremden Staates stellt, weil der eigene Staat sie vernichten will.“* Also schon damals das Ultimatum: Entweder Machteinsatz des eigenen Staates gegen die Arbeiterrechte oder Separatismus.

Das alte Velberter Gewerkschaftshaus *Cranachstraße 15 (7)*

Unser Weg führt uns durch die Cranachstraße in Richtung des heutigen AWO-Hauses. Bevor wir die Friedrich-Ebert-Straße erreichen – die damals Flora Straße hieß, bevor sie 1925 in Hindenburg Straße umgetauft wurde – steht rechts ein altes Gebäude, im dem sich heute die Gaststätte „Zum Park“ befindet.

Es wurde in der Mitte der 20er Jahren von mehreren Arbeiterorganisationen durch die Gründung einer gemeinsamen Genossenschaft errichtet und war dann das Velberter Gewerkschaftshaus. Es wurde – wie überall am 2. Mai 1933 – von den Nationalsozialisten besetzt. Später wurde es bis 1959 Sitz der IG Metall (Velbert).

Gegenüber steht das Haus von August Lange, der bis 1924 Mitglied der Ortsverwaltung des DMV war und großes Ansehen besaß. Der alte Sozialdemokrat hatte sich 1920 der KPD angeschlossen. 1924 wurde der 64-jährige zum Vorsitzenden des Metallarbeiterverbandes gewählt, doch aufgrund seiner Parteizugehörigkeit vom Gewerkschaftsvorstand nicht bestätigt.

1935 war der 76-jährige der älteste Angeklagte im Prozess gegen über 70 Arbeiter aus dem Velberter Raum, einem Teilprozess der Wuppertaler Gewerkschaftsprozesse. Er wurde wie die meisten anderen verurteilt, weil Kommunisten und Sozialdemokraten gemeinsam versucht hatten, in vielen Betrieben die freien Gewerkschaften wieder aufzubauen. Opa Lange musste nicht nur seine Haftstrafe absitzen, er verlor auch sein Haus, dass für die Prozesskosten beschlagnahmt wurde.

Der Aktionsausschuss im Rathaus Velbert *Rathaus Velbert*

Von der Sitzung des Velberter Arbeiterrates vom 27. März 1920 findet sich folgendes Protokoll:

„Zur Sitzung des Arbeiterrates anwesend unter Vorsitz Meißwinkel (USPD), Neugenbauer, Grass (KPD), Freitag, Frau Wiemann, Ellenbeck (USPD), Kunze, Mank, Kontz, Kuhlmann, Fritz vom Bruck (SPD), Brunnöhler, Thiele (USPD), Seiwert, Lomberg, Munkenbeck, Wolf, Schubert, Mehlikas Karrenberg, Dr. Wagner (SPD, Leiter der VHS).“[9]

Tagesordnung

1. *Zusammensetzung und Einteilung des Aktionsausschusses und Besoldung desselben*
2. *Eingegangene Rechnungen*
3. *Abbau und Aufbau der Sicherheitspolizei (Ersatz von Kleidern und Schuhen)*
4. *Gründung einer Ortswehr*
4. *Verschiedenes.“*[10]

An der Ruhr war im Kampf gegen den Kapp-Putsch eine „Rote Ruhr Armee“ entstanden. Die Forderung auf Errichtung der Rätemacht war weitgehend aufgegeben. Die Forderungen, um die es jetzt ging, richteten sich auf die Einhaltung der

Verfassung, des Versprechens nach Sozialisierung und nach totaler Säuberung der Armee von allen konterrevolutionären, monarchistischen Offizieren, um einen neuen Rechtsputsch zu verhindern.

Aus Velbert war eine vom Aktionsausschuss aufgestellte Truppe von 250 Mann unter dem Kommando des damals zur USPD gehörenden Metallarbeiters August Meinert an die Front bei Wesel geschickt worden. Alle anderen Waffen wurden in Velbert eingezogen. Alle Waffenscheine für die Arbeiterwehr mussten vom Aktionsausschussvorsitzenden Heinrich Thielen unterzeichnet werden.[11]

Die „Rote Ruhr Armee" hatte das Ruhrgebiet bis zur Lippe von Konterrevolutionären gesäubert und ihr Vormarsch war an der Lippe vor Wesel ins Stocken geraten. In welchem Abschnitt der Front zwischen Wesel und Münster die Velberter Arbeiterwehr gestanden hatte, ist unbekannt. Nach dem Abschluss des Bielefelder Abkommens kamen die Velberter ohne Verluste zurück.

Angesichts der ungeheuren Not und dem Zwang, die eigenen Kämpfer und die sich zurückziehenden auswärtigen Kontingente zu versorgen, sah sich der Aktionsausschuss auch berechtigt, bei den vermögenden Fabrikanten und anderen, offensichtlich keine Not Leidenden, Lebensmittelvorräte und Kleidung zu beschlagnahmen. Für die Verteilung dieser Lebensmittel wurden Ausschüsse gebildet, an denen auch die Vertreter des Sozialamtes beteiligt waren. Ein Teil der beschlagnahmten Sachen wurden zurückgegeben.

Nach den Vereinbarungen von Bielefeld wurde auch in Velbert Anfang April 1920 ein Ordnungsausschuss gebildet, der aus den Vertretern der demokratischen und linken Parteien bestand. Ihm unterstand eine „Ortswehr", die aus der örtlichen Arbeiterschaft gebildet worden war. Sie hatte die Aufgabe übernommen, statt der alten Polizei, die als politisch reaktionär galt, die Ordnung und Sicherheit in der Stadt zu gewährleisten.

Als sich die Befürchtungen um den Einmarsch der Reichswehr auch nach Velbert verdichteten, flüchteten die führenden Kämpfer ins englisch besetzte Gebiet bei Düsseldorf. Der Bürgermeister Dr. Tweer telegrafierte daraufhin an Reichskommissar Severing: „Sofortige Klärung der Amnestie und der Frage der Zurückziehung des Militärs dringend notwendig, da nach Flucht zahlreicher sozialistischer Beigeordneter und Stadtverordneter die Verwaltungsgeschäfte stocken … Verhältnisse in Velbert allgemein geordnet und ruhig. Ich bitte dringend, vorgehende Reichswehr nicht in Velbert einrücken zu lassen, um örtliche Schwierigkeiten zu vermeiden."[12]

Demgegenüber warteten die Unternehmer täglich auf den Einmarsch der Armee. Doch blieb Velbert davon zunächst verschont.

Erst am 4. Juni 1920 rückten sechs Hundertschaften grüner (staatlicher) Polizei in Velbert ein. Sie mussten im Stadtzentrum einquartiert werden und sollten die Stadt nach versteckten Waffen absuchen. Entgegen dem Bielefelder Abkommen musste auch die Ortswehr ihre Waffen abgeben und wurde aufgelöst. Die weitere Suche nach versteckten Waffen blieb ohne Erfolg und die Velberter Arbeiter ließen sich nicht provozieren. Da inzwischen auch der Ausnahmezustand aufgehoben war, zog die Truppe ab, hinterließ der Stadt aber nicht unerhebliche Kosten.

Tour 3:
Der Marsch der Solinger nach Elberfeld
16. März 1920
Eine Tour durch Cronenberg

Das Kapitel beschreibt im Vorspann die harten tariflichen Auseinandersetzungen im englisch besetzten Solingen und die revolutionären Ereignisse bei Bekanntwerden des Putsches in den kleinen, damals noch selbständigen Ortschaften Wald, Ohligs und Wiesdorf.

Die Tour führt vom damaligen Grenzübergang Kohlfurth durch Cronenberg nach Elberfeld. Cronenberg war bis zu der Städtevereinigung 1929 ebenfalls selbständig und ist eine der typischen Bergischen Industriestädtchen, die, ausgehend von der Wasserkraft in den umliegenden Tälern, zu einem Zentrum der Bergischen Werkzeugindustrie wurde.

Die Tour folgt einem Marsch von 1.000 Solinger Männern und Frauen, die am 16. März 1920 von Solingen nach Elberfeld zogen. Dieser Demonstrationszug wurde zum Ausgangspunkt für die blutigen Auseinandersetzungen zwischen der Arbeiterschaft und den putschenden Militäreinheiten. Die Tour führt von dem kleinen Ort Kohlfurth an der Wupper durch das alte Industrietal des Kaltenbachs zum Ortszentrum von Cronenberg. Von hier folgt der Weg der alten Kölnischen Straße hinunter nach Elberfeld.

Die Tour kann mit den Buslinien CE 64 und 605, die vom Hauptbahnhof Elberfeld nach Kohlfurth fahren, durchgeführt werden.

Der erste Abschnitt des Weges, von Kohlfurth durch das Kaltenbachtal bis zum Ortszentrum von Cronenberg, ist auch als angenehme und interessante Wanderstrecke zu empfehlen.

Für Radfahrer bietet sich eine Rundtour von Elberfeld entlang der Wupper nach Kohlfurth und von dort über Cronenberg zurück nach Elberfeld an.

Emil Kühn, ein alter Cronenberger Sozialdemokrat, berichtet am Rande des Weges aus seinen Erinnerungen über die Gewerkschaftsarbeit zu Beginn der 20er Jahre, von den Anfängen der Cronenberger Naturfreunde und von anderen Cronenberger Arbeitervereinen.

Mit dem Cronenberger Metallarbeiterverband (DMV) sind jedoch auch die Namen Hermann Herberts, senior und junior, Walter Freitag und Konni Büsch verbunden. Diese Arbeiterführer werden ebenfalls auf der Tour durch Cronenberg vorgestellt.

Die beschriebenen Stationen folgen dem geographischen Verlauf der Wanderung. Zur Chronologie sind jedoch die Daten zu Beginn jeder Station zu beachten. So ist z.B. die Station „Friedhof Solinger Straße“ die chronologisch letzte Station.

Die einleitenden Artikel über Solingen hat Manfred Krause verfasst.

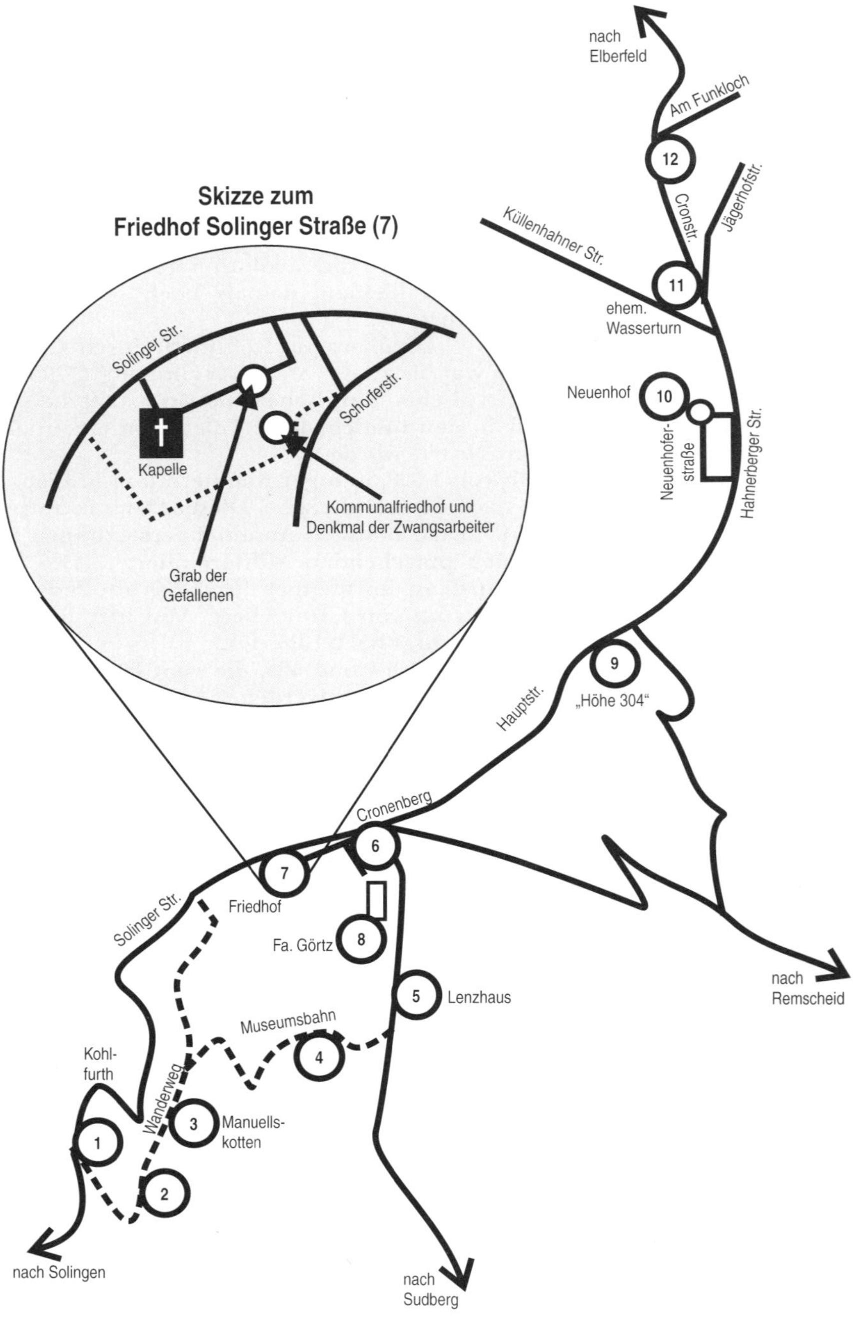

Skizze zum
Friedhof Solinger Straße (7)
Solinger Str.
Schorferstr.
Kapelle
Kommunalfriedhof und
Denkmal der Zwangsarbeiter
Grab der
Gefallenen
nach
Elberfeld
Am Funkloch
12
Cronstr.
Jägerhofstr.
Küllenhahner Str.
11
ehem.
Wasserturn
Neuenhof
10
Neuenhofer-
straße
Hahnerberger Str.
9
„Höhe 304"
Hauptstr.
Cronenberg
6
7
Friedhof
Solinger Str.
8
Fa. Görtz
5
Lenzhaus
Museumsbahn
4
Kohl-
furth
Wanderweg
3
Manuells-
kotten
1
2
nach Solingen
nach
Sudberg
nach
Remscheid

Zweimal Generalstreik in Solingen *8. – 14. Februar 1920 und 15. März 1920*

Der Kapp-Putsch traf und überraschte die Solinger Arbeiterschaft inmitten einer bedeutenden sozialen Auseinandersetzung. Der im Februar 1920 als Streik um höhere Löhne begonnene Arbeitskampf der Arbeiter in den Gesenkschmieden bzw. -schlägereien hatte sich aufgrund der Aussperrung aller Schmiede- bzw. Schlägereiarbeiter zu einem Generalstreik entwickelt. Lag die Streikführung zunächst in den Händen der USPD und der ihren nahestehenden Betriebsräte, wurde er nach Zustimmung der örtlichen Metall- und Schneidwarenarbeitergewerkschaften auch offiziell von den Gewerkschaften geführt. Der Generalstreik vom 8. bis 14. Februar umfasste nicht nur Industriearbeiter, sondern auch Büroangestellte, Buchdrucker, Transportarbeiter und Dienstmädchen. Der Sympathiestreik dauerte eine Woche, anschließend wurde er auf die Metall- und Schneidwarenarbeiter beschränkt, die ihren Streik fünf weitere Wochen fortsetzten. Das Solinger Unternehmerlager versuchte die Auseinandersetzung für einen grundsätzlichen sozialpolitischen Kurswechsel zu nutzen und verlangte u.a. ultimativ die Abschaffung der in der Revolutionszeit der Jahreswende 1918/19 als Sonderregelung vereinbarten 46,5-Stundenwoche sowie die Anerkennung der „Pflicht der Akkordarbeit" und die „Gestattung der Teilarbeit". Nach wochenlangen ergebnislosen Verhandlungen einigten sich beide Seiten auf einen Schiedsspruch des örtlichen Schlichtungsschusses, der am 18. März mitten während der Auseinandersetzungen im Gefolge des Kapp-Putsches in der Kernfrage der Arbeitszeit eindeutig die Interessen der Arbeitgeberseite favorisierte und die reichsweit übliche 48-Stundenwoche als verbindlich festsetzte. Lediglich in den Lohnfragen kam er partiell den Arbeiterforderungen entgegen. Eine Bezahlung der Streiktage konnte ebenfalls nicht durchgesetzt werden. Der von vielen tausend Arbeitern geführte Kampf ging entgegen anderslautenden Stellungnahmen der Arbeiterpresse in politischer Hinsicht verloren. Die soziale Macht der Industrie – und der Heimarbeiterschaft der Schneidwarenbranche – wurde im Vorfeld der Inflationszeit begrenzt.[1] Die Schlußphase dieser wichtigen sozialen Auseinandersetzung in der Solinger Schneidwarenindustrie wurde seit dem 13. März 1920 überlagert von dem von der Reichswehr tolerierten rechtsnationalen Umsturzversuch. Der linke Flügel der Solinger USPD verfolgte sehr schnell die politische Strategie, aus der Abwehr des Kapp-Putsches heraus einen revolutionären Prozess in Richtung einer sozialistischen Republik in Gang zu setzen.

Der englisch besetzte Brückenkopf, der aus der Wupper zwischen Cronenberg und Solingen eine Grenze machte. (Karte: Bergische Arbeiterstimme 23.11.1918)

Am 15. März 1920 wurde zur Abwehr des Kapp-Putsches zum örtlichen Generalstreik aufgerufen. (M.K.)

„In den Morgenstunden läuteten sämtliche Glocken Solingens" *15.3.1920, August-Dicke-Schule*

Am 15. März, dem ersten Tag des Generalstreiks, schrieb die Bergische Arbeiterstimme: *„Die Kulissen sind umgeworfen, das Spiel geht ohne Verschönerungsstücke weiter. So kann man kühlen Blutes die Vorgänge in Berlin beurteilen. 'Die Reaktion ist am Ruder.' schreien die Rechtssozialisten. Unsinn! Die Reaktion hat ihre Hausknechte hinausgeworfen und besorgt ihre Geschäfte selbst. Das ist alles … Jetzt schreien die Noskesozialisten um unsere Hilfe. Die Demokratie sollen wir retten, der demokratischen Republik auf die Strümpfe helfen. Wir denken nicht daran. Für die Demokratie von gestern rühren wir keinen Finger, geschweige denn, dass wir für sie einen Tropfen Blut riskieren. Mit den Verrätern der Revolution, mit dem Schlächtern des revolutionären Proletariats kann es keine Gemeinschaft geben … Heute werden alle Räder stillstehen, alle Arbeit wird ruhen. Eine Ausnahme werden vielleicht die lebenswichtigen Betriebe sein. Was ist das Ziel? Für revolutionäre Sozialisten ist das keine Frage: Nieder mit der Kapp-Regierung! Nieder mit den Kappisten! Für die Diktatur des Proletariats! Für die sozialistische Republik! Für revolutionäre Betriebsräte! Für die Sozialisierung der Betriebe!"* [2]

In Solingen, das zu der von den Engländern militärisch besetzten, neutralen Zone gehörte und den nördlichen Rand des Kölner Brückenkopfes bildete, dauerte der Generalstreik lediglich 24 Stunden. Eine weitere zeitliche Ausdehnung wurde von den Besatzungsbehörden untersagt und von der Arbeiterpresse zudem für nicht opportun gehalten, da man nicht in „Kapp-Land" lebe.[3]

Der Generalstreik selbst wurde breit befolgt: *„Die Straßen, die schon seit Beginn des Solinger Industriestreiks dauernd ein bewegtes Bild gezeigt und am Samstag nach Bekanntwerden des Putsches in Berlin sich noch weiterbelebt hatten, wurden nach dem Einsetzen des Streikes, am frühen Morgen des gestrigen Tages, noch bunter. Gegen Mittag sah man größere Umzüge mit roten Fahnen, die zum Teil noch aus den Tagen der Revolution zu stammen schienen, unter Absingen der „Arbeiter-Marseillaise" durch die Straßen ziehen. Zur Aufrechterhaltung der Ordnung und Sicherheit der Stadt waren der Polizei Ordner aus dem Arbeiterstande beigegeben, die in den Straßen patrouillierten. Die meisten Geschäftshäuser hatten geschlossen. Die Straßenbahnen hatten ebenso wie die Eisenbahnen den Betrieb eingestellt. In den Morgenstunden läuteten sämtliche Glocken Solingens. Im ganzen zeigte unsere Stadt ein bunt bewegtes Bild. Im Laufe des Tages fanden mehrere Versammlungen statt, zu denen durch Flugblätter eingeladen worden war und die alle Entschließungen gegen die Kappregierung annahmen."* [4]

Allein über 10.000 Personen kamen zu der zentralen, von der USPD und dem Aktionsausschuss der Betriebsräte um elf Uhr auf dem St. Sebastians Schützenfeld – dem heutigen Standort der August-Dicke-Schule – abgehaltenen Protestkundgebung. In einer Resolution wurde sowohl der Kapp-Regierung die Nichtanerkennung ausgesprochen, als auch die bisherige sozialdemokratische Regierung verurteilt und sich gegen ihre Wiedereinsetzung ausgesprochen. Stattdessen wurde erneut die „Diktatur des Proletariats bis zur Errichtung der sozialistischen Republik", die „sofortige Sozialisierung aller reifen Betriebe" und die „Wahl revolutionärer Betriebsräte" zur „Vorbereitung der Übernahme der wirtschaftlichen Macht" gefordert. Eine weitere große Versammlung der sozialdemokratischen Partei im Kaisersaal sowie eine gemeinsame mit der linksliberalen Deutschen Demokratischen Partei und dem katholischen Zentrum in Gräfrath konzentrierte sich hingegen auf eine scharfe Verurteilung der Putschisten und die Aufforderung, diese zu stürzen.[5]

Den Losungen der Solinger USPD mit dem Ziel einer grundlegenden Umgestaltung der politischen und wirtschaftlichen Machtverhältnisse folgten in der Stadt Solingen und den Stadtgemeinden Gräfrath und Höhscheid keine konkreten Schritte. Stattdessen wurde der seit 24 Jahren amtierende Oberbürgermeister Dicke wenige Tage später einstimmig in der Solinger Stadtverordnetenversammlung am 23. März für zwölf Jahre wiedergewählt – allerdings bei gleichzeitiger Kritik der bürgerlichen Parteien an seiner Amtsführung, die als zu arbeiterfreundlich angesehen wurde.[6]

Der damalige Kundgebungsplatz an der Schützenstraße wurde übrigens 1927 mit der heutigen „August-Dicke-Schule" bebaut. Sie galt zu dieser Zeit als eine der schönsten Schulen in Westdeutschland und hatte eine sehr komfortable Ausstattung: zwei Turnhallen, deren Flachdächer für Luft- und Lichtbad und Freigymnastik genutzt werden konnten, Brausebadanlagen, Handarbeits-, Werk-, Koch-, und Speiseräume.[7] Hier war sowohl eine „Freie"[8] wie eine evangelische Schule untergebracht. (M.K.)

Der Bürgermeister von Wald erinnert sich *15.3.1920 – Rathaus Solingen Wald*

In den zum Solinger Industriebezirk gehörenden Stadtgemeinden Ohligs und Wald schritten die Vertreter der USPD jedoch zur Tat und setzten die seit langem amtierenden, konservativ eingestellten Bürgermeister ab. Bürgermeister Heinrich aus Wald schilderte die Episode in einem Erinnerungsbericht anlässlich seines 70. Geburtstages: *„Am 13. März, brach der sogenannte Kapp-Putsch aus. Infolge davon erbaten sich im Auftrage der U.S.P.-Fraktion, die sich mit den Kommunisten vereinigt hatten, die Herren Schneider, Lange, Schallbruch, Jersemann und Freund, am Sonntag den 14. März 1920, eine Unterredung mit mir in meinem Amtszimmer über die politische Lage. Wir hätten keine Regierung mehr in Berlin, sie sei ausgerückt. Und als ich mit meiner Frau abends gegen 10:00 Uhr, von der Konfirmationsfeier meiner Grossnichte … heimkehrend, im Walder Rathaus eintraf, meldete mir der Türaufschließer, USP hätten die Wachstube besetzt und wollten auch in meiner Privatwohnung den Fernsprechapparat abnehmen. Das besorgte dann auch der Stadtverordnete Stamm und ein gewisser Schmidt. Meine Verwahrung half nichts. Am anderen Morgen 10 Uhr baten Schneider, Lange, Schallbruch und Dültgen, also die vier soz. Beigeordneten, um eine Unterredung mit mir. Sie verwiesen mich hierbei auf eine um 11 Uhr stattfindende Massenversammlung auf dem Hindenburgplatz und die für 12.00 Uhr geplante Demonstration vor dem Rathaus. Vor dieser erschienen auch Schallbruch und Schick bei mir und legten mir eine freiwillige Abdiktion nahe. Ich erklärte den Herren, dass sich darüber reden ließe, es müssten aber vorher in dem auf nachmittags 6 Uhr anberaumten Verwaltungs-Ausschuss die näheren Bedingungen stipuliert werden, unter denen ich zur Abdankung bereit wäre. Soweit kam es aber nicht. Die Menge ging anscheinend nach den Erklärungen Schallbruchs und Schicks auseinander, der Arbeiter-Rat. der nach dem Kapp-Putsch, wohl auf das Kommando „Rin in die Kartoffeln", das Rathaus wieder besetzte, musste dasselbe auf Befehl des englischen Delegierten nachmittags wieder räumen, auch die rote Fahne vom Gebäude herunterholen, und ich wurde in aller Form von der englischen Besatzung aufgefordert, mein Amt weiterzuführen.* [9]

Hauptredner der Protestkundgebung auf dem Hindenburgplatz war übrigens Hermann Weber, der 1930 erster gewählter kommunistischer Oberbürgermeister in einer deutschen Großstadt, Solingen, wurde. Er wurde jedoch nicht vom preußischen, sozialdemokratisch geführten Ministerium bestätigt und konnte so sein Amt nicht antreten.

Auch in Langenfeld, Wiesdorf, und Ohligs kam es zu ähnlichen Versuchen, eine „Räterepublik“ z.T. unter breiter Beteiligung der Bevölkerung auszurufen.[10]

Dort und in anderen Ortschaften des unteren Kreises Solingen verhielten sich die englischen Besatzungsbehörden ähnlich wie in Wald. *„Damit dokumentierte die englische Behörde, dass sie nicht gewillt war, mit den radikalen sozialistischen Kräften zusammenzuarbeiten. Einmal mehr wurden von den Engländern ledig die alten Behörden als alleinige kommunale Ordnungswahrer und Verhandlungspartner anerkannt.“*[11] (M.K.)

Ein Plakat fordert auf – „Treffpunkt Kohlfurth“ *16.3.1920 – Kohlfurther Brücke (1)*

Hier an der Brücke über die Wupper war damals die Grenze zwischen dem eigenständigen Deutschen Reich und dem von den Engländern, der Siegermacht des Krieges, besetzten Brückenkopf rechts des Rheins.

Am Morgen des 16. März hatte ein Plakat im Geschäftslokal der USPD-Zeitung „Bergische Arbeiterstimme“ gehangen. Es forderte die Arbeiter Solingens auf, den „bedrängten Elberfelder Genossen“ zu Hilfe zu kommen. Alle sollten sich um 14.30 Uhr an der Kohlfurth treffen.

Es ist unbekannt, wer das Plakat aushängte und unterzeichnete. Dieses einzelne Plakat erzielte eine beachtliche Wirkung. Gegen Mittag zogen viele kleine Grüppchen hinunter zur Wupper zu dem auf dem Plakat angegebenen Sammelpunkt.

An der Brücke bei Kohlfurth standen schottische Soldaten und jeder Passant mußte sich ausweisen. Doch hinter der Grenze hatten die englischen Soldaten keine Befugnisse mehr. Dort versammelten sich die Solinger, die einzeln nach Kohlfurth gekommen waren, um den Besatzungssoldaten keinen Vorwand zum Eingreifen zu geben. Einige bewaffneten sich mit Wanderstöcken und Knüppeln. Insgesamt mögen es ca. 3.000 Menschen gewesen sein. Auch Frauen und Kinder waren darunter. Die Menschenmenge teilte sich. Die eine Hälfte blieb im Tal, um durch das Burgholz nach Elberfeld zu ziehen. Ein anderer Zug von ca. 1.000 Menschen setzte sich gegen 14:30 Uhr Richtung Cronenberg in Bewegung.[12] Der Zug folgte der Straße hoch nach Cronenberg. Auch einige Anwohner von Kohlfurth schlossen sich an. So auch Axel Enklinger aus Schulkohlfurth. Er sollte nicht mehr zurückkommen

Am Rande des Weges berichtet der alte Sozialdemokrat Emil Kühn über die Gewerkschaftsarbeit zu Beginn der 20er Jahre, über die Anfänge der Cronenberger Naturfreundegruppe und über andere Arbeiterkulturvereine.

Das alte Industrietal des Kaltenbachs

Parallel zur Straße nach Cronenberg führt ein Wanderweg durch das Kaltenbachtal nach Cronenberg. Wenn Sie diesem Weg folgen, kommen Sie an einigen interessanten Zeugnissen der Industrieepoche vorbei, die diese Landschaft über lange Zeit geprägt hat.

Bergische Museumsbahnen

Gleich gegenüber der Brücke im Ortskern Kohlfurth liegt das alte Straßenbahndepot der Bergischen Museumsbahn. Das Straßenbahnnetz war damals im Bergischen Land gut ausgebaut und das wichtigste allgemeine Personenverkehrsmittel. Selbst die kleineren Orte waren mit Straßenbahnen verbunden. In den schmalen Tälern waren sie auch das Transportmittel, das die Produkte der Hämmer und Kotten weitertransportierte. So auch die Linie 10, die von Solingen durch das industrielle Kaltenbach über Cronenberg nach Elberfeld führte. Die Bergische Museumsbahn bietet an manchen Sommerwochenenden Touristenfahrten über die erhaltene Teilstrecke durch das Kaltenbachtal an.

Waldschwimmbad an der Kohlfurth (2)

Gleich hinter der Bahnunterführung liegt links vom Weg ein alter Mühlteich. Dieser Teich diente lange als Waldschwimmbad. Das Schwimmbecken wurde in den Jahren 1924/25 von Mitgliedern der „Freien Turnerschaft Cronenberg" und privater Unterstützer gebaut. Es gab provisorische Toiletten und Umkleidekabinen. Der Besitzer des Geländes war Mitglied des Turnvereins und übernahm lange Zeit die Funktion des Bademeisters. Das Wasser war natürlich ziemlich kalt. 1933 wurde der Verein aufgrund seiner Herkunft aus der Arbeiterschaft verboten und das Schwimmbad von der Gemeinde übernommen. In den 50er Jahren wurde es dann geschlossen. Zum einen, weil die sanitären Einrichtungen nicht mehr den neuen Vorschriften entsprachen. Zum anderen, weil das Wasser des Kaltenbaches, und somit auch das Schwimmwasser, zunehmend von Schmutz belastet war.

Die alte Schleiferei Manuelskotten (3)

Die alte Schleiferei „Manuelskotten" ist die letzte von ehemals sechs Wasserkraftanlagen im Kaltenbachtal. Auch heute noch werden in dem alten Schleifkotten Messer geschliffen. Der Kotten verfügt über ein oberschlächtiges Wasserrad von 7 m Durchmesser. Erst 1927 wurde ein Dieselmotor eingesetzt. In einem solchen Betrieb arbeiteten ca. zwanzig Schleifer.

Die Schleifer bildeten damals die „Elite" der örtlichen Arbeiterschaft. Sie waren hundertprozentig gewerkschaftlich organisiert und hatten die höchsten Tarife. Oft streikten die Schleifer, um auch für die anderen Berufsgruppen der Metallarbeiter einen guten Lohn durchzusetzen. Die Schleifer hatten aber auch deshalb einen besonderen Ruf, weil sie einer gefährlichen Berufskrankheit und beträchtlichen Unfallgefahren ausgesetzt waren. Die Lungenkrankheit „Silikose" entstand durch die Luft in den Werkstätten. Sie arbeiten an den riesigen Schleifsteinen aus Sandstein, die immer im Wasser laufen mussten. In den Werkstätten breitete sich bei der Arbeit ein feuchter Dunst, angereichert mit Staubpartikeln, aus, dem die Schleifer ständig ausgesetzt waren. Die meisten starben früh an dieser Lungenkrankheit, oft schon mit 40 Jahren.

Einige hundert Meter oberhalb des Manuelskotten findet man die Reste einer weiteren Wasserkraftanlage, der alte „Friedrichshammer". Er war spätestens seit 1715 bis zu einem Brand im Jahr 1919 als Sensenschmiede in Betrieb. Wie an anderen Punkten hängt hier eine erklärende Tafel.

Die Naturfreundegruppe in Cronenberg *Naturfreundhaus „Am Hülsberg" bzw. Kuchhausen, Hülsen (4)*

Fährt man vom Manuelskotten mit der Museumsbahn zur Endstation, gelangt man zum Haus der Cronenberger Naturfreunde. Hier werden an Sommerwochenenden die Ausflügler bewirtet.

Die Belegschaft des Manuelskotten 1925. (Foto: Förderverein Manuelskotten)

Die Naturfreunde sind eine Bewegung, die in der Wiener Arbeiterschaft entstand und der Erholung, der Landschaftspflege und Ökologie dient. Ihr Gruß lautet auch heute noch „Berg frei!", eine ehemalige Kampfparole aus der Zeit, als die Wälder und Berge noch privat genutzt wurden und das Wandern dort verboten war. Die Cronenberger Gruppe entstand ebenfalls zu Beginn der 20er Jahre. Emil Kühn berichtet:

„1923 wurde ich auch Mitglied der Cronenberger Naturfreundegruppe. Die Gruppe hatte sich erst im Jahr zuvor gegründet. Im Herbst 1920, nach der Spaltung der USPD, brach auch die bis dahin parteiunabhängige Arbeiterjugendorganisation, die 'Freie sozialistischen Jugend', auseinander. Es entstanden drei verschiedene Jugendgruppen der Parteien, die jedoch alle sehr klein und deshalb nicht lebensfähig waren. Nach einiger Zeit der Auseinandersetzungen und Wirren wurde im Januar 1922 die Naturfreundegruppe zum Sammelbecken der verschiedenen Richtungen in der Arbeiterjugend. Die NF-Gruppe war von Karl Hahn und Kuhno Schelski gegründet worden. Karl Hahn wurde ihr erster Obmann. Mit der Gruppe gingen wir wandern, singen und feierten Sonnenwendfeiern. Die Gruppe gab sich nach kurzer Zeit den Spitznamen „Wottelfreeter", weil sich eine Reihe von Mitgliedern vegetarisch ernährten.[13] Doch an der politischen Entwicklung nahmen wir natürlich regen Anteil.

Aus der Gruppe entstanden eine Volkstanzgruppe und ein 'Sprech- und Bewegungschor'. Unser Chor wirkte später sogar bei der Aufführung des Stückes 'Wir und die Zeit' in der Elberfelder Stadthalle mit. Die Gruppe hatte damals ca. 30-50 Mitglieder.

Ein Mitglied der Gruppe hatte ein Grundstück in Kuchhausen, (Hülsen) auf dem die Gruppe in Eigenarbeit ihr erstes Heim, ein Holzhaus, errichtete. In dieser Zeit gab es eine große Erwerbslosigkeit, von der auch viele Gruppenmitglieder betroffen waren. Sie bauten nun an unserem Haus.

Auf dem Gelände des Naturfreundehauses hatte der Genosse Willi von Steinen, ein passionierter Botaniker, einen kleinen botanischen Garten angelegt. Die Pflanzen waren mit Schildern gekennzeichnet.

Als die Nazis im März 1933 an die Macht kamen, blieb unsere Gruppe zunächst unbehelligt.

Im Mai 1933 war die Gruppe mal wieder unterwegs, diesmal zum Naturfreundehaus Pfaffenhaus, das der benachbarten Gruppe aus Solingen gehörte. Als wir von diesem Wochenende zurückkamen, kam Karl Beni, der in diesen Tagen die Hüttenwache übernommen hatte, auf uns zu gerannt und berichtete, 'die SA hat das Haus besetzt'. Einige Mitglieder gingen zur Polizei. Die bemühte sich auch redlich, diese illegale Besetzung zu beenden. Doch sie konnte nichts mehr ausrichten. Die Nazis saßen schon zu fest im Sattel. Wir, die Gruppenmitglieder, erhielten lediglich noch das Recht, unsere persönlichen Sachen aus dem Haus zu holen.

Nach den Bombenangriffen auf Cronenberg wurde das Haus für die wohnungslosen Menschen benötigt. In den fünfziger Jahren gab es einen Rechtsstreit zwischen dem Grundeigentümer und den Cronenberger Naturfreunden um die Nutzung des Hauses. Die Gruppe verlor diesen Streit. Doch das Haus ist auch heute noch in veränderter Form erhalten.“ [14]

Die Gruppe erwarb 1954 eine alte „Bockstation“ am Greuel und baute sie zum neuen Gruppenhaus aus. Hier, am Naturfreundehaus „Am Hülsberg“, wird auch heute noch ein reges Gruppenleben, Gastfreundschaft und ökologisches Engagement gepflegt.

Hinweis:
Die Naturfreunde in Barmen,
Kapitel 10

Arbeitersport- und -gesangvereine in Cronenberg
Realschule Lenzhaus (5)

Emil Kühn, Jahrgang 1908, wird mit Beginn der 20er Jahre, beim Eintritt ins Berufsleben, auch Mitglied verschiedener Arbeitervereine in Cronenberg. Er berichtet:

„Ich trat 1924 dem 'Volkschor Cronenberg' bei. Hier sangen auch mein Vater und meine ältere Schwester. Der Chor probte damals in der Gaststätte Lenzhaus, die sich gleich gegenüber der Schule Lenzhaus befand. Er hatte sich gerade in dieser Zeit aus drei Cronenberger Arbeiterchören zusammengeschlossen, die bis dahin in verschiedenen Ortsteilen beheimatet waren: dem Chor 'Concordia Berghausen', dem Chor aus Sudberg und aus Hahnerberg. Dieser 'Volkschor' bestand in seiner Blütezeit vor der großen Wirtschaftkrise 1929 aus einem Männerchor und einem Frauenchor von jeweils ca. 100 aktiven Mitgliedern. Der 'Volkschor' war gegen Ende der Weimarer Zeit weit über Cronenberg hinaus bekannt. Bis 1922 hatte Herr Hussmann die musikalische Leitung. Ab 1922 übernahm Musikdirektor Bechle die Leitung. In dieser Zeit führten die Chöre mehrmals große Chorwerke in der Elberfelder Stadthalle mit großem Erfolg auf. Ab 1924 bis zu Gleichschaltung des Chores 1933 gehörte ihm auch Emil Kühn an.“ [15]

Auch Hermann Herberts, jun., der spätere Wuppertaler Oberbürgermeister, war Mitglied im Volkschor Cronenberg und lernte hier seine Frau kennen. Die Umbenennung in „Volkschor“ zu Beginn der 20er Jahre ist nicht zuletzt ein Ausdruck der veränderten politischen Haltung in der SPD. Mit Beginn der Weimarer Republik wurde von ihr eine klassenübergreifende „Volkskultur“ gefordert.[16]

Nach dem Wiederaufbau des Chores entstand 1950 aus den Volkschören Barmen, Ronsdorf und Cronenberg die „Chorgemeinschaft Wuppertal“ und später der „Konzertchor der Volksbühne“.

Im August 1907 hatte sich der erste Cronenberger Arbeitersportverein gegründet. Aus Anlass des 25. Jahrestages fand am 3.8.1932 ein Sternlauf der „Freien Turnerschaft Cronenberg" statt, gemeinsam mit den umliegenden Arbeitersportvereinen. Im Hintergrund ist die Realschule Lenzhaus zu sehen. (Foto: Günter Judick)

Die Besucherorganisation „Freie Volksbühne" war 1921 ebenfalls aus der Arbeiterbewegung entstanden. Ihr kam in diesen Jahren des Wiederaufbaus eine wichtige kulturpolitische Aufgabe zu. Dieser „Volksbühnenchor" gilt noch heute als einer der profiliertesten gemischten Chöre zwischen Beyenburg und Vohwinkel.[17]

Die damals selbständige Stadt Cronenberg bestand aus vielen kleinen Ortsteilen in den umliegenden Tälern und auf den Bergrücken. In diesen abgelegenen Arbeitergemeinden hatten sich eigenständige Vereine gebildet. Zu Beginn der 20er Jahre schlossen sie sich zusammen. Emil Kühn kann auch über die Arbeitersportvereine berichten:

„Gleich gegenüber, in der Turnhalle der Realschule am Lenzhaus, war das Übungsquartier des Arbeiter-Turnvereins 'Jahn-Kuchhausen'. Dort wurde ich ebenfalls Mitglied.

Die Turnvereine hatten sich kurz vor dem Volkschor ebenfalls zusammengeschlossen.

Bis 1923 bestanden im Süden Cronenbergs, in den Ortsteilen Sudberg, Berghausen und Kuchhausen jeweils eigene Arbeiterturnvereine.

Diese Vereine schlossen sich zur 'Freien Turnerschaft Cronenberg' zusammen. In Sudberg bildete sich aus den Turnern später auch eine Fußballmannschaft heraus, die allerdings keinen Platz für ihre Spiele hatten. So wurde von den Arbeitersportlern am Ortsende, an dem Weg von Sudberg nach Müngsten ein eigener Sportplatz angelegt. 'Auf der Platte' wurde dieser Platz genannt. Das war in der Zeit der großen Erwerbslosigkeit, als viele Mannschaftskameraden arbeitslos waren und nun selbst mit Hand anlegen konnten. Heute ist der Platz verfallen, doch man kann ihn am Waldrand noch erkennen."

Waffen im Rathaus von Cronenberg
16.3.1920 – Rathaus Cronenberg (6)

Der Zug der Solinger wollte sich für die befürchtete Begegnung mit dem Elberfelder Militär bewaffnen. An der Grenzkontrolle an der Kohlfurther Brücke durfte man natürlich keine Waffen bei sich tragen. Im Cronenberger Rathaus vermuteten viele die Waffen der Bürgerwehr, die man sowieso der Kumpanei mit den Putschisten verdächtigte. In Remscheid patrouillierte die Bürgerwehr schon durch die Straßen und beschoss streikende Arbeiter. Diese Waffen wollte man in die eigenen Hände bekommen. Die Demonstranten klopften stürmisch an die Rathaustüren und durchsuchten es nach Waffen. Doch es fanden sich keine. Kurz darauf sperrten sie die Post, um sicherzustellen, dass nicht telegrafisch Militär nach Cronenberg geordert wurde. Die Vorsicht war berechtigt. Das Militär in Remscheid hatte Order bekommen, die Demonstration in Cronenberg anzugreifen. General Gillhausen hatte Major Lützow angewiesen, „den Gegnern mit Panzerwagen in (die) Flanke und (den) Rücken zu fallen".[18] Doch die Tatsache, dass es auch in Remscheid an diesem Tag zu massiven Protesten der Arbeiterschaft kam,[19] verhinderte dort das Ausrücken der Militärs.

19.3.1920 – Etappenort und Heerlager (6)

Nachdem in Elberfeld der Aufstand der Arbeiter gesiegt hatte, bildete sich auch in Cronenberg ein Aktionsausschuss der Arbeiterparteien und nahm seinen Sitz im Rathaus. Er kontrollierte das Telegraphenamt und die örtlichen Zeitungen. Der „Cronenberger Anzeiger" durfte an einem Tag, vermutlich wegen Parteinahme für die Putschisten, nicht erscheinen.

Einige Tage später, während der Schlacht um Remscheid am 19. März, verwandelte sich die Stadt in ein Heerlager der Arbeiterarmee. Mehrere Trupps gefangener Soldaten wurden zuerst in das Rathaus geliefert, um sie dann nach Elberfeld zu bringen.[20]

Der Cronenberger Anzeiger schreibt: *„Es herrscht seit Dienstag ein starker Verkehr in unserer Stadt. Last-, Personen- und Sanitätsautos, Radfahrer und die Gruppen vieler Bewaffneter, meist auswärtige Personen, durchziehen die Straßen und geben unserem sonst so friedlichen Städtchen das Gepräge eines Etappenortes im Kriege. Ein eigenartiges Schauspiel für jene, die den Krieg nur vom Hörensagen, und Rückerinnerung für diese, die den wirklichen Krieg kennenlernten, bot in der vorletzten Nacht der Ausguck nach Remscheid, wo die Truppen in Erwartung des Angriffs den Remscheider Bergrücken mit Leuchtraketen erhellten und von wo aus der Schall der Granateinschläge und das Geratter der Maschinengewehre herüberdrang."*[21]

Herbert Herberts sen. – der Arbeiterführer in Cronenberg

Auch in Cronenberg bildete sich ein Aktionsausschuss der Arbeiterparteien. Den Vorsitz übernahm der alte Sozialdemokrat Hermann Herberts senior. Er betrieb in Sudberg eine eigene Lohnschleiferei und war der Wortführer des wichtigsten

Das Rathaus in Cronenberg vor seiner Zerstörung. Hier wurde von den Solinger Demonstranten nach Waffen der Bürgerwehr gesucht. (Bild Stadtarchiv Wuppertal)

Gewerkschaftsverbandes der kleinen Industriestadt, der Schleifer. Auch er hatte sich im Krieg der USPD angeschlossen. Bei den Wahlen im Juni 1920 wurde die kleine Stadt Cronenberg zu einer der stärksten Hochburgen der USPD. Sie erhielt 42 % der Stimmen und ließ die MSPD mit 10 % weit hinter sich. Herbert Herberts senior, der Vater des späteren Oberbürgermeisters von Wuppertal, war ihr örtlicher Vorsitzender. Im Jahr zuvor, in der Novemberrevolution, als der Arbeiterrat die Stadt regierte, war er der Ratsvorsitzende gewesen.

Er war als Delegierter des Arbeiterrates von Cronenberg einer der 17 Delegierten des Bezirks Niederrhein, die zum „Allgemeinen Kongress der Arbeiter- und Soldatenräte“ nach Berlin entsandt wurden.[22] Hier entschieden die Delegierten über die weitere politische Entwicklung.

Die politische Spaltung der Arbeiterbewegung nach dem Kapp-Putsch führte dazu, dass er seine leitende Stellung im Cronenberger DMV verlor.[23]

Sein Sohn Hermann Herberts jun., der spätere Oberbürgermeister der Stadt Wuppertal, war in die Fußstapfen seines Vaters getreten. Auch er war gelernter Metallarbeiter, hatte sich der USPD angeschlossen und arbeitete in dieser Zeit als Parteisekretär der USPD Remscheid-Cronenberg.[24] Hermann Herberts sen. starb 1939. Er wurde unter großer Anteilnahme der Cronenberger Genossen in Hagen verbrannt und seine Urne auf dem Kommunalfriedhof in Cronenberg beigesetzt.

Das Haus der Familie Herberts wurde 1943 bei den Bombenangriffen zerstört. Dabei gingen sämtliche politischen und familiären Unterlagen verloren, so dass aus den 20er Jahren keine Fotos der beiden bekannten Cronenberger mehr vorhanden sind.

„Das Banner kann stehen, wenn der Mann auch fällt“ *20.3.1920 – Friedhof Solingerstraße/Schorferstraße (7)*

Der Wanderweg durch das Kaltenbachtal führt auf die Straße nach Cronenberg (Wahlert). Kurz nach dem Ortseingang liegt links, hinter einer Backsteinmauer, der reformierte Friedhof. Wir folgen dem Weg von der Friedhofkapelle links. Nach ca. 150 Metern liegt links das Grab und der Gedenkstein für die Cronenberger Opfer vom März 1920.

Emil Kühn[25], Jahrgang 1908, erinnert sich an die Beisetzung der Cronenberger, die am 16. März 1920 umgekommen sind: *„Es war Samstagnachmittag. Eine riesige Menschenmenge stand rings um den Friedhof. Die gefallenen Cronenberger wurden von* *der gesamten Cronenberger Arbeiterschaft begleitet. Mein Vater hatte mich und meine ältere Schwester zur Beerdigung mitgenommen. Beide sangen im Arbeiterchor und marschierten mit ihrem Chor im Demonstrationszug mit. Überall im Zug waren Fahnen zu sehen, meistens die Roten der Arbeitervereine, der Parteien und Gewerkschaftsverbände. Viele Menschen hatten sich festlich gekleidet. Als der Zug den Friedhof erreichte, gab es am Tor so ein Gedränge, dass die meisten Leute draußen auf der Straße stehen bleiben mussten. Auch ich stand dort draußen. Mein Vater und meine Schwester hatten als Sänger im Arbeiterchor Zutritt zum Friedhof. Ich hörte den Gesang hinter der Friedhofsmauer. Es war schon gewaltig, mindestens 100 Sänger. Sie sangen das damals populäre Lied „Tord Foleson" von dem Barmer Arbeiterkomponisten Adolf Uthmann (vgl. Kap. 7). Nach dem Text dieses Liedes wurde auch der Spruch auf der Grabplatte ausgewählt, der ein Jahr später, im März 1921, auf den Grabstein gesetzt wurde. „Das Banner kann stehen, wenn der Mann auch fällt." Später wurde ich auch Mitglied im „Cronenberger Volkschor" – bis er 1933 verboten wurde.*

An den Gräbern wurde jedes Jahr um den 18. März der Toten gedacht. In den ersten Jahren waren noch alle Parteien vertreten. In den späteren Jahren waren es nur noch Abordnungen der Arbeiterparteien und Gewerkschaften, die dort Kränze niederlegten. Auch ich war später öfter bei diesen Abordnungen. Mal als Vertreter der „Naturfreunde", mal als Jugendleiter des „Deutschen Metallarbeiterverbandes" (DMV) oder als Delegierter der SPD".

Gedenken im März 1997 auf dem Friedhof in Cronenberg: Emil Kühn (Mitte) berichtet am Grab der Cronenberger Gefallenen über seine Erinnerungen an den 16. März 1920. Rechts der Wuppertaler Oberbürgermeister Dr. Hans Kremendahl, Axel Dirx, 1. Bevollmächtigter der IG Metall-Verwaltungsstelle Wuppertal, und Ramona Möller, SPD-Stadträtin für Cronenberg. Links neben Emil Kühn der SPD-Ortsvereinsvorsitzende Wolfgang Ebert. (Foto: Archiv Hartmut Schmahl)

Die Geschichte der Gräber

Der Grabstein auf dem Cronenberger Friedhof ist der einzige, der die Nazizeit unbeschadet überstanden hat. Alle übrigen Wuppertaler Grabmäler wurden von den Nazis zerstört.

In den ersten Jahren nach dem Krieg wurde die Tradition der „Märzfeiern" auch hier wieder belebt. Emil Kühn kann sich an die Feiern im Jahr 1949, nach seiner Rückkehr aus der Gefangenschaft, erinnern. Doch in den 50er Jahren schlief dieser Brauch wieder ein. Die Gräber verwilderten. Rainer Hardenbruch, Jg. 1939, erinnert sich, dass seine Mutter auch in dieser Zeit jedes Jahr zu Totensonntag auch ein paar Blumen an den Gräbern der „Märzgefallenen" niederlegte.

Zwanzig Jahre später erinnerte sich die Naturfreundegruppe Cronenberg wieder an diese Gräber. Eine Enkelin von Gustav Hummelbeck, einem der Gefallenen, war in die Gruppe eingetreten und aufgrund der Diskussion übernahm die Gruppe nun die Grabpflege. Es entstand aufs neue die Idee, am 18. März dieser Toten gemeinsam zu gedenken. In der NRZ, der SPD-nahen Zeitung, erschien auch ein Artikel darüber.

Der Grabstein der „Märzgefallenen" auf dem Cronenberger Friedhof. Da er nach 1933 nicht zerstört wurde, ist er einer der seltenen Originalsteine.

Zweimal kümmerte sich auch die SPD-Fraktion in der Bezirksvertretung um das kleine Gräberfeld. Nachdem es wieder und wieder verwilderte, war ein alter Sozialdemokrat an den damaligen Bezirksvertreter Emil Kühn herangetreten, um Abhilfe zu schaffen. Auf Kühns Betreiben wurden diese Gräber zu Ehrengräber der Stadt Wuppertal erklärt, so dass das Grabfeld nicht eingeebnet und die Pflege von der Stadt übernommen wurde.

Kommunalfriedhof/Zugang über die Schorferstraße

Ein kleiner Teil des reformierten Friedhofs wurde zu Beginn der zwanziger Jahre als konfessionsfreier „kommunaler Friedhof" eingerichtet. Die politische Mehrheit der Linksparteien (USPD und SPD) im Stadtrat konnte dieses Anliegen durchsetzen. Die „Proletarischen Freidenker" und andere Konfessionslose hatten bis dahin große Probleme bei der Regelung des Begräbnisses. Auf dem kommunalen Friedhof wurden vornehmlich Feuerbestattungen vorgenommen. So wurde hier auch die Urne von Hermann Heberts sen. beigesetzt.

Hier befindet sich auch ein Obelisk zur Erinnerung an 28 ausländische Zwangsarbeiter, die 1945 von der Gestapo ermordet wurden. Heute ist der Friedhof geschlossen.

Emil Kühn und der Streik bei der Firma Görtz *Unterkirchen – ehemalige Firma Görtz (8)*

Emil Kühn begann 1922 eine Lehre als Schlosser bei der Firma Görtz in Unterkirchen. Von der Schorfer Straße, auf dem Weg vom Friedhof zurück zum Rathaus, führt rechts ein Fußweg von wenigen Minuten hinunter zu dem alten Firmengebäude. Hier sind auch einige Fachwerkhäuser, die an die damalige Zeit erinnern.

Emil Kühn berichtet: *„In Cronenberg waren 80% der Arbeiter in der Werkzeugindustrie beschäftigt. Meine Firma, die Firma Görtz, stellte Waren für den Dachdeckerbedarf, Rohrschellen, Nieten und ähnliches her. In der Firma waren 130 Arbeiter beschäftigt.*

Es gab viele kleine und mittlere Betriebe und eine Unzahl von Berufsgruppen in der Metallindustrie. Jede Berufsgruppe hatte eigene örtlich ausgehandelte Tarife. Die Elite bildeten die Schleifer. Damals, zu Beginn der zwanziger Jahre, waren in Cronenberg alle Metallarbeiter gewerkschaftlich organisiert. Dafür sorgte auch der Betriebsrat. Ich erinnere mich an folgende Geschichte aus meiner Lehrzeit:

Zwei Kollegen waren im Cronenberger Kriegerverein und meinten, deshalb nicht in die Gewerkschaft zu gehören. Wir Lehrlinge bekamen von den älteren Kollegen den Wink, den beiden das Leben in der Firma sauer zu machen. So wollten wir sie 'weich' kriegen. Als das nicht gelang, redeten die Vertrauensleute mit dem Chef und drohten, 'den ganzen Laden stillzulegen' also zu streiken, wenn die beiden nicht ebenfalls dem Verband beitreten. Der Chef, in Sorge um den Ausfall, mußte mit den beiden reden und sorgte dafür, dass sich auch diese Arbeiter notgedrungen gewerkschaftlich organisierten.

Jede Berufsgruppe hatte ihre eigenen örtliche Tarife. Allein für das Produkt 'Bohrer' gab es separate Stücklohntarife für die Bohrschmiede, die Bohrschleifer und die Bohrfeiler.

Selbst die Jugendlichen hatten einen eigenen Tarifvertrag. Wir Lehrlinge mußten gleich bei Arbeitsantritt dem Metallarbeiterverband beitreten und durften keine Arbeit in der Produktion übernehmen, weil das die Tarife untergraben hätte.“ [26]

Einige Jahr später wurde Emil Kühn Funktionär seiner Gewerkschaft und Mitglied der Ortsverwaltung Cronenberg.

Hermann Herberts und die Metallarbeitergewerkschaft (DMV) in Cronenberg *Hauptstraße 142 – Gaststätte „Höhe 304“ (9)*

Auf der Hauptstraße Richtung Elberfeld, kurz vor dem Bahnübergang steht auf der rechten Seite die alte Gaststätte „Höhe 304“. Der Name erinnert an eine Höhe auf den Schlachtfeldern von Verdun. Der damalige Wirt hat diese mörderische Schlacht um diese Höhe überlebt und zum Dank seine Gaststätte danach benannt. In diesem Haus hat der DMV-Cronenberg seine erste Geschäftsstelle eingerichtet.

Die Cronenberger Metallarbeiter hatten schon vor 1902 eine eigene Ortsverwaltung. Im Jahr 1908 wurde sie der Verwaltungsstelle Remscheid angeschlossen. Doch 1920 wurde diese große und linke Verwaltungsstelle, möglicherweise wegen interner Streitigkeiten, aufgeteilt. In diesen Jahren nach der Revolution hatten die Gewerkschaften einen ungeheuren Zulauf. Im Rechenschaftsbericht des Bezirks Hagen von 1919 heißt es: „Heute dürfte es innerhalb der rheinisch-westfälischen Eisen- und Stahlindustrie wohl kaum noch einen unorganisierten Arbeiter geben“[27]. Hierunter waren natürlich auch der Christliche Metallarbeiterverband[28] und die anderen Verbände, wie die Syndikalisten, gerechnet. Mit Beginn des Jahres 1921 wurde in Cronenberg wieder eine eigene Verwaltungsstelle mit Büros in der Gaststätte „Höhe 304“ eingerichtet.[29]

Jugendgruppe des DMV-Cronenberg bei einer Wanderung in die Eifel im Jahr 1926. Zweiter von links oben ist Emil Kühn, vor ihm Walter Mehling mit Gitarre. Walter Mehling wurde 1933 verhaftet und ins KZ Kemna gebracht. Auch der 1. Bevollmächtigte, Konni Büsch (Bildmitte), ging mit seinen jungen Kollegen los. Der kleine Mann mit Brille in der Mitte des Bildes ist der beliebte Funktionär. Vorne links (mit Stock) der jüngere Bruder von Emil Kühn. (Foto: Emil Kühn)

Emil Kühn, der sich schon als Lehrling in der Jugendgruppe des DMV engagierte, wurde 1928 ebenfalls Mitglied der Ortsverwaltung. Er erinnert sich: *„Hermann Herberts sen. aus Sudberg, der Repräsentant der Cronenberger USPD, der während der Novemberrevolution auch Vorsitzender des Cronenberger 'Volksrates' gewesen war, wurde ihr erster Bevollmächtigter. Hermann Herberts war Schleifer und betrieb eine 'Halblohnschleiferei'. In gemieteten Räumen und an gemieteten Schleifsteinen beschäftigte er einige Schleifer und vertrieb die Produkte selbständig. Er besaß ein eigenes Häuschen auf dem Jöferweg*[30] *in Sudberg.*

In den Jahren nach dem Kapp-Putsch, als sich die Arbeiterschaft radikalisierte und die KPD in Cronenberg zur stärksten Arbeiterpartei wurde, war Herberts den Kollegen nicht mehr revolutionär genug, und sie schlugen einen kommunistischen Kandidaten als Bevollmächtigten vor. Der Vorstand des DMV in Stuttgart und Walter Freitag, der neue Bezirksleiter in Hagen, wollten das nicht hinnehmen und setzten weiterhin Hermann Herberts als kommissarischen Bevollmächtigten ein. Doch Hermann Herberts sagte: 'Wenn ich das Vertrauen der Kollegen nicht mehr habe, gehe ich zurück an den Stein', und lehnte ab. Er arbeitete nun wieder am Schleifstein in seiner Halblohnschleiferei. Seit dem Zusammenschluss von USPD und SPD im Jahr 1922 blieb er der Repräsentant der (vereinigten) VSPD in Cronenberg.

Als neuer Bevollmächtigter des DMV wurde Konni (vermutlich Konrad) Büsch aus Opladen gewählt, der bisher Betriebsratsvorsitzender in einem Betrieb in Schlehbusch gewesen war. Der kleine, untersetzte Mann war ein überzeugter Kommunist und ein begabter Redner.

Die Ortsverwaltung bestand aus ca. acht gewählten Kollegen, von denen meist fünf der KPD und drei der SPD angehörten. Der Jugendleiter war damals der Jungkommunist Walter Mehling. In dieser Funktion war er ebenfalls Mitglied der Ortsverwaltung. 1928 habe ich seine Funktion in der Ortsverwaltung übernommen.

In dieser Zeit hatte der DMV eine Geschäftsstelle in Cronenfeld eingerichtet. Hierzu waren zwei Räume in der Gaststätte 'Höhe 304' angemietet worden. Hier arbeiteten auch zwei Angestellte. Die Versammlungen des DMV fanden gleich in der Nähe, in der Gaststätte Christians in Cronenfeld[31] *statt.*

Als junger Funktionär wurde ich 1930 für ein halbes Jahr zu einem politischen Lehrgang in der Heimvolkshochschule Schloß Tinz[32] *in Thüringen gesandt. Hierzu hatte ich eine Empfehlung von meiner Gewerkschaft und meiner Partei, der SPD. Hier konnten junge Arbeiter eine umfassende Schulung in politischen, wirtschaftlichen und geschichtlichen Themen erhalten. Das Zusammenleben mit der Gruppe war aber auch eine Schule für das praktische Leben. Um dort aufgenommen zu werden, musste ich neben der ausführlichen Bewerbung auch einzelne Arbeiten schreiben. Hermann Herberts junior, mein Gewerkschaftskollege aus Cronenberg und späterer Wuppertaler Oberbürgermeister, hatte einige Jahre vorher ebenfalls diese Schule besucht.“*[33]

In Cronenberg konnte sich nach 1922 die KPD als stärkste Arbeiterpartei etablieren. Sie erhielt zum Teil das Dreifache der SPD-Stimmen.[34] Die Mehrheit errangen die Arbeiterparteien aber nie.

Eine eigene Arbeiterzeitung, wie in den umliegenden Orten Remscheid, Solingen und Elberfeld, gab es in Cronenberg damals nicht. Die Sozialdemokraten lasen die „Freie Presse“ aus Elberfeld, die Kommunisten die „Volksstimme“ aus Remscheid.

Walter Freitag – ein führender Gewerkschafter aus Remscheid (9)[35]

Walter Freitag (geb. 14. August 1889) kam aus Remscheid. Er war Sohn eines Schlossers und lernte den Beruf des Werkzeugdrehers. 1907 schloss er sich dem Deutschen Metallarbeiter-Verband (DMV) an. 1908 wurde er Mitbegründer des Arbeiterabstinenten-Bundes in Remscheid[36] und trat der Sozialdemokratischen Partei bei. 1914 bis 1917 leistete er Militärdienst. Im Nov./Dez. 1918 gehörte er dem Arbeiter- und Soldatenrat in Remscheid an und trat dort der USPD bei. 1919 war er Bevollmächtigter der Ortsverwaltung Remscheid.

1920 wurde er Leiter des Bezirks Hagen des DMV, zu dem auch das Bergische Land gehörte. Er blieb bis 1931 Bezirksleiter. Im Herbst 1920 war er entschieden gegen den Beitritt der USPD zur Kommunistischen Internationalen. Walter Freitag war in dieser Zeit persönlich befreundet mit Hermann Herberts sen.[37] 1920, als in der Ortsverwaltung Cronenberg ein Kommunist als 1. Bevollmächtigter gewählt wurde, suchte Freitag dies zu verhindern. Er wollte den alten Sozialdemokraten Hermann Herberts als kommissarischen Bevollmächtigten durchzusetzen.

1922 schloss sich Walter Freitag gemeinsam mit der USPD wieder der (V)SPD an. 1931 bis 1933 wurde er sogar SPD-Vorsitzender des Unterbezirks Hagen-Schwelm. 1932 wurde er in den preußischen Landtag gewählt. 1933 verhaftet, kam er vermutlich in das KZ Kemna, später bis 1934 in das Lager Neu-Sustrum und Lichtenburg. Danach war er mehrere Jahre erwerbslos, arbeitete dann bei einer Wach- und Schließgesellschaft und 1942-1945 in Hoerde bei der Werksfeuerwehr der Dortmund-Hoerder-Hüttenunion. 1945 wurde Freitag

∴ ∴ **Deutscher Metallarbeiter-Verband** ∴ ∴

Stuttgart, 13. März 1920.

An die Bezirksleitungen und Ortsverwaltungen!

Die Reaktion hat zur Gegenrevolution ausgeholt!

Beim Niederschreiben dieser Zeilen laufen die ersten Meldungen bei uns ein. Die seitherige Regierung gestürzt, die Nationalversammlung aufgelöst, die Reaktion in Berlin im Besitz der Regierungsgewalt u. s. w., das sind die Nachrichten, die uns bis zur Stunde erreichten.

Um was gehts?

Volle Klarheit muß darüber herrschen, daß es sich nicht etwa nur um einen politischen Staatsstreich handelt. Es geht um weit mehr. Die Reaktion geht aufs Ganze. Das werktätige Volk soll mit Gewalt zurückgedrängt werden ins alte vorrevolutionäre Joch, politisch und wirtschaftlich geknebelt und unterdrückt. **Man will die Arbeiterklasse zum willenlosen Ausbeutungsobjekt machen.** Gerade wir Gewerkschaften haben in letzter Zeit an dem mit jedem Tage steigenden protzenhaften Übermut der Unternehmer gemerkt, wohin die Reise gehen soll.

Die Arbeiterklasse muß geschlossen auf dem Plan erscheinen, bereit zum Handeln, gewillt, alles einzusetzen, um die Pläne der Reaktion zuschanden zu machen. Nicht darum handelt es sich, einzelnen Personen oder Parteien ihre unsicheren Ministersessel zu erhalten, **sondern die Interessen des gesamten werktätigen Volkes stehen auf dem Spiele.** Konsequentes, entschlossenes Handeln muß der Arbeiterklasse den Aufstieg sichern.

Eine sozialistische Republik!

Das ist unser Ziel, das muß die Losung des gesamten Proletariats sein, vereint unter revolutionärem Banner. Die politischen Parteien der Arbeiterschaft sind in diesen Stunden dabei, zum Kampf aufzurufen. Soeben trifft eine Nachricht ein, die die **Proklamierung des Generalstreiks** meldet. Es gilt zu handeln. Natürlich nicht ziellos oder verzettelt am einzelnen Ort, sondern planmäßig, einheitlich und geschlossen auf der ganzen Linie, entsprechend der Parole, die von den Trägern der Bewegung an das Proletariat ergeht. Bei diesen Kämpfen, deren Ernst und Schwere nicht unterschätzt werden darf, muß sich jeder Arbeiter darüber klar sein, **daß er persönlich alles einzusetzen hat.** Bei solchen Kämpfen können natürlich nicht die Mittel der Gewerkschaftsorganisation als Unterstützung für etwaige Streiktage in Frage kommen, **sondern diese Kämpfe sind nur siegreich durchzuführen, wenn jeder einzelne persönlich zu jedem Opfer bereit ist.**

Bis dieses Schreiben in die Hände unserer Funktionäre gelangt, haben die Zeitereignisse diese Zeilen zweifellos überholt. Wir können daher unseren Kollegen zur Stunde nur zurufen:

Tretet ein in die geschlossene Kampfesfront des Proletariats!
Kämpft unter revolutionärem Banner gegen die Reaktion!
Für den Sozialismus!
Zeigt euch als Avantgarde des kämpfendeu Proletariats!
Steht überall in vorderster Reihe! Euch ruft die Pflicht!

Mit kollegialem Gruß

Der Vorstand.

Der deutsche Metallarbeiterverband war einer der Gewerkschaftsverbände, die am entschiedensten den Widerstand gegen den Putsch organisierten. Sein Streikaufruf vom 13.3. forderte die „sozialistische Republik“, deren allmähliche Einführung damals die Arbeiterschaft von der sozialdemokratisch geführten Regierung erwartete. Der Aufruf wurde von den Cronenbergern Metallarbeitern geschlossen befolgt. (Abb. Klönne)

Landrat des Ennepe-Ruhr-Kreises und gehörte 1946-1949 dem Landtag Nordrhein-Westfalen an. Er wirkte beim Aufbau der Metallarbeitergewerkschaft im südlichen Westfalen und der sozialdemokratischen Partei in Nordrhein-Westfalen mit und setzte sich für die Bildung einheitlicher Gewerkschaftsorganisationen ein. 1946 wurde er Landesvorsitzender der Metallarbeitergewerkschaft in Nordrhein-Westfalen, seit 1947 einer der Vorsitzenden der IG Metall in der britischen Zone, später auch der amerikanischen Besatzungszone. 1949-1953 gehörte Walter Freitag dem Bundestag an. 1950 -1952 war er Vorsitzender der IG Metall, von 1952-1956 Vorsitzender des DGB.

In diesen Jahren war er ebenfalls Vizepräsident des Internationalen Bundes Freier Gewerkschaften und leitend im Internationalen Metallarbeiterverband tätig.

Im Januar 1955, als es um die Remilitarisierung Westdeutschlands ging, rief Freitag gemeinsam mit anderen in der Frankfurter Paulskirche zu einer Bewegung gegen die Pariser Verträge auf. Als führender Gewerkschaftsfunktionär war er allerdings auch beteiligt, als Viktor Agartz und andere linke Gewerkschafter gemaßregelt wurden. Im Juni 1958 starb Walter Freitag in Herdecke an der Ruhr.

Ein schwierige Aufgabe für den Bevollmächtigten Konni Büsch
ca. 1922 – Gaststätte „Höhe 304“

Konni Büsch war infolge der politischen Entwicklung nach dem Kapp-Putsch erster Bevollmächtigter der Ortsverwaltung Cronenberg geworden. Die Arbeiterschaft war nun tief gespalten und in Cronenberg gab es große Spannungen. Der neue Bevollmächtigte hatte eine schwere Aufgabe übernommen. Einerseits musste er den Erwartungen seiner Kollegen genüge tun. Andererseits wurde er als Kommunist von den sozialdemokratisch dominierten Vorständen des DMV in Hagen und Stuttgart scharf kontrolliert und gegebenenfalls eingeschränkt. Zudem bekam er auch von seinem Parteivorstand Anweisungen zu seiner Gewerkschaftspolitik. 1928, als sich die KPD mit Beginn der Wirtschaftkrise weiter radikalisierte und eine spalterische Politik in den Gewerkschaften durchsetzen wollte, übte sie zunehmend Druck auf ihre Gewerkschaftsfunktionäre aus. Emil Kühn berichtet: *„Conni Büsch hielt diesen Spagat nicht mehr aus. Er entschied sich für sein Amt als Gewerkschafter und überwarf sich mit seinen kommunistischen Genossen. Auf der nächsten Sitzung der Gewerkschaftsobleute bei Christians wollten die KPD-Delegierten ihn absetzen. Doch Conni Büsch gab nicht auf. Er sprach mit vielen Kollegen, auch den Sozialdemokraten. Auch ich habe ihn damals zu Hause besucht und mich lange mit ihm unterhalten. Die Familie Büsch wohnte damals in den städtischen Häusern 'Am Hofe' nicht weit vom Ortskern von Cronenberg. Auf der Versammlung ging er dann in die Offensive. Er hieb mit der Faust auf das Rednerpult und sagte: 'Ich als Gewerkschafter lasse mir von keiner Partei, auch nicht von der KPD, vorschreiben, was ich zu tun und zu lassen habe'. Es kam zu handgreiflichen Tumulten und die Parteikommunisten riefen: 'Du hast uns verraten!' Doch er erhielt die Mehrheit der Stimmen, sowohl von den Sozialdemokraten als auch von vielen der kommunistisch gesonnenen Delegierten. Bei dieser Wahl wurde ich als junger Sozialdemokrat zum Jugendleiter und somit zum Mitglied der Ortsverwaltung gewählt.*

Einige Jahre später starb Conni Busch auf tragische Weise. Es war bei einem Streik der Metallarbeiter in Cronenberg, ich glaube im Jahr 1932. Er war gerade 'dienstlich' mit seinem Motorrad unterwegs um Streikgelder von der Bezirksleitung des DMV in Hagen nach Cronenberg zu bringen. Auf der Strecke zwischen Barmen und Unterbarmen hatte er einen

Unfall und landete in der Wupper. Beinahe wären dabei auch die Streikgelder verloren gegangen.

Conni Büsch war sehr beliebt, auch bei vielen unpolitischen Cronenbergern. Als er beerdigt wurde und sich der Trauerzug über die Cronenberger Straße bewegte, war halb Cronenberg auf den Beinen. Er hatte zwei Töchter, die noch zur Schule gingen. Die musste seine Frau nun alleine durchbringen.“

Hermann Herberts jun., vom USPD-Parteisekretär zum Oberbürgermeister *Neuenhofer Straße 13 (10)*

Am Wilhelmring verlassen wir für einige Zeit die Hahnerberger Straße und biegen in die parallel laufende Neuenhofer Straße ein.

Hermann Herberts junior wohnte seit 1933 in einem Haus in der Neuenhofer Straße 13, gleich in der Nachbarschaft der Familie Kühn. Hermann Herberts hatte 1914 eine kaufmännische Lehre bei der Fa. Kremendahl begonnen. 1917 tritt er wie sein Vater der USPD bei. Seit dem Ende des Krieges war er aufgrund dieser organisatorischen Kenntnisse, möglicherweise auch aufgrund seiner familiären Herkunft, zum Parteisekretär des USPD-Unterbezirks Remscheid-Cronenberg benannt worden.

Die USPD war in diesen Jahren in Cronenberg und Remscheid die mit Abstand stärkste Partei. Ihre Mitglieder waren diejenigen, die den Widerstand gegen die Putschisten zu ihrer Sache machten. So hatte der Parteisekretär Herberts im März 1920 sicherlich maßgeblich mit der Organisation des Generalstreiks und des bewaffneten Widerstandes zu tun. In seinem Lebenslauf schreibt er später, dass er in diesen Jahren erstmals als Versammlungsredner auftrat. In dieser Zeit unternahm der junge Mann auch seine ersten Schritte hin zum Pressewesen. Er wurde Verlagskaufmann in der Zeitung der USPD Elberfeld, der „Volkstribüne“, und wurde mit dem dortigen Redakteur Oskar Hoffmann bekannt. Dieser Kontakt sollte seinen weiteren Lebensweg prägen.

Als Parteisekretär lud er Alfred Dobbert, damals als junger, temperamentvoller Redner aus Langerfeld bekannt, zu einer Parteiversammlung nach Cronenberg. Alfred Dobbert erzählte später, dass er ganz überrascht war, in dem Remscheider Parteisekretär mit der dunklen Telefonstimme einen fast gleichaltrigen Genossen zu sehen.[38] Sie arbeiteten gemeinsam an der „Volkstribüne“ und aus der Begegnung entstand eine Freundschaft, die über viele Jahrzehnte währen sollte.[39]

Hermann Herberts jun. als Oberbürgermeister der Stadt Wuppertal. (Foto: SPD Wuppertal)

Im Jahr 1921 besuchte der junge Arbeiterfunktionär für ein halbes Jahr die Heimvolkshochschule Schloß Tinz[40] in Thüringen. Hier hatten junge Arbeiter bei Unterstützung durch ihre Organisationen die Möglichkeit, eine umfassende Schulung in politischen, wirtschaftlichen und geschichtlichen Themen erhalten. Dieser Besuch wurde sehr entscheidend. Es traten bekannte Politiker und sozialistische Wissenschaftler als Dozenten auf. So wurde die fehlende Ausbildung an höheren Schulen durch die Verarbeitung der vorhandenen Lebenserfahrungen ausgeglichen. Sein Wille zum weiteren Selbststudium war geweckt. Er trieb auf eigene Faust Studien in „Nationalökonomie", schriebt Arbeiten und Prüfungen und besuchte 1925 die staatliche Wirtschaftsschule in Düsseldorf. Er arbeitete für die Parteizeitungen in Iserlohn und Siegen. 1927 konnte er seine erste feste Stelle als Wirtschaftsredakteur bei der „Freien Presse" in Hagen antreten.[41] In diesem Jahr heiratete er auch. 1929 erfüllte sich sein Traum. Er bekam eine Stelle als Wirtschaftredakteur an der „Leipziger Volkszeitung" angeboten – einer der renommiertesten Arbeiterblätter in Deutschland.

1933 wurde die Zeitung verboten und Hermann Herberts entlassen. Er kehrte zurück nach Cronenberg und baute, wie schon sein Vater, eine eigene Werkzeugfabrik auf. Mit Unterstützung des Vaters erwarb er das Haus in die Neuenhofer Straße. In diesem Haus entwickelte sich in der Nazizeit eine kleine Zelle des Widerstands. Die Wohnung von Hermann Herberts wurde zum regelmäßigen Treffpunkt von Sozialdemokraten, die sich schon aus der Zeit des Kapp-Putsches kannten. Weshalb sich die alten Freunde ausgerechnet in der Wohnung von Hermann Herberts trafen, hat Alfred Dobbert in einem Aufsatz zum 65. Geburtstag des damaligen Oberbürgermeisters der Stadt Wuppertal, Herbert Herberts, festgehalten: *„In seinem Haus wohnte nämlich der Ortsgruppenleiter der NSDAP, der von nichts hören wollte und der schon früh vom Nationalsozialismus die Nase voll hatte. Hermann Herberts, Willy Kernekamp, Oskar Hoffmann … und ich waren ein Ketzerclub, der sich in der 'Höhle des Löwen', im Hause, in dem der Ortsgruppenleiter wohnte, ziemlich ungeniert bewegen konnte."*[43]

Das Haus wurde bei den Bombenangriffen im Jahr 1943 zerstört und in mühevoller Eigenarbeit wiederhergestellt.

Doch nach der Befreiung 1945 zog es Hermann Herberts wieder in die Politik und den Journalismus. Er wurde politischer Redakteur bei der SPD-Zeitung „Rhein-Echo" in Düsseldorf und aufgrund seiner volkswirtschaftlichen Kenntnisse Mitglied des Zweizonen-, später Dreizonen-Wirtschaftsrates in Frankfurt. 1951 bis 1954, als sein Freund Walter Freitag aus Remscheid an die Spitze des DGB trat, wurde Herberts Leiter der Pressestelle des DGB in Düsseldorf. Neben seinem Mandat im Stadtrat war Hermann Herberts von 1963 bis 1968 SPD-Bundestagabgeordneter für den Wahlkreis Wuppertal-West. Kurt Matthes vertrat in dieser Zeit den östlichen Wuppertaler Wahlkreis im Parlament. In den Jahren 1956 bis 1961 und 1964 bis 1969 war er Oberbürgermeister der Stadt Wuppertal. In späteren Jahren machte er sich auch um die lokale Geschichtsschreibung verdient. Er schrieb ein Standardwerk über den Vormärz und, aus Anlass des 100. Parteijubiläums, die Geschichte der frühen Sozialdemokratie in Wuppertal.

Er starb 1995 und wurde auf dem Friedhof in Cronenberg bestattet.

Vor wenigen Jahren wurde die Grundschule auf der Cronenfelder Straße nach ihm benannt.

Die Kinder mußten in die Häuser fliehen *16.3.1920 – Kreuzung Hahnerberger Straße, Korzerter Straße (11)*

An der Hahnerbergerstraße sind noch einige der traditionellen kleinen Werkzeugfabriken, alten Fabrikantenvillen, angebauten „Sheds" und kleinen Fachwerkhäuschen, in denen damals die Arbeiter wohnten, zu sehen.

Emil Kühn hat die Demonstration der Solinger als kleines Kind miterlebt. Er berichtet: *„Ich war damals elf Jahre und wohnte mit meinen Eltern in einem der letzten Häuser* (das Haus ist verändert erhalten) *in der Neuenhofer-Straße, nicht weit von der Hahnerberger-Straße und ungefähr auf der Höhe der Freiwilligen Feuerwehr. Wir Kinder spielten an diesem Tag draußen. Plötzlich hörten wir den Lärm einer Demonstration von der Hauptstraße her. Wir liefen zur Hahnerberger Straße und mischten uns unter die Leute, die am Straßenrand den Demonstranten zusahen. Die Demonstranten, meist Männer, aber auch einige Frauen und Kinder unter ihnen, zogen singend in Richtung Elberfeld. Manche trugen ihre Spazierstöcke wie Gewehre auf den Schultern.*

Irgendwann brach an der Spitze der Demonstration wohl Tumult aus, wir hörten Schüsse vom Wasserturm her. Erwachsene nahmen uns Kinder bei der Hand und brachten uns eiligst nach Hause. Kurz darauf kam auch mein Vater nach Hause. Mein Vater war damals Bohrerschmied und gehörte dem Metallarbeiterverband an. Er war von seinen Kollegen sogar in der Tarifkommission für seine Berufsgruppe gewählt worden. Er gehörte keiner Partei an, doch er sang im Arbeiterchor und unterstützte die Ziele der Arbeiterparteien. Ich vermute, dass auch er bei den Demonstranten gewesen war. Er versteckte rasch sein Seitengewehr, das er noch aus dem Krieg zu Hause hatte, denn die Soldaten führten in den umliegenden Häusern schon Hausdurchsuchungen durch. Unsere Wohnung in Parterre ist allerdings nicht durchsucht worden. Später hörte ich dann von den Toten, die an diesem Tag von den „Noskebrüdern", wie die Soldaten damals von den Arbeitern genannt wurden, erschossen worden waren".

Ein SPD-Blatt berichtet einige Tage später: „Die Hausbewohner mußten mit hocherhobenen Händen aus den Häusern treten – wie im Krieg 1914 im besetzten Belgien."[44]

Ein Fußballspiel mit tödlichem Ergebnis *16.3.1920 – Hahnerbergerstraße 101, Freiwillige Feuerwehr (11)*

Rainer Hardenbruch, Schleifer und seit Jahrzehnten bei den Cronenberger Naturfreunden engagiert, berichtet von den Erzählungen seiner Mutter:

„Gleich an der Einmündung der Korzerter Straße, ca. fünfzig Meter vor dem Gebäude der Freiwilligen Feuerwehr Hahnerberg, stand das alte verschieferte Fachwerkhaus der Gastwirtschaft Stocheisen. Hinter dieser Häuserzeile war der Sportplatz, auf dem sonntags, so auch an dem Sonntag des 16. März 1920, der Arbeitersportverein „Ballspiel Cronenberg" sein Spiel hatte. Ernst Bertram und Hugo Steup, beide 22 Jahre alt, waren Mitglieder in dieser Fußballmannschaft und waren auch an diesem Morgen dabei. Hugo Steup war ein guter Freund meiner Mutter, und sie hat mir öfter seine traurige Geschichte erzählt.

Als die Spieler die Schüsse hörten, ging Hugo Steup nachsehen. Als er nicht wiederkam, folgte ihm sein Mannschaftskamerad Ernst Bertram. Als Bertram um die Ecke des Gasthauses Stockeisen bog, sah er seinen Freund dort verwundet auf dem Boden liegen. Er lief zu ihm, um ihn aus der Gefahrenzone zu holen. Wieder eröffneten die Soldaten das Feuer. Auch Ernst Bertam blieb tot liegen.

Ich war später oft mit meiner Mutter am Grab der 'Märzgefallenen', wo sie für ihren Jugendfreund immer ein paar Blumen niederlegte."

Die Sipo wacht am Wasserturm *16.3.1920 – Cronenberger Str./ Küllenhahnerstr. (12)*

In der Straßengabelung Cronenberger Straße/Küllenhahnerstraße, gleich hinter der heutigen Aral-Tankstelle, befand sich bis in die 50er Jahre der alte Hahnerberger Wasserturm.

General Gillhausen hatte Major Gärtner den Befehl gegeben, mit einem Zug Sipo den Solingern den Weg zu verstellen. Die Sipo besetzte den Wasserturm Hahnerberg. In der 2. Etage hatten die Soldaten ein MG postiert und konnten von hier aus die Hauptverkehrsstraße und den ganzen Bergrücken beobachten.

Als der Demonstrationszug der Solinger nahte, ertönte eine kurze Aufforderung „Straße frei!", und ohne einen Augenblick Bedenkzeit ratterten auch schon die Maschinengewehre der Sipo.

Zwei der Demonstranten blieben verwundet liegen. Einer der beiden starb nach wenigen Stunden – möglicherweise der 45jährige Alex Enklinger aus Schulkohlfurth.[45] Hastig zerstreute sich der Demonstrationszug. Viele suchten Schutz in den umliegenden Häusern. „Während der größte Teil sich aus der Gefahrenzone entfernte, sammelten sich nach und nach wieder Gruppen an, die den Vorfall besprachen."[46]

Sanitäter unter Beschuß *16.3.1920 – Kreuzung Cronenberger Straße / Im Funkloch (12)*

Auf der Cronenbergerstraße waren eine Reihe Verletzter, die von dem brutalen Vorgehen der „Sipo" überrascht worden waren, liegengeblieben. Um diese Menschen zu bergen und sie zu versorgen, organisierten einige Arbeiter einen LKW der Fa. Picard.[47] Wilhelm Schwalfenberg, ein Werkmeister bei der Firma, war im Krieg Sanitäter gewesen. Er schloß sich dem Unternehmen an. Der Firmenchauffeur fuhr den Wagen. Viele Kollegen und Umstehende hatten vor dieser Hilfsaktion gewarnt. Es sei gefährlich, die Soldaten seien unberechenbar. Doch die kleine Mannschaft fuhr trotzdem. Ab dem Wasserturm fuhr der Wagen im Schritttempo die von Soldaten bewachte Cronenberger Straße hinunter. Einer der Leute hielt die weiße Fahne aus dem Führerhaus und Wilhelm Schwalfenberg hatte sich gut sichtbar, mit einer Rote-Kreuz-Binde um beide Arme, auf das Trittbrett des Führerhauses gestellt.

In Höhe der Straßengabelung „Am Funkloch" wurde der Wagen trotz der deutlichen Kennzeichnung von den Soldaten beschossen. Der „Cronenberger Anzeiger" schildert die Szene: *„Wilhelm Schwalfenberg sank tot ins Innere zusammen. Der Chauffeur hielt an, zwei Insassen des Autos liefen erregt zum Kommandeur der Sipo und verlangten Rechenschaft. Der Kommandeur richtet seine Maschinenpistole auf sie und erklärt in barschem Ton das Auto für beschlagnahmt".* Die Toten und Verwundeten sollten ohne Auto abtransportiert werden. Der Chauffeur fühlte sich für den Firmenwagen verantwortlich und wollte das Auto nicht in der Hand der Sipo zurücklassen. Er setzte den Wagen zurück. *„Diese Sorge um das Eigentum seiner Firma kostete einem weiteren Menschen das Leben. Die Sipo nahm das Auto* *erneut unter Beschuß. Ein Arbeiter, der hinter dem Auto Deckung genommen hatte, erhielt einen Beinschuß. Er konnte dem rollenden Wagen nicht mehr ausweichen und wurde von ihm zerquetscht. Weitere Versuche, die Toten und Verwundeten zu bergen, vereitelte die Sipo schon im Ansatz. Personen mit einer Fahne des Roten Kreuzes oder mit der Armbinde der Arbeitersamariter wurden rücksichtslos beschossen"*[48]. Der Firmenwagen blieb schwer beschädigt liegen.

„Die Truppen sperrten im Anschluss daran die Straße ab und rücken immer weiter feuernd bis zum Neuenhof vor." [49]

Acht Tote und eine unbekannte Anzahl von Verwundeten waren das Ergebnis des brutalen Vorgehens der Truppen. Die Sipo hatte ihren Ruf, der „Schrecken Deutschlands" zu sein, an diesem Tag wieder unter Beweis gestellt.

Vier der Toten waren Cronenberger. Sie kamen aus den Stadtteilen, durch die die Demonstration gezogen war. Die weiteren vier Toten kamen aus Solingen. Bekannt sind die Namen Karl Dinger, Johann Esser und Rudolf Heitoff. Sie wurden einige Tage später, gemeinsam mit anderen „Märzgefallenen", mit einem eindrucksvollen Begräbniszug auf dem Solinger Friedhof Grünbaumstraße bestattet.[50]

57 Demonstranten aus Solingen wurden von den Soldaten verhaftet. Nach Solingen, wo die englische Besatzungsmacht herrschte, konnten sie nicht überstellt werden. 32 Gefangene kamen deshalb ins Polizeigefängnis Elberfeld, in der Von-der-Heydt-Gasse. Die übrigen 25 wurden ins Gefängnis Bendahl, Unterbarmen, gebracht. Eine unbekannte Zahl Cronenberger Arbeiter wurden in Cronenberg eingesperrt.[51]

Eine Reihe der entkommenen Demonstranten wollte sich der Gewalt nicht beugen. Sie schlichen sich über die Waldwege durch die umliegenden Wälder in die besetzte Stadt Elberfeld.

Aufruhr am Elberfelder Polizeigefängnis
16.3.1920 Gefängnis Von-der-Heydt-Gasse – Elberfeld

Der Standort des alten Polizeipräsidiums und Gefängnisses in Elberfeld war in der kleinen Gasse am Ausgang Grünstraße des Kaufhofs. Ein Teil seiner alten Mauern sind bei den neuen Gebäuden verwendet worden.

In der Von-der-Heydt-Gasse befand sich die Kommandozentrale der Sipo. In diesem Gefängnis waren ein großer Teil der Solinger Gefangenen untergebracht. Die aufgebrachte Menge sammelte sich hier, um gegen die Militärherrschaft zu protestieren. Erhard Lucas beschreibt die Ereignisse am Abend des 16. März in Elberfeld folgendermaßen:

„Am Abend gab es noch ein Todesopfer. Zwei Solinger Arbeiter versuchten, in blinder Wut über das brutale Vorgehen der Polizei einen Anschlag auf den Sipo-Kommandeur. Im letzten Moment wurden sie verraten; zwei Sipos schossen sie über den Haufen; der eine kam durch Zufall mit dem Leben davon.[52] *Ein fünfter Cronenberger erlag einige Tage später seinen Verletzungen."* [53]

In Elberfeld etablierte sich am selben Tag das übliche Militärregiment. Bei den Absperrungen am Sitz des Abschnittskommandos wurde weiterhin geschossen; mehrere Passanten wurden verwundet.[54] Im Laufe des Abends gab es an zwei Punkten ernste Zusammenstöße. General Gillhausen hatte angeordnet, dass die (reaktionäre) Einwohnerwehr die Waffen abzugeben habe; vermutlich fürchtete er, dass die Waffen irgendwie in die Hände der Arbeiter fallen könnten. An einer Abgabestelle machte eine Menge den Versuch, die Waffen an sich zu reißen; es wurden Soldaten eingesetzt, die in scharfem Vorgehen die Waffen sicherten.[55] Am späten Abend trieb die städti-

Am Dienstag nachmittag wurde bei den blutigen Vorgängen am Hahnerberg unser lieber, herzensguter Sohn und Bruder, mein unvergeßlicher Bräutigam

Hugo Steup

im blühenden Alter von 22 Jahren dahingerafft.

Aus dem großen Völkerringen nach 2½jähriger Abwesenheit unverletzt zurückgekehrt, wurde er uns jetzt auf diese fürchterliche Weise entrissen.

Um stille Teilnahme bitten

Die trauernden Hinterbliebenen:
Gustav Steup u. Frau Klara geb. Stoodt,
Erich, Max, Auguste u. Gustav Steup,
Martha Lenz, als Braut.

Cronenberg, den 19. März 1920.

Die Beerdigung findet Samstag nachm. 3 Uhr von Cronenfeld aus mit Frauenbegleitung statt.

Am Dienstag den 16. d. verschied plötzlich und unerwartet mein fleißiger Arbeiter, unser lieber Arbeitskollege

Hugo Steup.

Er war mir stets ein treuer und zuverläßiger Arbeiter und uns ein guter, aufrichtiger Freund, weshalb wir sein Andenken in Ehren halten werden.

Carl Keil,
die Arbeiter d. Fa. Carl Keil.

Nachruf!

Durch einen unerwarteten und jähen Tod wurde unser liebes Mitglied

Herr Hugo Steup

am Dienstag aus unserer Mitte gerissen.

Nachdem er das Volksmorden an der Front glücklich überstanden hatte, wurde er nunmehr von der Reichswehr als harmloser Passant meuchlings niedergeschossen. Wir verlieren in dem so jäh Dahingeschiedenen einen treuen, lieben Turnkollegen, dessen Andenken auch über das Grab hinaus fortleben wird.

Turnverein »Frisch auf« Sudberg.

Treffpunkt der Mitglieder Samstag 2½ Uhr im Vereinslokal.

Todes-Anzeige.

Am Samstag, den 20. März, verschied an einer schweren Verwundung, die er bei den Unruhen der letzten Tage davongetragen hatte, unser liebes Mitglied

Herr Gustav Hummelnbeck

im Alter von 31 Jahren 10 Monaten. Wir verlieren in ihm einen tüchtigen Sangesbruder. Sein aufrichtiger Charakter, seine Liebe zum Gesang und seine stete Hilfsbereitschaft im Dienste der Allgemeinheit sichern ihm ein unvergeßliches Andenken.

M.-G.-V. »Lyra« Kuchhausen.

Nachruf!

In der Frühe des Samstags ereilte der Tod unser treues Mitglied und unsern lieben Sportkameraden

Gustav Hummelnbeck.

Im Kampf gegen die Reichswehr wurde er schwer verletzt und mußte, in den besten Jahren stehend, sein Leben lassen. Seine sportliche Anhänglichkeit sichert ihm ein dauerndes Andenken in unsern Reihen.

Sport- und Spiel-Verein Sudberg.

Heute Morgen 7½ Uhr verschied plötzlich und unerwartet infolge eines Unglücksfalles unser lieber Sohn und Bruder

Ernst

im blühenden Alter von beinahe 20 Jahren.

Um stille Teilnahme bitten

Die trauernden Hinterbliebenen:
Richard Bertram u. Frau
Karoline geb. Lemmer,
Karl Bertram,
Emmi Bertram.

Cronenfeld, den 18. März 1920.

Die Beerdigung findet Samstag, den 20. März, nachm. 3 Uhr, von Cronenfeld aus mit Frauenbegleitung statt.

Nachruf.

Bei den politischen Wirren der letzten Tage haben zwei treue Mitglieder, die Herren

Wilh. Schwalfenberg und
Ernst Bertram

bei Ausübung ihrer freiwilligen Tätigkeit im Dienste der Nächstenliebe ihr eigenes Leben opfern müssen.

Ein dauerndes und ehrendes Andenken ist ihnen gewiß.

M.-G.-V. Eintracht e. V.
Hahnerberg.

Infolge der jetzt herrschenden unruhigen Verhältnisse wurde gestern unser Meister

Herr Wilh. Schwalfenberg

plötzlich vom Leben abgerufen.

Während unser Auto zur Abholung von Verwundeten requiriert wurde, erbot sich Herr Schwalfenberg mitzufahren und kam infolgedessen auf diese tragische Weise zu Tode.

Wir alle stehen tief erschüttert an der Bahre des Verstorbenen, der jederzeit durch Pflichttreue sich ausgezeichnet hat. Sein Andenken werden wir stets hoch in Ehren halten.

Die Inhaber, Angestellten, Arbeiter
und Arbeiterinnen der Firma
Picard-Werk.

Nachruf!

Am 16. d. M. wurde uns unser lieber Kollege
der Werkmeister

Herr Wilh. Schwalfenberg

bei der Ausübung des Samariterdienstes durch eine heimtückische Kugel jäh aus unserer Mitte gerissen.

In ihm verlieren wir einen Kollegen, der die Interessen unseres Vereins allzeit hochgehalten hat, dem wir ein dauerndes Andenken treu bewahren.

Deutscher Werkmeister-Verband
Bezirksverein Cronenberg.

Aus dem Cronenberger Anzeiger vom 20. und 23. März 1920

sche Polizei Demonstranten vor dem Gefängnis am Polizeipräsidium auseinander, in das 31 in Hahnerberg gefangene Solinger eingeliefert worden waren. Anschließend wurden auch an anderen Stellen Menschenansammlungen von Polizei und Militär auseinandergetrieben.[56] General Gillhaussen fühlte sich wie auf einem Pulverfaß. Vor Mitternacht befahl er Mayor Lützow in Remscheid, am nächsten Morgen mit seinem ganzen Freikorps nach Elberfeld einzurücken. Er plante mit dieser Verstärkung in Elberfeld gründlich durchzugreifen und anschließend auch Barmen zu besetzten.[57] Dazu kam es jedoch nicht mehr."[58]

Tour 4: Die Entscheidung fiel am Ostersbaum *17.3.1920*

Eine Wanderung durch den Elberfelder Stadtteil Ostersbaum

Die Stadtwanderung führt durch den Stadtteil Ostersbaum. Hier, in einer stillgelegten Ziegelei auf Clausen oberhalb des Stadtteils, begann am 17. März eine blutige Auseinandersetzung zwischen Arbeitern und Freikorpssoldaten. Den ganzen Tag dauerten die Kämpfe an, in denen die Soldaten eine Straße nach der anderen aufgeben mussten. An vielen Stellen in der Stadt rumorte es. In der Polizeidirektion Barmen erbeuteten die Arbeiter Waffen, das Gefängnis in Barmen und Elberfeld wurde gestürmt und die Gefangenen befreit. Barrikaden entstanden auf Clausen und in Unterbarmen. Die Entscheidung fiel im Stadtteil Ostersbaum. Nachdem hier die bewaffneten Arbeiter die Soldaten bis in die Innenstadt und den Neumarkt von Elberfeld zurückgedrängt hatten, entschloss sich die Militärführung am Abend des 17. März, die Stadt zu verlassen.

An den Straßenkämpfen waren schätzungsweise 3.000 bis 5.000 Arbeiter und bis zu 1.500 Soldaten und Sicherheitspolizisten beteiligt.[1] Die Zahl der Toten, die dieser Kampf forderte, liegt zwischen 50 und 60, in überwiegender Zahl Arbeiter. Die Wanderung durch den Stadtteil Ostersbaum folgt den Spuren dieses blutigen Tages und seiner Ereignisse.

Während im ersten Teil der Wanderung, im Bereich Ostersbaum/Neuenteich das Stadtbild stark verändert wurde, sind die Straßenzüge aus der Jahrhundertwende auf den Engelnberg und um den Platz der Republik noch gut erhalten. Sie bieten dem Betrachter noch heute interessante Gebäude und Straßenfluchten und mancher Hinterhof lässt die Atmosphäre der 20er Jahre erahnen. Die Stationen sind weitgehend chronologisch angeordnet. Der Verlauf der Ereignisse lässt sich auch an dem vorgestellten Datum bzw. der Uhrzeit[2] verfolgen. Die Strecke führt an ehemaligen Genossenschaftsgebäuden und an einer interessanten Gartenstadtsiedlung, der Siedlung am Frankenplatz, vorbei. Diese und andere ergänzende Themen werden mit separaten Kästen eingegliedert.

Die Wanderung beginnt und endet am Neumarkt vor dem alten Elberfelder Rathaus. Die drei Stationen aus Kapitel 1 (Rathaus Elberfeld; Robertstraße; Paradestraße) bieten einen Überblick über die Vorgeschichte der Kämpfe und können wahlweise vorher ebenfalls besucht werden.

Streckenverlauf:

Zu Fuß bis zur Straßenkreuzung Neuenteich/Hofkamp. Von dort mit dem Bus, Linie 622, drei Haltestellen bis „Clausen". Von dort gehen wir über die Burgunder Straße und den Frankenplatz bis zur Ewaldstraße. Die weitere Route lässt sich aus der Karte entnehmen. Sie führt durch verschiedene parallel laufende Nebenstraßen des Neuenteich hinauf zum Zentrum des Stadtteils, dem „Platz der Republik". Hier wenden wir und gehen über die Windstraße und die Oberstraße wieder zum Elberfelder Rathaus zurück.

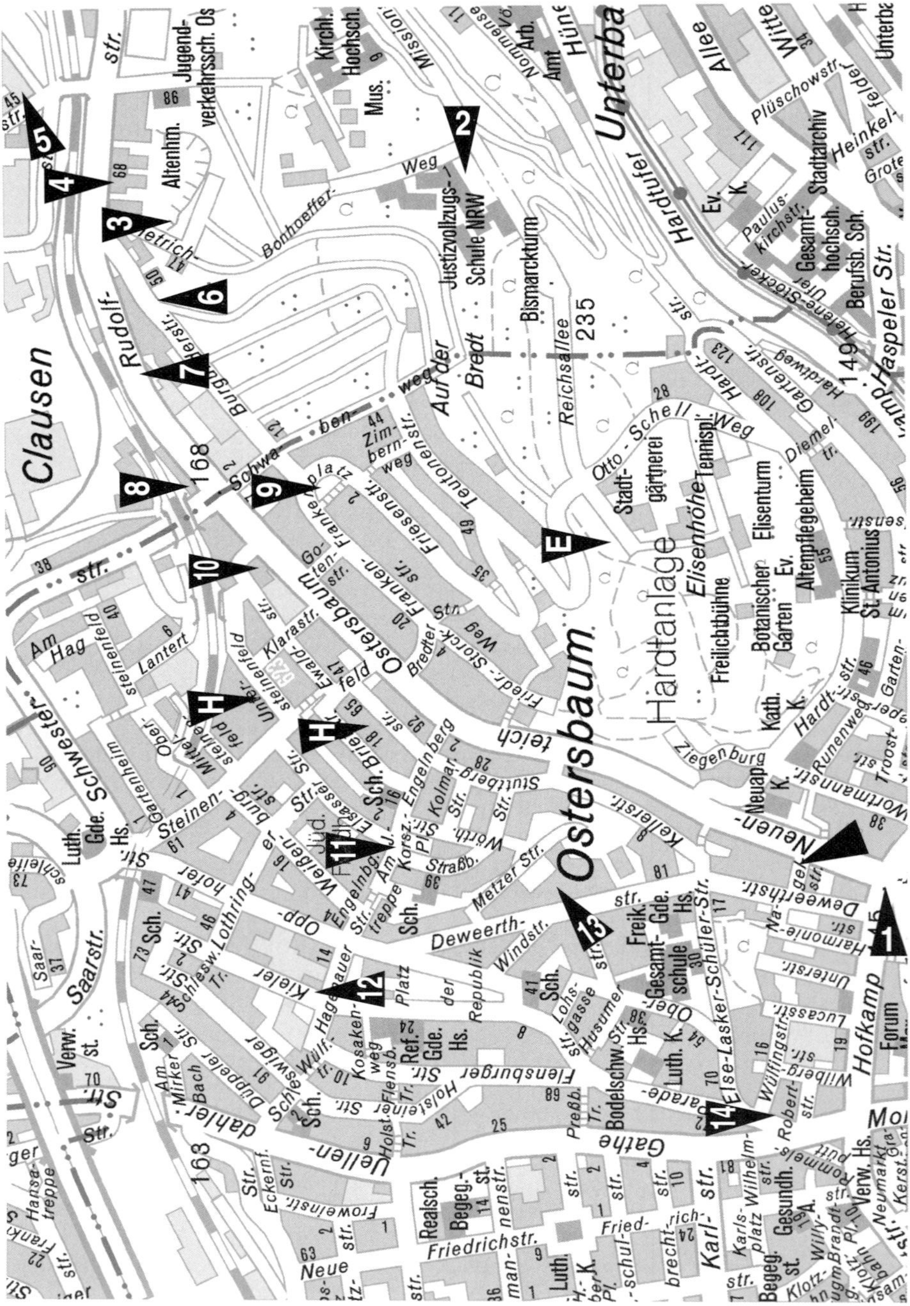
Clausen
Ostersbaum
Hardtanlage
Elisenhöhe
Bismarckturm
Freilichtbühne
Botanischer Garten
Elisenturm
Stadtgärtnerei
Justizvollzugsschule NRW
Reichsallee
Hardtufer
Stadtarchiv
Klinikum St. Antonius
Ev. Altenpflegeheim
Schwesterstr.
Saarstr.
Rudolf-Ziersch-Str.
Hofkamp
Friedrichstr.
Karlstr.
Gathe
Deweerthstr.
Neuenteich
Haspeler Str.
Otto-Schell-Weg
Bredt
Zimbernweg
Teutonenstr.
Friesenstr.
Frankenstr.
Schwabenweg
Kielerstr.
Flensburger Str.
Holsteiner Str.
Wülfingstr.
Metzer Str.
Windstr.
Platz der Republik
Heinkelstr.
Allee
Pluschowstr.
1
2
3
4
5
6
7
8
9
10
11
12
13
14
E
H

Der „Menschenkessel“ am Neuenteich
17.3.1920; 8:00 Uhr – Straßenkreuzung Neuenteich/ Hofkamp (1)

Am folgenden Tag, dem 17. März, verbreitete sich die Nachricht von dem Massaker an den Solinger und Cronenberger Arbeitern in der Stadt. Die Unruhe in der Stadt wuchs. Als am Vormittag der Lärm einer heftigen Schießerei oben vom Ostersbaum zu hören waren, kam es trotz Ausnahmezustand zu einer Menschenansammlung von einigen hundert Menschen an der Straßenkreuzung Neuenteich/Hofkamp. Ein Zug Sipo versperrte die Straße in Richtung Ostersbaum um die Neugierigen zurückzuhalten. Als sich die Menschenansammlung nicht beruhigen ließ, traf eine weitere Abteilung Sipo ein, die die anderen Straßen der Kreuzung, Hofkamp Richtung Elberfeld und Barmen, versperrten und die Menschen in einem Kessel zusammendrängten. Dann wurden sie in langen Reihen, begleitet von Polizei, zum Polizeipräsidium in der Von-der-Heydt-Gasse geführt, wo sie vernommen wurden. Erst im Lauf des Tages kamen die meisten Verhafteten wieder frei.[3]

Verlags- und Geschäftshaus der Konsumgenossenschaft „Befreiung“
Neuenteich 104

Hier an der Ecke zum Hofkamp, wo auch heute wieder ein Wohn- und Geschäftshaus steht, baute damals die Konsumgenossenschaft „Befreiung“ ein großes und modernes Wohn- und Geschäftshaus. Unten war die Verteilungsstelle und in den oberen Räumen zog 1921 für kurze Zeit der Verlag und die Redaktion der USPD-Zeitung „Volkstribüne“ (vgl. Kap. Paradestraße) ein.

Später waren hier Gesundheitseinrichtungen der AOK, Sauna, Bäder und Arztpraxen untergebracht.

Brennende Barrikade am Neuenteich
17.3.1920; 20.00 Uhr – Neuenteich 64/Nagelstraße (1)

Die Straßen Neuenteich und Ostersbaum waren ein alter Kohlenweg Richtung Sprockhövel und Ruhrgebiet. Auch in den 20er Jahren war dies noch, neben der Straße im Tal, die wichtigste Verbindungsstraße zwischen Elberfeld und Barmen und weiter Richtung Ruhrgebiet. In den alten Fachwerkhäusern wie in den Gründerzeithäusern im angrenzenden Stadtteil Ostersbaum wohnten vor allem Arbeiter.

Ernst Roßbach, Jahrgang 1909, wohnte mit seinen Eltern im unteren Teil des Neuenteich, nicht weit von der Einmündung der Nagelstraße. Sein Vater war in der Kaiserzeit schon Sozialdemokrat und 1918 Mitglied der Arbeiterwehr. Herr Roßbach erinnert sich an den 17. März: *„Abends gegen 20:00 Uhr, es war schon dunkel, zog sich das Militär über die Straße Neuenteich aus dem Stadtteil zurück. Um ihnen den Rückzug zu erschweren und den wichtigen Verbindungsweg für das Militär zu unterbrechen, hatten einige Arbeiter einen LKW, der in der Nagelstraße stand, angezündet und aus der Seitenstraße quer in die Straße Neuenteich gerollt. Hier bildete er eine brennende Barrikade. Ich war zu Hause. Mein Vater hatte mir verboten, ans Fenster zu gehen. Doch ich sah den Schein des Feuers an der Zimmerwand und hörte den Hauptmann kommandieren „Kompanie stopp“ und „Straße frei“. Er gab Befehle, das Hindernis zu überwinden. Mein älterer Bruder Hugo, er war Schlosser bei der Firma „Elba“ und Sympathisant der Revolutionäre,* *war immer noch unter den Kämpfern und Schaulustigen draußen. Am nächsten Tag erfuhr ich, dass auch mein Freund Erich Hauck von Militär erschossen worden war. Er hatte sich leichtsinnigerweise ans Fenster der elterlichen Wohnung in der Stuttbergstraße gewagt. Dort traf ihn ein tödlicher Schuss. Meinem Bruder war zum Glück nichts passiert. Unser Haus am Neuenteich ist später wie die umliegenden Häuser bei den Bombenangriffen 1943 ausgebrannt. Mein Bruder Hugo wurde später aktiver Kommunist und war lange arbeitslos. Sein Grab auf einem Soldatenfriedhof in Holland habe ich erst vor einigen Jahren gefunden."*[4]

Hinweis:
Friedrich-Ebert-Denkmal (E)

Gleich vor dem Eckhaus (104) befindet sich eine Bushaltestelle. Von hier aus fahren Busse der Linie 612 und 622 alle zehn Minuten zur nächsten Station, nach „Clausen".
Bei Wanderlust und gutem Wetter kann man auch zu Fuß über die Hardt gehen. Dann kommt man gleich über den Dietrich-Bonhoeffer-Weg (2) zum Standort der alten Ziegelei Rittershaus. Unterwegs, an der Reichsallee, kommt man am Gedenkstein für Friedrich Ebert vorbei. Dieses Denkmal ist im Kapitel 11 erläutert.

Alfred Steinhage – der „Rote General von Elberfeld" *Neuenteich 63*

Das Leben von Alfred Steinhage (1889-1953) ist eine typische Biographie eines der jungen Revolutionäre von 1920. Später wurde Steinhage als Leiter des Elberfelder Roten Frontkämpferbundes (RFB) unter dem Spitznamen der „Rote General von Elberfeld" berühmtberüchtigt.

Die Familie Steinhage waren Nachbarn der Rossbachs. Sie wohnte im Haus Nummer 63.

Einer der drei Brüder war Alfred Steinhage. Er war im Weltkrieg Matrose und hatte den Krieg hassen gelernt. Als am 8. November 1918 100 Matrosen die Revolution von der Küste in die Stadt Elberfeld trugen, war er vermutlich einer von ihnen. Wenige Tage später wurde er in den Soldatenrat von Elberfeld gewählt. Anfang 1919 trat er in die KPD ein.

Als es im März 1920 „wieder losging", beteiligte er sich an den Kämpfen am Ostersbaum und später an der Schlacht um Remscheid. „Als erfahrener Soldat bringt er sich mit seinem ganzen Wissen in die 'Rote Armee' ein."[5] In Remscheid wurde er Führer einer der Kampfgruppen, die mit den Sonderzügen an die nördlichen Front der „Rote Ruhrarmee" bei Wesel fuhren. In diesen Kämpfen erwarb er sich als roter Offizier die Anerkennung seiner Genossen. Diese Rolle prägte seine weitere politische Karriere. In den unruhigen Jahren um 1923, als die Inflation die Stadt erschütterte, wurde er einer der Führer der „roten Hundertschaften".

„Im September 1926 gründete er im Rahmen einer Kundgebung auf dem Platz der Republik die Elberfelder Ortsgruppe"[6] des „Roten Frontkämpferbundes". Schon 1925 war er Leiter einer roten Musikkapelle geworden. Dieser RFB wurde von der KPD nach dem sehr erfolgreichen Modell des Reichsbanners „Schwarz-Rot-Gold" als proletarischer Schutzbund gegründet. Die im RFB gepflegte exakte militärische Führung, die Kommandos und Wendungen brachten ihrem Führer Steinhage bei Freund und Feind den Namen des „Roten Generals von Elberfeld" ein.[7] Später überwarf sich Alfred Steinhage mit der KPD. Um die Leitung der Musikgruppe und den Besitz der wertvollen Blasinstrumente gab es heftige persönliche Auseinandersetzungen.[8]

Einer geregelten Arbeit konnte Steinhage nicht mehr nachgehen, und so betrieb er eine in Arbeiterkreisen bekannte Stehbierhalle am Rommelspütt. Steinhage überlebte die Verfolgungen des Faschismus. Nach 1945 musste er um eine geringe Wiedergutmachung einen langwierigen Prozess führen und betrieb bis zu seinem Lebensende einen kleinen Kiosk in der Vogelsangstraße 8.[9]

Polizeiaktion an der alten Ziegelei *17.3.1920; 9:00 Uhr – Dietrich-Bonhoeffer-Weg 47, ehemalige Ziegelei Rittershaus, Clausen und Lückenhaus (3)*

Gleich an der Haltestelle ist die Hausnummer 74-76 mit der Plastik des Zimmermanns auf der Hausecke. Wir gehen von der Haltestelle Clausen einige Meter zurück und biegen links in den Dietrich-Bonhoeffer-Weg ein. Nach ca. 70 Metern beginnt auf der linken Straßenseite ein brachliegendes Gelände, hinter dem sich ein Hang, die ehemalige Abgrabungsfläche der Ziegelei, erhebt.

Erhard Lucas schildert in seinem Werk über den Kapp-Putsch die Ereignisse auf Clausen ausführlich: *„Eine Anzahl von Teilnehmern des Solinger Demonstrationszuges hatte sich, nachdem das Gros zusammengeschossen war, an der absperrenden Sipo in Hahnerberg vorbei geschlichen und nach Barmen und Elberfeld gelangen können. Sie wurden in der Nacht von dortigen Genossen in einer alten stillgelegten Ziegelei auf Clausen in Nähe der Stadtgrenze zwischen Elberfeld und Barmen versteckt.“*[10]

Links des Dietrich-Bonhoeffer-Weges, gegenüber der Hausnummer 47 und unterhalb eines steilen Hanges, befand sich die Ziegelei „Rittershaus, Clausen & Lückenhaus“. Sie gehörte den drei benachbarten gleichnamigen Höfen. Im Jahr 1920, kurz nach dem Krieg, lag die gesamte Bauwirtschaft darnieder. Die Ziegelei stand leer und befand sich in Liquidation.

In dem weitläufigen Gelände der stillgelegten Ziegelei zwischen den Arbeiterquartieren Loh und Ostersbaum am Rande der Stadt waren die Solinger vermeintlich gut versteckt.

Doch „die Sache blieb nicht unbemerkt; Meldungen von verdächtigen nächtlichen Gestalten kamen zur Barmer Polizei, angeblich war sogar ein Polizeiwachtmeister in der dunklen Straße entwaffnet worden“.[11]

Der Mitbesitzer der Ziegelei, Herr August Rittershaus, der seinen Hof in unmittelbarer Nähe der Ziegelei hatte, wurde von den Arbeitern später verdächtigt, Hinweise an die Polizei gegeben zu haben (vgl. Station Hof Rittershaus).

„Der Polizeidezernent Dr. Markull wollte sofort zufassen, verschob das dann aber bis auf den nächsten Morgen. Um 9:30 Uhr schickte er einen LKW mit 30 städtischen Polizisten los, die, so wurde instruiert – im Gang befindliche Plündereien stoppen und die Verbrecher festnehmen sollten. Die Polizisten schossen sofort auf die überraschen Arbeiter los, sogar mit Maschinengewehren.“[12]

Einige Arbeiter flüchteten auf den Hang der Hardt, von den Kugeln der Polizei verfolgt.

„Arbeiter aus Elberfeld, die mit wenigen Gewehren den Überfallenen zur Hilfe kamen, konnten nichts ausrichten. In kurzer Zeit hatten die Polizisten 80 Gefangenen gemacht.

Nun standen sie jedoch vor einem Problem: so viele Gefangenen konnten sie nicht abtransportieren, ja nicht einmal auf Dauer bewachen. Markull schickte einen zweiten LKW mit Polizisten, die die Bewachung der Gefangenen in der Ziegelei verstärken sollten, und er bat die Sipo in Elberfeld um Abtransport der Gefangenen. Aber jetzt zerbrach Markulls Instrument, die Barmer Polizei. Einmal erfuhren die Polizisten im Gespräch mit den Gefangenen, dass sie keineswegs Verbrecher beschossen und gefangengenommen hatten; zum zweiten tauchten immer mehr bewaffnete Arbeiter auf, die die Polizisten unter Feuer nahmen; drittens lag die Ziegelei in der Nähe der Arbeitervierteln Loh und Ostersbaum, [und, d. Verf.] *die Polizisten dürften durch die feindselige Haltung der Bevölkerung, die sich auf der Straße ansammelte, unsicher geworden sein; viertens blieb die Sipo aus Elberfeld aus – die Beratungen zwischen Sipo- und Militärkommandanten in Elberfeld zogen sich zu lange hin.*"[13] Über Waffen werden die Arbeiter zu diesem frühen Zeitpunkt nicht verfügt haben. Der Elberfelder Aktionsausschuss hatte bisher mit lediglich acht Gewehren gerechnet, die in den Händen der Arbeiterschaft waren.[14] Umso mutiger erscheint das Aufbegehren gegen die schwer bewaffnete Übermacht. Entscheidend dürfte gewesen sein, dass an diesem Vormittag die Polizeiwache im Barmer Rathaus von Arbeitern gestürmt und die Waffen der Barmer „Bürgerwehr" in die Hände der aufgebrachten Arbeiter kamen.[15]

Die Polizisten gaben auf und rannten, beschossen von den Arbeitern, zu ihren LKWs, bis auf einen Rest, der nicht rechtzeitig fortkam und in der Ziegelei eingeschlossen wurde. Die Polizisten rasten über die Loher Straße ins Stadtzentrum Barmen zurück. Dabei wurden sie von einer wütenden Menge mit Steinen beworfen.[16]

„Von Elberfelder Seite schicken jetzt die Militärbefehlshaber – wie am Vortag – die Sipo vor. 100 Mann, die anrückten, konnten sich auf der (Rudolf-)Straße ge-

Die ehemalige Ziegelei *Rittershaus, Clausen und Lückenhaus.* Hier begann der Kampf zwischen Arbeitern und Militärs.1928 entstanden hier die großen genossenschaftlichen Unternehmen der Wuppertaler Arbeiterschaft. Im Hintergrund entsteht gerade das Gebäude der Konsumgenossenschaft „Vorwärts-Befreiung". (Foto: Klaus Novy Insitut [KNI])

gen die Arbeiter nicht halten und besetzten unterhalb von Clausen die Marmeladenfabrik“[17] („Hellbach & Co“).

Die Ziegelei wurde zu Beginn der 30er Jahre abgerissen. Unten, die Rudolfstraße Richtung Bahngleisen hinunter, gegenüber des Dietrich-Bonhoeffer-Weges, stand ein Zaun aus Stahlrohren. Dieser Zaun erinnerte die Passanten noch lange an diesen Kampf. Die Schüsse aus Karabinern und Maschinengewehren hatten den Zaun mit großen Löchern übersät, durch die die Kinder gern die Finger steckten. An dieser Stelle erzählten die Eltern ihren Kindern noch oft, selbst in der Nazizeit, die Geschichte vom Aufstand der Arbeiter.[18]

Das Arbeiterschwimmbad auf der Hardt *1930 – Dietrich-Bonhoeffer-Weg – Ecke Missionsstraße (2)*

An der Straßenecke Missionsstraße/Dietrich-Bonhoeffer-Weg, dort, wo heute die Gebäude der Justizhochschule stehen, war gegen Ende der 20er Jahre von Arbeitersportlern ein einfaches Schwimmbad gebaut worden. Paul Happ (Jg. 1922), ein Anwohner im „Pelerinenviertel“, berichtet:

„So ab 1930 habe ich das Schwimmbad kennengelernt. Wir Kinder vom Frankenplatz sind dort im Sommer immer schwimmen gegangen. Es gab ein Schwimmbecken von 10 Meter Breite und ca. 20 Meter Länge. Der Eintritt kostete nur 5 Pfennige für einen Nachmittag. Es war ein Schwimmbad der Kommunisten, denn über der Wiese hing immer eine rote Fahne mit Hammer und Sichel. Das war für uns Kinder auch nicht weiter verwunderlich, denn die Leute in den nahegelegenen Arbeiterwohnbezirken, am Loh und am Ostersbaum, waren überwiegend kommunistisch. Vor allem die 'Langen Häuser' waren bekannt dafür. Dort hingen zu bestimmten Anlässen die Fahnen mit Hammer und Sichel aus fast allen Wohnungen. Nur bei uns in der Siedlung am Frankenplatz waren sie eine kleine Minderheit.

Die rote Fahne hing am Schwimmbad bis 1933, als die Nazis sie verboten. Der Schwimmbetrieb wird bis ca. 1935 bestanden haben.“

Das Schwimmbad war wohl erst kurz zuvor gebaut worden und existierte nur wenige Jahre.

Es wurde vermutlich errichtet, als es 1928 zu einer verschärften Auseinandersetzung zwischen Kommunisten und Sozialdemokraten in den Arbeitersportvereinen gekommen war. Viele „rote“ Arbeitersportler wurden ausgeschlossen und hatten sich zur „Kampfgemeinschaft für die rote Sporteinheit“ zusammengeschlossen. Diese wendete sich vor allem gegen die Militarisierung des deutschen Sports. Der Sportbetrieb unter den ausgeschlossenen Sportlern wurde nun organisiert aufgebaut.[19] In diesem Rahmen entstanden Sportplätze und auch Schwimmbäder.

In diesen Jahren kam es zu einer weiteren Radikalisierung in der KPD. Paul Happ berichtet:

„Nicht weit von dem Schwimmbad, ca. 10 Meter entfernt von der Straßenecke Missionsstraße abwärts, war links ein Felsen, in dem sich ein heute zugemauerter Höhleneingang befindet. Hier sind wir als Kinder mal rein gekrochen und haben ein Waffenlager entdeckt. Pistolen und Gewehre waren dort gelagert. Ein Waffenlager der KPD, wie wir vermutet haben. Wir sind wieder hinausgekrochen und haben es nicht weiter erzählt.“[20]

Hinweise:

Schwimmbad Teufelsteich, Kapitel 5
Arbeiterbad Ronsdorf. Kapitel 5
Schwimmbad Mirke, Kapitel 7
Schwimmbad Bendahl, Kapitel 8

Der Firmensitz der Bauhütte Wuppertal, ca. 1932. Im Ladenlokal befand sich eine Verteilungsstätte der Konsumgenossenschaft, dahinter der Bauhof und die gepachtete Ziegelei. In dem heutigen Gebäude lassen sich noch Teile des alten, 1943 zum Teil zerstörten Gebäudes erkennen. (Foto: KNI)

Baugenossenschaft „Bergische Bauhütte“ *1932 – Rudolfstraße 74-76 (4)*

Auch später sollte die Ziegelei und das umliegende Gelände noch eine Rolle im kulturellen und wirtschaftlichen Leben der Arbeiterschaft spielen: Es wurde der wichtigste Standort von genossenschaftlichen Betrieben in Wuppertal.

Das Haus Nr. 76 ist der ehemalige Firmensitz der „Bergischen Bauhütte“, eine der großen genossenschaftlichen Betriebe im Wuppertal.

Als sich nach dem Aufbruch im November 1918 die Hoffnungen und Forderungen nach Sozialisierung der großen Wirtschaftszweige als nicht durchsetzbar erwiesen, fanden die Bestrebungen nach Selbsthilfe und Gründung von Genossenschaften größeren Anklang. 1921 wurde von arbeitslosen Bauarbeitern mit Unterstützung und Krediten der Gewerkschaften in der Elberfelder Stadthalle die „Bergische Bauhütte“ als Genossenschaft der Bauarbeiter gegründet. Die „Bauhütte“ entwickelte sich in den folgenden Jahren zur größten Bauunternehmung in Wuppertal. Das Unternehmen hatte zeitweise 410 Mitarbeiter.

Mitte der 20er Jahre kaufte die Konsumgenossenschaft das Gelände an der Rudolfstraße. Die Bergische Bauhütte pachtete nun die alte Ziegelei von Rittershaus und nahm sie wieder in Betrieb. Hier entstand der zentrale Bauhof der Bauhütte mit technischen Büros, Maschinenpark und der Ziegelei. Der damalige Aufsichtsratsvorsitzende der Bauhütte war der Bauarbeiter, Gewerkschafter und spätere Bürgermeister der Stadt Wuppertal, Robert Daum.

Das Hauptgebäude aus dem Jahre 1932 ist in veränderter Form erhalten.

Auf dem alten Bild kann man die Toreinfahrt und die Fensterzeile rechts davon noch erkennen. Das Haus beherbergte neben den Verwaltungsbüros und einigen Wohnungen auch eine Verteilungsstelle der Konsumgenossenschaft. Das Gebäude wurde im Krieg teilweise zerstört und wiederaufgebaut.

Zentrale der Konsumgenossenschaft „Vorwärts-Befreiung“ *1928 – Konsumstraße 45-51 (5)*

Das gegenüberliegende Firmengebäude ist eines der hervorragenden Zeugnisse des „Neuen Bauens“ in Wuppertal und ehemaliger Sitz der Konsumgenossenschaft „Vorwärts-Befreiung“. Als 1927 der Bau der neuen Zentrale der Konsumgenossenschaft „Vorwärts-Befreiung“ auf der gegenüberliegenden Straßenseite begann, wurden die Ziegel dafür in der Ziegelei der „Bauhütte“ gebrannt. Ein Blick auf das denkmalgeschützte Gebäude (heute Becker Group) lohnt sich. Es ist architektonisch eindrucksvoll und war seinerzeit das größte Genossenschaftsgebäude in Deutschland. Die Vorderfront ist über 200 Meter lang. Die Genossenschaft versorgte zu ihrer Blütezeit ca. 50.000 Haushalte und beschäftigte mehr als 1.000 Mitarbeiter.[21] Auch in der Nachkriegszeit war sie ein wichtiger Standort der genossenschaftlichen Versorgung im Bergischen Land. In dem großen Festsaal im Turm fanden Feste, SPD-Parteitage und andere kulturelle Veranstaltungen statt.

Bis 1972 wurde der Betrieb hier aufrechterhalten. Dann fiel der Standort der zunehmenden Konzentration in der Gemeinwirtschaft zum Opfer.

Hinweise:

Sedansberg, Konsumgenossenschaft „Vorwärts“, Münzstraße, Kapitel 10
Verteilungsstelle, Sedanstraße Kapitel 10
Verteilungsstelle Sattlerstraße, Kapitel 7
Konsumgenossenschaft „Befreiung“ Bayreuther Straße 50/52

Soldaten auf Hof Rittershaus *Mai 1920 – Burgunder Weg 50 (6)*

Von dem Dietrich-Bonhoeffer-Weg können wir wahlweise über die Rudolfstraße oder über den Burgunderweg zur nächsten Station gehen. Am unteren Ende der Straße mündet die Burgunderstraße ein.

Nach ca. hundert Metern ist am linken Straßenrand eine niedrige alte Grundmauer als Wegbegrenzung zu sehen. Hier stand der große Hof Rittershaus, dem das umliegende Gelände und auch ein Teil der Ziegelei gehörte.

Frau Wüster, eine Anwohnerin vom Frankenplatz (vgl. Kap. Frankenplatz), berichtet über den alten Herrn Rittershaus:

„Wie es zu der Schlacht am Frankenplatz gekommen ist, dazu habe ich damals folgendes gehört:

Morgens früh sah Herr August Rittershaus viele nicht sehr vertrauenserweckende Gestalten in seiner Ziegelei. Das war ihm unheimlich und deshalb bestellte er die Polizei. In der Ziegelei hatten die Zivilisten Waffen versteckt gehabt, die sie dort verteilten, um bei einem Putschvorhaben im Ruhrgebiet Gebrauch davon zu machen. Durch die Ankunft der Polizei entlud sich die politische Spannung nun aber hier. Uns wurde gesagt, Herr Rittershaus, der klein von Gestalt war, sei von den Zivilisten halbtot geschlagen worden. Zu seinem Schutz lagen dann noch bis zum Sommer, die Rosen blühten schon, Soldaten auf seinen Hof.

Die halbwüchsigen Mädchen vom Frankenplatz zog es dann immer wieder zu einem Spaziergang, auch mit kleinen Geschwistern, zu einem Flirt mit den Soldaten zum Hof. Oft warfen diese ihnen einige der schönen weißen Bauernrosen zu.“ [22]

Diese Erklärung des Kapp-Putsches macht auch die unterschiedlichen Sichtweisen deutlich, die es in der Bevölkerung am Ostersbaum gab. Während die Arbeiterschaft sich radikal gegen das verhasste Militär stellte, wurden die Soldaten von den bürgerlichen Familien freundlich umworben. Die Legenden von „roten“ Plünderern und Terroristen, die damals in bürgerlichen Kreisen über die aufständischen Arbeiter kursierten, wurden über Jahrzehnte gepflegt, haben sich zum Teil bis heute erhalten.

Wir folgen der Burgunderstraße, der einstigen Zufahrt zum Hof Rittershaus, an der auch noch die alten Alleebäume stehen. Auf der rechten Seite befand sich damals die Marmeladenfabrik. Ein schmaler Fußweg führt zu dem Gelände, auf dem sich heute ein Parkplatz befindet.

Die Festung an der Rudolfstraße *17.3.1920; 11:00 Uhr – Rudolfstraße 18, Firmenparkplatz Sander (7)*

Weiter unterhalb der Rudolfstraße, da wo sie eine leichte Biegung macht und mit dem Bahndamm in Berührung kommt, stand auf der gegenüberliegenden Seite die kleine Marmeladenfabrik „Hellbach & Co“. Das Vorderhaus war mit einem kleinen Erker versehen, von dem man die ganze Straße und den gegenüberliegenden Bahndamm gut beobachten konnte. Die hintere große Fabrikhalle lag dem weitläufigen sanften Hang am Fuße des Hardt, der großen Kuhwiese von Rittershaus, zugewandt.

Dieser Standort wurde von der blauen Sicherheitspolizei ausgewählt, um das Vordringen der Arbeiter nach Elberfeld zu verhindern. Von hier aus kontrollierten sie die Rudolfstraße und bestrichen den Hang zur Hardt mit MG-Feuer. Die Arbeiter belagerten hinter dem Schutz der Gleisanlagen die Festung der Militärs und drangen weiter in den Stadtteil Ostersbaum vor. Doch bei diesem unzureichenden Schutz fanden manche den Tot. Die Fassaden der Fabrik waren übersät mit Einschußlöchern, doch es gelang den Arbeitern nicht, die Fabrik zu stürmen. Etwa aus hundert Mann bestand am Mittag die Besatzung der „Festung“ an der Rudolfstraße.

Später wurde die Sipo durch eine Abteilung des Freikorps Haketau und einer eilends aus Remscheid herbeigerufenen Abteilung Freikorps verstärkt. Nun standen die Arbeiter ca. 500 gut bewaffneten und erfahrenen Soldaten gegenüber.

Auch die Arbeiter bekamen Verstärkung. Am späten Nachmittag trafen Arbeiter aus Wetter an der Ruhr ein. Dort hatte man das Freikorps Lichtschlag überraschend überwältigt und dabei einige Maschinengewehre und sogar Geschütze erbeutet. So konnte das Vordringen der Arbeiter nur verzögert, nicht verhindert werden. Im Schutz des Bahndammes strömten sie in den Stadtteil Ostersbaum und über die Hardt in Richtung Elberfeld vor.

Die Fabrik wurde bei den Kämpfen stark beschädigt. Alles, was mit Gewehrkugeln zu zerstören war, war kaputt. Frau Wüster, eine Anwohnerin vom Frankenplatz, berichtet:

„Mein Großvater war an diesem Tag draußen und als er heim kam, erzählte er uns, Moll, der Inhaber der Marmeladenfabrik an der Rudolfstraße, ist anscheinend verrückt geworden; er hat eine große schwarz-weiß-rote Fahne (die kaiserliche Fahne) herausgehängt!

Das Gebäude der ehemaligen Marmeladenfabrik im Jahr 1997, kurz vor dem Abriss. Heute sind nur noch die Reste der Grundmauern von dem Gebäude zu sehen. Sie bilden die Umfassung des Parkplatzes. (Foto: R. Rhefus)

Das hatten aber wohl die Soldaten getan, die die Fabrik besetzt hatten. Diese sah nach beendeter Schlacht dann entsprechend aus: alles, was mit Gewehren zu beschädigen war, lag in Trümmern und Splittern. Am Tage nach der 'Schlacht' zog eine unübersehbare Menschenmenge, wie bei einer Prozession von der Rudolfstraße durch Rittershaus Hof, die heutige Burgunderstraße und den Schwabenweg herunter und bestaunten die angeschossene Marmeladenfabrik. Uns schien es, dass die gleichen Menschen immer im Kreis um das Objekt herumgingen. Viele Gruppen glaubten wir mindestens dreimal wiedererkannt zu haben.“ [23]

Im Januar 1997 mußte das Gebäude der ehemaligen Marmeladenfabrik dem Firmenparkplatz der Fa. Sander weichen.

Die Erschießung von Rudolf Schemann *17.3.1920; 13:00 Uhr – Rudolfstraße 16 (7)*

Gleich neben der Marmeladenfabrik war eine schmale Einfahrt zu einem Hinterhof, an dem einige kleine Fachwerkhäuser standen. Hier, im Haus Nummer 16, wohnte die Familie Schemann. In dieser Durchfahrt wurde Rudolf Schemann am 17. März von Soldaten standrechtlich erschossen. Diese Erschießung hat damals viel Aufsehen erregt.

In der Todesanzeige der Familie in der sozialdemokratischen „Freie Presse“ vom 20. März heißt es: „Am 17. März wurde durch Verrat eines Nachbarn unser guter Sohn, Bruder, Schwager, Onkel und Vetter Rudolf Schemann von Noske-Truppen meuchlings erschossen. Unbeteiligt am Kampfe, wurde er Opfer eines elenden Verräters."

Neben den Sportvereinen widmeten ihm auch seine Freunde an gleicher Stelle einen letzten kämpferischen Gruß: „Am 17. März fiel unser tapferer Freund und Kampfgenosse bei den Kämpfen am Ostersbaum, Rudolf Schemann."

Der Gewerkschafter Fritz Schemann, Jahrgang 1916, war der Neffe des Erschossenen. Er berichtet aus seinen frühesten Kindheitserinnerungen und den Erzählungen in der Familie:

„Als wir am 17. März bei uns zu Hause in der Schreinerstraße (in der Elberfelder Nordstadt) bei Tisch saßen, kam ein Bekannter reingestürmt und rief. 'Die haben den ›Menne‹ umgebracht!'. Menne war der Spitzname meines Cousin Rudolf. Er war erst 22 Jahre und vor kurzem erst aus dem Krieg zurückgekehrt. Er wohnte noch bei meinen Großeltern und Onkel Otto zu Hause in einem kleinen Fachwerkhaus am Anfang der Rudolfstraße, gleich neben der Marmeladenfabrik 'Hellbach & Co'. Unsere ganze Familie war in der Arbeiterbewegung engagiert. Väterlicherseits war sie kommunistisch eingestellt, mütterlicherseits überwiegend SPD. Rudolf war ein guter Turner und in den Arbeitersportvereinen 'Adler' und 'Arbeiterturn- und Spielverein Ost' aktiv. Er arbeite bei der Fa. Joh. Leimbach. Diese Fabrik für Klöppel- und Flechtmaschinen liegt nur einige Meter weiter, auf der Straße Ostersbaum 42.

Später wurde mir über den Tod von Rudolf folgendes erzählt: Freunde hatten ihn in der Ewaldstraße angesprochen: 'Da oben an der Rudolfstraße sind die ›Noskes‹, Menne, machst du mit?' Er hatte von irgendwem ein Gewehr bekommen, andere erzählten, er habe am Bahndamm gelegen und mitgekämpft. Später war er dann so leichtsinnig und ist nach Hause zu seinen Eltern gegangen, wo er mit der Familie zu Mittag aß. Es gab eine Suppe. Die Soldaten kamen von Clausen hinunter. Vermutlich hatte ein Nachbar, der Schmied Dehmel, der im gleichen Hinterhof seine Werkstatt hatte, den Soldaten einen Hinweis auf die Gesinnung, das Gewehr von Rudolf oder seine Teilnahme an den Kämpfen gegeben. Jedenfalls drangen die Soldaten in die Wohnung ein. Sie sperrten alle Familienangehörigen in den Keller. Nur Rudolf wurde nach draußen in die 'Löw', dem Durchgang, der zum Hinterhaus der Schmiede führte, gebracht. Hier wurde an die Wand gestellt und erschossen."

Ernst Thielenhaus, Jg. 1913, dessen Familie in der Nachbarschaft wohnte und mit der Familie Dehmel bekannt war, berichtete über die Denunziation:

„Ich hörte später von Nachbarn und meinen Eltern die Geschichte von dem Tod von Rudolf Schemann. Viele Leute verdächtigten den Schmied Dehmel als Denunziant, der für den Tod des jungen Arbeiters verantwortlich sei.

Meine Eltern waren bekannt mit den Dehmels und sie erzählten mir, der Schmied sei zu unrecht verdächtigt. Selbst Frau Schemann, die Mutter des Erschossenen, nahm Dehmel in Schutz. Sie hatte am Fenster gestanden und mit angehört, wie Dehmel auf die Frage der Soldaten, 'Wohnt hier Rudolf Schemann?', geantwortet hatte, 'Hier wohnt nur Dehmel'. Doch die Verdächtigungen und die Verachtung die Leute hörte nicht auf. So entschloß sich die Familie Dehmel, die Stadt zu verlassen. Die Dehmels zogen nach Recklinghausen. Dort habe ich sie mit meinen Eltern auch noch öfter besucht."

Was der Schüler Otto Lücke beobachtet *17.3.1920 – Rudolfstraße 6, bzw. Burgunderweg (6)*

Otto Lücke, Jahrgang 1909, wohnte damals einige Häuser unterhalb der Marmeladenfabrik gleich neben der Firma Sander und hat den 17. März noch in „guter" Erinnerung:

„Ich war damals ein Junge von zehn Jahren und ging aufs Gymnasium auf der Bleicherstraße in Barmen. Mein Vater, Robert Lücke, war Inhaber der Riemendreherei Lücke, der

heutigen Firma Sander, und wir wohnten gleich neben unserer Fabrik in einer kleinen, etwas zurückgelegenen Villa an der Rudolfstraße (4b).

An den 17. März 1920 erinnere ich mich noch ganz gut. Als ich an diesem Tag zu Fuß von der Schule nach Hause wollte, lagen überall in der Nähe der Rudolfstraße Bewaffnete, vornehmlich Arbeiter, und es wurde geschossen.

Auf dem üblichen Weg konnte ich nicht nach Hause. Ich bin dann oben über die Hardt gegangen und wollte dann über den Hang runter laufen. In einer Feuerpause rief einer: 'Ötte, loop rasch, die scheten jetzt nit', und ich bin runter gelaufen, so schnell ein Zehnjähriger laufen kann. Hier unten war ein Gartentor. Alles war still dahinter, und ich fiel darein, meiner weinenden Mutter in den Arm.

Die Schießereien zogen sich den ganzen Tag hin. Als ich Schüsse gleich vor unserem Haus hörte, machte ich die heruntergelassenen Rolladen in dem Herrenzimmer meines Vaters in der Parterre einen Spalt breit auf.

In unserem Vorgarten lagen fünf oder sechs Soldaten. Der kleine Mauersockel unseres schmiedeeisernen Gartenzaunes diente ihnen als Deckung. Von hier aus bestrichen sie die Rudolfstraße, nach oben und nach unten, mit ihren Gewehrsalven. Die Soldaten waren diszipliniert und gut bewaffnet. Auf beiden Seiten kämpften erfahrene Teilnehmer des Weltkrieges. Lange konnte sich die kleine Gruppe in unserem Vorgarten nicht halten. Der Hauptmann befahl, „Sprung auf, Marsch Marsch“, und die ganze Gruppe stürmte über die Straße, vermutlich um hinter dem gegenüberliegenden Bahndamm eine bessere Deckung zu suchen.

Dabei wurde ein Soldat von einer Kugel tödlich getroffen und blieb liegen. Ich war erschüttert. Das war das erste Mal, dass ich einen Toten und die Gewalt des Krieges sah. Später haben die Soldaten ihren Toten geborgen.

Am folgenden Tag erschienen einige schwer bewaffnete Arbeiter an unserer Tür und erhoben den Vorwurf, von diesem Haus aus sei die „Rote Armee“ beschossen worden. Mutter war entsetzt und sehr ängstlich. Unsere soziale Stellung als Fabrikinhaber und die Soldaten in unserem Vorgarten hatten das Haus wohl in Verdacht gebracht. Doch Vater bestritt den Vorwurf und meinte, dann müßten ja noch Spuren, leere Patronenhülsen und ähnliches im Haus zu sehen sein. Die 'Abordnung der Roten Armee', wie sich die Arbeiter vorstellten, stampfte mit ihren schweren Stiefeln über unsere wertvollen Teppiche und durchsuchte das ganze Haus. Oben unter dem Dach wurde zunächst ein Schießstand vermutet, doch einer der Arbeiter sagte dann auf Platt: 'Hier war nix, laß mer keine Dummheiten machen', und die Gruppe zog dann wieder friedlich ab.

Von den Toten in unserer Nachbarschaft habe ich nichts in Erinnerung und auch bei der großen Beerdigung war unsere Familie nicht dabei. Meine Eltern pflegten nicht allzuviel Kontakt zu der Nachbarschaft, die vornehmlich aus der Arbeiterschaft kam.“ [24]

Gaststätte Lückenhaus *Station Firma Sander, Straßenkreuzung Rudolfstraße/ Schwesternstraße (8)*

Die Kreuzung Schwesterstraße/Rudolfstraße/Ostersbaum war das Zentrum eines belebten Quartiers. Hier lagen alte Fachwerkhäuser neben hohen Mietshäusern und kleinen Fabriken. In unmittelbarer Nähe gab es auch den Hof Rittershaus, die Fabrikantenvilla Sander und die Siedlungshäuser am Frankenplatz. Im Haus Ostersbaum 52 befand sich eine Verteilungsstelle der Konsumgenossenschaft „Befreiung“. Die Hauptstraßen Ostersbaum und Rudolfstraße wurde vor allem von Arbeitern bewohnt.

Quer über die Kreuzung verlief die Grenze zwischen Barmen und Elberfeld. An der Ecke zwischen der Schwesterstraße, dem Bahndamm und der Rudolfstraße, dort, wo sich heute ein Autohaus befindet, standen vormals die Gebäude der Familie Lückenhaus. Auf dem kleinen Platz vor dem alten Bauernhaus, in dem

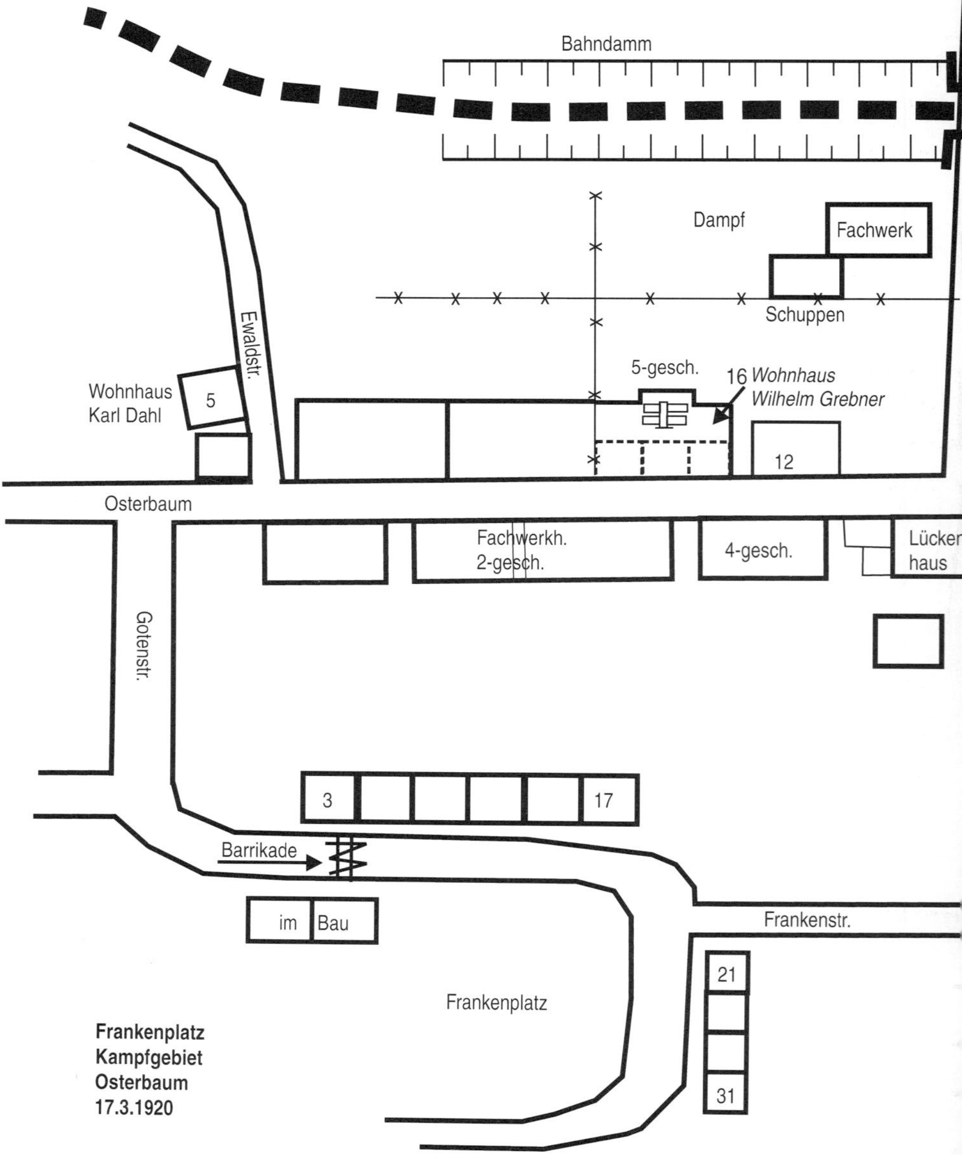
Bahndamm
Dampf
Fachwerk
Schuppen
Ewaldstr.
Wohnhaus
Karl Dahl
5
5-gesch.
16 *Wohnhaus*
Wilhelm Grebner
12
Osterbaum
Fachwerkh.
2-gesch.
4-gesch.
Lücker
haus
Gotenstr.
3
17
Barrikade
im
Bau
Frankenstr.
21
Frankenplatz
31
Frankenplatz
Kampfgebiet
Osterbaum
17.3.1920

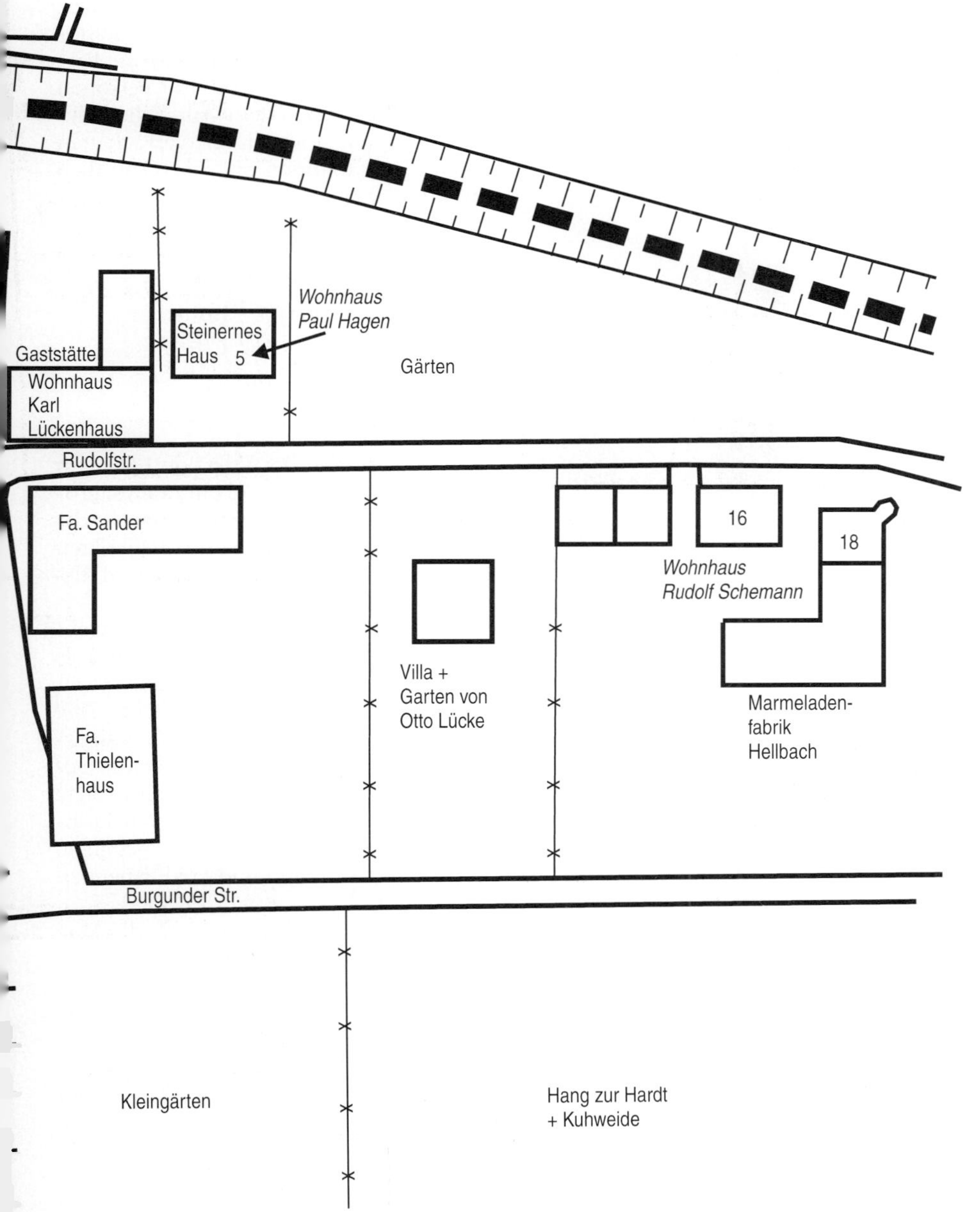
Wohnhaus
Paul Hagen
Steinernes
Haus 5
Gaststätte
Wohnhaus
Karl
Lückenhaus
Gärten
Rudolfstr.
Fa. Sander
16
18
Wohnhaus
Rudolf Schemann
Villa +
Garten von
Otto Lücke
Marmeladen-
fabrik
Hellbach
Fa.
Thielen-
haus
Burgunder Str.
Kleingärten
Hang zur Hardt
+ Kuhweide

Die Gebäude der Firma Sander an der Straßenecke Rudolfstraße/Schwabenweg ca. 1924. Am 17. März war diese Kreuzung Brennpunkt der Kämpfe zwischen Arbeitern und Freikorpssoldaten. (Foto: Otto Lücke)

sich nun eine Bäckerei befand, stand eine mächtige alte Linde. Dieser Platz mit dem alten Baum und einem alten Brunnen sowie die beiden angrenzenden Gaststätten (Paul Lückenhaus, Ostersbaum 1, und Ernst Lückenhaus, Rudolfstraße 3) bildeten den Treffpunkt des Wohnquartiers.

Die Soldaten hatten in diesem „Feindesland" Angst vor allem, was sich regte. In den Haustüren standen sie und bewachten die gegenüberliegenden Fenster. Der Ruf „Fenster zu, es wird geschossen" war sehr ernst zu nehmen. Es fanden Verhaftungen, Personenvisitationen und Hausdurchsuchungen statt.

In diesem Wohnquartier war die KPD stark verankert. Noch zu Beginn des Kalten Krieges in den 50er Jahren verkaufte Gerd Simoleit, der hier aufgewachsen war, in den umliegenden Häusern ca. vierzig Exemplare der Parteizeitung „Freiheit". In der Gaststätte Lückenhaus dem Versammlungsort von Sozialdemokraten und Kommunisten, waren die Parteiversammlungen oft von 150 Personen besucht.[25] Erst mit dem Ausschluss der Kommunisten aus den Gewerkschaften brach diese Tradition ab, die vermutlich ihren Ursprung im Jahr 1920 hatte.

Hausdurchsuchung bei Familie August Hagen *17.3.1920; 13:00 Uhr – Rudolfstraße 5, das „Steinenhaus"*

Schräg gegenüber der Villa von Lücke, in der Rudolfstraße 5, stand ein uraltes, großes Haus aus Bruchstein. Es wurde das „Steinenhaus" genannt und es rankten sich eine Reihe von Legenden und Erzählungen darum. Es gab in seinem Keller Gänge in Richtung Hardt, die angeblich bis in deren Kalkhöhlen führen sollten.

Hier wohnte der junge Arbeiter *Paul Hagen* mit seinen Eltern und Geschwistern. Er war Mitglied im Arbeiter-Gesangverein „Bruderliebe" und man sagte ihm nach, er hätte sich gut in den Höhlen der Hardt ausgekannt. Er beteiligte sich an den Kämpfen und fand dabei den Tod.

Herr Kampschulte, der Neffe des Verstorbenen, kann aus den Erzählungen seiner Mutter berichten:

„Meine Mutter war damals 20 Jahr alt und hat alles hautnah erlebt.

Bei den Kämpfen an der Marmeladenfabrik ist irgendwo ein Schuss gefallen. Die Soldaten durchsuchten das Steinenhaus nach Waffen. Alle Bewohner, so auch unsere ganze Familie Hagen, mussten raus vor die Türe. Mein Onkel Paul Hagen war nicht dabei. Er war mit den kämpfenden Arbeitern unterwegs. Die Bewohner mussten warten und wurden von einigen Soldaten bewacht, während andere Soldaten das ganze Haus nach Waffen durchsuchten. Alle standen eine fürchterliche Angst aus. Denn die Soldaten hatten angedroht, dass, wenn eine Waffe gefunden würde, alle männlichen Bewohner standrechtlich erschossen würden. Zum Glück fanden die Soldaten keine Waffen.

Unsere Familie war politisch links eingestellt. Der Großvater August Hagen war gelernter Weber und betrieb im Steinenhaus einen eigenen Jaquardwebstuhl, der fast über zwei Etagen ging. Er war Sozialdemokrat und sehr belesen. Vor allem liebte er Heinrich Heine. Die Heine-Werke habe ich von ihm geerbt. Schon 1898 war er Mitbegründer der Elberfelder Konsumgenossenschaft 'Befreiung' gewesen. Er hatte sich selbstständig machen müssen, weil er auf den schwarzen Listen der Unternehmer stand und keine Arbeit bekam. Später wurde der Großvater 'Lagerverwalter' bei der Konsumgenossenschaft, in einer 'Verteilungsstelle' in der Nähe der Friedrichstraße.

Ihren ältesten Sohn hatten meine Großeltern schon 1914 an der Front verloren. Der andere Sohn Paul war politisch engagiert und traf sich häufig mit seinen Genossen oben an der Ziegelei.

Paul war verlobt mit Adele Schmidt. Sie war schwanger und die Hochzeit sollte in wenigen Wochen stattfinden.

An diesem 17. März war er mit seinen Genossen an den Kämpfen gegen die Putschisten beteiligt.

Er erhielt einen Bauchschuß und wurde ins Krankenhaus Arrenberg gebracht. Meine Mutter sah ihn dort zum letzten Mal. Noch in der Nacht zum 18.3. erlag er seinen Verletzungen. Auf dem Totenbett hatte er zu meiner Mutter und den Eltern gesagt: 'Ich bin für eine gute Sache gestorben!'

Die Braut blieb noch lange bei meinen Eltern, und der kleine Sohn wuchs eine Zeit lang bei ihnen auf. Später wurde er Sparkassendirektor im Oberbergischen.

Paul Hagen und seine Braut Adele Schmidt. (Foto H. Kampschulte)

Meine Mutter erzählte uns Kindern öfter von ihrem Bruder. Sie hielt in der Familie das Andenken an ihn wach und besuchte mit uns öfter sein Grab auf dem Ehrenfriedhof, auch nach 1933, als es eingeebnet war.“

Paul Hagen hatte vier Jahre seines jungen Lebens im Krieg verbracht. Er hatte einen Bruder verloren und im Mai 1917 das „Eiserne Kreuz II. Klasse“ erhalten.

Zum 18. Geburtstag der Schwester schrieb er: *„... liebe Grete, dass auch du durch den Krieg so wenig von Deinen jungen Jahren, welche eigentlich zu den schönsten des ganzen Lebens gehören, gehabt hast. Ich kann es eigentlich gar nicht begreifen ... Auch mir gehen die schönsten Jahr dadurch verloren, aber trotzdem ich auch manchmal verzweifeln könnte bei diesem Elend auf der Welt, lasse ich* *den Kopf nicht hängen und tröste mich mit der Tatsache, dass doch einmal das Ende dieses Völkerringens kommen muss, wie alles auf der Erde sein Ende findet.“*[26]

In der Todesanzeige der Familie Hagen und der Braut heißt es:

„Bei den Kämpfen am Ostersbaum zwischen Regierungstruppen und den Revolutionskämpfern am 17. März starb infolge eines Bauchschusses in der Nacht zum 18. März unser treuer, heissgeliebter Sohn, Bruder und Neffe Paul Hagen im blühenden Alter von 25 3/4 Jahren. Mit ganzem Herzen hat er für das hohe Ziel des Proletariats gelebt und sein Leben dafür eingesetzt.“

Der Vorliebe des Vaters August Hagen für Heinrich Heine ist es zu verdanken, dass in der Todesanzeige folgende Zeilen zu lesen sind:

Ein Posten ist vakant – Die Wunden klaffen –
Der eine fällt, die anderen rücken nach –
Doch fall ich unbesiegt, und meine Waffen
Sind nicht gebrochen – Nur mein Herze brach.

Heine schrieb sie 1851 nach der verlorenen Revolution von 1849 und wenige Jahre vor seinem Tod. Die beiden letzten Zeilen des Gedichtes wurden ein Jahr später, bei der Einweihung des zentralen Grabmals auf dem Ehrenfriedhof, für die Erinnerungstafel ausgewählt.[27]

Die Toten – aufgereiht unter der Linde *17.3.1920; 20:00 Uhr – Rudolfstraße 3, Gaststätte Lückenhaus (8)*

Die Gaststätte Ernst Lückenhaus mit ihrem angebauten Saal spielt in den Erzählungen vom 17. März 1920 immer wieder eine Rolle. Ernst Roßbach, Jg. 1906, erzählt:

„Hier im Flur, der zum Saal führte, hatten sich die mutigeren und schaulustigen Arbeiterjugendlichen aus der Nachbarschaft versammelt und verfolgten die draußen tobenden Kämpfe. Mein Bruder Hugo, er galt als 'Draufgänger', war auch dabei. Ihre Sympathien galten eindeutig den kämpfenden Arbeitern, und so wurden sie wohl in die Kämpfe verwickelt oder von den Soldaten angegriffen.“ [28]

Als die Soldaten ihre Stellung in der Marmeladenfabrik Hellbach aufgaben und sich in Richtung Elberfeld zurückzogen, wurde die Gaststätte von den Elberfelder Arbeitersamaritern zu einem provisorischen Lazarett umfunktioniert. Hier wurden die vielen Verwundeten versorgt. Hier verschafften sich die Sanitäter einen Überblick über die Gefallenen. An den folgenden Tagen erschienen Anzeigen der Arbeitersamariter in den Zeitungen der Arbeiterparteien, die die Toten und Verwundeten bekanntgaben, die unbekannten Toten aufführten und ihre Identitätsmerkmale veröffentlichten, um Hinweise auf die Personen und ihre Anverwandten zu erhalten.

Am Abend gegen 20:00 Uhr wurden die Toten, die bei den Kämpfen um die Marmeladenfabrik und in der Umgebung ihr Leben gelassen hatten, draußen unter der Linde bei der Gaststätte Lückenhaus aufgereiht. Otto Lücke hat dieses Bild noch in Erinnerung:

„Am späten Abend hatten sich die Soldaten zurückgezogen. Doch wir trauten uns erst am anderen Morgen, als alles ruhig war, aus dem Haus. Auf dem Platz am Beginn der Rudolfstraße, gleich unter der uralten Linde die dort stand, hatte man die in der Nähe gefallenen Arbeiter gesammelt. Dort lagen 10 oder 12 Tote, zum Teil mit dem Gesicht nach unten auf der Erde. Sie hatten ihre normale Arbeitskleidung an und waren wohl schon gewaschen, jedenfalls sah man nicht gleich die tödlichen Verletzungen. Erst auf dem zweiten Blick nahm ich die Einschüsse der Kugeln wahr.

Mein Onkel Ernst Thielenhaus, dem die gleich neben uns liegende Textilmaschinenfabrik gehörte, ging zu den Toten. Er wollte wissen, ob auch Mitarbeiter seiner Firma unter den Gefallenen waren. Ich hielt mich in respektvollem Abstand und beobachtete mit Schaudern die Szene. Zum ersten Mal sah ich so viele Tote. Onkel Thielenhaus war auch Kriegsteilnehmer und Offizier gewesen. Er drehte die auf dem Bauch Liegenden um und meinte 'Et is nemmes von us dabei'. Und auch von den Mitarbeitern in unserer Riemendreherei, hier arbeiteten vornehmlich Frauen, war keiner in dieser traurigen Reihe." [29]

Unter den Toten, die an diesem Tag bei den Kämpfen in der Umgebung der Marmeladenfabrik gefallen waren, lassen sich durch die Todesanzeigen folgende Namen und Gegebenheiten recherchieren: *Karl Lückenhaus* wohnte in der Rudolfstraße 3. Er war 26 Jahre, Mitglied im „Arbeiter-Athleten-Club Elberfeld" und vermutlich der Sohn des Wirtes.

Sein Vereinskamerad *Otto Everts* wohnte einige hundert Meter weiter, am Neuenteich 26. In der Anzeige des Arbeitersportvereins heißt es: *„Ihre Pflichterfüllung für Freiheit und Sport wird von den Sportgenossen stets in Ehren gehalten. Euch schmückt nicht Lorbeer, nicht Kreuz, Euch schmückt der Freiheit Siegespreis!"*

Wilhelm Mortsiefer war Anwohner an der Rudolfstraße (Nr. 156) und hatte bei den Kämpfen in der Straße einen Kopfschuss bekommen. Er war 44 Jahre und Mitglied im „Arbeiter-Gesangverein Einigkeit", Barmen.

Paul Lanke kam aus Nächstebreck. In dem Nachruf der „Vereinigten Sozialistischen Parteien und der Arbeiterturnvereine von Nächstebreck-Beckacker" heißt es: *„Im heißen Kampf gegen die Kappschen Umsturztruppen fiel im Treffen an der Barmer-Elberfelder Grenze am 17. März unser geschätzter Genosse und treuer Freund – Paul Lanke."* Paul Lanke war 41 Jahre alt. Er wurde vermutlich in Nächstebreck beigesetzt.[30]

Paul Stachelhaus wohnte in der Bachstraße (heute Gathe) am Fuß des Stadtteils Ostersbaum. Er hatte sich bei den Kämpfen hinter dem mächtigen Stamm der Pappel am Schwabenweg/Ecke Rudolfstraße versteckt, als ihn ein Querschläger traf. Paul Stachelhaus war 19 Jahre und engagiert in der Arbeiter-Musikbewegung. Er war 2. Vorsitzender des Mundharmonika-Vereins „Edelweiß". Sein Verein schreibt in der Todesanzeige: *„Er fiel im Kampf für die Freiheit des Volkes".*

> Die Mundharmonika war damals unter den musischen interessierten Arbeitern ähnlich wie das Akkordeon und die Schalmei ein sehr populäres Instrument. Sie war einfach zu erlernen und zu spielen, und so ein ideales Instrument für den Teil der Bevölkerung, die sich keine teure musische Ausbildung leisten konnten.

Auch seine Braut verabschiedet sich von ihm mit Worten, die das politische Anliegen des Gefallenen zum Ausdruck bringt: *„Bei den Kämpfen am Ostersbaum zwischen Regierungstruppen und Revolutionskämpfern fiel mein innigst geliebter, treuer und unvergesslicher Bräutigam Paul Stachelhaus im blühenden Alter von 19 Jahren. Mit ganzem Herzen hat er für das hehre Ziel des Proletariats gelebt und sein Leben dafür eingesetzt. Um stille Anteilnahme bittet die tiefbetrübte Braut Maria Muno."* [10]

An der Marmeladenfabrik starb auch *Julius von der Schlusen*. Er war Vater mehrerer Kinder, 42 Jahre alt und in der „Neutralen Schulgesellschaft Wichlinghausen" engagiert. Außerdem war er erster Vorsitzender der „Lotterie-Gesellschaft II – Neu Wichlinghausen". Die „neutralen" oder „freien" Schulvereine gab es in vielen Arbeiterstadtteilen. Mit ihrer Hilfe versuchte die Arbeiterschaft die ersten (konfessions-)„freien Schulen", meist mit reformpädagogischen Ansätzen, in ihren Stadtteilen durchzusetzen. In der Todesanzeige des Vereins heißt es, dass er *„bei den schweren Kämpfen auf Clausen den Heldentod für sein Ideal, den Sozialismus, gefunden hat".* Auch die „Lotterie-Gesellschaft" schreibt, dass ihr 1. Vorsitzender *„im Kampf gegen die Kapp-*

Nachruf

für unsere Märzgefallenen 1920.

Und wieder war es der März, der mit seinem Drängen und Stürmen die Arbeiterklasse zu entschlossener Tat antrieb. Getreu dem Dichterwort:

Und setzt Ihr nicht euer Leben ein,
Nie soll euch das Leben gewonnen sein,

hat auch die Wuppertaler Arbeiterschaft mit der Waffe in der Hand um ihre Freiheit, um ihre Zukunft gekämpft und den Sieg davon getragen. Viele Opfer hat es gekostet, unsere Besten sind gefallen. Die bis jetzt festgestellten Namen unserer Toten sind folgende

Wilhelm Mortsiefer
Barmen, Rudolfstr. 130,
Rudolf Schemann
Barmen, Rudolfstr. 16,
Fritz Ronsdorf
Barmen, Freiheitstr. 53,
Jul. von der Schlusen
Barmen, Kreuzstr. 53,
Rudolf Leverkus
Barmen, Huldastr. 36,
Fritz Jellissen
Barmen, Am Kothen 8,
Willi Wichelhaus
Barmen, Buchenstr. 36,
Willi Bredtmann
Barmen, Oberdörnerstr. 74,
Karl Grimm
Barmen, Hohensteinerstr. 30,
Herm. Zimmerling
Barmen, Collenbuschstr. 3,
Paul Hagen
Barmen, Rudolfstr. 5,
Frau Hochbein
Barmen, Moltkestr. 6,
Wilhelm Kurr
Elberfeld,
Paul Stachelhaus
Elberfeld,
Max Mans
Elberfeld,
Ferdinand Brück
Elberfeld,
Fritz Wallmichrath
Elberfeld,
Paul Lank
Nächstebreck,
Emil Mathan
Wohnort unbekannt,
sowie 3 Unbekannte.

Diese Toten liegen im städtischen Krankenhaus in der Schönebeck.

In tiefem Schmerz und doch froher Siegeszuversicht steht die gesamte Arbeiterschaft an der Bahre ihrer Toten, tiefes Mitgefühl für die Hinterbliebenen im Herzen. Die Wuppertaler Arbeiterschaft wird ihre Toten nicht vergessen.

Die gemeinsame Beerdigung findet am Sonntag, den 21. März 1920, nachmittags 3 Uhr, vom städtischen Krankenhause Barmen aus nach dem Ehrenfriedhof statt. Die Wuppertaler Arbeiter- und Beamtenschaft wird sich in der Hessenerstraße Punkt 2 Uhr treffen.

Ehrt Eure Märzgefallenen!

Barmen, den 20. März 1920.

Der Aktions-Ausschuß
der vereinigten sozialistischen Parteien
Barmen-Elberfeld.

Arbeiter-Gesellschaft Freundschaft Elberfeld
Mitglied des Arbeiter-Gesellschaftsverbandes.

Bei den Kämpfen am Ostersbaum zwischen Regierungstruppen und den Revolutionskämpfern fiel als erster am 17. März unser lieber Freund und I. Vorsitzender

Ferdinand Brück

im Alter von 27 ½ Jahren.

Wir werden sein Andenken in Ehren halten.

Der Vorstand.

Die Mitglieder treffen sich Sonntag nachm. 3 Uhr im Vereinslokal.

Todes-Anzeige.

Ein Opfer für die Volksfreiheit wurde unser treues Verbands- und Vorstandsmitglied, Kollege

Rudolf Wilms

hingemordet durch die Anhänger Kappe und Lüttwitz.

Sein innerer Geist wird sich auf uns alle übertragen.

Ehre seinem Andenken und Opfermut!

Elberfeld, den 19. März 1920.

Die Ortsverwaltung des Deutschen Eisenbahner-Verbandes.

Die Beerdigung findet Sonntag, 20. März, nachmittags 4 Uhr, von der Elberfelder Stadthalle aus statt. Wir bitten um zahlreiche Beteiligung.

Nachruf.

Unserm treuen Kollegen und Volksgenossen

Rudolf Wilms

hingemordet durch die Kapp-Lüttwitz-Verbrecher, ein ehrenvoller Nachruf.

Seinen Geist und seine Gesinnung werden wir zu unserm Ziele nehmen.

Ehre seinem Andenken!

Bezirksleitung Deutscher Eisenbahner-Verband, Elberfeld.

Arbeiter-Gesangverein „Einigkeit", Barmen

In den Kämpfen mit den Kapptruppen in der Rudolfstraße fiel am 17. März, infolge Kopfschuß, unser treues Mitglied, der Sangesbruder

Wilh. Mortsiefer

im Alter von 44 Jahren.

Ehre seinem Andenken.

Barmen, den 20. März 1920.

Der Vorstand.

Die Mitglieder werden gebeten, am Samstagabend 7 Uhr in der „Borussia" zur Gesangsprobe zu erscheinen.

Die Beerdigung findet Sonntagnachmittag 3 Uhr vom städtischen Krankenhause aus statt.

Ein Posten ist vakant! — Die Wunden klaffen —
Der Eine fällt, die Andern rücken nach —
Doch fall' ich unbesiegt, und meine Waffen
Sind nicht gebrochen — nur mein Herze brach.

Bei den Kämpfen am Ostersbaum zwischen Regierungstruppen und den Revolutionskämpfern am 17. März starb infolge eines Bauchschusses in der Nacht zum 18. März 12 ½ Uhr unser treuer heißgeliebter Sohn, Bruder und Neffe

Paul Hagen

im blühenden Alter von 25 ¾ Jahren.

Mit ganzem Herzen hat er für das hehre Ziel des Proletariats gelebt und sein Leben dafür eingesetzt.

Um stille Teilnahme bitten die trauernden Hinterbliebenen:

August Hagen u. Frau, Bertha geb. Loh
Helmut Hagen
Werner Hagen
Grete Hagen
Robert Köhler
Adele Schmidt (als Braut)

Barmen, den 20. März 1920.

Die Beerdigung findet Sonntag den 21. März nachm. 4 Uhr von der Elberfelder Stadthalle aus statt.

Arb.-Ges.-V. Brüderliebe
Elberfeld.

Todes-Anzeige.

Am Mittwoch abend fiel im Freiheitskampf unser treues Mitglied

Paul Hagen

Wir werden seiner stets ehrend gedenken.

Der Vorstand.

Bei den Kämpfen am Ostersbaum zwischen Regierungstruppen und Revolutionskämpfern fiel am 17. März mein innigstgeliebter Mann, Sohn, Schwiegersohn, Bruder, Schwager und Neffe

Ferdinand Brück

im hoffnungsvollen Alter von 27 ½ Jahren, nach 7jähriger glücklicher Ehe.

Mit ganzem Herzen hat er für das hehre Ziel des Proletariats gelebt und sein Leben dafür eingesetzt.

Um stille Teilnahme bitten

Die trauernden Hinterbliebenen

Frau Ferd. Brück, Anna geb. Bertram
Familie Jos. Brück nebst Kinder
Familie Wilh. Bertram nebst Kinder
Heinr. Curth u. Frau, Adele geb. Brück
Willi Bertram und Frau,
Tilli geb. Gerzenbach.

Elberfeld, den 19. März 1920.

Arbeiter-Athleten-Klub
ELBERFELD
Mitgl. des Arb.-Athl.-Bundes Deutschland.

Todes-Anzeige.

Am 17. ds. Mts. fielen in den Kämpfen am Ostersbaum für die Freiheit des Volkes unsere beiden Sportsgenossen

Karl Lückenhaus

im Alter von 28 Jahren,

Otto Evertz

im Alter von 19 Jahren.

Ihre treue Pflichterfüllung für Freiheit und Sport wird von den Sportsgenossen stets in Ehren gehalten.

Euch schmückt nicht Lorbeer, nicht Kranz,
Euch schmückt der Freiheit Siegespreis!

Die Genossen des Klubs treffen sich Sonntag nachmittag um 2 ½ Uhr im Vereinslokal Walter Holte, Wiesenstraße, um unseren treuen Sportsgenossen das letzte Geleit zu geben.

Der Vorstand.

Die Liebe höret nimmer auf.

Am Mittwoch abend erhielten wir die tieftraurige Nachricht, daß mein innigstgeliebter treuer Mann, unser lieber, guter Vater, Bruder, Schwager und Onkel

Jul. v. d. Schlusen

im Alter von beinahe 42 Jahren, bei den schweren Kämpfen auf Clausen den Heldentod für sein Ideal, den Sozialismus, gefunden hat.

Die trauernden Hinterbliebenen

Wwe. Jul. von der Schlusen
Julius von der Schlusen d. J.
Lina von der Schlusen
Else von der Schlusen
Werner von der Schlusen
Familie Emil v. d. Schlusen d. Ält.
Emil von der Schlusen d. J.
z. Zt. Sibirien
Familie Heinrich Rüdel
Familie Wilhelm Limberg
Familie Herm. Dellenbusch
Familie Wwe. C. Dellenbusch
Familie Wilh. Bergmann

Barmen, den 17. März 1920.

Die Beerdigung findet Sonntag morgen 11 Uhr vom städt. Krankenhaus aus statt.

Sollte jemand aus Versehen keine Anzeige erhalten haben, so bitten wir, diese als solche zu betrachten.

Über Tage hinweg füllten die Todesanzeigen gefallener Kämpfer Seiten der Elberfelder Arbeiterzeitungen „Freie Presse" und „Volkstribüne". (FP, 22.3.1920).

Truppen den Heldentod für die Völkerbefreiung" fand. Die Vereinsmitglieder wollen *„seinen guten und aufrechten Sinn"* stets in Ehren halten.[21]

Ferdinand Brück aus der Elberfelder Nordstadt war Packer von Beruf und Mitglied der USPD. In der Familienanzeige heißt es, er fiel als einer der ersten bei den Kämpfen um die Marmeladenfabrik[33] (vgl. Kap. 5, Station Schreinerstraße).

Wilhelm Grebner, 29 Jahre, wohnte nur eine Steinwurf weit entfernt, Ostersbaum 16. Er wurde in seiner Wohnung erschossen.[34]

Bei den Kämpfen an der Marmeladenfabrik und im Stadtteil Ostersbaum fielen auch die drei Solinger *Wilhelm Becker, Paul Schumacher* und *August Wohlbold.* Sie liegen auf dem Friedhof Grünbaumstraße in Solingen begraben.[35] *Deutz* aus Remscheid, *Josef Bischof* aus Wanne in Westfalen und einige Unbekannte weisen die Listen der Arbeitersamariter ebenfalls auf.

„... aufgereiht wie im Panoptikum ..." *Sportplatz Rudolfstraße*

Die Toten der Gegenseite, Soldaten und Polizisten, sind wohl auf der anderen Seite des Kampfplatzes aufgebahrt worden. Gustav Ellinghaus, Sohn des stellvertretenden Vorsitzenden des Barmer Metallarbeiterverbandes, war damals 15 Jahre alt und von Barmen zum Kampfplatz gelaufen. Als er am Sportplatz an der Rudolfstraße vorbei kam, sah er dort, fast am höchsten Punkt der Straße, ca. acht Uniformierte sauber in einer Reihe auf dem Boden liegen.

„Aufgereiht wie im Panoptikum!", ohne offensichtliche Verletzungen, hat er die Szene in Erinnerung.[36] Kurz zuvor war er dabei, als sein Bekannter aus der Metallarbeitergewerkschaft, der junge Wilhelm Wichelhaus, aus fahrendem Auto am Loher Platz erschossen worden war.[37]

Die Arbeitersamariter führten in ihren Auflistungen natürlich auch die gefallenen Polizisten und Soldaten auf. Die Zahl wird mit neun angenommen. Die Freikorps nahmen ihre Toten mit und so kann die Zahl nicht exakt bestimmt werden. Aus den Listen der Arbeitersamariter[38] gehen folgende Namen hervor: die Barmer Schutzmänner Engel, Nelle, Thieman und Paul Müller; die Polizeiwachtmeister Breuning und Robert Keil; die Reichswehrsoldaten Rein, Karl Schrader, Georg Tiedt, Hartmann. Alle Polizisten gehörten der Barmer Polizei an. Entsprechend groß war die Empörung unter den dortigen Polizeimannschaften, in diesen Kampf hineingezogen worden zu sein.[39]

Wilhelm Grebner – in der eigenen Wohnung erschossen *17.3.1920; 14:00 Uhr – Ostersbaum 16, Straßenkreuzung Schwesterstraße (8)*

Das Haus Nr. 16 befand sich damals dort, wo heute eine Baulücke klafft, einige Meter von der Kreuzung Schwesterstraße entfernt. Herr Battefeld ist in diesem Haus aufgewachsen. Er berichtet:

„Meine Eltern wohnten in der vierten Etage, in der Mansardenetage des Hauses. Mein Vater hat mir oft vom Kapp-Putsch erzählt, und als Junge fand ich die Geschichte so aufregend, dass ich auch genau nachgefragt habe. Von der Wohnung aus konnte man über die kleinen Fachwerkhäuser auf der anderen Straßenseite hinweg auf die Häuser am Frankenplatz sehen. Von unserer Küche hatte man auch einen guten Blick auf den Bahndamm. Dort rückten die Soldaten, von Elberfeld kommend, Richtung Rudolfstraße vor. Mit schussbereitem Gewehr sicherten sie den Weg. Sie schleppten auch ein Maschinengewehr mit sich.

Das Haus Ostersbaum Nr. 16 und seine Bewohner ca. 1924. Im mittleren Fenster der Mansarde wurde Wilhelm Grebner erschossen. (Foto: H. Battefeld)

Unten, im Schutz der Hauseingänge, standen schwer bewaffnete Soldaten, bewachten die Straße und ließen auch keinen aus der Tür. Mein Vater hatte es versucht, doch er war barsch zurückgeschickt worden. Im Eingang des gegenüberliegenden Hauses, Ostersbaum Nr. 7, stand ein Soldat, der trug einen ganzen Eimer voll mit Handgranaten.

Die Soldaten riefen 'Fenster zu!' und legten auch gleich ihre Gewehre auf alles an, was sich in den Fenstern zeigte.

Ein junger Mann, der in einem Einzelzimmer gleich neben der Wohnung meiner Eltern wohnte, hatte wohl den Ruf der Soldaten nicht ernst genug genommen. Er hatte sich zu nahe an das Fenster gewagt und war von einem Soldaten erschossen worden. Ihn hatte eine Kugel ins Herz getroffen. Mein Vater hatte den Schützen in den Gärten hinter den Häusern am Frankenplatz gesehen. Eine Kugel hatte sogar die Zimmertür und die Holzverkleidung des Treppenhauses durchbohrt.

Der junge Mann ist gemeinsam mit den anderen Gefallenen unter der Linde vor der Bäckerei Lückenhaus aufgebahrt worden.

Mein Vater zeigte mir oft die geflickte Stelle in der Tür. Später bewohnte ich selbst dieses Zimmer, und die Geschichte kam mir öfter in Erinnerung, vor allem wenn ich die Tür streichen musste. An dem großen Zaun gegenüber der alten Ziegelei bin ich auch häufig mit meinem Vater entlang gegangen. Die Eisenrohre, aus denen der Zaum bestand, war durchsiebt mit großen Einschusslöchern, durch die ich meinen Finger stecken konnte.“

„Buckel-Bunse“ nimmt Deckung hinter der Pappel *17.3.1920; 14:00 Uhr – Schwabenweg/Ecke Burgunder Straße, vorm. Fa. Thielenhaus*

Wir biegen in den Schwabenweg ein und gehen vorbei an der Fa. Sander. Damals war die Firma Sander eine der für Wuppertal so typischen Riemendrehereien mit ca. 100 überwiegend weiblichen Mitarbeitern. Gleich dahinter befand sich die Textilmaschinenfabrik Ernst Thielenhaus. Vor diesem Gebäude stand eine mächtige Pappel mitten in der heutigen Schwabenstraße. Beide Fabrikgebäude sind verändert erhalten.

Die Fa. Thielenhaus hatte damals ca. 40 Mitarbeiter. Hier arbeiteten vornehmlich Schlosser und andere Metallfacharbeiter. Ihre Gewerkschaft, der Deutsche Metallarbeiterverband (DMV), hatte zum Streik und zum Kampf für die sozialistische Republik aufgefordert. Auch hier bei Thielenhaus wurde gestreikt.

Der Firmeninhaber der Firma Thielenhaus wohnte gleich gegenüber im ersten Haus am Frankenplatz (Haus Nr. 17). Sein Sohn, Ernst Thielenhaus junior, Jahrgang 1913, hatte von dort einen guten Überblick über das Geschehen. Er erinnert sich:

„Von unserer Wohnung hatten wir einen guten Blick sowohl auf den Frankenplatz als auch über unseren Garten und die niedrigen Fachwerkhäuser auf die Ostersbaumer Straße und die Einmündung der Ewaldstraße. Auch zur Seite, hinüber zu der Fabrik meines Vaters am damaligen Sachsenweg (heute Schwabenweg), war der Blick frei. Unser Haus war damals das letzte Haus der Häuserreihe. Die Nachbarhäuser hin zum Schwabenweg waren noch nicht gebaut. Gleich vor der Fabrik stand damals eine große, alte Zitterpappel, die einige Jahre später, als der schmale Sachsenweg im unteren Teil verbreitert wurde, gefällt wurde. Am Tag, als dort oben gekämpft wurde, durfte ich die Wohnung nicht verlassen. Doch ich schaute nach allen Seiten hinaus und verfolgte die Ereignisse.

Hinter der großen Zitterpappel vor der Fabrik hatten sich einige Arbeiter verschanzt. Einen von ihnen erkannte ich. Es war Herr Bunse. Alle nannten ihn 'Buckel-Bunse' weil er so klein gewachsen war. Er wohnte gleich in der Nachbarschaft, auf der Bredt. Etwas außerhalb der Deckung stand eine Kiste. 'Buckel-Bunse' verließ die Deckung und wollte die Kiste hinter den mächtigen Baum schaffen. Doch in diesem Moment wurde die Kiste von einer Kugel der Soldaten getroffen und explodierte. Einige der Arbeiter, auch 'Buckel-Bunse' [40] *lagen tot am Boden.*

Später, die Soldaten beherrschen noch die Straße, klopfte ein Soldat an unserer Tür. Er brauchte Verbandszeug für einen verletzten Kameraden. Meine Mutter hatte, wie damals üblich, eine ganze Kiste mit Binden und zerlegten Kleidungstücken für Notfälle im Haus und gab sie dem Soldaten.

Kurz danach konnte ich beobachten, wie sich in dem Eckhaus an der Ewaldstraße (Hausnummer 1) im obersten Stock des hohen Mietshauses eines der niedrigen Mansarden-

Das Foto zeigt den Schwabenweg ca. 1924. Im Vordergrund die Fa. Thielenhaus. Im Hintergrund die Gebäude der Fa. Sander. Vor dem Gebäude der Fa. Thielenhaus stand der alte Baum, an dem „Buckel-Bunse“ fiel. (Foto: Otto Lücke)

fenster öffnete. Ein Gewehrlauf schob sich hinaus und legte an. Der Soldat, dem Mutter gerade die Kiste mit Verbandzeug gegeben hatte, wurde auf dem Weg zur Gotenstraße niedergeschossen.

Am Tag nach dem Sieg der Arbeiter erschienen revolutionär gesonnene Arbeiter am Tor der Fabrik und verlangten den Zutritt. Doch mein Vater in seiner resoluten Art verhinderte eine Begehung.

In den Tagen darauf führte eine der frisch formierten Kompanien der 'Arbeiterwehr' auf der Wiese von Rittershaus, gleich hinter der Fabrik, wo sich heute die Schrebergärten befinden, Übungen durch. Wir Kinder der Siedlung standen am Zaun und beobachteten die Szene. Erst wenige Jahre vorher war ein Teil der Wiese zu Schrebergärten umgenutzt worden, um die Hungerwinter des Krieges zu überleben. Die Kompanie marschierte nun trotz Warnruf auf das frischgeharkte Beet von B. zu, der dort gerade seinen Schrebergarten bestellte und sich nicht von den 'Rotarmisten' beeindrucken ließ. E. war in der ganzen Nachbarschaft für seinen Jähzorn bekannt. Als der erste 'Rotarmist' seinen Fuß auf das Beet setzte, versetzte E. dem Mann mit seinem Spaten einen fürchterlichen Schlag ins Kreuz, das dieser sofort in sich zusammensank. Wir Kinder standen am Zaun und erwarteten nun, das der jähzornige Mann erschossen oder zumindest verhaftet würde. Doch die Kompanie nahm zu unserem Erstaunen ihren Verletzten mit und zog ab.“[41]

Der Weg führt rechts über die Burgunderstraße auf den einige Meter weiter liegenden Frankenplatz.

Die Gartenstadtsiedlung am Frankenplatz *(9)*

Hier in der Siedlung um den Frankenplatz wohnten vor allem bürgerliche Familien und Beamte: Justizangestellte, Wachtmeister und Polizisten, Oberlehrer, Postinspektoren und kleine Postangestellte. Einzelne Grundeigentümer und Fabrikanten wohnten ebenfalls hier. Der Name der Siedlung „Pelerinenviertel“, rührt von dem hier üblichen Regenumhang der Postboten her. Die Siedlung war ab 1913 von dem „Gemeinnützige Bauverein“, einer Genossenschaft von Beamten, gebaut worden. In dieser Zeit förderte der Staat den Wohnungsbau für seine Beamten, nicht zuletzt um zu verhindern, dass eine allzu große Nähe zu dem sozialdemokratischen Arbeitermilieu in den umliegenden Miets- und Fachwerkhäusern entstand.

Die Gartenstadt

Die Architektur der Siedlung ist durch die „Gartenstadt-Idee“ inspiriert: Gruppenbildung und kommunikative, überschaubare Wohneinheiten und Höfe. Individuell variierende Fassaden und Hauseingänge, unterschiedliche Straßenbreiten, die der Topographie folgen, Vorgärten, Plätze und Bäume lassen den Eindruck einer Landschaft aufkommen. Es ist Platz für Natur, Licht und Luft und für die Kinder.

Diesen reformerischen Wohnungsbau forderten die Sozialdemokraten auch für die Arbeiterschaft.

Der sozialdemokratische Reichstagsabgeordnete Karl Liebknecht forderte 1912 im Reichstag: „Meine Herren, dazu gehört eben dass große Volksparks, große Spielplätze geschaffen werden, dass Kinder in den Großstädten auch hinaus gebracht werden in die Natur, dass die Städte selbst zu Gartenstädten entwickelt werden, dass die Art der Bebauung, die gegenwärtig in den großen Städten noch üblich sind, aus dem Weg geräumt wird und dass auf diese Weise der so gefährliche Charakter der Großstadt als eine Erscheinung, die das Volk von der Natur losschneidet, nach und nach beseitigt wird.“[42]

Doch für die Arbeiterschaft blieben diese Wohnungen noch lange unerschwinglich. Erst in der Weimarer Republik wurden ihre Bedürfnisse nach Wohnqualität ernst genommen.[43]

So gab es ein großes soziales Gefälle zwischen den Bewohnern der Mietshäuser unten an der Ostersbaumer und Rudolfstraße und denen der Siedlung. In diesem Quartier konnten die Soldaten davon ausgehen, dass die Bewohner immer noch monarchistisch gesonnen waren. Hier besetzten sie einzelne Häuser, um den Platz zu kontrollieren. In anderen Häusern brachten sie ihre Verwundeten unter oder wurden mit Verbandszeug unterstützt. Am Ausgang des Platzes zur Gotenstraße wurde wohl deshalb eine Barrikade errichtet, hinter der die Arbeiter Position bezogen.

Eine Barrikade am Frankenplatz (9) *17.3.1920 - Frankenplatz 21*

Viele Familien wohnen schon seit Generationen in der Siedlung. Es gibt einen kleinen Arbeitskreis der Bewohner, den „Pelerinenkreis", der sich auch mit der Geschichte der Siedlung beschäftigt. Deshalb hat sich in dieser Siedlung die Erinnerung an die Ereignisse im März 1920 bis heute bewahrt.

Gerda Wüster wohnte damals im Haus Nr. 21, dem Eckhaus an der Einmündung zur Frankenstraße. Ihr Großvater Richard Rübel hatte das Haus vom gemeinnützigen Bauverein bauen lassen. Er war Besitzer einer Riemendreherei in der Stuttbergstraße[44] und ihm gehörten damals große Grundstücke am Hang der Hardt. Gerda Wüster, geb. Rübel, erinnert sich: *„Es war im März 1920 an einem sonnigen Morgen, als wir vom Küchenfenster aus einzelne Zivilisten mit Gewehren sahen. Es dauerte dann auch nicht lange, dann fiel hin und wieder ein einzelner Schuss. Geschossen wurde auf Rittershaus' Hof zu.*

Die Häuser Burgunderstr. 1-5 sowie Frankenplatz 6-12 wurden gerade gebaut und ragten hinter einem Bauzaun etwa einen Meter über den Keller heraus. Wo heute an der Burgunderstraße/Ecke Schwabenweg der Bau der Firma Sander steht, war eine Pferdewiese. Davor stand auf dem heutigen Schwabenweg eine dicke, alte Espe (Zitterpappel). *Hinter diesen Baum stellte sich immer mal ein Schütze, ihn zur Deckung benutzend. Es wurde auch aus Richtung Rittershaus zurückgeschossen von Polizisten in blauer Uniform.*

Mittags gegen 12:00 oder 12:30 Uhr ergab sich die Polizei den Zivilisten, d.h. sie liefen in ihren blauen Uniformen mit hoch gehaltenen weißen Taschentüchern die Wiese herunter, die damals noch bis zum heutigen zweiten Gartenweg reichte, an den Gärten vorbei auf den Ostersbaum zu.

Kurze Zeit danach schellte es bei uns an der Haustüre 'Sturm'. Gleichzeitig wurde mit einem schweren Gegenstand gegen die Tür geschlagen. Als meine Großmutter öffnete, brachten Feldgraue, ob Freischärler oder Noskes (Reichswehr) *wußten wir nicht, einen Verwundeten herein und gleichzeitig ein Maschinengewehr zum Speicher. Auf Befragen antworteten sie: 'Wir sind wir!' Es waren ca. sechs Mann. Wir gingen alle in den Keller. Dorthin kam nach kurzer Zeit auch ein uns unbekannter Mann aus der Frankenstraße, der in seinem Garten gewesen war und sich nicht nach Hause traute. Inzwischen hatte die Schießerei richtig begonnen. Waren am Vormittag nur einzelne Schüsse gefallen, so hörte man nun das Knattern des Maschinengewehres und natürlich auch heftiges Schießen von der Gegenseite. Die Soldaten hatten bei uns im Haus sämtliche Fenster aufgesperrt, aber die Gardinen wohl z.T. nicht zurückgezogen. Als meine Großmutter ins Schlafzimmer in der ersten Etage ging, um für den Verwundeten Verbandszeug zu holen, hatte man von der gegenüberliegenden Seite wohl eine Bewegung gesehen und darauf geschossen. Die Kugel war aber in der losen Gardine herabgeglitten und lag vor der gegenüberliegenden Wand unter dem Schrank. Sie hatte keinen Schaden angerichtet.*

Mein Großvater ging verschiedentlich herauf in die Küche und kochte 'Kaff', braun und warm, für uns und die jungen Soldaten. Er hatte sie dann auch gebeten, nicht auf „die Bredt" (angrenzende Straße) *zu schießen. Als die Schießerei am Nachmittag ein wenig nachgelassen hatte, öffnete unser Gast aus der Frankenstraße einmal kurz die Kellertür, um zu sehen, ob er nun wohl unbehelligt nach Hause gehen könne. Sofort wurde auf die Tür geschossen und er kam voller Entsetzen auf allen Vieren durch die Waschküche zur Mitte des Kellers. Das war eines meiner heitersten Kindheitserlebnisse. Bei Einbruch der Dunkelheit schoss unsere Besatzung noch einmal aus allen Rohren, dann wurde es ruhig. Sie waren unter Mitnahme ihrer Verwundeten abgezogen.*

Etwa eine halbe Stunde später, nachdem es völlig dunkel geworden war, kamen drei Zivilisten, hielten einen kleinen Jungen, ca. fünf Jahre alt, mit zwei Stielhandgranaten am Gürtel (Attrappen?), *um das Haus zu durchsuchen, nach Soldaten, Verwundeten und Munition. Großmutter ging mit ihnen in den Keller, Großvater auf den Speicher. Es kamen noch verschiedene Trupps zum gleichen Zweck. Am nächsten Tag sahen wir, dass etwa bei Frankenplatz 3 aus Bauzäunen und anderen Materialien quer über die Straße eine Barrikade gebaut war.*

Vor dem Haus Frankenplatz 25 war ein Soldat (Offizier) *erschossen worden. Es wurde vermutet, das habe irgend ein Privatmann aus dem Fenster getan. Darüber kursierten die wildesten Gerüchte. 50 Jahre später hat ein alter Herr meine Mutter aufgesucht. Er fragte, ob es nicht heraus gekommen sei, wer das getan habe.*

Er war auch bei Frau Flagmeier, Frankenplatz 27, die hatte aber zu dieser Zeit noch nicht hier gewohnt und vermutete irgendeinen Schwindel."[45]

Frankenplatz 31 (9)

Einige Häuser weiter, im Haus Nummer 31, wohnte die Familie des Justizinspektor Albert Aubke. Seine Tochter, Frau Meister-Aubke, erinnert sich später:

„Wie an jedem Morgen, so nahmen mich meine Brüder auch am 17.3.1920 mit auf den Schulweg und lieferten mich am Kindergarten am Neuenteich ab. Am Hoftor wurden wir aber sofort wieder zurückgeschickt mit der Ermahnung, ganz schnell nach Hause zu laufen.

Als wir die Gotenstraße heraufkamen, sahen wir Männer, die Leitern und Gerüstbretter schleppten und eine Straßensperre zur Frankenstraße bauten. Die Mutter schickte den Ältesten nach Sommers (heute Oberbeil), um Brot zu holen. Dann durften wir das Haus nicht mehr verlassen, auch in den Garten durften wir nicht. Die Mutter schloß das Gartentor ab und verriegelte die Hoftüre. Es war unheimlich still rings um.

Am Nachmittag spielten wir am Küchenfenster; da hörten wir plötzlich Geschrei und über Rittershaus Wiesen kamen von oben viele Männer. Wir flüchteten in den Keller und hörten Schüsse.

In unserem Kellerloch vor dem Haus hockten Soldaten und schossen mit einem Maschinengewehr. Als immer mehr Einschläge in unserem Haus zu hören waren, trieb uns die Mutter auf den Speicher. Meinem Bruder pfiff eine Kugel haarscharf über den Kopf und prallte gegen die Wand. Wäre er ein paar Zentimeter größer gewesen, hätte die Kugel ihm den Kopf durchbohrt. Auf dem Speicher saßen wir eng zusammen auf einem großen Reisekorb und hörten die Schießerei. Wir hatten Angst. Der Vater war noch im 'Dienst' und konnte nicht nach Hause kommen, sagte uns die Mutter. Es wurde Abend und dunkel und plötzlich war alles ruhig. Dann ging plötzlich die Haustürschelle. Als Mutter rief: 'Wer ist da?', kam die Frage: 'Sind hier Tote?'. Der Mann sagte dann noch, dass alles vorbei sei und wir wieder herunter kommen könnten.

Wir zitterten vor Kälte, Angst und Hunger. Die Mutter steckte uns in die Betten – wir Kinder schliefen in den Mansardenzimmern –, holte Brote und Milch. Es war draußen unheimlich ruhig.

Spät am Abend kam dann ein Nachbar von Nr. 13, der als einziger schon ein Telefon hatte, weil er Beamter beim Telegrafenamt war, und sagte meiner Mutter, dass es dem Vater gut ginge und er erst am anderen Tag vom Gericht zurückkommen könnte. Am anderen Mittag hatte mein Vater sich durch die Barrikaden am Haspel und dann über die Hardt durchgeschlagen.

In den Sommerferien wanderten wir über die Königshöhe zum Burgholz. Da zeigte uns der Vater auf dem Ehrenfriedhof die Gräber der 'März-Gefallenen'.“[46]

Frankenplatz 17 (9)

Von der Barrikade und einem toten Offizier weiß auch Herr Ernst Thielenhaus, Frankenplatz 17, zu berichten:

„An der Kreuzung Frankenstraße zur Gotenstraße hatten die Arbeiter eine Barrikade errichtet. Einige der Häuser waren damals im Bau und aus den Baumaterialien war die Barrikade von den Arbeitern gezimmert worden.

Einer der Soldaten – einige Nachbarn erzählten später, es sei ein Offizier gewesen - wurde beim Kampf um diese Barrikade schwer verwundet. Es wurde in das Haus der Familie Otto Koch (Frankenplatz 35) *gebracht und dort versorgt. Herr Koch war während des Krieges Offizier gewesen und stand den Soldaten sicherlich wohlwollend gegenüber. Am nächsten Morgen machten die Patrouillen der siegreichen Arbeiter Hausdurchsuchungen. Auch bei der Frau Koch wollen sie das Haus durchsuchen. Doch da waren sie bei Frau Koch an die Richtige geraten! Sie wehrte sich energisch dagegen. Frau Koch befürchtete, die Arbeiter wollten an dem verwundeten Offizier Rache nehmen, ihn möglicherweise sogar erschießen. Die Arbeiter gaben nach und zogen ab. Der verwundete Soldat starb jedoch noch an diesem Tag.*

Auch an unserer Haustür standen die 'Arbeiter-Soldaten' und verlangten Eintritt, um das Haus zu inspizieren. Doch mein Vater, er war während des Krieges Unteroffizier gewesen, herrschte sie an: 'In diesem Haus gibt es nichts zu entdecken', und die Arbeiter zogen unverrichteter Dinge ab.“[47]

Wir gehen entlang des Frankenplatzes, vorbei an dem Standort der Barrikade, zwischen den Hausnummern 3 und 12, und biegen in die Gotenstraße ein. Unten überqueren wir die Straße Ostersbaum. Gleich gegenüber liegt die Maschinenfabrik Joh. Leimbach, in der Rudolf Schemann gearbeitet hatte. Einige Meter weiter rechts biegen wir in die Ewaldstraße ein.

Hinweise zu weiteren genossenschaftlichen Siedlungen:

Sedansberg, Siedlung Seydlitzstraße, Kapitel 10
Siedlung Am Hackland,
Siedlung Unterbarmer Friedhof, Unterbarmer Friedhof 40-50, Wernerstraße
Siedlung Goethestraße, Vohwinkel

Die Blutspur in den Straßen am Engelnberg *17.3.1920; 14:00-18.00 Uhr - Ewaldstraße, Untersteinenfeld, Briefstraße, Ostersbaum, Neuenteich, Straßburgerstraße, Elsässer Straße (10)*

Besonders die unteren Häuser der *Ewaldstraße* an der Einmündung zum Ostersbaum waren bekannt dafür, dass hier klassenbewusste Arbeiterfamilien wohnten. Hier fand, möglicherweise zur Abschreckung und auf Hinweis eines Denunzianten, ein weiteres Mal eine standrechtliche Erschießung statt. Der junge Schuhmacher *Karl Dahl* wohnte mit seiner Familie in der Ewaldstraße 5, in der ersten Etage. Hier drang ein Soldat nachmittags um halb vier Uhr in die Wohnung ein und erschoss den Jungen vor den Augen seiner entsetzten Eltern. Karl Dahl war engagiert in seiner Gewerkschaft, den „Zentralverband Deutscher Schuhmacher". Die Eltern, beide Fabrikarbeiter, schrieben in der Todesanzeige: „Ganz unbeteiligt am Kampfe wurde er ein Opfer im Befreiungskampf des Proletariats." Karl Dahl war 17 Jahre und fünf Monate alt.

Möglicherweise ereignete sich der Zwischenfall im Rahmen einer Hausdurchsuchung. Im Haus Ewaldstraße 5 wohnten bekannte Arbeiterfunktionäre wie Kurt Reinhard. Er war der Elberfelder Kassierer des Zentralverbandes der Schuhmacher.[48]

Ein ähnliches Schicksal wie Karl Dahl ereilte den 14jährigen *Erich Hauck.* Er stand am Fenster der elterlichen Wohnung am *Ostersbaum 73* in der ersten Etage, als er von einem tödlichen Schuss getroffen wurde. Sein Schulkamerad Ernst Roßbach berichtet, dass die Eltern ihn in einem weißen Sarg auf dem Ehrenfriedhof Elberfeld bestatten ließen.

In der Briefstraße, wo heute eine moderne Wohnanlage steht, befand sich 1920 die große Fabrik für Briefumschläge von Reinhard Schmidt. *Ferdinand Emmert* war Meister in der Brieffabrik und wohnte gleich in der Nähe, in dem Häuschen Untersteinenfeld 7 (vermutlich sah es wie das noch vorhandene Nachbarhaus Nr. 5 aus). Er erhielt in seiner Wohnung einen Hüftschuss und verstarb am nächsten Tag an dieser Verletzung. Er war mit 45 Jahren das älteste Todesopfer dieses Tages. Seine Kollegen beklagen ihn als „unschuldiges Opfer verbrecherischer Reaktionsgelüste".[49]

Einige Meter weiter, in der *Briefstraße 24*, gleich gegenüber der Briefumschlagfabrik, wohnte *Maximilian Manns.* Er war 25 Jahre und lebte bei seinen Eltern. Kurz zuvor war er aus vierjähriger Kriegsgefangenschaft zurückgekehrt und hatte sich nun mit Paula Fenscheid verlobt. Er war in den Arbeitersportvereinen „Adler" und dem „Allg. Schwimm Verein e.V." aktiv.[50] Manns starb „durch einen Kopfschuss bei den Straßenkämpfen".

Am *Neuenteich 26* wohnte *Otto Everts,* ein junger Mann von 19 Jahren. Er war Mitglied im „Arbeiter Athleten Club"[51] und ein Vereinskamerad von Karl Lückenhaus. Ihn traf ein Lungenschuss der Soldaten und er verstarb am gleichen Tag.

Einige Straßen weiter in der Straßburgerstraße 8 wohnte der Eisenbahnoberassistent *Rudolf Wilms.* Rudolf Wilms hatte am Krieg teilgenommen und war dort verletzt worden. Er war 31 Jahre, Vater eines Kindes und aktiv in seiner Gewerkschaft, dem „Deutschen Eisenbahnerverband". Er beteiligte sich an den Straßenkämpfen und erlitt einen Kopfschuss. Auch er „starb für seine Überzeugung",[52] schrieb der Zentralverband der Kriegsbeschädigten in seiner Anzeige für den Kameraden. Er wurde ein „Opfer für die Volksfreiheit"[53], beklagten die Gewerkschaftskollegen seinen Tod.

Seine Familie wollte ihn zunächst auf dem reformierten Friedhof in der Hochstraße bestatten lassen. Erst später entschloss sie sich, ihn gemeinsam mit den oben erwähnten Opfern auf dem Elberfelder Ehrenfriedhof bestatten zu lassen.

Das jüngste Opfer – Anna Brand *17.3.1920; 15:00 Uhr - Engelnberg/Ecke Elsässer Straße - Janucz Korczak Platz (11)*

An der Straßenkreuzung Engelnberg/Elsässerstraße hatten sich die Soldaten postiert, um den Platz und die umliegenden Häuserreihen zu überwachen. Ganz oben am Berg sind die Rückseiten der Häuser an der oberen Deweerthstraße zu sehen. Hier, in der Hausnummer 5 b in der ersten Etage, wohnte die Kriegerwitwe des Postschaffners Heinrich Brand mit ihrer 8-jährigen Tochter Anna. Das Haus ist heute an der gelben Farbe und einer grau verschieferten Fläche zu erkennen. In der „Freien Presse“ vom 20. März heißt es über Anna Brandt: „Das Kind stand am geschlossenen Fenster und sah zur Engelnbergerstraße runter, wo die Kapp-Soldaten standen und riefen: 'Von den Fenstern fort!' Sie schossen sofort. Dem Kind ging die Kugel durch den Hals und traf die Schlagader. Es war sofort tot!“ Die Mutter wollte das Kind auf dem katholischen Friedhof bestatten lassen. Am 22. März traf sich eine große Trauergemeinde an einem Lokal in der Weißenburgstraße/Ecke Steinenfeld. Die drei sozialistischen Parteien (SPD, USPD und KPD) hatten zu einem Trauerzug aufgerufen. Dieser gab dem Kind das letzte Geleit. Die Frau des prominenten Sozialdemokraten und Elberfelder Abgeordneten in der Nationalversammlung, Ernst Dröner, hielt die Traueransprache.

Dass auch Kinder und Jugendliche an den Ereignissen beteiligt waren, zeigt der Bericht von Ernst Hoffmann, Jg. 1912, Sohn des sozialdemokratischen Stadtverordneten Oskar Hoffmann. Er erzählt:[54] *„Ich war damals acht Jahre alt und war ohne das Wissen meiner Eltern in den Stadtteil Osterbaum ausgebüxt, als dort gekämpft wurde. Auch mein großer Bruder Oskar war bei den kämpfenden Arbeitern. Ich kann mich erinnern, dass ich zwischen den Linien von einer Seite zur anderen gekrochen bin. Ich musste mit ansehen, wie einige Soldaten einem gefangenen Arbeiter mit dem Gewehrkolben den Kopf zertrümmerte, so dass die offene Gehirnmasse zu sehen war. Diese grässliche Szene werde ich nie vergessen. Sie hat mich bis heute immer wieder verfolgt.*

Auch mein älterer Bruder Oskar war in den Kämpfen am Ostersbaum beteiligt. Mein Bruder war damals sechzehn Jahre alt und ging zu einer Fachschule. Deshalb trug er eine Schulmütze, wie alle Schüler der höheren Schule. Bei den Schülern aus den höheren Schulen, die an ihren Mützen zu erkennen waren, waren die Soldaten nicht so mißtrauisch. Sie vermuteten in ihnen keine 'Roten'. Deshalb wurde er als Kurier auf Seiten der Arbeiter eingesetzt.“[55]

In den schriftlichen Lebenserinnerungen von Oskar Hoffmann jun., Jg. 1904, heißt es hierüber: *„1920 besetzten die Kappisten (…) Döppersberg und drangen in Richtung Ostersbaum vor. Dort kämpften in einer Tongrube* (gemeint ist die Ziegelei Rittershaus – d. Verf.) *revolutionäre Arbeiter. Ich erhielt im Volkshaus Hombüchel den Auftrag, den Arbeitern in der Tongrube Munition zu bringen und ihnen zu sagen, wie sie notfalls über den Berg 'Die Hardt' zur Haspeler Brücke gelangen, um sich mit den Barmer Arbeitern zu vereinen. Als ich, nachdem ich meinen Auftrag erledigt hatte, vom Ostersbaum zurückkehrte, wurde ich von einem Kappisten verhaftet. Doch ein Reichswehrler meinet: 'Laß doch den Schüler laufen! Der ist bestimmt nicht gegen uns.' So rettete mich meine Schülermütze.“*[56] Beide Brüder engagierten sich später in der Arbeiterbewegung. Ernst Hoffmann wurde Professor für Geschichte an der Humboldt-Universität, Berlin (DDR).

„Freie Schule“ Wörtherstraße *Oktober 1920 – Wörtherstr. 9-11*

An der unteren Seite des Janusz-Korczak-Platzes, der Wörtherstr 9-11, wo sich heute ein Kindergarten und eine Spielwiese befinden, war damals die Evangelische Volksschule Wörtherstraße angesiedelt.

Während der wenigen Wochen, in denen der Aktionsausschuss der Arbeiterparteien die Verwaltung der Stadt übernommen hatte, setzte er sich massiv für die Einrichtung „freier Schulen“ ein. In der Schule Wörtherstraße konnte im Herbst 1920 auf Druck der Eltern und der Arbeiterparteien eine erste „Dissidentenklasse“ für konfessionslose Schüler eingerichtet werden.

Hans Schmitz[57], Jg. 1914, war gerade

im ersten Schuljahr und wechselte nun auf Wunsch der Eltern von der Schule am Opphof zur „Dissidentenklasse" in die Wörtherstraße. Diese Dissidentenklassen wurden die Keimzellen der (konfessions-)„freien Schulen".[58] In der Wörtherstraße richtete die Stadtbibliothek 1920 eine der drei neuen „Kinderlesehallen" ein, um die Arbeiterkinder besser zu fördern. Sie wurde rege in Anspruch genommen.[59]

Im Jahre 1923 kam es zu einem Schulstreik der Eltern und Schüler, dessen Ergebnis die Umwandlung der Schule an der Wörtherstraße zur „freien Schule" war.

Bis 1924 entstanden in Elberfeld sechs und in Barmen fünf „freie Schulen".[60] Im Foyer der Schule Wörtherstraße hingen Goethe und Schiller statt des Reichspräsidenten Hindenburg.[61]

Eine der entschiedenen Vorkämpferinnen der Schulreform war Lydia Stöcker (1877-1942). Lydia Stöcker ist in Elberfeld gross geworden und wirkte als Aushilfslehrerin an verschiedenen Elberfelder Schulen. 1900 erstritt sie sich ein Lehrerstudium und trat 1908, als die politische Betätigung von Frauen erstmals erlaubt wurde, der SPD bei. Die jüngere Schwester Helene Stöckers[62] wirkte an zentraler Stelle in verschiedenen Lehrerorganisationen in Berlin. So war sie 1920 Delegierte auf der ersten Reichsschulkonferenz und Mitbegründerin des „Bundes entschiedener Schulreformer". Die Verfechterin von Koedukation und Schulreform wurde 1933 entlassen und folgte ihrer Schwester Helene ins Exil.[63]

1933 wurden auch die bestehenden freien Schulen von den neuen Machthabern aufgelöst. Die Schüler der Schule Wörtherstraße wurden auf andere Schulen im Stadtteil verteilt. Das Gebäude wurde von der Nachbarschule in der Baustraße (heute Else-Lasker-Schüler-Straße) bezogen. Das frei gewordene Gebäude an der Baustraße wurde zum „Langemarkheim" der HJ umgewandelt. Welches geistige Milieu die Anhänger der „Freien Schulen" im Erziehungswesen antrafen, lässt sich an Nachbargebäude darstellen. Hier, in den heutigen Gebäuden der sozialpädagogischen Fachhochschule (Straßburger Straße 39-45), war damals das „Zufluchtshaus" der Bergischen Diakonie für „gefallene Mädchen" eingerichtet.

Pfarrer Paul Erfurt war Leiter der Einrichtung und als Reserveoffizier während des Krieges für das Lazarettwesen der Stadt zuständig gewesen. Als „Anerkennung" für seine Verdienste billigte man im zu, die kaiserliche Offiziersuniform mit dem Degen auch in der Republik weiterhin tragen zu dürfen.[64]

In dem danebenliegenden Gebäude (Straßburgerstr. Nr. 45) waren die Fürsorgezöglinge untergebracht. Noch bis in die Kriegszeit hinein konnte es vorkommen, dass hier Kinder aus sozialistischen Familien zwangseingewiesen wurden, weil ihre Eltern aufgrund ihrer politischen Einstellung als verwahrlost galten.[65]

Geschütze am Exerzierplatz *17.3.1920; 14:00-18:00 Uhr – Platz der Republik/Ecke Kieler Straße 49 (12)*

Damals hieß der Platz der Republik noch „Exerzierplatz" und wird auch heute noch von älteren Anwohnern so genannt. Es war der zentrale Platz des Stadtteils. Plätze wurden in Arbeitervierteln selten angelegt. Diese Möglichkeit der Zusammenkunft und „Zusammenrottung" schien den Stadtbaumeistern und Bürgermeistern immer mit einem gewissen Risiko verbunden. Dieser Platz bestand jedoch schon als Übungsplatz für die Landwehr vor Entstehung des Viertels. Hier wurde eine Polizeiwache eingerichtet, die Verteilungsstellen der christlichen und sozialdemokratischen Konsumgenossenschaften lagen sich hier gegenüber. Hier fanden immer wieder Kundgebungen und Versammlungen statt. So wurde hier die erste 1. Mai-Kundgebung im Jahre 1891 abgehalten. Hier sprach Reichstagskandidat Friedrich Ebert im Wahlkampf 1912 zu den Anwohnern. Vom Wahlkreis Elberfeld-Barmen war er damals in den Reichstag entsandt worden.

Nun war Friedrich Ebert Reichspräsident der ersten deutschen Republik. Und seine putschenden Generale hatten ihn vertrieben. Doch er war zusammen mit seinem Reichswehrminister Noske für diese Situation in hohem Maße mitverantwortlich. Unter ihrem Schutz entwickelten sich die reaktionären Freikorps und sind oft gegen streikende und aufbegehrende Arbeiter eingesetzt worden. Nun hatten sich diese Landsknechte gegen ihre ungeliebten Herren gewandt.

Hans Schmitz, Jg. 1914, erinnert sich an den 17. März: *„Ich war damals ein sechsjähriger Junge und wohnte mit meinen Eltern im Eckhaus zur Kielerstraße* (49) *oben unter dem Dach. Mein Vater war Metallarbeiter bei der Firma Jaeger* (heute FAG Kugelfischer), *damals der größte Metallbetrieb in der Stadt mit einer radikalen Belegschaft. Dort war er Betriebsrat und Funktionär der anarchosyndikalistischen Gewerkschaft 'Freie Arbeiter Union'* (FAUD). *Meine Mutter war Heimarbeiterin und nähte Hemden für die Firma 'vom Baum'. Mein Vater war an diesem Streiktag seit dem frühen Morgen unterwegs. Er hatte von den Kämpfen gehört und sich seinen Genossen angeschlossen. Vom Fenster unseres Schlafzimmers, ganz rechts unter dem Dach, konnte ich über den ganzen Platz und die umliegenden Häuser sehen. Der Bunker war damals noch nicht da. Am 17. März glich der Platz einem Heerlager. Schon am Vormittag hatte das Militär ihn mit Kavallerie und mehreren Kanonen besetzt. Es war ein großer Lärm und immer wieder klang die Warnung,*

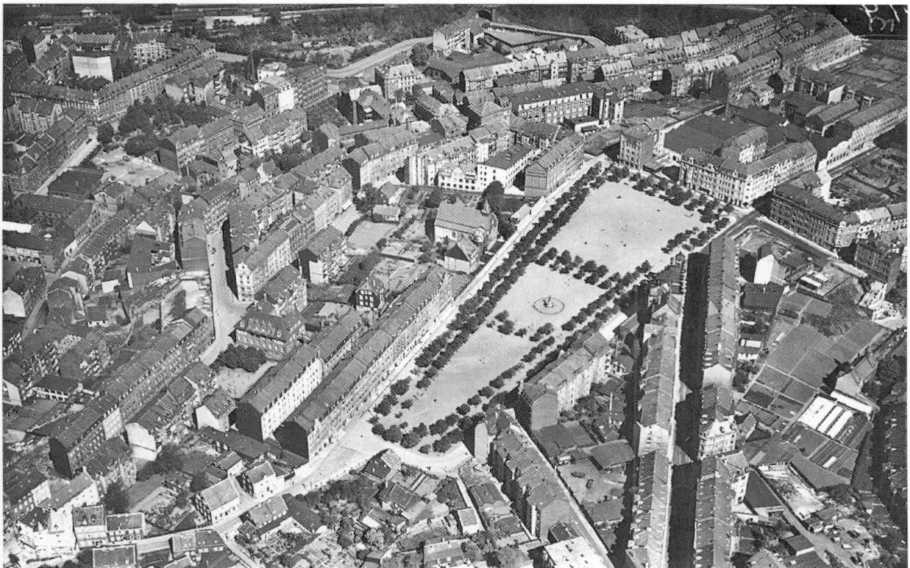

Das Viertel um dem Platz der Republik in einer Luftaufnahme aus dem Jahr 1928. (Foto: Stadt Wuppertal)

'Fenster zu, es wird geschossen'. Die Soldaten hatten Angst vor den Anwohnern und hatten die Anweisung, sofort scharf zu schießen. Doch meine Mutter war etwas neugierig, und als sie einmal lugte, durchschlug eine Kugel das Fenster und bohrt sich in die Zimmerdecke.

Die Artillerie schoss mit den Kanonen durch die Baulücke neben unserem Haus in Richtung Opphof. Dort, auf dem sogenannten 'Hasenberg', ungefähr dort, wo heute die Autobahnauffahrt ist, hatten sich die Arbeiter verschanzt und schossen mit ihren Gewehren zurück. Die Gewehre stammten noch aus der Kriegszeit und viele Arbeiter hatten sie in der revolutionären Zeit im November 1918 behalten und später gut versteckt. Nun wurden sie aus ihren Verstecken geholt. Auch ich wurde eines Nachts einmal ungebetener Zeuge, wie mein Vater ein Gewehr unter den Dielen der Küche hervorholte. Nachmittags gegen 16:00 Uhr hörte ich ein großes Gerassel auf dem Platz. Als ich vorsichtig aus dem Fenster lugte, sah ich, wie die Soldaten ihr Kriegsgerät verluden und in Richtung Neumarkt abzogen. Kurz darauf stürmten die Arbeiter aus den umliegenden Straßen auf den Platz. Vor allem aus der Kielerstraße und der Opphofer Straße. Auch mein Vater kam kurz darauf nach Haus, stellte sein Gewehr an den Küchenschrank, trank eine Tasse Kaffee und verabschiedete sich wieder. Er zog mit seiner Kampfgruppe weiter. Erst zwei Tage später kam er wieder nach Haus." [66]

Wie dieser Bericht zeigt, wurde die Situation für die Soldaten immer unhaltbarer. In anderen Stadtteilen rumorte es ebenso. So gab es Unruhen am Gefängnis Bendahl in Unterbarmen und die Militärs konnten die Befreiung der Gefangenen nicht verhindern.[67] Nach Ausbruch der Kämpfe hatte sich der Aktionsausschuss über die Vermittlung des Oberbürgermeisters Hopf bemüht, den Abzug der Truppen aus Elberfeld zu bewirken. General Gillhausen lehnte aber auf energische Weise ab. Er ließ gegen Abend sogar die städtische Polizei ausrüsten und in den Kampf werfen. Sie wurde von den Anwohnern am Ostersbaum mit den empörten Rufen wie „Bluthunde“ und „Sind das Elberfelder?“ empfangen.[68]

Ein Anschlag forderte zur unverzüglichen Abgabe aller Waffen auf. Für Nichtbefolgung wurde Zuchthaus angedroht. Doch die Arbeiter wurden angefeuert durch die Extra-Ausgabe des USPD-Zeitung „Volkstribüne“, die den Sieg der Arbeiter in Herdecke und Aplerbeck vermeldete.

Diesem Siegeswillen hatte das Militär und die Sipo nichts entgegenzusetzen. Nun trafen Arbeiter von auswärts mit schweren Waffen ein. In Hagen forderte die USPD an diesem Tag zur Bildung einer „proletarischen Armee“ auf. In Wetter hatten die Arbeiter das Freikorps Lichtschlag besiegt und Geschütze erbeutet. Als sich die Kunde von den Kämpfen in Elberfeld verbreitete, fuhren sie, wie auch Arbeiter aus den umliegenden Städten, mit Bahn und LKWs ins Wuppertal.

Auf die Forderung nach Abzug der Soldaten und Deeskalation, die auch vom Oberbürgermeister der Stadt Elberfeld unterstützt worden war, erwiderte General Gillhausen um 18:00 Uhr noch großspurig, „die Truppe werde bis zum letzten Mann kämpfen“. Um 22:00 Uhr entschloss er sich nach Rücksprache mit dem Oberbefehlshaber, General Watter in Münster, die Stadt zu räumen. Darüber informierte er nicht einmal die Führung der örtlichen Polizei, die, vom Rückzug der Soldaten überrascht, ebenfalls bald den Arbeitern das Feld überlassen musste.

Familie Schmitz und die „Liga für Mutterschutz“ *1920 - Eckhaus Kieler Straße 49/ Hagenauer Straße (12)*

Die Familie Schmitz war Mitglied in verschiedenen Organisationen der Arbeiter-

Die ehemaligen Anwohner Hans Schmitz und Herta Scholzauer berichten bei der Gedenkfeier im Jahr 1999 auf dem Ehrenfriedhof Barmen. Im Hintergrund Oberbürgermeister Kremendahl und Wolfgang Ebert (SPD). (Foto: WZ-Archiv)

bewegung, so auch in der „Liga für Mutterschutz“. Hans Schmitz berichtet von seinen Kindheitserinnerungen:

„Meine Mutter war Heimarbeiterin. Sie nähte Hemden für die Firma 'vom Baum'. Mein Vater war in der 'Liga für Mutterschutz' und hatte gute Kontakte zu den FKK-Freunden. Die 'Liga' betrieb Sexualaufklärung, setzte sich für eine neue Sexualmoral und Familiengesetzgebung ein und kämpfte gegen die Paragraphen 218. Vater war für die 'Liga' aktiv, und bei uns zu Hause lagen immer Informationsmaterialien und Broschüren. Doch der Verein bot auch praktische Hilfen für den Alltag. So wurden zum Beispiel Verhütungsmittel sowie Mittel und Salben 'für hinterher' vertrieben. Im Geheimen unterstützte sie auch Frauen bei Abtreibungen. Es gab einige Frauen, die aufgesucht werden konnten, wenn man eine Abtreibung vornehmen lassen wollte. Meine Mutter hatte da wohl auch einige Erfahrung, gehörte auch zu ihnen. Natürlich durften wir nicht dabei sein, doch die Wohnung war so klein, dass uns das nicht verborgen blieb. Gleich neben der Küche war das Schlafzimmer, in dem auch wir Kinder schliefen. Ich hörte Geräusche und spähte durch einen Türspalt in die Küche. Ich sah, wie auf unserem Küchentisch eine Frau lag und Mutter sich mit anderen Frauen um sie kümmerte. Mit irgendwelchen Hilfsmitteln wurde eine Abtreibung eingeleitet. Ein paar Mal hat mich Mutter dann auch zum Arzt Dr. B. geschickt. Dr. B. war praktischer Arzt und wohnte in der Stuttbergstraße, später Neuenteich. Er kam, wenn es Komplikationen gab, bzw. nachdem meine Mutter die Abtreibung eingeleitet hatte, um die Ausschabung vorzunehmen.“ [69]

Der Vereinsname lautete „Liga für Mutterschutz und soziale Familienhygiene e.V., Bund für bewußte Geburtenregelung". Sie ging auf die „Internationale Vereinigung für Mutterschutz und Sexualreform" zurück, die 1911, unter Mitwirkung der Sexualreformerin Helene Stöcker (1869-1943)[70], gegründet worden war. Helene Stöcker wirkte 1920 in Berlin an führender Stelle in dieser Bewegung mit. Sie initiierte die Eingaben von SPD/USPD und KPD zur Reform des Unehelichenrechts. Uneheliche Kinder sollten endlich gleichgestellt werden. Auch die Reform des Scheidungsrechts wurde vorangetrieben.

Die „Liga" forderte von den Kassen die kostenlose Abgabe von Verhütungsmitteln, die gesetzliche Straffreiheit für die Abtreibung, eine vernünftige Sexualerziehung der Jugend und die Einrichtung von öffentlichen „Sexualberatungsstellen".[71] Der Name „Eheberatungsstellen" schien ihnen viel zu eng. Eine erste „Sexualberatungsstelle" des Bundes wurde 1926 in Berlin eingerichtet.[72]

Wie die Erzählungen zeigen, wurde die „Liga" auch von einer Reihe fortschrittlicher Ärzte unterstützt. Einer der prominenten war Max Hodann in Berlin, der in verschiedenen Schriften die Nöte der Arbeiterfrauen beschrieb. Auch der Arzt und Schriftsteller Friedrich Wolf[73] griff dieses Thema in seinem Buch „Cyancali" auf, das von der Justiz zeitweise verboten wurde. Die Unterstützung vor Ort konnte von den Ärzten oft nur im Geheimen gewährt werden. Ärzte, die die Einrichtung öffentlicher Sexualberatungsstellen unterstützten oder in ihnen mitwirkten, wurden oftmals aus dem ärztlichen Standesverein ausgeschlossen und verloren so ihre Kassenzulassung. Gegen Ende der 20er Jahre wurde die „Geschäftsstelle Rheinland" des Vereins in Elberfeld eingerichtet. Auf der Albrechtstraße 57[74] in der Elberfelder Nordstadt betrieb die „Liga" ein Büro. Dort wurde auch eine eigene „Ärztliche Sexualberatungsstelle" eingerichtet, die über ein Nottelefon verfügte.

Einige der damals verfochtenen Anliegen werden seit den 70er Jahren von „Pro Familia" und anderen Initiativen wieder aufgegriffen.

Hinweise:

Lichtheilstätte, Unterbarmen, Kap. 8
Sonnenbad Nüller Straße,
In der Hülsbeck, Kapitel 8

Sportplatz der Arbeitervereine „Am Opphof"
Autobahnauffahrt – Elberfeld/ Opphofer Str./Am Schnappsstüber

Der Sportplatz an der Opphofer Straße war zum Ende des Ersten Weltkrieges eine Kippe für Bauschutt und Ziegelreste der nahegelegenen Ziegelei. Im Zuge von Notstandsarbeiten wurde der Platz zu Beginn der 20er Jahre planiert und als Sportplatz hergerichtet. Aufgrund der Nähe zum nahen Arbeiterstadtteil Ostersbaum wurde er zu einem Stammplatz der Arbeitersportvereine, die im „Arbeiter-Turn- und Sport-Bund" (ATSB) zusammengeschlossen waren. Bei der Spaltung der Arbeitersportbewegung 1929[75] kam er, wie auch der Sportplatz auf dem Nützenberg, in die Hände von „Fichte Sport", der „Kampfgemeinschaft für rote Sporteinheit".[76] In der Zeit des Nationalsozialismus wurde auf dem Platz ein Barackenlager für Fremdarbeiter errichtet. In diesem „Gemeinschaftslager Opphof" waren ca. 540 Ostarbeiter untergebracht, die für nahegelegenen Firmen wie Hemscheid u.a. arbeiteten.[77]

Hinweise:

Unterbarmen, Bendahler Straße,
Bad der „Freien Schwimmer 07" (8)
Freibad Mirke, Arbeiter-Schwimm-

Verein Elberfeld, Kapitel 7
Arbeiterschwimmbad auf der Hardt, Kapitel 4

Der 1. Mai 1920
Gerechtigkeitsbrunnen

Traditionell war der Exerzierplatz ein Sammelplatz für die Maidemonstranten. Die USPD Elberfeld hatte mittags zum Maifestzug und gemeinsamen Familienfest aufgerufen. Die Partei hatte in diesem Stadtteil eine ihrer Hochburgen in Wuppertal. Sie hatte das Stadtteilgebiet in drei (von insgesamt sieben) Stadtdistrikte eingeteilt. Hier auf dem Exerzierplatz war der Treffpunkt der Partei-Distrikte „Opphof", „Berlinerstraße" und „Ostersbaum".

Hans Schmitz kann sich noch an den 1. Mai 1920 erinnern: *„Die erfolgreiche Abwehr des Putsches war erst wenige Wochen her. Es gab ein ungeheures Selbstbewusstsein der Arbeiterbewegung. An diesem Tag war eine gehobenen Stimmung. Der ganze Platz war schwarz vor Menschen. So viele waren nur aus unserem Stadtteil gekommen. Transparente, Frauen und Kinder. Von hier aus ging es hinunter in die Stadt. Nie in den Jahren danach habe ich so eine Teilnehme am 1. Mai erlebt."* Die verschiedenen Stadtteilzüge trafen sich auf dem Königsplatz (heute Laurentiusplatz), von dort ging es zum Zoo. Auch die Schulen hatten erstmals an diesem Tag keinen Unterricht. Hunderte von Kindern zogen deshalb den Erwachsenen vorweg. Den Zoo hatte man für diesen Tag gemietet, um den Familien einen schönen Festtag zu ermöglichen. Neben dem Bestaunen der Tiere gab es Kinderbelustigung, Sänger- und Sportdarbietungen, Kahnfahren u.a.m.[78]

Hinweis:
Schusterplatz, erster Mai 1920, Kapitel 7

Arbeiterführer und Polizist - zwei Verhaftungen im gleichen Straßenblock
18.3.1920 - Platz der Republik 34

In der Häuserzeile Exerzierplatz 30-48 wohnten damals zwei Personen, die jeder im Stadtteil kannte: der Polizist und der Arbeiterführer des Viertels. Beide wurden in den Wirren nach dem Arbeiteraufstand verhaftet – für eine Nacht!

Die Elberfelder Polizei hatte sich am Kampf auf Seiten der Freikorpsoldaten beteiligt. Der Aktionsausschuss hielt eine

Das Foto vom Haus Kieler Straße 6, gleich in der Nähe des Platzes, zeigt die Bewohnerschaft. Oft waren die hier lebenden Familien erst wenige Jahre zuvor aus der Eifel oder aus der Waldeck zugewandert. (Foto E. Rabanus)

gründliche Säuberung der Polizei von monarchistisch gesonnenen Beamten für nötig und hatte deshalb schon am Morgen nach dem Sieg der Arbeiter, am 18. März, die Waffenabgabe verfügt. Alle bisher ausgegebenen Waffenscheine wurden ungültig. Personen, die im Besitz von Waffen waren, wurden aufgefordert, ihre Waffen sofort im Polizeipräsidium an der Von-der-Heydt-Gasse abzugeben. Hier hatte eine „Arbeiterwehr" mittlerweile die Funktion der Polizei übernommen.

Wilhelm Haas, der Polizist des Stadtteils, wohnte am Exerzierplatz 34. Er war ein treuer Staatsdiener, der schon in der Kaiserzeit seinen Dienst getan hatte. Frau Dross, seine Enkelin, berichtet:

„Mein Großvater Wilhelm Haas war 1920 Polizist im Stadtteil Ostersbaum. Er mußte öfter die Kinder und Jugendlichen des Viertels zur Schule abholen, wenn die fehlten.

Als die Arbeiter die Militärs vertrieben hatten, kam am nächsten Tag ein Kommando der Arbeiter zur Wohnung meines Großvaters, um ihn zum Polizeipräsidium zu bringen. Er zog sich in aller Eile seine Uniform an und fügte sich widerwillig der Anordnung."

Vermutlich hatte er der Aufforderung, die Waffen abzuliefern, keine Beachtung geschenkt.

„Er wurde ins Polizeipräsidium in der Vonder-HeydtGasse eingeliefert und dort festgehalten. Erst am nächsten Morgen traf er unter den Arbeitern, die nun im Polizeipräsidium das Sagen hatten, einen Bekannten aus dem Viertel, der ihn erstaunt fragte: 'Willi, was machst Du denn hier?', und Wilhelm Haas erzählte seine Geschichte. Der Bekannte aus dem Viertel verbürgte sich für Wilhelm Haas und sorgte dafür, dass er kurz darauf frei kam. Doch stillschweigend wollte mein Großvater das Polizeipräsidium nicht verlassen: 'Wenn ihr mich abgeholt habt, dann müßt ihr mich auch wieder zu meiner Wohnung bringen'. Er bestand darauf, dass er unter der Begleitung derjenigen, die ihn zu Hause abgeholt hatte, auch wieder nach Hause gebracht wurde. Das war er wohl sich und seinem Ansehen im Viertel schuldig." [79]

Wie man die städtische Polizei reformieren könne, diese Frage war während der Tage des Arbeiteraufstandes heftig umstritten. Zunächst wollte man die Polizei ganz auflösen und durch eine Sicherheitswehr, die aus Arbeitern bestehen sollte, ersetzen. Später einigte sich der Aktionsausschuss mit dem Bürgermeister, jedem städtischen Polizisten auf Streife einen bewaffneten Arbeiter beiseite zu stellen. Doch dieses Vorhaben ist wegen mangelnder Entschlusskraft der Regierung nicht verwirklicht worden.

Hinweis:

Barmen, Polizeiverwaltung,
Kleiner Wehrt, Kapitel 9

Otto Ibanez, Führer der USPD, wird verhaftet
1.4.1920 – Platz der Republik 44

Nur einige Häuser weiter, Hausnummer 44, dort, wo heute eine Baulücke klafft und den Blick auf die alte Hinterhauszeile freigibt, wohnte 1920 Otto Ibanez.

Otto Ibanez war schon seit Jahrzehnten ein stadtbekannter Sozialdemokrat. 1920 war er Vorsitzender des Elberfelder „Arbeiterrates"[80] und einer der wichtigen Funktionäre der USPD.

Otto Ibanez war am 18.12.1858 geboren und erlernte den Beruf des Buchdruckers. Schon während der Sozialistengesetze organisierte er den gewerkschaftlichen Fachverein der Buchdrucker. Als Dreißigjähriger wurde er Präses des Gesangvereins „Gutenberg" in der Elberfelder Nordstadt, in dem das sozialdemokratische Vereinsleben im Verborgenen weitergeführt wurde. Ab 1890, als das Verbot der SPD endlich überwunden war, fand sich sein Name immer wieder als Redner im sozialdemokratischen Bildungsverein, so etwa bei den Feiern zum 18. März oder 1. Mai. Während des Krieges war er ein entschiedener Gegner der

1920 war Otto Ibanez Vorsitzender des Elberfelder Arbeiterrates. (Foto: StA W)

Kriegspolitik, die von Friedrich Ebert und dem Vorstand seiner eigenen Partei, der SPD, unterstützt wurde. Er schloss sich der USPD an. Während der Revolution von 1918 war er einer ihrer wichtigen Akteure. Als im Dezember 1918 der erste Reichsrätekongress in Berlin einberufen wurde, vertrat er dort den Elberfelder Arbeiter- und Soldatenrat. Im Februar 1919 wurde er örtlicher Vorsitzender des Rates. Nun, im März 1920, war er natürlich wieder Mitglied des Aktionsausschusses. Er hielt die Rede an den Gräbern der Gefallenen.

In der Nacht zum 1. April 1920 wurde er und zwei weitere führende Mitglieder[81] des örtlichen Aktionsausschuss in seiner Wohnung verhaftet.

Das Wehrkommando der „Roten Armee“ und ihr linksradikaler Kommandant Hensmann[82] wollten die Ergebnisse der Friedensverhandlungen in Münster nicht akzeptieren und meinte, so die Zustimmung in Elberfeld verhindern zu können.

Doch schon am nächsten Morgen wurde Otto Ibanez entlassen und Hensmann verhaftet.[83]

Mit der Vereinigung von USPD und SPD wurde Otto Ibanez 1922 Mitglied der VSPD. Bis 1933 ist er sozialdemokratischer Stadtverordneter und Vaterfigur von später prominenten Sozialdemokraten wie Karl Ibach und Hermann Her-

Elberfeld-Barmen, Dienstag, 10. August 1920.

Beilage der „Volkstribüne“

Nr. 170, 3. Jahrgang.

Für Sowjet-Rußland! Gegen das Entwaffnungsgesetz!

demonstriert das gesamte Wuppertaler Proletariat am Donnerstag, den 12. August in

Zwei Volksversammlungen

In Elberfeld auf dem Exerzierplatz. In Barmen auf dem Bahnhofs-Vorplatz.

Kein Arbeiter und Angestellter darf fehlen. Die Betriebe müssen geschlossen erscheinen.

Partei-Nachrichten für Elberfeld-Barmen.

Partei-Bureau in Barmen: Marienstraße 22, ...

und von unseren 12 100 Mitgliedern steuerten 9000 männliche Genossen monatlich 50 Pfg. mehr für unsere Organisation, dann bekäme die Partei allein 54 600 Mark an Beiträgen im Quartal ein, womit zum größten Teil der nächste Wahlkampf gedeckt ...

dürftige Volksschulwissen zu bereichern und dazu bietet dieser Kursus die beste Gelegenheit. Sorge jede Gewerkschaft dafür, daß alle Karten restlos vertrieben werden, auch heute ist Wissen Macht und nur mit klaren Köpfen und be-

Aufruf zu einer Volksversammlung auf den „Exerzierplatz“ (heute Platz der Republik). Am 12. August 1920 demonstrierten USPD und KPD-Anhänger gegen den Einmarsch der Entente-Mächte in Rußland. Immer wieder war der Platz Treffpunkt von Arbeiterkundgebungen.

berts. Sein Lebensweg nach 1933 ist nicht bekannt.

Schwarze Listen gegen die „Rädelsführer"
1.7.1922 – Platz der Republik 21

Schon bald nach dem zunächst erfolgreichen Generalstreik sollte es wieder „Schwarze Listen" der Arbeitgeber geben. Arbeiter, die sich an dem Ausstand bzw. den Kämpfen beteiligt hatten oder die als Streikende und Wortführer in Erscheinung traten, fanden nach ihrer Entlassung keine Arbeit mehr in der Region.

Eine solche Liste aus dem Jahr 1922 existiert für den bergischen Unternehmerverband. Dort sind ein Anwohner des Exerzierplatzes aufgeführt. Fritz Wilke war Schlosser bei der Fa. Reinshagen und wohnte am *Exerzierplatz im Haus Nr. 21* (erhalten). Er hatte sich an einem der damals zahlreichen kleinen Lohnkämpfe beteiligt und fand nun in Wuppertal vermutlich keine Arbeit mehr.

Christliche Konsumgenossenschaft „Wohlfahrt"
Platz der Republik/Windstraße

In dem Eckhaus Exerzierplatz/Windstraße (rechtes Haus der Straßeneinmündung) befand sich damals eine der 14 Verteilungsstellen der Bergischen Konsum- und Spargenossenschaft, „Wohlfahrt". Sie ist 1893 gegründet worden und somit die älteste politisch und religiös neutrale Konsumgenossenschaft im Bergischen Land. Ursprünglich ein Zusammenschluss von vor allem Barmer Eisenbahnbeamten, öffnete sie sich mit dem Aufschwung des Genossenschaftswesen ab 1919 aber auch für politisch neutrale Arbeiter und Angestellte. 1920 hatte sie ca. 3.000 Mitglieder, verfügte über eine eigene Großbäckerei sowie eine Sparkasse und stellte den Mitgliedern eine beitragsfreie Sterbeunterstützung zur Verfügung.

Fritz Charpentier – ein Kommunist als Unterhändler für Elberfeld
24.3.1920 - Deweerthstr. 51 (13)

In der Deweerthstraße 51[84], schräg gegenüber der Einmündung der Oberstraße, wohnte der Kaufmann Fritz Charpentier. Er war Leiter der Elberfelder KPD-Ortsgruppe und Mitglied im Elberfelder Aktionsausschuss, den die drei Arbeiterparteien zum Beginn des Generalstreiks gebildet hatten.

Im Verhältnis zu den beiden großen Arbeiterparteien SPD und USPD war die KPD damals eine kleine Gruppe. Doch ihre Wuppertaler Führer standen anscheinend in hohem Ansehen, auch bei den Führern der anderen Arbeiterparteien. Fritz Charpentier und sein Genosse Oskar Triebel[85] aus Barmen wurden gemeinsam mit dem Sozialdemokraten Hermann Enz[86] vom Aktionsausschuss beauftragt, die Städte Elberfeld und Barmen bei den Friedensverhandlungen in Bielefeld zu vertreten.

Unmittelbar nach dem Aufstand wurde Fritz Charpentier wegen seiner Unterschrift unter dem Abkommen von Bielefeld aus den Reihen seiner eigenen Partei stark angegriffen. Die Parteileitung der KPD drohte sogar mit Ausschluss. Fritz Charpentier kam dem zuvor, verließ die Partei und schloß sich der USPD an. Nach dem Zusammenschluss des linken Flügels der USPD mit der KPD im Winter 1920 wurde er wiederum Ortsvorsitzender der neuen Partei in Elberfeld. 1921 ist er für die (vereinigte) KPD in den preußischen Landtag gewählt worden. Im August 1926 starb er in einem Moskauer Krankenhaus.[87]

Gleich gegenüber dem Haus Nr. 51 beginnt die Oberstraße, der wir bis zur Else-Lasker-Schüler-Straße und der Paradestraße folgen.

Frau Löhde braucht Babynahrung *17.3.1920; 13:00 Uhr - Oberstraße 6 (13)*

In der Oberstraße 6 (3. Etage) wohnte damals die junge Familie Emil Löhdes. Die Tochter, Marianne Hecht-Wieber, berichtet, wie es ihrer Mutter ging:

„Mein Vater war damals 26 Jahre alt und Mitglied der USPD. Er arbeitete als Emailleur bei den Homann-Werken in Vohwinkel. Dort hatten seine Kollegen ihn in den Betriebsrat gewählt. Zwei Wochen vor dem Putsch, am 2. März, hatte meine Mutter ihr erstes Kind bekommen, meinen Bruder Emil. Mein Vater war draußen bei den kämpfenden Arbeitern. Meine Mutter war allein in der Wohnung und brauchte dringend Nahrung für den Säugling. Das Kind schrie, doch draußen wurde beständig geschossen. Sie stand unentschlossen mit dem Baby auf dem Arm hinter der Haustür und wollte einen günstigen Moment abwarten, über die Straße zu gehen. Doch ein Arbeitersoldat hielt sie an der Tür auf. Es sei zu gefährlich. Er bot sich an, für sie die benötigten Lebensmittel im nächsten Laden zu holen. Kurze Zeit später brachte er das Benötigte." [88]

Aus demselben Grund sind an diesem Tag möglicherweise Frau Mayer und Frau Hochbein umgekommen. *Elfriede Mayer,* 29 Jahre, lag bei den Toten dieses Tages auf dem Elberfelder Ehrenfriedhof. Am Loh starb *Frau Hochbein.* Sie war Mutter eines Kindes, ihr Mann USPD-Mitglied und vermutlich an den Kämpfen beteiligt.

Einige Meter weiter auf der gegenüberliegenden Straßenseite, Hausnummer 27 (an dieser Seite steht heute die Else-Lasker-Schüler-Gesamtschule), wohnte der Eisenbahner *Hermann Bihl.* Er kämpfte in Remscheid (vgl. Kapitel 5) und verlor dabei das Leben. Seine Kollegen von der Ortsverwaltung des Eisenbahner-Verbandes widmeten ihm einen Nachruf. Er wurde auf dem Ehrenfriedhof Elberfeld bestattet.

An der Stelle, an der wir auf die Else-Lasker-Schüler-Straße stoßen, können wir bei genauem Hinsehen an der zerschossenen Fassade der Briefumschlagfabrik eine alte Losung erkennen: „Aus Ruinen Trümmerstätten – kann nur Einheit-Aufbau retten."

Diese Parole stammt aus dem Jahr 1946 – und meint die Einheit der Arbeiterparteien, die es 1920 für eine kurze Zeit gegeben hatte. Diese Einheit, so schien es den Leuten 1946, hätte möglicherweise die Naziherrschaft verhindern können.

Die Bilanz des Tages *18.3.1920 - Station Paradestr. 74, Redaktion der USPD-Zeitung „Volkstribüne"*[89] (14)

In der Nacht zum 18. März verließen die Putschisten die verlorene Bastion Elberfeld und zogen sich, ihre Verfolger im Rücken, nach Remscheid zurück.

Klaus Gießen schätzt, dass an diesem Tag in Wuppertal ca. 4.000 bis 5.000 Arbeiter am Kampf gegen das putschende Militär beteiligt waren.[90]

Die Zahl der Toten dieses Tages ist nie genau festgestellt worden. Nach einer ersten Sichtung der unvollständigen Totenlisten der Arbeitersamariter und Todesanzeigen beläuft sich die Zahl auf ca. 70 Tote (vgl. Liste im Anhang). Ca. 60 davon sind unbeteiligte Anwohner und am Kampf beteiligte Arbeiter. Dazu kommen fünf getötete Barmer Polizisten, drei Sipos und mindestens vier Reichswehrsoldaten. Die Zahl der getöteten Elberfelder Polizisten ist unbekannt.[91] Nach einschlägigen Erfahrungen können auf jeden Toten vier bis fünf Verwundete berechnet werden, so dass die Gesamtzahl der Opfer ungefähr

Einzelnummer 20 Pfg.

Elberfeld-Barmen. Mittwoch, den 17. März 1920. Nr. 65. 36. Jahrg.

Erscheint täglich nachmittags außer Sonntags.

Bezugspreis d. Boten monatl. 3 M.

Postscheckkonto: Köln 9928. Bankkonto: Elberfelder Bankverein, Elberfeld.

Bei allen Ueberweisungen wird um genaue Angabe der Anzeigen- und Zeitungsnummern gebeten.

Freie Presse

Organ des werktätigen Volkes von Rheinland und Westfalen.

Anzeigenpreis: Für 1 Millimeter Höhe, 85 Millimeter breit, 20 Pf., außerhalb des Verbreitungsbezirks 25 Pf. Für Reklamen 92 Millimeter breit 70 Pf., außerhalb des Verbreitungsbezirks 90 Pf. Preise freibleibend. — Anzeigenabschlüsse werden nur unter der Bedingung angenommen, daß für alle Anzeigen der zur Zeit der Aufnahme gültige Preis berechnet wird. — Anzeigenaufträge bis 6 Uhr abends erbeten.

Redaktion: Elberfeld, Robertstr. 8a. Fernsprecher 1041. — Hauptgeschäftsstelle: Elberfeld, Robertstr. 8. Fernsprecher 1411. — Nebengeschäftsstellen: Barmen, Kl. Kirchstr. 13—15, Fernsprecher 1194. Langerfeld, Barmerstr. 91, Schwelm, Barmerstr. 5, Velbert, Friedrichstr. 136, Fernsprecher 447.

Kapp gestürzt?

Der Generalstreik geht weiter. — Ein Kohlenabkommen. — Die Kohlenzufuhr für die Meuterer gesperrt. — Bei Hagen wird gekämpft.

Folgende zwei, aber bisher unbestätigte Telegramme aus Berlin liegen vor:

Die erste Meldung von gestern abend

An die Präsidenten der Eisenbahndirektionen!

17. März, 4 Uhr vormittags.

Regierung Kapp zurückgetreten.

Ein Kohlenabkommen.

Die Arbeitsgemeinschaft im Bergbau hat im Einverständnis mit dem Staatskommissar Severing beschlossen: Das Kohlen-

Am Spätnachmittag des 17. März verkündete das Titelblatt der sozialdemokratischen „Freie Presse“ den Sieg der Arbeiter: „Kapp gestürzt – Der Generalstreik geht weiter“ (StA W)

300 betragen haben muß.[92] Die Listen der Arbeitersamariter führen Verwundungen und Todesursachen auf, die auf das brutale Vorgehen der Soldateska verweisen: Bajonettstiche, Kolbenschläge, Säbelhiebe und „Mißhandlung durch Schutzleute“[93]. Weltkriegsteilnehmer berichteten, dass die Kampfweise der Soldaten im Feindesland meist rücksichtsvoller gewesen sei, als bei diesen Auseinandersetzungen mit der eigenen Bevölkerung. Die Offiziere standen in der militaristischen Tradition des Kaiserreiches. So heißt ein Geheimbefehl des Generalkommandos von Münster, in dem der kommandierende General von Watter Dienst tat, über den Einsatz von Militär gegen Volksbewegungen aus dem Jahr 1907: „Für die Verwendung von Truppen … ergeben sich folgende Lehren: Infanterie ist im Straßenkampf wenn möglich mit Artillerie zusammen zu verwenden … Die Truppe muss vielmehr durch Einschlagen der Wände von einem Haus zum anderen schrittweise vordringen, oder durch Gärten und Höfe und über Dächer vorgehen … Das Bajonett wird im Häuserkampf eine große Rolle spielen. Außerdem sind zweckmäßig viele Leute mit Beilen, Beilpicken, Brechstangen und auch Sprengstoff auszurüsten …“[94]

Unter den Toten und Verwundeten, die an diesem Abend im Krankenhaus an der Heusnerstraße und am Arrenberg eintrafen, waren Arbeiter aus vielen umliegenden Städten. Doch diese Unterstützung wurde oft zu der Behauptung herangezogen, der ganze Aufstand sei von „ortsfremden Radikalen“, vornehmlich aus dem Ruhrgebiet, entfacht worden. Neben den Totenlisten geben die Verwundetenlisten der Arbeitersamariter, die häufig in den Zeitungen veröffentlicht wurden, zumindest Hinweise auf die Zusammensetzung der am Kampf beteiligten Arbeiter. Einer Liste vom 20. März ist zu entnehmen, dass von den dort aufgeführten 49 Personen 29 Verwundete aus Elberfeld kommen, zwölf aus umliegenden Städten des Bergischen Landes und sechs Verwundete aus Städten des Ruhr-

Einzelnummer 20 Pfg.

Elberfeld-Barmen. Samstag, der 20. März 1920. Nr. 68. 36. Jahrg.

Erscheint täglich nachmittags außer Sonntags.

Bezugspreis d. Boten monatl. 3 M.

Postscheckkonto: Cöln 9936. Bankkonto: Elberfelder Bankverein, Elberfeld.

Bei allen Ueberweisungen wird um genaue Angabe der Anzeigen- und Zeitungsnummern gebeten.

Freie Presse

Organ des werktätigen Volkes von Rheinland und Westfalen.

Anzeigenpreis: Für 1 Millimeter Höhe, 35 Millimeter breit, 20 ₰, außerhalb des Verbreitungsbezirks 25 ₰. Für Reklamen 92 Millimeter breit 70 ₰, außerhalb des Verbreitungsbezirks 80 ₰. Preise freibleibend. — Anzeigenabschlüsse werden nur unter der Bedingung angenommen, daß für alle Anzeigen der zur Zeit der Aufnahme gültige Preis berechnet wird. — Anzeigenaufträge bis 6 Uhr abends erbeten.

Redaktion: Elberfeld, Robertstr. 8a. Fernsprecher 1041. — Hauptgeschäftsstelle: Elberfeld, Robertstr. 8. Fernsprecher 1411. — Nebengeschäftsstellen: Barmen, Ref. Kirchstr. 13—15. Fernsprecher 1194. Langerfeld, Barmerstr. 21. Schwelm, Barmerstr. 6. Velbert, Friedrichstr. 186. Fernsprecher 447.

Den toten Revolutionskämpfern von Elberfeld-Barmen.

Wir trauern und klagen.
Zur Erde wir senken die toten Genossen,
Die Körper zerrissen, die Augen geschlossen.
Nie werden die Fäuste sich trotzig mehr ballen,
Nie werden die Stimmen mehr schmetternd erschallen.
Vom Staube bist du, zum Staube wirst du.
Und weinende Mütter und jammernde Bräute,
Des zehrenden Kummers schmerzliche Beute.
Die Gräber gähnen, die Schollen fallen,
Ewige Ruhe, Fried' ihnen allen.
Wir trauern und klagen.

Wir jauchzen und singen.
In allen Lüften ein Funkeln und Sprühen,
In allen Zweigen ein Knospen und Blühen.
Dem Schoße der Erde entquillt der Segen.
Ein keimendes Leben, ein starkes Sichregen,
Vom Lichte bist du, zum Lichte schwingst du!
Die Gräber sich öffnen und Hände sich ballen,
Und Augen erglänzen und Stimmen erschallen:
Zum Lichte, zur Freiheit ihr herrlichen Geister,
Ihr sprengtet die Ketten, des Todes Meister.
Wir jauchzen und singen.

M. Löwenstein.

Unsere Toten!

Die Kugel mitten in der Brust,
Die Stirne breit gespalten —

so sehen wir sie vor uns liegen, die Opfer der Revolutionskämpfe. Starr und stumm liegen sie da, aber noch glänzt ein Schimmer der Begeisterung, mit der sie in den Kampf gezogen sind, auf ihren bleichen Zügen. Nicht mit Zwang wie im Völkerkriege hat man ihnen die Waffen in die Hände gepreßt, nein, zu Tausenden haben sie sich gedrängt, die Waffen zu ergreifen, um den Todfeind der Arbeiterklasse, den brutalen Militarismus, niederzuschlagen. 1918 hatte er eine empfindliche Wunde erhalten, aber es war keine tödliche gewesen. Er hatte sich wieder erholt und gestärkt und festen Boden im republikanischen Deutschland gefaßt. So saugte er dem Volke das letzte Mark aus den Knochen, seine Eisenfäuste preßten ihm die Kehle zusammen und mit seinen Kürassierstiefeln zertrat er die aufkeimende Freiheitssaat. Im Bunde mit dem reaktionären Junkertum wollte er endlich dem deutschen Volke seine blutige Diktatur aufzwingen.

Da aber war es vorbei mit der Geduld des Proletariats. Es reckte und streckte seine starken Glieder und der scheußliche Moloch lag zerschmettert am Boden.

Aber Opfer sind gefallen, kostbares Proletarierblut düngte den Boden. Für uns sind sie gefallen, für unsere Freiheit, für unser Recht. Damit wir leben können, sind sie in den Tod gegangen.

O Volk, vergiß es nicht!

Halte fest, was sie sterbend dir errungen. Lasse nicht, wie schon so oft, dich um die Früchte des so teuer erkauften Sieges betrügen. Damit nicht ein zweiter Freiligrath auferstehen und wieder die gewaltige Anklage der Toten an die Lebenden dichten muß:

„Da lägen wir und sagten aus: Eh' wie verfaulen konnten,
Ist eure Freiheit schon verfault, ihr trefflichen Archonten!

Schon fiel das Korn, das keimend stand, als wir im Märze starben:
Der Freiheit Märzsaat wird gemäht, auch vor den andern Garben."

O Volk! Halte fest das teure Vermächtnis der Toten. Ihren Leib übergeben wir der Erde auf dem Ehrenfriedhofe, der nun erst die rechte Weihe erhält. Noch nach Jahrzehnten, nach Jahrhunderten wird der Ehrenfriedhof, wie jener schlichte Friedhof der Märzgefallenen in Berlin, ein Wallfahrtsort des Volkes sein. Ziehe deine Schuhe aus. Der Boden, auf dem du stehst, ist heiliger Boden. Hier ruhen sie, die für die Freiheit starben. Den Leib übergeben wir dem dunklen Schoß der heiligen Erde. Der Geist aber wird die finsteren Grüfte sprengen und herrlich auferstehen, der Geist der freien Arbeit, der Einigkeit und der Menschenliebe,

der Geist des Sozialismus!

Kein Spiel mit dem Feuer treiben!

Elberfeld, 20. März.

Die Nachrichten aus Berlin und Stuttgart erwecken den Anschein, als ob in Regierungskreisen die Anschauung bestände, es könne, nachdem die Kapprebellen die Regierungsgebäude in Berlin verlassen haben und das Hochverratsverfahren gegen die Schuldigen eingeleitet ist, nun im alten Geleise so weiter gehen als bisher. Das ist natürlich gänzlich ausgeschlossen. Nach den gemachten Erfahrungen braucht Deutschland, um zur Ruhe zu kommen, ein rein sozialistisches Ministerium. Anders geht es einfach nicht mehr. Rufen wir uns doch nur einige Episoden in die Erinnerung zurück. Wie standen die bürgerlichen Parteien zu den sozialdemokratischen Forderungen in bezug auf die Sozialisierung der Bergwerke und die Entschädigungsfragen dazu? Wer erinnert sich nicht noch des Ausbruchs der tiefsten Entrüstung im bürgerlichen Blätterwald, als das Wirtschaftsministerium die ganz bescheidene Forderung auf Beteiligung des Staates an den Bergwerken aussprach? War da nicht so hohnvoll die Rede vom „Hintenherumsozialisieren"? Und wie verhielten sich die bürgerlichen Parteien zur Abfindung Wilhelms des Letzten? Hieß es nicht, daß man sich geeinigt habe, dem Willen der Sozialdemokraten, die Hohenzollern nicht zu entschädigen, energischen Widerstand entgegenzusetzen? Sollen wir an die schweren Kämpfe noch erinnern, die sich bei der dritten Lesung der Verfassung abspielten, wo die bürgerlichen Parteien eine Haltung einnahmen, die unseren Genossen Loebe veranlaßte, nach der Annahme der Verfassung die bekannte Erklärung abzugeben? Und war es mit dem Konfliktsstoff in der Preußischen Landesversammlung etwa anders? Lange genug haben die Sozialdemokraten Geduld geübt und erwartet, daß die bürgerlichen Parteien die Zeichen der Zeit verstehen und den Notwendigkeiten des Tages Rechnung tragen würden. Die Hoffnung war vergebens. Jetzt ist es genug. Wir sind überzeugt, daß unsere Genossen in der Regierung in ihren bürgerlichen Kollegen mehr oder weniger Hemmnisse finden, deren Kosten das Volk zu tragen hat. Daher verlangt eine tatkräftige Politik eine entschiedene Aenderung. Denn wir können uns nicht denken, daß eine gründliche Sicherung der Volksrechte zu schaffen, mit den bürgerlichen Parteien möglich ist. Besehen wir uns doch nur wieder jenen Aufruf an die Reichswehr, den der neu ernannte Kommandeur von Seeckt erläßt:

An die Reichswehr!

Durch die Ereignisse der letzten Tage ermutigt, glaubt Spartakus aufs neue die Herrschaft an sich zu reißen und unserem Volke den Todesstoß versetzen zu können. An der geschlossenen Front aller derer, denen die Ruhe und Ordnung im Lande am Herzen liegt, muß dieser Plan zerschellen. Wie früher, wird dabei auch heute die Reichswehr in erster Linie stehen und jeden Versuch zur Aufrichtung des Bolschewismus zurückweisen. In schwerer Stunde richte ich an die Reichswehr die Aufforderung, einig zusammenzustehen und das Wohl des Vaterlandes allen anderen Rücksichten voranzustellen. Ich werde alles daransetzen, um der Truppe jede Unterstützung angedeihen zu lassen.

Der Wauwau Bolschewismus soll also jetzt auf einmal herhalten. Darauf soll die Aufmerksamkeit gelenkt werden. Die Gefahr hat sich bis heute nicht erwiesen. Aber viel größer die der Diktatoren von rechts. Und wie war die Reichswehr darauf eingerichtet? Reichskanzler Bauer hat es ja selbst gesagt:

„Wir haben es nach reiflicher Ueberlegung für richtig befunden, dem blutigen Kampf auszuweichen. Es waren reichstreue Truppen vorhanden, aber

es fehlte jede Vorbereitung zum Kampf,

jede Einrichtung zu einer Aktion. Es wäre deshalb ein ungleiches und blutiges Ringen geworden. Deshalb kam die Regierung zu dem Entschluß, Berlin zu verlassen, nach Dresden zu gehen und einen Teil der Kabinettsmitglieder in Berlin zurückzulassen."

Man war also nicht „eingerichtet". Wer gibt dem Volke die Garantie, daß man sich jetzt darauf einrichtet? Anscheinend steht derartiges nicht in Aussicht. Der Aufruf des Kommandeurs beweist es ja. Restlos muß die Reichswehr aufgelöst werden. Denn sie hat sich als völlig unzuverlässig erwiesen. Durfte es möglich sein, daß die Meuterer ungehindert in völliger Ausrüstung aus Berlin wieder abziehen konnten? Glaubt man denn in der Regierung, sich mit solchen Möglichkeiten Respekt zu verschaffen? Mußten die Baltikum- und Erhardttruppen nicht längst entwaffnet und die ganze Gesellschaft vom ersten bis zum letzten Mann hinter Schloß und Riegel sitzen? Wir fragen,

wo ist die Reichswehr?

Sehen wir da wieder nicht, wie unzuverlässig diese Gesellschaft ist? Dagegen sollte man die Arbeiter ausrüsten und wir sind sicher: Keine drei Tage — und die Meuterer sind unschädlich, ihr Döberitzer Lager zusammengeschossen, dem Erdboden gleichgemacht.

Was soll der stolze Hinweis auf die Beseitigung Kapps? Hat dabei die Reichswehr etwa ein Verdienst? Die Frage brauchen wir nicht zu beantworten. Alle Welt weiß, wie die Reichswehr versagte. Kämpfen tut sie jetzt wohl. Angeblich gegen den Bolschewismus. In Wahrheit gegen die Arbeiter, die in der die schwarz-weiß-roten Fahnen führenden Reichswehr die Stütze der Reaktion sehen. Mit Recht. Die Reichswehr verdient kein Vertrauen; deshalb hinweg mit ihr und Schaffung einer Volkswehr. Selbstverständlich muß sie sein, wie der Friedensvertrag es vorschreibt. Daran sind wir gebunden, wie wir ja überhaupt in vielen Dingen von der Entente abhängig sind. Das mögen auch die beachten, die in ihren Forderungen weitergehen als wir.

Möge man in Berlin die neue Situation richtig erfassen: Die deutsche innere Politik steht vor neuen Wegen und der Staatsstreich Kapps hat alles geändert. Das bisherige hat sich als unbrauchbar erwiesen. Keine faulen Kompromisse, sondern Klarheit brauchen wir. Denkt man aber in Berlin im alten Geiste fortzufahren, so hieße das, mit dem Feuer spielen. Und davor möchten wir eindringlich warnen!

Die Forderungen der Berliner Arbeiter.

Berlin, 18. März. Im Laufe des heutigen Tages haben weitere Verhandlungen zwischen den Berliner Gewerkschaftskommissionen, sowie dem Allgemeinen Gewerkschaftsbund und Ministern im Auftrage der Reichsregierung stattgefunden. Die Zentralstreikleitung hat folgende vier Forderungen gestellt:

1. restlose Beseitigung der Militärdiktatur,
2. Entfernung der Truppen aus Berlin und ihre Entwaffnung,
3. Uebernahme des gesamten Sicherheitsdienstes durch organisierte Arbeiter,
4. entscheidende Einwirkung der Gewerkschaften auf die Neuordnung der Verhältnisse.

Gegen die Tätigkeit der alten blauen Polizei ist von den Gewerkschaftsführern kein Einwand erhoben worden.

Die Zeitungen „Freie Presse" (SPD) und „Volkstribüne" (USPD) erschienen am 20.3.1920, am Tag der Beisetzung der Gefallenen, mit dem gleichen Titelblatt. (StA W)

gebietes.[95]

Viele der beteiligten Arbeiter waren wohl Mitglieder oder Anhänger der USPD, die damals die mitgliederstärkste Partei im Wuppertal war. In der USPD-Zeitung „Volkstribüne" und der „Freien Presse" der SPD erschienen die Anzeigen von trauernden Familien, Vereinen und Belegschaften.

Das Einigungsbestreben in der Arbeiterschaft war sehr groß und setzte die lokalen Führer der beiden großen Arbeiterparteien SPD und USPD unter Druck. Die USPD-Zeitung „Volkstribüne" musste dann auch nicht mehr in Düsseldorf gedruckt werden, sondern in der Druckerei der SPD in der Robertstraße. Es war das Ziel, die im November 1918 begonnene Revolution endlich weiterzutreiben, also die Sozialisierung der großen Betriebe, die Stärkung der Betriebsräte und des Rätegedankens, die Demokratisierung des Heeres und des Staatsapparates anzugehen.

Eine der Gruppen, die sich an den folgenden Tagen an den Kämpfen um Remscheid beteiligen, nannte sich nach dem Ort, wo sie ihre erste gemeinsame Bewährungsprobe bestanden: „Truppe Ostersbaum".[96] Eines ihrer Mitglieder, *Rudolf Hilgert,* ein Familienvater aus der Elberfelder Nordstadt, wurde bei einem Patrouillengang in Lennep am 19. März erschossen.

Wir folgen der Paradestraße nach unten, überqueren die Gathe und erreichen über den Rommelspütt wieder das alte Rathaus von Elberfeld.

Die bisher konkurrierenden Arbeiterzeitungen erschienen am 18. März zunächst als gemeinsames Mitteilungsblatt und in den folgenden Tagen mit gemeinsamem Titelblatt. Die Gefallenen wurden meist als „Kämpfer für die Freiheit des Volkes" oder „Revolutionskämpfer" bezeichnet. Der USPD-Redakteur und Kulturpolitiker Max Löwenstein[97] verfasste das Gedicht auf der Titelseite, das den Toten gewidmet war. Es verbindet die Revolutionshoffnungen mit christlichen Auferstehungsvorstellungen.

Der Begriff „Revolutionskämpfer", aber auch der Titel der „Freien Presse" *Die Gegenrevolution marschiert* (vgl. Kap. 1) deutet auf die noch unvollendete Revolution vom November 1918 hin.

Tour 5:
Die Schlacht um Remscheid
18./19. März 1920
Eine Tour von Ronsdorf über Remscheid nach Müngsten

In die Stadt Remscheid hatten sich die Militärs zurückgezogen. Es war ihr letzter Stützpunkt im Bergischen und sieh hielten ihn für uneinnehmbar. So wurde die Auseinandersetzung zur entscheidenden Schlacht im Bergischen Land. Es sind nur wenige Augenzeugenberichte erhalten, doch sie geben einen authentischen Eindruck der damaligen Verhältnisse. Nach der Niederlage entschied sich der kommandierende General von Watter dazu, seine Truppen nach Wesel zurückzuziehen und zunächst keinen weiteren Konflikt mit der Arbeiterschaft zu suchen. Auch für die bergische Arbeiterschaft hatte dieser Sieg eine große Bedeutung und er beflügelte die Kämpfe im Ruhrgebiet. Hier bildeten sich erstmals feste Strukturen einer Arbeiter-Armee.

Die Arbeiterorganisationen haben in beiden Städten eine lange Tradition. In dem Textilstädtchen Ronsdorf fand das erste Stiftungsfest des Allgemeinen deutschen Arbeitervereins schon 1864 mit Ferdinand Lassalle statt. In Remscheid, einer Stadt mit traditionsreicher Werkzeugindustrie, wirkten gerade in den Kriegs- und Revolutionsjahren von 1914 bis 1922 viele Personen, die in der Arbeiterbewegung eine wichtige Rolle spielten. So Wilhelm Dittmann, 1918 Volksbeauftragter der ersten Revolutionsregierung, Friedrich Wolf, bekannter Arbeiterschriftsteller, Otto Braß und der Metallgewerkschafter Walter Freitag. Auch an die heute in Vergessenheit geratenen örtlichen Führer wird erinnert. Die Tour endet an der Müngstener Brücke, wo die englische Besatzungsmacht die flüchtenden Freikorps empfing. Der Ortskern von Remscheid wurde während des Zweiten Weltkrieges weitgehend zerstört, so dass die Schauplätze heute nicht mehr allzu gut wiederzuerkennen sind. In den Ortschaften Ronsdorf und Müngsten finden sich jedoch noch einige alte Gemäuer. Es wird auch auf die Ereignisse in den umliegenden Orten Schwelm, Lennep, Lüttringhausen und Radevormwald hingewiesen. Die Tour ist mit öffentlichen Verkehrsmitteln zu fahren. Mit dem Bus ab Haltestelle Lichtscheid oder mit der „Müngstener" Bahn. Sie fährt die Bahnhöfe Ronsdorf und Remscheid an. Von hier aus sind die Orte und Stationen zu Fuß zu erreichen. Die Bahnlinie führt weiter über die Müngstener Brücke, die von der Reichswehr bei ihrer Flucht ins besetzte Gebiet als letzter Ausweg benutzt wurde. Für geübte Radfahrer kann die Tour auch mit dem Fahrrad bewältigt werden. Um den steilen Berganstieg mit dem Rad zu vermeiden, kann man von der Station Spelsberg aus das Morsbach- und Wuppertal entlang fahren, und gelangt so nach Kohlfurth, der Ausgangsstation unserer Tour 2. Die Punkte auf den Barmer Höhen, der Ehrenfriedhof Barmen und das Johannes Langermann Denkmal liegen nicht weit von der ersten Station, Haus Koritzius am Lichtscheid, entfernt. Das Kapitel wurde in seinen Remscheider Stationen von Wolfgang Fey erstellt.

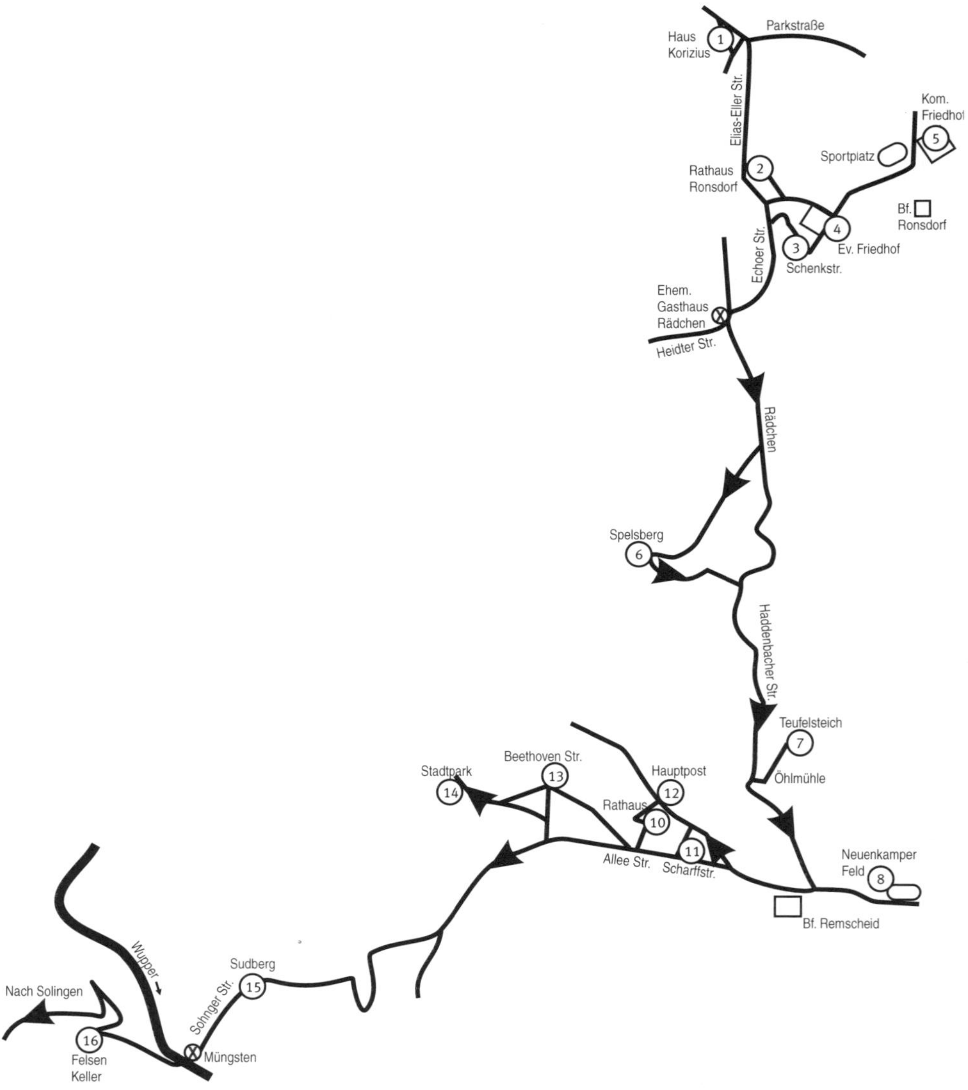
Haus
Korizius
Parkstraße
Elias-Eller Str.
Kom.
Friedhof
Sportplatz
Rathaus
Ronsdorf
Bf.
Ronsdorf
Echoer Str.
Ev. Friedhof
Schenkstr.
Ehem.
Gasthaus
Rädchen
Heidter Str.
Rädchen
Spelsberg
Haddenbacher Str.
Teufelsteich
Öhlmühle
Beethoven Str.
Stadtpark
Hauptpost
Rathaus
Allee Str.
Scharffstr.
Neuenkamper
Feld
Bf. Remscheid
Wupper
Sudberg
Nach Solingen
Sohnger Str.
Felsen
Keller
Müngsten
1
2
3
4
5
6
7
8
10
11
12
13
14
15
16

Das Stabsquartier im „Haus Koritzius" auf Lichtscheid
18.3.1920 – Haltestelle Parkstr./ Staubentahler Straße (1)

An der alten Kreuzung kurz vor der Einfahrt nach Ronsdorf, dort wo sich einst die Oberbergische Straße, die Staubentahler und die Elias-Eller-Straße berührten, stand das alte Wirtshaus „Haus Koritzius".[1] Heute ist der Ort, gleich neben der Bushaltestelle „Parkstraße" von Gestrüpp und kleinen Bäumen überwachsen. Doch im Unterholz sind die Grundmauern des alten Gebäudes noch zu erkennen.

Die Gaststätte war ein strategisch günstiger Ort an der alten Verbindungsstraße Richtung Lennep. An diesem höchsten Punkt zwischen Barmen und Ronsdorf ließen sich die Stadt und die umliegenden Höhen gut beobachten. Wohl deshalb wurde hier in der Frühe des 18.3.1920 die „Kampfleitung" der Arbeiter-Armee aufgeschlagen.

Über die Oberbergische Straße strömte an diesem Morgen auch die Masse der Arbeiter, die nach der erfolgreichen Schlacht im Wuppertal nun nach Remscheid drängte.

In der Nacht vom 17. zum 18. März 1920 waren die Reichswehrtruppen in aller Eile über Ronsdorf nach Remscheid gezogen.

Über die Ereignisse in Ronsdorf berichten keine Quellen aus Arbeitersicht. Die Arbeiterzeitung des Kreises Lennep ist nicht mehr vorhanden und Erinnerungsberichte gibt es nicht.

So sind wir auf den amtlichen Bericht angewiesen, der 1923 im Ronsdorfer Adressbuch erschien: *„Am 18. März, frühmorgens, wandten sich die nun im Wuppertale*

In der Gaststätte „Koritzius" an der Verbindungsstraße nach Barmen hatte die Kampfleitung der Arbeiter-Armee ihren Sitz eingenommen. (Foto: Sammlung Konrads)

Revolutions-Nachrichten.

Lützow völlig und fest eingeschlossen!

Der Kampf tobt. – Lützows Stellung unhaltbar. – Die revolutionären Kämpfer gehen planmäßig und schneidig vor. – Schwere Artillerie der Revolutionäre auf dem Anmarsch. – Lützow hat vergeblich Eisenbahnzug angefordert. – 2000 Engländer besetzen Grenze der neutralen Zone. – Das Mordgesindel der Einwohnerwehr zittert. – Lage im Reich gut. – Berliner bewaffnete Arbeiter ehemalige Noskiden im Zentrum Berlins umzingelt. – Der Sieg der Remscheider Revolutionskämpfer gesichert. – Nach dem Sieg bleibt alles auf den Schanzen!

Der Kampf wogt.

Die Revolutionäre vor dem Sieg.

Mit prächtigem Elan haben gestern die von auswärts zur Entlastung Rem... angerückten Kampfgenossen den Angriff auf die Lützowstellung aufgenommen. Mit Umsicht, Ruhe und feurigem Mut haben sie sich, von innen durch die gestern noch sehr mangelhaft bewaffnete Arbeiterschaft unterstützt, an die Hauptstellung herangearbeitet. Seit gestern nachmittag schon gibt Lützow sich verloren; er hält sich die offene Desertion des größten Teils seiner Truppen nur durch die Lüge zusammen, daß die Revolutionäre ihnen kein Pardon geben, sie samt und sonders niedermetzeln würden

Die Lützowtruppen sind seit gestern von den Revolutionären völlig eingeschlossen. In dem Augenblick, wo diese Zeilen geschrieben werden, beginnt der [illegible] der Revolutionäre mit verstärkter Macht

Direktor Eilenders reaktionäre Fabrikanten schießen a. d. Fenstern.

An mehreren Stellen ist gestern aus Fabrikantenhäusern auf die sich in den Straßen bewegenden Arbeiter geschossen worden. Die Villen der Mannesmänner waren bis gestern Stützpunkte der Einwohnerwehr und mit Signaleinrichtungen ausgestattet, die während der Nacht ständlich in Tätigkeit waren. Eine Reihe von Fensterschützen wurde von den Revolutionären gefaßt.

Die Schwäche der Lützowtruppen.

Frau und Kinder des Genossen Koch in ihrer Rathauswohnung als Geiseln festgehalten.

Wie schwach sich die Lützowtruppen trotz ihres großen Munitionsvorrats schon gestern fühlten, geht daraus hervor, daß sie die Familie des Genossen Koch, Frau und Kin-

An den Pranger!

Aus der Liste der Einwohnerwehr, der feigen Mörderbande.

Nachstehend einige Namen aus der Liste der Einwohnerwehr:

Dr. Weisemann, Ludwigstr.,
(Führer der Bürgerwehr.)
Gustav Saffenhaus, sen., Nordstr.
Gebrüder Kotthaus, Bieringhausen
Gebrüder Welp, Freiheitstr.
Gebrüder Krumm, Bieringhausen
von Stae, Elberfelderstr
Brand, jr., Büchelstr.
Helmut Scheffer, Ludwigstr.
Müller jr., Bankdirektor, Blumenstr
Elbertzhagen, Eberhardstr
Röntgen, „
Bickenbach, Ludwigstr.

Die „Revolutions-Nachrichten" wurden während des Kampfes improvisiert herausgegeben. Zuvor war die Druckerei der „Bergischen Volksstimme" von den Militärs geschlossen worden. (Könnemann 1972)

vereinigten bewaffneten Arbeiter, die Verstärkung aus Hagen, Witten und Dortmund erhalten hatten, gegen das von der Reichswehr verteidigte Remscheid. Zu Fuß, meistens aber mit Lastwagen und zuletzt mit der eigens zu diesem Zweck in Betrieb gesetzten Barmer Bergbahn kamen sie zu Tausenden durch Ronsdorf, stellten Posten an den Straßenkreuzungen auf, richteten am 'Rädchen' und im 'Kaisergarten' einen Sanitätsdienst ein und verwandelten Ronsdorf in ein wahres Heerlager." [2]

„Schwarz wie sie waren, vom Kohlenstaub, zogen sie mit ihren Karabinern durch die Stadt. Die meisten waren wohl direkt von ihren Zechen und Werken hierher geeilt", weiß der Ronsdorfer Arbeitersportler Kurt Schwerter[3] aus Erzählungen seiner Mutter wiederzugeben.

Die Kampfleitung bestand aus drei Personen. Es waren die Arbeiterführer, die in den letzten Tagen aus den umliegenden Städten die politische Verantwortung übernommen hatten: Paul Sauerbrey, Vorsitzender der Gewerkschaftskommission Barmen-Elberfeld, der auch gleichzeitig der Chef der Arbeiterwehr Barmen war.

Walter Paul, unabhängiger Sozialdemokrat und Gewerkschaftssekretär, war schon im November 1918 Vorsitzender des Arbeiter- und Soldatenrates des Kreises Lennep, zu dem damals Ronsdorf gehörte. Als der Aktionsausschuss der Arbeiterparteien in Ronsdorf-Lennep gegründet wurde, wählte man ihn wieder zum Vorsitzenden.

Otto Braß vertrat die Arbeiterschaft aus Remscheid in der Kampfleitung. Auch er hatte in der Revolution 1918 eine Schlüsselrolle für das Bergische Land. Er war Bezirksleiter der USPD und einer der wichtigen Führer der Unabhängigen auch auf Reichsebene.

Die Ronsdorfer Ortsgruppe des Arbeiter-Radfahrer-Bundes (ARB) „Solidarität“ im Jahre 1921. Die Radfahrer übernahmen die Kurierdienste bei dem Kampf um Remscheid. (Foto: StA W)

Somit bestand die Kampfleitung aus den örtlichen Gewerkschaftsführern der Metallarbeiter, die offensichtlich das größte Vertrauen der hiesigen Arbeiterschaft hatten. Von allen drei Arbeiterführern ist nicht bekannt, ob sie während des Krieges Erfahrungen als Offiziere haben sammeln können. Nun mussten sie eine Armee von ca. 20.000 Arbeitern koordinieren und zum Sieg führen. Dies Aufgabe war sicherlich sehr schwierig. Die Arbeiter waren aus allen umliegenden Städten angereist, sie waren schlecht ausgerüstet und hungrig. So schätzt Lucas, das nur ca. jeder achte Kämpfer über eins der erbeuteten Gewehre verfügte. Zur Koordination gelang es der Kampfleitung, mitten im Kampfgeschehen eine eigene Zeitung, die „Revolutions-Nachrichten“, in der bisher vom Militär besetzten Druckerei der Remscheider Arbeiterzeitung herauszugeben.[4] Von Konflikten mit der örtlichen Bevölkerung ist nichts bekannt. Trotz des anzunehmenden Mangels an Quartieren, Lebensmitteln und Waffen, wurde sie nicht über das Notwendige hinaus belästigt. Es war ein Kampf gegen den Militarismus, der auch in dieser angespannten Situation mit möglichst zivilen Mitteln geführt wurde.

Die Kampfleitung traf in Abstimmung mit der „Hagener Zentrale“ die Vorbereitungen für einen allgemeinen Angriff am Nachmittag des 18. März. Kurz vor dem festgesetzten Zeitpunkt um 17:00 Uhr, fuhren Paul und Sauerbrey als Unterhändler nach Remscheid, um auf friedlichem Wege die Übergabe der Stadt und den Abzug der Truppen zu erreichen. Der Kommandeur der Sicherheitspolizei, Major Gärtner, verlangte jedoch als Vorbedingung für Verhandlungen die Entwaffnung der Arbeiter.[5] Weitere Verhandlungen mit Gillhausen, dem Chef der Freikorps, konnten nicht fortgesetzt werden. Entgegen den Absprachen begann um 17:00 Uhr der Artilleriebeschuss der Arbeiter auf das Rathaus. Sauerbrey und Paul hatten Mühe, mit heiler Haut dem Machtbereich der Militärs zu entkommen.

Der Kampf um Remscheid, der hier koordiniert wurde, kann als erste, weitgehend zuvor geplante und koordinierte Aktion der Arbeitertruppen, der „Roten Armee", angesehen werden.[6]

Wenige Tage nach dem Sieg bei Remscheid gehörte der Ronsdorfer Walter Paul auch der Delegation aus dem Bergischen Land an, die in Bielefeld die Verhandlungen mit der Reichsregierung um einen Waffenstillstand führte. Auch er war einer der Mitunterzeichner. Über den weiteren politischen Lebensweg dieses Mannes ist bisher nichts bekannt geworden. Kurt Schwerter berichtet, er sei als „schillernde Person" in Ronsdorf bekannt gewesen. Der Gewerkschaftssekretär gründete wenig später eine kleine Textilfabrik in Ronsdorf, die er aber schon wenig später wieder aufgeben mußte.[7]

Otto Braß

Otto Braß – Gewerkschafter, Verleger, Widerstandskämpfer[8]

Otto Braß wurde am 21.12.1875 in Wermelskirchen bei Remscheid geboren. Er war Sohn eines Webers und machte eine Feilenhauerlehre in Remscheid. 1893 trat er in den freigewerkschaftlichen Feilenhauerverband, den größten Gewerkschaftsverband der Stadt, ein. Zwei Jahre später wurde er Mitglied in der sozialdemokratischen Partei. Nach seinem zweijährigen Militärdienst übernahm Otto Braß als 23-jähriger die Leitung des Feilenhauervereins in Remscheid. 1903 wurde er aufgrund der Selbstverwaltung der Krankenkasse zum Beamten der AOK gewählt.[9] Ab 1905 bis 1917 wirkte er als Geschäftsführer der sozialdemokratischen „Remscheider Arbeiterzeitung". Wie die gesamte Parteiorganisation in Remscheid kritisierte er die „Burgfriedenpolitik" des sozialdemokratischen Parteivorstandes.

Seit der Gründung der USPD[10] im Jahr 1917 war er ihr Vorsitzender im Bezirk Niederrhein und wurde 1917 Geschäftsführer des USPD-Organs „Bergische Volksstimme" in Remscheid. Bei der Revolution war er der maßgebliche Mann im Bezirk Niederrhein, der auch auf dem Reichskongress der Arbeiter- und Soldatenräte in Berlin als der Wortführer des Bezirks im Präsidium sitzt.

1919/1920 Mitglied der Nationalversammlung und von 1920 bis Mai 1924 des Reichstags, war er während des Kapp-Putsches einer der Verhandlungsführer und gehörte dem Zentralrat in Hagen an.

Als Delegierter der Parteitage der USPD setzte er sich für den Anschluss der USPD an die Kommunistische Internationale (KI) und für die Vereinigung mit der KPD ein. Auf dem Vereinigungsparteitag der USPD (Linke) mit der KPD 1920 wurde er in die Zentrale der KPD gewählt. Für kurze Zeit war er gemeinsam mit Paul Levi Vorsitzender der Partei. Sein politisches Mandat führte ihn aus seiner Heimatstadt nach Berlin. Doch neben diesem Engagement verfolgte Braß auch kulturpolitische Interessen. 1920 gründete er einen „Zentralvertrieb für zeitgeschichtliche Bücher". Ein Jahr später übernahm er die Laub'sche Verlagsbuchhandlung in Berlin. Beide Verlage leitete Otto Braß bis zu ihrer Besetzung und Beschlagnahme durch die Faschisten im Jahre 1933.

1921 kam es auch zu Konflikten mit der linksradikalen Parteiströmung in der KPD, im Januar 1922 wurde er ausgeschossen.

Er schloss sich wieder der USPD an und kehrte mit dieser im September 1922 zur (V)SPD zurück. Nach Errichtung der nationalsozialistischen Diktatur beteiligte sich Braß in Berlin am Widerstandskampf. Er war seit 1934 ein führendes Mitglied der sozialdemokratischen Widerstandsgruppe „Volksfront" und gehörte zu den Verfassern deren „Zehn-Punkte-Programms". Darin wurde der gemeinsame Kampf von Sozialdemokraten und Kommunisten gegen die faschistische Diktatur propagiert. Aus gleichem Anliegen führt es ihn 1937 auf illegalen Reisen nach Prag, um mit dem sozialdemokratischen Emigrationsvorstand zu verhandeln.

Im September 1938 wurde Braß verhaftet und im Juli 1939 vom „Volksgerichtshof" zu zwölf Jahren Zuchthaus verurteilt. Nach seiner Befreiung aus dem Zuchthaus gehörte er dem vorbereitenden Gewerkschaftsausschuss für Groß-Berlin an, und war im Juni 1945 Mitunterzeichner des Aufrufs zur Schaffung neuer freier Gewerkschaften, der Geburtsurkunde des Deutschen Gewerkschaftsbundes. Otto Braß engagierte sich aufs Neue für den Aufbau der einheitlichen Sozialversicherungsanstalten für Groß-Berlin. Er setzte sich wie viele seiner Generation nun für die Überwindung der Spaltung der Arbeiterbewegung ein. Zunächst Sozialdemokrat, schloss er sich bei der Vereinigung von KPD und SPD der neuen Partei an. Bei der Gründung des FDGB 1946 wurde Braß Mitglied des Bundesvorstandes. Im November 1950 starb er in Masserberg (Thüringen).

Die rote Fahne auf dem Ronsdorfer Rathaus *15.3.1920 – Marktstraße, Rathaus Ronsdorf (2)*

Hier hat in den Tagen des Aufstandes der Chef der Ronsdorfer Sozialdemokraten, Peter Betzold (1874-1957), gemeinsam mit dem Bürgermeister die politische Verantwortung übernommen.

Peter Betzold war erster sozialdemokratischer Stadtverordneter im Ronsdorfer Stadtrat, später Fraktionsvorsitzender der USPD. 1905 wurde er zum ersten Mal in den Stadtrat gewählt, damals noch unter dem diskriminierenden preußischen Dreiklassenwahlrecht. Den Sozialdemokraten in Elberfeld gelang dies erst 1909, also vier Jahre später. 1917 hatte sich Betzold der USPD angeschlossen. Bei der Revolution im November 1918 wurde Betzold wie selbstverständlich Vorsitzender des örtlichen Arbeiter- und Soldatenrats. Gemeinsam mit dem Bürgermeister führte er die Demonstration mit der roten Fahne durch die Stadt.[11]

Bei der Kommunalwahl im März 1919 wurde die USPD stärkste Partei. Betzold und die USPD erlangten zehn Sitze,[12] die (M)SPD fünf. Die Wahl war sehr knapp ausgegangen. Die sozialdemokratischen Parteien hatten vier Stimmen Vorsprung. Peter Betzold wurde der erste sozialdemokratische Beigeordnete.

Ein Jahr nach der Wahl, am 15. März 1920, wehte wieder die rote Fahne auf dem Rathaus von Ronsdorf. Für den amtlichen Bericht scheint in diesem Zusammenhang nur die Zensur der (überwiegend monarchistischen) Presse wichtig. Er hält fest:

„Der allgemeine Streik begann hier am 15. März 1920. Die Ronsdorfer Zeitung wurde unter Zensur der örtlichen Streikleitung gestellt und ihr Erscheinen am 15. März nur unter der Bedingung gestattet, dass der Streikaufruf auf der ersten Seite in Sperrdruck gebracht wurde. Vom 16. bis 20. März war ihr Erscheinen auf Anordnung des Aktionsausschusses überhaupt verboten. Sie durfte dann wieder erscheinen, stand aber bis zum 3. April unter Zensur. Bei Streikbeginn wurden hier sämtliche Betriebe stillgelegt, mit Ausnahme derjenigen der Lebensmittelversorgung, der Krankenpflege und der Wasser- und Lichtversorgung."

Der amtliche Bericht spricht davon, dass das Rathaus von Ronsdorf bei dem Kampf um Remscheid die Gefechtsleitung der Arbeiter beherbergte. Doch die Aufzeichnungen von Paul Sauerbrey sprechen von „Haus Koritzius". Von den Kämpfen am 18./19.3.1920 heißt es:

„Das Ronsdorfer Rathaus, auf dem ebenfalls aller Dienst ruhte, war bei dem zwei Tage dauernden und auf beiden Seiten mit größter Erbitterung geführten Kampf, Sitz der Gefechtsleitung. Da sich der Kampf, der mit der Räumung Remscheids durch die Reichswehrtruppen endete, nur in und unmittelbar bei Remscheid abspielte, so war Ronsdorf davon glücklicherweise verschont geblieben. Nach Abschluss der Kämpfe, bei denen eine ganze Anzahl Arbeiter und Reichswehrsoldaten fielen … blieb noch eine Zeitlang eine Sicherheitswehr in Tätigkeit, die von der Vertretung der revolutionären Arbeiterausschüsse gebildet war. Am 20. März, also nach einer Woche bürgerkriegsähnlicher Zustände, forderte ein Aufruf des Aktionsausschusses zur Waffenabgabe auf, da der Kampf wenigstens für unsere Gegend beendet war, während er an anderen Orten noch eine Zeitlang weiter tobte."

Peter Betzold wurde in Ronsdorf zu einer der prägenden politischen Personen. Bei der Spaltung der USPD im Herbst 1920 ging er mit der Mehrheit zur KPD. Er blieb trotz dieser Parteizugehörigkeit ein anerkannter und geachteter Politiker, vornehmlich wegen seines Engagements für Kultur und Sport, aber auch durch seine Glaubwürdigkeit. In diesen ersten Jahren der Republik wurde unter anderem auf sein Betreiben der Kommunalfriedhof eingerichtet. 1927/28, als die „Sozialfaschismusthese"[13] in der KPD vertreten wurde, trat Betzold aus der KPD aus und schloss sich wieder den Sozialdemokraten an.[14] In diesen späten Jahren der Weimarer Republik war die KPD die stärkste Arbeiterpartei in Ronsdorf. Doch die beiden Linksparteien hatten zu keinem Zeitpunkt eine politische Mehrheit im Stadtrat. Bis 1933 leitete Peter Betzold die Ronsdorfer SPD-Fraktion bzw. den Ortsverein. Auch 1945 gehörte er wieder zu den Männern der ersten Stunde, die den demokratischen Aufbau begannen. „Er war damals weit über Ronsdorf hinaus zu einer moralischen Instanz geworden", erinnert sich der Barmer Sozialdemokrat Kurt Matthes.[15] Peter Betzold liegt auf dem Kommunalfriedhof Ronsdorf begraben.

Vom Ronsdorfer Rathaus kann bei Interesse ein Abstecher über die Stationen „Schenkstraße" und „An den Friedhöfen" zum „Ronsdorfer Kommunalfriedhof" unternommen werden, um etwas über die Ronsdorfer Arbeiterschaft in diesen Jahren zu erfahren (siehe Karte).

Robert Stamm – ein junger Mann sammelt Erfahrungen *Schenkstraße 28 (3)*

In der Schenkstraße wohnte 1920 ein junger Mann mit seiner Familie, die ebenfalls großen Anteil an den Ereignissen im März 1920 nahmen. Der Bandweber Peter Stamm (1865-1951) war schon Jahrzehnte in der Gewerkschaft und der sozialdemokratischen Partei aktiv. Er hatte mit seiner Frau Alma (1877-1952) sieben Kinder. Eines von Ihnen, Robert Stamm (1900-1937), war in die Fußstapfen seines Vaters getreten. Er kämpfte gegen die Putschisten und nahm kurz danach eine steile Kariere als politischer Funktionär. Dieses Engagement sollte er 1937 mit dem Leben bezahlen.

Robert Stamm hatte in den ersten Jahren des Krieges Werkzeugmacher gelernt und sich der sozialistischen Arbeiterjugend angeschlossen. Gerade die Ronsdorfer Jugendgruppe beteiligte sich an antimilitaristischen Aktionen, führte 1915 illegale Maifeiern in den Ronsdorfer Steinbrüchen durch und leitete Materialien an Frontsoldaten weiter. Im Frühjahr 1918 wurde auch Robert Stamm zum Militärdienst gezwungen. In den Jahren nach der Revolution besuchte er neben seiner Arbeit als Schlosser eine Fachschule für Werkzeug- und Maschinenbau und machte den Abschluss als Techniker. Er nahm 1920 am Kampf gegen die Kapp-Putschisten teil und wurde im gleichen Jahr Mitglied er KPD. Nachdem die KPD im Herbst 1920 zu einer Massenpartei wurde, begann der lernbereite junge Mann eine steile Karriere als kommunistischer Funktionär. Er wurde zunächst Funktionär der Kommunistischen Jugend, 1924 Sekretär der Unterbezirksleitung Barmen-Elberfeld der KPD. Von 1925 bis Anfang 1926 war er Gewerkschaftssekretär der Bezirksleitung Niederrhein. Seit 1926 arbeitete er als Volontär, später als Redakteur der Düsseldorfer KPD-Zeitung „Freiheit" und als Lokalredakteur in Barmen und Hagen. Als Gewerkschafts- und Wirtschaftsredakteur organisierte er mit anderen die großen Streiks der Metallarbeiter für den Erhalt des Achtstundentages. Später übernahm er politische Aufgaben in Niedersachsen und seit August 1932 gehörte er dem Reichstag an. Als führender Funktionär leitete er bis November 1934 den illegalen Apparat der KPD. Nach einem kurzen Aufenthalt in der Sowjetunion wurde er am 27. März 1935 in Berlin verhaftet und am 4. Juni 1937 vom „Volksgerichtshof" zum Tode verurteilt. Das Urteil wurde am 4. November 1937 vollstreckt.

Der damalige Gefängnispfarrer Harald Poelchen schrieb über den Häftling in der Todeszelle:

„Die Überzeugungstreue und die freundlich menschliche Art von Stamm in der langen Zeit seiner Haft machten einen starken Eindruck auf die Mitgefangenen und die Beamten. Ich erinnere mich, dass seine Hinrichtung die älteren Gefangenen zum Nachdenken zwang. Sie äußerten zum erstenmal mir gegenüber Kritik am Regime."[16]

Poelchen brachte die schmerzliche Nachricht auch in das kleine Haus in der Schenkstraße. Er schrieb darüber: Der Vater Peter Stamm *„war in seiner Haltung unbeugsam und klar"*, er war als *„ergrauter Gewerkschafter aus der sozialdemokratischen Kampfzeit vor dem Ersten Weltkrieg zu keiner Versöhnung mit Hitler bereit."*[17]

Heinrich Söhrmann – bei Remscheid gefallen *19.3.1920 – lutherischer Friedhof Ronsdorf (4)*

In der Nähe der Schenkstraße, auf der Straße „An den Friedhöfen", liegt der evangelische Friedhof von Ronsdorf. In der Nähe des Eingangs „Lüttringhauserstraße" liegt ein Feld von Ehrengräbern aus dem Ersten Weltkrieg. Am Rande dieses Feldes wurde auch einer der „Märzgefallenen“ von 1920 bestattet.

Vorne rechts liegt Heinrich Söhrmann. Er war ein Junge von 16 Jahren, hatte Färber gelernt und stammte aus einer damals bekannten sozialistischen Familie.[18] Heinrich Söhrmann fiel „als Unbeteiligter bei den Kämpfen um Remscheid“[19] am 19.3.1920, als Ronsdorf Aufmarschgebiet der Arbeiter-Armee wurde.

Dass die Märzgefallenen bei den Ehrengräbern der im Weltkrieg gefallenen Soldaten bestattet wurden, war nicht selbstverständlich. Wie die Geschichte in Vohwinkel zeigt, empfanden manche Konservative dies als Hohn. Sie erzwangen eine Umbettung.[20]

Auch hier fanden in den Jahren nach 1920 regelmäßig Kranzniederlegungen und Feiern zum 18. März statt.[21]

Der Ronsdorfer Kommunalfriedhof
Reinshagenstraße (5)

Unweit des Ronsdorfer Bahnhofs, an der Reinshagenstraße, liegt der Ronsdorfer Kommunalfriedhof. Dieser konfessionsfreie „weltliche“ Friedhof wurde ca. 1923 von den sozialdemokratischen Fraktionen im Ronsdorfer Stadtrat durchgesetzt, um den Bevormundungen durch die christlichen Kirchen bei der Bestattung von „Atheisten“ zu entgehen. Bisher waren die Konfessionslosen auch über ihren Tod hinaus benachteiligt worden. An einer abgelegenen Stelle des Gemeindefriedhofs, an der Mauer zur angrenzenden Fabrik, war ihr Gräberfeld.[22] Nun war ihre Würde wiederhergestellt.

In den Städten im Tal, Barmen und Elberfeld, war dies trotz langer Diskussionen nicht gelungen. Hier in Ronsdorf waren die sozialistischen Parteien jedoch stark genug. Seit dieser Zeit wurden viele Freidenker und engagierte Sozialisten auch aus den anderen Wupperstädten auf diesem Friedhof bestattet. Einige Namen der hier Bestatteten wurden in diesem Buch schon häufiger erwähnt: Der Pionier des Wuppertaler Genossenschaftswesens Carl Drescher, der Vorsitzende der Barmer Freidenker Heinrich Luckhardt, der langjährige Gewerkschaftsvorsitzende Carl Eberle, der Sozialdemokrat August Christmann, der Arbeiterdichter Emil Ginkel, der Betriebsratsvorsitzende Karl Hetzel[23] und der Führer der Ronsdorfer Arbeiterschaft Peter Betzold. Auch die Familiengräber heute noch aktiver Sozialdemokraten, wie das der Bundestagsabgeordneten Kurt Matthes und Rudolf Dressler oder der ehemaligen Oberbürgermeisterin Ursula Kraus finden sich hier. Viele ließen sich entsprechend der Tradition der Freidenker im Krematorium Hagen einäschern.[24] Die Urnen wurden hier beigesetzt. Hierfür wurde ein „Anonymes Feld“ angelegt.

In der Nähe des Eingangs ist zudem ein Feld für die Ermordeten des Faschismus angelegt worden. Nach der Befreiung wurden die 33 Opfer hierhin umgebettet.

Kurt Schwerter erinnert sich an die Ronsdorfer Arbeitervereine
Reinshagener Straße 45, Sportplatz (5)

An der Reinshagenstraße, schräg gegenüber dem Kommunalfriedhof, wurde ebenfalls 1923 der städtische Sportplatz eingerichtet, der vor allem von den Ronsdorfer Arbeitersportvereinen genutzt werden konnte. Der Ronsdorfer Arbeitersportler Kurt Schwerter erinnert sich:

„Der Arbeitersport war in Ronsdorf stark vertreten. Es gab die Fußballer und Turner in der 'Freien Turnerschaft'. Sie hatten ihren

Platz an der Reinshagenstraße, zum Teil auch auf dem Platz an der Scheidstraße. Die Schwimmer konnten das städtische Schwimmbad an der Färberstraße (heute Kaufhaus Kühnle am Stadtbahnhof) benutzen. Das Bad war 1884 gebaut worden und somit eines der ersten in Deutschland.

Zum Arbeitersportkartell gehörten auch der Arbeiter-Rad- und Kraftfahrerbund 'Solidarität', die Arbeitersamariter und die Ronsdorfer Naturfreunde. Insgesamt hatte das Sportkartell ca. 500 Mitglieder. 1926 schlossen sich die drei Sportvereine zur 'Freien Sportvereinigung Ronsdorf' zusammen. Dies war wohl der erste Zusammenschluss dieser Art in unserer Gegend und erregte eine Menge Aufsehen. So entstand ein großer Verein mit vielen Sportarten.

Als 1929 der Richtungsstreit zunehmend auch in die Arbeitersportvereine hineingetragen wurde, bauten die kommunistischen Schwimmer 1931/32 ein eigenes Bad am Kottsiepener Bach.[25] *Es wurde im Volksmund das 'Rote Meer' genannt. Es war lange Zeit im Bau, weil alles in Eigenarbeit gemacht wurde. Es war schon eine erstaunliche Leistung. Auch als es noch im Bau war, wurde es schon zum beliebten 'Reigenschwimmen' genutzt. Doch als 1933 die Nationalsozialisten die Macht übernahmen, war das Schwimmbad 'kalter Kaffee' geworden. Der Bau konnte nicht fortgesetzt werden und verfiel später. Nach 1945 schlossen sich die Ronsdorfer Schwimmvereine 'Rotsport', die 'Freien Schwimmer' und der bürgerliche 'Schwimmclub' zur 'Ronsdorfer Schwimmgemeinschaft 1884' zusammen und nutzten das alte städtische Bad am Stadtbahnhof gemeinsam."*[26]

Dass die Konflikte zwischen Kommunisten und Sozialdemokraten in diesen Jahren eskalierten, zeigte sich im Ronsdorfer Arbeitersamariterbund. Das Bergische Land war eine der kommunistischen Hochburgen; im Herbst 1929 wurden die bergischen Ortsgruppen Ronsdorf, Wermelskirchen, Remscheid und Solingen wegen „kommunistischer Fraktionsarbeit" ausgeschlossen.[27]

Die Fußballermannschaft der „Freien Turnerschaft" Ronsdorf 1922. (Foto: StA W)

Eine weitere Einrichtung der Lebensreformbewegung war das „Luftbad“ an der Talsperrenstraße. Am Ende der kleinen Stichstraße zwischen Rädchen und „Am Stall“ war die große geschützte Wiese. Hier gab es Umkleidekabinen, Duschen, eine Spielwiese und ein abgetrenntes Gelände für die Anhänger der „Freikörperkultur“. Das Gelände gehörte dem „Naturheilverein“, wo ein „Bürgerlicher“ den Vorsitz hatte. Doch hier trafen sich auch die Arbeitersportler, Naturfreunde und andere Menschen aus dem Umfeld bis in die 70er Jahre hinein.

Hinweise:
Weitere Orte, die mit der Arbeiterkultur in Ronsdorf verbunden waren

Bergstraße, „Freie Schule“
Breitestraße 24, Geschäftstelle der Arbeiterzeitung „Bergischen Volkstimme“ und Filiale der Konsumgenossenschaft „Vorwärts“
Ascheweg, Volks-, und Gewerkschaftshaus Ronsdorf
Luhnsfelder Höhe, Naturfreundehaus

Der Weg zur nächsten Station am Spelsberg führt über die Straße Rädchen an der alten Ortschaft Heidt vorbei. An der Kreuzung Heidter Straße stand der alte Gasthof „Rädchen“. Hier wurde am 18. März von den Arbeitersamaritern ein provisorisches Lazarett eingerichtet.
Die Ortschaft Heidt ist seit Jahrhunderten gewachsen und wird wegen ihrer Lage, die einen Blick auf die umliegenden Höhen gewähren, das „Schaufenster ins Bergische Land“ genannt.

In der Gaststätte „Rädchen“ auf dem Weg zum Spelsberg richteten die Ronsdorfer Arbeitersamariter ein provisorisches Lazarett ein. (Foto: Sammlung Conrads)

Ein Treffer auf das Rathaus und die Unterhändler in Gefahr *17:00 Uhr: 18.3.1920 – Spelsberg (6)*

Die Arbeiter hatten bei ihren bisherigen Siegen sieben leichte Feldgeschütze mit immerhin 9-Zentimeter-Geschossen erbeutet. Die Geschütze wurden rings um Remscheid auf strategisch günstigen Höhen in der Nähe des Stadtzentrums postiert. Einer dieser Standorte war die Bergnase des „Spelsberg". Von hier aus war die nahe, auf dem Bergrücken gelegene Stadt mit ihrem markanten Rathausturm auf dem höchsten Punkt gut zu sehen – und zu treffen.

Rainer Hardenbruch[28] weiß aus Familienerzählungen, dass einer der Artilleristen der Cronenberger Arbeiter Buntenbach gewesen war. Er war während des Krieges bei der Bahnartillerie gewesen und konnte seine Erfahrungen nun im eigenen Interesse einsetzen.

Die zahlenmäßige Übermacht der Arbeiter war offensichtlich. Die Kampfleitung wollte ein Blutvergießen vermeiden und entschied sich, Verhandlungsversuche zu unternehmen.

„Am Nachmittag fuhren die beiden Mitglieder der Kampfleitung, Walter Paul und Paul Sauerbrey, nach Remscheid hinein, um die Besatzung zum Niederlegen der Waffen und Abzug bis 19:00 Uhr aufzufordern. Sie wurden von Sipos angehalten und zu Major Gärtner gebracht. Dieser stellte die Gegenforderung, vor Eintritt in Verhandlungen müssten die Arbeiter die Waffen niederlegen; offenbar hielt er Remscheid mit 1.500 Mann Besatzung für uneinnehmbar. Dann verwies er die beiden an General Gillhausen, dem er mit seiner Sipo unterstellt sei. Anscheinend funktionierte die Verständigung unter den Belagerern noch nicht: kaum waren Paul und Sauerbrey vor dem Rathaus vorgefahren, das war noch vor 17:00 Uhr, da schlugen mehrere Kanonenschüsse im Rathaus und dessen Umgebung ein und brachten die beiden Unterhändler in ärgste Verlegenheit. Auf ihre Beteuerung, die Schüsse seien gegen ihren Willen gefallen, ließen die begleitenden Sipos sie fahren; unter Beschuss durch Militär und Zeitfreiwillige konnten sie gerade noch aus der Stadt entkommen."[29]

Auch Walter Vesper aus Barmen war an dieser Beschießung beteiligt und wäre, wie der Bericht zeigt, beinahe verantwortlich für die Gefangennahme der Unterhändler gewesen. In seinen Lebenserinnerungen hält er fest: *„Ihre Verteidigungsposition wurde das Rathaus, das aus schweren Naturstein gebaut ist und mit seinem Turm in das weit verzweigte Gelände Einsicht verschafft. Der Widerstand konnte nur noch mit schweren Waffen gebrochen werden. Da wir über einige Geschütze verfügten, beauftragten wir den damaligen Genossen Artur Fritzsche aus Solingen, ehemaliger Artillerieoffizier, von einer nahegelegenen Höhe, wo die Geschütze in Stellung waren, das Rathaus unter Beschuss zu nehmen. Seine Einwände, dass ein Beschuss mit dem Genossen Otto Braß, der in dieser Zeit als politische Autorität von Remscheid galt, abgesprochen werden müsse, gab er erst auf, als wir ihm den Befehl erteilten. Der erste Einschlag traf das Gebäude, der zweite, ein Volltreffer, den Turm."*[30] Vesper[31] war einer der radikalen „Karabinerkommunisten", die in Sauerbrey und anderen Führern der USPD Abwiegler der Revolution sahen.

„Nach insgesamt sieben Schüssen auf das Rathaus verstummten die Kanonen der Arbeiter. Die Verteidiger konnten das Feuer der Kanonen nicht erwidern, da Lützow seine Batterien vor dem Putsch nach Berlin geschickt hatte."[32] Doch sie hatten offensichtlich einen starken Eindruck gemacht. Da gleich einer der ersten Kanonenschüsse in den Turm des Rathauses eingeschlagen war, waren die Verteidiger in helle Aufregung geraten. Sie *„vermuteten, das Kanonenfeuer sei aus der Stadt heraus durch Zeichen oder per Telefon gelenkt worden – offenbar konnten sich die Berufsmilitärs schlecht vorstellen, dass die*

Arbeiter das, was sie auf dem Kasernenhof und im Felde zu lernen gezwungen waren, auch einmal ohne militärischen Führer und für sich selbst anwenden konnten. Ihr Verdacht fiel vor allem auf den in der Nähe des Rathauses wohnenden Beigeordneten Koch (USP). Sie trafen ihn nicht zu Hause an, durchsuchten mehrmals die Wohnung, verhafteten dann seine Söhne und sperrten sie als Geiseln in den Keller des Rathauses." [33]

„... die Bude für den Erhalt der Republik stilllegen ..." *15.3.1920 – Radevormwald, Marktplatz*

Von der Ortschaft Radevormwald berichtet Willi Spicher in seinen Lebenserinnerungen:

„Den Kapp-Putsch erlebte ich als Feilenhauer in einer kleinen Fabrik mit etwa 25 Arbeitern in Radevormwald. Ich war erst zwei Tage da, als das Gerücht lief, die reaktionären Offiziere wollten die Regierung stürzen. Ich war der einzige, der den Betrieb verließ und Fühlung mit meinen politischen Freunden aufnahm, um gegen Kapp und Lüttwitz mit anzutreten. Mit einer Gruppe, in der ich der Erfahrenste war, wurde ich eingesetzt. Es waren Arbeiter, nicht nur Kommunisten, die die Regierung unterstützen wollten. Es wurde eine Kampfzentrale gebildet, und wir trafen uns in 'Rade' auf dem Marktplatz, wo uns ein sozialdemokratischer Arbeiter informierte. Die versteckten Waffen wurden hervorgeholt und verteilt. Einige Trupps fuhren mit Lastwagen nach Wesel, wo heftige Kämpfe stattfanden. Ich musste mit meiner Gruppe zur Chaussee nach Hückeswagen, wo wir ein Einsatzkommando von Kappisten erwarteten. Wir waren etwa zwölf Mann, lagerten in einem Gebüsch an der Chaussee und bereiteten uns auf den Kampf vor. Aber dazu kam es nicht. Das Auto war vorher abgebogen. Bis zum Morgen warteten wir und erfuhren später, dass die Kappisten über Bergisch-Born gefahren waren. An dem Generalstreik in Radevormwald beteiligten sich alle Großbetriebe. Wenn Kollegen in einem Betrieb nicht streiken wollten, weil sie nicht sofort begriffen hatten, worum es ging, zogen wir mit einigen hundert Mann vor den Betrieb. Wir erklärten den Kollegen dann, dass sie die Bude für den Erhalt der Republik stilllegen müssten. Das klappte auch meistens. Am dritten Tag des Kapp-Putsches wurden wir in Remscheid eingesetzt. Das spielte sich alles im März 1920 ab. Die Situation war in den ersten Tagen des Putsches sehr verworren, fast jeder wollte etwas zu sagen haben. Die Lage im Ruhrgebiet ließ sich mit unserer nicht vergleichen. Remscheid war teilweise von den Engländern besetzt und wir lagen in der 'neutralen Zone'. Von Ronsdorf aus wurde mit einer kleinen 9-Zentimeter-Kanone nach Remscheid geschossen. Der Rathausturm erhielt einen Treffer." [34]

Willi Spicher war 1920 ein junger Arbeiter aus Radevormwald. Der gelernter Metallarbeiter war in späteren Jahren lange arbeitslos und schloss sich den Kommunisten an. Er zog nach Beyenburg und wurde als Sprecher der Arbeitslosen in den Wuppertaler Stadtrat gewählt – 1932 sogar in den Reichstag. Mit vielen anderen Sozialdemokraten und Kommunisten saß er im KZ Kemna. 1946 war er gemeinsam mit Alfred Dobbert Redner bei der Feier an den Gräbern der Märzgefallenen in Barmen. Von 1946 bis 1956 vertrat er erneut die KPD im Wuppertaler Stadtrat, seit 1947 auch im Landtag. Er liegt in Düsseldorf begraben.

Gefangenenbefreiung in Lüttringhausen *17./18.3.1920 – Lüttringhausen-Lennep*

Der Ort Lennep war militärischer Standort der beiden Freikorps Hacketau und Lützow. Von hier aus wurde am 14. März das Freikorps Hacketau nach Elberfeld befohlen. An den beiden folgenden Tagen wurde auch das Freikorps Lützow nach

Remscheid beordert, weil sich dort die Situation zugespitzt hatte.[35] Diese Situation nutzten die streikenden Arbeiter, um die in der Haftanstalt Lüttringhausen inhaftierten politischen Gefangenen zu befreien. Vermutlich in der Nacht zum 18.3. wurde das Gefängnis gestürmt. 64 Politische Gefangene wurden befreit und begaben sich sofort nach Hagen.[36] Hier war zu dieser Zeit die politische Zentrale der aufständischen Arbeiter. Vor allem der Gewerkschaftssekretär Josef Ernst (USPD) hatte gemeinsam mit dem Hagener Bürgermeister ein breites Bündnis gebildet und war dabei, eine Arbeiter-Armee aufzustellen.

Schon am nächsten Morgen fuhr ein Zug mit 800 bewaffneten Arbeitern über Essen nach Gelsenkirchen, um den Freikorpssoldaten entgegenzutreten. Unter ihnen waren die 64 befreiten Gefangene aus Lüttringhausen. An der Aktion in Lennep/Lüttringhausen waren möglicherweise auch Elberfelder Arbeiter beteiligt. In der Elberfelder „Volkstribüne" findet sich eine, von seinen Mitkämpfern aufgesetzte Todesanzeige für Rudolf Hilgert: *„Am 17. März 1920 fiel in Lennep bei treuer Pflichterfüllung auf einem Patrouillengang unser lieber Mitkämpfer der Truppe Ostersbaum – Rudolf Hilgert – in Folge eines Kopfschusses – Er starb für die Befreiung des Proletariats! Wir werden sein Andenken in Ehren halten.*
Elberfeld, den 23.3.1920. Die Kampfgenossen der Truppe Ostersbaum"

Rudolf Hilgert aus der Elberfelder Nordstadt war Vater mehrerer Kinder.

In Lennep hatte sich ebenfalls ein „Vollzugsrat" gebildet. Er nahm auch das Recht in Anspruch, die reguläre Justiz zu kontrollieren. So erließ er eine Verfügung, wonach Schöffengerichtsurteile seiner Kontrolle unterliegen sollten. „Urteile, die dem Volksempfinden widersprechen, werden aufgehoben."[37]

Wenige Wochen später, als die Arbeiterviertel von der im März besiegten Sicherheitspolizei nach Waffen durchsucht wurden,[38] fand man in der Gartenlaube des USPD-Genossen Funke versteckte Waffen. Funke, der als USPD-Stadtverordneter und Beigeordneter der Stadt Lennep bei der Organisation des Widerstandes eine wichtige Rolle übernommen hatte, wurde verhaftet und ins Gefängnis nach Elberfeld überführt. Die Empörung unter den Arbeitern war groß und sogar die Stadtverwaltung bemühte sich um die Freilassung. Als Funke am 6. Juli wieder freikam, wurde er mit einer Musikkapelle am Bahnhof empfangen.[39]

> Vom „Spelsberg" kann man, je nach Kondition, den Weg hinunter ins Morsbachtal Richtung „Kohlfurth" (Kapitel 3) oder den Weg nach Remscheid fortsetzen.

Das Arbeiter-Freibad Teufelsteich[40]
Ölmühle, Nähe Haddenbacher Straße (7)

Auf dem Weg von Spelsberg hinauf nach Remscheid über die Haddenbacher Straße kommen wir am Ortsteil Ölmühle vorbei. Auf der linken Seite, an einem Zulauf des Müggenbaches, liegt ein Teich, an dem heute noch die Reste von Umkleidekabinen auf ein ehemaliges Schwimmbad hindeuten.

Dieser „Teufelsteich" wurde bis in die 60er Jahre hinein als Freibad genutzt. Als die Stadt den Einbau einer Umwälzanlage forderte, musste das Bad geschlossen werden, da sich der Umbau nicht rentiert hätte. Seitdem wird hier Fischzucht betrieben. Die Anlage verdankt ihr Entstehen der Spaltung der Arbeitersportbewegung 1929 in sozialdemokratisch und kommunistisch orientierte Vereine.[41] In Remscheid erhielten die Kommunisten daraufhin keinen Zutritt mehr zu den bisher genutzten Anlagen. Dem kommunistischen Schwimmverein wurden von der Stadtverwaltung zunächst noch im Hallenbad Remscheid-Lennep Übungsstunden bewilligt. Der Marsch der Schwimmer dorthin entwickelte sich schon bald zu einem Demonstrationszug mit Sprechchören und Transparenten von schließlich über 400 Teilnehmern. Als es dabei zu Auseinandersetzungen mit der Polizei kam, wurde auch die Benutzung dieses Bades untersagt.

Daraufhin beschlossen die Sportler Anfang 1931, sich eine eigene Schwimmstätte zu schaffen. Durch verschiedene Bürgschaften war es möglich, einen Pachtvertrag für ein Gelände am Teufelsbach im Ortsteil Ölmühle abzuschließen. In Eigenarbeit wurde eine Lehmgrube ausgehoben und befestigt. An 31.8.1931 konnte das „Rote Bad" eröffnet werden, dessen Name nicht politischen Ursprungs war, sondern nach dem vom Lehm rötlich gefärbten Wasser benannt wurde. Selbst der zuständige Sportdezernent der Stadt war zur Eröffnung erschienen. Die erste Saison dauerte zwar nur neun Tage, aber die Einnahmen waren gleich beträchtlich, so dass man den Ausbau des Freibades und die Vergrößerung des Beckens auf 50 x 25 Meter beschloss. Im Sommer 1933 hätten die Schwimmer die Fertigstellung der Anlage feiern können, doch bis dahin hatten die Nationalsozialisten die Leitung übernommen und die Funktionäre der Arbeitersportler verhaftet. Nach 1945 übernahm ein Nachfolgeverein der Arbeiter-Schwimmer den Betrieb des Bades.

Hinweise:

Arbeiterschwimmbad Hardt, Kap. 4
Arbeiterschwimmbad Mirke, Kap. 7
Bad Bendahl, Kap. 8
Arbeiterschwimmbad Ronsdorf

Das Arbeiterschwimmbad „Teufelsteich", ca. 1932 (Foto: Faeskorn)

Major von Lützow – mit den Putschisten im Bunde

Neben dem Hauptmann Pabst, Hauptmann in Berlin, und Major v. Rudorff, nennt Lucas Major von Lützow, Befehlshaber in Remscheid, als den dritten militärischen Hauptverschwörer beim Kapp-Putsch. *„Anfang Februar 1920 kam Lützow an der Spitze eines Freikorps von Berlin ins Ruhrgebiet: Major v. Lützow. Seine Truppe wurde aus dem Verband der Garde-Kavallerie-Schützen-Division (deren Stabschef Pabst gewesen war) herausgelöst und besetzte am 3.-4. Februar Schwelm, Remscheid und Gummersbach. Sie hatte schon einen Feldzug durch das innere Deutschlands hinter sich, der jedem Sozialisten bereits genug sagte: Teilnahme an der Unterdrückung des Berliner Generalstreiks März 1919, an der Zerschlagung der USP-Hochburg Braunschweig im April, an der Liquidierung der Münchener Räterepublik Anfang Mai. Und wer diese 'Tradition' der Truppe nicht kannte, der sah die Fahnen, unter denen sie in den bergischen Städten einzog: während die Verfassung, die von der Nationalversammlung verabschiedet worden war, schwarz-rot-gold als Farben der Republik bestimmte, zog das Freikorps Lützow unter schwarz-weiß-roten Fahnen, den Farben der 1918 gestürzten Monarchie, ein und gab sich damit offen als monarchistisch-reaktionär zu erkennen.*

Der Führer dieses Freikorps, Major v. Lützow, gehörte also zum Kreis der Berliner Verschwörer. Das geht klar aus zwei Briefen hervor, die nach der Vernichtung des Freikorps von den Arbeitern in Remscheid gefunden und veröffentlicht wurden. Die Briefe beweisen zugleich, dass General v. Watter in den letzten Wochen vor dem Putsch von dem bevorstehenden Unternehmen unterrichtet wurde und mit den Verschwörern – so unauffällig wie möglich, wie es seine Art war – zusammenarbeitete.“[43]

In einem der beiden Briefe bemüht sich Lützow, entsprechend der Weisung der Berliner Verschwörer, um seine Verlegung nach Berlin:
„Sehr verehrte Exzellenz!

Die Aktion muss und wird bis spätestens zum 15. d[ieses] M[onats] vor sich gehen. Das Freikorps Lützow ist dazu unbedingt in Berlin erforderlich. Der Abtransport aus dem Rheinlande muss von Ihnen sofort befohlen werden, und zwar ohne Rücksicht auf die dortigen Verhältnisse und ohne vorheriges Infühlungtreten mit Reichswehrgruppenkommando 1 und Reichswehrministerium, da sonst zu viel Zeit verloren wird und die Genehmigung durch beide Stellen fraglich ist.“[43]

Zur Lage in Remscheid vor den Märzereignissen[43]

Remscheid war 1920 eine Stadt mit traditionsreicher Arbeiterkultur und einer radikalen Arbeiterbewegung. Bei den Stadtverordnetenwahlen vom März 1919 hatte die Unabhängige Sozialdemokratische Partei (USPD), die Partei der ehemaligen Kriegsgegner, knapp 40% der Stimmen bekommen, neben 17% für die SPD und etwas über 4% für die KPD.[44]

Vor allem die wirtschaftliche Verelendung nach dem Kriege ohne Aussicht auf Besserung hatte in der Remscheider Arbeiterschaft eine Mentalität der Verzweiflung entstehen lassen, die an Parteiverlautbarungen oder politischen Versprechungen, auch von Seiten der SPD-geführten Regierung, kein Interesse mehr zeigte. Welche Not und Entbehrung hinter den Zahlen der Dokumente steht, ist kaum vorstellbar; etwa wenn berichtet wird, dass viele Mütter wegen der seit Jahren andauernden Mangelernährung nicht mehr stillfähig waren, fast die Hälfte der sechs Wochen alten Säuglinge weniger als 3.500 Gramm wog, und dass die Säuglingssterblichkeit, also die Zahl der im ersten Lebensjahr gestorbenen Kinder, bei 10% lag![45]

6.6.1919

Erbitterung mit dem Gefühl des Ausgeliefertseins an eine in ihrem Kalkül undurchschaubare Macht war der andere Aspekt dieser Mentalität. Remscheid war ein Ort, der die militärische Repression seit dem Ende des Krieges in starkem Maße erfuhr. Von der Regierung beauftragt, waren zahlreiche Orte Deutschlands durch Militäreinheiten besetzt worden, zum Teil mehrere Male, um Streiks und Proteste wegen der verheerenden materiellen Lage zu ersticken. Remscheid wurde am 6. Juni 1919 besetzt und der verschärfte Belagerungszustand verhängt. Die Besetzung geschah hier freilich nicht, um eine unruhige Arbeiterschaft zu disziplinieren, sondern weil das Militär vermutete, Remscheid sei das Organisationszentrum eines politischen Umsturzes mit dem Ziel der Errichtung einer Räterepublik – ohne jemals Beweise dafür vorzulegen. Mindestens 16 Partei- und Gewerkschaftsfunktionäre wurden verhaftet und mit unbekanntem Ziel abtransportiert, Versammlungen wurden verboten, ein Ausgehverbot verhängt und die Geltung der Militärgerichtsbarkeit erklärt. Die Truppen verließen zwei Wochen später wieder die Stadt, aber noch im November 1919 galt der Belagerungszustand, und ein Verhafteter war ohne Anklage immer noch in Haft. Zur prägenden Erfahrung dieser Besetzungszeit wurde neben der unmittelbar erlebten Brutalität der Soldaten – Bedrohung von Streikenden, Kolbenstöße und Schüsse auf der Straße, Misshandlungen von Passanten, Verwüstungen und Diebstähle in besetzten und durchsuchten Häusern, Zerstörungen in den Quartieren –, dass zivile, wie auch Regierungsstellen keinen Einfluss auf das Vorgehen des Militärs zu haben schienen. Wer für die Maßnahme verantwortlich war, blieb letztlich ungeklärt. Militärische Stellen beantworteten sogar Vorstöße von Regierungsvertretern – man möge die Verhafteten, falls nichts vorliege, umgehend freilassen – nicht mehr. So zeichnete sich schon viele Monate vor den Putschereignissen ab, dass das Militär sich zunehmend selbständig Ziele und Methoden aussuchte, wenn es erst einmal für innenpolitische Zwecke benutzt wurde.[46]

28.1.1920

Am 28. Januar 1920 erlebte Remscheid wiederum eine Besetzung, das Sturmbataillon „Feldmarschall Hindenburg" zog ein, doch diesmal protestierte nicht mehr der gesamte Stadtrat, eine Folge der zunehmenden politischen Polarisierung. Eine Entschließung gegen die Besetzung kam nur mit einer Mehrheit von 23 gegen 21 Stimmen zustande, die Befürworter waren nur die 21 USPD- und die zwei KPD-Stadtverordneten; vier SPD-Vertreter enthielten sich, die Abgeordneten der bürgerlichen Parteien stimmten dagegen.

4.2.1920

Am 4. Februar zog das Sturmbataillon ab, am gleichen Tag wurde die Stadt jedoch erneut besetzt, diesmal vom Freikorps Lützow, das von nun an bis zum 19. März die Stadt unter seiner Kontrolle haben sollte. Bewaffnet waren die Soldaten mit Geschützen und Maschinengewehren, über denen die schwarz-weiß-rote Fahne aufgezogen war. Gleich beim Einmarsch gab sich das Freikorps dadurch als antirepublikanisch und antidemokratisch zu erkennen. Erste Hausdurchsuchungen und Verhaftungen folgten wenige Tage später, wieder waren Partei- und Gewerkschaftsfunktionäre die Gesuchten.[47]

13.3.1920

Wenn von einer Mentalität der Verzweiflung und Erbitterung zur Zeit des Militärputsches gesprochen wurde, dann bedeutet dies aber auch, dass die Gewöhnung daran eine gewisse Lethargie zur Folge hatte: weil die Remscheider Arbeiterschaft schon bisher Erfahrungen gemacht hatte mit der konkreten militärischen Repression, war sie in gewisser Weise nichts Besonderes mehr. Anders als in benachbarten Orten suchte sie nicht gleich nach dem Bekanntwerden des Militärputsches am 13. März 1920 nach Waffen, um das Militär zu vertreiben. Es bedurfte hier offenbar stärkerer Provokationen. Der Rückzug des aus Elberfeld vertriebenen Militärs – des Freikorps Hacketau mit General v. Gillhausen, der Sicherheitspolizei (Sipo) unter Major Gärtner und den Elberfelder Zeitfreiwilligen – nach Remscheid dürfte auch so zu bewerten sein, dass man die Stadt unter der wochenlangen Kontrolle durch das Freikorps Lützow für „befriedet" hielt, die Arbeiterschaft für geschwächt und somit Remscheid mit etwa 1.500 Mann Besatzung für uneinnehmbar. Aus später gefundenen Schriftstücken des Freikorps Lützow ging hervor, dass Major v. Lützow vom Putschunternehmen in Berlin vorher unterrichtet war und dass er tatsächlich daran dachte, die militärischen Niederlagen in zahlreichen Ruhrgebietsstädten bis zum Kampf um Remscheid durch einen Sieg aufzufangen, um von hier aus gegen die bewaffnete Arbeiterschaft zunächst des östlichen Ruhrgebiets vorzugehen.

Remscheid war am 18. März neben Essen, das am gleichen Tag schwere Kämpfe erlebte, der letzte militärisch besetzte Ort im gesamten rheinisch-westfälischen Industriegebiet. Es bedurfte hier, wie gesagt, stärkerer Provokationen, bis es zu bewaffneten Kämpfen kam. Und das Freikorps Lützow lieferte sie nach den Tagen des Putsches in Berlin auch: Beim Bekanntwerden des Putsches begrüßte Major v. Lützow den Sturz der Regierung öffentlich vor seinen Soldaten und ließ über den Quartieren und dem mit Drahtverhauen abgesperrten Rathaus die schwarz-weiß-rote Fahne aufziehen.

14.3.1920

Als am Sonntag, dem 14. März, der Elberfelder Aufruf zum Generalstreik mit dem Ziel der Diktatur des Proletariats auf der Grundlage des Rätesystems bekannt (vgl. den Wortlaut des Aufrufs in Kap. 1) und am Remscheider „Volkshaus", dem Haus der Gewerkschaften und Arbeiterorganisationen, schräg gegenüber dem Bahnhof, verteilt wurde, ließ er das Haus besetzen, die dortige Druckerei der USP-Zeitung „Bergische Volksstimme" schließen und verbot den Vertrieb. Erst am 20. März, dem Tag nach dem Waffensieg der Arbeiterschaft, konnte die Zeitung wieder erscheinen. Zwischendurch gelang es jedoch den Redakteuren, durch die unentdeckte Herstellung knapper „Revolutions-Nachrichten", die jeweils vergangenen Ereignisse zu schildern. Keineswegs war die USPD über diese Notzeitung imstande, die bald spontan entstehende Bildung bewaffneter Arbeiterformationen zu planen oder auch nur zu begleiten.

15.3.1920

Am Montag, dem 15. März, begann in Remscheid der Generalstreik. Das Freikorps Lützow demonstrierte seine militärische Macht, indem es auf LKWs bewaffnet durch die Stadt fuhr und nach Arbeiterfunktionären fahndete. Einen Tag später, am 16. März, berief Major v. Lützow das örtliche „Zeitfreiwilligen-Korps" unter der Leitung des hiesigen Studienrats Dr. Ewald Weisemann ein. Diese Maßnahme sowie das öffentliche Auftreten des Korps ließen die Spannungen erheblich ansteigen. Seit dem vergangenen Jahr war vor allem aus Kreisen gutsituierter Remscheider Familien nach einem konspirativen System dieses Korps gebildet worden, das nun – Söhne Remscheider Familien an der Seite der sich als putschistisch zeigenden Freikorps – die Hauptpost besetzte und militärisch absperrte, am kommenden Tag dann weitere öffentliche Gebäude, so die Reichsbank, das Realgymnasium und den Schlachthof.[48]

Nach dem Generalstreik brachte dieser 17. März eine weitere bedeutsame Reaktion der Arbeiterschaft. Mit diesem Ereignis beginnend, soll den Remscheider Kämpfen an einigen Orten nachgegangen werden.

Die Kundgebung am Neuenkamper Feld *17.3.1920 – Neuenkamper Str., Gewerbliche Berufschule (8)*

Von Ronsdorf gelangt man über die Ronsdorfer Straße (bzw. von Spelsberg über die Morsbachtalstraße) nach Clarenbach, um dort nach links in die Haddenbacher Straße abzubiegen, die nach einer etwa 2 km langen Steigung zur Straßenkreuzung Haddenbacher-, Bismarck-, Neuenkamper Straße führt. Hier geht es nach links in die Neuenkamper Straße, bis man an der linken Straßenseite ein größeres Schul- und Sportgebäude sieht.
Wer vom Bahnhof kommt, hat lediglich, vom Ausgang nach rechts sich wendend, einen Fußweg von etwa sieben Minuten über die genannte Straßenkreuzung hinweg in die Neuenkamper Straße zu machen.

Wo sich heute die Schul- und Sportgebäude befinden, lag 1920 das Neuenkamper oder auch Birgderkamper Feld, ein Ort zahlreicher Feste und Versammlungen der Remscheider Arbeiterschaft. Was sich hier am Vormittag des 17. März ereignete, entnehmen wir dem Augenzeugenbericht eines damals Beteiligten, dem Remscheider Stadtarzt Dr. Friedrich Wolf, festgehalten im Brief an seine Mutter vom 24. März 1920.[49] Die Remscheider Arbeiterschaft demonstrierte auf dem Neuenkamper Feld ihre Handlungsbereitschaft; es war kein festlicher Umzug, der hier stattfand, sondern eine Versammlung unter Ausnahmerecht und unter militärischer Bedrohung, auch wenn sie von Major v. Lützow genehmigt worden war. Paul Schröder, Stadtverordneter der KPD im Remscheider Rathaus, berichtete ein Jahr später während einer Gerichtsverhandlung über das Zustandekommen der Versammlung:

„Stadtverordneter Eckard und ich sind bei Major Lützow gewesen und haben die Versammlung angemeldet. Da war der damalige Gewerkschaftssekretär Freytag noch dabei. Wir haben darauf hingewiesen, dass es sich bei uns nur darum handelt, die Situation zu besprechen vor den großen Massen der Arbeiter und entsprechend zu hören, wie sie dazu denkt. Es seien keinerlei Maßnahmen zu befürchten von Seiten der Arbeiter, die auf Gewalttätigkeiten hinausgingen. Dafür würden wir garantieren. Darauf hat Lützow gesagt, dass er diese Versammlung, die wir ursprünglich auf dem Rathausplatz abhalten wollten, nicht gestatten könne wegen Gefährdung der öffentlichen Ruhe und Ordnung, dass wir die Versammlung aber seinetwegen auf einem anderen Platz abhalten könnten. Da haben wir die Versammlung abhalten können auf dem Neuenkamp. Von Seiten der Truppen ist uns auch bis zum Zurückfluten der Mannschaften nichts in den Weg gelegt worden. Lützow hat persönlich die Genehmigung zur Abhaltung der Versammlung erteilt.“ [50]

Was diese Erlaubnis wirklich wert war, denn sie hatte nur dann Sinn, wenn auch Major von Lützow die Friedfertigkeit der Truppen garantierte, erlebten die Unterhändler und die Arbeiter nach dem Ende der Versammlung.

Anscheinend waren am Neuenkamp – wie Friedrich Wolf schreibt – bewaffnete Arbeiter aus Orten anwesend, an denen Kämpfe bereits mit der Vertreibung putschistischer Truppen geendet hatten. Sicher hatten sie die hiesigen Funktionäre über die Lage andernorts informiert.

Remscheider Arbeiter werden nicht bewaffnet gewesen sein, schließlich hatten sich die Funktionäre persönlich für den friedlichen Ablauf verbürgt. Erst nachdem, kurz nach der Versammlung, geschossen worden war – ein Augenzeugenbericht schildert die Ereignisse, sobald die Stadtwanderung an dieser Stelle angelangt ist – „mussten wir uns aufs letzte vorbereiten", so Friedrich Wolf in seinem Brief.

Friedrich Wolf: Arzt und Schriftsteller

Später hat Friedrich Wolf die Remscheider Märztage noch einmal ausführlicher bearbeitet, seine eigene Rolle und die Ereignisse freilich literarisch stark verfremdet, indem er Remscheid in den „Kohlenpott" verlegte.[51]

Als er den Brief an seine Mutter schrieb, waren seine Ortskenntnisse tatsächlich noch nicht die besten – er schrieb etwa von der „Müngstener Thalsperre" – und konnten es auch nicht sein, denn er war erst seit wenigen Wochen in der Stadt. Seit Anfang Februar 1920 bekleidete er das erstmals eingerichtete Amt des Stadtarztes, und im Juni 1921 war er schon wieder weg, um in Worpswede bei Bremen das Landkommune-Experiment Heinrich Vogelers zu unterstützen, den „Barkenhoff".[52] Was er aber in dieser kurzen Zeit in Remscheid leistete, ist erstaunlich.

So war er täglich in den fünf Mütterberatungsstellen in verschiedenen Ortsteilen zu sprechen. Er führte dort Untersuchungen und Beratungen, aber keine medizinischen Behandlungen durch, überwies an andere Ärzte, vergab Berechtigungsscheine für die Quäkerspeisungen, gab Rat in Fragen preiswerter, gesunder Ernährung. Die Beratungsstunden, in denen er zwar mit den Frauen allein, aber wegen des enormen Andrangs nur kurz sprechen konnte, reichten ihm nicht. Im März, gerade vier Wochen im Amt, hielt er den ersten seiner dann regelmäßig etwa monatlich stattfindenden Vorträge in der Aula des Mädchengymnasiums zu Themen wie etwa: „Gesundheitspflege und Ernährung", „Erkrankungen im Säuglingsalter" oder zu Fragen der allgemeinen Körperpflege und Wohnungshygiene.

Daneben hatte er die Untersuchungen bei Verdacht auf Tuberkulose und die gesamten Einschulungsuntersuchungen durchzuführen; er musste die Wohnungsfürsorge koordinieren, die Kriegsverletzten untersuchen, Körperbehinderte beraten und zahlreiche weitere Aufgaben übernehmen. Damit nicht genug: als Arzt unterstützte er die Remscheider Kolonne der Arbeitersamariter. Mit ihnen zusammen übernahm er während der beiden Kampftage in Remscheid die medizinische Versorgung der Verwundeten. Bereits zu dieser Zeit muss er eine enorme Ausstrahlung gehabt haben, denn die SPD, seine Partei, bat ihn, neben anderen Rednern am Grab der getöteten Arbeiter zu sprechen. Auch am 1. Mai 1920 sprach er wieder für die SPD auf der gemeinsamen Kundgebung der drei Arbeiterparteien.

Vor allem durch sein öffentliches Auftreten wurde Friedrich Wolf in Remscheid schnell bekannt. Schon seine äußere Erscheinung, die weite, offene Kleidung, die Sandalen, die fehlende Kopfbedeckung, war für einen Arzt äußerst ungewöhnlich. Indem er selbst offensichtlich nach seinen Überzeugungen lebte, konnte man sein Bekenntnis für einen tätigen Pazifismus und seine Hoffnung auf eine grundlegende Veränderung der gesamten Lebensweise akzeptieren, wenn er für eine naturgemäße Ernährung, einfache Kleidung, vom Plunder befreite Wohnungen, die Notwendigkeit der gegenseitigen Hilfe warb. Gerade die Kampferlebnisse in Remscheid stärkten

Friedrich Wolf ca. 1920. (F. Wolf Archiv, Lehnitz)

seinen Pazifismus, gleichzeitig aber auch die Suche nach einem praktischen Weg zum Sozialismus, fernab vom Richtungsstreit zwischen den Parteien. Dies erklärt auch seinen Weggang zum „Barkenhoff".

Friedrich Wolf wurde 1888 in Neuwied geboren, war als Arzt im Krieg und hatte erste schriftstellerische Erfolge nach 1918. Auch in Remscheid schrieb und veröffentlichte er noch neben seiner aufreibenden Tätigkeit. Später lebte er in Hechingen, wo ihn schriftstellerische Erfolge und ein weitverbreitetes medizinisches Handbuch außerordentlich bekannt machten. Ab 1928 war er Mitglied der KPD. Er prägte das Wort von der „Kunst als Waffe im Klassenkampf", das er durch seine am häufigsten genannten, in den folgenden Jahren entstanden Werke illustrierte: „Cyankali", „Die Matrosen von Cattaro", „Professor Mamlock". In diesen letzten Jahren der Weimarer Republik war er ein bekannter Schriftsteller des „Bundes proletarisch-revolutionärer Schriftsteller" (BPRS).[53] 1933 floh er mit seiner Familie vor der bevorstehenden Verhaftung über die Schweiz und Frankreich in die Sowjetunion. Nach 1945 lebte er in der DDR und wurde der erste Botschafter seines Landes in Polen. 1953 starb er in Lehnitz bei Oranienburg. Sein Bekanntheitsgrad in der Weimarer Republik und später in der DDR war nur mit dem seines Schriftstellerkollegen Bertolt Brechts vergleichbar, während er bei uns fast vergessen wurde: eine Nachwirkung der Verbrennung seiner Bücher 1933 und des Antikommunismus'.[54]

Hier der Abdruck des gesamten Briefes, den Friedrich Wolf vor dem Hintergrund der Erlebnisse während der Remscheider Kampftage schrieb:

Remscheid, den 24.3.1920
Liebe Mutter – Dank für Deinen Brief vom 16.11. und die Heidelberger Karte.

Inzwischen geschah und geschieht hier Weltgeschichte. Mir wirbelt der Kopf. Aber noch finden bei Hagen und Lippstadt schwere Kämpfe unserer Arbeiterwehren gegen die Noskisten statt; da heißt es sich zusammenraffen und zugleich kühlen Kopf bewahren.

Vor 10 Tagen erschien Lützow mit seinem Freikorps aus der Unterstadt vor dem Rathaus, rief die Monarchie aus und befestigte die ganze Oberstadt, den 'Kegel', wie zu einem Kampf auf Leben und Tod. An jeder Straßenkreuzung ein Drahtverhau mit der Tafel: 'Wer weitergeht, wird erschossen!'. Das ist so der kleine Verkehrston dieser Leute seit München und März-Berlin. Die Arbeiterschaft verhielt sich musterhaft. Was jeder Unverblendete vorausgesehen und erhofft, die 3 sozialistischen Parteien beendeten den Bruderzwist und schlossen sich zum Kampf zusammen. Gleich der 1. Elberfelder Tag hatte dies Ergebnis. Ab Mittwoch wurde der große politische Generalstreik erlassen. Die Remscheider Arbeiterschaft zog von 9:00-11:00 in geschlossenen Kolonnen draußen auf das Neuenkamper Feld, wo unter freiem Himmel 5 Tribünen errichtet. Ich sprach für meine Partei. Es war ein ungeheures Erlebnis, dieser tausendfältige unerbittliche Wille, der den Einen trug und den Funken wieder in die Tausenden warf. Nie sei in Remscheid solch eine Versammlung gesehen worden. Man schätzt 40.000 Arbeiter, die Schulter bei Schulter standen! Es war vorher bekannt, dass die Lützower uns Redner verhaften und die führerlose Menge dann sprengen sollten. Aber wir führten sie an der Nase herum; und als wir sprachen, hätte niemand zu uns gelangen können; schon vorher hatten bewaffnete Arbeitertrupps von Köln, Burscheid, Gelsenkirchen uns 'gesichert'. Bei dem Rückmarsch ließ dann ohne jeden Anlaß ein Leutnant feuern und es gab die ersten Toten und Verwundeten. Nun mußten wir uns aufs Letzte vorbereiten. Gleich nebenan am Hahnerberg b/Elberfeld, in Barmen und Hagen wurde bereits erbittert gekämpft. Als früh Donnerstag 7 Uhr bei Iserlohn, eine Besprechung stattfand, marschieren plötzlich unten die Noskisten auf, ein Leutnant mit einer Gruppe schreit: 'Sie sind verhaftet.'

Kurz darauf kam – wie wir jetzt wissen auf Einspruch des Oberbürgermeisters – der Gegenbefehl. Immerhin hat Mutter Iserlohn einen schweren Ohnmachtsanfall und schlimme Herzkrämpfe.

Ich ging dann zu Theaterdirektor Diettrich; aber überall – wurde ich signalisiert und mußte weg. Ich konnte Freiligrath, Blum, Richard Wagner u.a. auch hier nachfühlen. Inzwischen kamen die bei Elberfeld geschlagenen Reichswehrtrupps des Generals v. Gillhausen an und verstärkten mit 1 Bataillon 'Hacketauer' die hiesigen Lützower. Das Stadthaus war nun eine richtige Bergfestung, gespickt mit Maschinengewehren und allen modernen Waffen. Der Bürger strahlte. Die Bürgerwehr, die Fabrikantensöhnchen, sausten in Panzerautos durch die Straßen. Es war ein düsterer, nebliger Nachmittag, dieser 18.III. (Donnerstag). Geschützt durch Dämmer und Regen hatten aus dem ganzen Industriegebiet die bewaffneten Arbeiter von Gelsenkirchen bis zur Schwelm hinab sich vor der Zwingburg, dem Remscheider 'Kegel' versammelt. Schon einen ganzen Tag lang waren die Innenstraßen völlig abgesperrt. Da begann gegen 6:00 nachmittags plötzlich das Geschützfeuer auf das Rathaus. Zugleich ein wilder, erbitterter Sturm und Straßenkampf. Concentris gingen die Arbeitertruppen gegen die Lützowfestung vor. An einzelnen Punkten wurden sie 7mal zurückgeschlagen. Bis zum nächsten Morgen 10:00 wurde gekämpft. Die Lützower wurden auf das Rathaus mehr und mehr zusammengedrängt. Bevor die erneute Kanonade durch die Arbeitertruppen begann, wurden von bürgerlicher Seite Verhandlungen angebahnt. Doch schon waren v. Gillhausen und v. Lützow (als erste) geflohen und unauffindbar. Da begann der letzte Sturm, und nun konnte man 'Lützows wilde verwegene Jagd' sehen; in wilder Flucht sausten sie der Müngstener Thalsperre zu; im Rücken die Kampftruppen der Gelsenkirchner Kohlenarbeiter, umzingelt von den Remscheidern, Hagenern und Elberfeldern. Sie hatten nur ein schmales

Schlupfloch; dort erwarteten sie die Solinger Schmiede. Es gab eine furchtbare Abrechnung mit dieser Söldnertruppe, die in München und Berlin so grausam gewütet. – Nach dem Kampf wurde jedoch eine musterhafte Disciplin gewahrt. Es war ein Volksaufstand so wie die Schlacht am Sendlinger Thor oder die schwäbischen Bauernrevolten. Als spät am Abend unsre Befreier mit ihren Toten, die Bahren hoch auf den Schultern, voran die Roten Fahnen wieder in die Berge abzogen und die Internationale ('Völker, höret die Signale') durch die Straßen und Thäler scholl, da spürte man endlich wieder den Blutschlag eines übermenschlichen Willens ... diesmal nicht zum Völkerkrieg, sondern zu einer großen Vereinung, die durch die Arbeiterschaft kommen wird und muß.

Ich bin gesund. Kaethe drahtet heut ein Gleiches. Solange noch Kämpfe drohen, lasse ich die Wohnungsfrage ruhen. Hier ist Tag und Nacht Arbeit, um das Neue zu organisieren; ich bin im Vollzugsausschuß; freue mich, wenn wieder Ruhe wird und ich mich meinen Säuglingen mehr widmen kann. – Wie geht es Dir? Mach Dir keine Sorge! Über jedem Leben ist doch ein Schicksal. Grüße mir Mor.

Herzlichst Fritz [49]

Das Volkshaus Bismarckstraße 59/61.
(Foto: Friedrich-Ebert-Stiftung)

Das Volkshaus Remscheid
Bismarckstraße 59/61 (9)

Der Weg zur Bismarckstr. 59/61, der Stelle, an der das Volkshaus bis zur Kriegszerstörung 1943 stand, führt über die Neuenkamper Straße zurück zur Straßenkreuzung Neuenkamper-, Haddenbacher-, Bismarckstraße. Nach wenigen Schritten Richtung Innenstadt gelangt man zum Remscheider Hauptbahnhof (schräg gegenüber).

Das Volkshaus wurde 1910 von der drei Jahre vorher gegründeten Volkshausgenossenschaft gekauft. Bis dahin war es als privates Hotel und Restaurant genutzt worden, ab 1910 dann als Versammlungsort der Remscheider Arbeiterorganisationen. Otto Braß[55] wurde zum Geschäftsführer der Genossenschaft gewählt. In den 20er Jahren wurde das Haus erweitert. Neben den Versammlungs- und Gästezimmern kam ein Jugendbereich und ein Saal mit Bühne hinzu. Eine Bibliothek, Parteibüros sowie Redaktion und Druckerei der „Bergischen Volksstimme" waren schon bisher integriert.

Das Haus wurde 1933 von den Nationalsozialisten beschlagnahmt und als „Haus der Deutschen Arbeit" (DAF) genutzt. Ende der 50er Jahre erfolgte ein Neubau zum Gewerkschaftshaus des DGB, das es bis zur Auflösung des eigenständigen Remscheider DGB-Kreises

1990 blieb. Seitdem dient es als Heim für Flüchtlinge aus aller Welt, für sogenannte „Asylbewerber". Am Volkshaus, an dieser Stelle, zogen die Demonstranten nach der Versammlung am 17. März vorbei, an dieser Stelle war am 14. März der Aufruf der drei Arbeiterparteien ausgehängt und verteilt worden, und seitdem waren das Haus besetzt, Druckerei und Redaktion geschlossen.

Der Arbeitersamariter Otto Rau erinnert sich *18.3.1920 – alter Remscheider Markt (10)*

Die evangelische Stadtkirche am Markt sieht man erst, wenn man sich entlang der Bismarckstraße weiter in Richtung Innenstadt bewegt und in die Alte Bismarckstraße einbiegt.

Von den Schüssen am 17. März nach der Versammlung wird weiter unten noch die Rede sein, die Beschießung des Remscheider Rathauses am Nachmittag des 18. März, wurde im Kapitel über Ronsdorf geschildert.

Der Markt ist ein zentraler Platz der Remscheider Innenstadt, von wo die Alleestraße als Hauptgeschäftsstraße weiter bis zum Rathaus führt. Am Markt angekommen, müssen wir der Chronologie der damaligen Ereignisse vorgreifen, um uns Umwege während der Stadtwanderung zu ersparen.

An diesem Nachmittag begann der Kampf um Remscheid, aus zahlreichen umliegenden Orten waren Arbeiterformationen bis an die Remscheider Höhen vorgedrungen, er musste aber wegen der einsetzenden Dämmerung und vor allem wegen dichten Nebels bald abgebrochen werden.

Otto Rau, geboren 1890 in Masuren, verdanken wir die folgende Schilderung vom Abend des 18. März, als der Markt noch nicht umkämpft war. Otto Rau war in der Remscheider Arbeiterbewegung sehr bekannt, ohne eine herausragende Position zu bekleiden, war Mitglied zahlreicher Vereine und Organisationen, damals der USPD, dann der KPD, des Deutschen Metallarbeiter-Verbandes, des Arbeiter-Abstinenten-Bundes, der Arbeiter-Samariter. In seinen Lebenserinnerungen schreibt er, dass jeder versucht habe, irgendwie an eine Waffe zu kommen.[56]

„Da mir das nicht gelang, stellte ich mich dem Arbeitersamariterbund zur Verfügung. ... So bekamen mein Schwager und ich den Auftrag, eine Patrouille Richtung Markt zu gehen. Als wir bis Ecke Brüderstr. gekommen waren, nahm uns eine Patrouille der Lützower, alle sagten zwar nur ‚Die Noskes', gefangen. Mit hoch erhobenen Händen jagte man uns zum Markt. In der Ecke an der Drogerie Halbach mußten wir uns an die Wand stellen. Nach einiger Zeit kam ein Offizier und fragte uns aus. Wir erklärten, wir seien Samariter und wollten nur helfen, wo es nötig wäre. Wenn wir als Samariter im Dienst waren, waren wir auch ehrlich neutral. Der Offizier schwankte, was er machen sollte, aber schließlich erklärte er: Ihr könnt gehen. Wir waren doch durch unsere Armbinden und die Ausrüstung mit Verbandtaschen gekennzeichnet. Als wir wieder an der Brüderstraßenecke waren, da hat man uns wieder geschnappt. Wieder mußten wir mit erhobenen Händen zum Markt in die bewußte Ecke. Wieder fragte uns ein Offizier aus und ließ uns wieder gehen, aber wir kamen nicht weit. Schon trieb man uns wieder in die bewußte Ecke. Da wir befürchteten, das würde nun die ganze Nacht so weitergehen und uns dieses Mal derselbe Offizier ausfragte, der beim ersten Mal uns hatte gehen lassen, sagte ich zu ihm, er möge uns doch ein paar Mann mitgeben, die uns bis zur Freiheitstraße begleiteten, denn sonst brächten uns andere immer wieder her. Er befahl zweien, uns zu begleiten. Die gingen bis zur Brüderstr. mit. Da kam ein Nebel auf. Sie trauten sich nicht, weiter mitzugehen. Als wir ein paar Schritte weiter waren,

Der Remscheider Markt mit Stadtkirche, 20er Jahre (Foto: Courts, Düsseldorf 1955)

hörten wir einen Schrei. Wir gingen einige Schritte zurück, um dem Schreienden gegebenenfalls zu helfen, aber wir sahen niemand und der Nebel wurde rasch stärker. Wir wollten uns auch nicht selbst gefährden und gingen nun zu unserm Standquartier. Dort war man froh, als wir wieder da waren. Wir selbst waren auch froh. Es wurde eine ausnahmsweise dunkle Nacht." [57]

Den kommenden Morgen erlebte Otto Rau wieder am Markt. In der Nacht war die Zahl der auf Remscheid vorrückenden Arbeiter enorm gewachsen, man schätzte 20.000, von denen vielleicht jeder Achte bewaffnet war. Bereits in den frühen Stunden wurden die Bezirke bis an den Rand der Innenstadt erobert, in zum Teil furchtbaren Kämpfen kamen die Arbeiter noch vor 8 Uhr bis zum Markt.

„Der Kampf ging ja um den Stadtkegel. Wir wußten, dass gerade die Ecke Markt sehr umkämpft wurde. Oben an der Ecke Bismarckstr. in den alten Häusern, ganz an der Ecke die Metzgerei Auweiler. Jeden, der das Geschäft verlassen wollte, mahnte man: Vorsicht Straßenbahn! Wegen der war doch die Ecke abgeschrägt worden. Im nächsten, direkt angebauten Haus, hatten die Schwiegereltern ein Geschäft. Rückwärtige Räume gab es in diesen Häusern nicht. Dem MG-Feuer von der Alleestraßenecke waren sie schutzlos preisgegeben. Emil wie auch ich hatten Unruhe, wie es denen ging. Gut zwei Tage hatten wir nichts von denen gesehen. Ich einigte mich mit Emil darauf, dass ich auf Schleichwegen zum Markt gehen wollte, um mich zu vergewissern, wie es um sie stand. Ich kam auch von der Kirchhofstraße am Evangelischen Vereinshaus

vorbei schließlich in die Hofstraße zwischen Wirtshaus Ad. Schmidt und dem Haus, in dem die Unsern waren, konnte ich durchs Fenster mit ihnen sprechen. In dem Moment wurde ein Mann aus Hagen direkt vor der Wirtschaft Ad. Schmidt von einer Kugel getroffen. Er war sofort tot. Den Unseren hatte man immer zugerufen: In die hinteren Räume gehen! Da gab es aber doch keine. Nun wussten die, dass wir noch gesund waren, und ich wusste es, dass bei ihnen bis dahin auch noch alles o.k. war. Ich also wieder zur Einsatzstelle." [58]

Nach dem Kampf ging Otto Rau erneut zu seinen Schwiegereltern, um nach ihnen zu sehen. Auch in der benachbarten Metzgerei war man froh, ohne Verwundung davongekommen zu sein.

„Als ich da war, es waren ja nur wenige Schritte, drehte man die Jalousien hoch. Als die noch unten waren, sah man ihnen nicht viel an, aber dann. Die Schaufensterscheibe war noch im Rahmen, aber total durchsiebt. Stellenweise saßen soviel Treffer aneinander, dass Löcher darin waren, durch die man bequem mit dem Arm durchlangen konnte. Mehrere hundert Schuss waren durchgegangen. Wir waren froh, dass von uns niemand verletzt war." [59]

Unweit vom Markt, etwa am Haus Elberfelder Str. 10, wurde auch Fritz Rocholl im Straßenkampf getötet, der einzige Tote des Remscheider Zeitfreiwilligen-Korps. Im September 1933 wurde die Hochstraße hinter dem Rathaus im Geist der nationalsozialistischen Umdeutung der Märzereignisse in Fritz-Rocholl-Straße umbenannt: getötete Freikorpssoldaten galten den Nazis als „Vorkämpfer der nationalsozialistischen Bewegung"; sie waren im „Kampf gegen den inneren Feind" und bei der „Abwehr des Bolschewismus" gestorben.[60]

Gruppe des Arbeiter-Samariter-Bundes mit dem langjährigen Kolonnenarzt, Dr. Stammreich. (Foto W. Fey)

Im Standquartier der Arbeitersamariter (10)

An anderer Stelle schildert Otto Rau seine Tätigkeit als Arbeiter-Samariter:

„Am Schlachthof waren noch mehrere, die sich ergaben. Mit erhobenen Armen standen sie im Eingangspavillon. Andere waren draußen, einige davon waren verwundet. Einer hatte einen Hodenschuss und jammerte sehr. Ein anderer hatte einen dicken, blutigen Verband um den Kopf. Das Verbandzeug war sehr liederlich um seinen Kopf gedreht und ganz von Blut durchtränkt. Ich wunderte mich, dass der Mann noch gehen konnte. Als ich anfing, den blutigen Verband abzunehmen, fing er an zu betteln: Verrat mich nicht! Verrat mich nicht! Ich verstand erst nicht, was er damit wollte. Dann staunte ich. Der hatte überhaupt nichts. Er hatte Verbandzeug in Tierblut getunkt und sich das um den Kopf gewickelt. Wir schafften die Verwundeten in die Fabriciusklinik. An der Ecke Schwesternstraße lag ein schöner, junger Mann tot. Gevelsberger Kameraden kamen mit einem Fuhrwerk. Er war ein guter Freund von einigen davon. Sie luden ihn auf und nahmen ihn mit nach Hause. (15) Im Standquartier staunten wir, denn da saß einer von den Noskes. Er war kreuzunglücklich. Auf der Straße hatte die erregte Volksmenge ihn verprügelt, die Samariter hatten ihn in Schutz genommen. Er hat etwas aus der Nase geblutet, aber sonst war ihm nicht viel passiert. Wir wurden beauftragt, ihn in die Fabriciusklinik zu schaffen, damit ihm sonst nichts passiere. Emil und ich packten ihn in eine fahrbare Trage und schafften ihn dorthin. Dort angekommen bedankte er sich und fing an, auf die Kommunisten zu schimpfen. Wir sagten ihm: Ob die, die dich verhauen haben, Kommunisten sind, das möchten wir bezweifeln. Wir beide sind welche. Und wenn du ehrlich bist, musst du zugeben, dass du die Prügel zu Recht bekamst und eigentlich ein paar Jahre Gefängnis haben müsstest. Wie kommst du dazu, auf friedliche Menschen zu schießen? Da erzählte er uns, er wäre im Hotel Adlon in Berlin Oberkellner gewesen, bevor er in den Krieg gemusst hätte. Jetzt war die Stelle anderweitig besetzt. Er habe keine Angehörigen und stand jetzt mittel- und haltlos da. Da sei er zu den Soldaten gegangen. Im Grunde tat er mir leid. Ich habe ihn nach einigen Tagen nochmal in der Klinik besucht." [61]

Paul Schröder will vermitteln – dann fiel ein Schuss *17.3.1920 – Straßenecke Allee-, Scharffstraße (11)*

Vom Markt aus gelangt man in etwa vier Minuten durch die Alleestraße an diese Straßenecke.

Hier fiel am 17. März nach der Versammlung am Neuenkamp der erste Schuss, den auch Friedrich Wolf in seinem Brief erwähnt, und dieser Schuss wurde zum letzten Anlass, bewaffnet gegen die Truppen vorzugehen.

In den „„Revolutions-Nachrichten", dem Ersatzblatt für die „Bergische Volksstimme" während der Besetzung von Druckerei und Verlag, stand am 18. März die Kopfzeile: „Remscheider Einwohnerwehr als Mörderbande". Wegen dieser Zeile, die er als öffentliche Beleidigung ansah, strengte ein Jahr später der Führer des Remscheider Zeitfreiwilligen-Korps, Dr. Ewald Weisemann, einen Prozess gegen Paul Schleßmann an, den Geschäftsführer der „Bergischen Volksstimme", in dessen Verlauf die Ereignisse noch einmal zur Sprache kamen. Hier ein Auszug aus der stenografischen Niederschrift der Gerichtsverhandlung vom 17. November 1921 mit der Aussage Paul Schröders:

„An der Ecke Scharffstraße ist der erste Schuss gefallen und ist auch der erste Arbeiter verletzt worden. Ich habe mich noch persönlich vor die ganze Demonstration gestellt und habe versucht, mit den leitenden Offizieren Verbindung zu bekommen. Ich bin aber zurückgedrängt worden, und es wurde mir gesagt, wenn ich nicht zurückginge, würde ich über den

Paul Schröder 1934. (Foto W. F.)

Haufen geschossen. (Zwischenruf: Von wem?) Das weiß ich nicht. Ich habe an der Ecke Scharffstraße, bevor der Schuss fiel, versucht, mit dem leitenden Offizier Verbindung zu bekommen. Ich bin aus der Menge herausgetreten und in das direkte Schussgebiet hineingegangen auf die Militärtruppen zu und habe zu ihnen gesagt, sie sollten nicht schießen. Sie standen alle schussfertig und waren ausgeschwärmt in Schützenlinien. Ich habe ihnen zugerufen, sie sollten nicht schießen. Die Leute, die hier ankommen, sind unbewaffnet, die wollen keine Kampfhandlungen mit Euch. Ich bitte Euch, hört mal zu, ich habe mit Euch zu reden. Man hat mich persönlich abgedrängt, machte sich zum Schuss fertig und sagte, wenn ich nicht augenblicklich mache, dass ich davonkomme, schössen sie mich über den Haufen. Dann bin ich zur Demonstrationsmasse zurückgegangen. In diesem Augenblick fiel der Schuss von der Scharffstraße. ... Derjenige, der geschossen hat, war ein Zeitfreiwilliger, war kein Militär. ... Wenn ich nicht irre, trug er eine Uniformjacke. Sonst war er in Zivil gekleidet. Nachträglich sind einige Personen genannt worden, die es gewesen sein sollen. Ich kann mich nicht mehr entsinnen, wer es gewesen sein soll. U.a. wurde der Sohn vom Bahnhofsvorsteher Witte genannt, der den Schuss abgegeben haben soll, das kann ich aber nicht mit Bestimmtheit behaupten. Die Soldaten standen in der Alleestraße, dort drüben standen Zeitfreiwillige.“ (18)

Wieder erleben wir hier Paul Schröder, der sich bereits persönlich gegenüber Major v. Lützow für die Friedlichkeit der Versammlung verbürgt hatte, als einen entschlossenen und mutigen Arbeitervertreter. Während der Gerichtsverhandlung konnte er als Zeuge keine Aussage über die Person des Schützen machen, da er im Moment des Schusses offenbar in die Richtung blickte, in die er ging, nämlich zu den Arbeitern. Der Prozess ging für Paul Schleßmann verloren.

Am Nachmittag des 17. März aber führte dieses Ereignis zur Bildung eines Aktionskomitees aus Vertretern der Arbeiterparteien, das die nun beginnenden Kampfvorbereitungen und die bewaffneten Auseinandersetzungen koordinieren und auch für die Maßnahmen in Remscheid nach dem Waffensieg verantwortlich werden sollte. Vorsitzender des Aktionskomitees wurde Paul Schröder.[62]

Paul Schröder: Biografische Notizen

In Remscheid ist Paul Schröder heute völlig unbekannt, und auch in Solingen, wo er ab 1928 lebte, weiß man nicht mehr, als die Meldedaten im Stadtarchiv mitteilen. Als Person bleibt er weitgehend im dunkeln. Einige Hinweise freilich – wie die Unterredung mit Lützow und der Versuch, die Demonstrierenden vor den schussbereiten Soldaten zu schützen – lassen ihn als Arbeitervertreter aus der großen Zahl der Remscheider Funktionäre und Stadtverordneten heraustreten. Anscheinend war er tatsächlich mehr um diejenigen besorgt, deren Vertretung er übernommen hatte, als um sich selbst; anscheinend war er integer in einem Maße, dass er eher die eigene Parteikarriere beendete, als seine Überzeugungen zu verraten, wie man aus weiteren Daten schließen kann; und anscheinend war er nicht nur mutig und entschlossen in seinen politischen Handlungen, sondern auch glaubhaft für andere in der Übereinstimmung seines Handelns mit seinen Überzeugungen.

Paul Schröder wurde am 24. März 1881 in Langenberg geboren und erlernte den Beruf des Drehers. Mit seiner Frau Anna Böllinghaus aus Remscheid zog er 1905 von Gräfrath nach Solingen und 1908 nach Remscheid. Das Ehepaar bekam drei Kinder: Adele, geb. 1906, Grete, geb. 1909, und Karl, geb. 1913. Nach Karl Schröder, er saß für die SPD nach 1945 im Solinger Stadtrat und war bis zu seinem Tode 1971 Landtagsabgeordneter in NRW, wurde in Solingen ein Haus der Arbeiterwohlfahrt benannt.

Die erste öffentliche Erwähnung Paul Schröders findet sich im November 1918: er war Mitglied des Remscheider Arbeiter- und Soldatenrates. Im Januar 1919 war er Mitbegründer der örtlichen KPD, für die er bei der Stadtverordnetenwahl 1919 antrat und im Dezember 1919 für ein ausgeschiedenes Ratsmitglied in die Stadtverordnetenversammlung nachrückte. Sein Einsatz muss groß gewesen sein, in zahlreichen Kommissionen arbeitete er mit.

Im März 1920 finden wir ihn im Brennpunkt der Ereignisse, er war Vorsitzender des Aktionskomitees in Remscheid, das die Kämpfe und die späteren ordnungspolitischen und auf Normalisierung des städtischen Lebens bedachten Maßnahmen koordinierte und verantwortete.

Im Herbst 1920 kam es in Deutschland zur Vereinigung von KPD und USPD, erst dadurch wird die KPD zur Massenpartei. Paul Schröder wurde zum Sekretär des Remscheider Unterbezirks gewählt, der bis Mettmann reichte, und war auch Fraktionsvorsitzender der neuen KPD im Remscheider Stadtrat. Im März 1921 fand die „Märzaktion“ der KPD statt: mit Streiks, Demonstrationen und auch bewaffneten Aktionen versuchte die Partei, ihre Mitglieder und bisher unentschiedene Arbeiter im Kampf um die politische Macht zu radikalisieren. Einige Monate später stellte sich heraus, dass die Parteiführung auch terroristische Methoden gewählt und unterstützt hatte. Sie zeigte sich also so wie die bewaffnete Aufstandsbewegung gegen den Kapp-Putsch im vorigen Jahr, im März 1920, von ihren Gegnern denunziert worden war und nach 1933 erneut umgedeutet werden sollte.

Inzwischen kritisierte Paul Schröder im Vorstand des KPD-Parteibezirks Rheinland-Westfalen-Süd beim Bekanntwerden der Umstände der „Märzaktion“ die Parteizentrale mehrfach öffentlich, woraufhin er im Januar 1922 – wie übrigens auch Otto Braß und Karl Schlösser, Redakteur der „Bergischen Volksstimme“ und Landtagsabgeordneter der KPD – aus der KPD ausgeschlossen wurde. An der Gründung der „Kommunistischen Arbeitsgemeinschaft“ war er beteiligt. Sie hatte in Remscheid zunächst größere Bedeutung und war im Stadtrat mit fünf ehemaligen KPD-Stadtverordneten vertreten. Wegen der Polarisierung zwischen KPD und SPD konnte sie sich aber nicht lange halten. Ende 1922 ist Paul Schröder Mitglied der SPD. Vermutlich arbeitete er inzwischen wieder als Dreher.

Von seiner neuen Partei wurde er im Mai 1924 zwar bei den Stadtverordnetenwahlen aufgestellt, aber nur auf dem für Remscheid wenig aussichtsreichen Listenplatz 5 nominiert. In der Öffentlichkeit tauchte er nun nicht mehr auf. Ende 1927 verließ er Remscheid, zog nach Kassel um, im Mai 1928 nach Solingen, seinem letzten Wohnort. Als Beruf notierte er: Parteisekretär, wahrscheinlich war er von jetzt an als solcher für die Solinger SPD tätig.

Am 10. November 1946 starb Paul Schröder nach langer Krankheit, er wurde „unter Teilnahme der Partei- und Gewerkschaftsmitglieder auf dem Kommunalfriedhof beerdigt", so eine Zeitungsnotiz: *„Mit ihm schied ein aufrechter Kämpfer aus den Reihen der SPD. Als 1933 die Arbeiterbewegung zerschlagen wurde, war er maßgeblich beteiligt am Aufbau einer illegalen Sozialdemokratie. Diese Tätigkeit trug ihm eine längere Freiheitsstrafe ein. 1945 war er einer der ersten, die tatkräftig an den Aufbau der Gewerkschaftsbewegung herangingen. Trotz seinem Leiden war er unermüdlich tätig, bis ihn die Krankheit ans Bett fesselte. Seine Arbeit und seine Persönlichkeit wird allen, die ihn kannten, Vorbild bleiben."* [63]

Gerd Arntz und die künstlerische Avantgarde zum „Bürgerkrieg"[64]
Scharffstraße, Stadtbibliothek, städtische Galerie (11)

Von der Straßenecke Allee-, Scharffstraße aus gehen wir nun via Scharffstraße über die Konrad-Adenauer-Straße hinweg zur Stadtbibliothek. Gleich gegenüber, in zwei alten Fachwerkhäusern, befindet sich auch die städtische Galerie, die sich besonders dem Remscheider Künstler Gerd Arntz verpflichtet fühlt. Er gilt als einer der bedeutenden Künstler der klassischen Moderne, die zu Beginn der zwanziger Jahre ihre Blütezeit erlebte.

Gerd Arntz entstammt einer Remscheider Fabrikantenfamilie, war kurze Zeit Soldat und ging nach einer Lehre in der väterlichen Firma an die Kunstakademie in Düsseldorf. Hier kam er in engen Kontakt mit den politisch aktivistischen Künstlern des Expressionismus, die später die Künstlergruppe „Das junge Rheinland" bildeten. Im März 1920 war er an Demonstrationen gegen den Militärputsch beteiligt und erlebte die Kämpfe aus der Nähe; nach diesen Eindrücken brach er sein Studium ab. Doch durch Kontakte zu der Künstlergruppe „Junges Rheinland" und dem „Aktivistenbund" schloss er Freundschaft mit Jankel Adler und dem Künstlerkreis an der Kunst- und Handwerkerschule Barmen und stellte erstmals seine Arbeiten bei einer Ausstellung in Barmen aus.[65] Zwischenzeitlich arbeitete er in der Buchhandlung Severin in Hagen. Er fand seine künstlerische und politische Heimat später in der Kölner „Gruppe progressiver Künstler", die mit ihren gegenständlichen, konstruktivistischen Bildern politisch Stellung bezogen und auch den Betrachter dazu aufforderten. Viele Künstler seiner Generation, die durch den Krieg und die Novemberrevolution politisiert worden waren, suchten auf verschiedensten Wegen, den pazifistischen und sozialistischen Sehnsüchten nach der Katastrophe des Krieges Ausdruck zu verleihen. George Grosz, Otto Dix, Conrad Felixmüller: die Reihe ließe sich fortsetzen. 1926 beteiligt er sich gemeinsam mit Dix, Kollwitz, Felixmüller und anderen Künstlern dieser Generation an der Ausstellung „Revolutionäre Kunst des Westens" in Moskau.[66]

Auch in unserer Region, vor allem in Köln und Düsseldorf, waren diese Künstlergruppen stark vertreten.[67]

Der Holzschnitt „Bürgerkrieg" stellt nach den Worten von Arntz einen „zusammenfassenden Rückblick auf die Ereignisse in Deutschland zwischen 1918 und 1923, besonders im Ruhrgebiet", dar. Die hier dargestellte Szene der bewaffneten Kämpfe trifft in Dimensionen eines „Bürgerkrieges" vor allem auf den März und April 1920 zu.

Die grob geschnitzten Gesellschaftsgruppen, die sich gegenüber stehen, sind

„Bürgerkrieg" von Gerd Arntz. (StA R)

das Militär auf der einen, die aufständischen Arbeiter auf der anderen Seite sowie die sorglose, bürgerliche Gesellschaft und die abseits stehende, einfache Bevölkerung, von Justiz und Kirche ruhig gestellt.

Links die Insignien der alten Macht – Pickelhaube, Zylinder, das Kreuz, die schwarz-weiß-rote Fahne – gepaart mit dem Luxus, den schönen Frauen, dem Auto, der Bar.

Rechts die Ohnmacht und Not, weinende Kinder, vergewaltigte Frauen und Standgericht. Im Hintergrund die Fabriken, die Produktionsstätten, um deren Verfügungsgewalt gestritten wird. Und in der Mitte ein Künstler, ins Bild versunken. Arntz scheint zu fragen: Wann nimmt er die Auseinandersetzung um sich herum wahr?

Arntz lebte ab 1929 in Wien. Nach 1933 ging er ins Exil in die Niederlande, die zu seiner zweiten Heimat werden. 1988 starb er. Erst in den letzten zwei Jahrzehnte erlangten seine typischen Grafiken größeren Bekanntheitsgrad.

Hinweis:

Unterbarmen, Kunstgewerbeschule, Kap. 8

Die Hauptpost in der Elberfelder Straße war am 19. März hart umkämpft. (Foto: Courts)

Der Kampf an der Hauptpost *18.3.1920 – Straßenecke Elberfelder-, Peterstraße (12)*

Wenige Meter nach der Stadtbibliothek kommen wir zur Elberfelder Straße. Hier sehen wir rechts das frühere Reichsbankgebäude, das jetzt die IG Metall und die SPD beherbergt, gegenüber das Ernst-Moritz-Arndt-Gymnasium, das frühere Realgymnasium, und etwa 200 m rechts, auf der gegenüberliegenden Straßenseite, das Postgebäude, in dem sich auch 1920 die Hauptpost befand: Drei Gebäude, die von Freikorpssoldaten und Zeitfreiwilligen besetzt und verbarrikadiert worden waren und die – wie der Markt und der Schlachthof – immer wieder in Berichten als Orte schwerer Kämpfe genannt werden. Ein Zeitungsbericht des Remscheider General-Anzeigers erwähnt die Post:

„Donnerstagmittag [18. März, W.F.] *wurden die Straßen stiller und stiller, und in den späten Nachmittagsstunden krachten die ersten Schüsse. Der Kampf war im Gange. Versuche, ihn und seine grässlichen Folgen abzuwenden, blieben erfolglos. Er steigerte sich bis zur Mitternacht, um dann beim ersten Grauen des Tages in heißer Erbitterung auf beiden Seiten zu entflammen. Seine Schrecknisse brauchen wir niemandem, der unter ihren Eindruck kam, ins Gedächtnis zurückzurufen. Sie haften ewig. Die Spuren schlimmer Zerstörungen, die er an den Brennpunkten zurückgelassen hat, reden davon eine grauenerregende Sprache. Diese lagen vor allem in der Umgegend des Marktes, im Laspert, in der Peter-, Salem- und Hoch-*

straße und am wie beim Rathaus, das das Ziel der Kampfhandlungen bildete. Das Post- und Telegraphenamt wurde durch Granat- und Gewehrschüsse schwer mitgenommen; wenn diese Beschädigungen in der Hauptsache auch nur das Gebäude selbst betroffen haben, so wird es doch geraume Zeit dauern, bis sich der Betrieb wieder in völlig ordnungsmäßigen Bahnen vollziehen kann.“ [68]

Mit einem Blick auf diese Gebäude wenden wir uns nach links, überqueren die Elberfelder Straße und erreichen die Kreuzung Elberfelder-, Peter-, Hochstraße, die im Zeitungsbericht Erwähnung fand.

„… da konnten wir kein Brot, nichts mehr hohlen …!“ *18.3.1920 – Straßenecke Elberfelder-, Peterstraße (12)*

An der Straßenecke zur Peterstraße wohnte damals die 12jährige Hertha K.; ihr Vater war Arbeiter, aber zu schwer rheumakrank, um sich an den Kämpfen beteiligen zu können. Hertha durfte die Wohnung nicht verlassen, daher war ihr Gesichtsfeld äußerst eingeschränkt. Es ist erstaunlich, an wie viele Details sie sich noch fast 70 Jahre später erinnern kann, als eine Tonbandaufnahme entstand, die hier leicht verändert wiedergegeben ist. Bemerkenswert sind vor allem die Details der damaligen Armut, der Brutalität der Soldaten, der Solidarität der Arbeiter:

„Der Vater war immer hinter einem her, der ließ einen nicht raus, das war gefährlich draußen, nicht. Ich war sonst immer dabei, wenn Demonstrationen und so was waren, war ich immer dabei. Aber da hat er mich mal ordentlich verhauen, dass er mich nach Hause gebracht hatte … War ja gefährlich draußen!

[Die Freikorpssoldaten] waren sehr eingenommen gegen uns, wenn man da hinten rüber ging über den Markt, schlugen sie einen mit der Reitpeitsche oder so was. Die waren brutal!

Wir haben da in der Peterstraße gewohnt, Elberfelder Straße, da waren ja die schweren Kämpfe. Da war ich, glaub' ich, 12 Jahre, bin jetzt 81 Jahre, und … Da war es sehr schwer! Da an der Peterstraße Ecke stand ein großes Haus, da wohnten die Rauhaus, Metzgerei Rauhaus, drin. Und da waren die Noske, die hatten da zwei große Maschinengewehre auf dem Balkon. Und unser Häuschen war so klein, ein altbergisches Häuschen noch. Und da haben wir unten im Keller geschlafen und in der Parterre, weil wir zu bang waren raufzugehen.

Und von der Nordstraße, das war mittags um zwei Uhr, da kamen die Noske von der Nordstraße, von der Kippe rauf, weil der Kohlenpott … die Bergleute, die waren da auf Hohenhagen, und da schossen sie da nach der Kippe rüber, nach der Nordstraße. Und die kamen um zwei Uhr rauf, die Noske, und bei uns war die Straße eng, da machten sie sofort Stacheldraht, und Strom haben sie da reingelegt, da konnten wir schon um halb drei kein Brot, nichts mehr holen, und … Also, das war ja furchtbar da!

Und da ist mein Schwager später gegangen, durch die Gärten in die Salemstraße, über die Mauer geklettert mit 'nem weißen Tuch. Und dann hatten wir die von Dortmund da rübergeholt. Erst wollten sie nicht, nicht. Zwei Mann kamen. Und dann sind die da rübergekommen, dann haben wir denen noch Kaffee und Brot gegeben … Es war da kalt die Nacht, war bitterkalt … Und dann haben die sich das Haus angesehen, wo die Maschinengewehre draufstanden, nicht. Und in der Zeit von ner Viertelstunde, da sind sie wieder gegangen, haben was mitgenommen zum Essen für die andern und heißen Kaffee und dann sind sie dann … Zeit von zehn Minuten, waren die oben weg, hatten wir Ruhe. Nur an der Peterstraße Ecke da blieb noch einer, auch von den Noske, mit 'em Maschinengewehr stehen, und den haben sie hernach auch erschossen. Und dann haben sie den runtergeholt bei uns und haben dem die Papiere noch abgenommen. War der von Leipzig. Und denen haben wir denn dann geschrieben. Und die Schwester war

Lehrerin, die kam auch später und hat sich bedankt und war sehr nett, dass wir uns um den Bruder bekümmert hatten.

Ja, und dann ging es ja schnell. Dann kamen die von … ich weiß nicht, ob Sie den kennen … später haben sie den Stacheldraht abgemacht wieder, und dann ging das rauf nach 'em Rathausplatz.

Da haben sie alle Lebensmittel geholt, da war ja in der Markthalle das Depot von den Noske, da hatten die die ganzen Lebensmittel und alles drin. Das ist alles aufgeteilt worden, die haben da alle mitgenommen. Einer 'en Eimer Marmelade, der andere hatte das, also … das ist alles … Da sind sie drüber hergefallen. Wir hatten ja auch nichts! … Das war auf einmal alles verschwunden.

Als die Truppen weg waren, da haben sie auf dem Rathausplatz die Papiere, alles verbrannt, die ganzen Papiere haben sie da rausgeholt, die haben sie alle auf dem Rathausplatz verbrannt. Dann haben sie sie später ja ans Straßenkehren gestellt, da mussten sie wieder aufräumen und Straße kehren, die Noske, die Gefangenen, die mussten alles saubermachen …"[69]

Die Schüsse auf den Rathausturm
18.3.1920 – Rathaus (10)

Das markante Remscheider Rathaus mit seinem weithin sichtbaren Turm ist die nächste Etappe der Stadtwanderung. Es gibt nun die Möglichkeit, auf direktem Wege zum Rathaus und zum Rathausplatz zu gelangen. An der Stelle, an der jetzt das Sparkassengebäude steht, befanden sich die Markthallen mit dem Proviantdepot des Freikorps, die Hertha K. erwähnt. Vom Straßenkehren schreibt

Rathausplatz und Rathaus vor 1927. Der Rathausturm wurde durch Artilleriebeschuss stark beschädigt. (Foto: Courts)

auch Otto Rau, den wir am Markt stehend hörten. *„Die Bürgersöhne, die sich Herrn Weisemann angeschlossen, vielmehr von ihm hatten aufhetzen lassen, mussten nach dem Kampf den Rathausplatz kehren. Das war ihre einzige Strafe."* [70]

Wenn wir noch einen Blick über die umliegenden Täler machen wollen, so können wir aber auch von der Straßenecke Elberfelder-, Peterstraße durch das gegenüberliegende Alleecenter-Parkhaus zur obersten Parketage laufen. Von hier bietet es sich an, auch die Ortschaft Spelsberg am Stadtrand in nördlicher Richtung zu suchen, von der aus am 18. März 1920 der Rathausturm beschossen wurde.[71]

Einen noch besseren Rundblick bietet natürlich der Rathausturm selbst.[72] Man hat von hier oben, etwa 60 m über dem 365 m hohen Rathausplatz, einen wunderbaren Rundblick über die Remscheider Ortsteile über die Wuppertaler Höhen bis weit ins Oberbergische und den Kölner Raum. Von oben sieht man auch, wie die Flugbahn der ersten Granate vom Spelsberg verlaufen sein muss, die nicht das Rathaus traf, sondern im südlich gelegenen Ortsteil Honsberg einen Jugendlichen tötete. Aus dem General-Anzeiger: *„Die erste Granate, die am Donnerstagnachmittag auf Remscheid abgefeuert wurde, krepierte vor einem Haus zu Honsberg und traf zwei fünfzehnjährige Burschen, Söhne dort wohnender Arbeiter. Der eine, namens Selbach, war sofort tot, der andere erlitt Verletzungen durch Sprengstücke."* [73]

Otto Rau berichtet ebenfalls von diesen Schüssen: *„Von der Wuppertaler Seite kamen Artillerie-Geschosse. Ein Geschoss zerfetzte auf der Honsberger Straße einen Jungen. Man wollte das Rathaus treffen, schoss aber zuerst etwas zu weit. Ein zweiter Schuss zerstörte die Wohnung eines Freundes von mir, der im Raum anwesende Stiefsohn desselben blieb unverletzt, starb aber ca. ein Jahr später an den Folgen des Schocks, von dem er sich nie erholte."* [74]

„… Remscheid in wilder Flucht geräumt …"
Vom Rathaus zum Stadtpark

In den „Revolutions-Nachrichten", die am 19. März in den letzten Stunden des Kampfes gedruckt wurden, heißt es:

„Lützow völlig und fest eingeschlossen! … Arbeiter! Volksgenossen! In den Straßen Remscheids tobt der Kampf. Vereint mit unseren tapferen Brüdern von auswärts ist der Angriff gegen die ruchlose Militaristenbande im Gange. Wir gehen siegreich vor. In schwerem, uns aufgenötigten Kampfe werden wir unsere Feinde auf die Knie zwingen. Den letzten Mann heraus! Der revolutionäre Kampf ist keine Phrase mehr. Wir wollen und müssen siegen, eine Niederlage bedeutet den Untergang des Proletariats. … Von allen Seiten wurde heute früh gegen das Zentrum der Lützowtruppen vorgegangen. Während unser erster Maschinengewehrtrupp bereits am gestrigen Abend die Nordstraße gesäubert (die auf der städtischen Kippe im Schützengraben liegenden Lützower hatten diese Stelle in wilder Flucht geräumt, nachdem ihr Graben ein Granatvolltreffer erhalten hatte.) und seine Stellung kurz vor der Elberfelderstraße in der Salemstraße festgesetzt hatte, wurde heute früh schon vor 8 Uhr der Markt von den Arbeitern genommen. (…) Für das Freikorps Lützow ist Remscheid, das als Aufnahmestellung für alle geschlagenen Noskisten a.D. gedacht war, zur Falle geworden. Mit dem Siege auf Remscheids Bergen ist das ganze Industriegebiet des Westens von allen Truppen der Reaktion gründlich gesäubert und das ganze Gebiet fest in der Hand des revolutionären Proletariats." [75]

Gegen 10 Uhr war die Lage für die Freikorps, die Sipo und die Zeitfreiwilligen unhaltbar geworden, und die Flucht Richtung Burg und Müngsten setzte ein.

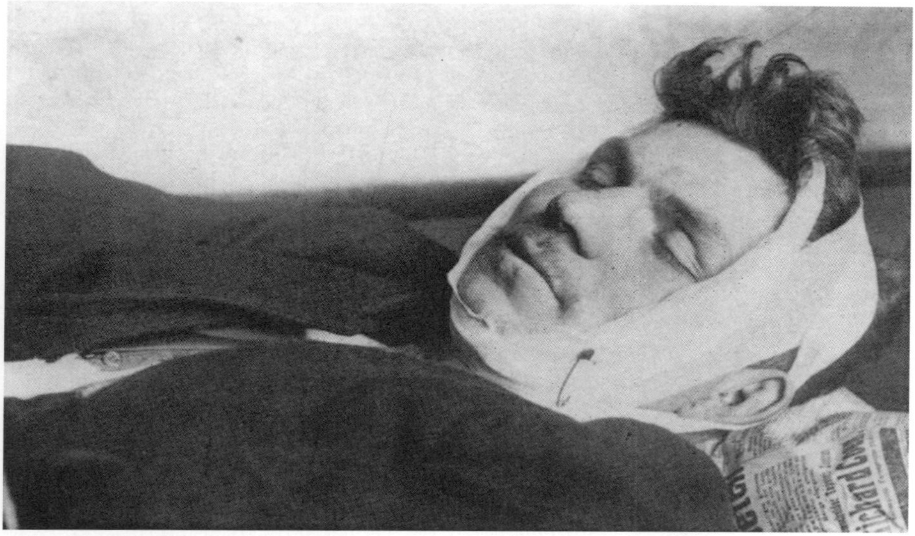

Ein beim Kampf um Remscheid gefallener Arbeiter (Foto: StA Remscheid)

Ida Völler guckt aus der Dachluke *11:00 Uhr; 19.3.1920 – Beethovenstraße, Ecke Hindenburgstraße (13)*

Die heutige Beethovenstraße hieß 1920 Heinrichstraße. In der Hausnummer 1, dem Eckhaus zur Hindenburgstraße, befindet sich heute eine Buchhandlung. Damals war dort die Verkaufsstelle der Konsumgenossenschaft „Einigkeit". Das Haus war einige Jahre vor dem Krieg von der Konsumgenossenschaft errichtet worden. Hier wohnten Arbeiter, die in der Genossenschaft oder in den Gewerkschaften engagiert waren. So auch die Familie Völler. Ida Bitza, geborene Völler, ist Jahrgang 1905. Sie erinnert sich:

„Im Eckhaus Heinrichstraße 1 habe ich meine Kindheit verbracht. Seit der Krieg ausbrach, musste meine Mutter uns vier Kinder hier alleine großziehen. Meinen Vater hatte man zum Kriegsdienst eingezogen.

Mein Vater Friedrich Völler war Metallarbeiter, stammte eigentlich aus Köln. Doch wegen der dortigen Arbeitslosigkeit zog er nach Remscheid. Dort engagierte er sich in der Gewerkschaft und wurde Mitglied in der Konsumgenossenschaft. Später wurde er sogar Geschäftsführer des Remscheider Metallarbeiterverbandes. Nebenbei übernahm er für die Konsumgenossenschaft auch den Einkauf von Waren bei den Bauern der Umgebung. Dass er gegen den Krieg war, war bekannt. Doch gleich mit dem ersten Tag der Mobilmachung wurde er eingezogen. Ein Mal während des Krieges kam er auf Urlaub nach Hause. Ich kann mich erinnern, wie die ganze Familie ihn wieder zurück zum Bahnhof brachte. Dann sah ich ihn nicht mehr. 1917 war er an den Folgen einer Kriegsverletzung gestorben.

Auch an den Kapp-Putsch 1920 erinnere ich mich. Ich war damals ein junges Mädchen von 15 Jahren. Draußen auf den Straßen wurde heftig geschossen. Wir wohnten in der 2. Etage und es war zu gefährlich, in die Nähe der Fenster zu gehen. Einer der Hausbewohnern, ein Matrose, an den Namen erinnere ich mich nicht, war auch draußen bei den Arbeitern. Einige Hausbewohner, Erwachsene und Kinder, sind hinauf auf den Öller gegangen – aus Angst – und ich aus Neugier. Ich habe trotz der Warnungen durch die Dachluke raus geschaut. Unten in den Straßen flüchteten die Soldaten Richtung Lutherkirche. Doch sie schossen ständig zurück, auf die Fenster und Häuserfronten, auch auf unsere Dachluke. Auch mich hätte es beinahe erwischt. Auf der gegenüberliegenden Seite, vor dem alten Schieferhaus, in dem die jüdische Familie Mandelbaum wohnte, lag ein verletzter Arbeiter. Nachdem von den Soldaten nichts mehr zu sehen war, bin ich hinunter gelaufen, um dem Verletzten zu helfen. Es war ein Arbeiter aus Hagen. Doch kurz darauf kamen drei seiner Kampfgenossen und trugen ihn fort. Später hörte ich, er sei gestorben. Damals waren viele Arbeiter aus Hagen, sogar aus dem Ruhrgebiet hier, um uns zu helfen. Der Zusammenhalt der Arbeiter war sehr groß. Auch in unserer Nachbarschaft war ein Toter zu beklagen. Ich glaube Prinz hieß er.

An den jährlichen Trauerfeiern an den Gräbern der Märzgefallenen habe ich auch öfter teilgenommen. Heute denken die Arbeiter an so was nicht mehr – doch wenn man das erlebt hat, vergisst man es nicht mehr." [76]

Durch Dunkelheit zum Licht – zwei Denkmale im Stadtpark *Stadtpark – Johann Peter Arnz Weg (14)*

Auf Remscheider Gebiet führte der Fluchtweg vom Rathaus auf die Alleestraße, der wir nun gleichfalls in westlicher Richtung etwa 200 m bis zur Abzweigung der Martin-Luther-Straße folgen. Wir nehmen sozusagen den gleichen Weg wie die fliehenden Truppen: biegen dort ein, und gehen sie bis zur Einmündung der Parkstraße entlang. Der Weg führt uns linker Hand in die Stockder Straße und schließlich rechts in die Straße Vieringhausen. In Richtung Müngsten verlassen wir Remscheid wieder. In gut erreichbarer Nähe liegt eine letzte mögliche Station der Remscheider Stadtwanderung.

Die Martin-Luther-Straße ist der Ausgangspunkt für unseren Weg zum Stadtpark mit seinen Denkmalen. Wir überqueren dabei die Parkstraße und lassen den Bismarckturm am Schützenplatz links liegen. Am Musikpavillon im Park wenden wir uns nach rechts; nach einem Kriegerdenkmal sehen wir nach wenigen Schritten rechts ein Denkmal mit der Sockelinschrift:

„Den Kämpfern für die Freiheit. Den Verteidigern der Demokratie. März 1920."

Wir stehen vor dem einzigen Remscheider Denkmal für die toten Arbeiter. Weitab vom Ort der Beerdigung und den Gräbern hat es eine lange Entstehungsgeschichte und auch eine Geschichte der Zerstörung.

Erst drei Jahre nach den Kämpfen wurde ein erstes Denkmal für die toten Arbeiter enthüllt. Der Errichtung war ein erbitterter Streit im Stadtrat, auch zwischen den beiden Arbeiterparteien SPD und KPD, vorangegangen. Wann der Düsseldorfer Bildhauer Walter Henry Dietrich (1877-1939) den Auftrag bekam, ist heute nicht mehr herauszufinden. Die Arbeiterschaft brachte durch Spenden die Mittel auf, die im September 1921 zunächst auf 50.000 Mark veranschlagt wurden, durch die Inflation später aber erheblich höher ausfielen.[77]

Das Denkmal sollte an den Gräbern auf dem Südfriedhof in Bliedinghausen aufgestellt werden. Die zuständige Kirchengemeinde erwartete freilich eine Gewähr dafür, dass dort keine Massendemonstrationen stattfinden würden, ein Verlangen, dem die SPD zustimmte, während die KPD nun nach einem öffentlichen Platz suchte, wodurch die Aufstellung zu einer kommunalen Ange-

Erstes „Märzgefallenendenkmal“ im Remscheider Stadtpark – 1933 zerstört (Foto: KNI)

legenheit wurde. Erst im September 1922 kam eine Mehrheit von SPD und KPD dafür zustande, das Denkmal im Stadtpark aufzustellen, die anderen Parteien blieben strikt gegen die Errichtung.

Während der erregten öffentlichen Debatten wurden immer wieder die Ereignisse vom März 1920 zur Sprache gebracht. Oberbürgermeister Hartmann lehnte das Denkmal mit der Bewertung ab, es stünde im Gegensatz zur heutigen Staatsform. Waren zunächst die Sinnbedeutungen für das Denkmal zwischen SPD und KPD nicht strittig – hier wie da wollte man ein „Freiheits-Denkmal“ – so entwickelten sich die Zuschreibungen vor dem Hintergrund stark divergierender Politikauffassungen mehr und mehr auseinander und verzögerten die Aufstellung erheblich. Vor allem reklamierte nun jede der beiden Parteien das Denkmal für sich, der parteiübergreifende Charakter der Abwehrkämpfe gegen den Militärputsch und des anschließenden

Zweites „Märzgefallenendenkmal“ von Jupp Rübsam. Die unangenehme Erinnerung wurde später in einen versteckten Winkel des Parks abgeschoben. (Foto: KNI)

Aufstands war längst einer anderen Realität gewichen. Für die SPD wurde das Denkmal zum Symbol der Republik, die KPD sah es als „Wahrzeichen des Kampfes um die Herrschaft der Arbeiterklasse". Auch die Inschrift auf dem Sockel „per aspera ad astra" (durch die Dunkelheit zum Licht) wurde unterschiedlich interpretiert: Die Parteiziele bestimmten den Ort des Lichts: die Republik auf der einen Seite, die Diktatur des Proletariats auf der anderen.[78]

Zur Grundsteinlegung kam es schließlich am 12. November 1922. Das fertige Denkmal bestand aus einem Sockel mit zwei Eichenkränzen, dazwischen die Widmung, und der etwa dreieinhalb Meter hohen Gestalt eines Lichtträgers. Es war ganz in Muschelkalk gearbeitet. Enthüllt wurde es am 18. März 1923. Heute ist es nur noch als Abbildung zu sehen. In der Nacht zum 20. April 1933 wurde es völlig zerschlagen, vermutlich von Cronenberger SA-Leuten.[79]

Das heutige Denkmal wurde 1945 im Stadtrat von SPD und KPD als Ersatz für das zerstörte durchgesetzt. Unter mehreren Arbeiten einer öffentlichen Ausschreibung, an der sich auch die Remscheider Künstler Karl Armbrust und Heinrich Neumann beteiligten, entschied sich die Jury für den Entwurf „Mutter und Sohn" von Jupp Rübsam (1896-1976) aus Heinsbeck bei Lobberich. Am 10. September 1950 wurde das Denkmal im Remscheider Stadtpark enthüllt. Auch Rübsam war wie Gerd Arntz Mitglied der Künstlergruppe „Junges Rheinland" gewesen.

Die etwa 3 m große Skulptur aus Basalt-Lava stellt eine trauernde Mutter mit ihrem toten Sohn dar. Während das erste Denkmal die in die Zukunft gerichtete Hoffnung auf das Neue symbolisierte und dabei die Trauer um die Toten nicht als Gestaltungsmoment auftauchte, ist das zweite ganz von der Gegenwart bestimmt: stumme Anklage, tiefe Trauer, eine markante Strenge, die so eindringlich sonst nur bei Arbeiten von Käthe Kollwitz oder Ernst Barlach zu finden ist. Der Aspekt der Zukunft ist hier nicht existent: der tote Sohn wird für immer tot bleiben. Das Denkmal könnte auch, völlig anders als das erste, als pazifistisches Mahnmal gesehen werden.

Die aus der Weimarer Zeit bekannten Polemiken begleiteten auch die Errichtung dieser Plastik. Die CDU entwickelte Argumente, die Soldaten hätten als Regierungssoldaten gekämpft, die Arbeiter hingegen für kommunistische Ziele, ein Denkmal sei deshalb abzulehnen.

1977 mußten die Figuren dem Bau des Musikpavillons weichen, den wir auf dem Weg hierher passierten. Zuerst überlegte man, das Denkmal gemeinsam mit dem benachbarten Kriegerdenkmal am Remscheider Ehrenhain bei den Denkmälern für die Toten der Weltkriege aufzustellen, und dadurch gleichsam zu „entsorgen".[80] Schließlich entschied man sich für eine weniger exponierte Stelle im Stadtpark, wo es jetzt noch steht.

Eine überhastete Flucht zur Brücke bei Müngsten
12:00 Uhr: 19.3.1920 – alte Müngstener Brücke (15)

Neben der heutigen breiten Autobrücke läuft noch eine ältere Brücke aus Bruchsteinen über die Wupper. Beim Bau der neuen wurde sie glücklicherweise nicht abgerissen und ist auch heute noch für Fußgänger benutzbar. Hierüber sowie über die etwas weiter unterhalb gelegene berühmte Eisenbahnbrücke, gelang am Nachmittag des 19. März den geschlagenen Freikorps unter hohen Verlusten die Flucht.

Erhard Lucas beschreibt die Ereignisse: *„Gegen 10 Uhr gab von Gillhausen Befehl zum Rückzug nach Solingen, das heißt in den englisch* *besetzten Brückenkopf Köln. (Die Haltung der Engländer hatte er schon am Vortag durch zwei Offiziere zu erkunden versucht; da diese entgegen den Bestimmungen in Uniform und mit Waffen vorgefahren waren, waren sie jedoch von den Engländern gefangengesetzt worden.)*

Die im Rathaus festgehaltenen Geiseln entgingen nur knapp ihrer Erschießung, indem sie im letzten Moment durch den städtischen Beigeordneten Zurhellen befreit wurden.

Bei den Verteidigern griff Panik um sich. Soldaten und Sipos warfen Waffen und Munition, teilweise sogar ihre Koppel weg. Drei Lkws und die gesamte Verpflegungsbagage blieben stehen, nur die Gefechtsbagage wurde mitgenommen. So weit hatte v. Gillhausen seine Streitmacht allerdings noch in der Hand, dass er sie zum Rückzug ordnen konnte: vorweg die Sipo und ortskundige Zeitfreiwillige, die Freikorps folgen, hinten wiederum Zeitfreiwillige. Die Arbeiter sammelten eilig die weggeworfenen Waffen auf und kurbelten die Lkws an. Überraschenderweise machte sich nur ein Teil von ihnen an die Verfolgung. Von Gillhausens Truppe marschierte durch die Lücke im Einkreisungsring in Richtung Südwesten ab. Immer wieder hielt sie an, um Häuserfronten, die ihr verdächtig erschienen, zu beschießen. Die Vorhut erreichte, wie vorgesehen, das englische Gebiet in Burg an der Wupper. Anders erging es der Hauptabteilung und der Nachhut. Als bereits im Remscheider Vorort Vieringhausen zwischen Vorhut und Hauptabteilung eine Lücke entstand, verlegten bewaffnete Arbeiter der Hauptabteilung den weiteren Marsch nach Südwesten und zwangen sie, die Straße Richtung Westen nach Müngsten zu nehmen. Auf halber Strecke erhielt das an der Spitze marschierende 1. Bataillon des Freikorps Lützow plötzlich von Cronenberger Arbeitern, die sich seitlich der Straße auf einem Höhenzug postiert hatten, mörderisches MG-Feuer. Die Verluste des Bataillons waren größer als die Gesamtverluste der Verteidiger beim Kampf um Remscheid. Wer nicht fiel, streckte die Waffen; etwa 100 Mann wurden gefangengenommen. Der Rest der Hauptabteilung, darunter Haketäuer unter Hauptmann Model (dem späteren Generalfeldmarschall der Hitlerischen Wehrmacht im Russlandfeldzug) konnte später die gefährliche Stelle überwinden und sich über die rund 100 Meter hohe Kaiser-Wilhelm-Eisenbahnbrücke, die heutige Müngstener Brücke, auf Solinger Gebiet retten. Die Nachhut schlug sich in die Wälder und konnte so die Brücke erreichen. Noch drei Tage später trafen in Solingen Versprengte ein.“ [81]

Rainer Hardenbruch, ein Schleifer aus Solingen, weiß aus Familienerzählungen: *„Mein Vater, David Hardenbruch war Sägenschmied im Ortsteil Sudberg. Als am Morgen des 19.3. die Kämpfe um Remscheid näher rücken, war er mit weiteren Kollegen zum Rathaus Cronenberg gegangen, um Waffen zu verlangen. Anschließend zogen sie zurück nach Sudberg und legten sich an den Hang hinunter zum Morsbachtal, um den Freikorps die Straße nach Müngsten abzuschneiden. Mir gegenüber hat Vater jedoch immer bestritten, selbst geschossen zu haben. Vielleicht, weil er seinen Sohn nicht 'falsch' erziehen wollte, vielleicht, weil so ein Geständnis auch einmal gegen ihn verwandt werden könnte.*

Gustav Hummelbeck war auch ein Arbeiter aus Sudberg und hatte eine Familie von 6 Kindern. Er war während des Krieges MG-Schütze gewesen und zog auch mit nach Müngsten. Seine Frau versuchte ihn noch abzuhalten. Doch er sagte „das sind meine Leute, da muss ich mit!“ Er bediente das MG, mit dem eine kleine Gruppe von Arbeitern hinter einem Felsvorsprung lagen. Von hier aus bestrichen sie die Straße mit ihrem MG-Feuer. Die Soldaten ließen alles stehen und mussten sich durch die Wälder schlagen.

Doch ein Querschläger traf Hummelbeck in den Bauch. Auf dem Transport nach Cronenberg starb er.“

Hummelbeck wurde am nächsten Tag gemeinsam mit den in Elberfeld gefallenen Genossen in der Elberfelder Stadthalle aufgebahrt, jedoch auf dem Friedhof Cronenberg bestattet.[82]

Willi Esser als Kurier unterwegs
19.3.1920 – Müngsten

Auf viele Jugendliche hatte die Bewegung und die Solidarität der kämpfenden Arbeiterschaft einen massiven und oft nachhaltigen Einfluß. Auch während der Entscheidungsschlacht um Remscheid waren diese Jugendlichen oft als Kuriere im Einsatz. Einer von ihnen war Willi Esser aus Solingen. Er war der Bruder des am Hahnerberg getöteten Johann Esser und beschreibt in seinen Erinnerungen, wie er als 15jähriger mit anderen Genossen aus der „freien sozialistischen Jugend" ununterbrochen als Kurier eingesetzt wurde: *„Wir wurden mit fünf jüngeren als Kuriere eingestellt. Im Gewerkschaftshaus tagte der Aktionsausschuss. Er bestand aus SPD, USP und Gewerkschaftlern. Hier liefen die Nachrichten ein, die von den Kurieren des unbesetzten Teils Deutschlands hierher überbracht wurden. Wir fünf jüngeren Kuriere wurden von der Leitung genauestens informiert, wie und wo die Berichte und Nachrichten abzuliefern waren. Unsere erste Aufgabe war, mit je zwei oder drei Kurieren nach Remscheid zu fahren um die ersten Verbindungen herzustellen. … Unseren ersten Auftrag konnten wir zufriedenstellend ausführen. Die Grenzübergänge wurden aber verstärkt überwacht. … So mußten wir unsere Taktik ändern. Wir fuhren mit unseren Fahrrädern nur noch einzeln über die Grenzübergänge Kohlfurt, Müngsten oder Kluse und trafen uns an einem vereinbarten Ort wieder. Wir waren begeistert, dass wir im vorderen Einsatz beteiligt sein konnten. Doch am liebsten hätten wir direkt am Kampfgeschehen teilgenommen."* [83] (M. K.)

Die traurige Bilanz des Tages

Das Blutvergießen war nicht verhindert worden. Das Verhandlungsangebot der Arbeiterführer Sauerbrey und Paul wurde ausgeschlagen. Doch in Anbetracht der großen Zahl unbewaffneter Kämpfer und der guten Ausrüstung der Freikorps hätten die Verluste erheblich höher ausfallen können. Lucas schreibt von 21 Remscheider, darunter mindestens fünf Unbeteiligte, die gefallen waren. 14 von ihnen wurden in Remscheid-Bliedinghausen beigesetzt. Die dortigen Gräber und die Trauerfeierlichkeiten werden im Kapitel 11, Gräber und Gedenkstätten, beschrieben.

Die Anzeige, die wenige Tage später erschien, nennt 33 Namen, darunter 12 Namen auswärtiger Männer; unter den 21 Remscheidern waren drei Frauen zwischen 17 und 71 Jahren, die infolge der Kämpfe, aber selbst unbeteiligt, getötet wurden, außerdem drei männliche Jugendliche bzw. Kinder zwischen acht und 15 Jahren. Auch Franz Selbach, der von einem Artilleriegeschoss getötete Jugendlichen vom Honsberg, findet man in der Anzeige.

Erhard Lucas nennt „mindestens 16 Tote", die die auswärtigen Arbeiterwehren zu beklagen hatten. „Auf Seiten des Militärs, der Sipo und der Zeitfreiwilligen waren 58 Mann gefallen."[84]

Zwei Tage zuvor, bei den spontanen Straßenkämpfen im Elberfelder Stadtteil Ostersbaum, war die Relation umgekehrt. Acht Soldaten und Zivilisten und ca. 60 Arbeiter kamen dort zu Tode. Sicherlich hatte die in Ronsdorf installierte Kampfleitung, trotz aller Disziplinschwierigkeiten, hieran einen großen Anteil. Die gefallenen Arbeiter aus den umliegenden Städten konnten nie genau erfasst werden. Sie wurden von ihren Kameraden in die Heimatorte mitgenommen. Aus der „Freien Presse" Elberfeld lassen sich einige Namen und Orte festhalten: Heinrich Söhrmann aus Ronsdorf fiel bei Remscheid. Er liegt auf dem lutherischen Friedhof in Ronsdorf bestattet.[85] Gustav Hummelbeck , 32 Jahre, aus Cronenberg liegt auf dem ref. Friedhof Cronenberg. Der 24jäh-

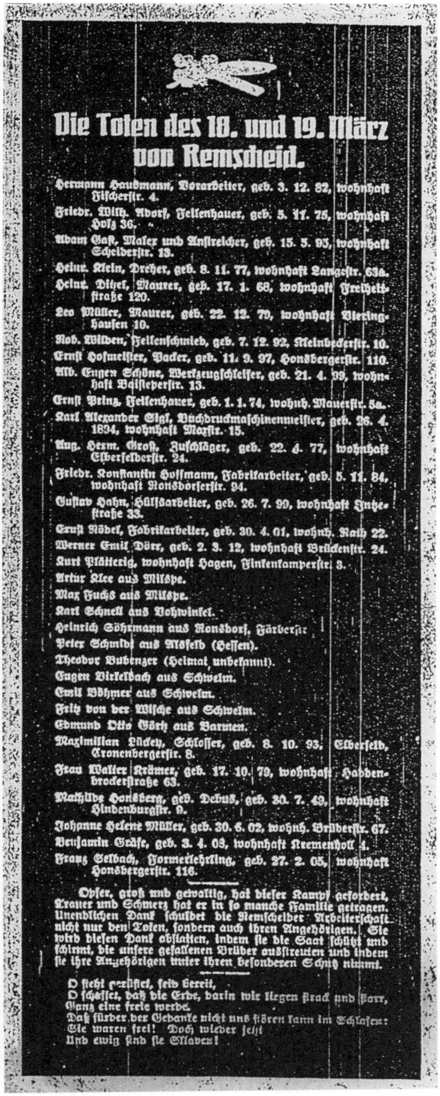
Die Toten des 18. und 19. März von Remscheid.

Hermann Haudmann, Vorarbeiter, geb. 3. 12. 82, wohnhaft Fischerstr. 4.
Friedr. Wilh. Adorf, Feilenhauer, geb. 5. 11. 75, wohnhaft Holz 36.
Adam Gast, Maler und Anstreicher, geb. 15. 5. 93, wohnhaft Schelderstr. 13.
Heinr. Klein, Dreher, geb. 8. 11. 77, wohnhaft Langestr. 63a.
Heinr. Ditzel, Maurer, geb. 17. 1. 68, wohnhaft Freiheitstraße 120.
Leo Müller, Maurer, geb. 22. 12. 79, wohnhaft Vieringhausen 10.
Rob. Wilden, Feilenschmied, geb. 7. 12. 92, Neinbeckerstr. 10.
Ernst Hofmeister, Bäcker, geb. 11. 9. 97, Honsbergerstr. 110.
Alb. Eugen Schöne, Werkzeugschleifer, geb. 21. 4. 99, wohnhaft Baisieperstr. 13.
Ernst Prinz, Feilenhauer, geb. 1. 1. 74, wohnh. Mauerstr. 5a.
Karl Alexander Sigl, Buchdruckmaschinenmeister, geb. 26. 4. 1894, wohnhaft Marstr. 15.
Aug. Herm. Groß, Zuschläger, geb. 22. 4. 77, wohnhaft Elberfelderstr. 24.
Friedr. Konstantin Hoffmann, Fabrikarbeiter, geb. 5. 11. 84, wohnhaft Ronsdorferstr. 94.
Gustav Hahn, Hülfsarbeiter, geb. 26. 7. 90, wohnhaft Intzestraße 33.
Ernst Nödel, Fabrikarbeiter, geb. 30. 4. 01, wohnh. Raith 22.
Werner Emil Dörr, geb. 2. 3. 12, wohnhaft Brückenstr. 24.
Kurt Plätterig, wohnhaft Hagen, Finkenkamperstr. 3.
Artur Klee aus Milspe.
Max Fuchs aus Milspe.
Karl Schnell aus Vohwinkel.
Heinrich Söhrmann aus Ronsdorf, Färberstr.
Peter Schmidt aus Alsfeld (Hessen).
Theodor Bubenzer (Heimat unbekannt).
Eugen Birkelbach aus Schwelm.
Emil Böhmer aus Schwelm.
Fritz von der Wische aus Schwelm.
Edmund Otto Görtz aus Barmen.
Maximilian Lückey, Schlosser, geb. 8. 10. 93, Elberfeld, Cronenbergerstr. 8.
Frau Walter Krämer, geb. 17. 10. 79, wohnhaft Haddenbrockerstraße 63.
Mathilde Honsberg, geb. Debus, geb. 30. 7. 49, wohnhaft Hindenburgstr. 9.
Johanne Helene Müller, geb. 30. 6. 02, wohnh. Brüderstr. 67.
Benjamin Gräfe, geb. 3. 4. 08, wohnhaft Kremenholl 4.
Franz Selbach, Formerlehrling, geb. 27. 2. 05, wohnhaft Honsbergerstr. 116.

Opfer, groß und gewaltig, hat dieser Kampf gefordert, Trauer und Schmerz hat er in so manche Familie getragen. Unendlichen Dank schuldet die Remscheider Arbeiterschaft nicht nur den Toten, sondern auch ihren Angehörigen. Sie wird diesen Dank abstatten, indem sie die Saat schützt und schirmt, die unsere gefallenen Brüder ausstreuten und indem sie ihre Angehörigen unter ihren besonderen Schutz nimmt.

O steht gerüstet, seid bereit,
O schaffet, daß die Erde, darin wir liegen strack und starr,
Ganz eine freie werde.
Daß fürder der Gedanke nicht uns stören kann im Schlafen:
Sie waren frei! Doch wieder jetzt
Und ewig sind sie Sklaven!

Todesanzeige in der KPD-Zeitung „Bergische Volksstimme“ in Remscheid (StA Remscheid)

rige Karl Schnell war mit der Vohwinkeler Truppe nach Remscheid gezogen.[86] Er war Sohn eines bekannten sozialdemokratischen Funktionärs.[87] Der Eisenbahnarbeiter Hermann Bihl aus Elberfeld. Er wohnte dort in dem so heftig umkämpften Stadtteil Ostersbaum.[88] Rudolf Hilgert war, wie Hermann Bihl, Mitglied der „Truppe Ostersbaum“. Er wohnte in der Elberfelder Nordstadt, Friedrichstraße. In der Anzeige der Hinterbliebenen heißt es: *„Bei den Kämpfen zwischen Regierungstruppen und Revolutionskämpfern fiel am 19.3.1920 mein innigstgeliebter Mann, unser treusorgender Vater seiner Kinder, … Rudolf Hilgert im hoffnungsvollen Alter von 27 Jahren. Er hat für seine Überzeugung gekämpft und sein Leben dafür eingesetzt. Ehre seinem Andenken und Opfermut!“* [89] Auch Rudolf Hilgert wurde auf dem Ehrenfriedhof Elberfeld bestattet.

Max Luckey aus Elberfeld starb bei einem Automobilunglück[90] bei den Kämpfen um Remscheid. Auch er wurde in der Elberfelder Stadthalle aufgebahrt und auf dem Ehrenfriedhof bestattet.

Johann Rabenau war ein Bauarbeiter aus Barmen. Am 10. April 1920 erscheint eine Todesanzeige seiner Gewerkschaft, des „Deutsche Bauarbeiter-Verbandes“.

„Seiner bei den Kämpfen gegen die Kapp-Truppen in Remscheid erhaltenen Verletzungen ist der Kollege Johann Rabenau erlegen. Er fiel für die Freiheit des Volkes. Ehre seinem Andenken!“ [91]

Aus Solingen fiel der Arbeiter Wilhelm Renner. Er wurde auf den Feld der Märzkämpfer auf dem Friedhof Grünbaumstraße bestattet. Aus Schwelm fielen Eugen Birkelbach, Emil Böhmer und Fritz von der Wiesche. Die drei Arbeiter wurden am 23. März in Schwelm bestattet.[92]

Die Aufstandstage in Schwelm

Die Stadt Schwelm gehörte 1920 gemeinsam mit den heutigen Wuppertaler Ortsteilen Langerfeld und Nächstebreck zum Kreis Hagen-Schwelm. Die Stadt stand mit ihrer Metallindustrie in dem Ruf, eine kämpferische und linke sozialdemokrati-

Der Sieg des Volkes!

Das Freikorps Lützow entscheidend geschlagen, unter Zurücklassung sämtlicher Waffen und Ausrüstung in regelloser Flucht ins besetzte Gebiet übergetreten.

Das ist mit kurzen Worten das Ergebnis eines erbitterten und opferreichen Kampfes, den das Proletariat gegen diese monarchistischen Freischäler geführt hat.

Die Remscheider Arbeiterschaft hat ihre volle Pflicht getan, das sei anerkannt.

Aber Hochachtung, Anerkennung und unauslöschlichen Dank unseren sterbensmutigen Brüdern, die uns zur Hilfe geeilt sind aus Hagen, Schwelm, Ge:elsberg, Bochum, Barmen-Elber:feld.

Sie schlugen ihr Leben in die Schanzen, um die letzte Hochburg der Militaristen in unserem Bezirk, um Remscheid zu entsetzen. Es ist ihnen glänzend gelungen.

Die feigen Soldknechte der Reaktion, dieses zusammengelaufene Mord- und Raubgesindel knickt feige zusammen, als es dem entschlossenen Willen der Arbeiterschaft gegenüberstand.

Doch genug, nicht Zeit zum Worte machen haben wir.

Der Sieg ist unser, das arbeitende Volk übernimmt die Verwaltung der Stadt.

Arbeiter, Angestellte, Volksgenossen!

Ihr habt gezeigt, daß Ihr siegen könnt, nun gilt es den Sieg zu halten.

Wir fordern Euch auf, sofort alle Waffen, die heute an Euch ausgegeben und die erobert wurden, auf dem Hofe des Volkshauses in der Bismarckstraße abzugeben.

Die Gründung einer roten Armee wird sofort in Angriff genommen, zur Sicherung der Stadt, zur Sicherung von Leben und Eigentum.

Die Kampfl:itung.

Vorbereitungen für die Sicherung des Sieges.

Kampfgenossen!

Unsere dringendsten Aufgaben sind jetzt:

1) **Säuberung der Ecken nd Häuser von den feigen Einwohnerwehrhelden, die noch nach Schluß des Kampfes aus den Fenstern und von den Dächern die Freiheitskämpfer hinterhältig niederschossen.**
2) **Sofortige Organisirung einer guten Arbeiterwehr und der roten Armee.**
3) **Sorgfältige Einsammlung der Waffen und Munition.**
4) **Einsammlung des Perde- und Wagenmaterials.**
5) Sicherung der Lebensmittelläger gegen Plünderer.
6) Feste Zusammenfassung des Proletariats.
7) Unterbindung jeder Kuddelmuddei mit den Leuten, die uns immer verraten haben.

Erläuterung: Alle waffenfähigen und bewaffneten Arbeiter wollen sich sofort im Volkshaus melden.

Herumliegende Waffen und Mition sind im Volkshaus und im Rathaus abzuliefern.

Pferde- und Wagenmaterial sfim Schlachthof abzuliefern.

Gegen Plünderer und Schädiger der Gesamtheit wird mit den schärfsten Mitteln vorgegangen werden.

Arbeiter, laßt Euch nicht einseifen! Organisiert straff die Sicherung Eures Sieges! Schlaft nicht! Jetzt erst beginnt die Riesenarbeit. Wollt Ihr Euch vor neuen Opfern bewahren und Euch selbst schützen, dann befolgt aufs strengste diese Richtlinien.

Nähere Angaben folgen.

Die Kampfleitung.

„Der Sieg des Volkes" – unter diesem Titel gab die Kampfleitung unmittelbar nach dem Sieg die dringlichsten Aufgaben bekannt. U.a. unter Punkt 2: die „sofortige Organisierung der roten Armee". (Abb.: M. K.)

sche Arbeiterschaft zu haben. Der sozialdemokratische Ortsverein hatte sich entschieden gegen die Bewilligung der Kriegskredite durch die sozialdemokratischen Reichstagsabgeordneten gewandt, im März 1917 hatte die Kreisorganisation endgültig den Bruch mit dem Parteivorstand vollzogen und sich der USPD angeschlossen. Im Sommer 1917 kam es wegen der katastrophalen Versorgungslage mitten im Krieg sogar zu größeren Streiks in der dortigen Metallindustrie.[93]

Vermutlich wegen dieser „gefährlichen" politischen Haltung wurde die Stadt schon am 3. und 4. Februar 1920, genau wie Remscheid, von den Freikorpstruppen des Major von Lützow besetzt.[94]

Diese Truppe, ein Teil der berüchtigten „Garde-Kavallerie-Schützen-Division", war schon an der blutigen Unterdrückung des Generalstreiks im März 1919 in Berlin, an der Zerschlagung der USPD-Hochburg in Braunschweig im April und der Münchner Räterepublik Anfang Mai 1920 beteiligt gewesen. Doch als die Arbeiter bei Wetter das Freikorps Lichtschlag besiegt hatten, zog sich das Militär aus der Stadt nach Remscheid zurück. Am 15. März wurde auf einer USPD-Konferenz in Hagen über Gegenmaßnahmen beraten. Dabei schätzte man, dass sich nach den rigorosen Hausdurchsuchungen der Militärs im ganzen Kreis Hagen-Schwelm lediglich 200 Gewehre in Händen der Arbeiter befinden dürften.[95] In den nächsten Tagen bildete sich auch in Schwelm und Nächstebreck ein Aktionsausschuss der Vereinigten Sozialistischen Parteien. Schon bei den Kämpfen am Ostersbaum war der Arbeiterturner Fritz Lanke aus Nächstebreck gefallen.[96] Zu den Kämpfen bei Remscheid bildete sich eine organisierte Kampftruppe des Aktionsausschusses. Rainer Hardenbruch aus Cronenberg weiß aus dortigen Erzählungen auch eine Geschichte zu berichten, die sich dabei zugetragen haben soll:

„Als die Schwelmer Arbeiterwehr nach Remscheid ausrücken will, ist auf dem offenen LKW auch der älteste Sohn einer besorgten Mutter. Er hätte Frau und Kinder. Sie bittet händeringend ihre beiden jüngeren Söhne, ihren älteren Bruder vom LKW zu holen. Die beiden Söhne steigen auf die Ladefläche und bedrängen ihren Bruder, hinunterzusteigen. Ihr Bruder verlässt den Wagen doch die beiden anderen fahren, zum Entsetzen der Mutter, mit nach Remscheid." [97]

Der Schwelmer Aktionsausschuss schreibt am 22.3. in einer Todesanzeige:

„Bei den Kämpfen um Remscheid sind die Freiheitskämpfer

Eugen Birkelbach
Emil Böhmer und
Fritz von der Wiesche.

gefallen. Die gesamte freiheitlich gesinnte Arbeiter- und Bürgerschaft wird ihr Andenken hoch in Ehren halten." [98]

Die Gefallenen wurden am 23. März auf dem Schwelmer Friedhof an der Barmer Straße, unmittelbar an der Stadtgrenze zu Langerfeld (heute Wuppertal) bestattet. Über die Beisetzung berichtete die „Freie Presse" in Elberfeld folgendes:

„Die Beerdigung der unseren in Remscheid gefallenen Helden gestaltete sich zu einer machtvollen Kundgebung, wie sie Schwelm noch nicht gesehen. Tausende brachten hiermit zum Ausdruck, dass sie von dem selben Willen beseelt waren, der unsere Helden veranlasste, in den Kampf zu ziehen um die Knechtung des Proletariats durch die Reaktion abzuwehren. Punkt 4:30 wurde die Trauerfeier mit dem 'Schottischen Bardenchor Stumm schläft der Sänger' und 'Ruh' sanft, die müder Schläfer' eröffnet. Unter Glockengeläut setzte sich der Zug vom städtischen Krankenhaus, wo die Särge, mit Kränzen überhäuft, vor dem Toreingang aufgestellt waren, in Bewegung; voran die Feuerwehrkapelle mit der anschließenden Kampftruppe, an deren Seite die Verstorbenen gekämpft haben. Auf dem Friedhof angelangt, wurden die für Freiheit und Recht gefallenen

Helden dem Schoß der Erde übergeben, und die Kampftruppe sandte ihnen mit einer Ehrensalve den letzten Scheidegruß. Auch wurden von den Sängern als letzten Groß 'Der junge Barde' vorgetragen. Magistratsmitglied Sasse hielt eine recht eindrucksvolle Trauerrede, in der er die fluchwürdige Rebellion der Kapp-Verbrecher mit scharfen Worten geißelte und die heroische Tat der Gefallenen als die lebendige Verkörperung des Volkswillens bezeichnete ... Die Vorstände der Parteien, Gewerkschaften und Sportvereine legten sodann mit kurzen Widmungen ihre Kränze nieder, deren Zahl sich insgesamt auf 83 belief. Mit einem Choral der Feuerwerkskapelle fand die Beerdigungsfeier ihr Ende." [99]

„Über die Wupper" – der Marsch der Soldaten nach Solingen *Müngsten/Felsenkeller/ Volksgarten (16)*

Den Übertritt der geschlagenen Freikorpstruppen auf neutrales Solinger Gebiet und ihre Entwaffnung schildert der junge Kurier Willi Esser ebenfalls in seien Erinnerungen: *„Die Wupperhänge auf Solinger Gebiet glichen einem Kriegsschauplatz. Geschütze in Stellung, Maschinengewehrnester, Schützengräben und auf der Straße hinter den Wupperbrücken Panzer in Kampfstellung. Hier wurde die geschlagene Armee entwaffnet, alle Waffen wurden auf einen Haufen geworfen. Die englischen Soldaten hielten die Gewehre im Anschlag, doch keiner leistete Widerstand. ... Es waren ca. zweitausend Mann. Sofort wurde Stacheldraht angelegt, denn auf der Straßenseite nach Müngsten hatten sich viele Solinger eingefunden, die 'Pfui' und 'Nieder mit den Kappisten' riefen. ... In der Dunkelheit wurden die Geschlagenen abgeführt. Sie wurden von englischer Infanterie eskortiert. Panzer fuhren voraus. Es ging am Felsenkeller vorbei in Richtung Krahenhöhe. In einem Abstand von hundert Metern folgte die Volksmenge. Als der Zug den Krahenhöhe erreicht hatte, ging es die Schützenstraße abwärts. Am 'Volksgarten' wurde haltgemacht. Der Saal war geöffnet. Einzeln durften die Geschlagenen den Saal betreten. Der große Garten war von englischen Soldaten umstellt. Die sich angesammelte Menschenmenge empfing die Söldner mit Schmährufen. Die Engländer zerstreuten die Menschenmasse.*" [100]

Die ins englische Gebiet entkommenen Soldaten wurden in der folgenden Nacht in das Internierungslager Dellbrück bei Köln transportiert. Ihre Bitte, durch den Brückenkopf nach Düsseldorf marschieren zu dürfen, um sich mit dem dort stehenden Reichswehr-Regiment zu vereinigen, war von den Engländern abgelehnt worden. Die Bagage – sechs MG-Wagen, drei Feldküchen mit Vorderprotzen, zwölf Sanitätswagen, 79 Pferde – übergaben die Engländer der Solinger Polizeiverwaltung.[101] Diese schaffte das Heeresgut am 24. März ebenfalls ins Lager Dellbrück.

Als die Sendung im Lager ankam, wurden die Begleitleute von den internierten Soldaten verprügelt; die englischen Bewachungssoldaten mussten eingreifen und den Ausschreitungen ein Ende machen. Die ausgestandene Angst und die Wut darüber, dass eine reguläre und gutbewaffnete Truppe von den verachteten Arbeitern hatte besiegt und in die Flucht geschlagen werden können, kam offenbar hier zum Ausbruch.

Im April wurde die Mannschaften ohne Waffen entlassen und konnten erneut in die Truppenteile der Reichswehr integriert werden.

Der Übergang über die Wupper wurde zu einer gut bewachten Grenze. Ca. 2.000 englische Soldaten sicherten den Flusslauf und die Ufer. Wenige Wochen später sollten sich hier die Flüchtlinge der geschlagenen „Roten Armee" auf die andere Seite retten. Das Lager in Dellbrück würde nun ihrer Internierung dienen.[102] (R.R. / M.K.)

Tour 6:
Elberfeld – eine Stadt im Aufstand
19. bis 31. März 1920
Ein Spaziergang durch die Elberfelder Innenstadt

Die Wanderung durch die Elberfelder City führt zu den öffentlichen Gebäuden und Plätzen, die bei dem Arbeiteraufstand Schauplatz der Ereignisse waren. Einige Gebäude sind nicht mehr vorhanden. Doch Bilder können die räumliche Situation nachvollziehbar machen.

Elberfeld war nicht nur eine der großen Städte im Bergischen. Als Sitz der Bezirksleitungen der beiden Arbeiterparteien SPD und USPD, als Sitz der Eisenbahndirektion und des Abschnittskommandanten, war es im Frühjahr 1920 auch eine strategisch bedeutsame Stadt.

Anhand der Daten und Ereignissen werden die zum Teil komplizierten Entwicklungen dargestellt, die zur Niederlage der Arbeiter führten.

Auf der Tour begegnen wir auch verschiedenen Personen wie den Journalisten Walter Stoecker und Alfred Dobbert, dem Arbeiterdichter Werner Möller oder dem Anwalt Bernhard Lamp, die an den damaligen Ereignissen mittelbar oder unmittelbar beteiligt waren.

Die Wanderung beginnt am Neumarkt in Elberfeld, führt über den Bahnhof hinauf zum Johannisberg (Stadthalle) und wieder hinunter in die Elberfelder City. Das Kapitel kann entsprechend der vorgeschlagenen Wanderung, aber auch in chronologischer Reihenfolge der Ereignisse, wie sie aus der Kapitelübersicht zu erkennen sind, gelesen werden.

Von der Station Stadthalle kann auch der Ehrenfriedhof Elberfeld, etwas außerhalb der Stadt auf dem Kiesberg, besucht werden. Dort sind die Gräber der Gefallenen zu besichtigen.[1] Die Linie 645 führt gleich dorthin.

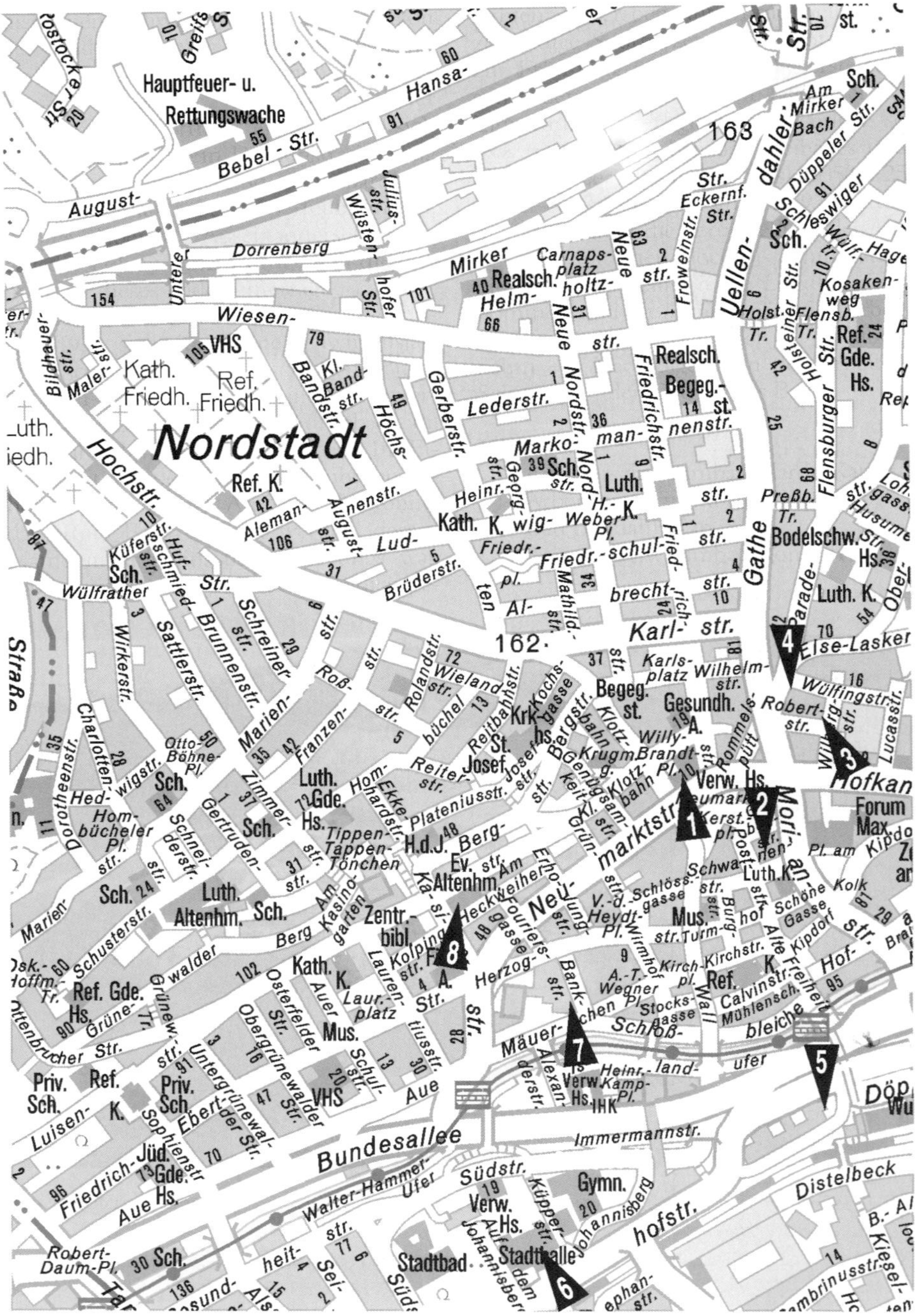

Hauptfeuer- u. Rettungswache
Hansa-
Bebel - Str.
August-
Dorrenberg
Julius-str.
Wüsten-hofer Str.
Mirker
Carnaps-platz
Realsch.
Helm-holtz-str.
Neue Nordstr.
Froweinstr.
Uellendahler Str.
Eckernf. Str.
Am Mirker Bach
Düppeler Str.
Schleswiger
Sch.
Kosaken-weg
Holst. Tr.
Flensb. Tr.
Holsteiner Str.
Flensburger Str.
Ref. Gde. Hs.
163
Wiesen-
Unterer
154
VHS
Kath. Friedh.
Ref. Friedh.
Luth. Friedh.
Nordstadt
Bildhauer-str.
Maler-str.
Kl. Band-str.
Bandstr.
Höchs-
Gerberstr.
Lederstr.
Marko-mannen-str.
Friedrichstr.
Begeg.-st.
Hochstr.
Ref. K.
Aleman-nenstr.
August-str.
Lud-wig-str.
Heinr.-Georg-str.
Kath. K.
Luth. K.
H.-Weber-Pl.
Friedr.-schul-str.
Friedr.-Pl.
Preßb. Tr.
Bodelschw.str.
Gathe
Parade-
Luth. K.
Hs.
Küferstr.
Huf-schmied-str.
Wülfrather Str.
Sch.
Brüderstr.
Mathild-str.
Al-ten
brecht-str.
Karl-str.
162
Else-Lasker
Wülfingstr.
Robert-str.
Lucasstr.
Straße
Wirkerstr.
Sattlerstr.
Brunnenstr.
Schreinerstr.
Roß-str.
Rolandstr.
Wieland-str.
Reitbahnstr.
Kochs-gasse
Krk.-hs.
St. Josef
Bergstr.
Klotzbahn
Begeg. st.
Gesundh. A.
Karls-platz
Wilhelm-str.
Willy-Brandt-Pl.
Rommels-pütt
Verw. Hs.
Neumarkt
Kerst. pl.
Morianstr.
Hofkamp
Forum Max
Pl. am Kipdorf
Charlottenstr.
Dorotheenstr.
Otto-Böhne-Pl.
Hed-wigstr.
Hom-bücheler Pl.
Marien-str.
Franzen-str.
Zimmer-str.
Gertruden-str.
Schneider-str.
Luth. Gde. Hs.
Sch.
Hom-bücheler
Ekkehardstr.
Reiter-str.
Plateniusstr.
Josef-str.
Klotzbahn
Genügsam-keit-str.
Kl. Grün-str.
Tippen-Tappen-Tönchen
H.d.J.
Berg-str.
Ev. Altenhm.
Am Heckweiher
Erholung-str.
Fouriers-gasse
Neu-markt-str.
Jung-str.
V.-d.-Heydt-Pl.
Schlöss-gasse
Schwa-nen-str.
Mus.
Wirmhof
Turm-hof
Post-str.
Luth. K.
Schöne Gasse
Kolk
Kipdorf
Alte Freiheit
Luth. Altenhm.
Sch.
Schusterstr.
Berg
Am Kasino-garten
Kasinostr.
Zentr.-bibl.
Kolping
F.-A.
Osk.-Hoffm.-Tr.
Ref. Gde. Hs.
Grüne-walder
Grünew. Tr.
Kath. K.
Osterfelder Str.
Auer
Laur.-platz
Lauren-tiusstr.
Herzog-str.
Bank-str.
A.-T.-Wegner Pl.
Kirch-pl.
Kirchstr.
Wall
Ref. K.
Calvinstr.
Mühlensch.
Hof-
Stocks-gasse
Schloß-bleiche
Mus.
Obergrünewalder Str.
Untergrünewalder Str.
Schul-str.
VHS
Mäuer-chen
Alexan-derstr.
Verw. Hs.
IHK
Heinr.-Kamp-Pl.
Wall
land-ufer
Aue
Döp
Priv. Sch.
Ref. K.
Luisen-
Sophienstr.
Ebert-
Bundesallee
Immermannstr.
Friedrich-
Jüd. Gde. Hs.
Aue
Walter-Hammer-Ufer
Südstr.
Verw. Hs.
Küpper-str.
Gymn.
Johannisberg
Distelbeck
hofstr.
Auf dem Johannisberg
Stadthalle
Stadtbad
Robert-Daum-Pl.
Sch.
Kiesel-
Gambrinusstr.
1
2
3
4
5
6
7
8

Der Aktionsausschuss übernimmt die Macht *18.3.1920 – Kleine Klotzbahn, Rathaus Elberfeld – Hintereingang (1)*

Am Hinterausgang des Rathauses hatte der Arbeiterrat Elberfeld seit seiner Konstitution während der Revolution im November 1918 seine Räume. Nach der Ablösung der Räte durch die Nationalversammlung waren sie nicht aufgelöst worden, sondern harrten nun, im Jahr 1920, auf die angekündigte neue Aufgabe,[2] die Mitgestaltung des lokalen Wirtschaftslebens. Doch die politischen Konstellationen, vor allen dass mißlungene Betriebsrätegesetz, hatten in den letzen Monaten die Bedeutung der Räte stark in Frage gestellt.

Cramer, ein sozialdemokratisches Mitglied des Zentralrates in Berlin, hatte am 1. März, wenige Tage vor dem Putsch, fast in prophetischer Einsicht geschrieben: *„Welches wertvolle Instrument zur Festigung des Staatsgedankens und der Einrichtung des jungen Volksstaates auf diese Weise zerbrochen wurde, werden die fortschrittlichen Parteien eines Tages einsehen, wenn sie aus der vergifteten Atmosphäre des Augenblicks erwachen. Und auch wenn sie die eigene Stühle wanken fühlen, wird in ihnen ein vergebliches Verlangen nach den von ihnen selbst preisgegebenen Vorposten aufsteigen."* [3]

In diesen Räumen des Arbeiterrates bezog der Aktionsausschuss der Arbeiterparteien nach der Flucht der Militärs in der Nacht zum 18.3. um 24:00 Uhr seinen Sitz. Gestützt auf die Arbeiterschaft, verlangte er vom Bürgermeister ein Kontrollrecht in allen kommunalen Angelegenheiten.

Am 17.3. hatten die Putschisten Berlin verlassen und waren ins Ausland geflohen. Allgemein wurde nun von der alten Regierung einschneidende politische Veränderungen erwartet. Die Gewerkschaften waren nicht bereit, den Generalstreik abzubrechen, bevor die Regierung nicht Garantien „für eine sozialistische Entwicklung" und „entscheidende Mitwirkung bei der Neuordnung der Verhältnisse"[4] zusagen würde. Die Aktionsausschüsse der beiden Städte Elberfeld und Barmen verabschiedeten in der Nacht einen Aufruf an die Bevölkerung der Wupperstädte, der das Ende des Generalstreiks in Wuppertal und die „Übernahme der politischen Macht durch das Proletariat" verkündete.

Die beiden großen lokalen Arbeiterzeitungen „Volkstribünen" und „Freie Presse" gaben am folgenden Tag, dem traditionsreichen 18. März,[5] statt der Tageszeitung ein gemeinsames „Mitteilungsblatt des Aktionsausschusses der vereinigten sozialistischen Parteien des Wuppertals" heraus (siehe Abbildung), in dem auch der Aufruf erschien. Beide Aktionsausschüsse wurden von den drei Arbeiterparteien (SPD, USPD, KPD) paritätisch besetzt. So war auch der Aufruf von jeweils zwei Vertretern der Parteien aus den beiden Städten unterzeichnet:

Für Barmen unterschrieben:
Paul Sauerbrey,[6] USPD, Sekretär der Gewerkschaftskommission, Elberfeld-Barmen,
August Christmann,[7] USPD,
Wilhelm Enz,[8] SPD,
August Hoff,[9] SPD,
Albert Rensmann,[10] KPD,
Oskar Triebel,[11] KPD,

Für Elberfeld unterschrieben:
Oskar Hoffmann,[12] USPD, Redakteur der Volkstribüne,
Johann Busch,[13] USPD, Gewerkschaftssekretär,
Heinrich Winkelhock, SPD,
Theodor Stratmann,[14] SPD, Buchdrucker,
Fritz Charpentier,[15] KPD, Kaufmann,
Küster, KPD, Sekretär des DMV.

An die

Gesamtbürgerschaft von Barmen, Elberfeld, Langerfeld, Vohwinkel!

Politische Verbrecher haben Deutschland an den Rand des Verderbens gebracht, namenloses Elend und ungeheure Leiden unserm Volke aufgeladen. Dieselben Kreise haben jetzt versucht, dem aus Tausenden von Wunden blutenden Vaterlande den letzten Stoß zu versetzen durch einen an Wahnsinn grenzenden Putsch, durch den sie die Macht an sich zu reißen gedachten.

Das gesamte Proletariat hat sich gegen dieses verbrecherische Beginnen aufgelehnt. Schwere Kämpfe haben sich entwickelt, von denen auch unsere Städte nicht verschont geblieben sind.

Der Kampf hat Opfer gekostet, Blut ist geflossen. Das Proletariat hat die politische Macht übernommen. Wir appellieren nunmehr an die Gesamtbürgerschaft, sich dem neuen Zustand zu fügen und einzuordnen in die neue Ordnung der Verhältnisse. Einmütig, wie bisher, wird das Proletariat unverzüglich an den Aufbau der zerstörten Wirtschaft gehen, um dem Volke die notwendige Lebensmöglichkeit zu geben. Hier mitzuschaffen, ist Pflicht jedes Bürgers, jeder Bürgerin.

Die Verwaltung der Städte geht geregelt weiter. Die Sicherheit der Städte wird gewährleistet durch eine zuverlässige Sicherheitswehr.

Die entwichenen Gefangenen, die entgegen anders lautenden Nachrichten — sich selbst befreit haben, werden, soweit dies möglich ist, nach dem Grad ihrer Vergehen wieder festgesetzt. Politische Gefangene sind davon selbstverständlich ausgenommen.

Gegen Plünderer, Räuber und sonstiges Gesindel wird in der rücksichtslosesten Weise vorgegangen werden.

Die im Privatbesitz befindlichen Waffen sind unverzüglich abzuliefern. Wer Waffen verschweigt, wird, falls solche vorgefunden, bestraft. Waffentragen ohne Waffenschein ist verboten.

Der Schulbetrieb wird sofort aufgenommen. Die Eltern werden ersucht, die Kinder von den Straßen fernzuhalten. Den Lehrern wird zur Pflicht gemacht, bildende Unterhaltungen für die freien Nachmittage zu arrangieren (Theater, Kinovorstellungen, Spiele usw.).

Der Bahnverkehr ist nach den Bestimmungen des Eisenbahner-Verbandes aufzunehmen. Die Verkehrsbeamten haben dafür zu sorgen, daß Truppen und Munition in den Bezirk nicht gelangen. Die Bahnhofswachen haben sämtliche Waggons auf Truppen und die Behältnisse auf Munition zu untersuchen.

Jeglicher Ausschank von Schnaps und Likören ist streng verboten. Inhaber von Lokalen wird im Uebertretungsfalle das Lokal geschlossen.

Die Arbeit wird in allen Betrieben morgen wieder aufgenommen.

Die Betriebe haben sofort — soweit dies noch nicht geschehen ist — revolutionäre Betriebsleute und Obleute zu wählen. Die Befugnisse derselben müssen noch bekannt gegeben werden. Die Wiederaufnahme der Arbeit liegt außer im volkswirtschaftlichen Interesse im Interesse der durch harten Kampf errungenen Macht. Alle Nichtkämpfer haben der Arbeit nachzugehen, im Bedrohungsfalle wird durch Alarmsignal das Proletariat zu den Waffen gerufen. Der Kampf gegen Reaktion und für die Durchsetzung unserer Ziele geht ungeschwächt weiter.

Volksgenossen, Euer Geschick steht auf dem Spiel! Nieder mit der Gegenrevolution!

Der Aktionsausschuß der sozialistischen Parteien:

Paul Sauerbrey, August Christmann, Wilhelm Enz, August Hoff, Rennsmann, Triebel, Barmen.
Oskar Hoffmann, Johann Busch, Heinrich Winkelhoch, Theodor Stratmann, Charpentier, Küster, Elberfeld.

Aufruf des Aktionsausschusses vom 18.3.1920. (StA W)

Diese Personen waren die wichtigsten Arbeiterfunktionäre der Städte und kannten sich von ihrer gemeinsamen Mitgliedschaft in der Vorkriegs-SPD. Sie bildeten nun den „Zentralausschuss", der den Ausgangspunkt für einen neuen gemeinsamen politischen Anfang bilden sollte.[16]

Im Verlauf der Wanderungen werden diese Funktionäre und ihre bewegten Lebensläufe, soweit heute noch Näheres zu recherchieren ist, vorgestellt.

Um die vielfältigen Anforderungen an die kommunale Verwaltung und der Sicherung des Aufstandes zu bewältigen, wurden darüber hinaus weitere Ausschüsse benannt. Im einzelnen gab es die Ausschüsse für Ernährung, Sicherheit, Streik, Finanzen, Propaganda, Verkehr und eine „soziale Kommission".[17]

Dringliche Aufgaben waren die Kontrolle der städtischen Polizei, die Bewahrung von öffentlicher Sicherheit und die Versorgung der Bevölkerung mit Lebensmitteln. Um Ausschreitungen zu verhindern, wurde der Ausschank von Alkohol stark reglementiert. Im Polizeipräsidium in der Von-der-Heydt-Gasse übernahm der Former Oskar Witt (USPD) als Leiter des Wehrausschusses Elberfeld die Polizeigewalt.

In Barmen wurde die Polizeileitung abgesetzt und durch sieben „Volkspolizeikommissare" ersetzt, die sich parallel auch auf eine „Arbeiterwehr" stützen konnte. Für den Aufbau dieser „Arbeiterwehr" war der Leiter der Sicherheitskommission, Paul Sauerbrey, verantwortlich.[18]

So konnte in den nächsten Tagen ein Großteil der Kriminellen, die bei der Befreiung der politischen Gefangenen aus dem Gefängnis Bendahl[19] ebenfalls entkommen waren, wieder festgesetzt werden.

Auf Drängen des Aktionsausschusses hatten der Oberbürgermeister und alle Ratsparteien einen Aufruf unterschrieben, der die Arbeitgeber aufforderte, die angefallenen Streiktage zu vergüten. Die städtischen Betriebe wurden entsprechend angewiesen.

Das städtische Kriegsfürsorgeamt (ebenfalls in der kleinen Klotzbahn) übernahm die Fürsorge für die Verletzten, Arbeitsunfähigen und Hinterbliebenen, die bei den Kämpfen vom 17. bis 19. März zu Schaden gekommen waren.

Der Hunger, eine Folge des Krieges, plagte ein Großteil der Bevölkerung. Um den Schiebereien mit Lebensmittel beizukommen, wurde Ernst Dröner, der Bezirkssekretär der SPD, zum Dezernenten des Wucheramtes ernannt. In den Vierteln der Reichen wurden nun konsequent Durchsuchungen nach illegalen Lebensmittellagern durchgeführt.

Eine unbequeme Streikversammlung auf dem Neumarkt *19.3.1920 – Neumarkt – Elberfeld (1)*

In dem Aufruf des Aktionsausschusses hieß es: „Alle Nichtkämpfer haben der Arbeit nachzugehen, im Bedrohungsfalle wird durch Alarmsignal das Proletariat zu den Waffen gerufen."[20] Der Aktionsausschuss hatte seine Anordnung mit dem „volkswirtschaftlichen Interesse" und mit dem „Interesse der durch harten Kampf errungenen Macht" begründet. Die Anordnung zur Wiederaufnahme der Arbeit konnten viele Streikende nicht nachvollziehen. In Elberfeld kam es zu einer bemerkenswerten Ausnahme unter den befreiten Städten. Erhard Lucas beschreibt die Reaktion auf der Straße:[21]

„Der bürokratisch-geschäftsmäßige Ton dieses Aufrufs war nichts Ungewöhnliches. Schon 1918-1919 hatten die Funktionäre mit ihrem Schematismus und ihrer Einfallslosigkeit das Gesicht der deutschen Revolution geprägt, und

das wiederholte sich jetzt.Doch am 19. März 1920 ließen sich die Arbeiter in Elberfeld dieses Verfahren nicht gefallen. Während in Barmen die Arbeiter dem Aufruf folgten und wieder zur Arbeit gingen, bot Elberfeld ein anderes Bild. Viele Belegschaften erschienen nicht zur Arbeit; in vielen anderen Betrieben, deren Belegschaften erschienen waren, holten radikale Gruppen die Arbeiter wieder heraus (und diese ließen das offenbar widerstandslos geschehen). Über die Gefühle der Elberfelder Arbeiter am Morgen dieses 19. März wissen wir nichts; nur das eine haben die Quellen festgehalten: weit verbreitet sei die Ansicht gewesen, 'dass erst die Opfer der Revolutionskämpfe bestattet sein müssten, bevor die Arbeit aufgenommen wird'.[22] Daraus sprach anscheinend die Empfindung, daß der Sieg über Militär, Sipo und städtische Polizei, ein historisches Ereignis für das Proletariat des Wuppertals, zu viele Opfer gekostet und zu vieles aufgebrochen hatte, als dass der geschäftsmäßige Aufruf zur Wiederaufnahme der Arbeit das letzte Wort sein konnte.

Ein nicht einheitlicher Abbruch eines Streiks – das war eins der schlimmsten Dinge, die sich damals ein Partei- oder Gewerkschaftsfunktionär vorstellen konnte. Neidvoll blickten die Elberfelder Funktionäre nach Barmen. Um zu einem einheitlichen Vorgehen zu kommen, riefen sie für den Nachmittag die Betriebsausschüsse in die Stadthalle. (Eine Generalversammlung aller neu gewählten Betriebsräte sollte den Ausschuss und seine Maßnahmen demokratisch legitimieren; d. Verf.) *Hier erwies sich: auch die gewählten Sprecher der Belegschaften waren im Organisationsmechanismus befangen. So verständnisvoll sie nämlich über die Stimmung der Arbeiter am Morgen berichteten – darin waren sich fast alle einig: die 'Disziplin' und die 'Geschlossenheit der Bewegung' mußte unbedingt gewahrt werden. Gegen nur acht Stimmen wurde schließlich beschlossen, daß nunmehr endgültig am nächsten Morgen,* (Samstag, 20. März) *die Arbeit wiederaufgenommen werden solle."*[23]

„Damit schien alles wieder im herkömmlichen Gleis zu sein. Doch gegen 18:00 Uhr versammelte sich auf dem Neumarkt vor dem Rathaus eine nach Tausenden zählende Menge streikender Arbeiter. Damit hatten die Funktionäre nicht gerechnet. Als sie in improvisierten Reden die Argumente für den Abbruch des Streiks zusammentrugen, bekundete die Menge heftig ihr Missfallen. Ein unbekannter Kommunist dagegen, der gegen die Funktionäre Stellung nahm, erhielt mehrfach Beifall.[24] Dann wurde abgestimmt: die Versammlung beschloss, erst am Montag, dem Tag nach der Beerdigung, die Arbeit wiederaufzunehmen."[25]

Auf dieser Versammlung trat auch der Jurist Bernhard Lamp[26] auf, der sich als Anwalt in Elberfelder Arbeiterkreisen schon einen gewissen Namen erworben hatte.

Er plädierte entschieden für sofortige Maßnahmen, um das Justizwesen und die Presse zu demokratisieren und unter die Kontrolle des Volkes zu stellen. Die Kundgebungsteilnehmer folgten ihm und er ließ sich von der Versammlung zum „Beauftragten für die Sozialisierung des Justizwesens und der Presse" ernennen.[27]

Die Veröffentlichung dieser Beschlüsse blieb den bürgerlichen Blättern überlassen. In den beiden großen Arbeiterzeitungen wurde sie nicht veröffentlicht. Zu groß war scheinbar der Unwillen über dieses eigenmächtige und spontane Handeln der demonstrierenden Arbeiter.

Lucas schreibt weiter: *„Das war ein Akt der Selbstbefreiung, wie es sie zu wenige in der Geschichte der deutschen Arbeiterbewegung gegeben hat. … Ausgehend von einer verbreiteten Konvention, nämlich bis zur Beerdigung eines Toten nicht zu arbeiten, sollte der Beschluss offenbar so etwas wie einen vorläufigen Schlusspunkt unter den Kampf setzen. … Hier hatten die Arbeiter einmal ihre Vorstellungen gegen den Schematismus ihrer Funktionäre und Betriebsräte durchgesetzt. Am Beispiel Elberfelds zeigt sich noch einmal, wie tief der Wille der Arbeiter zur Fortsetzung des Kampfes war. Drei Hauptgegner forderten die Arbeiter he-*

raus: Nach wie vor lag in Remscheid das Freikorps Lützow, lag in Mülheim das Freikorps Schulz – zwei Freikorps, die sich auf die Seite Kapps gestellt hatten; nach wie vor war der Oberbefehlshaber in Münster General v. Watter, dessen 'Neutralität' in den Putschtagen die Arbeiter zu beurteilen wußten." [28]

Das Acht-Punkte Programm der Gewerkschaften – der Erfolg des Generalstreiks

Am 19.3. erschien ebenfalls ein Aufruf der verschiedenen Gewerkschaftsbünde, den Generalstreik auf alle Fälle fortzusetzen, bis die Forderungen der Arbeiter erfüllt seien.

Am 20.3. kam es zu ernsthaften Verhandlungen der Regierung über die neun Forderungspunkte. Die dann getroffenen Vereinbarung sah vor:

- Entscheidender Einfluß der Gewerkschaften auf die Umgestaltung der Gesellschaft
- Neuregelung der Wirtschafts- und Sozialgesetzgebung
- Säuberung der Verwaltungen, der Justiz, des Heeres von monarchistischen Beamten und Einführung eines freiheitlichen Beamtenrechts
- Rücktritt des diskreditierten sozialdemokratischen Reichswehrministers Noske
- Auflösung der konterrevolutionären militärischen Formationen
- Sozialisierung des Bergbaus und der Energiewirtschaft
- Enteignung von Großgrundbesitzern, die mit Lebensmittel spekulieren.

Erst am 22. März, als der von den Arbeitern so verhasste Reichswehrminister Noske[29] zurücktrat, wurde der Kompromiss von den Gewerkschaften angenommen und am folgenden Tag der Generalstreik beendet.

Die „Sozialisierung" der „Bergisch-Märkischen Zeitung" *20.3.1920 – Kerstenplatz (2)*

An der Ecke, an der heute die Gebäude mit einer Schreibwarenhandlung und einer Apotheke stehen, befand sich in den 20er Jahren das eindrucksvolle Gebäude der „Bergisch-Märkischen Zeitung" (BMZ). Diese Zeitung war ein rechtskonservatives Blatt, das immer wieder den Unmut der Arbeiterbewegung auf sich zog. So propagierte es im Januar 1919 die Gründung von „Freicorps" die sich gegen die Macht der Arbeiter- und Soldatenräte richteten und einige Wochen später auch die bürgerliche Ordnung gewaltsam wiederherstellten.[30] Oskar Hoffmann[31] war damals im Arbeiter- und Soldatenrat zuständig für die Presse. Er hatte den Ruf eines „liberalen Zensors". Doch nach heftigen Auseinandersetzungen sah er keine andere Möglichkeit, als das Verbot der BMZ auszusprechen. Erst durch Intervention der Berliner Behörden konnte die Zeitung nach zwei Tagen wieder erscheinen.[32]

Im März 1920, am Tag des Putsches in Berlin, als die Arbeiterparteien in Elberfeld und Barmen große Kundgebungen abhielten, veröffentlichte die „Bergisch-Märkische Zeitung", im Volksmund nach dem Herausgeber und Chefredakteur „Bockmeisterblatt" genannt, den Aufruf der putschenden Militär für Ruhe und Ordnung. Der Chefredakteur Bockmeister schrieb: „Die alte Regierung genießt bei keinem Menschen mehr Vertrauen, die neue Regierung schafft endlich Arbeit, Brot und bessere Ernährung". Er ließ alle offiziellen Verlautbarungen der „neuen Regierung" drucken. Am 15.3. verlangt die örtliche SPD die Verhaftung des Chefredakteurs und Herausgebers. Doch die Justiz reagiert nicht. Erst als der Putsch am 17.3. zusammenbrach, floh Bockmeister.

Das Gebäude der „Bergisch-Märkischen-Zeitung“ wurde am 18. März von Arbeitern besetzt. Die Zeitung wurde in Eigenregie herausgegeben. (Foto: Dari E. 1926)

Der agile Rechtsanwalt Lamp (vgl. Kurzbiographie), der sich nach dem Sieg der Arbeiter in Elberfeld auf einer Versammlung zum „Beauftragten für die Sozialisierung des Pressewesens und der Rechtspflege“ ernennen ließ, wollte mit diesem Blatt das demokratische Experiment beginnen. Sein Konzept beschrieb er folgendermaßen: „Herausgabe einer Tageszeitung unter inhaltlicher Mitbestimmung der Druckereiarbeiter, bei freier unbezahlter Mitarbeit von jedermann, Sammlung von Erfahrungen in dem so sozialisierten Betrieb, die dann allmählich auf die übrigen Zeitungsdruckereien übertragen werden sollen.“[33] Am Morgen des 19. März schlug er den Arbeitern der Zeitung vor, eine „Rätezeitung herauszugeben“ und entfernte mit ihrer Unterstützung die Angestellten aus dem Gebäude der Zeitung (etwas später wurden sie wieder zugelassen). Lamp verfasste die erste Nummer, die er „Direkte Aktion im Westen“ betitelte.[34] Darin charakterisierte er den Aufstand im Industrierevier als große „direkte politische Aktion“.

Doch der Aktionsausschuss hoffte auf Veränderungen von oben. Er stellte sich gegen Lamp. Die verantwortlichen Funktionäre bekundeten zwar inhaltliche Unterstützung, doch sie wollten abwarten, bis nach Recht und Gesetz solche Veränderungen abgesegnet worden waren. Der Ausschuss sorgte einige Tage später dafür, dass die spektakulären „Aktionen“ des Anwaltes abgebrochen wurden. Lamp räumte das Feld. Am 24. März konnte die BMZ wieder mit altem Titel und dem provokativem Zusatz „Erscheint unter Vor-Zensur des Aktionsauschusses zu Elberfeld“ erscheinen.

Die „Direkte Aktion im Westen“ erschien gemeinsam mit einer weiteren Zeitschrift, die Lamp „Die Brandung“ nannte. Ein Exemplar vom 23.3.1920 ist in der Stadtbibliothek Elberfeld erhalten.

In diesen unruhigen Tagen wurden weitere Publikationen von den revolutionären Arbeitern gegründet: Die KPD in Elberfeld gab ab 21. März eine Nummer der Zeitung „Die rote Fahne" heraus. An diesem Tag wurden die am 17.3. Gefallenen bestattet. Auf dem Titelbild dieser ersten Ausgabe war deshalb das Gedicht von Ferdinand Freiligrath „Die Toten an die Lebenden" von 1848 abgedruckt.[35] Einige Tage später erschien eine zweite (und letzte) Ausgabe.

Auch die syndikalistischen Gewerkschaft, die „Freie Arbeiter Union" (FAUD), die damals ca. 10 % der Gewerkschaftsmitglieder vertrat, gab eine eigene lokale Zeitung heraus. Ab dem 28.3.1920 erschienen drei Ausgaben – „Die Schöpfung, Kulturpolitische Tageszeitung für das sozialistische Neuland", bei denen auch Bernhard Lamp mitwirkte. Diese Schriften waren zwar als regelmäßige Publikationen geplant, hielten sich aber nur für die wenigen Tage.

Mitte April, als sich die bürgerlichen Verhältnisse wieder stabilisiert hatten, kehrte auch Herr Bockmeister wieder zurück und konnte unbehelligt seiner früheren Tätigkeit nachgehen. Bald darauf eröffnete die Zeitung eine Kampagne unter dem Titel „Bürgerdank". Die Zeitung unterstützte die Sammlung von Geldern „für die Hinterbliebenen der Soldaten, Polizisten und Bürger", „die für die Abwehr der Gewaltherrschaft einer Minderheit ihr Blut vergossen".[36]

Der radikale Anwalt Bernhard Lamp. (Foto: WN)

Rechtsanwalt Lamp – der syndikalistische Anwalt von Elberfeld

Rechtsanwalt Bernhard Lamp (1881-1920) wohnte mit seiner Frau und zwei Kindern in der Berliner Straße 17. Seine Kanzlei hatte er am Wall 25, gleich über dem Kaufhaus Michels, dort wo heute der bekannte „Michelsbau"[37] steht. Er war 1912 nach Elberfeld gezogen und in die hiesigen Arbeiterschaft als engagierter Anwalt bekannt. Durch die Kriegsereignisse radikalisierten sich seine Ansichten. Im November 1918 war er kurzzeitig Mitglied der KPD. Im März 1920 stand er, seinen Aktivitäten zufolge, den Syndikalisten nahe. Seine beiden Aktionen im März 1920, die „Sozialisierung" der „Bergisch-Märkischen Zeitung" und des Elberfelder Landgerichts (vgl. Kapitel 8) er-

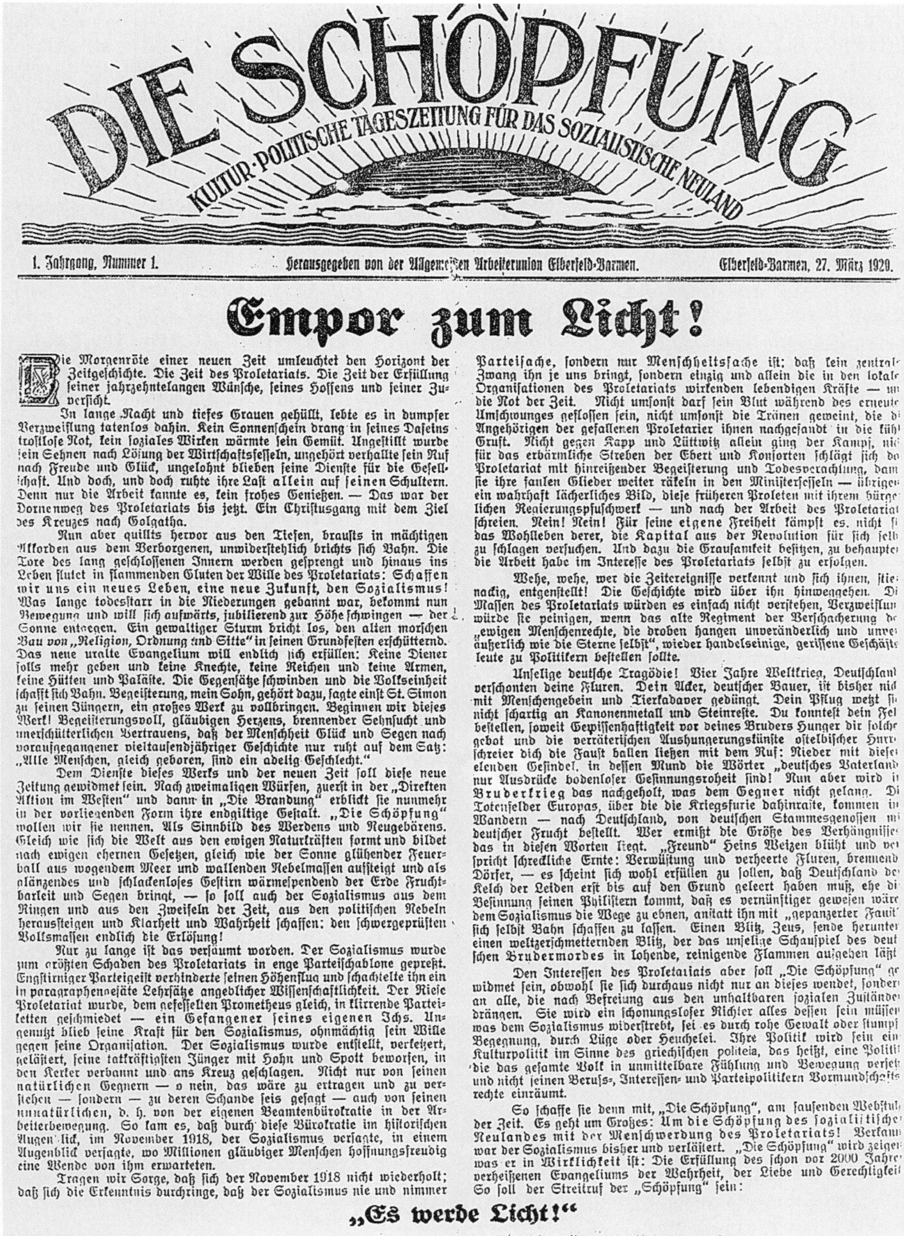

1. Jahrgang, Nummer 1. Herausgegeben von der Allgemeinen Arbeiterunion Elberfeld-Barmen. Elberfeld-Barmen, 27. März 1920.

Empor zum Licht!

Die Morgenröte einer neuen Zeit umleuchtet den Horizont der Zeitgeschichte. Die Zeit des Proletariats. Die Zeit der Erfüllung seiner jahrzehntelangen Wünsche, seines Hoffens und seiner Zuversicht.

In lange Nacht und tiefes Grauen gehüllt, lebte es in dumpfer Verzweiflung tatenlos dahin. Kein Sonnenschein drang in seines Daseins trostlose Not, kein soziales Wirken wärmte sein Gemüt. Ungestillt wurde sein Sehnen nach Lösung der Wirtschaftsfesseln, ungehört verhallte sein Ruf nach Freude und Glück, ungelohnt blieben seine Dienste für die Gesellschaft. Und doch, und doch ruhte ihre Last allein auf seinen Schultern. Denn nur die Arbeit kannte es, kein frohes Genießen. — Das war der Dornenweg des Proletariats bis jetzt. Ein Christusgang mit dem Ziel des Kreuzes nach Golgatha.

Nun aber quillts hervor aus den Tiefen, brausts in mächtigen Akkorden aus dem Verborgenen, unwiderstehlich brichts sich Bahn. Die Tore des lang geschlossenen Innern werden gesprengt und hinaus ins Leben flutet in flammenden Gluten der Wille des Proletariats: Schaffen wir uns ein neues Leben, eine neue Zukunft, den Sozialismus! Was lange todesstarr in die Niederungen gebannt war, bekommt nun Bewegung und will sich aufwärts, jubilierend zur Höhe schwingen — der Sonne entgegen. Ein gewaltiger Sturm bricht los, den alten morschen Bau von „Religion, Ordnung und Sitte" in seinen Grundfesten erschütternd. Das neue uralte Evangelium will endlich sich erfüllen: Keine Diener solls mehr geben und keine Knechte, keine Reichen und keine Armen, keine Hütten und Paläste. Die Gegensätze schwinden und die Volkseinheit schafft sich Bahn. Begeisterung, mein Sohn, gehört dazu, sagte einst St. Simon zu seinen Jüngern, ein großes Werk zu vollbringen. Beginnen wir dieses Werk! Begeisterungsvoll, gläubigen Herzens, brennender Sehnsucht und unerschütterlichen Vertrauens, daß der Menschheit Glück und Segen nach vorausgegangener vieltausendjähriger Geschichte nur ruht auf dem Satz: „Alle Menschen, gleich geboren, sind ein adelig Geschlecht."

Dem Dienste dieses Werks und der neuen Zeit soll diese neue Zeitung gewidmet sein. Nach zweimaligen Würfen, zuerst in der „Direkten Aktion im Westen" und dann in „Die Brandung" erblickt sie nunmehr in der vorliegenden Form ihre endgiltige Gestalt. „Die Schöpfung" wollen wir sie nennen. Als Sinnbild des Werdens und Neugebärens. Gleich wie sich die Welt aus den ewigen Naturkräften formt und bildet nach ewigen ehernen Gesetzen, gleich wie der Sonne glühender Feuerball aus wogendem Meer und wallenden Nebelmassen aufsteigt und als glänzendes und schlackenloses Gestirn wärmespendend der Erde Fruchtbarkeit und Segen bringt, — so soll auch der Sozialismus aus dem Ringen und aus den Zweifeln der Zeit, aus den politischen Nebeln heraussteigen und Klarheit und Wahrheit schaffen: den schwergeprüften Volksmassen endlich die Erlösung!

Nur zu lange ist das versäumt worden. Der Sozialismus wurde zum größten Schaden des Proletariats in enge Parteischablone gepreßt. Engstirniger Parteigeist verhinderte seinen Höhenflug und schachtelte ihn ein in paragraphengesäte Lehrsätze angeblicher Wissenschaftlichkeit. Der Riese Proletariat wurde, dem gefesselten Prometheus gleich, in klirrende Parteiketten geschmiedet — ein Gefangener seines eigenen Ichs. Ungenützt blieb seine Kraft für den Sozialismus, ohnmächtig sein Wille gegen seine Organisation. Der Sozialismus wurde entstellt, verketzert, gelästert, seine tatkräftigsten Jünger mit Hohn und Spott beworfen, in den Kerker verbannt und ans Kreuz geschlagen. Nicht nur von seinen natürlichen Gegnern — o nein, das wäre zu ertragen und zu verstehen — sondern — zu deren Schande seis gesagt — auch von seinen unnatürlichen, d. h. von der eigenen Beamtenbürokratie in der Arbeiterbewegung. So kam es, daß durch diese Bürokratie im historischen Augenblick, im November 1918, der Sozialismus versagte, in einem Augenblick versagte, wo Millionen gläubiger Menschen hoffnungsfreudig eine Wende von ihm erwarteten.

Tragen wir Sorge, daß sich der November 1918 nicht wiederholt; daß sich die Erkenntnis durchringe, daß der Sozialismus nie und nimmer Parteisache, sondern nur Menschheitssache ist; daß kein zentral[er] Zwang ihn je uns bringt, sondern einzig und allein die in den lokal[en] Organisationen des Proletariats wirkenden lebendigen Kräfte — un[d] die Not der Zeit. Nicht umsonst darf sein Blut während des erneute[n] Umschwunges geflossen sein, nicht umsonst die Tränen geweint, die d[ie] Angehörigen der gefallenen Proletarier ihnen nachgesandt in die kühl[e] Gruft. Nicht gegen Kapp und Lüttwitz allein ging der Kampf, nic[ht] für das erbärmliche Streben der Ebert und Konsorten schlägt sich d[as] Proletariat mit hinreißender Begeisterung und Todesverachtung, dam[it] sie ihre faulen Glieder weiter räkeln in den Ministersesseln — übrigen[s] ein wahrhaft lächerliches Bild, diese früheren Proleten mit ihrem bürge[r]lichen Regierungspfuschwerk — und nach der Arbeit des Proletaria[ts] schreien. Nein! Nein! Für seine eigene Freiheit kämpft es, nicht f[ür] das Wohlleben derer, die Kapital aus der Revolution für sich selb[st] zu schlagen versuchen. Und dazu die Grausamkeit besitzen, zu behaupte[n,] die Arbeit habe im Interesse des Proletariats selbst zu erfolgen.

Wehe, wehe, wer die Zeitereignisse verkennt und sich ihnen, stie[r]nackig, entgenstellt! Die Geschichte wird über ihn hinweggehen. Di[e] Massen des Proletariats würden es einfach nicht verstehen, Verzweiflun[g] würde sie peinigen, wenn das alte Regiment der Verschacherung de[r] „ewigen Menschenrechte, die droben hangen unveränderlich und unve[r]äußerlich wie die Sterne selbst", wieder handelseinige, gerissene Geschäfts[-]leute zu Politikern bestellen sollte.

Unselige deutsche Tragödie! Vier Jahre Weltkrieg, Deutschlan[d,] verschonten deine Fluren. Dein Acker, deutscher Bauer, ist bisher nic[ht] mit Menschengebein und Tierkadaver gedüngt. Dein Pflug wetzt si[ch] nicht schartig an Kanonenmetall und Steinreste. Du konntest dein Fel[d] bestellen, soweit Gewissenhaftigkeit vor deines Bruders Hunger dir solche[s] gebot und die verräterischen Aushungerungskünste ostelbischer Hurr[a]schreier dich die Faust ballen ließen mit dem Ruf: Nieder mit diese[m] elenden Gesindel, in dessen Mund die Wörter „deutsches Vaterland" nur Ausdrücke bodenloser Gesinnungsroheit sind! Nun aber wird i[m] Bruderkrieg das nachgeholt, was dem Gegner nicht gelang. Di[e] Totenfelder Europas, über die die Kriegsfurie dahinraste, kommen in[s] Wandern — nach Deutschland, von deutschen Stammesgenossen mi[t] deutscher Frucht bestellt. Wer ermißt die Größe des Verhängnisse[s,] das in diesen Worten liegt. „Freund" Heins Weizen blüht und ve[r]spricht schreckliche Ernte: Verwüstung und verheerte Fluren, brennend[e] Dörfer, — es scheint sich wohl erfüllen zu sollen, daß Deutschland de[n] Kelch der Leiden erst bis auf den Grund geleert haben muß, ehe di[e] Besinnung seinen Philistern kommt, daß es vernünftiger gewesen wäre dem Sozialismus die Wege zu ebnen, anstatt ihn mit „gepanzerter Faust" sich selbst Bahn schaffen zu lassen. Einen Blitz, Zeus, sende herunter einen weltzerschmetternden Blitz, der das unselige Schauspiel des deut[]schen Brudermordes in lohende, reinigende Flammen aufgehen läßt.

Den Interessen des Proletariats aber soll „Die Schöpfung" ge[]widmet sein, obwohl sie sich durchaus nicht nur an dieses wendet, sonder[n] an alle, die nach Befreiung aus den unhaltbaren sozialen Zustände[n] drängen. Sie wird ein schonungsloser Richter alles dessen sein müssen was dem Sozialismus widerstrebt, sei es durch rohe Gewalt oder stumpf[e] Begegnung, durch Lüge oder Heuchelei. Ihre Politik wird sein ein[e] Kulturpolitik im Sinne des griechischen politeia, das heißt, eine Politi[k,] die das gesamte Volk in unmittelbare Fühlung und Bewegung versetz[t] und nicht seinen Berufs-, Interessen- und Parteipolitikern Vormundschafts[]rechte einräumt.

So schaffe sie denn mit, „Die Schöpfung", am sausenden Webstuhl der Zeit. Es geht um Großes: Um die Schöpfung des sozialistische[n] Neulandes mit der Menschwerdung des Proletariats! Verkann[t] war der Sozialismus bisher und verlästert. „Die Schöpfung" wird zeigen was er in Wirklichkeit ist: Die Erfüllung des schon vor 2000 Jahre[n] verheißenen Evangeliums der Wahrheit, der Liebe und Gerechtigkeit So soll der Streitruf der „Schöpfung" sein:

„Es werde Licht!"

Die erste Ausgabe der neuen Tageszeitung „Die Schöpfung". Hier war jeder aufgefordert mitzuschreiben. (Zeitung: Archiv Dieter Nelles)

regte landesweit aufsehen. Erhard Lucas[38] beschreibt seinen (kurzen) weiteren Lebensweg:

„Bernhard Lamp wurde wegen seiner Aktivitäten während des Aufstands aus dem Elberfelder Anwaltsverein ausgeschlossen, außerdem wurde ein ehrengerichtliches Verfahren gegen ihn eröffnet. Er übernahm noch die Verteidigung im sogenannten 'Weißenseer Kommunistenprozeß',[39] dann wurde er im August 1920[40] plötzlich verhaftet, nachdem der Briefkasten am Landgerichtsgefängnis von Elberfeld von unbekannten Attentätern gesprengt worden war,[41] und sofort ins Zuchthaus Werl transportiert. Die Anklage lautete auf Vergehen gegen das Sprengstoffgesetz und Hochverrat. In der Verhandlung brachen die Aussagen von fünf Belastungszeugen als in sich widersprüchlich zusammen; daraufhin präsentierte der Staatsanwalt schließlich eine Prostituierte, die behauptete, Lamp habe in ihrer Wohnung gesagt, dass er den Briefkasten gesprengt habe. Als Belastungsmoment wurde auch eine angebliche Äußerung Lamps im Weißenseer Kommunistenprozeß gewertet: 'Ich kenne keine Gesetze, ich suche nur die Wahrheit'. Dem Anwalt Lamps wurde jeder Verkehr mit seinem Mandanten unmöglich gemacht, in Lamps Abwesenheit durchsuchte man seine Zelle, wobei Briefe und Aufzeichnungen mitgenommen wurden. In der Meinung, dass es auf seine Vernichtung abgesehen sei, trat Lamp schließlich in einen Hungerstreik. Trotz einer großen Solidaritätskampagne – Lamp genoss viel Sympathie

Das Gebäude der sozialdemokratischen Zeitung „Freie Presse". In den unteren Räumen befand sich die „Volksbuchhandlung". (Foto: KNI)

auch bei denen, die sein Ziel eines herrschaftslosen Sozialismus nicht teilten – blieb er in Haft; schwerkrank wurde er zuletzt in ein Psychiatrisches Krankenhaus überführt, wo er am 26. Dezember 1920 an doppelseitiger Lungenentzündung starb.“[42] Der Leichnam wurde zurück nach Elberfeld transportiert und im Volkshaus Elberfeld[43] unter großer Anteilnahme aufgebahrt.

Bezirksleitung der SPD und Verlagshaus der „Freien Presse“ *Robertstr. 8/Ecke Wilbergstr. (3)*

An der Ecke *Robertstraße/Ecke Wilbergstraße* stand das alte Parteihaus der SPD. Der Bau wurde in den Jahren 1902-1905 errichtet. Auf der Wilbergstraße und im Hinterhof (Einfahrt Robertstraße) sind noch Teile dieses alten Gebäudes (Druckerei) zu sehen.

In der unteren Etage befand sich damals die „Volksbuchhandlung“, der Verlag und die Druckerei der „Freie Presse“. Hier hatten die SPD-Bezirksleitung Niederrhein,[44] das städtische Parteisekretariat und die örtliche Gewerkschaftskommission[45] ihre Büros. Der langjährige Buchhändler Karl Lünemann ist 1921 Mitbegründer der „freien Volksbühne“ und führt in seiner Buchhandlung auch die Geschäftsstelle der „Volksbühne“ für Elberfeld. Gleichzeitig arbeitet er auch als freier Mirarbeiter bei der „Freien Presse“.[46] Auch heute gehört das Haus noch der parteieigenen „Molkenbuhr & Cie GmbH“. Es ist seit Jahrzehnten Mittelpunkt des sozialdemokratischen Parteilebens in Wuppertal.

Rückblende 1912-1919 – Werner Möller – Revolutionär und Dichter[47] (3)

Mit der „Freien Presse“ und der Arbeiterdichtung im Wuppertal ist vor allem ein Name verbunden, der heute weitgehend in Vergessenheit geraten ist: Werner Möller. Sein Name ist den Wuppertaler Revolutionären vom März 1920 jedoch auch als eines der ersten Opfer der verhassten Freikorps in Erinnerung.

Um die Berichterstattung der „Freien Presse“ möglichst volksnah und vielseitig zu gestalten, schrieben auch eine Reihe freier Mitarbeiter, die man später „Arbeiterkorrespondenten“ nannte, regelmäßig Beiträge. Unter diesen Autoren war auch der Klempner Werner Möller aus Oberbarmen.[48] Er machte sich vor allem durch seine Gedichte einen Namen, die aus den verschiedensten Anlässen, Feiern und Gedenktagen, in der Zeitung erschienen.

Werner Möller wurde am 6. Februar 1888 als Sohn des Schuhmachers Friedrich Wilhelm Möller und seiner Frau Anna, geb. Wülfrath, in Barmen geboren. Er schloss sich schon früh der Arbeiterbewegung an und engagierte sich für ihre Presse. Vor 1914 stand er durch seine Parteiämter in der SPD in enger Verbindung zu den lokalen Parteiführern. Als 1913 der legendäre Parteiführer Wilhelm Gewehr, der sich über Jahrzehnte als Vorsitzender der Elberfelder SPD große Sympathien in der hiesigen Arbeiterschaft erworben hatte, starb, erschien ein Abschiedsgedicht von Werner Möller in der „Freien Presse“. Auch zum Tod August Bebels hatte er im gleichen Jahr mehrere Gedichte verfasst. 1913 gab er im Selbstverlag das schmale Bändchen „Sturmgesang. Proletarische Gedichte“ heraus, das die Buchhandlung der „Freie Presse“ in ihren Filialen zum Preis von 50 Pfennig vertrieb. Ob vorher schon an-

Die Bestattung der Revolutionskämpfer am 25.1.1919 auf dem Friedhof Berlin-Friedrichsfelde. Unter ihnen Werner Möller. Auch heute noch ziehen Jahr für Jahr im Januar Tausende von Menschen zu diesen Gräbern. (Foto: ND-Archiv)

dere Gedichtsbände erschienen waren, lässt sich wegen der fehlenden Jahrgänge (1905-1912) der „Freien Presse" nicht mehr feststellen.

Schon im folgenden Jahr 1914 kam es zu dem Zerwürfnis mit der Partei, das sich nicht mehr überbrücken ließ. Der lokale Reichstagsabgeordnete der SPD, Friedrich Ebert, gehörte dem rechten Parteiflügels an und verteidigte die Kriegspolitik der kaiserlichen Regierung. Auch Philipp Scheidemann, Reichstagsabgeordneter von Solingen, tat sich mit dieser Haltung hervor.

Sie stand jedoch in krassem Gegensatz zu der von den örtlichen Parteiorganisationen vertretenen, die entschlossen gegen die Bewilligung der Kriegskredite waren. Zu diesen entschiedenen Gegnern zählte auch Werner Möller, dessen offenbar heftige Zusammenstöße mit dem prominenten Reichstagsabgeordneten das Bild des Arbeiterschriftstellers bei den Zeitgenossen sehr stark prägten. In dem Gedicht „Die Parlamentarier!" attackierte er die von der SPD-Führung vertretene Politik:

„Die Feinde nehmen wutentbrannt,
Rief Ebert mit Ekstase
Und Vaterland bleibt Vaterland,
Und alles andere Phrase.
„Verschieben wir den Klassenkampf,
Bis daß verraucht der Pulverdampf",
So rief er in Ekstase
Und dann der Philipp Scheidemann:
Deutschland, Deutschland muss siegen,
O Ruß, Franzos und Englischmann,
Sie müssen unterliegen,
Von Freiheit, Bildung und Kultur
Hat ja die Bande keine Spur
Der Krieg ist ein Vergnügen."[48a]

So ist es nicht verwunderlich, dass Werner Möller im Juli 1916 wegen Verteilung von Flugblättern gegen den Krieg und die Verhaftung Karl Liebknechts festgenommen wurde.[49] Zunächst wurde er im „königlichen Gefängnis“ in Elberfeld festgesetzt. Nach der Verurteilung durch das Reichsgericht in Leipzig verbüßte er die Strafe von neun Monaten in der Strafanstalt Kottbus.[50] Nach der Entlassung entwickelte er vielfältige Kontakte. Mit seiner Frau Clara lebte und arbeitete er zeitweise in Bremen und Worpswede und unterhielt unter anderem freundschaftliche Beziehungen zu dem Maler Heinrich Vogler[51] (1872-1942) und seiner Worpsweder Kommune „Barkenhof“.

Er arbeitete an der linkssozialdemokratischen Zeitschrift „Arbeiterpolitik“ mit und veröffentlichte Artikel und Gedichte unter dem Pseudonym Werner Stauffacher. Er schloß sich der Gruppe „Internationale Kommunisten Deutschlands“ an und wurde ihr Delegierter, als um die Jahreswende 1918/19 die Kommunistische Partei in Berlin gegründet wurde.

Wenige Tage später war er an dem spontanen Arbeiteraufstand im Berliner Zeitungsviertel beteiligt. Als der linkssozialdemokratische Polizeipräsident Eichhorn entlassen werden sollte, kam es zu einem spontanen Arbeiteraufstand. Die frisch aufgestellten Freikorpstruppen beschossen das „Vorwärts“-Gebäude, in dem sich die Aufständischen verschanzt hatten.

Hier traf er auch auf seinen Jugendfreund Walter Vesper[52] aus Barmen. Im „Vorwärts“-Gebäude versuchte man, den „Roten Vorwärts“ als „Organ der revolutionären Arbeiterschaft Groß-Berlins“ herauszugeben. Werner Möller zeichnete gemeinsam mit Eugen Levine[53] als Schriftleiter.

Nach einigen Tagen schweren Beschusses mussten die Eingeschlossenen aufgeben. Werner Möller und weitere fünf Personen verließen als Unterhändler mit der weißen Fahne das Haus. Doch für die Revolutionäre gaben die Freikorps kein Pardon. Die Delegierten wurden in die Garde Dragoner Kaserne geführt, und dort mit Gewehrkolben, Bajonettstichen und gezielten Schüssen brutal ermordet. Diese Szene gehört zu den schrecklichsten der Novemberrevolution und wurde vielfach beschrieben.[54] Der Autor Gustav Regler, ein Freikorpsmitglied, schildert die Szene in seinem autobiographischen Buch „Das Ohr des Malchus“.[55] Am 25. Januar 1919 wurden die „Januarkämpfer“ gemeinsam mit dem ermordeten Karl Liebknecht auf dem berühmten Gräberfeld in Berlin Friedrichsfelde bestattet. Mies von der Rohe, einer der bekannten Bauhauskünstler, schuf später über den Gräbern

Werner Möller (Zeichnung von Heinrich Vogeler – Privatbesitz)

Werner Möller

Die deutsche Revolution[57]

Noch warst Du's nicht! Ob auch auf allen Zinnen
Drei Tage lang die rote Fahne stand;
Noch warst Du's nicht! Ob auch der biedrige Bürger
Ins Knopfloch sich das rote Bändchen band.
Ob auch das Herrchen und der Modestutzer
Die rote Farbe prunkend trug zur Schau;
Ob auch die roten Blümchen nickten
Vom Busen und vom Pelz der gnäd'gen Frau.

Noch warst Du's nicht. Und schon der Michel wieder
Sich nach der Zipfelmütze sehnt.
Noch warst Du's nicht! Und schon mit den Bedrückten
Hat prächtig sich das Führerpack versöhnt.
Noch warst Du's nicht! Und schon wirst Du betrogen,
Geschmäht, besudelt und zur Dirn gedingt
Es macht sich breit um Deinen hehren Namen
Ein Lügensumpf, der auf zum Himmel stinkt.

Noch warst Du's nicht! Ob auch in Treu ersterbend
Sich der Lakaienschwarm vor Dir gebeugt;
Noch warst Du's nicht, ob mich die heisern Raben
Schon ängstlich kreischten, aus der Ruh gescheucht,
Noch warst Du's nicht! Ob auch die Krämerseele
Dem neuen Kurs in Eile Rechnung trug;
Ob heute „Republik" schrie, der noch gestern
Schrie ‚Monarchie" – es war nur Trug, nur Trug.

Noch warst Du's nicht! Es flog durch Deutschlands Gassen
Dein Odem nur und blies den Staub hinaus.
Es fegt die Kronen von durchlauchten Häuptern! –
Zusammenstürzte wie ein Kartenhaus,
Was vordem schien so stolz und unerschüttert.
Bis in den Tiefen schwankt der morsche Bau.
Der Freiheitssonne goldne Strahlen blinkten
Schüchtern hervor aus düsterem Nebelgrau.

Noch warst Du's nicht! Doch als um unsre Stirnen
Dein Odem blies, hat unser Herz gebebt,
Vor Freud gebebt; – uns, die wir für Dich stritten,
Verzweifelnd oft, wurd' Mut und Kraft belebt.
Dein Hauch schon sprengte auf die Kerkerpforten'
Gab Licht und Freiheit manchem Kampfgenoss';
Von hinnen flohen fluch- und schuldbeladen
Die Hohenzollern und ihr Schergentroß.

Noch warst Du's nicht! Doch nah und immer näher
Schon dröhnt Dein Tritt! Schon schmettert Dein Signal!
Nun gilt es, Volk, die letzte Schlacht zu schlagen,
Dem Erbfeind gilt's, dem Riesen Kapital.
Stürz ihn, der stets das Mark Dir ausgesogen:
Herbei zum Kampf, – das rote Banner steigt,
Die Revolution – sie kommt geflogen,
Und weh dem Schuld'gen, den ihr Arm erreicht.

sein bekanntes Grabmal der Revolutionskämpfer, das die Nazis 1933 abreißen ließen. Auch heute erinnert ein Abbild des Grabmals an die dort anonym Bestatteten.

Seine Kampfgefährten gaben 1919 postum einen weiteren Gedichtband mit den Gedichten der letzten Jahre unter dem Titel „Krieg und Kampf" heraus.

Alfred Klein, der sich als Literaturwissenschaftler mit der deutschen Arbeiterdichtung befasste, zählt Werner Möller gemeinsam mit Edwin Hoernle (1883-1952), Erich Mühsam (1878-1934) Ernst Toller (1893-1939) und Johannes R. Becher (1891-1958) zu den „Schöpfern der deutsche Revolutionsdichtung".[56] Die Witwe Vogeler fand mit ihrem Kind Zuflucht auf dem „Barkenhof" Heinrich Vogelers. Hier entstand ein Kinderheim der „Roten Hilfe" für Waisen der Revolution. In dieser Zeit entstand auch das Porträt nach einem Foto des Revolutionärs, aus der Feder des bekannten Worpsweder Malers.

Eine Kommission aus Köln und Berlin, *23.3.1920 (3)*

Während des Generalstreiks hatten die Bezirksleitungen der SPD und der USPD schon eine Kommission zum Reichskommissar Severing (SPD) nach Münster entsandt, um auf die Ablösung des zwielichtigen Generals von Watter zu drängen. Doch die Kommissionäre Oskar Hoffmann (USPD) und Wilhelm Ullenbaum (SPD) kehrten erfolglos zurück. Am 23.3.1920, wenige Tage nach dem Sieg der Arbeiter, traf in der SPD-Geschäftsstelle ein Abgesandter der englischen Besatzungsbehörde, Hauptmann Garret, aus Köln ein. Er sollte sich ein Bild vom Ausstandsgebiet machen, über das in Köln die wildesten Gerüchte kursierten. Er war in Begleitung des Remscheider Reichstagsabgeordneten und stellvertretenden USPD-Führers Wilhelm Dittmann.[58] Wilhelm Dittmann war eng mit dem bergischen Land verbunden. Während des Krieges war er der Gegenspieler Friedrich Eberts und bei einer Versammlung im Oktober 1918 in der Elberfelder Stadthalle der Vorbote der kommenden revolutionären Ereignisse.[59] In den Tages des Kapp-Putsches in Berlin war er nur knapp der Erschießung durch die Soldateska entgangen.[60] Der Bezirkssekretär Wilhelm Ullenbaum führte die beiden hochrangigen Gäste durch die Stadt und schilderte das provozierende Auftreten der Militärs, das die Kämpfe ausgelöst hatte. Wie die „Freie Presse" schrieb, drückte der englische Offizier „höchste Anerkennung über das ruhige und friedliche Leben und Treiben" in der Stadt aus, das so ganz anders sei, „als man in Köln vermutet habe."[61] Die Kommission reiste am gleichen Tag nach Essen, Duisburg und Düsseldorf weiter.[62]

Hinweise:

Sedansberg, Karl Haberland, Begründer der AWO, Kap. 10
Ehrenfriedhof Elberfeld, Otto Niebuhr, Kap. 11

Das „Gegenultimatum“ verhindert die Katastrophe *29.3.1920 (3)*

Die SPD-Bezirksleitung Niederrhein spielt bei dem Aufstand im Industrierevier eine bemerkenswerte und aufsehenerregende Rolle: bei dem gemeinsamen Aufruf der drei Arbeiterparteien vom 13. März (vgl. Kap.1) und bei dem scharfen Protest der SPD-Bezirksleitung vom 29.3.1920, der entscheidend zur Verhinderung des Vormarsches der Reichswehr beitrug.

Die Vereinbarungen von Bielefeld, die am 25.3. zwischen den Aufständischen und der Regierung getroffen worden waren, enthielten die Zusage, eine Reihe von Forderungen der Arbeiterschaft zu erfüllen. Nicht überall wurde das Ergebnis begrüßt. Ein Teil der Aufständischen war nicht in die Verhandlungen einbezogen worden und sie verzögerten nun den vereinbarten Rückzug der roten Armee (vgl. Kap. 7, Station Volkshaus). In dieser unklaren Situation stellte die Regierung am 28.3. ein Ultimatum und gab dem umstrittenen General v. Watter in der Gestaltung der Ausführungsbestimmungen freie Hand. Das Abkommen von Bielefeld und das Ultimatum der Regierung sah vor, bis zum 30.3. „ausreichende Garantien“ für folgende drei Punkte zuschaffen:

- Abgabe sämtlicher Waffen
- Auflösung aller Vollzugsräte
- Freilassung aller Gefangenen.

Schon die Ankündigung eines Ultimatums stieß aus Widerwillen. Doch als es am Nachmittag des 29.3. zusammen mit den Ausführungs- bzw. Zusatzbedingungen des Generals als Flugblatt über den Städten des Wuppertals von einem Flugzeug aus abgeworfen wurde, war die Empörung groß. Die zeitlichen Zusatzbedingungen waren so eng begrenzt, dass sie nicht zu erfüllen waren. Selbst der Elberfelder Textilfabrikant Abraham Frowein, damals Vizepräsident des Reichsverbandes der deutschen Industrie, erklärte, das Ultimatum sei zum festgesetzten Termin „bei bestem Willen“ nicht zu erfüllen und schlug eine 24-stündige Verlängerung vor.[63] Es war für jedermann offensichtlich – General von Watter wollte die Handhabe zum Bürgerkrieg.

Am Abend des 29. März, 19:45 Uhr, stellten die vier Wuppertaler SPD-Sekretäre Winkelhock, Kolaß, Ullenbaum und Dröner im Namen der SPD-Bezirksleitung Niederrhein der Regierung telefonisch eine Art Gegenultimatum. Sie kündigten einen neuerlichen Generalstreik an, falls das Ultimatum nicht aufgehoben werden würde.

Diese Reaktion der Wuppertaler SPD auf das Ultimatum erregte im ganzen Reich Aufsehen.[64] Die „Freie Presse“ erschien mit den Titel „Generalstreik“ und der Aktionsausschuß veranlasste zum zweiten Mal ein gemeinsames Mitteilungsblatt, dessen Titel „Das Gegenultimatum des Proletariats“[65] verkündete. Am nächsten Morgen druckte der „Vorwärts“ in Berlin das Ultimatum der Elberfelder SPD-Funktionäre ab und schrieb: *„Dieser Befehl, dessen Erfüllung von allen Arbeiterparteien als gänzlich unmöglich angesehen wird, hat im ganzen Revier die größte Aufregung verursacht. In den Hauptorten des Reviers wird einmütig der Generalstreik proklamiert, falls nicht diese Verordnung zurückgezogen und die Frist für das Ultimatum verlängert wird.“* [66]

Unter die Zusatzbedingungen hatte General von Watter auch die Signatur des sozialdemokratischen Reichskommissars Severing setzen lassen. Ein Anruf der Wuppertaler SPD ergab, dass die Unterschrift eine Fälschung war, was das Misstrauen gegen den Militärbefehlshaber von Watter erhöhte.

Am gleichen Tag, an dem auch der Generalstreik in Elberfeld begann, wurde Reichskommissar Severing nach Münster

Einzelnummer 20 Pfg.

Elberfeld-Barmen. Mittwoch, den 31. März 1920.

Mitteilungsblatt

des Aktionsausschusses der vereinigten sozialistischen Parteien des Wuppertals.

Das Ultimatum des Proletariats.

Gegen weitere Staatsstreichsgelüste. — Vorstoß gegen den Militarismus.

Infolge des Generalstreiks erscheint die **Freie Presse** und **Volkstribüne** nicht.

Zur Information über die wichtigsten Vorgänge der politischen Lage wie über die gewaltigen Kämpfe des klassenbewußten Proletariats erscheint heute ein Mitteilungsblatt des Aktionsausschusses der drei sozialistischen Parteien.

Elberfeld, den 31. März 1920.

Redaktion der Freien Presse,
Redaktion der Volkstribüne.

Ein Ultimatum an die Regierung.

gemeinsam mit Watter zu prüfen, was möglich und durchführbar ist, und nach einer von Severing zu veranlassenden Verhandlung mit den Arbeiterführern gemeinsam mit Watter die nötigen Anordnungen zu treffen. Müller hat heute morgen in der Nationalversammlung eine Erklärung abgegeben, in der er sagt, daß die Ausführung der Bestimmungen des Generals Watter so lange unterbleibt, bis durch Severing eine Verständigung erzielt worden ist. Heute abend oder heute nacht wird noch eine Erklärung der Regierung zu der rheinisch-westfälischen Frage durch WTB. verbreitet.

Diese

Erklärung der Reichsregierung

liegt uns bis jetzt noch nicht vor. Nur die Köln. Ztg. weiß zu melden:

Berlin, 30. März. Zu der Mitteilung der Sozialdemokratischen Partei in Elberfeld hat die Reichsregierung, wie der Vorwärts hört, mit einer ausführlichen Darstellung geantwortet, in der die Unhaltbarkeit der zurzeit im Ruhrrevier herrschenden Zustände dargetan und erwidert wird, daß das zur Verwendung bereitgehaltene Militär verfassungstreu sei und keinen anderen Auftrag habe als den, gesetzliche Zustände wiederherzustellen. Auf seiten der Reichsregierung bestehe nicht die Absicht, den Bogen zu überspannen, doch glaubt sie, auf dem Vorschlag des Bielefelder Ab-

greifen des Militärs. Wie schwellte sich schon die teutonische Brust blondhaariger, rassiger Germanenjünglinge, die gestern bereits glaubten, ein Demonstratiönchen riskieren zu dürfen. Diese Maskeraden sollten die Herren Jungen sich nur schenken. Es sollte ihnen doch endlich zum Bewußtsein kommen, daß es mit dem Militarismus riesig bergab geht. Der einmütige Wille der schaffenden Stände bricht ihm das Genick.

Fort mit dem General von Watter.

Die Notwendigkeit der Beseitigung des Generals von Watter hat Gen. Hoffmann kürzlich in einem besonderen Artikel nachgewiesen. Wie sehr dieser verkappte General nach einem Blutbad lechzt, zeigt die neueste Aktion gegen die rhein.-westfälische Arbeiterschaft. Unser Berliner Parteiorgan, die Freiheit, schreibt dem General v. Watter u. a. folgendes ins Stammbuch:

. . . Lediglich dem tapferen Zuschlagen unserer Genossen in Rheinland-Westfalen ist es also zu danken, daß sich die Kappisten im Ruhrgebiet nicht festsetzen konnten. Hätten sie die Taktik der Freikorps nicht sofort durchschaut und diese ohne

Das Mitteilungsblatt der „Freien Presse“ verkündet das „Ultimatum der Proletariats“ (31.3.1920)

An die Arbeiterschaft des westl. Industriegebiets.

Der maßlosen Hetze der bürgerlichen Presse, den verlogenen Berichten von Agents provocateurs, dem Drängen fast der gesamten Kapitalistenklasse will die Regierung Rechnung tragen und den Wunsch der Reichswehr, auch südlich der Ruhr die nicht gestörte Ruhe und Ordnung „herzustellen“, erfüllen.

Noch vor acht Tagen lehnte die Regierung den Einmarsch ab. Jetzt aber sehen die genannten Kreise ihre Bemühungen von Erfolg gekrönt, die Regierung gibt nach.

Der Minister Severing hat bereits am 29. April in der Landesversammlung erklärt:

„Wir können nicht mehr davon Abstand nehmen, südlich der Ruhr einzumarschieren.“

Alle Vorbereitungen sind getroffen! Der Befehl zum Einmarsch ist erteilt!

In dieser Stunde stellen wir nochmals auf das nachdrücklichste fest, daß in dem Gebiet, das nunmehr die Reichswehr besetzen soll, die Ruhe und Ordnung durch die organisierte Arbeiterschaft hergestellt ist, und die Behörden ohne Einschränkungen arbeiten können.

Die schamlosen Meldungen, daß in den Bezirken Remscheid und Wuppertal eine neue rote Armee zusammengestellt und ein bewaffneter Aufstand vorbereitet werde, sind dem Gehirn verbrecherischer Provokateurs entsprungen und werden von einer gewissenlosen Presse in der Absicht verbreitet, lichtscheues Gesindel auf diesen Bezirk aufmerksam zu machen und seinen Zuzug zu veranlassen.

Sie werden dann später scheinheilig auf diese Produkte des Krieges und einer verrotteten kapitalistischen Gesellschaftsordnung verweisen, um ihre wüste Agitation verteidigen zu können.

Die gesamte den putschistischen Interessen der Reaktion fernstehende Bevölkerung des Bezirks wird das Gegenteil der angeführten Schauermeldungen bestätigen.

Was soll nun das Proletariat tun?

Von jeher und ganz besonders in den letzten Monaten hat sich die Arbeiterschaft des in Frage kommenden Gebietes als die disziplinierteste und kampferprobteste bewährt.

Als Gegner aller putschistischen Bestrebungen wird die Arbeiterschaft der Reaktion den Gefallen nicht tun, sich jetzt auf einen

Kampf mit ihr einzulassen.

Der Generalstreik hat sich zum ersten Male bei dem Proletariat als eine Waffe bewährt, vor der jede Reaktion kapitulieren muß. Aber diese Waffe muß auch einheitlich angewandt werden.

Wann und wie sie angewendet wird, muß das Proletariat selbst bestimmen und sich nicht von dem Gegner vorschreiben lassen. Jetzt ist der Zeitpunkt nicht gekommen, den Generalstreik anzuwenden. Wir fordern deshalb die gesamte Arbeiterschaft auf, in vollster Ruhe dem Einmarsch der Reichswehr entgegenzusehen und sich durch keine noch so provokatorische Handlung hinreißen zu lassen, Gegenmaßregeln zu ergreifen.

An keinem Orte dürfen Teilaktionen unternommen werden. Nur der einheitliche Kampf kann das Proletariat befreien. Die bürgerliche Klasse und die Regierung will trotz aller liebte Gewaltpolitik eine Besserung der Zustände nicht herbeiführt. Die organisierte Arbeiterschaft kann deshalb in Ruhe jede Verantwortung für das Kommende ablehnen.

Nur das sollen sie sich alle gesagt sein lassen, eine Abschwächung des Kampfes gegen die Reaktion, gegen Kapitalismus und Militarismus werden alle diese Maßnahmen nicht erreichen.

Wir rufen die Arbeiterschaft auf, Disziplin und Ruhe zu bewahren, der endgültige Sieg ist doch dem Proletariat!

Trotz alledem!

Für die Bezirksleitung der USP.: Otto Braß.
Für den Bezirksvorstand der SPD. J. A.: Ullenbaum.

Der Aufruf vom 4 Mai 1920, unterzeichnet von Willi Wellenbaum, mahnt zu besonnenem Handeln, trotz des drohenden Einmarsches der Reichswehr. („Volkstribüne“, 4. Mai 1920)

geschickt. Er veranlasste General von Watter den Vormarsch einzustellen, und bereitete neue Verhandlungen vor – die bald darauf in Münster stattfinden sollten.[67]

Das Gegenultimatum aus Elberfeld – *Wortlaut*

„Die SPD Elberfeld erkennt das Ultimatum der Reichsregierung … nicht an. Gründe: Die in dem Ultimatum vorgesehene Frist von 24 Stunden ist zu kurz. Sie verlangt eine Verlängerung von drei Tagen. Der Kampf bei Wesel konnte lokalisiert bleiben und wäre heute, längstens morgen beendigt gewesen, weil nur noch die linksstehenden KPD-Anhänger mit der Waffe weiterkämpfen. SPD und USP sowie ein Teil der KPD und der Zentralrat … in Essen stehen hinter den Bielefelder Beschlüssen. Der Einmarsch der Reichswehr in das Industriegebiet verpflichtet uns gemeinsam mit der USP und KPD den Generalstreik auszurufen und alle Waffen mobil zu machen, um die Reichswehr niederzuschlagen. Zugleich werden wir unsere Genossen in den übrigen Bezirken des Reiches zur Solidarität für den Generalstreik und zur bewaffneten Abwehr aufrufen. Die gesamte Reichswehr ist eine Gefahr für die Republik und den Sozialismus. Nur die geforderte Arbeiterwehr mit Offizieren als Führern, aus dem Republikanischen Führerbund entnommen, und nur den von der organisierten Arbeiterschaft vorgeschlagenen Führern bietet (auch für die Regierung Müller) die einzige Sicherheit, dass ähnliche Vorkommnisse wie Kapp und Lüttwitz sich nicht wiederholen.

Die Abberufung des Generals Watter … fordert die SPD unbedingt. Wie dem Reichskommissar Severing bekannt, ist Watter ein unzuverlässiger Charakter. Das Ultimatum der Reichsregierung spricht von Greueltaten der Roten Armee. Wir halten es für notwendig, dass die Regierung, ehe sie solche Schwindelnachrichten in die Weltgeschichte schleudert, sich durch amtliche Vertreter an Ort und Stelle informiert. Wir haben in Rheinland und Westfalen auch noch eine Sozialdemokratische Partei, bei der man sich hätte Informationen einholen können.

Dem Punkt 4 des … Ultimatums der Reichsregierung, der von der völligen Entwaffnung der Bevölkerung unter Aufsicht der rechtmäßigen staatlichen Organe handelt, können wir nicht stattgeben, solange die rechtmäßigen staatlichen Organe aus dem alten reaktionären Beamtenapparat bestehen und die Inhaber der vollziehenden Gewalt, diese unzuverlässigen Generäle und Offiziere, nach Arbeiterblut lechzen – aber keinen Finger rühren, wenn es sich um Baltikumer und Lüttwitzer handelt.

Bis zum letzten Mann werden wir diese Militärkamarilla und jede Regierung, die nicht durch die Tat beweist, dass sie in der Lage ist, diese Militärkamarilla sowie die reaktionären Beamten in Reich, Staat und Kommune zu beseitigen, mit dem Generalstreik und nötigenfalls mit Waffengewalt bekämpfen.

Wir ersuchen deshalb dringend, sofort zu veranlassen, dass die an der Grenze des rheinisch-westfälischen Industriegebiets zusammen gezogenen Reichswehrtruppen sofort in ihre Standorte beordert werden, woselbst die Reorganisation der Reichswehr nach den oben bezeichneten Gesichtspunkten sofort zu erfolgen hat.“

Wilhelm Ullenbaum

Einer der Namen, die im März 1920 immer wieder genannt werden ist Wilhelm Ullenbaum (1865-?). Wilhelm Ullenbaum war zu dieser Zeit Vorsitzenden des Bezirkvorstandes Niederrhein der SPD und Geschäftführer der „Freien Presse“. Am 18. 3., während des ersten Generalstreiks und nach dem Scheitern des Putsches in Berlin, fuhr er gemeinsam mit Oskar Hoffmann (USPD) unter den erschwerten Umständen des Generalstreiks und der scharfen Kontrollen der Militärs nach Münster zu Reichskommissar Severing. Sie wollten den Reichskommissar zur Absetzung des zwielichtigen Generals von Watter bewegen, um die Eskalation des Konfliktes zu vermeiden. Ende April war er einer derjenigen Sozialdemokraten, die der Regie-

Der Stadtverordnete Wilhelm Ullenbaum im Jahr 1929. (Foto: StAW)

rung mit dem erneuten Generalstreik drohten. Am 4. Mai, als der Einmarsch der Reichswehr ins Bergische kurz zuvor beschlossen worden war, erschien ein Aufruf an die Arbeiterschaft, sich nicht zu einem neuen Kampf provozieren zu lassen.[68] Er war von Otto Braß, dem Chef der USPD und Wilhelm Ullenbaum unterschrieben.

Wilhelm Ullenbaum war schon seit den Sozialistengesetzen einer der führenden Elberfelder Sozialdemokraten. 1989 war er einer der Elberfelder Genossen, die sich gemeinsam mit August Bebel und vier anderen sozialdemokratischen Reichstagabgeordneten, im „Geheimbundprozeß" vor dem Elberfelder Landgericht rechtfertigen mussten.[69] Im Oktober 1890 tauchte er in den Polizeiberichten auf, weil er auf den Versammlungen der „Deutsch-sozialen" gegen deren Antisemitismus polemisiert hatte. 1892 vertrat er die Elberfelder Sozialdemokraten auf dem Parteitag in Berlin. Seit dieser Zeit bis 1926 war er Geschäftführer der Zeitung „Freie Presse". In der Weimarer Zeit war er Stadtverordneter in Elberfeld und später in Wuppertal.[70]

Die Besiegten vom März – im Juli die Ankläger
27.7.1920 – Paradestraße 75/ Ecke Wülfingstraße (4)

Im Eckhaus Paradestraße 75 befand sich die Redaktion der neu gegründeten USPD-Zeitung „Volkstribüne". Das Büro der USPD wurde gleich neben dem Gebäude der SPD in der Robertstraße 6 eingerichtet. Hier arbeitete Otto Ibanez[71] in seiner Funktion als Vorsitzender der USPD. Die räumliche Nähe zum alten Parteigebäude Robertstraße/Ecke Wilbergstraße unterstrich sicherlich auch den Anspruch der USPD auf die Fortsetzung der alten Parteitradition und den Besitz des lokalen Parteieigentums. Während die Untergeschosse des Hauses an der Paradestraße (Redaktion und Verlag) noch erhalten sind, wurden die Häuser in der Robertstraße zerstört.

Die USPD hatte bei den Wahlen im Juni 1920 ihren politischen Höhepunkt erreicht. In Wuppertal und weiten Teilen des Bergischen Landes war sie sogar die stärkste politische Kraft geworden. Doch der reaktionäre und militaristische Einfluss im Heer, in der Justiz und im übrigen Staatsapparat war ungebrochen. Diese Kräfte versuchten, die linken Parteien und den Arbeiteraufstand vom März 1920 zu kriminalisieren.

Ab Mai fanden in vielen Arbeiterhaushalten entwürdigende Hausdurchsuchungen durch die Sipo statt. Viele an den Kämpfen Beteiligte mussten für eine Zeit lang untertauchen, weil sie die Denunziation eines Nachbarn nicht ausschließen konnten. Eine Reihe von Kämpfern wurden im „Sennelager“, einem berüchtigten großen Gefangenenlager der Freikorps bei Sennestadt in Westfalen, festgehalten.

Die Elberfelder Staatsanwaltschaft erhob Anklage gegen Oskar Hoffmann, den Redakteur der „Volkstribüne“. Akten der Reichswehr und der Sipo wären in der Zeit, als der Aktionsausschuss die Stadt verwaltete, entwendet worden. Oskar Hoffmann hatte unter Benutzung interner Akten im April einen Aufsehen erregenden Artikel über die Strukturen der Sipo geschrieben.[72] Am 27. Juli fuhren drei schwere LKW mit Soldaten am Büro der „Volkstribüne“ vor. Sie durchsuchten die Räume nach belastendem Material – jedoch vergeblich. Das gleiche spielte sich in der Privatwohnung von Oskar Hoffmann und in den Büros des Arbeiterrates im Elberfelder Rathaus ab.[73] Die im März besiegten Offiziere konnten sich nun, im Juli, wieder als Herren fühlen!

Die in Bielefeld getroffenen Vereinbarungen und das Abkommen der Regierung mit den Gewerkschaften, in denen die Demokratisierung des Staates zugesagt worden war, blieben unbeachtet. Diese Enttäuschung und die Verfolgung und Kriminalisierung trug zur weiteren Radikalisierung vieler USPD-Anhänger bei, die schließlich im Oktober zur Spaltung führte.[74]

Als die Regierung am ersten August eine „Generalamnestie“ erliess, wurde auch das Verfahren gegen Oskar Hoffmann u.a. und die Gefangenen des Sennelagers konnten heimkehren. Doch auch alle Offiziere, die am Putsch beteiligt waren, und die vielen Morde, die im Ruhrgebiet nach dem Einmarsch der Reichswehr von den Soldaten begangen worden waren, blieben straffrei. Das Vertrauen in den Rechtsstaat war bei viele Arbeitern gebrochen.

Eine „Journalistenschule“ am Paradeberg (4)

Nach einem heftigen Streit um den Besitz der Zeitung „Freie Presse“ und einer kurzzeitigen Besetzung des Gebäudes war im Dezember 1918 die USPD-Zeitung „Volkstribüne“ gegründet worden.

Die „Volkstribüne“ wurde im Gegensatz zur „Freie Presse“ nicht offizielles Organ der Partei sondern „Publikationsorgan der Freien Gewerkschaften und der Arbeiterräte von Barmen und Elberfeld“. Die Zeitung wurde von einer eigens gegründeten Verlagsgenossenschaft herausgegeben, so dass neben den Redakteuren nicht allein eine Partei sondern die jeweiligen Genossenschaftsmitglieder Einfluß auf ihre Entwicklung hatten. Auch dies war ein Versuch der Demokratisierung der Presse.

Die Redaktion der neuen Zeitung übernahmen erfahrene Redakteure der „Freien Presse“ wie Max Löwenstein[76] und Oskar Hoffmann. Die Leitung übernahm Walter Stoecker, ein später sehr bekannter Kommunist (vgl. Kurzbiographie). Auch zwei junge Mitarbeiter waren 1920 hier beschäftigt, die nach 1945 in der Kommunal- und Landespolitik wie auch in der regionalen Presselandschaft noch eine wichtige Rolle spielen sollten. Ohne die heute übliche schulische Vorbildung machten sie ihre ersten journalistischen Erfahrungen unter der Anleitung eines Autodidakten wie Oskar Hoffmann.

Hermann Herberts jun. war kaufmännischer Angestellter bei einer Cronenberger Werkzeugfabrik. Seit 1919 hatte er das Amt des Parteisekretärs der USPD in Remscheid-Cronenberg übernommen und arbeitete als Verlagskaufmann im Verlag der Volkstribüne. Hier entwickelte sich sein großes Interesse an der journalistischen Arbeit, das seinen weiteren Lebensweg maßgeblich bestimmen sollte.[77] Hier sammelte er erste Erfahrungen unter der Anleitung von Hoffmann und Löwenstein.

Alfred Dobbert, ein junger Riemendreher aus Barmen, war ein wichtiger Funktionär des Jugendverbandes der USPD. Als Bezirksjugendleiter und Sekretär der Gewerkschaftskommission Elberfeld-Barmen schrieb er häufiger Artikel zu seinem Arbeitsgebiet. Hieraus wurde sein Beruf.

Seit Februar 1921 wurde er Redakteur der „Volkstribüne“. Als sich 1922 die USPD wieder mit der SPD zusammenschloss, wurde die „Volkstribüne“ zugunsten der älteren „Freien Presse“ aufgegeben. Oskar Hoffmann und Alfred Dobbert wurden in die neue Redaktion übernommen.

Hermann Herberts besuchte 1921, während seiner Zeit bei der Volkstribüne, für einige Monate die Heimvolkshochschule Tinz,[78] um seine Kenntnisse auszubauen. Später erhielt er die Chance, als Redakteur zunächst bei der Freien Presse in Hagen (1927) und 1929 bei der renommierten „Leipziger Volkszeitung“ zu arbeiten. Diese Zeitung war eine der ältesten sozialdemokratischen Lokalblätter und hatte sich unter dem langjährigen Chefredakteur Franz Mehring zu einem der wichtigsten Arbeiterblätter in Deutschland entwickelt.

Alfred Dobbert wurde zwischenzeitlich Redakteur des „Rhein Echo“ in Düsseldorf, später bei der „Meißener Volkszeitung“, der örtlichen Zeitung der (V)SPD in Sachsen, wo sich derzeit auch sein Freund Hermann Herberts aufhielt. In Sachsen machte der Mann aus Langerfeld einen so guten Eindruck, dass er zunächst in den sächsischen Landtag, im September 1932 sogar in den Reichstag gewählt wurde. Die beiden Journalisten kehrten später in ihre Heimatstadt Wuppertal zurück. Nach 1945 erwarben sie sich beim Aufbau eines sozialdemokratischen Pressewesen im Rheinland Ansehen. Sie arbeiteten nun zusammen beim „Rhein-Echo“. Dobbert als Chefredakteur, Hermann Herberts war sein Stellvertreter. Später setzten sie ihre Arbeit bei der NRZ in Düsseldorf fort.[79]

Alfred Dobbert – von der „Volkstribüne“ in den Reichstag (4)

„Das Tuch zwischen mir und der SPD ist endgültig zerrissen!“ Diese Worte hatte der junge sozialdemokratische Funktionär Alfred Dobbert bei einer Kundgebung im Jahr 1919 in die Menge auf dem Langerfelder Marktplatz gerufen. So erzählte es der alte Sozialdemokrat und Vizepräsident des Landtages von NRW, Alfred Dobbert, seinem jungen Genossen von der SAJ, Heinz Chiganowsky.[80]

Alfred Dobbert wurde am 2.1.1897 in eine sozialdemokratischen Familie in Langerfeld[81] geboren. Die Familie Dobbert führte vermutlich die kleine Bibliothek der Langerfelder Sozialdemokraten. Frau Kraus, die sozialdemokratische Bürgermeisterin von Wuppertal, berichtet, dass ihre Mutter schon in den Jahren vor 1914 von Wichlinghausen nach Langerfeld ging, um bei Dobberts Bücher abzuholen.[82] Alfred Dobbert lernte das für Barmen typische Handwerk des Riemendrehers. Schon als 15jähriger wurde er Mitglied der „Sozialistischen Arbeiterjugend“ und des Textilarbeiterverbandes. In seinem Lehrbetrieb „Kaiser & Dicke“ arbeiteten einige aktive Sozialdemokraten und Gewerkschafter. Diese Vorbilder wurden zu entscheidenden Wegweiser für Dobberts weiteren Lebensweg.[83] Albert Wolferts, der bekannte sozialdemokratische Stadtverordnete in Langerfeld wurde zum politischen Ziehvaters des jungen und politisch aufgeweckten Riemendrehers.[84]

Durch seine Erfahrungen als junger Soldat im Ersten Weltkrieg wurde er, wie

Alfred Dobbert (1929-1979)

so viele seiner Generation, zum entschiedenen Kriegsgegner. Nach seiner Rückkehr aus dem Krieg schloss er sich so der „Unabhängigen" SPD an.

Durch sein gewerkschaftliches Engagement in seinem alten Lehrbetrieb wurde er schon bald zu einem der wichtigsten Funktionäre in der Gewerkschaft und seiner Partei. Vor allem in Langerfeld war er in diesen Jahren aktiv. Im Februar 1920 wurde der junge Mann zum hauptamtlichen Sekretär der Gewerkschaftskommission Barmen-Elberfeld gewählt. Somit wurde er zur rechten Hand des Gewerkschaftsvorsitzenden Paul Sauerbrey,[85] dem wichtigsten Träger des Aufstandes in den Wupperstädten. Als der Aktionsausschuss der Arbeiterparteien am 18.3. nach dem Sieg der Arbeiter in Elberfeld auch in Langerfeld die Macht übernahm, war Dobbert eines der Mitglieder. In diesen Monaten erschien sein Name häufig in den Arbeiterzeitungen: Er sprach im „Kortschen Saale" am Langerfelder Markt, dem Gebäude, in dem heute die Stadtteilbibliothek untergebracht ist, auf einer Veranstaltung der Langerfelder Schulgesellschaft zur „Freien Schule".[86]

Am 22.3. war er Redner in der Stadthalle Barmen, als es um die Versorgung der Hinterbliebenen ging. Im April organisiert er als Bezirksleiter der „Sozialistischen Proletarierjugend"[87] des Bezirks Niederrhein das Pfingsttreffen am Schloss Hardenberg in Neviges.[88] Die Geschäftsstelle der Bezirksleitung befand sich in der Außenstelle der Barmer Gewerkschaften Allee 237.

Als im März 1921 auf dem Ehrenfriedhof in Elberfeld die Gedenkstätte für die Märzopfer eingeweiht wurde, hielt Alfred Dobbert die Festrede. Mittlerweile war er Redakteur der Bezirkszeitung der USPD, des „Rhein Echo".[89]

1923 folgt er einem Angebot der Textilarbeitergewerkschaft in Sachsen. Dort ist er zunächst Gewerkschaftssekretär und ab 1924 Redakteur der „Meißener Volkszeitung". Hier begann auch seine parlamentarische Karriere: zunächst Stadtrat, 1926-1930 Mitglied des sächsischen Landtags und ab 1931 sozialdemokratischer Reichstagsabgeordneter. Hier hielt er, für einen Neuling eher ungewöhnlich, im Februar 1931 als Wirtschaftsexperte seiner Fraktion die Etatrede.[90] Er traf hier auf den ersten Leiter der Elberfelder „Volkstribüne", Walter Stoecker, der mittlerweile als Fraktionssprecher der KPD zu seinem politischen Gegner geworden war. Während der nationalsozialistischen Herrschaft kam der Reichstagsabgeordnete Dobbert zweimal in „Schutzhaft" und arbeitete im Versicherungswesen. Er hielt jedoch Verbindung zu seinen alten politischen Freunden, u.a. zu den ehemaligen Redaktionskollegen aus Elberfeld, Hoffmann und Herberts. Die beiden anderen Kollegen von 1921, Walter Stoecker und Max Löwenstein, sind in diesen Jahren von den Machthabern ermordet worden.[91] Nach der Befreiung im November 1945, wurde er von den Besatzungsmächten in die Wuppertaler „Stadtvertretung" berufen. Als im März 1946 die erste Märzfeier an den neu errichteten Gräbern auf dem Ehrenfriedhof Barmen stattfand, war Alfred Dobbert, als Mitglied des SPD-Bezirksvorstands Niederrhein, gemeinsam mit dem Kommunisten Willy Spicher[92] der Festredner. Dazu zitiert die kommunistische Zeitung „Freiheit" den Redner Dobbert mit den Worten: *„Wir sind wieder da, um unsere Toten des März 1920 zu ehren, die für den Sozialismus und die Einheit Deutschlands gefallen sind. Diese Toten mahnen uns, die Lebenden, zu kämpfen, damit die Erde ganz frei werde."* [93]

Alfred Dobbert wurde selbst Chefredakteur der SPD-Zeitung „Rhein Echo" und wirkte ab 1948 als ehrenamtlicher Bürgermeister von Wuppertal über 2 Jahrzehnte in der Kommunalpolitik mit. 1947, bei der ersten Landtagswahl, wurde er direkt in den Landtag gewählt. Er übte bis 1966 dort das Amt des Vizepräsidenten aus. Beruflich war er im Management der Provinzial-Versicherung tätig. Alfred Dobbert hatte sich weit über seine Partei hinaus, bei linken wie rechten politischen Gegnern, durch seine aufrechte und herzliche Art Sympathien erworben. Dies drückte sich auch in verschieden offiziellen Auszeichnungen aus.

Er starb am Buß- und Bettag im Jahr 1975 und wurde auf dem Friedhof in Unterbarmen bestattet.

USPD – Aufstieg und Fall einer Arbeiterpartei (4)

1916, bei dem parteiinternen Streit um die Haltung zum Krieg, hatte sich die große Majorität der Wuppertaler SPD-Mitgliedschaft den Kriegsgegnern in der unabhängigen SPD (USP) angeschlossen.[94] Nicht nur linke Sozialdemokraten, sondern auch die „Reformisten" wie Eduard Bernstein, die den Krieg ablehnten, betrachteten die „Unabhängigen" als ihre politische Heimat. Anhänger dieser Partei waren die eigentlichen Akteure der Novemberrevolution. Die junge Partei erhielt erneut starken Zulauf und war mit Abstand die mitgliederstärkste Partei im Wuppertal.

Wie stark das Interesse an den politischen Organisationen gegen Ende des Krieges gewachsen war, ist auch daran zu erkennen, das USPD im Bezirk Niederrhein nach dem Krieg, im Jahr 1920, ca. doppelt so viele Mitglieder hatte, wie die alte gemeinsame Partei (SPD) vor dem Krieg im Jahr 1914.[95]

In der kurzen, aber bewegten Geschichte der USPD markieren die Ereignissen um den Kapp-Putsch die Hochphase dieser Partei. Während sie bei den Wahlen zur Nationalversammlung in Wuppertal nur auf 11% gekommen war, wurde sie im Juni 1920, drei Monate nach dem Arbeiteraufstand, mit 32 % der Stimmen auch bei den Parlamentswahlen zur stärksten Partei. Selbst auf nationaler Ebene lag sie mit 19 % der Stimmen nur knapp hinter der SPD. Nicht zuletzt wegen der Ergebnisse des Arbeiteraufstandes wandten sich große Teile der Arbeiterschaft enttäuscht von der Regierungspartei SPD ab und wählten links. Die SPD erreichte reichsweit nur noch 21% und im Wuppertal sogar nur 10% der Stimmen.

Die Enttäuschung führte zu Radikalisierung und einer weiteren Spaltung: Im Oktober 1920 vereinigte sich der linke Flügel der USPD mit der damals noch kleinen KPD. Im Gegensatz zum Parteitag in Halle billigte in Wuppertal nur der geringere Teil der Mitglieder diese Vereinigung (vgl. Kap. 7, Volkshaus). Die Majorität verblieb in der USPD und schloß sich 1922 wieder mit der SPD zur vereinigten (V)SPD zusammen. So auch Oskar Hoffmann, Max Löwenstein, Alfred Dobbert und Hermann Herberts. Zu diesem Zeitpunkt wurde auch die Zeitung „Volkstribüne" zugunsten der traditionsreicheren „Freien Presse" aufgelöst. Die kurzzeitig stärkste Arbeiterpartei hatte sich zwischen den beiden extremen Flügeln der Arbeiterbewegung, der linksradikalen KPD und der staatstragenden SPD aufgerieben und einen tiefen, nicht zu überwindenden Graben hinterlassen.

Walter Stoecker – ermordet in Buchenwald (4)

Mitbegründer und erster Chefredakteur der „Volkstribüne" war Walter Stoecker (1891-1939).

Walter Stoecker wurde in Köln geboren. Er war in der sozialdemokratischen Jugendbewegung aktiv und wurde 1910 zum Vertreter der Jugendgruppen des Rheinlandes gewählt. Mit Friedrich Ebert, damals als Mitglied des SPD-Parteivorstandes zuständig für Jugendfragen, hatte Stoecker im Jahr 1908 eine Aufsehen erregende öffentliche Kontroverse über die Autonomie der Jugendgruppen. Seit dieser Zeit hatte er intensive Kontakte zu den sozialdemokratischen Jugendgruppen im Wuppertal. Walter Stoecker wurde 1913 Lokalredakteur bei der „Rheinischen Zeitung" in Köln und schloss sich 1917 den Kriegsgegner in der USPD an. Während des Krieges organisierte er den Widerstand der sozialdemokratischen Jugend so auch der Wuppertaler Jugendgruppen. Gerade die hiesigen Jugendgruppen waren mutig genug, im allgemeinen Kriegstaumel zum Kriegsbeginn am 1. August 1914 eine Friedensdemonstration mit 800 Jugendlichen vor dem Elberfelder Rathaus abzuhalten.[96] Die Jugendlichen waren es, die auf einer illegalen Maikundgebung in den Ronsdorfer Steinbrüchen auch während des Krieges im Jahr 1915 die internationalistische Tradition der Sozialdemokratie aufrechterhielten.[97] Zu Beginn der Novemberevolution kam Walter Stoecker nach Elberfeld und wurde von der örtlichen USPD als Mitglied des Arbeiter- und Soldatenrates Elberfeld benannt. Er wohnte bei Otto Dattan,[98] einem alten Bekannten aus der Jugendbewegung und galt als Wortführer des linken Parteiflügels. Die von ihm eingebrachten Resolutionen versuchten, im Konsens mit vielen Mehrheitssozialdemokraten, die Bedeutung der Arbeiterräte zu stärken.

Walter Stoeker, erster Chefredakteur der „Volkstribüne". (Foto Könnemann 1972)

Bei dem Streit um den Besitz der einst gemeinsamen Parteizeitung „Freie Presse", leitete er im November 1918 gemeinsam mit Paul Sauerbrey in einer nächtlichen Aktion die Besetzung des Verlagsgebäudes in der Robertstraße. Der Handstreich mißlang. So wurde er Chefredakteur der neuen USPD-Zeitung „Volkstribüne". Bei den Wahlen zur Nationalversammlung war er Kandidat der Wuppertaler USPD. Doch mit 11% verfehlte er (knapp) ein Mandat. Bei der Kommunalwahl im März wurde er jedoch in die Elberfelder Stadtverordnetenversammlung gewählt. Doch dieses Mandat übte er nicht lange aus. Im Juni 1919 wurde er Sekretär beim Zentralkomitee der USPD. Als solcher weilte er in Berlin und hatte großen Anteil an der Niederschlagung des Kapp-Putsches.[99]

Im Herbst 1920 reiste er mit drei weiteren Vertretern der USPD nach Moskau zu Verhandlungen über den Beitritt zur kommunistischen Internationale. Im gleichen Jahr wurde er Mitglied des Reichstages, dem er ununterbrochen bis 1933 angehörte. Im Oktober beteiligte er sich im Elberfelder „Volkshaus" an der heftigen Debatte über den Zusammenschluss mit der KPD. Er stimmte für diese Vereinigung und wurde 1921 kurzzeitig, gemeinsam mit Heinrich Brandler, Vorsitzender der Partei. 1924 wurde er Vorsitzender der KPD-Reichstagsfraktion.

Seine Aufsehen erregendste Aktion startete er 1928. Als Fraktionsvorsitzender beantragte er, die 9,3 Millionen Mark, die für das erste große Aufrüstungsprojekt nach dem verlorenen Krieg, dem Bau eines Panzerkreuzers, vorgesehen waren, zur Speisung von Schulkindern zu verwenden. Aus dieser politischen Kontroverse entwickelte sich ein Volksentscheid. Noch einmal kam es zu einem gemeinsamen Vorgehen der beiden Arbeiterparteien. Doch das Anliegen fand nicht die erforderliche Mehrheit. Diese Aktion war die letzte, die Sozialdemokraten und Kommunisten zusammenführten. Walter Stoecker war einer der ersten, die nach der Reichstagsbrandprovokation verhaftet wurden. Er durchlief verschiedene Lager und starb 1937 an den Folgen von Mißhandlungen und Hunger im KZ Buchenwald.[100]

Die Eisenbahndirektion – das Logistikzentrum des Aufstandes *25.3.1920, Döppersberg/ Bahnhofstraße (5)*

Durch die Streikerfahrungen im Januar (vgl. Kapitel 1) waren die Eisenbahner im Rheinland hochpolitisiert. Als kurz nach dem Putsch in Berlin, am Vormittag des 13.3., die Arbeiterparteien und Gewerkschaften zusammentraten, um Gegenmaßnahmen zu beraten, war neben dem Vertreter der freien Gewerkschaften auch ein Vertreter des Eisenbahnerverbandes anwesend.

Der Bezirksleiter Brockmann erklärte unverzüglich die „Solidarität im Kampfe gegen die Reaktion".[101] So hieß es im gemeinsamen Aufruf: „Die Eisenbahner werden aufgefordert, jede Beförderung von Truppen und Munition strikt abzulehnen. Die Beförderung von Lebensmitteln ist unter Kontrolle aufrechtzuerhalten."[102]

Auch bei den Kämpfen am 16. und 17. März fällt die Beteiligung der Eisenbahner ins Auge. Einer der gewerkschaftlich engagierten Eisenbahner war Rudolf Wilms aus dem Stadtteil Ostersbaum – am 17. März ist er gefallen. Er wurde auf dem Ehrenfriedhof in Elberfeld bestattet.[103]

In diesen Tagen und Wochen des Aufstandes der Arbeiterschaft im rheinisch-westfälischen Industriegebiet spielte die Eisenbahndirektion Elberfeld wiederum eine wichtige Rolle.

Am 19. März, dem Tag, an dem Remscheid von den Freikorps befreit und die Vereinbarung über das Ende des Generalstreiks mit der Regierung erzielt wurde, bildet sich bei der Eisenbahndirektion ein Aktionsausschuss der drei Eisenbahnergewerkschaften.[104] In einer gemeinsamen Anzeige mit der Eisenbahndirektion gab der Ausschuss bekannt, dass er die Maßnahmen zur Wiederaufnahme des Verkehrs nach dem Abbruch des Generalstreiks kontrollieren werde. Darüber hinaus wollte er die Verbindung der Eisenbahnverwaltung zu den örtlichen Aktionsausschüssen aufrecht erhalten.[105] Insbesondere dürfe nach Vorstellungen der Gewerkschaften kein Militär transportiert werden. Diese Anzeige war auch von dem Eisenbahndirektionspräsidenten Denicke unterschrieben. Die alten kaisertreuen Beamten, die im Februar 1919 noch die Hilfe des Freikorps Niederrhein angefordert hatten, sollten ausgeschaltet werden.

Täglich kamen Anfragen und Anforderungen von den örtlichen Aktionsausschüssen und den Arbeiterwehren, um die anstehenden Transporte von Lebensmitteln, Waffen und Truppen durch die Bereitstellung von Sonderzügen zu regeln. So wurden die Elberfelder und Barmer Arbeiterwehren, als die bedrohlichen Nachrichten von der Front bei Wesel kamen, unmittelbar von der Beisetzung der Gefallenen in Elberfeld mit Sonderzügen an die Front im nördlichen Ruhrgebiet gesandt.[106]

Der Zentralrat, wie auch einzelne örtliche Aktionsausschüsse hatten mit dem Ausland Kontakt aufgenommen und erreicht, dass dringend erforderliche Lebensmittel gegen Kohle aus dem Ausland geliefert wurden.[107] Dieser Handel wurde über das Schienennetz abgewickelt.

Am 25.3.1920 findet sich erneut eine Bekanntmachung des „Deutschen Eisenbahner-Verbandes“, Bezirksleitung Elberfeld, in der „Freien Presse“, die darauf hinweist, das zukünftig alle Zuganforderungen ausschließlich an den Aktionsausschuss der Eisenbahndirektion Elberfeld zu richten sind. Hatte es in der Anzeige vom 22.3. noch geheißen: „In den Betrieb greift der Aktionsausschuss nicht ein“, so übernahm der Ausschuss nun direkt die Verwaltung. So wurden die nicht ausreichenden Transportkapazitäten wenigstens zentral koordiniert, „um nicht zu Zuständen zu kommen, die zur Anarchie treiben“.[108]

Im weiteren erging die Anordnung, dass die Posten der Bahnpolizei ausschließlich aus gewerkschaftlich organisierten Bahnarbeitern bestehen dürften. Diese Posten spielten eine wichtige Rolle bei der Unterbindung von Schieber- und Schleichhandel, vor allem mit Lebensmitteln. Beschlagnahmte Sachen und festgenommene Personen sollten den örtlichen Aktionsausschüssen zur Verfügung gestellt werden.[109]

Als sich wenige Tage später ein „Zentralrat für das Aufstandsgebiet in Essen“ konstituierte, waren auch zwei Vertreter des Eisenbahnerverbandes unter den 16 verantwortlichen politischen Funktionären.[110] Die Verwaltung und Kontrolle des Eisenbahnverkehrs wurde in dieser angespannten Situation durch die Bahnarbeiter selbst übernommen. Die Fäden dieser Organisation liefen in der Elberfelder Eisenbahndirektion zusammen. Später hatte der Zentralrat in Barmen, in unmittelbarer Nähe zu Elberfeld, seinen Sitz. So war die Bedeutung, die dieses Gebäude für die Organisation des Aufstandes im gesamten rheinisch-westfälischen Industriegebiet innehatte, nicht zu unterschätzen.

Auf der anderen Seite der Bahngleise, in der Distelbeckerstraße, wurde 1906 Wolfgang Abendroth[111] geboren. Später sollte er einer der namhaften Professoren werden, die die studentische Generation von 1968 und die Herausbildung einer „neuen Linken“ in Westdeutschland entscheidend beeinflussten.

Die Stadthalle in Zeiten der Revolution
Stadthalle Elberfeld Bahnhofstraße (6)

Die Stadthalle ist eines der bedeutendsten Bauwerke der Stadt Wuppertal. Als sie um die Jahrhundertwende gebaut wurde, war sie Ausdruck des stolzen Bürgersinns der wohlhabenden Elberfelder. Vor allem mit ihren Spenden konnte sie errichtet werden. Die Sozialdemokraten, damals schon stärkst politische Kraft in der Stadt, durften sie allerdings nicht für ihre Versammlungen nutzen, obwohl sie 5.000 Taler gespendet hatten, die ihnen dann nach einem entsprechenden Prozeß zurückerstattet werden mußten.[112]

Als das Kaiserreich in seinen Grundfesten erzitterte, wurde diese Bastion des Bürgertums jedoch zum Ausgangspunkt revolutionärer Impulse. Im Oktober 1918 sprach hier Wilhelm Dittmann, der Remscheider Reichstagsabgeordnete und Gegenspieler von Friedrich Ebert, der gerade aus dem Gefängnis entlassen worden war. In einer großen Freudendemonstration wurde er durch die Stadt geleitet. In der Stadthalle forderte er die „soziale Republik" „mit dem Zuchthäusler (Karl) Liebknecht[113] als Präsident".[114]

Als einige Wochen später tatsächlich die Revolution von den Kieler Matrosen ins Land getragen wurde, ist in der Stadthalle in einer großen Volksversammlung am 9. November der Arbeiter- und Soldatenrat bestätigt und die deutsche Republik ausgerufen worden – einen Tag bevor dies in Berlin geschah.[115]

Im Februar 1920 hatte hier die Gründungsversammlung von sieben Bauarbeiterorganisationen stattgefunden, welche die „Bergische Bauhütte"[116] als ersten genossenschaftlichen Baubetrieb gründeten.

Auch im März 1920 fanden hier die Vollversammlungen der „Revolutionären Betriebsausschüsse" statt, die dem Aktionsausschuss der Arbeiterparteien die

Die Leichenwagen mit den Opfern der Kämpfe an der Stadthalle Elberfeld. (Foto: Prof. Heinz Engelhard)

demokratische Legitimation gaben. Im Februar und März des Jahres 1920 waren diese Wahlen kurz nach Verabschiedung des Betriebsrätegesetzes durchgeführt worden. Diese Räte verstanden sich noch als Organe der Revolution vom November 1918. Jeder Betrieb hatte entsprechend der Belegschaftsgröße eine bestimmte Anzahl von Delegierten zu entsenden. So standen dem größten Metallbetrieb der Stadt, die Fa. Jaeger (heute FAG-Kugelfischer) auf der Versammlung am 19. März 196 Mandate zu. Der Aktionsausschuß berief die Versammlungen der Betriebsräte ein, wenn wichtige Ereignissen oder Entscheidungen anstanden.

So geschah dies am 19.3., als es um den Abbruch des Generalstreiks ging, oder am 1. April 1920, wo die Annahme der Ergebnisse von Münster und damit auch die Wiederaufnahme der Arbeit beraten werden musste.

Die Arbeiterfunktionäre betrachteten die Stadthalle auch als wichtigen Veranstaltungsort, an dem die Arbeiterschaft sich Kultur aneignen konnte und so ein Stück Emanzipation gewann.

So veranstalteten die Gewerkschaften in den Tagen des Aufstandes, am 9. April, eigens ein Konzert für Gewerkschaftsmitglieder. Es wurde „Die Schöpfung" von Josef Haydn aufgeführt.[117]

Bezog sich das Konzert auf den „Schöpfungsakt" des Aufstandes? Auch Bernhard Lamp hatte seine Zeitung „Die Schöpfung" genannt. Im Jahr 1921 fand hier dann auch eines der beiden Gründungskonzerte der „Freien Volksbühne des Wuppertals"[118] statt, die gerade mit dieser Zielsetzung gegründet worden war, die kulturelle Beteiligung und Emanzipation des Proletariats zu fördern.

Der Trauerzug am 20.März am Laurentiusplatz. Selbst alle Kirchenglocken läuteten während des Zuges zum Ehrenfriedhof. (Foto: Benninghofen)

„... eine Totenfeier von hier nie erlebten Ausmaßen ...“[119] *21.3.1920 – Stadthalle Elberfeld* (6)

„... das war eine Totenfeier, wie sie das Wuppertal noch nie gesehen hat. Die Tage vom 14.-18. März haben gezeigt, welcher Empörung, welchen Zornes, welcher Kampfentschlossenheit und Begeisterung die Wuppertaler Arbeiter fähig sind. Der gestrige Tag hat gezeigt, welcher unendlichen Liebe und Anteilnahme sie fähig sind.“[120] Mit diesen Worten begann der Bericht der sozialdemokratischen „Freien Presse“ über die Beisetzungsfeierlichkeiten am Sonntag, den 21. März. In der Stadthalle Elberfeld fand die Trauerfeier für die Opfer des 17. März statt. Hier konnten die Menschen noch einmal von ihren Angehörigen und Freunden Abschied nehmen, von den „Helden“, die für die gemeinsamen Ideale gefallen waren.[121] Der Aktionsausschuß hatte dafür gesorgt, dass ein Gräberfeld auf dem Ehrenfriedhof bereitgestellt wurde. Die Familien der Toten konnten entscheiden, ob ihre verstorbenen Angehörigen dort, oder auf einem der konfessionellen Friedhöfe bestattet werden sollten. Die meisten entschieden sich für die gemeinsame Bestattung auf dem Ehrenfriedhof.

Es war angekündigt, das zwischen 11:00 und 13:00 Uhr Abschied von den Toten genommen werden konnte. Doch schon lange vor 11:00 Uhr drängten sich Zehntausende von Menschen auf dem Vorplatz, um Einlass in die Stadthalle zu bekommen.[122] „Stumm und ehrfurchtsvoll“, so berichtet die „Freie Presse“, „gingen die Menschen in einem endlosem Zuge an ihren Toten vorbei....In zwei Reihen waren die Toten im großen Saal der Stadthalle aufgebahrt worden. Die Särge standen inmitten von Blumen und dunklem Grün „in einem Garten der Toten“. 16 Tote lagen hier aufgebahrt.[123] 14 von ihnen hatten bei den Kämpfen am 17.3. am Ostersbaum ihr Leben verloren. Zwei weitere waren am 19.3. bei den Kämpfen um Remscheid gefallen.[124] Der 14jährige Erich Hauck lag als erster in der Reihe. Ernst Roßbach erinnert sich: *„Mein Vater hatte mich mit zu der Trauerfeier genommen. Mein Freund Erich Hauck war auch unter den Toten. Er war am Fenster der elterlichen Wohnung von einer Kugel getroffen worden*[125] *und seine Eltern hatten ihn in einem weißen Sarg gebettet. Er war der jüngste unter denen, die an diesem Tag bestattet wurden.“*[126]

Nachmittags um 15:00 Uhr fand die offizielle Trauerfeier in der großen Halle statt. Ca. 8.000 Menschen konnte der große Saal fassen. Doch rings um, in den Straßen um die Stadthalle, wogte eine Menschenmenge, die ebenfalls innerlich an dieser Feier teilnahm. Die „Freie Presse“ berichtete: „Die nächsten Angehörigen der Toten nahmen auf der mit Oliven und Zypressen geschmückten Bühne Platz. Den Saalraum hinter den Särgen und die Galerien füllten die Abordnungen der Arbeitervereine, Parteiorganisationen, Beamtenorganisationen.“ Der Oberbürgermeister und die Beigeordneten waren an der Spitze einer Abordnung der Stadtverwaltung erschienen. Das städtische Orchester hatte auf dem hinteren Teil der Galerie Platz genommen. Es intonierte einen Trauermarch von Beethoven. Drei Parteivertreter hielten die Ansprachen[127] zu der Trauergemeinde. Quitzau (SPD) beschwor die wiedergewonnene Gemeinsamkeit und den Geist der Kameradschaft, „denn nur dadurch ist es möglich unsere Gegner zu überwinden“. Fritz Charpentier (KPD) zogen die Verbindungslinien zu den „Märzkämpfen“ von 1848 und 1871 und versprach: „Wenn dort droben auf dem Ehrenfriedhof aus den Gaben der revolutionären Arbeiterschaft ein Denkmal errichtet wird ... dann wird am geschichtlichen 18. März jeden Jahres die Arbeiterschaft“ sich „beugen vor den Opfern der Gegenrevolution". Oskar Hoffmann (USPD), sprach von einem „Sieg über den Militarismus, des größten Feindes der Arbeiterklasse". Am Ende Seiner Rede zitierte er den Hymnus von Heinrich Heine „Ich bin das Schwert, ich bin die Flamme", der mit den Worten endet:

Rund um mich her die Leichen meiner Freunde,
aber wir haben gesiegt. Wir haben gesiegt.
Wie jauchzende Triumpfgesänge tönen
die Choräle
der Totenfeier. Wir haben aber weder Zeit
zur Freude
noch zur Trauer. Aufs neue erklingen
die Trompeten.
Es gilt zum neuen Kampf.[128]

Das Sängerkartell der Arbeitermusikvereine sang Uthmann's „Tord Foleson"[129] und der Frauenchor brachte „Dort unten ist Frieden". Als die Toten hinausgetragen wurden, sind sie dort von dem Gewerkschaftsorchester empfangen worden. Der Trauerzug zog hinunter in die Stadt, über den Neumarkt und den Königsplatz (Laurentiusplatz) hinauf zum Ehrenfriedhof am Kiesberg. Überall am Straßenrand standen stumme Menschen. Auch die Kirchengemeinden beteiligten sich an dieser Feier. Für eine halbe Stunde erklangen alle Kirchenglocken. Als die Spitze des Trauerzug den Ehrenfriedhof erreichte, hatte sich das Ende des Zuges an der Stadthalle noch nicht fortbewegt.

In Barmen fand an diesem Tag ebenfalls die Bestattung der Opfer vom 17.3. statt – mit einer ähnlich großen Anteilnahme der Bevölkerung.

Die Grabreihe am Fuße des Ehrenfriedhofes *20.-28.3.1920 – Ehrenfriedhof Elberfeld*

Von der Stadthalle Elberfeld fährt die Buslinie 645 zum Ehrenfriedhof Elberfeld, Ausstieg Endstation. Über den Schwarzen Weg und Königshöher Weg gehen wir zum unteren Eingang des Friedhofs. Gleich hinter der ersten Baumgruppe befinden sich die Gräber der „Märzgefallenen".

Am unteren Ende der damals noch jungen Grabfelder war die Grabreihe für die Märzgefallenen vorgesehen, vielleicht als symbolischer Abschluß des Krieges.[130] An den offenen Gräbern sprach der Gewerkschaftssekretär Johann Busch und Lohage, ein junger Kommunist als Vertreter der Jugend. Als die Toten in die Erde gesenkt wurden, feuerte die Arbeiterwehr Ehrensalven ab. Als alle Kränze niedergelegt waren, brach schon die Dämmerung herein. Die Menschen strömten talwärts.

Ernst Roßbach kann sich erinnern: *„Am Abend, gegen Ende der Trauerfeierlichkeiten, verbreitete sich die Nachricht 'Freikorps rücken im Ruhrgebiet vor'. Von der Feier weg zogen einige Gruppen der Arbeiterwehr gleich zum Bahnhof. Dort wurde ein Zug bereitgestellt, der sie ins Ruhrgebiet brachte*". So wurden die Zeilen von Heine, die Oskar Hoffmann kurz zuvor in der Stadthalle zitiert hatte, nur allzuschnell wahr.

Die Toten, die an diesem Tag beigesetzt worden waren, blieben nicht die letzten in der Reihe.

Einige Tage später verstarb im städtischen Krankenhaus Arrenberg *Rudolf Hilgert,* 28 Jahre, aus der Elberfelder Nordstadt (Friedrich-Schulstr.). Er fiel bei einem Patrouillengang in Lennep bei der Belagerung Remscheids. Die Beisetzung fand am 24. März statt. Ein Trauerzug

Der Platz „Am Mäuerchen“ mit Bismarckdenkmal zu Beginn der 20er Jahre. Hier befand sich die Abschnittsverwaltung der Reichswehr. Später war hier das Wehrkommando der „Roten Armee“. (Foto: StA W)

führte den Leichnam vom Krankenhaus zum Grab. Die „Truppe Ostersbaum“, in der er gekämpft hatte, begleitete ihn auf diesem letzten Gang.

Von den Arbeitersoldaten, die ins Ruhrgebiet gefahren waren, kehrten einige nicht lebend zurück.

So *August Belz* und *Otto Bulwien.*[131] Sie waren am 24.3. bei Wesel gefallen und die Arbeiterwehr Elberfeld hatte sie mit Heim gebracht. Am 28.3. hielt Otto Ibanez, der Vorsitzende des Arbeiterrates,[132] ihnen die Grabesrede.

Sie wurden an den äußeren Grabstellen, neben den in Elberfeld Gefallenen, bestattet. Es ist nicht bekannt, wieviel Kämpfer der Arbeiterwehr Elberfeld in den Wäldern vor Wesel blieben.[133]

Zur weiteren Geschichte der Grabstätte, siehe Kap.11.

Das Wehrkommando der „Roten Armee“ am Mäuerchen

Die Straße „Am Mäuerchen“ war die ehemalige Zufahrtsstraße zur Stadt. Hier lagen prächtige Häuser aus dem letzten Jahrhundert. Zwischen zwei dieser prächtigen Bauten, der Villa „August von der Heydt“ und dem Gebäude der Reichsbank, gleich gegenüber der Alexanderbrücke, lag das Haus des Rentier Wicküler, das vermutlich während des Krieges als Sitz des Bergischen Abschnittskommandos der Reichswehr (vgl. Kap. 1) eingerichtet wurde. In der Nähe, gleich gegenüber der Reichsbank und vor dem damaligen Gebäude der Stadtsparkasse, war ein kleiner Platz, der mit einem Bismarckdenkmal geschmückt war.

Als Elberfeld von der Reichswehr besetzt wurde, sind hier besonders scharfe Absperrungen errichtet worden. Spanische Reiter, Stacheldrahtverhau und Soldaten mit Warnschildern versperrten die Straße.[134] Es kam zu Schüssen und Verwundeten.

Nach der Flucht des Abschnittskommandos wurde in dem Gebäude das lokale Wehrkommando der „Roten Armee“ eingerichtet. Hier wurden die Elberfelder Arbeiterkampfgruppen aufgestellt, die im Ruhrgebiet kämpften. Diese Kampfgruppen basierten meist auf Bekannt- oder sogar Freundschaften. Oft meldeten sich Vereinskameraden, Kollegen aus einem Betrieben, Mitglieder einer lokalen Parteigruppe oder Anwohner aus einem Straßenzug. Sie nannten sich nach politischen Führen oder auch, wie schon erwähnt, nach Orten wie die „Truppe Ostersbaum“. Die Freiwilligen erhielten eine kurze Einführung in der Bedienung der Waffen, bevor sie eingesetzt wurden. Das Wehrkommando war auch verantwortlich für Nachschub von Waffen, Lebensmitteln, Fahrzeugen und Munition. Ein Bericht über einen dieser Elberfelder Kompanieführer stammte von Herrn Karl Eckgold, Jg. 1915,:

„Mein Vater, Jahrgang 1890, war Kattundrucker bei der Fa. Schieper & Baum. Wir, meine Eltern und ich, wohnten damals, im Jahr 1920, in der Königsstraße (heute Friedrich Ebert-Straße) gegenüber den Bayerwerken.

Mein Vater entstammte einer sozialdemokratischen Familie. Mein Großvater Friedrich Eckgold hatte eine eigene Färberei an der Berliner Straße. Er war schon unter Bismarck Sozialdemokrat und hatte während der Sozialistengesetzte sogar im Gefängnis gesessen.

Er hatte vier Söhne. Durch den Weltkrieg hatte er zwei von ihnen verloren. Mein Vater, der jüngste Sohn, war zum Glück nur verwundet worden. Er hatte in Frankreich und Tirol gekämpft und war als Unteroffizier heimgekommen. Hier hatte er sich dann an der Novemberrevolution beteiligt. Er schloss sich der USPD an.

Aus der Zeit den Kapp-Putsches weiß ich aus den Erzählungen meiner Mutter und den Bestätigungen seines Vaters folgendes zu berichten:

Der Vater war hinunter in die Stadt gegangen zum Einkaufen.

Die Freicorpssoldaten hatten die Stadt besetzt und die Situation in der Stadt war sehr zugespitzt. Mein Vater wusste von einem Waffenlager am Ostersbaum noch aus der Zeit der Revolution. Er hatte sich wohl spontan entschlossen, war zu unternehmen. Er war relativ bekannt und beliebt im Viertel und konnte ganz gut reden. So sammelte er Gleichgesinnte und Freiwillige um sich. Die Waffen wurden organisiert und sie bildeten eine Kampftruppe. Vater war dann ca. drei Wochen weg.

Meine Mutter hat sich fürchterlich geängstigt. Niemand wusste, wo er war.

In dieser Zeit bin ich auch unten in der Stadt gewesen und habe den Stacheldrahtverhau vor dem Rathaus gesehen.

Als er wieder kam, gab es einen ziemlichen Krach zu Hause. Ich war damals fünf Jahre alt und habe die Empörung meiner Mutter noch in dunkler Erinnerung, wie mein Vater die Familie so im Stich lassen konnte. Sonst verstanden sich meine Eltern immer gut.

Vater hatte eine Gruppe in Kompaniestärke um sich gesammelt, ca. 80 Leute werden es gewesen sein. Mit dieser Kompanie zog er als Kompanieführer nach Ronsdorf und Remscheid und später weiter (durchs Ruhrgebiet) Richtung holländische Grenze.

Er berichtete auch, das ein befreundeter Parteigenosse, Oskar Witt, die Polizeigewalt in Elberfeld übernommen hatte. Nach seiner Rückkehr war er wohl noch in der USPD aktiv. Doch nach dem Zusammenschluss (1922 mit der SPD) gehörte er weiterhin der Partei, der SPD, an, doch es war eine ruhige Zeit.

Doch die Erzählung, das er bei der Roten Armee Kompanieführer gewesen war, wurde wohl noch lange im Viertel weitererzählt.

Bei meiner Hochzeit kam der Kapp-Putsch auch zur Sprache. Als sich hier mein Vater und mein Schwiegervater aus Ronsdorf zum ersten mal begegneten, rief mein Schwiegervater: 'Mensch dik kenn ick doch, du worst doch och damals beim Wasserturm dabei!' Es stellte sich heraus, das sie beide im März 1920 in Ronsdorf gegen die Kapp-Soldaten gekämpft hatten.“[135]

Palastrevolte im Wehrkommando der Roten Armee *31.3.1920 – Am Mäuerchen 26, Nähe Reichsbankgebäude (7)*

In den letzten Märztagen, als die Hagener Zentrale und die Bezirksleitung der SPD zu einem erneuten Generalstreik gegen den Vormarsch der Reichswehr ins Ruhrgebiet aufgerufen hatte,[136] kam es hier zu einer Revolte von Linkskommunisten, die gewaltsam niedergeschlagen wurde. Der Reichskommissar Severing hatte in Münster einen neuen Kompromiß mit dem Militär vermittelt und eine realistische Frist zum Rückzug bzw. zur Entwaffnung der Arbeiterwehren vermittelt.[137] Diese Entwaffnung betrachteten Teile der Roten Armee und die Linkskommunisten als Kapitulation.

Erhard Lucas[138] schildert die Lage im Bergischen und das Gefecht am Mäuerchen folgendermaßen:

„In Barmen und Remscheid wurde am 1. April der Abbruch des Generalstreiks und die Annahme des Abkommens von Münster beschlossen. In Barmen gab am Vormittag in einer riesigen Versammlung auf dem Karlsplatz Christmann (USP)[139] *eine entsprechende Empfehlung des Aktionsausschusses bekannt; die Verhandlungen in Münster seien zufriedenstellend verlaufen und weiterer Widerstand gegen die aufgebotenen Truppenmassen sei aussichtslos. Scharf zu verurteilen sei, dass in einzelnen Orten Personen die Führung an sich gerissen hätten, die früher nie aktiv in der Arbeiterbewegung gewesen seien und jetzt rücksichtslos nur auf den eigenen Vorteil sähen. Auch an der Front spielten sich einzelne Unterführer … als ‚Ludendorffe‘ auf und erließen Befehle, die in Ton und Inhalt an die wilhelminische Zeit erinnerten. Die Arbeiterschaft ‘wende sich ganz entschieden gegen eine Militärdiktatur von rechts, aber auch gegen jede Militärdiktatur von links’. Gegen wenige Stimmen wurde beschlossen, am Mittag die Arbeit wieder aufzunehmen. Der Oberbürgermeister telegrafierte um 11.55 Uhr an den Regierungspräsidenten ‘Die Waffenabgabe wurde sofort in die Wege geleitet’.“*[140]

Weit größere Widerstände gab es in Elberfeld. Bereits seit Tagen agitierten die Linkskommunisten gegen den „Verrat“ des Aktionsausschusses und der Funktionäre im allgemeinen. Ihren Hauptstützpunkt hatten sie im Wehrkommando der „Roten Armee“ „Am Mäuerchen“.

Am 31. März gegen 22:00 Uhr erschien in der Sitzung des Aktionsausschusses im Rathaus plötzlich ein Beauftragter des Linkskommunisten Hensmann vom Wehrkommando und überbrachte einen Haftbefehl gegen Köster (USPD). Charpentier (KPD) protestierte „gegen diese unerhörte Anmaßung“. Der Aktionsausschuß schickte den Mann weg und beschloß, Hensmann sofort seines Amtes zu entheben. Kaum hatte der Aktionsausschuß seine Sitzung beendet, erschienen rund 70 Bewaffnete unter Führung von Hensmann auf dem Neumarkt und umstellten das Rathaus, in dem sich noch einige Ausschussmitglieder befanden; Hensmann stürmte mit einigen seiner Leute hinein. Da sie sehr aufgeregt vorgingen, konnten die Gesuchten bis auf Charpentier entkommen; dieser wurde die ganze Nacht über im Rathaus festgehalten. Dann schickte Hensmann Kommandos zu den Wohnungen von Ibanetz (USPD), Dröner und Winkelhock (SPD); ersterer wurde angetroffen und verhaftet. Gleichzeitig wurden Bewaffnete auf dem Bahnhof postiert, die die aus Münster zurückkehrenden Delegierten festnehmen sollten. Diese Gruppe stand jedoch anscheinend nicht ganz hinter der Sache, denn als die Delegierten am nächsten Morgen (1. April) ankamen, blieben sie unbehelligt. Etwa zur gleichen Zeit wurden Charpentier und Ibanetz wieder freigelassen.[141] Als am Vormittag etwa 1.000 Vertreter der Betriebsausschüsse von Elberfeld und Vohwinkel[142] zum Abkommen von Münster Stellung nahmen, zeigte sich, dass die Leute um Hensmann vollkommen isoliert waren. Die Vertreter des Aktionsausschusses, Busch (USPD) und Charpentier, erhielten starken Beifall, als sie die „Überradikalen“, die „anarchistischen Quertreiber“, die „Schädlinge der Arbeiterklasse“, und die „dunklen Gestalten“ verurteilten. Einstimmig wurde beschlossen, am Mittag den Generalstreik abzubrechen.[143]

„Nachdem sich die Linkskommunisten öffentlich weigerten, die Waffen abzugeben und sich im Wehrkommando verschanzten, ließ der Aktionsausschuß sie am frühen Nachmittag von der Arbeiterwehr umzingeln. 80 Mann der Arbeiterwehr Remscheid waren zur Unterstützung herbeigeeilt. Als die Eingeschlossenen sahen, daß Widerstand sinnlos war – vom Bismarckdenkmal und der Alexanderbrücke waren Maschinengewehre auf sie gerichtet – ergaben sie sich.[144] Hensmann selbst war bereits am Morgen in Barmen verhaftet worden.“[145]

Die Arbeit wurde am gleichen Tag geschlossen wieder aufgenommen.[146] Die unruhige Zeit schien vorbei und die Abkommen von Bielefeld und Münster sowie das 8-Punkte-Programm der Gewerkschaften, so hofften viele, würden der Republik einen neuen, einen anderen Charakter geben.

Münster – Verhandlungen auf tönernen Füßen *31.3.1920*

Am 31.3. war es in Münster zu einer Konferenz gekommen, zu der Severing eingeladen hatte. Die Einladung ging jedoch, ähnlich wie bei den Verhandlungen in Bielefeld, nur an ausgewählte Vertreter des Ausstandsgebietes. Vor allem das Bergische Land, die Städte Düsseldorf, Remscheid, Elberfeld, Barmen und Hagen waren vertreten. Die Versendung der Einladungen hatte die Elberfelder SPD-Bezirksleitung im Auftrag von Severing übernommen,[147] vermutlich weil die SPD-Bezirksleitung Niederrhein so vehement gegen das Ultimatum des Militärs protestiert hatte. Severing hatte wohl deshalb auch einen Sonderzug aus Wuppertal nach Münster bereitstellen lassen.[148] Repräsentanten des kritischen Abschnittes des Aufstandsgebietes, der Vollzugsrat in Dortmund und das Exekutivkomitee in Duisburg, aber auch der offizielle „Essener Zentralrat“ waren nicht eingeladen worden.[149] Dies entsprach der „Teile-und-herrsche“-Strategie des Reichskommissars Severing.

Die Städte Elberfeld und Barmen entsandten, ebenfalls wie einige Tage zuvor nach Bielefeld, jeweils ein kommunistisches Ausschussmitglied als Unterhändler nach Münster. Für Barmen war es Albert Rennsmann, für Elberfeld Josef Nellessen.

Die Delegierten Nellessen und Rensmann

Über den Abgesandten Josef Nellessen aus Elberfeld[150] ist uns nicht viel bekannt. Er war Feinschleifer und gehörte in den späteren Jahren als KPD-Abgeordneter dem Stadtrat von Elberfeld an.

Albert Rensmann trat in den Tagen des Aufstandes in Barmen als Beauftragter des Aktionsausschusses Barmen häufiger in Erscheinung. Er unterzeichnete gemeinsam mit dem Bürgermeister offizielle Verlautbarungen in den Zeitungen und sprach als Vertreter der KPD auf den Kundgebungen.[151]

Seine Reise als Unterhändler der Stadt Barmen nach Münster war mit Schwierigkeiten verbunden. Schon auf der Hinreise hatte die Reichswehr einige Delegierte festgehalten, so dass bestimmte Städte auf der Konferenz in Münster nicht vertreten waren. Die Wuppertaler Delegierten erfuhren dort von der Verhaftung des in Dortmund bekannten Kommunisten Adolf Meinberg durch die Reichswehr. Die Soldaten des bayrischen Freikorps von Epp[152] hatten ihn „mehrfach verprügelt, schließlich zum Tode verurteilt und in einen Keller gesperrt". Wiederholt hatte man ihn aufgefordert, sich zur Erschießung fertig zu machen. Auf der Zwischenstation in Hamm, nach Mitternacht, stiegen Rensmann und Nellessen aus und verlangten von den Offizieren die Freilassung des Arbeiterführers. Dabei beriefen sie sich ausdrücklich auf die Unterstützung des Reichskommissars Severing.[153] Sie gaben sich selber in die Gefahr, verhaftet zu werden – und erreichten nichts. Erst am nächsten Morgen gelangten in die Wupperstädte, wo einige Linkskommunisten sie erwarteten, um sie zu verhaften.

Es gibt ein Familienfoto der Familie Rensmann, das Albert Rensmann im Kreis seiner Familie und mit seiner Lebenspartnerin Grete Golden zu Beginn der 20er Jahre zeigt. Das Paar war nicht verheiratet und, wie eine Familienanekdote erzählt, Anhänger der Idee der „freien Liebe".[154] Die beiden sind 1924 nach USA ausgewandert und der Kontakt zu den Angehörigen in Barmen ging verlo-

Albert Rensmann (2.v.l.) war Mitglied des Aktionsausschusses. Er führte die Verhandlungen in Münster. Das Familienfoto der Familie Rensmann zeigt weiter, von links, Grete Golden, Albert Rensmann, Hugo Rensmann, Lydya Rensmann, Otto Rensmann sen., Otto Rensmann ,jun., in der Mitte Oma Rensmann. Die damals jungen Neffen Hugo und Otto traten in die politischen Fußstapfen ihres Onkels.

ren. Trotzdem hinterließ Albert Rensmann hier seine Spuren. Die beiden Söhne seines Bruders Otto, der selbst unpolitisch war, traten in die Fußspuren ihres Onkels. Beide wurden engagierte Sozialdemokraten. Hugo Rensmann war über viele Jahrzehnte Betriebsratsvorsitzender in der Konsumgenossenschaft „Vorwärts – Befreiung“ und SPD-Stadtverordneter. Er und sein Bruder wurden 1933 in der SA-Kaserne in der Münzstraße gefoltert.[155]

Ein Telegramm an den Kaiser *16.3.1920 – Luisenstr. 31/Ecke Kasinostr. – Evangelisches Vereinshaus (8)*

Das evangelische Vereinshaus aus dem Jahre 1911 ist ein Zeugnis für die große Bedeutung, die die evangelische Kirche und die mächtigen evangelischen Vereine in den Wupperstädten hatten.

Die evangelischen Arbeitervereine hatte an der ehemaligen Mittelstraße, weiter oben, ihr eigenes Vereinshaus. Schräg gegenüber, in dem alten schönen Fachwerkhaus, saß der evangelische Erziehungsverein, der mit den evangelischen Frauenvereinen in enger Verbindung stand.

An der Spitze der evangelischen Arbeitervereine stand der Gewerkschaftssekretär Wilhelm Koch (1877 – 1950). Er hatte sich schon zu Beginn der Revolution im November 1918 stark für die nationalistische DNVP eingesetzt.[156] Im Januar wurde er als DNVP-Abgeordneter zur Nationalversammlung entsandt. Ebenso die Repräsentantin der evangelischen Frauenvereine, die Oberin Magdalene von Tilling,[157] die auf Reichsebene den Vorsitz der „Vereinigung Evangelischer Frauenverbände“ in Deutschland inne hatte. Sie war gleichzeitig Vorsitzende des „Reichsfrauenausschusses“ der DNVP.[158] So ist es nicht verwunderlich, dass die Deutsch-Nationale Volkspartei ihre Elberfelder Geschäftsstelle im evangelischen Vereinshaus eingerichtet hatte.

Frau von Tilling hatte über dieses Parteiamt möglicherweise direkten Kontakt mit den Putschisten um Wolfgang Kapp. Kapp war ebenfalls Mitlied der DNVP und dort Vorstandsmitglied.

Er saß im Aufsichtsrat der Deutschen Bank und verfügte so über gute Kontakte zur Bankiers und Schwerindustriellen. Unter anderen gehörte auch Geheimrat Carl Duisberg, der Chef der Bayer-Werke, zu den Financiers, die seine militärischen Aktionen im Baltikum förderten.[159]

Schon einige Tage nach dem Kapp-Putsch entfachte sich das Misstrauen gegen die Deutschnationalen in Elberfeld. Am 16.3. berichtet die „Freie Presse“, dass ein Genosse in Barmen ein Telegramm der Deutsch-Nationalen an den Kaiser Wilhelm II. in den Niederlanden abgefangen habe. Dort hieß es:

„Herzliche Glückwünsche zur Revolution! Aufwiedersehen in Deutschland !“ [160]

Mitte April gab es erneut Anlass zur Empörung über den nationalistischen Arbeiterführer Wilhelm Koch. Am 19. April nahm Koch als Fraktionsvorsitzender der DNVP-Ratsfraktion auf Einladung des Bürgermeisters an einer Besprechung mit Staatssekretär Stock teil. Es ging um die mögliche Besetzung des Bergischen Landes durch die Reichswehr. Koch forderte energisch die Besetzung und begründete dies folgendermaßen: Er habe in einem Zugabteil Gespräche von führenden Politikern der Unabhängigen belauscht, in denen zum Ausdruck gekommen sei, dass sie in Elberfeld und Barmen über illegale Waffenlager verfügten. Diese Waffen sollten in Kürze zu einem Putsch der Linken benutzt werden.[161] Auf genaueres Nachfragen des Bürgermeisters, Dr. Hopf, stellte sich diese Geschichte jedoch als Schwindel heraus.[162]

Die DNVP hatte in den Wupperstädten die Unterstützung der traditionell evangelisch-reformierten Unternehmerschicht und der evangelischen Arbeitervereine. So war sie hier die stärkste bürgerliche Partei und lag mit ca. 20 % fast um das Doppelte über dem Reichsdurchschnitt. Später wurde Wilhelm Koch Reichsverkehrsminister.

Margarete von Tilling, die ab 1921 die DNVP im preußischen Landtag vertrat, verdrehte die christlichen Wertvorstellungen von Nächstenliebe in nationalistischer Weise und arbeitete so der „Blut-und-Boden“-Propaganda der Nazis in die Hände. 1924 veröffentlichte sie die programmatische Broschüre „Frau und Kirche“, in der sie die „Volksgemeinschaft“, gegründet auf gemeinsamem Blut und Boden, als die höchste Aufgabe der deutschen Frau propagiert. „Fremdes ist abzutun“.[163] Die Anhängerschaft der DNVP im Wuppertal wurde so für nationalsozialistische Parolen empfänglich.

So ist es nicht verwunderlich, dass Elberfeld schon in den frühen 20er Jahren zu einem Zentrum verschiedenster nationalistischer Organisationen und Geheimorganisationen wurde.

Die „Organisation Consul“ (OC) und der Anschlag auf Philipp Scheidemann *4.6.1922 – Evangelisches Vereinshaus (8)*

Nach dem Scheitern des Putsches wurde die Brigade Erhard, die maßgeblich an dem Putsch beteiligt war, aufgelöst. Dem Chef der Brigade, Korvettenkapitän Erhard, war es jedoch gelungen, einen Großteil seiner Leute als landwirtschaftliche Arbeiter und unter dem Deckmantel einer „Bayrischen Holzverwertungsgesellschaft“ zusammenzuhalten. Daraus entstand die geheime „Organisation Consul“,[164] die über ganz Deutschland verbreitet ca. 5.000 Mitglieder hatte. Auch in Elberfeld hatte diese Organisation im Milieu der nationalistischen Organisationen und Kriegervereine[165] regen Zulauf. Als Tarnorganisation diente die Jugendgruppe des deutsch-völkischen Schutz- und Trutzbundes. In einem großen Park einer Villa im Briller Viertel fanden wehrsportliche Übungen statt.[166] Die in Elberfeld starke DNVP war der politische Arm dieser Bewegung. Auch finanzkräftige Fabrikanten scheinen diese nationalistisch-heroische Terrororganisation unterstützt zu haben. Die „Organisation Consul“ versuchte, durch gezielte politische Morde die Situation anzuheizen und einen Bürgerkrieg zu provozieren, in dessen Verlauf die linken politischen Parteien in Deutschland zerschlagen werden sollten.

Seit 1921 kam es zu einer ganzen Kette solcher Morde: Am 10. Juni 1921 wurde der USPD Abgeordnete Gareis ermordet, am 26. August 1921 der ehemalige Reichsfinanzminister Matthias Erzberger[167] und am 24. Juni 1922 Reichsaußenminister Walter Rathenau.

Am 4. Juni 1922 war auch auf den SPD-Politiker Philipp Scheidenmann ein Anschlag mit Pistolenschüssen und Blausäure verübt worden. Scheidemann war ehemaliger Reichstagsabgeordneter für Solingen und hatte im November 1918 die Republik ausgerufen. Nach dem Kapp-Putsches forderte er die Auflösung der aufrührerischen Truppenteile und eine harte Bestrafung der verantwortlichen Offiziere. Dies machte ihn zum verhassten Mann der OC. Doch der Anschlag in Kassel misslang. Die Ermittlungen führten dabei auch nach Elberfeld.[168] Der Kaufmann und ehemalige Freikorpsangehörige Hans Hustert aus Elberfeld und der Landwirt Karl Oelschläger hatten, per Los, den Auftrag zu dieser Tat erhalten. Beide verkehrten in den deutschvölkischen Kreisen in Elberfeld und gehörten der Jugendgruppe des deutschvölkischen Schutz und Trutzbundes an. Bei den Gerichtsverhandlungen gaben sie zu,

Mitglieder der „Organisation Consul“ zu sein. Die Straftat wurde vor dem Staatsgerichtshof verhandelt, die Täter zu zehn Jahren Zuchthaus verurteilt.[169]

Das „Mekka des deutschen Sozialismus“ – ein brauner Sumpf
12. Juni 1926 – Evangelisches Vereinshaus (8)

Auch wenn in diesem Fall die Justiz energisch eingriff entwickelt sich Elberfeld weiter zu einem Zentrum des Faschismus. Kurze Zeit später wurde hier die Gaugeschäftstelle der NSDAP eingerichtet, wo Goebbels eine eigene Zeitung herausgab. Am 9.10.1925 wurde Elberfeld sogar Sitz der „Geschäftsstelle Nord West“. In dieser „Arbeitsgemeinschaft“ waren sämtliche Partei-Gaue Nord- und Westdeutschlands zusammengeschlossen. Von hier aus wurde von Josef Goebbels die nationalsozialistische Propaganda zentral koordiniert. Die Verbindungen zwischen der NSDAP und der DNVP waren scheinbar fließend. Größere Mitgliederversammlungen konnten die Nationalsozialisten im evangelischen Vereinshaus abhalten. So sprach auch Adolf Hitler am 12. Juni 1926 in diesem Haus als Redner vor einer geschlossenen Mitgliederversammlung.[170] In dieser Zeit schrieb Goebbels in sein Tagebuch: „Elberfeld soll das Mekka des deutschen Sozialismus werden.“[171]

Tour 7:
Rote Fahnen auf dem Ölberg
März bis August 1920

Nach dem Sieg der Arbeiterschaft wurde der Kampf im Ruhrgebiet von der bergischen Arbeiterschaft tatkräftig unterstützt. Als die Niederlagen der „Roten Ruhrarmee" und der Vormarsch der Reichswehr bis zur Ruhr eine große Flüchtlingswelle ins nicht besetzte Bergische Land auslöste, hatte die hiesige Arbeiterschaft eine besondere Verantwortung, den bedrängten Genossen zu helfen.

Von diesem Engagement in dem Arbeiterstadtteil erzählt die Stadtwanderung durch die Elberfelder Nordstadt. Hier wohnten verantwortliche Arbeiterfunktionäre, ungestüme Jugendliche, verfolgte Arbeitersamariter und die Familien der Gefallenen. Hier befanden sich auch kulturelle Einrichtungen der Arbeiterschaft, wie das „Arbeiterbildungsheim", das „Volkshaus" und Verteilungsstellen der Konsumgenossenschaft sowie die Vereinslokale der vielen Arbeiterkulturvereine, auf die wir bei der Wanderung hinweisen werden.

In diesem Stadtteil steht auch der Fabrikbau der Fa. Frowein, eine der typischen Wuppertaler Textilfabriken. Abraham Frowein war damals stellvertretender Vorsitzender des „Reichsverbandes der deutschen Industrie". Sein Verhalten macht die Stellung der Unternehmer bei den Ereignissen im März 1920 deutlich.

Der Stadtteil mit seinen vielen denkmalgeschützten Häusern ist das größte geschlossene Denkmalensemble in Westdeutschland und schon deshalb lohnt sich eine Wanderung durch die alten Straßenzüge.

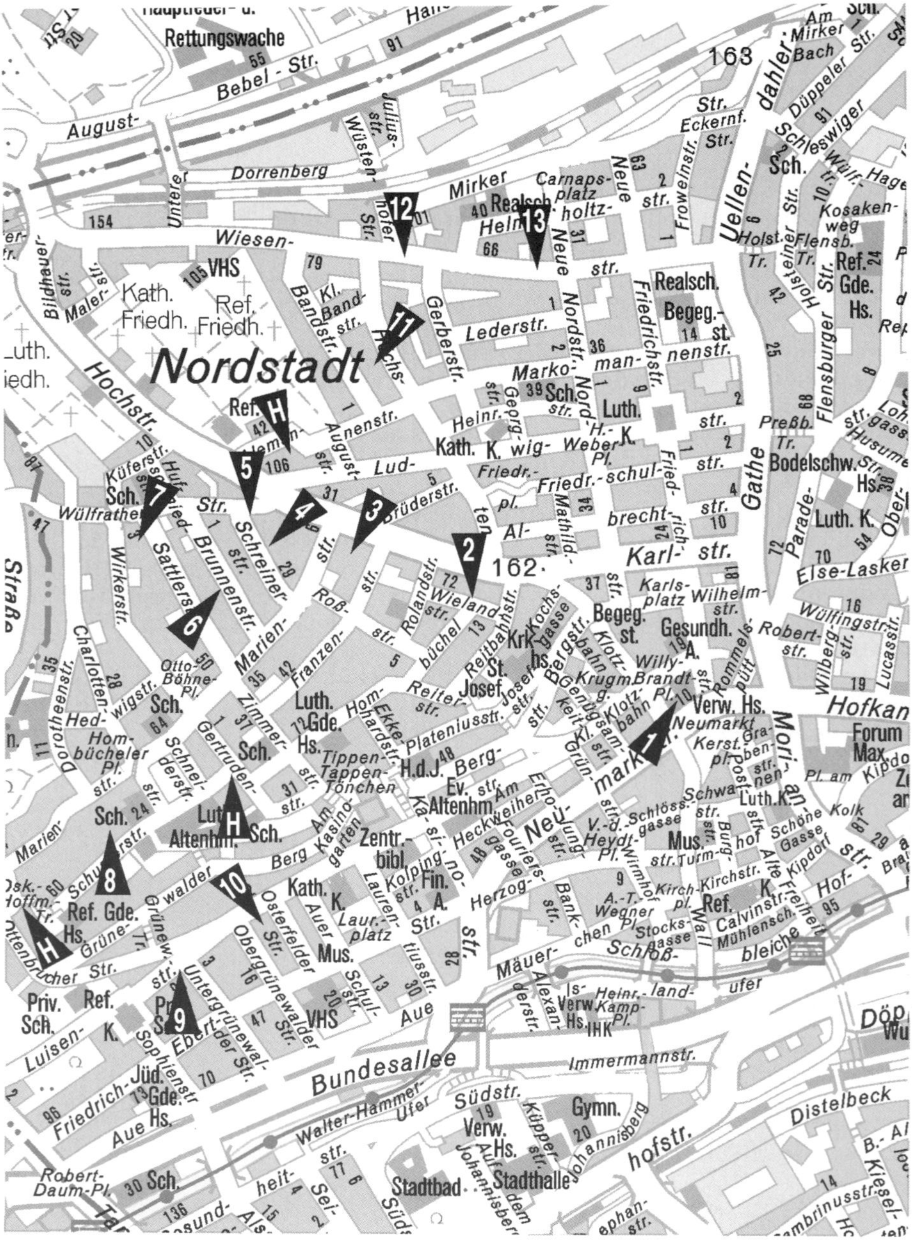

Rettungswache
Bebel-Str.
August-
Dorrenberg
Julius-str.
Wüsten-hofer Str.
Mirker
Carnaps-platz
Neue Str.
Eckernf. Str.
Froweinstr.
Uellendahler Str.
Am Mirker Bach
Düppeler Str.
Schleswiger
Sch.
Wiesen-str.
Holtz-
VHS
Kath. Friedh.
Ref. Friedh.
Luth. Friedh.
Bildhauer-str.
Maler-str.
Kl. Band-str.
Bandstr.
Gerberstr.
Lederstr.
Nordstr.
Friedrichstr.
Realsch.
Begeg.-st.
Nordstadt
Hochstr.
Marko-mannenstr.
Luth. K.
Kath. K.
Kosaken-weg
Holst. Tr.
Flensb. Tr.
Ref. Gde. Hs.
Holsteiner Str.
Flensburger Str.
Preßb. Tr.
Bodelschw.
Gathe
Küferstr.
Hufschmied-str.
Wülfrather Str.
Brunnenstr.
Schreiner-str.
Sattlerstr.
Wirkerstr.
Lud-wig-str.
Friedr.-Engels-Pl.
Friedr.-schul-str.
Albrecht-str.
Mathild.-str.
Karl-str.
Karlsplatz
Wilhelm-str.
Robert-str.
Wülfingstr.
Lucasstr.
Else-Lasker
Hofkan
Forum Max.
Wieland-str.
Rolandstr.
Roßstr.
Marienstr.
Franzenstr.
Charlotten-str.
Otto-Böhne-Pl.
Hedwigstr.
Hombücheler Pl.
Sch.
Zimmerstr.
Gertrudenstr.
Schneiderstr.
Luth. Gde. Hs.
Hom-hardstr.
Tippen-Tappen-Tönchen
H.d.J.
Plateniusstr.
Reiterstr.
St. Josef
Reitbahnstr.
Kochsgasse
Bergstr.
Klotzbahn
Krugm. Pl.
Willy-Brandt-Pl.
Verw. Hs.
Neumarkt
Kerst. Pl.
Grabenstr.
Morianstr.
Neumarkt
Ev. Altenhm.
Heckweiher-gasse
Am Kasino-garten
Zentr.-bibl.
Luth. Altenhm.
Kolpingstr.
Fin. A.
Kasinostr.
Schöne Gasse
Kipdorf
Kolk
Bankstr.
Wall
Mus.
Turmhof
Kirchstr.
Ref. K.
Calvinstr.
Alte Freiheit
Mühlensch.
Hof-Schloß-bleiche
Marienstr.
Ref. Gde. Hs.
Grünewalder
Osterfelder Str.
Obergrünewalder Str.
Kath. K.
Auer Mus.
Laurentiusplatz
Herzogstr.
Mäuerchen
Wegner Pl.
Stocksgasse
Priv. Sch.
Ref. K.
Luisenstr.
Friedrich-Ebert-Str.
Untergrünewalder Str.
Sophienstr.
Jüd. Gde. Hs.
VHS
Schulstr.
Aue
Bundesallee
Alexanderstr.
Verw. Hs.
IHK
Heinr.-Kamp-Pl.
Islandufer
Immermannstr.
Walter-Hammer-Ufer
Südstr.
Verw. Hs.
Gymn.
Johannisberg
Distelbeck
Hofstr.
Stadtbad
Stadthalle
Robert-Daum-Pl.
Sch.
Gambrinusstr.
Kieselstr.
Döp

Teil 1: Ein Spaziergang durch die Elberfelder Nordstadt

Teil 2: Das Mirker Viertel

Rote Fahnen auf dem Ölberg

Als die Innenstadt
im Gaslicht schon erstrahlte,
brannten wir
am Rand der Stadt
Petroleum,
das die Mutter schoppenweis' bezahlte.
Und am Abend ging der Hochbejahrte,
der Laternenmann, mit seiner Stange rum.

Die Laternen scheinen matt,
wo die Armut jeder Stadt
ihre engen Löcher hat.
Und die Straßen,
die mit Gaslicht prahlten,
nannten unser Viertel kurz den „Ölberg",
nach Petroleum.
Auch die Rohre
die wir jetzt in unsern
Straßen haben, brachten
diesen Namen nicht mehr um.

Finster strecken wieder sich die Straßen,
trotzdem jedes Haus am Gaslicht liegt.
Gerne möchte uns die Stadt begasen,
wenn sie dafür einen Sechser kriegt.
Doch den Sechser rechnen Frauen um:
Länger brennt dafür Petroleum ...

In der Stadt brennt heute weißes Licht:
Lichtreklamen wogen auf und nieder!
Auf dem Ölberg brennt schon wieder nicht
gelbes Gas, nein Öl qualmt wieder!
In der Kammer in den Ecken,
auf den Fluren und im Gang,
in der Dunkelheit verstecken
sich die Leute, die sich strecken,
die nicht mehr zum Kampf zu wecken,
weil die Not sie niederzwang!

Auf dem Ölberg wohnen nicht nur alte Leute!
Stadt im Tal, vernehme unsern Schritt!
Wo du blendest, scheinst du selbst in deine Pleite mit!
Auf dem Ölberg wehen rote Fahnen,
die die Dunkelheit in Feuer tauchen!
Und wir jungen, die wir rote Fahnen
tragen,
haben
allen Städten angesagt,
daß wir Licht und Brot und Arbeit brauchen
daß wir holen werden,
was man vorenthält,
nicht für Geld!

Dieses Gedicht veröffentliche Ginkel 1932 in der linken Literaturzeitschrift „Kulturwille".[1] Es erzählt von der Geschichte dieses Viertels und wie es zu seinem Namen kam, den man heute noch häufig hören kann. Emil Ginkel, ein Bandwirker aus Elberfeld, war 1920 einer der Polizisten, die auf Seiten der Reichswehr kämpfen mussten. Für ihn bedeutete dieses Ereignis die Wende in seinem Leben. Er schrieb dieses Gedicht zu Beginn der dreißiger Jahre, als die kapitalistische Wirtschaftskrise den alten Arbeiterstadtteil erneut ins Elend gestürzt hatte.

Teil 1: Ein Spaziergang durch die Elberfelder Nordstadt

Die Wanderung knüpft inhaltlich und chronologisch an Kapitel 4 an. Ausgangspunkt der Wanderung ist der Neumarkt Elberfeld. Auf der Hälfte der Strecke teilt sie sich in zwei Routen, die wahlweise begangen werden können. Der Streckenverlauf ist der Übersichtskarte zu entnehmen.
Route I führt über den „Ölberg" zum Hombücheler Platz. Über die Luisenstraße gelangt man zum Rathaus Elberfeld zurück.

Benefizaufführung im Ratskeller
7.4.1920 – Ratskeller Elberfeld (1)

Am 7. April las man folgende Notiz in der Zeitung: Der Verband der Bühnenbediensteten und Schauspieler (Bühnengenossenschaft) und die „Internationale Artistenloge" gab zugunsten der Hinterbliebenen und verwundeten Revolutionskämpfer eine Benefizaufführung im Ratskeller des Elberfelder Rathauses.

Die staatliche Stellen hatten mittlerweile ihre Distanz zu den Opfern des Militärputsches deutlich gemacht. Die von den Aktionsausschüssen geplante Gleichbehandlung von Kriegsversehrten und Hinterbliebenen der im Weltkrieg Gefallenen mit den Opfern der „Märzkämpfe" konnte politisch nicht durchgesetzt werden. Das Elend, in welches viele Familien nun gestürzt waren, wurde von der Arbeiterschaft nicht übersehen. Der Gewerkschaftsverband der Schauspieler ergriff als erster die Initiative zu Unterstützung. Die Wuppertaler Gewerkschaften folgten seinem Beispiel. Sie initiierten eine große Unterstützungsaktion. Im Mai wurde die Unterstützung der Hinterbliebenen schließlich gesetzlich geregelt.[2]

Entscheidungen im Volkshaus
Hombüchel 8 – ehemaliges Elberfelder Volkshaus (2)

Zwischen der Hombücheler Straße und der Hochstraße befand sich seit den Tagen des „Sozialistengesetzes" (1878-1891) das Elberfelder „Volkshaus".

Das „Volkshaus" bestand aus einer großen Gaststätte mit einem großen und einem kleinen Saal. Bei Feiern wie zum 18. März oder zum ersten Mai fanden hier bis zu tausend Personen Platz. Es war das Zentrum der Elberfelder Sozialdemokraten und vieler Arbeitervereine. Hier hatte sich noch während der Sozialistengesetze der „Volksbildungsverein Elberfeld", mit eigener Bibliothek und einem Kultur- und Bildungsprogramm, gegründet. Hier befand sich das Vereinslokal der Arbeitersänger („Liederlust" 1884). Hier waren viele prominente Redner wie der spätere Reichspräsident Friedrich Ebert, der Gewerkschaftsvorsitzende Karl Legien,[3] der Begründer der Freidenker Ludwig Büchner[4] und vermutlich auch Wilhelm Liebknecht[5] zu Gast. In den revolutionären Jahren von 1918 bis 1923, vor allem jedoch im Jahr 1920, war das Volkshaus Schauplatz lokaler politischer Debatten der Elberfelder Arbeiterbewegung.

Das traditionsreiche Volkshaus wurde seit der Spaltung zunächst vor allem von der USPD genutzt. Im Verlauf der Weimarer Republik wurde es zunehmend zu einem Treffpunkt der Kommunisten und

Die Feldpostkarte von 1915 zeigt den Männerchor der „Liederlust 1884" vor Beginn des Krieges. – Mit dieser Feldpostkarte, gerichtet an Karl Kohleick, III. Bataillon, 121 Division, 241 Brigade, grüßte der Verein seinen Vereinskameraden im Feld. Die Karte mit dem Gruppenfoto kam mit dem Vermerk „Vermisst" zurück. (Foto: Rolf Kleinhans)

verlor so an kultureller Bedeutung für die gesamte Arbeiterschaft der Stadt. 1943 wurde es bei den Bombenangriffen zerstört. Ein Bild des Hauses ist leider nicht erhalten. Heute befindet sich hier ebenfalls eine Gaststätte.

Arbeitergesangverein „Liederlust 1884 e.V." (2)

Einer der großen und traditionsreichen Arbeiterchöre der Stadt Elberfeld war der Arbeiterchor „Liederlust". Er ist 1884 während der Sozialistengesetze gegründet worden, als die Sozialdemokraten auf Tarnvereine angewiesen waren, um ihre Kontakte untereinander aufrecht zu erhalten. In dieser Zeit wurden zur Tarnung viele der bekannten Volkslieder in Arbeiterlieder umgetextet. Während des Krieges war die Arbeitersängerbewegung stark dezimiert worden – durch politische Unterdrückung und die vielen Kriegsopfer. 1917 hatten die Chöre noch 17.000 Mitglieder, doch schon 1920 war die Zahl auf 230.000 gestiegen – so hoch wie nie zuvor.

Die „Liederlust" bestand nun aus mehreren Abteilungen: einem Kinderchor, einer Jugendabteilung und einen Quartettverein. Ihr Vereinslokal war bis zum Krieg das Elberfelder „Volkshaus" am Hombüchel, später die Gaststätte Engstfeld in der Friedrichschulstraße. Dirigent des Chores war Gustav Adolf Uthmann, damals einer der bekanntesten Arbeiterkomponisten in Deutschland.[6] Auf einer Feldpostkarte,[7] die den Chor bei einem Ausflug vor Beginn des Krieges darstellt (siehe Abbil-

dung), ist Ferdinand Brück ganz vorne, in der ersten Reihe links, zu sehen. Eine ganze Reihe Vereinskameraden, wie etwa auch Karl Kohleick, an den die Karte gerichtet ist, sind „im Feld" geblieben. Nun, anderthalb Jahre nach dem Krieg, mussten die Vereinsmitglieder wieder von einem Gefallenen Abschied nehmen – von Ferdinand Brück. Er war als einer der ersten am 17. März gefallen. Die Vereinskameraden trafen sich zur Beerdigung um 15:00 Uhr bei Engstfeld und zogen dann gemeinsam, ihre Vereinsfahne voran, zur Stadthalle.

Hinweise:

Arbeiterkomponist Gustav Adolf Uthmann, Kap. 10
Emil Luckardt und die „Internationale", Kap. 9
Franz Lande – Musikpädagoge und Dirigent von Arbeiterchören, Kap. 7

25.3.1920 – Bielefelder Konferenz (2)

Schon am 23.3. hatte eine Konferenz der Arbeiterräte des Bergischen Lands in Elberfeld, vermutlich im „Volkshaus", getagt. Sie hatte gefordert, eine „aus Sozialisten aller Richtungen zusammengesetzten Regierung" zu bilden, Reichswehr und Grüne Polizei aufzulösen sowie Einwohnerwehren zu formieren u.a.m. Ferner sollte die „Sozialisierung der hierfür reifen Wirtschaftszweige" in Angriff genommen werden.[8] Am Nachmittag des 25.3. fand im Volkshaus nun die Vollversammlung der Arbeiterfunktionäre statt, die über die Ergebnisse der „Bielefelder Konferenz" entscheiden sollten. Zu dieser Konferenz hatte der preußische Innenminister Karl Severing am Tag zuvor Vertreter aus dem Aufstandsgebiet geladen, um eine friedliche Beilegung des Konfliktes zwischen den aufständischen Arbeitern und den Militärs zu ermöglichen. Aus dem heutigen Wuppertaler Stadtgebiet waren vier Delegierte entsandt worden:

für Barmen:	Wilhelm Enz, SPD,[9]
	Oskar Triebel, KPD,[10]
für Ronsdorf	Walter Paul, Gewerkschaftsfunktionär, USPD,
für Elberfeld	Fritz Charpentier, Kaufmann, KPD;

Im Aktionsausschuss hatten die Kommunisten ursprünglich gegen die Teilnahme an der Konferenz gestimmt.[11] Bemerkenswert ist, dass gerade sie als Vertreter nominiert wurden. Oskar Triebel und Fritz Charpentier genossen im Wuppertal scheinbar ausreichendes Ansehen und Vertrauen.[12] Sie waren dann auch die einzigen Kommunisten, die an den Verhandlungen beteiligt waren und den Ergebnissen zustimmten. Die Verhandlungen waren durchaus zufriedenstellend verlaufen. Das Abkommen über 17 Punkte wurden von den Vertretern am Abend des 24.3. unterschrieben. Am 25.3. erstattete Fritz Charpentier dem örtlichen Aktionsausschuss Bericht:[13] In Bielefeld hatte man einen sofortigen Waffenstillstand, die Auflösung der Vollzugsräte und Aktionsausschüsse sowie die Freilassung aller Gefangenen vereinbart. Die Regierung versprach, dass kein Mili-

tär in das Ruhrgebiet eindringen würde. Die ordentlichen Verwaltungsbehörden sollten wieder eingesetzt und die erbeuteten Waffen innerhalb einer bestimmten Frist in Sammelstellen der Städte abgegeben werden. Als Garantie gestand man der Arbeiterschaft jeder Stadt entsprechend der Einwohnerzahl eine bewaffnete Arbeiterwehr zu. Carpentier berichtete, „dass zwar manche Forderung nicht erfüllt sei, dass jedoch nach Lage der Dinge nichts anderes möglich gewesen sei“. Im übrigen Deutschland habe die Reaktion über das Proletariat gesiegt, so dass die Regierung das gesamte Militär nach dem Westen werfen können“, berichtet die Zeitung der SPD. „Doch die Arbeiter erhielten für die Zukunft Sicherungen, vor allem in Gestalt der örtlichen Arbeiterwehren.“

Dies galt zusätzlich zu den Vereinbarungen, die der Regierung zum Abschluß des Generalstreiks am 22.3.1920 von den Gewerkschaften abgerungen worden waren.[14] Die Versammlung billigte das Ergebnis. Eine endgültige Entscheidung

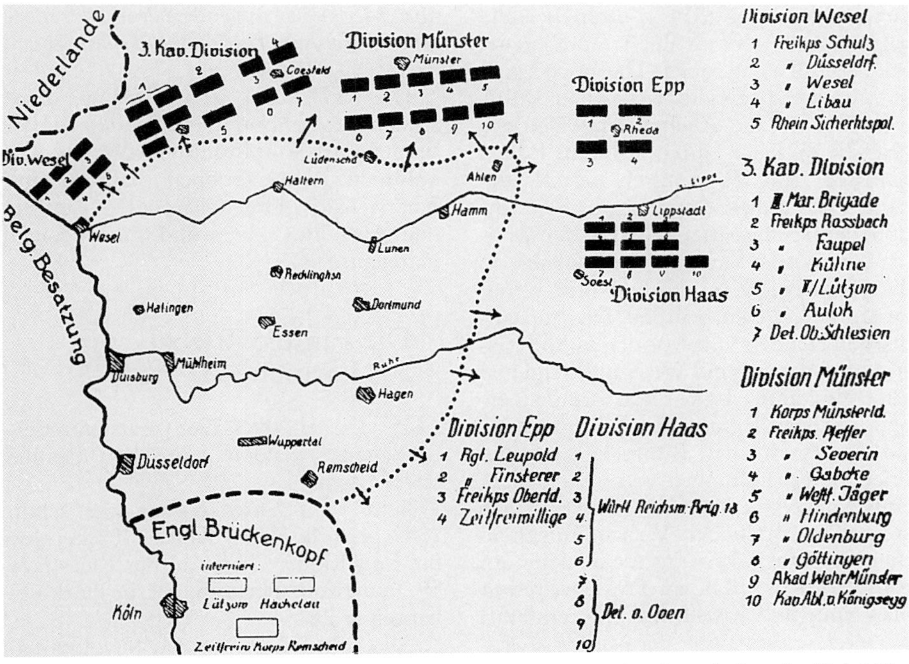

Die Karte zeigt die Einkesselung des Ruhrgebiets durch Freikorpsverbände nach dem das Bielefelder Abkommen von den Arbeitern unterzeichnet worden war. (Karte aus: Ernst Salomon: Das Buch vom deutschen Freikorpskämpfer, S. 395, in: Lange, Jürgen)

sollte jedoch der gemeinsamen Konferenz der Aktionsausschüsse am folgenden Tag in Hagen vorbehalten sein.[15] Die Vereinbarungen schlugen in den Reihen der Arbeiterarmee jedoch wie eine Bombe ein. Während die Arbeiterwehren aus dem Bergischen Land entsprechend den Vereinbarungen den Rückzug antraten, wollten die Einheiten des westlichen Ruhrgebiets den Kampf fortsetzen. Die Reichswehr in Wesel nutzte die Atempause des Waffenstillstandes, um weitere Truppenkontingente aus dem ganzen Reich an die Front bei Wesel zu schaffen.

Carl Severing zu den Verhandlungen in Bielefeld (2)

Die Verhandlungsführer, die der Bevollmächtigte der Regierung, Reichskommissar Carl Severing (SPD), nach Bielefeld geladen hatte, waren nicht repräsentativ für das Aufstandsgebiet. Die noch „junge" Arbeiterschaft des westlichen Ruhrgebietes, wo die Zechen und Betriebe erst seit wenigen Jahren aus dem Boden schossen, galt als politisch radikal und hatte nur geringe Bindung an die traditionelle Arbeiterpartei, die SPD. Sie wollten ihre Waffen nicht abgeben, solange an der Front bei Wesel die Freikorps weiter zusammengezogen wurden. Die Aufständischen standen kurz vor den Garnisonsstädten Münster und Wesel und schienen kurzzeitig in der Lage, diese Städte zu erobern. Deshalb sind die Arbeiterführer aus dem westlichen Ruhrgebiet bei den Friedensverhandlungen vermutlich nicht einbezogen worden. Carl Severing gab einige Tage nach den Verhandlungen in Bielefeld, am 3. April, als die Soldaten im Ruhrgebiet wüteten, vor Pressevertretern über Sinn und Zweck der Übereinkunft offenherzig Auskunft: *„Sie hatte die Aufgabe, durch die Aufklärung den gutgesinnten Teil der Arbeiterschaft von denen zu trennen, denen es nicht auf die Abwehr des Kapp-Putsches ankam, sondern die mindestens die Ansicht gehabt hatten, mit kommunistischen Wirtschaftstheorien zu experimentieren. Diese Aufgabe ist durch das Bielefelder Abkommen erreicht ... Wenn darin den Arbeitern größere Konzessionen gemacht worden sind, so war das nach den aussergewöhnlichen Ereignissen der Putschtage das einzige Mittel, um das tiefbegründete Misstrauen der Arbeiterschaft zu dämpfen ... Eine Regierung, die einer derartigen Volksbewegung gegenüber nur das Mittel der Flinte und der Handgranaten kennt, und die die politischen Mittel, die zum Erfolg führen könnten, unberücksichtigt lässt, ist keine demokratische Regierung. Die angewandten Mittel haben, wie gesagt, den beabsichtigten Erfolg vollständig erreicht. Die Bielefelder Abmachungen haben in der Roten Armee wie Sprengpulver gewirkt ... Wurde so durch das Bielefelder Abkommen eine Schwächung und Auflösung der Roten Armee erreicht, so gestalten sich die militärischen Machtmittel inzwischen derart, das erforderlichen falls scharf zugegriffen werden (könnte)."* [16]

Die KPD bezog sich später auf diese Absicht Severings und erteilte den beiden Wuppertaler Kommunisten, die das Abkommen unterschrieben hatten, eine scharfe Rüge. Fritz Charpentier kam einem Ausschluss zuvor und trat aus seiner Partei aus.[17]

Die Familie Triebel aus Barmen (2)

Oskar Triebel (1893-1968), entstammt einer alten sozialdemokratischen Familie aus Barmen.

Sein Vater Otto Triebel war schon 1902 gestorben und Mutter Triebel zog die fünf Kinder alleine in der Kleestraße 59, heuteKothenerstraße 59, in Heckinghausen groß.

Alle Söhne waren in den Revolutionsjahren für die sozialistische Arbeiterbewegung aktiv. Friedel Kalthöfer, ein Nachkomme der Familie,[18] erinnert sich an die Jahre der Revolution. Als er als Kind die Großmutter in der Kleestraße (48) besuchte, saßen die Söhne Gustav, Oskar und Friedrich um den Küchentisch. Alle hatten ein Gewehr vor sich liegen.[19]

Gustav Triebel (1891-1968) schloss sich 1920 in Berlin und Königsberg der KPD an. 1922 wurde er Stadtverordneter der SPD in Barmen. Seit 1926 arbeitete er in Hagen. Dort wurde er zunächst Sekretär des Metallarbeiterverbandes (DMV) und später Sekretär des ADGB. 1928 wohnte er jedoch noch in Barmen auf dem Klingelholl. 1933 musste er unter falschem Namen nach Österreich fliehen. Nach 1945 wurde er wieder Gewerkschaftssekretär in Hagen.

Friedrich Triebel (1900-1975) besuchte eine Gewerkschaftsschule in Düsseldorf und wurde Sicherheitsbeauftragter in Unna.1933 ging er in die USA.[20]

Die Töchter hießen Helene (geb. 1985, verh. Kalthöfer) und Anna (geb. 1897) Triebel. Die Mutter starb 1933.

Oskar Triebel, der Delegierte aus Barmen (2)

Oskar Triebel schloss sich während des Krieges dem Spartakusbund um Karl Liebknecht an. Er floh zeitweise nach Holland, wo sich mehrere Führer der Parteiopposition aufhielten.[21] Hier arbeitete er an dem Spartakusorgan „Der Kampf" mit, das illegal an die Front und nach Deutschland transportiert wurde. Zu Beginn der Revolution war er Mitglied im Arbeiter- und Soldatenrat in Essen. Am 30. Dezember 1918 war er einer der Delegierten, die sich im Berliner Abgeordnetenhaus zur Gründung der Kommunistischen Partei Deutschlands zusammenfanden.

Dort war er Delegierter des Bezirks Niederrhein. Die Mitgliedschaft seines Bezirks votierte gegen die von Rosa Luxemburg geforderte Beteiligung an den Wahlen zur Nationalversammlung.[22] Auf diesem Kongress waren die Städte des Wuppertals stark vertreten. Aus Barmen wurden Triebel und der Arbeiterschriftsteller Werner Möller[23] delegiert. Der „Karabinerkommunist" Walter Vesper war als Gast anwesend.[24] Aus Elberfeld wurde der Drogist Otto Dattan[25] nominiert, der bis 1933 Fraktionsführer der KPD-Stadtratsfraktion war. 1919 war Triebel Vorsitzender der KPD in Barmen und wurde im März 1920, gemeinsam mit Albert Rensmann, in den Aktionsausschuss der Arbeiterparteien entsandt. In dieser Zeit wohnte er in Wichlinghausen auf der Herzogstraße 4[26] (heute Görlitzer Straße).

Oskar Triebel war bei der Konferenz in Bielefeld neben dem Sozialdemokraten Wilhelm Enz[27] Unterhändler des Aktionsausschusses Barmen. Aufgrund seiner Unterschrift unter diesem umstrittenen Abkommen wurde er fast aus der KPD ausgeschlossen. Ihm wurde vorgeworfen, sich nicht mit der Parteibezirksleitung in Verbindung gesetzt zu haben. Er kehrte nach vorübergehender Parteitätigkeit in Düsseldorf und Essen im September 1921 nach Barmen zurück, wo er wieder Vorsitzender der KPD-Ortsgruppe wurde. Im November 1922 ging er nach Duisburg.

1924 übernahm er die Verlagsleitung des dortigen KPD-Blattes. Nachdem er bereits Ende 1921 einen Appell für die „rechte" Opposition um Friesland unterzeichnet hatte, jedoch in der KPD geblieben war, geriet er 1928 bei der neuen Linkswendung endgültig in Konflikt mit der Partei. Während die offizielle Linie der Partei die Arbeiter- und Gewerkschaftsbewegung weiter in die Spaltung trieb (SPD gleich Sozialfaschisten), strebte die KP-Opposition eine einheitliche Politik an. Oskar Triebel wurde 1929 aus der KPD ausgeschlossen und arbeitete als Funktionär der KPD-Opposition mit der linken Opposition in der SPD, der SAP, eng zusammen. Nach der „Machtergreifung" war er illegal tätig. Er wurde mehrere Male verhaftet. Im KZ Emsland schloss er mit August Christmann[28] aus Barmen eine enge Freundschaft. 1945 trat er in Duisburg der SPD bei und wurde Leiter des Duisburger Arbeitsamtes. Er verstarb im Mai 1968.[29]

Familie Hoffmann und die Spaltung der USPD (2)

Im Juni 1920, kurz nach den für die USPD so erfolgreichen Wahlen zum Reichstag, fand die Elberfelder Delegiertenkonferenz für den im Oktober anstehenden Parteitag statt. Die Delegierten des Bezirks Niederrhein diskutierten den seit Monaten strittigen Zusammenschluss der USPD mit der weitaus kleineren KPD. Es galt zwischen einer autoritären Kaderpartei und dem bisher gepflegten sozialistischen Pluralismus zu wählen. Viele Mitglieder und Anhänger der USPD hatten in den letzten Monaten ihr Vertrauen in die Republik verloren. Sie hingen dem Rätegedanken an, die junge Sowjetunion wurde ihr Ideal. Die von der kommunistischen Internationale ausgearbeiteten 19 Bedingungen, hätten jedoch drastische Einschränkungen in den demokratischen Strukturen der größten Partei der Stadt zur Folge. Als Redner der Parteileitung traten im Volkshaus Walter Stoecker und Georg Ledebur mit den gegensätzlichen Positionen auf. Die bekannten Führer der örtlichen USPD, Paul Sauerbrey, Oskar Hoffmann und August Chrismann, hatten im Vorfeld eindeutig gegen den Zusammenschluss votiert. Sie hofften wie Oskar Hoffmann noch immer auf eine gemeinsame Partei aller Arbeiter. Die gemeinsame Abwehr des Putsches wäre hierfür ein Ausgangspunkt gewesen. Für ihn bedeutete der Anschluss an die „Kommunistische Internationale" die weitere Spaltung der Arbeiterschaft. Ihm schlossen sich die meisten Wuppertaler Delegierten an.

Doch damit bildete das Wuppertal eine Ausnahme im Aufstandsgebiet. Die Führer der Remscheider und Solinger USPD, Otto Braß und Albert Plenge, waren für einen Anschluss.

Als im Oktober in Halle der Parteitag stattfand, stimmten 57 der 73 Delegierten der Bezirke Rheinland und Westfalen – also 80 Prozent – für den Anschluss. Dies entsprach auch der Stimmung in weiten Teilen der Arbeiterschaft. Bei den folgenden Landtagswahlen erhielt die neue VKPD im Wahlkreis Düsseldorf-Ost fast so viele stimmen wie die MSPD und ließ die USP weit hinter sich.[30] Der KPD-Bezirk Rheinland-Westfalen wurde, nach Halle-Merseburg, der mitgliederstärkste Parteibezirk. Doch während die USPD-Blätter in Solingen und Remscheid[31] nun zu Organen der VKPD wurden, blieb die Elberfelder „Volkstribüne" weiterhin bei der USPD.

Der politische Streit zerriss nicht nur die Partei. Auch in den Familien kam es zu heftigen Auseinandersetzungen. Oskar Hoffmann war als Delegierter der Elberfelder USPD entsendet worden. Auch sein Bruder Fred war Parteitagsdelegierter. Er vertrat den Oberbergischen Kreis.

Während Oskar vehement gegen den Beitritt stimmte, war sein Bruder Fred dafür. Dieser Streit führte dazu, dass die beiden Brüder über 13 Jahre lang nicht mehr miteinander sprachen. Ernst Hoffmann, der Sohn von Oskar Hoffmann, berichtetet: *„Unser Onkel Fred war bis dahin immer ein gern gesehener Gast bei und zu Haus gewesen und besonders beliebt bei uns Kindern. Als er lange nicht mehr zu uns kam, fragen wir unseren Vater, doch der wollte offensichtlich nichts dazu sagen. So machte sich mein älterer Bruder Oskar[32] zu Fuß auf den Weg nach Gummersbach, wo unsere Großeltern und unser Onkel Fred wohnten. Doch auch Onkel Fred wollte nicht einlenken und* *uns Kindern nicht in den Streit hineinziehen. Erst später haben wir das Zerwürfnis begriffen. Als mein Bruder Oskar 1933 von den Nazis verhaftet wurde und im Gefängnis Brandenburg saß, bekam er Besuch von seinen Vater und seinem Onkel. Hier sprachen die beiden zum ersten Mal wieder miteinander.“* [33] Die größte Arbeiterpartei spaltete sich. Ungefähr die Hälfte der Mitgliedschaft vereinigte sich zur vereinigten (V)KPD. Die meisten Wuppertaler USPD-Mitglieder blieben jedoch in der Partei[34] und schlossen sich 1922 wieder zur vereinigten (V)SPD zusammen.

Die Betriebsrätekonferenz von Rheinland und Westfalen *29.8.1920 – Volkshaus Elberfeld (2)*

Am Sonntag, den 29. August, wurde die zweite Betriebsrätekonferenz von Rheinland und Westfalen ins Elberfelder Volkshaus einberufen. Erst wenige Wochen zuvor hatte in Düsseldorf die erste Konferenz stattgefunden. Die Aktionsausschüsse, die sich in den Wochen des Arbeiteraufstandes gebildet hatten, setzten ihre Arbeit als Betriebsräte und -ausschüsse fort. Aus der ganzen Region kamen die Delegierten. Aus Orten bis zu 10.000 Einwohner konnte ein Delegierter nominiert werden, für jeweils weitere 20.000 Einwohner ein kam ein weiterer hinzu.[35]

Diese Räteorganisation sollte Träger der anstehenden Sozialisierung werden. Die Betriebsräte sollten weitgehende Kontrollfunktionen gegenüber den Unternehmen erhalten und in allen sozialen und das Arbeitsverhältnis betreffenden Fragen volle Mitbestimmung ausüben.[36] Zur Konferenz hatte Otto Braß,[37] Vorsitzender der am 8. April bei der Konferenz in Barmen gegründeten Zentralstelle der Aktionsausschüsse eingeladen.[38]

Die Räte wollten weitgehend unabhängig von den Gewerkschaften ein Instrument konkreter Mitbestimmung der Beschäftigten werden. Diese Bewegung war vor allem in Rheinland/Westfalen und in Mitteldeutschland stark. Auch viele sozialdemokratischen Betriebsräte unterstützten sie entgegen der Haltung ihres Parteivorstandes.

Doch die Formulierungen im neuen Betriebsrätegesetz banden den Betriebsräten weitgehend die Hände. Hier wurden seine Aufgaben wie folgt festgelegt:

„die Betriebsleitung durch Rat zu unterstützen und ... für möglichste Wirtschaftlichkeit der Betriebsleistung zu sorgen ... an der Einführung neuer Arbeitsmethoden mitzuarbeiten ... den Betrieb vor Erschütterungen zu bewahren.“ [39]

Als im Oktober 1920 die erste Reichskonferenz der Betriebsräte stattfand, setzte sich der Führungsanspruch der Gewerkschaften gegen die basisdemokratische Auffassung der Betriebsrätebewegung, wie sie vor allem die rheinische Arbeiterschaft vertrat, durch.[40] Die Auseinandersetzungen um die Aufgaben der Betriebsräte dauerten jedoch noch einige Jahre an.

Der Tod von Bernhard Lamp – das Ende des Jahres 1920 *26.12.1920 – Volkshaus Elberfeld (2)*

Am 26. Dezember starb der populäre und streitbare Anwalt Bernhard Lamp in Haft. Er hatte sich dort gegen die Willkürmaßnahmen mit einem Hungerstreik zur Wehr gesetzt. Er kam in eine „Irrenanstalt“ und wurde zwangsernährt. Am 23.12 nahm er wieder Nahrung zu sich, doch drei Tage später starb er an einer Lungenentzündung. In den letzten Tagen des Jahres 1920 wurde der Leichnam von Bernhard Lamp im Volkshaus aufgebahrt. Am 2. Januar 1921 protestieren fast

10.000 Menschen in einem großen Trauerzug gegen den Justizmord. Die Menschen sammelten sich in den engen Straßen am Hombüchel und zogen durch Elberfeld. Wenig später wurde der Leichnam, entsprechend der Freidenkertradition, in Hagen eingeäschert und in einem Familiengrab bei Kiel beigesetzt.[41] Als „Märtyrer von Werl" blieb er noch einige Jahre im Gedächtnis der Elberfelder Arbeiterschaft.

Hinweise:

vgl. Sozialisierung Bergisch-Märkische Zeitung
Porträt Bernhard Lamp, Kap. 6
Landgericht, Kap. 8

Waffenübung im Jugendheim
März 1920 – Hochstr. 52 (3)

Im ehemaligen Haus Hochstraße 52, einige Meter unterhalb der Straßenmündung Marienstraße, befand sich bis zu seiner Zerstörung im Jahr 1943 ein stattliches Wohn- und Geschäftshaus der Konsumgenossenschaft „Befreiung". 1911 ist es als eine moderne „kombinierte" Verteilungsstelle mit getrennter Metzgerei und Bäckerei gebaut worden.[42] Es hatte einen prächtigen Mitteleingang und rechts eine Einfahrt zur Warenanlieferung. Über dem Portal war der Schriftzug „Befreiung" als Steinmosaik angebracht. Eine breite Treppe führte zum Heim des „Arbeiterbildungsvereins" der Gewerkschaftsjugend in der ersten Etage. Hier befanden sich Spielzimmer, Bibliothek, Lese- und Sitzungszimmer. In einer Anzeige hiess es: *„Alle Mitglieder, die einer gewerkschaftlichen oder sozialistischen Jugendorganisation angehören, können mit dem Mitgliedsausweis Bücher entleihen. Mo, Mi, und Fr. 18-19:00 Uhr, 4 Wochen Frist; 30 Pf. Strafe bei Verzug."*

Fast an jedem Tag gab es Programm, so z.B. am Samstag einen „Literarischen Abend mit Rezitationen", am Sonntag einen „Ausflug ins Gelpe-Tal" oder am Montag einen „Diskutierabend nur für Mädchen".

Die Arbeitszeit der Jugendlichen lag in der Krisenzeit nach dem Krieg bei 54 Stunden wöchentlich. Zuätzlich mussten sie noch die Fortbildungsschule besuchen. Die Vergütung lag nur doch bei 50 % des Vorkriegsniveaus. In Barmen waren ca. 32 % der Kinder und Jugendlichen untereernährt. Trotz dieser Bedingungen gab es unter den Jugendlichen einen großen Bildungshunger: Es wurden Bücher und Broschüren abschnittsweise gelesen und diskutiert. Hier traf sich die Sozialistische Arbeiterjugend (SAJ) der SPD. In der Revolution im Januar 1919 hatte sich in diesen Räumen die „Freie sozialistische Jugend" (FSJ) als Jugendorganisation der USPD gegründet. Es waren die Jugendlichen, die auch während des Krieges gegen den Krieg protestiert hatten. Eines ihrer Lieder lautete:

Wir lassen uns nicht mehr beraten
Durch einen Apparat
Durch abgefeimte Diplomaten
Durch Lügen und Verrat
Hinweg mit Euren Parlamenten
Der Wahlwischpolitik
Allein kann unser Schicksal wenden-
die Räterepublik"

Kläre Riedesel,[43] die in der Brunnenstraße nicht weit von hier wohnte, gehörte der Jugendgruppe an. Sie berichtet von dem Dienstag, an dem die Nachrichten von dem Putsch in Elberfeld eintrafen: *„Als es losging, waren wir noch alle im Jugendheim in der Hochstraße. Hier wurde die Einteilung für die Aufgaben vorgenommen. Im hinteren Raum wurden wir, auch wir Mädchen, an Waffen ausgebildet. Ich weiß es deshalb so genau, weil wir Mädchen nicht mit der Waffe eingesetzt werden sollten und ich deshalb mit Fritz Börner eine harte Auseinandersetzung hatte."* [44] Cläre Riedesel wurde später als Kurier eingesetzt, um die Verbindung nach Remscheid zu halten. Der Solinger

Jugendliche Willi Esser, ebenfalls Mitglied der FSJ, berichtet in Kapitel 5 von seinem Einsatz als Kurier. Der Bruder von Cläre Riedesel, Ernst, zog mit den Kampfgruppen der „Roten Armee". Ein weiterer Jugendlicher aus der Gruppe, Willi Kirschey, entstammte einer in Elberfeld sehr bekannten Familie. Mutter Auguste hatte sechs Kinder großgezogen und saß für die USPD im Stadtrat. Willi war mit 14 Jahren ihr ältester. Er schloss sich ebenfalls den Arbeitertruppen an und trat im April auch formell der FSJ bei. Später wurde er geschnappt und in das Internierungslager „Sennelager" bei Paderborn verbracht.[45] Im Laufe des Jahrs 1920 spaltete sich die FSJ in vier verschiede parteigebundene Jugendgruppen: die „Kommunistische Jugend", die „Kommunistische Arbeiterjugend" der KAPD, die „Freien Proletarische Jugend" der USPD und die anarchistisch-syndikalistische Jugend „Freie Jugend Morgenröte". Vorsitzender der Bezirksorganisation der „Freien proletarischen Jugend" wurde Alfred Dobbert aus Barmen.[46] Ende der 20er Jahre wurde die ersten Etage als Wohnung genutzt, die sozialistischen Jugendgruppen trafen sich in der „Freien Schule", gleich um die Ecke (Marienstraße 7), wo die Stadt ein städtischen Jugendheim eingerichtet hatte.

Hensmann wird gesucht
5.4.1920 – Marienstraße 50

In der Marienstraße 50 wohnte damals der Packer Karl Hensmann. Er gehörte zum linken Flügel der KPD und nahm während des Aufstandes eine wichtige Funktion im Wehrkommando Elberfeld,

Das Foto vom Lesezimmer im Arbeiterjugendheim gibt einen Eindruck vom Bildungshunger der damaligen Arbeiterjugend. (Foto: Ruth Kolb-Lünemann)

am Mäuerchen, wahr. Am 31.3.1920, als der Generalstreik abgebrochen werden sollte, wurde er Anführer einer Revolte von Linkskommunisten gegen den Aktionssauschuss. Seine Anhänger wurden von der Arbeiterwehr entwaffnet, er selbst in Barmen festgenommen. Doch er kam schon bald wieder frei. Als am 4./5. April 1920 in Berlin Linkskommunisten die KAPD (Kommunistische Arbeiter Partei Deutschlands) konstituierten, wurde Karl Hensmann ihr Leiter in Elberfeld.[47]

In diesen Tagen erschien eine kleine Anzeige im General-Anzeiger.[48] Der Zeichner Artur Hensmann, wohnhaft Marienstraße 106, zur Zeit im Marienheim, wies darauf hin, dass er in keiner Beziehung zu dem Putsch der Anarcho-Syndikalisten stünde. „In Betracht kommt nur Karl Hensmann, Marienstraße 50."

Trauer in der Schreinerstraße
17.3.1920 – Schreinerstr. 19 (4)

In der Schreinerstraße 19 wohnte Ferdinand Brück. Von ihm hieß es, er sei der erste gewesen, der bei den Kämpfen am Ostersbaum gefallen war. Ferdinand Brück (geb. 18.12.1992) war 27 Jahre alt und Packer bei der Textilfirma Schlieper & Lang. Er hatte am Krieg teilgenommen und war unversehrt zurückgekehrt. Er war seit sieben Jahren mit seiner Frau Anni verheiratet, das erste Kind war verstorben. Brück war ein politisch engagierter Mensch und gehörte einer ganzen Reihe von Vereinen an: der USPD Elberfeld, Distrikt Mitte, dem traditionsreichen Arbeiterchor „Liederlust" und als 1. Vorsitzender der „Arbeiter-Vergnügungs-Gesellschaft 'Freundschaft', Elberfeld".[49] Dieser Verein schrieb in einer Anzeige: *„Bei den Kämpfen am Ostersbaum zwischen Regierungstruppen und Revolutionskämpfern fiel als erster am 17. März unser lieber Freund und erster Vorsitzender Ferdinand Brück."* [50]

Ferdinand Brück war gleich einige Häuser weiter, in der Schreinerstraße 29, aufgewachsen. Der älteste Sohn des Bandwirkers Josef Brück, Jg. 1866, hatte neun Geschwister, die zum großen Teil noch im Elternhaus wohnten. Vater Brück war schon vor 1900 Mitbegründer der sozialdemokratischen Konsumgenossenschaft „Befreiung" gewesen und wie sein Sohn ein begeisteter Arbeiter-Sänger bei den „Freien Sängern 1894". Die Familienerzählungen berichten, dass in den ersten Jahren des Bestehens der Konsumgenossenschaft die Lebensmittel in der Küche der Brücks verpackt und von dort aus vertrieben wurden.

Der Tod des ältesten traf die Familie ins Herz. Bei Familie Brück hing über viele Jahre ein großes, gerahmtes Erinne-

Das Ehepaar Anni und Ferdinand Brück (Foto: H.E.)

Die Familie Brück ca. 1916/17. Vorne der (2. v.r.) alte Sozialdemokrat Josef Brück. Dahinter sein ältester Sohn Ferdinand als Soldat. Er überlebte den Krieg und fiel am 17. März, im Kampf gegen die deutschen Militaristen. (Foto: H.E.)

rungsblatt, das die Vereinsmitglieder ihrem ehemaligen 1. Vorsitzenden, Ferdinand Brück gewidmet und der Familie am ersten Jahrestag zum Geschenk gemacht hatten: „Er fiel als Opfer für die Freiheit des arbeitenden Volkes", hieß es darauf. Neben dem Konterfei des Toten, ging über den angedeuteten Häusern, Fabriken und Schornsteinen Elberfelds, mit der Sonne die „Freiheit" auf. Immer wieder wurde im Familienkreis von dem Toten gesprochen. Die Familie blieb stets eng zusammen, die meisten Geschwister wohnten später in Häusern der Schreinerstraße. *„Nur in der Nazizeit musste man mit der Erinnerung an den gefallene Familienangehörigen vorsichtiger sein"*, berichtet der Neffe, Professor Engelhard, wenn er sich an seine Kindheitsjahre erinnert.[51] Er trat später selbst in die politischen Fußstapfen der Sozialisten Josef und Ferdinand Brück. Heinz Engelhard, in den sechziger Jahren Landtagsabgeordneter für die Wuppertaler SPD, hielt das Erinnerungsblatt an seinen Onkel stets in Ehren.

Eine andere betroffene Familie wohnte gleich schräg gegenüber, im Haus Nummer 30. Fritz Schemann war Eisenbahner, hatte sechs Kinder und gehörte ebenfalls der USPD an. Sein Bruder Rudolf war am 17.3. von der Sipo standrechtlich erschossen worden. Eines der Kinder, Fritz Schemann jun., war damals gerade vier Jahre jung und erinnert sich, wie die Familie bei Tisch sass, als die Nachricht vom Tod des Onkels eintraf.[52]

In der Schreinerstraße Nummer 28 wohnte Josef Schadt. Er war Vorsitzender des Arbeiter-Sänger-Kartells Elberfeld[53] und koordinierte somit die vielen Arbeitersängervereine bei den Trauerfeierlichkeiten am 20. März.

Der Gedenkblatt der „Arbeiter-Vergnügungs-Gesellschaft" für Ferdinand Brück. Es hing über viele Jahre im Haus der Familie Brück. 1933 mußte es hinter einem Landschaftslied versteckt werden. (Abb.: H.E.)

Mutmaßungen über Willy Wellers Grab *2.4.1920 – Wülfrather Str. 7 (5)*

In dem ehemaligen Haus Wülfrather Straße Nr. 7 wohnte Familie Weller. Willy war mit 15 1/2 Jahren einer der Jüngsten, die mit der Arbeiterwehr Elberfeld ins Ruhrgebiet zogen. Möglicherweise war er einer derJjungen aus der „Freien sozialistischen Jugend", die sich im Jugendheim an der Hochstraße trafen (vgl. Jugendheim Hochstraße). Sie übernahmen meist Kurierdienste oder Munitionstransporte hinter der Front.

Am 2. April wurde Willi Weller an der Front bei Wesel erschossen. Zwischen Wesel und Dinslaken, in der Nähe des kleinen Ortes Möllen, befanden sich die Arbeiterwehren aus dem Bergischen Land. Am 1. April, nachmittags, begann entgegen den Vereinbarungen von Münster[54] der Angriff der Reichswehr auf Dinslaken. Er war von General von Watter am 31.3. befohlen, und trotz des Abkommens von Münster, das eine Waffenstillstandsfrist bis zum 2. April, 12:00 Uhr vorsah, nicht verschoben worden.[55] In der ganzen Nacht lag die Front bei Möllen unter Artilleriesperrfeuer der Reichswehr, das den Arbeitern den Rückweg abschneiden sollte. Am nächsten Morgen begann um 7:00 Uhr der Angriff auf die Stadt Dinslaken. Oskar Plenge,[56] Redakteur der Solinger USP-Zeitung „Bergische Arbeiterstimme", schilderte diesen Angriff, bei dem Willy Weller vermutlich ums Leben kam, folgendermassen: *„Überall sah ich, wie unsere Leute zur Abreise rüsteten ... da entstand draußen auf den Straßen eine ungeheure Erregung. Ich stürzte hinaus. Überall Rufe: 'Noske kommt!', 'Noske ist durchgebrochen!' Von der Landstraße Richtung Wesel kamen jetzt größere Trupps Wagen und Autos voller Toter und Verwundeter. Das Sanitätspersonal schleppte auf Tragbahren die Verwundeten herein. Die Verwirrung war sehr groß."* Als die Panzerautos mit ratternden MG erscheinen, schloss Plenge sich einer fliehenden Truppe von Sanitätern an. Er schrieb weiter: *„Unsere Leute wurden buchstäblich aufgerieben. An ein Halten war nicht mehr zu denken. In wilder Flucht ging es jetzt zurück. Nur wenigen von uns gelang es noch, die Beine zu gebrauchen. Die Mehrzahl wälzte sich im Blute ... In wahnsinniger Hast ging es über Wiesen und Felder, über zahlreich Drahtzäune. Im Rücken das fürchterliche Tack-Tack der Maschinengewehre ...*

Unter diesem Grabmal in Dinslaken liegt vermutlich Willy Weller begraben. (Fittkau, S. 176)

Es gelang mir, nach einer halben Stunde ein Haus zu erreichen. Die Bewohner nahmen mich auf, trotz der großen Gefahr für sie selbst. Meine Kleidung, zerrissen, zerfetzt, mußte verdächtig erscheinen. Das nächste also war, dieselben einigermaßen instand setzen. Dann die Papiere sichten. Vieles war geeignet, um mich zu verderben. Also hinein ins Feuer. Dann kamen die Weißen heran. Im Hemdsärmel stand ich an der Haustür, das einjährige Kind des Hausbesitzers auf dem Arm, schaute ich den heranrückenden Siegern entgegen. Sie ließen mich unbehelligt.“ [57]

Schawäll, ein Elberfelder Arbeitersamariter, der gefangengenommen wurde, berichtete später, wie er beobachtete, dass in der Nähe des Bahnhofs Dinslaken 30 Mann auf ein freies Feld getrieben und dort zusammengeschossen wurden.[58] Ein Foto hielt diese schreckliche Szenen fest.

Gegen 10:00 Uhr hatte die Reichswehr Dinslaken erobert. *„Als die Sipo die zahlreichen in und bei Dinslaken herumliegenden Leichen einsammelte, habe man, so berichten noch lebenden Augenzeugen, das Gefühl, gehabt, als würde Gemüse verladen. Der Direktor des evangelischen Krankenhauses, der das Aufladen auf einem Platz in der Stadt sah, protestierte: 'Aber das sind Menschen und keine Kartoffel!' Die Antwort: 'Ihre Ausweise bitte!', und dann: 'Machen sie, dass sie wegkommen, sonst kommen sie auch noch dazu!“*

„Gegen 14:00 Uhr wurde auf dem streng abgesperrten Friedhof der Stadt 113 Tote ohne Särge in ein Massengrab geworfen und mit Brandkalk bestreut; so hatte man im Weltkrieg die zwischen den Schützengräben liegenden Leichen, die nicht beerdigt werden konnten, zur schnellen Zersetzung gebracht. Auch in den nächsten Tagen durfte niemand, auch die nächsten Angehörigen nicht, die Stelle besuchen. Über die Vorgänge in der Öffentlichkeit zu sprechen, war lebensgefährlich: Die Spitzel lauerten überall.“ [59]

Einige Tage später, am 7. April, als die Elberfelder Arbeiter zurückgekehrt waren, überbrachten die Kameraden des jungen Willi Weller seiner Familie die schreckliche Nachricht von seinem Tod.[60] Heute befindet sich ein großer roten Stein auf dem Gräberfeld des Friedhofs Dinslaken,[61] unter dem möglicherweise auch Willi Weller verscharrt wurde. Der politischer Reiseführer „Ruhrkampf 1920“[62] führt u.a. auch zu den hier angeführten Stellen, an denen die bergischen Arbeiterwehren kämpften.

Eine Arbeitersportlerin aus Elberfeld namens Sopfie Weller errang 1925 bei der Arbeiterolympiade in Frankfurt die Goldmedalie im Kraulschwimmen. Möglicherweise war sie eine Schwester von Willy Weller.[63]

Die Geschwister Riedesel tauchen unter *Mai 1920 – Brunnenstraße 32, Hinterhaus (6)*

In der Brunnenstraße 32 war die Bäckerei Knäpper. Ein schmaler Gang rechts des Vorderhauses führt zum Hinterhaus 32a. In der unteren Etage bewohnte die Familie Riedesel mit ihren acht Kindern eine kleine Parterrewohnung. Vater Richard, Jahrgang 1865, war Steindrucker und Lagerarbeiter. Er trug wie Bebel einen „Sozialistenbart“ und war seit Jugendtagen als Sozialdemokrat politisch aktiv. Auch die Kinder gehörten der „freien sozialistischen Jugend“ (FSJ) (vgl. Station Hochstr. 52) und anderen Vereinen der Arbeiterbewegung an. Kläre Riedesel (1902-1984) schrieb in ihren Memoiren: *„Die Küche der sehr ärmlichen Hinterhauswohnung war gleichzeitig Wohnzimmer, Badezimmer (hinter dem aufgehängten Laken plätscherte der oder die Badende in einem Holzzuber) und 'Empfangsraum', wo sich immer junge und alte Genossen einfanden, die Jugendleitung tagte und auswärtige Delegierte unterkamen.“* [64]

In den Tagen des Aufstandes hat Kläre Kurierdienste für die Rote Armee übernommen, ihr Bruder Ernst zog mit den Kampfgruppen ins Ruhrgebiet.

Als die Reichswehr am 6. April entgegen des Regierungsbefehls auch südlich der Ruhr bis nach Schwerte vordrang und den Marsch auf Barmen vorbereitet, strömten täglich mehrere hundert Flüchtlinge[65] der geschlagenen „Roten Armee“ ins Wuppertal. Ein Flugzeug erschien über der Stadt und warf Flugblätter der Reichswehr ab: „Waffen müssen sofort abgegeben werden. Bei Zuwiderhandlung erfolgt standrechtliche Erschießung!“ Der „Zentralrat“, seit Anfang April ebenfalls nach Barmen verlegt, war bemüht, die Flüchtlinge so gut es ging zu versorgen. Sie waren hungrig, verdreckt und zerschunden von der Flucht und einige kamen ohne Schuhwerk in die Stadt. Der Bürgermeister von Elberfeld berichtete dem Regierungspräsidenten in Düsseldorf über die Zusammensetzung der Flüchtlinge: *„70 Prozent Leute bis zu 22 Jahre, an keine geregelte Tätigkeit gewöhnt, ohne festen Halt und politische Schulung, kurz, das Erziehungsdefizit der letzten sechs Jahre. 20 Prozent Leute die sich aus Sträflingen, Verbrechern und solchen zusammensetzten, die auf billige Art sich gesund machen wollen. 10 Prozent, die aus ehrlicher politischer Überzeugung oder aus überspanntem politischen Ehrgeiz handeln.“* [66]

Diese Darstellung ist sicherlich einseitung und übertrieben, bestätigt aber den Eindruck, dass es vor allem die junge enttäuschte Kriegsgeneration war, die sich an den Kämpfen für eine andere Zukunft beteiligte..

Die Flüchtlinge mussten versorgt werden. Nun wurde auch die kleine Wohnung der Riedesels zum Quartier für 30 Flüchtlinge. *„Alle Betten kamen auseinander, die Matratzen auf die Erde und meine Mutter und meine große Schwester haben gekocht.“* [67]

Die Kämpfer gaben in den Sammelstellen ihre Waffen ab und viele flohen vor der Reichswehr über die Wupper ins englisch besetzte Solingen. Von hier aus wurden sie in das Internierungslager Dellbrück bei Köln weitertransportiert.

Ernst Riedesel gab seine Waffen nicht ab. Zu groß war das Misstrauen gegenüber der Regierung. Er versteckte sein Gewehr und einige hundert Schuss Munition mit Einverständnis der Mutter im Kohlenkeller. Für eine Weile mussten Ernst und Kläre Riedesel Wuppertal verlassen. Ernst Riedesel kannte das schon – von 1918. Er war wie seine beiden Brüder Soldat im Weltkrieg gewesen. Im Januar 1918 kehrte er verwundet zurück, und hielt künstlich die Wunde offen, um eine Rückkehr an die Front zu umgehen. Als er Mitte 1918 trotzdem wieder eingezogen werden sollte, tauchte er unter. Schon damals gab es Hausdurchsuchungen und es wurde nach ihm gefahndet. Nun tauchte Ernst Riedesel ein zweites mal unter. Er ging als Bergarbeiter ins Ruhrgebiet, Cläre in die Lüneburger Heide. In ihrer Abwesenheit durchsuchte die Polizei die elterliche Wohnung.[68]

Cläre Riedesel war im März 1920 als Kurier unterwegs. (Foto: Ünlüdag)

Das Foto entstand zu Beginn der 20er Jahre und zeigt die Arbeitersamariterkolonne von Elberfeld oder Barmen. (Foto: R. Ellinghaus)

Die Arbeitersamariter Karl und August Kleuker geben zu Protokoll *2.4.1920 – Sattlerstr. 10 u. 14*

Hier in der Sattlerstraße (damals Weberstraße[69]) 10 und 14 wohnten 1920 der Anstreichermeister August Kleucker und sein Bruder, der Schneidermeister Karl Kleucker. In der Glasscheibe über der Haustür ist heute noch die Gravur zu sehen, die über das Entstehungsjahr des Hauses Auskunft gibt. In diesem Teil der Straße, mit ihrer dichten Bebauung und den engen Durchgängen zu den Hinterhäusern (Löw), kann man die Vergangenheit noch gut nachempfinden. August und Karl Kleucker waren Mitglied der Arbeitersamariterkolonne Elberfeld. Die Arbeitersamariter hatte schon bei den Straßenkämpfen am 17.3. spontan den Sanitätsdienst für die kämpfenden Arbeiter übernommen.[70]

Mit den Remscheider Kämpfen und denen an der nördlichen Front an der Lippe zogen die Sanitätskolonnen der Arbeitersamariter mit den Arbeiterwehren ins Ruhrgebiet.

Die beiden Brüder Kleucker bildeten gemeinsam mit Kassierer Artur Hausmann aus der Neuen Friedrichstraße und Hermann Ritter eine kleine Sanitätskolonne aus der Nordstadt. Sie waren in dem kleinen Ort Möllen vor Wesel eingesetzt. In einer Schule des Ortes war das Lazarett eingerichtet. Am 1. April, nachmittags, entgegen der Vorgaben der Regierung, begann der Angriff der Reichswehr auf Dinslaken.[71] Dieser Angriff auf die überraschte und zum Rückzug vorbereitete Arbeiterarmee wirkte verheerend.

Das Feld bei Möllen am Morgen des 2.4.1920. (Foto: Lucas, Erhard: Märzrevolution 1920, Bd. 3, S. 273)

Die Sanitätskolonne versuchte zu fliehen. Am Bahnhof wurde die Gruppe von Reichswehrsoldaten verhaftet. Erhard Lucas[72] berichtet über das Schicksal der Arbeitersamariter: „*Mit dem Leben davon kam eine Gruppe von Sanitätern und Sanitäterinnen, die gleich nach Beginn des Reichswehrangriffes in Möllen gefangengenommen worden war. Beim Abtransport riefen vorbeiziehende Soldaten 'Schweine!' 'Biester' 'Haut sie tot!'. Die Sanitäterinnen wurden als Huren beschimpft. In 'Schloß Wohnung' (einem Gutshof bei Möllen) wurden sie untersucht, und mussten dann endlos warten bis um 17:00 Uhr Sipos erschienen, um sie abzuholen- „der Schrecken Deutschlandes“ wie die Sipo sich selbst vor ihnen bezeichnete. Nach dem Abtransport in ein Nachbardorf wurden sie dort in einer Schule von einem Sipo-Hauptmann verhört; herumstehende Offiziere fragten das Begleitkommando: 'Warum habt ihr die Schweine so weit gebracht, habt ihr unterwegs auch keinen verloren?'*“ Zu Fuß wurden sie nach Dinslaken abgeführt, durch einen Feldweg, wie zu Beginn ausdrücklich betont wurde – ein Hinweis auf die günstige Gelegenheit für eine sadistische 'Erschießung auf der Flucht'. Die Arme im Nacken verschränkt, erhielten sie immer wieder Kolbenschläge, Fußtritte, Schläge ins Gesicht und wurden sie mit dem Erschießen bedroht. Nach einer Stunde in Dinslaken angekommen, wurden sie im Rathaus erneut verhört; der anwesende Kolonnenführer des Dinslakener Roten Kreuzes verbürgte sich zwar für die Roten-Kreuz-Sanitäter unter den Gefangenen, legte jedoch für die Arbeitersamariter kein Wort ein. Den letzteren wurde erklärt, sie würden erschossen. Nach einer erneuten Untersuchung wurden sie so geprügelt, das einige aus Mund und

Nase bluteten. Einer sollte immer wieder sagen: „Ich bin ein Pollak",[73] weigerte sich jedoch jedes Mal worauf er neue Schläge erhielt. 13 Personen wurden schließlich für die Dauer der Nacht in jeweils eine einzige Zelle gesperrt. Gegen Mittag des nächsten Tages wurden neun freigelassen; ohne Essen und ohne dass ihnen das bei der Untersuchung Abgenommenen (Geld, Sanitätsausrüstung, Ausweise etc.) zurückerstattet wurde. Die vier übrigen, Arbeitersamariter aus Elberfeld, wurden am Nachmittag gezwungen, einen Lastwagen mit Munition zu beladen – offenbar in der Absicht, sie in ihrem Sanitätsethos zu demütigen –, um sie dann nach Wesel abzutransportieren und dort endlich freizulassen. Die vier Arbeitersamariter brauchten fünf Tage, bis sie ohne Geld und Papiere in ihrer Heimatstadt ankamen. Inzwischen war der Zentralrat wegen des Vordringens der Reichswehr von Essen nach Barmen verlegt worden. Flüchtlinge aus dem von der Reichswehr besetzten Gebiet berichteten über willkürliche und massenhafte standrechtliche Erschießungen. Andererseits verbreitete die Regierung und die Reichswehr über die Zeitungen Schreckensnachrichten von den „Plünderungen der Roten Armee". Um dieser Propaganda entgegenzutreten und konkrete Übergriffe der Reichswehr dokumentieren zu können, forderte der Zentralrat die Flüchtlinge auf, die Ereignisse zu Protokoll zu geben. Diese Berichte wurden zu einem wichtigen Zeugnis über den „weißen Terror" in April 1920.

Auch die vier Elberfelder Arbeitersamariter hörten bei ihrer Rückkehr von der Aufforderung des Zentralrates, meldeten sich im Barmer Gewerkschaftshaus und gaben ihre Geschichte zu Protokoll.[74]

Hinweis:

Gewerkschaftshaus Parlamentsstr., Kap. 9

Arbeitersamariter – in Elberfeld gegründet

Die Arbeitersamariter entstanden Ende des letzten Jahrhunderts als Selbsthilfeeinrichtung der Arbeiter. Vor allem die Arbeiter in Bauberufen sahen in diesem Verein die Möglichkeit, bei Unfällen schnelle Hilfe erhalten zu können. Mancherorts wurden die sozialdemokratischen Sanitäter jedoch im „deutsche Roten Kreuz" nicht geduldet. Aus diesem Grund bildeten sich die ersten „Arbeiter-Samariter-Kolonnen". Die vierte Stadt, in der das geschah, war Elberfeld. Die Elberfelder Gruppe und ihr Leiter Oskar Schaumburg ergriffen im Jahr 1909 dann die Initiative, die bestehenden Gruppen zu einer reichsweiten Organisation, dem „Arbeiter-Samariter-Bund" zusammenzuschließen.[75]

Verteilungsstelle „Vorwärts-Befreiung" *Sattlerstraße 26*

Einige Meter weiter befindet sich ein rotes Backsteinhaus, Nr. 26, das wegen seiner für die 20er Jahre typischen Bauweise in der Reihe alter Fachwerkhäuser auffällt. Es wurde von der Elberfelder Konsumgenossenschaft „Befreiung" als Wohn- und Geschäftshaus mit für damalige Verhältnisse außergewöhnlich großzügigen Verkaufsflächen und komfortablen Wohnungen für Mitglieder errichtet.

Arbeiter-Athleten-Club *Marienstraße/Hombücheler Platz – Grundschule*

Die Turnhalle der Grundschule Marienstraße war das Übungszentrum des „Arbeiter-Athleten-Clubs".[76] 1906 gegründet, pflegte er die Disziplinen Ringen,

Boxen, Artistik und Jui-Jitsu. In der Turnhalle wurde zweimal wöchentlich trainiert. Vereinslokal war die Gaststätte Holters, Wiesenstraße 29. Zwei Elberfelder Sportgenossen, Karl Lückenhaus und Otto Everts,[77] waren bei den Kämpfen am Ostersbaum gefallen. Am 20.3. trafen sich die Vereinsmitglieder am Vereinslokal, um den Kameraden das letzte Geleit zu geben.

Hausdurchsuchung bei Oskar Hoffmann *27.7.1920 – Schusterstr. 32 (8)*

In der Schusterstraße 32 wohnte seit 1905 die Familie Oskar Hoffmann. Oskar Hoffmann (1877-1953) war schon seit 1909 sozialdemokratischer Stadtverordneter und galt als ein angesehenen Mann im Viertel. Die Menschen wandten sich an ihn, wenn sie ein Anliegen hatten. Er kümmerte sich nicht nur um die große Politik, sondern auch um die kleinen Probleme der Nachbarn.[78]

Am 27. Juli fuhren drei schwere Militär-LKW durch die engen Straßen der Nordstadt zum Schusterplatz. Auf den Ladeflächen saßen bewaffnete Sipo-Polizisten. Der Staatsanwalt am Landgericht Elberfeld hatte die Durchsuchung der Wohnung von Oskar Hoffmann angeordnet. Als der Aktionsausschuss in Elberfeld die Macht ausübte, seien Akten der Sicherheitspolizei und der Reichswehr verschwunden. Oskar Hoffmann hatte am 23. und 24. April als Redakteur der USPD-Zeitung „Volkstribüne" einen aufsehenerregenden Artikel über die Militarisierung des Polizeiwesens verfasst.[79] Hierbei hatte er vermutlich auf geheime Akten der Sipo zurückgreifen können, denn als Mitglied im zentralen Aktionsausschusses hatte er darauf Zugriff. Aus diesem Grund wurde Anklage gegen ihn erhoben. Es wurden gleichzeitig Durchsuchungen seiner Wohnung, seines Arbeitsplatzes, der Redaktionsräume in der Paradestraße und der Büros des Arbeiterrates durchgeführt. Doch die Soldaten fanden kein belastendes Material. Oskar Hoffmann wurde zur Sipo-Kommandantur mitkommen und dort von der Militärpolizei verhört.

Doch schon einige Tage später ist das Verfahren eingestellt worden. Am 4. August, kurz nach den Wahlen zum Reichstag, wurde ein Amnestiegesetz erlassen, das sowohl für die Straftaten der Arbeiter, als auch für die der Soldaten galt.[80]

Einen bleibenden Erfolg errang Oskar Hoffmann im März und den folgenden Monaten 1920 durch seine Bemühungen um die „Freie Schule". Die Vereinigung der Volksschullehrer war im März an den Aktionsausschuss herangetreten und verlangte endlich die Reformierung des Schulwesens. Oskar Hoffmann übernahm daraufhin im Auftrag des Aktionsausschusses die Leitung einer Kommission, die sich mit dieser Frage befasste. Dieser Anstoß und die darauf folgende Vorarbeit hatte Folgen. Im Oktober 1920, mit Beginn des neuen Schuljahres, konnten die ersten (konfessions-)freien Schulen in Elberfeld und Barmen eingerichtet werden. Sie sollten von nun an die Schullandschaft entscheidend mitprägen.

Hinweise:

Schützenstraße, Kap. 10
Hotel Hegelich, Kap. 8

„Eine Festdemonstration von gewaltiger Wucht …"[81] *1. Mai 1920 – Schusterplatz (8)*

Der Bolzplatz vor dem alten Bunker, auf dem sich heute die Kinder des Viertels treffen, und wo eine Sporthalle sowie ein Kindergarten stehen, wurde früher der „Schusterplatz" genannt.[82] Oskar Hoff-

Die Luftaufnahme zeigt den Schusterplatz und die engen Straßen des Viertels im Jahr 1928. Der Sportplatz wurde auf Initiative von Oskar Hoffmann errichtet und diente vor allem den Vereinen des Elberfelder „Arbeiter-Turn- und Sport-Bundes" als Spielstätte. (Foto: Stadt Wuppertal)

mann hatte sich als Stadtverordneter für den Ausbau des Platzes zum Sportplatz eingesetzt. Er war über viele Jahre hinweg ein traditioneller Treffpunkt der Arbeiterschaft. Hier fanden, hoch über der Stadt und mit Blick über das Tal, Demonstrationen und Kundgebungen statt. Die Nazis bebauten schon vor dem Krieg gerade solche Orte mit ihren Bunkern, die sie an die einstige Stärke der Arbeiterparteien erinnerten, so wie es auch auf dem „Patz der Republik" geschehen ist.

„Vom schönstem Wetter begünstigt, war die diesmalige Maifeier von so gewaltiger und sicher auch nachhaltiger Wucht wie noch niemals vorher." [83] Mit diesen Worten beginnt der Bericht der „Volkstribüne" über die Maifeier 1920 im Wuppertal. Auf dem großen Sportplatz an der Schusterstraße fand die Abschlusskundgebung der Gewerkschaftsdemonstration statt. Es war vermutlich eine der größten Kundgebungen, die das Viertel gesehen hatte.

Nachdem die Nationalversammlung im Jahr 1919 beschlossen hatte, den 1. Mai als Feiertag einzuführen, war dies das erste Mal, dass die Arbeiter diesen Tag ohne Behinderung und Sanktionen begehen konnten.

Am Vormittag hatten die Gewerkschaften zur Demonstration und Kundgebung aufgerufen. Alle Einzelgewerkschaften hatten separate Treffpunkte vorgesehen. Die Metallarbeiter trafen sich beispielsweise auf dem Neumarkt. Die in Elberfeld besonders zahlreich vertretenen Textilarbeiter trafen sich auf dem Königsplatz, dem heutigen Laurentiusplatz. Es ragten Schilder aus der Menge mit Aufschriften wie „Färber", „Weber", „Bandwirker", „Riemendreher", „Kattundrucker" usw. Die einzelnen Berufsgruppen stellten sich hinter ihren jeweiligen Schildern auf. Dann zog man gemeinsam zum „Brausenwerter Platz“ (heute Döppersberg). Hier trafen sich alle Elberfelder Gewerkschaftszüge. Von hier aus ging es durch die Arbeiterviertel hoch in die Elberfelder Nordstadt, zum großen Sportplatz an der Schusterstraße. Auf der Abschlusskundgebung redete der Kommunist Fritz Charpentier[84] sowie der Metall-Gewerkschaftssekretär Johann Busch (USPD).[85] Es war eine Demonstration von Selbstbewusstsein und Geschlossenheit. Die Gewerkschaften befanden sich auf dem Höhepunkt ihrer Mitgliederentwicklung. Die weitere gesellschaftspolitische Entwicklung schien offen für die Zielvorstellungen der Arbeiterbewegung. Doch immer noch drohte die Besetzung des Bergischen Landes durch Reichswehr. Die Gewerkschaftsvorstände beteuerten im Gespräch[86] und in einem Schreiben an die Regierung, dass die Bestimmungen des Bielefelder Abkommens strikt eingehalten würden. Sie wehren sich jedoch auch „gegen Spitzel und Provokateure, die im Solde bestimmter Kreise ständen, um Gründe für eine Besetzung des Bergischen Landes zu schaffen.“[87]

Die Arbeiterzeitungen nannten nur für die Barmer Demonstration Zahlen. Dort sollen morgens bei den Gewerkschaften 25.000 bis 30.000 und nachmittags, bei der Demonstration der USPD, 15.000 Menschen versammelt gewesen sein. Selbst wenn man die Zahlen als hochgeschätzt betrachten muss, muss es sicherlich eine bewegende und machtvolle Maifeier gewesen sein.

Hinweis:

Maifeier auf dem Platz der Republik, Kap. 4

Oskar Hoffmann – Ein Arbeiterführer auf dem Ölberg (8)

Oskar Hoffmann stammte aus einer kinderreichen Landarbeiterfamilie im Oberbergischen. Er erlernte den Beruf des Buchdruckers und zog nach Iserlohn. Dort engagierte er sich in der Gewerkschaft und berichtete in einer Artikelserie der Elberfelder „Freien Presse“ über einen aufsehenerregenden Streik der Buchdrucker in Iserlohn. Vermutlich kam er deshalb 1905 als Redakteur der sozialdemokratischen „Freien Presse“ nach Elberfeld, möglicherweise zunächst als „Sitzredakteur“,[88] der seine Unterschrift unter die kritischen Artikel setzen musste.[89] 1906 wurde er zu einem Monat Haft verurteilt, weil er das Verbot der Demonstration zum 1. Mai kritisiert hatte. 1907, bei den Unruhen in der Hochstraße anlässlich der Reichstagswahlen, wurde er erneut für einen Monat in Haft genommen, weil er das brutale Vorgehen der Polizei[90] angeprangert hatte. 1909 wurde er unter den Bedingungen des undemokratischen „Dreiklassenwahlrechtes“ einer der ersten sozialdemokratischen Stadtverordneten.[91] In den Kriegsjahren schloss er sich der USPD an. Als Mitglied des Arbeiter- und Soldatenrates war er in der Novemberrevolution 1918 einer der wichtigen Akteure in Elberfeld.[92]

Als Redakteur der USPD-Zeitung „Volkstribüne“ warnte er davor, „die Revolution versanden zu lassen“. Er wurde erneut Stadtverordneter, später auch Fraktionsführer der USPD. Im März 1920 wurde er Mitglied im Aktionsausschuss Elberfeld und übernahm in den revolutionären Wochen die Leitung einer Kommission, die sich um die Umgestaltung des städtischen Schulwesens kümmern sollte. Bei den Wahlen zum Rheinischen Provinziallandtag im Februar 1921

Oskar Hoffmann war im März 1920 Mitglied im Aktionssausschuss der Arbeiterparteien. (Foto StAW)

wurde die USPD nur drittstärkste Kraft. Oskar Hoffmann wurde in den rheinischen Provinziallandtages gewählt, und gehörte ihm bis zu seiner Verhaftung im März 1933 an. 1922 schloss er sich der SPD an, wurde erneut Schriftleiter der „Freien Presse" und blieb sozialdemokratischer Stadtverordneter bis 1933. Als Kommunalpolitiker engagierte er sich vor allem in Fragen der Jugendhilfe, der Entwicklung des Wohlfahrtswesen, der Bildung und Kultur. Er engagierte sich im „Ortsauschuss" der Arbeiterwohlfahrt und vertrat sie auf den Bezirkskonferenzen. Die Einrichtung der „freien Schulen", der öffentlichen Bibliotheken und der Volkshochschule sind auch auf sein Engagement zurückzuführen. Er fand den für einen Kommunalpolitiker ungewöhnlichen Mut, die beschränkten Möglichkeiten der Kommunalpolitik auszuschöpfen und die drängende soziale Frage zu entschärfen: So forderte er Ende 1924, die Fürsorgesätze beträchtlich zu erhöhen, um so die Arbeitgeber zu zwingen, die „Hungerlöhne" auf ein erträgliches Maß zu steigern.[93] Er schrieb in verschiedenen sozialdemokratischen Fachzeitschriften zur Kommunalpolitik und zum Genossenschaftswesen.

Beim Zusammenschluss der fünf Bergischen Städte im Jahre 1929 hatte er den gemeinsamen Namen „Wuppertal" vorgeschlagen und im Namen der sozialdemokratischen Fraktion zur Abstimmung gestellt. Insofern kann er als Namensschöpfer unserer Stadt gelten.

Als die Nazis an die Macht kamen, wurde seine Wohnung mehrmals durchsucht und verwüstet. Als 56jähriger kam er ins KZ Kemna, wurde aber schon nach einigen Monaten wieder entlassen. Bei den Bombenangriffen auf Elberfeld wurde sein Wohnhaus zerstört und die Familie nach Mecklenburg evakuiert. Als er 1946 nach Elberfeld zurückkehrte, verweigerte ihm die örtliche SPD die Aufnahme, denn in Mecklenburg hatte er sich der SED angeschlossen. Die politische Niederlage der Arbeiterbewegung von 1933 hatte ihn zur Überzeugung kommen lassen, dass sich die beiden großen Arbeiterparteien nicht auseinanderdividieren lassen dürften. Einige seiner Söhne hatten schon vor 1933 führende Positionen in der Kommunistischen Jugend übernommen. Die KPD stellte ihn zunächst als Parteilosen für die Landtags- und Stadtratswahl auf. Er wurde Ältester im Wuppertaler Stadtrat und Mitglied des ersten Landtags von Nordrhein-Westfalen. 1948 trat er der KPD bei, nachdem die SPD ihm wiederholt die Mitgliedschaft verweigert hatte. 1953 starb er an den Spätfolgen der KZ-Haft. Der Beerdigung wohnten zahlreiche Trauernde bei.

1999 ist die Verbindungstreppe an Ende das Schusterstraße, die hinunter zur

Marienstraße führt, nach Oskar Hoffmann benannt worden.

1951 – Oskar Hoffmanns Artikel soll nicht erscheinen

Nach der Rückkehr aus Mecklenburg fanden die Hoffmanns eine Wohnung in der Helmholzstraße 18. Als Oskar Hoffmann im Jahr 1951 für die KPD im Landtag von Nordrhein-Westfalen saß, war auch Karl Severing, der Reichskommissar von 1920, sein Kollege in der SPD-Fraktion. Karl Severing hatte gerade seinen Memoiren geschrieben. Die Westmächte drängten auf den Aufbau einer westdeutschen Armee und weite Teile der Jugend, der Gewerkschaften und der Arbeiterparteinen lehnten diese „Remilitarisierung", im Gegensatz zu Karl Severing, ab.

Anlässlich dieser Auseinandersetzung schrieb Oskar Hoffmann für die kommunistischen Presse den Artikel „Zur Biographie Karl Severings", der sich kritisch mit der Haltung des sozialdemokratischen Ministers Severings während der Kapp-Putsches auseinandersetzte und auch die Verbindung zu 1933 zog. Der Artikel konnte nicht erscheinen. Die KPD-Führung wollte jede Konfrontation mit der SPD vermeiden. Er blieb aber im Archiv des Parteivorstandes erhalten und soll hier als Zeitdokument wiedergegeben werden: *„Der Minister a.D. Karl Severing hat kürzlich in dem früheren 150prozentigem Naziblatt, dem Wuppertaler 'Generalanzeiger' einen Artikel gegen die sogenannte 'kommunistische Propaganda-Kampagne' geschrieben und damit die verderbliche Schumacher-Politik verteidigt, wie auch damit illustriert, dass er die Aktionseinheit der Arbeiter Westdeutschlands nicht will, die doch allein die Kraft besitzt, die geplante Remilitarisierung zu verhindern und damit die Vorbereitung eines neuen Weltkrieges zu durchkreuzen.*

Der Minister a.D. Karl Severing hat inzwischen auch seine Memoiren geschrieben, die in zwei Bänden erschienen sind. Diese Memoiren geben Veranlassung, seine Biographie zu ergänzen und zwar um der geschichtlichen Wahrheit willen. Das Ergebnis des ersten Weltkrieges wurde dadurch illustriert, dass die Königskronen im Sande rollten, wie Friedrich Engels schon in den 80er Jahren prophetisch angekündigt hatte. Die monarchistischen Staatsform war erledigt. Der Kaiser ging, die Generäle blieben! –

Mit dem Zusammenbruch der Monarchie war Karl Severing als Reichskommissar bei dem berüchtigten VII A.K. in Münster tätig, war also Reichskommissar über die Generäle geworden. Hier hätte er durchgreifende Arbeit leisten, hätte verhindern können, dass die Generäle blieben. Wie war es beim Kapp-Putsch? General Watter, der Ruhrgebietsgeneral, zeigte hier eine mehr als zweideutige Haltung. Mitten im Generalstreik sind der Genosse Wilhelm Ullenbaum (Bezirkssekretär der SPD-Niederrhein – der Verf.) *und ich von der Friedrich-Engels-Stadt aus unter erschwerenden Umständen nach Münster gefahren, um den Reichskommissar Severing über die gesamte Lage zu informieren, damit er entsprechende Maßnahmen treffe. Von mir erschien daraufhin der viel beachtete Artikel 'Fort mit General Watter!' General Watter flog nicht, wie viele andere, die ein Blutbad unter den republikanischen Arbeitern anrichteten. Reichskommissar Severing hätte hier durchgreifen können, hätte die gesamten Generale festsetzen lassen sollen, dann hätte er im Ruhrgebiet manch Blutvergießen verhindert. Wie gesagt, die Generale blieben und der Reichskommissar war ein Versager! –*

Es würde zu weit führen, in einem kurzen gedrängten Artikel auf alle Einzelheiten der Entwicklung einzugehen. Der Minister Karl Severing war auch am 20. Juli 1932 bei der beginnenden Hitler-Aera die Hauptperson und zeigte sich wieder als Versager. Selbst ein Kritiker der SPD sagt zu Severings Memoiren (Geist und Tat Nr. 8, S. 271) u.a.:

'Severings Darstellung des 20. Juli ist besonders aufschlussreich. Wir sind nicht der Meinung, dass die Zurückhaltung der Arbei-

terschaft am 20. Juli richtig war – weil wir glauben, dass die Massen der organisierten Arbeiter und die preussische Polizei vielleicht nicht gesiegt hätten, dass aber das Macht- und Kraftbewusstsein der Arbeiter durch einen entscheidenden Widerstand so gestärkt worden wäre, dass darauf aufbauend die Situation noch hätte gerettet werden können. Jedenfalls hätte ein solcher Aufstand weniger Unheil angerichtet als die kampflose Übergabe der Macht an die Hitlerhorden.' Was hier ein SPD-Kritiker sagt, trifft ins Schwarze und könnte noch durch verschiedene Tatsachen erhärtet werden. Hier war Karl Severings zweiter schwerer Versager. Die organisierten Arbeiter ganz Deutschlands warteten auf das Losschlagen, wie auch die Polizei und manche Teile der Reichswehr, die ihre Aufgabe im Schutz der Republik ansahen. Hier hat der Minister Karl Severing, ob gewollt oder ungewollt verhindert, dass die Arbeiter ihre berechtigten Forderungen erkämpft, wie auch das blutige Hitler-Regime verhindert hätten."

Theo Stratmann – Führer des Ölberger Reichsbanners

Am Fuße dieser Treppe, im Haus Marienstraße 119, wohnte der Sozialdemokrat Theo Stratmann. Er war 1918 Vertreter der MSPD im „Provisorischen Arbeiter- und Soldatenrat" von Elberfeld, 1920 fand er sich, wiederum gemeinsam mit Oskar Hoffmann, im Aktionsausschuss der Arbeiterparteien wieder.[94] Später war er einer der Mitbegründer des „Reichsbanners Schwarz-Rot-Gold" und Führer des 8. Reichsbanner-Zuges. Dieser schützte das Gebiet der Elberfelder Nordstadt vor Nazi-Übergriffen und bestand aus ca. 80 Mitgliedern. Er war für seine Disziplin und Einsatzbereitschaft bekannt.

Wilhelm Balser und der „Verband proletarischer Invaliden" *Schusterstraße 1*

Am anderen Ende der Schusterstraße (1) steht das Eckhaus, in dem Wilhelm Balser (1856-1935) und seiner Frau Mathilde, geb. Lohe, wohnten. Wilhelm Balser stammte aus Hessen und war vermutlich Ende der 80er Jahre des 19. Jahrhunderts ins Wuppertal gekommen, in der Hoffnung, dort bessere Arbeitsmöglichkeiten zu finden. Seit dem Ende der Sozialistengesetzte, also seit 1891, engagierte er sich in der SPD. Als Maurer trat er besonders für die Ziele der Bauarbeiter ein. 1904 wurde Wilhelm Balser zum Ortsekretär des Zentralverbandes der Maurer gewählt, dem er seit 1898 angehörte. Dieses Amt behielt er auch bei, als sich 1911 die Verbände der Maurer und der Bauhilfsarbeiter zum Deutschen Bauarbeiterverband zusammenschlosssen. Erst ein starkes Augenleiden zwang ihn 1915 zum Verzicht auf seine Funktionärstätigkeit. Ein neues Aufgabengebiet erwuchs ihm im Kampf für die Interessen der „proletarischen Invaliden".

Gerade die Bauberufe waren sehr unfallträchtig. Versicherungen, Vorsorgemaßnahmen und konkreten Hilfsangebote mussten erst geschaffen werden. Die Organisation umfasste das ganze Bergische Land. Als Organisator und zugleich sozialdemokratischer Stadtverordneter in Elberfeld (seit 1911), errang er viele Erfolge für seine Leidensgenossen. Hierzu trugen auch seine Artikel in der sozialdemokratischen „Freien Presse" bei, zu deren eifrigsten Mitarbeitern er zählte.

Die Familie Balser hatte elf Kinder. Ewald Balser (1898-1978), das jüngste, war Zieseleur von Beruf, wurde jedoch später ein weithin bekannter Schauspieler. 1920 wirkte er im „Literarischen Kreis" mit und erhielt die ersten Nebenrollen am Vereinigten Theater Elberfeld-Barmen. Später spielte er Stücke von Brecht am Schauspielhaus Düsseldorf und an der „Volksbühne“[95] in Berlin. Seit 1928 war er am Burgtheater in Wien engagiert. Sein über 50jähriges Wirken brachten ihm etliche Auszeichnungen.[96]

Der Weg führt über eine Treppe hinunter zur Luisenstraße. Diese führt uns zu unserem Ausgangspunkt, dem ehemaligen Rathaus Elberfeld, zurück.

Lehrer, Juristen, Musiker, Politiker – die Odyssee der sozialistische Familie Lande[97] *Luisenstraße 85 (9)*

Unterwegs kommen wir am Haus der bekannten sozialdemokratischen Familie Lande in der Luisenstraße 85 vorbei. Hugo Lande (1859-1936) war in den Revolutionsmonaten seit 1918 einer der wichtigen Gestalten der MSPD. Als Justizrat war er im Oktober 1919 für einige Monate kommissarischer Regierungspräsident in Düsseldorf, bis er auf Betreiben monarchistischer und antisemitischer Kreise zurücktreten muß. Auch bei den Ereignisse im März 1920 trat er immer wieder in Erscheinung.[98] Bis 1933 war er Fraktionssprecher der sozialdemokratischen Stadtratsfraktion. Auch seine Frau Thekla Lande (1864-1932) war in dieser Zeit eine der bekanntesten Frauen der Stadt. Sie war bei den Kommunalwahlen im März 1919 als eine der ersten Frauen in den Elberfelder Stadtrat gewählt worden. 1921 gründete sie mit anderen die „Freie Volksbühne“[99] und war in den Jahren der Weimarer Republik eine der wenigen Kommunalpolitikerinnen, die sich entschieden für die Gleichstellung von Frauen, vor allem im Bildungswesen, engagietren.

Hugo Lande war über Jahrzehnte ein führender Funktionär der (M)SPD in Elberfeld. (Foto: StA W)

Das Haus wurde in den politischen Auseinandersetzungen der Novemberrevolution zum Ort politischer Manifestationen. Am 7. Januar 1919 demonstrieren dort Anhänger der USPD gegen den altgedienten Sozialdemokraten Hugo Lande. Sie verlangen, er solle seine Ämter im Arbeiter- und Soldatenrat niederlegen.[100] Diese Nötigung führte dazu, dass sich die „Mehrheitssozialdemokraten“[101] aus dem örtlichen Arbeiter- und Soldatenrat zurückzogen. So wurden die Gräben zwischen den einstigen Parteigenossen tiefer. 14 Jahre später, am 5. März 1933, dem Tag der letzten Reichstagswahl, flüchtet Hugo Lande Hals über Kopf aus dem Haus. Nachbarn hatten ihm berichtet, dass SA-Männer in der Nacht die Gartenmauer zu übersteigen versucht hatten. Er ging in die Schweiz und kehrte nicht wieder zurück.

Die Familie Lande war 1886, zur Zeit der Sozialistengesetzte, in das Wuppertal gekommen. Hugo Lande entstammt wie seine Frau Thekla einer jüdischen Familie. Er war juristisch ausgebildet und eröffnete eine Anwaltspraxis in der Stadt. Er hatte mit dem Judentum seiner Familie gebrochen und sich, wie viele jüdische Intellektuelle, der Sozialdemokratie angeschlossen.

Schon einige Jahre später, im Jahr 1891, vertrat Hugo Lande die Elberfelder Sozialdemokraten auf dem berühmt gewordenen Parteitag in Erfurt. Zu diesem Zeitpunkt scheint er sich schon einen Namen gemacht zu haben. Er wurde neben den Parteigrößen Bebel, Liebknecht und Molkenbuhr in die 21-köpfige Kommission gewählt, die das berühmt gewordene „Erfurter Programm" ausarbeitete.[102] In späteren Jahren waren auch August Bebel und Wilhelm Liebknecht zu Gast bei den Landes. Gemeinsam mit Oskar Hoffmann war Lande 1909 einer der beiden ersten Sozialdemokraten, denen es gelang, unter den Bedingungen des preußischen Dreiklassenwahlrechts in den Stadtrat gewählt zu werden. Die vier Kinder der Familie Lande wurden Wissenschaftler, Musiker, Pädagoge und Arzt. Einige sind Vorreiter der sozialistischen Kultur und Lebensformen geworden.

Der älteste Sohn Alfred (1888 – ?) wurde Professor für theoretische Physik in Tübingen. Schon 1929 erhielt er einen Ruf in die USA und konnte später anderen Familienangehörigen bei ihrer Suche nach Asyl helfen. Die Tochter Lotte (1890-1974) wurde auf Betreiben der Mutter auf das Abitur vorbereitet, auch wenn sie zwei Jahre privat unterrichtet werden musste. Sie erhielt eine medizinische Ausbildung, arbeitete als Ärztin in Berlin und Breslau und wurde Stadtärztin unter der vorbildlichen sozialdemokratischen Kommunalverwaltung in Frankfurt/Main. Über ihre kommunale Tätigkeit hinaus engagierte sie sich für die gesundheitspolitischen Reformvorstellungen des „Vereins sozialistischer Ärzte". Die Feministin zählt zu den Begründern der Sexualwissenschaft in Deutschland.[103] Im März 1933 wurde sie als „politisch unzuverlässig" aus dem Dienst entlassen. Die jüngste Tochter Eva (1901-1977) ging auf die reformpädagogische „Odenwaldschule". Später wurde sie Lehrerin in der Fürsorgeerziehung. Kurzzeitig unterrichtete sie an der „Neuen Schule", einem privaten Reformprojekt in Dresden-Hellerau. Über ihren Mann Erich Stedelin kam sie zur Sozialistischen Arbeiterpartei (SAP)[104] und wurde Rednerin der kleinen Oppositionspartei. 1933 floh sie über eine Route der SAP mit ihrem Kind in die Schweiz, später nach Paris zu ihrem Bruder Franz. Hier engagierte sie sich wie ihr Bruder für den Aufbau einer deutschen Emigrantenkultur. Eva und Erich Stedelin bauen den „Verein sozialistischer Lehrer" auf. 1940 wurde sie von Mann und Kind getrennt und interniert. 1941, nach dem Tod ihres Mannes im Internierungslager, gelang ihr die Flucht zu ihrem Bruder in die USA.

Bei der letzten freien Kommunalwahl im März 1933 war Hugo Lande von seiner Partei nicht mehr aufgestellt worden. Diese Entscheidung fiel möglicherweise vor dem Hintergrund einer teilweise würdelosen Unterordnung unter die rassistische Propaganda und den Repressalien der NSDAP. Wenig später erfolgte der Parteibeschluss,[105] alle jüdischen Parteimitglieder aus dem Vorstand zu entfernen. 1936 nahm sich Hugo Lande vermutlich das Leben. Er fuhr mit dem Boot auf den Genfer See und kehrte nicht wieder zurück.

Franz Lande – Musikpädagoge und Dirigent von Arbeiterchören
Luisenstraße 85 (9)

Das dritte Kind der Familie, Franz Lande, wurde zu einem in der Region bekannten Musikpädagogen. Er dirigierte verschiedene Arbeiterchöre und komponierte Werke für die proletarische Musikbewegung. Lande wurde am 10. April 1893 geboren. Auf Wunsch der Eltern studierte er zunächst Jura und Nationalökonomie, besuchte während des Studiums aber Vorlesungen am Konservatorium in Berlin, was seinen eigentlichen Neigungen entsprach. Während des Ersten Weltkrieges wurde Franz Lande Kapellmeister an den Stadttheatern Barmen-Elberfeld. Von 1919 bis 1923 arbeitete er an den Theatern München, Saarbrücken und Königsberg. Als Musiker war er auch entschiedener Gewerkschafter und engagierte sich in der „Genossenschaft deutscher Bühnenangehöriger". Die Beteiligung an gewerkschaftlichen Lohnkämpfen endeten jedoch in einem beruflichen Fiasko: Er kam auf einen „Schwarze Liste" und wurde entlassen.[106] Nun kehrte er ins Elternhaus zurück und erhielt 1924, vermutlich aufgrund der Bemühungen des Vaters, eine Stelle als Lehrer am Düsseldorfer Konservatorium. In der Zwischenzeit hatte er jedoch eine neue nebenberufliche Aufgabe gefunden, die er mit Ehrgeiz verfolgte: Komponist und Chorleiter verschiedener Arbeitermusikvereine in Wuppertal, Solingen und Düsseldorf. Diese Chöre waren Teil der hier sehr starken kommunistischen Arbeiterkultur. In seiner musikalischen Sprache blieb er jedoch in der bürgerlichen Tradition der „Liedertafel", wie schon sein bekannter Vorgänger, Gustav Adolph Uthmann[107] aus Barmen.

Lande meinte, im Gegensatz zu den Vertretern der neuen Musik, Dessau und Hans Eisler, mit traditioneller Musiksprache am ehesten die Arbeiter für revolutionäre Ziele gewinnen zu können.

Es ging ihm auch um Anerkennung seiner musikalischen Leistungen in der bürgerlichen Fachwelt. So probte Lande die 9. Symphonie von Beethoven mit seinen (Laien-) Arbeiterchören ein. 1929 wollte er ein „proletarisches Oratorium" schreiben. Gemeinsam mit dem Arbeiterdichter Hans Lorbeer,[108] neben Emil Ginkel einer der bekanntesten Lyriker im „Bund proletarisch revolutionärer Schriftsteller" (BPRS),[109] arbeitete er an dem Werk mit dem Titel „Panzerkreuzer Potemkin". Kurz zuvor war der revolutionäre gleichnamige Film verboten worden und jetzt in aller Munde. Das Oratorium erlebte 1929 eine begeisterte Uraufführung in der Tonhalle Düsseldorf mit 450 Mitwirkenden. Die sozialdemokratischen und bürgerlichen Kritiker zerrissen das Stück allerdings. Weitere Aufführungen scheiterten nun auch am Widerstand kommunistischer Kulturauffassungen, die sich an der neuen musikalischen Formensprache, im Stile von Brecht und Eisler, stiess.

1931 arbeitete Lande gemeinsam mit dem Intendanten Wolfgang Langhoff an dem Lehrstück „Die Maßnahme".[110] Er dirigierte die ersten Aufführung im Westen und die Anerkennung blieb ihm diesmal nicht versagt.[111] Im Dezember 1932 verlor Lande seine Stelle am Konservatorium. Er kehrt mit seiner Frau ins Haus seines Vaters zurück. In diesem Monat starb auch seine Mutter. Im März 1933 floh sein Vater in die Schweiz. Schon im Mai folgte ihm Franz. Im Herbst 1933 gelangte er ins Zentrum der deutschen Emigranten, nach Paris. Dort bemühte er sich um die Gründung einer „Deutschen philharmonischen Gesellschaft" und dirigierte u.a. den Chor eines jüdischen Arbeiterheimes.

Die deutsche Botschaft in Paris beobachtete diese Aktivitäten genau und begründete damit später seine Ausbürgerung. Bei Ausbruch des Krieges wurde er interniert, und, wie Erich Stedelin und seine Schwester Eva, später von den französischen Behörden ausgeliefert. Im September 1942 wurde er nach Auschwitz deportiert und ermordet.[112]

Das Vereinslokal der katholischen Arbeiterbewegung *Luisenstraße 67/69 (10)*

Das alte Fachwerkhaus an der Ecke Luisenstraße 67/69 Obergrünewalderstraße gehört wohl zu den ältesten der Stadt. Heute befindet sich dort ein Antikgeschäft; über dem alten Hauseingang hängt ein Schild mit der Aufschrift. „Kettelerheim". Dieses Schild erinnert an die rege katholische Vereinstätigkeit, die hier seit dem Jahr 1920 bis in die 60er Jahre stattfand. Im Jahr 1920 war das Haus gemeinsam mit dem Nachbarhaus Nr. 65 als Schenkung an den Elberfelder katholischen Arbeiterverein gegangen. Es lag in der Nähe der traditionsreichen Laurentiuskirche und wurde als Versammlungs- und Veranstaltungslokal, aber auch als Zahlstelle verschiedener vereinsnaher Versicherungen genutzt. So hatte hier die „Familienhilfe", die „Unterstützungskasse für Geburts- und Sterbefälle" und der „St. Josef Spar- und Darlehnsverein, geg. 1866" seine Zahl- und Geschäftsstelle. In unmittelbarer Nähe befanden sich weitere Einrichtungen der katholischen Arbeiterschaft. So in der Untergrünewalderstraße 18. Hier befand sich der Bergische Bezirksverband der katholischen Arbeitervereine und das katholische Arbeitersekretariat für das Bergische Land, die „Spar- und Baugenossenschaft Bergland G.m.b.H." und der Sitz der katholischen Zentrumspartei. Johannes Pella,[113] der Arbeitersekretär, und Hermann Dichgans, der langjährige Stadtverordnete der Zentrumspartei, hatten hier ihre Arbeitsstätte. Später wurde in der heutigen Friedrich-Ebert-Straße[114] das „Caritashaus" errichtet, in dem unter anderem ein Lehrlings- und Ledigenheim, Krankenkassen sowie Beratungs- und Fürsorgestellen für die katholische Arbeiterschaft eingerichtet wurden. So war um die Laurentiuskirche ein kleines Zentrum der katholischen Sozialbewegung entstanden.

Johannes Pella – ein katholischer Organisator (10)

Viele dieser Einrichtungen sind mit dem Namen Johannes Pella verbunden. Pella war 1879 in Niederhermsdorf, Sachsen, geboren und 1904 dem katholischen Arbeiterverein an St. Laurentius beigetreten. Schon kurz darauf wurde er zum Vereinsvorsitzenden gewählt. Mit Unterstützung des Geistlichen und Vereinspräses besuchte er mehrmonatige volkswirtschaftliche Fortbildungskurse und wurde beauftragt, das gerade eingerichtete katholische „Arbeitersekretariat" zu übernehmen. Der damals 27jährige wurde von den sozialen Gedanken des Dr. Karl Sonnenschein (1876-1929), dem Wegbereiter der katholischen Großstadtseelsorge, geprägt. Sonnenschein sammelte damals seine ersten seelsorgerischen Erfahrungen in der Arbeitergemeinde Herz Jesu in der Elberfelder Nordstadt.[115] Er sorgte dafür, dass die Arbeiter in den katholischen Gemeinden entsprechend berücksichtigt wurden, und einen Sitz in der Zentrumsfraktion im Stadtrat erhielten. Heute noch erinnert das „Karl Sonnenschein Haus" der Gemeinde in der Ludwigstraße an ihn. Johannes Pella meisterte seine Aufgabe als Arbeitersekretär gut. Als er am 1.10 1906 seine Aufgabe antrat, hatte der Arbeiterverein 600 Mitglieder, bei Beginn des Krieges waren es 5.000.[116] Auf diesem Posten wirkte er bis 1947 und wurde 1949 erneut zu seiner alten Aufgabe gerufen, als es einen personellen Engpass gab. Die katholischen Arbeitervereine waren vor allem wegen ihrer familiären Atmosphäre und der gegenseitigen Unterstützung attraktiv. Pella organisierte die vorgenannten Selbsthilfevereine und die Beratung der Mitglieder in rechtlichen, sozialen und Sozialversicherungsfragen. Auf Beschluss des Bezirkstages wurde 1926 eine Wohnungsgenossenschaft gegründet, die von 1927-1930 75 Wohnungen erstellte.[117] In dieser Zeit war Johannes Pella auch Stadtverordneter der Zentrums-Partei in Elberfeld. Zur Zeit des Nationalsozialismus wurde auch die katholische Arbeiterbewegung unterdrückt. Doch die jahrzehntelange Bildungsarbeit und der enge Zusammenhalt gab vielen Mitgliedern den Mut und die Kraft zum Widerstand. Hierzu gibt es zwei prominente Beispiele: Der Elberfelder Caritasdirektor Hans Karls (1886-1952), 1923 Präses der KAB, organisierte in der Laurentiuskirche als „Abendmusikalische Andachten" getarnte Veranstaltungen, bei denen er das Regime scharf kritisierte. Er wurde verhaftet und nach Dachau verschleppt. Auch der Gewerkschafter Bernhard Letterhaus (1894-1944) hat eine ähnliche Lebensgeschichte wie Johannes Pella. Der gelernte Bandwirker war 1919 Sekretär der Zentrumspartei in Barmen. Später wurde er Sekretär des „Verbandes der christlichen Textilarbeiter" in Barmen und wirkte seit 1927 als Verbandssekretär des Westdeutschen Verbandes der katholischen Abeitervereine in Köln. 1942 gehörte er zu dem Widerstandkreis um Goerdeler. Auch in dieser Zeit stand er mit Johannes Pella in Verbindung. Im November 1944 wurde Bernhard Letterhaus im Berlin Plötzensee hingerichtet. Heute erinnert eine Gedenktafel in der Oberbarmer Kirche an ihn.[118]

Die Christliche Gewerkschaften und der Generalstreik im März 1920 *Luisenstraße 67/69 (10)*

Die christlichen Gewerkschaften waren von den Kirchen als Gegenorganisation zu den freien gewerkschaftlichen Verbänden gegründet worden. So gab es traditionell eine scharfe Konkurrenzstellung, die auch bei dem Generalstreik im März 1920 deutlich wurde. Entgegen der Beschlüsse auf Reichsebene und der meisten Ortsgruppen im Ruhrgebiet beschlossen die Barmer und Elberfelder christlichen Verbände, für die Reichsverfassung, aber gegen den Generalstreik zu votieren.[119] Anders als in Hagen und in manchen Städten des Ruhrgebiets hatten die freien Gewerkschaften und die sozialdemokratischen Parteien auch keinen Versuch unternommen, die christlichen Verbände und die christliche Zentrumspartei in das Bündnis gegen den Militärputsch aufzunehmen. So befürchteten die katholischen Gewerkschafter eine Diktatur von links.[120] Andere lehnen den Streik als „politisch" ab. So richtete der „Gutenbergbund" (christlich-nationale Buchdrucker-Organisation) am 16.3. an den Barmer Oberbürgermeister folgende „Anfrage":

„1. Ist dem Herrn Oberbürgermeister bekannt, dass die christlichen nat. Gewerkschaften den proklamierten verbrecherischen Generalstreik verurteilen weil er ausgesprochen politischen Momenten entspringt?
2. Ist dem Herrn Oberbürgermeister bekannt, dass im Laufe des gestrigen Tages unsere Mitglieder und zahllose Mitglieder anderer christl. Gewerkschaftsgruppen durch Ausübung von Gewalt seitens der soz. Streik-Komitees aus den Betrieben geholt wurden."[121]

In der Tat, das Plakat der christlichen Gewerkschaften vom 15.3. gegen den Generalstreik löste bei den Streikenden große Wut aus. Sie entfernten es in kürzester Zeit restlos. In dieser aufgeheizten Atmosphäre wurden die christliche Gewerkschafter in den Betrieben als Streikbrecher beschimpft, es kam zu handgreiflichen Auseinandersetzungen. Dies wurde in den bürgerlichen Zeitungen als „Terror" der Roten verurteilt.[122]

In den meisten Betrieben waren die „Christlichen" allerdings so schwach, dass sie den Generalstreik nicht ernsthaft gefährden konnten. In manchen öffentlichen Einrichtungen wie dem Landgericht, wird der Aufruf der christlichen Gewerkschaften bei den dortigen Beamten jedoch zu den später folgenden scharfen Auseinandersetzungen geführt haben.[123] Nach dem Sieg der Arbeiter und der Beendigung des Generalstreiks kam es auch zu Versuchen, die christlichen Gewerkschafter zur Mitgliedschaft in den freien Gewerkschaften zu zwingen.[124] Auch die Sammlungen für die Märzopfer wurden von den christlichen Gewerkschaften boykottiert. Zum Teil unterstützten sie die Sammelliste mit dem Titel „Bürgerdank" für die Hinterbliebenen der Soldaten, Polizisten und Bürger, „die für die Abwehr der Gewaltherrschaft einer Minderheit ihr Blut vergossen".[125] Es kam zu Verhandlungen unter Einschluss der Arbeitgeber und auf Kundgebungen der Gewerkschaften baten die Redner, sich trotz allen Zwistigkeiten auf ein kameradschaftliches Verhältnis zu den christlichen Kollegen zu besinnen und auf alle tätlichen Auseinandersetzungen zu verzichten.[126]

2. Teil: Mirker Viertel

An der Station Wülfrather Straße besteht die Möglichkeit, zwischen zwei Routen zu wählen. Die Hauptroute führt über den Ölberg ins Luisenviertel. Route II führt durch das Mirker Viertel und endet an der alten Weberei der Fa. Frowein. Auch das Mirker Viertel ist wegen seiner alten Bausubstanz sehenswert. Von der „Endstation" an der Ullendahlerstraße führen Busse der Linie 645 zurück zum Ausgangspunkt am Neumarkt. Alternativ kann aber auch der Ehrenfriedhof Elberfeld besucht werden (siehe Kapitel 8).

Otto Niebuhr – die Symbolfigur der unabhängigen Sozialdemokraten
Sommer 1916 – Alemannenstr. 35

Im Eckhaus auf der Alemannenstraße, (früher Hermannstraße) gegenüber dem Pfarrhaus der evangelischen Gemeinde, wohnte zu Beginn des Jahrhundert einer der populärsten Sozialdemokraten. Er war Redakteur der Zeitung „Freie Presse", örtlicher Vorsitzender der SPD und ab 1914 Vorsitzender des SPD-Bezirkes Niederrhein. Es war entschiedener Kriegsgegner und wurde trotz seiner Kriegsuntauglichkeit nach einer Haftstrafe im Sommer 1916 zum Kriegsdienst eingezogen. Diese Einberufung überlebte er nur drei Monate. Er starb an der Front an einer Lungenentzündung. Sein Tod löste bei vielen Sozialdemokraten Verbitterung und Wut aus. Niebuhr wurde auf dem Ehrenfriedhof Elberfeld bestattet.

Hinweis:

„Freie Presse", Robertstraße, Kap. 6
Ehrenfriedhof Elberfeld, Kap. 11

Otto Bulwien – gefallen bei Wesel *26.3.1920 – Höchsten 48 (11)*

Im Haus Höchsten 48 (erste Etage), wohnte die Familie Bulwien. Der 22-jährige Sohn der Familie, Otto Bulwien, schloss sich der Kampfgruppe „Hakemann" aus Barmen an. Diese Kampfgruppen bildeten sich meist spontan in Stadtteilen, Betriebsgruppen, Freundeskreisen oder in Vereinen. Die Kampfgruppe Hakemann zog mit der Arbeiterwehr Barmen an die Front vor Wesel. Bei diesen Kämpfen fiel Otto Bulwien am 26.3.1920.[127] An dem Tag hatte die Konferenz der Aktionsausschüsse in Hagen die Annahme des Bielefelder Abkommens beschlossen und die Order zur Einstellung des Kampfes erlassen. Am Nachmittag erreichte diese Nachricht lediglich die Stadt Dorsten an der Front bei Wesel. An anderen Abschnitten der Front wurde weiterhin gekämpft. Eines der meistbeschriebenen Ereignisse dieses Tages ist der Kampf um die strategisch wichtige Eisenbahnbrücke über die Lippe bei Krudenburg. Er war sehr verlustreich für die Arbeiterwehren. Der politische Reiseführer durchs Ruhrgebiet, „Ruhrkampf 1920", beschreibt den Ort.[128] Auch der Bergmann und Arbeiterschriftsteller Hans Marchwitza, 1920 selbst an den Kämpfen beteiligt, beschreibt den Kampf in seinem 1930 erschienenen Kapp-Putsch-Roman „Sturm auf Essen"[129] in folgender heroisierender Weise: *"Sie standen auf und gingen in mehreren Schwarmlinien vorwärts. Auch die Hamborner und Duisburger jenseits der Lippe waren aufgestanden und liefen eilig gegen die Brücke. Die bislang fast atemlose Stille löste plötzlich den Donnerlärm der Granaten und das Geknatter der Maschinengewehre ab. Die Reichswehr beschoss die stürmenden Hamborner mit ganzen Salven und Schrapnells … Die Reichswehr und die Grünen hatten auch den*

Ein Posten ist vakant — die Wunden klaffen.
Der eine fällt, die andern rücken nach —
Doch fall ich unbesiegt, und meine Waffen
Sind ungebrochen — nur mein Herze brach.

Bei den schweren Kämpfen vor Wesel gegen die Regierungstruppen fiel am 26. März unser lieber, unvergeßlicher teurer Sohn, Bruder, Neffe und Onkel

Otto Bulwien

im blühenden Alter von 22 Jahren.

Er war unser Stolz und nie werden wir ihn vergessen können.

Um stille Teilnahme bitten

Die trauernden Hinterbliebenen
Karl Bulwien und Frau
Maria geb. Schmidt
Maria Bulwien
Karl Bulwien
Frieda Bulwien
Herta Bulwien

Elberfeld, den 31. März 1920.

Die Beerdigung findet Samstag nachmittag 3 Uhr vom städt. Krankenhause aus nach dem Ehrenfriedhofe statt.

Die Traueranzeige für Otto Bulwien.
(VT. 1.4.1920)

Sturm jenseits der Lippe abgeschlagen, und der Angriff drohte zu stocken … Die Hamborner hatten wieder die Brücke gestürmt und auch dieser zweite Angriff war in dem Schrapnellfeuer der Reichswehr zusammengebrochen. Die Reichswehr schoß jetzt aus Minenwerfern gegen den Wald …, 'Kanonen fehlen uns, Kanonen!', sagte er (Schotte).

Vom Bahndamm her flammten die Schüsse, und die Kugeln schlugen rund umher und in die Bäume ein. Aus einem Bahnwärterhaus schossen mehrere Maschinengewehre herüber. Gaida richtete sein schweres Maschinengewehr dorthin und schoss auf den kleinen Bau. Zu ihrer Rechten gingen die Kumpels immer noch vor; sie hatten eine größere Strecke zu überqueren und ein heftiges Feuer hatte sie empfangen, als sie über das freie Gelände liefen. Auch dort lagen einige und bewegten sich nicht mehr." [130]

Dieser Angriff scheiterte blutig.[131] Die Rote Armee verliess am Abend die Stellung an der Brücke, nachdem die Nachrichten vom Bielefelder Abkommen bis zur Front drangen. Am nächsten Tag, als die Reichswehr diese Lücke erkannte, überschritt die Kompanie von Major Schulz die Brücke, entgegen den Vereinbarungen von Bielefeld.[132] Der Brückenkopf sollte für die Arbeiter noch verheerende Folgen haben. Gleich in der Nähe befindet sich heute ein Massengrab, in dem ca. 60 Arbeiter verscharrt wurden.[133] (Vgl. *27.3.1920*).

Zwei Tage später wurde Otto Bulwien zurück zu seiner Familie gebracht und gemeinsam mit August Beltz auf dem Ehrenfriedhof Elberfeld beerdigt. Wie aus der Danksagung seiner Familie hervorgeht, waren viele seiner Kollegen von der Fa. Ostermann, seine Genossen von der Kampfgruppe Hakemann, Vertreter des Aktionsausschusses und des Wehrkommandos der „Roten Armee" bei der Beerdigung anwesend. Die Trauerrede hielt Otto Ibanez. Bulwien wurde in späteren Jahren ein bekannter Name unter den Wuppertaler Kommunisten.[134]

Eugen Lenzen und die Barmer Arbeiterwehr auf dem Rückzug *27.3.1920*

Am 27.3.1920 überschritt die Reichswehr entgegen dem Bielefelder Abkommen und unter fadenscheinigen Vorwänden an weiteren Stellen die Lippe und richtete unter den im Rückzug begriffenen, überraschten und uneinigen Arbeiterwehren ein Massaker an.[135] Die Artillerie der Reichswehr nahm das südliche Lippeufer bei Krudenburg/Hünxte unter Dauerbeschuß. Hier hatten die Rotgardisten Schützengräben angelegt, aus denen sie jetzt nicht mehr herauskamen, da das südliche Ufer flach ist und keinerlei Deckung bietet. Da sie auch den Fluß nicht mehr kontrollieren konnten, setzten bald Stoßtruppeinheiten der Reichswehr mit Fähre und mit Kähnen über; mit Handgranaten und Bajonetten stürmen sie die Schützengräben. Man zählte 63 tote Rotgardisten, die am nächsten Tag an derselben Stelle ein Massengrab erhielten; die Reichswehr hatte vier Tote zu beklagen.[136] Auch heute noch fehlt diesem Ort eine Hinweistafel oder ein Gedenkstein.[137]

Bei diesen Auseinandersetzungen wurde vermutlich auch Eugen Lenzen aus Barmen verletzt. Er erhielt einen Lungenschuss, konnte zunächst jedoch entkommen. Als die Wuppertaler Arbeiterwehren zurückkehrten, brachten sie die Verwundeten und Toten, die sie bergen konnten, mit heim. Oft aber waren die Umstände der Flucht so abenteuerlich, dass die Toten zurückgelassen werden mussten.[138] Ein Bericht vom Rückzug der Arbeiterwehr Barmen ist uns erhalten geblieben. Walter Vesper, nach 1945 Landtagsabgeordneter der KPD,[139] war damals Führer einer MG-Kompanie in der Barmer Arbeiterwehr. Er berichtete: *„Mangelnde Kleidung, schlechtes Schuhwerk, ungenügende Verpflegung hatten zur Folge, dass die Märzkälte und -nässe uns buchstäblich in Hände und Füße biss."*[140] Fünf Kameraden sicherten beim Rückzug über die Nacht ein Dorf, um vor gegnerischen Überraschungsangriffen geschützt zu sein. Doch überraschend geriet diese Wache in einen *„Kampf mit einer stärkeren gegnerischen Einheit. Vier von ihnen – darunter befand sich einer meiner besten Jugendfreunde – wurden, nachdem sie schwer verwundet in die Hände der Polizei fielen, bestialisch ermordet. Nachdem wir durch einen Gegenstoß die Polizei unter Verlusten aus dem Dorf vertrieben hatten, fanden wir einen unserer Genossen schwerverletzt hinter dem Altar der Dorfkirche."*[141] Möglicherweise war der hier beschriebene schwerverletzte Kamerad Eugen Lenzen. Er starb auf dem Rückzug „nach dreitägigem Leiden".[142] Er liegt auf dem Ehrenfriedhof Barmen begraben.

Fritz Wallmichrath – junger Passant erschossen *17.3.1920 – Höchsten/Kleine Bandstraße*

Einige Meter unterhalb des Hauses Nr. 48 mündet die „Kleinen Bandstraße" in den Höchsten. An dieser Straßenecke wurde bei den Straßenkämpfen am 17.3. der junge Fabrikarbeiter Fritz Wallmichrath von Soldaten schwer verwundet. Er war auf dem Weg zu seinen Eltern, die in der Kleinen Bandstraße Nr. 10 eine Gaststätte betrieben.[143] Er starb einen Tag später an den Folgen der Schussverletzung und wurde auf dem lutherischen Friedhof Hochstraße beigesetzt. In der Todesanzeige seiner Eltern hieß es: „Er starb im vollen Vertrauen auf seinen Erlöser."[144]

Die Wende im Leben des Polizisten Emil Ginkel *Wiesenstraße 49 (12)*

Im Haus Wiesenstraße 49, 2. Stock, lebte in den Nachkriegsjahren (1946-59) Emil Ginkel (1893-1959). Er war einer der Polizeibeamten, die im März 1920 auf Seiten der Putschisten nur widerwillig gekämpft hatten. Für ihn wurden die Erfahrung des Kapp-Putsches und sein Einsatz als Polizist auf Seiten der Putschisten zur Wende in seinem Leben. Er schloss sich in Folge der Ereignisse der USPD, später der KPD an und wurde ein bekannter Dichter und Redakteur der Arbeiterzeitungen. Emil Ginkel wurde am 27. November 1893 als Sohn eines Diakons in Elberfeld geboren. Der Vater, längere Zeit auch als evangelischer Missionar in Afrika tätig, verstarb früh. Die Aussicht auf eine Lehrerlaufbahn war dahin und Emil lernte den Berufs des Bandwirkers, ohne dass sich hierdurch eine Beziehung zur Arbeiterbewegung ergeben hätte. Später wurde er Polizist, auch in der Hoffnung, bedingt durch den Krieg in eine höhere soziale Kategorie aufsteigen zu können.[145]

Als Polizist wurde er im Ruhrgebiet eingesetzt, in dem es im Jahr 1919 bei Streiks und politischen Auseinandersetzungen zu blutigen Polizeieinsätzen kam. Diese Erfahrung und der Eindruck des Kapp-Putsches insgesamt führten zu jener scharfen Wendung in Ginkels Leben. Der Antrieb zu seinem sozialen und politischen Engagement, dem „Prinzip der proletarischen Brüderlichkeit", entsprang dem praktischen Christentum seines Elternhauses.[146] Bei der Spaltung im Herbst 1920 schloss er sich mit einem Großteil der USPD-Mitgliedschaft mit der KPD zusammen. Er gab den Polizeidienst auf und übte verschiedenste Fabrikberufe aus. Er arbeitete nebenbei als „Arbeiterkorrespondent", als freier Mitarbeiter für kommunistische Zeitungen und schrieb Artikel und Gedichte. 1928 trat er dem „Bund proletarisch-revolutionärer Dichter" bei. In diesem Jahr veröffentlichte er ein erstes Heft mit dem Titel „Pause hinterm Lufthammer – Arbeiterdichtungen". In dieser Zeit wurden auch seine beiden Söhne geboren. Bis 1933 erschienen viele seiner Erzählungen und Gedichte in Zeitungen, Sammlungen und Almanachen.

Nieter, Former, Gleisbauer, Bandweber, viele Berufe finden sich in seiner Dichtung wieder. Zur Zeit der Weltwirtschaftskrise wurde er arbeitslos und bemühte sich über seine Partei um eine Einreise in die Sowjetunion. 1945 wurde er von den Besatzungsmächten als Vertreter der KPD für den Beirat benannt, der bis zur Wahl eines Stadtrates die Geschicke der Stadt leitete. Von den Mitarbeitern der Fa. Bemberg[147] wurde er zum Betriebsobmann gewählt.[148] In dieser Zeit setzte er sich engagiert für die Wiederherrichtung der Denkmäler der „Märzgefallenen" auf den Ehrenfriedhöfen in Barmen und Elberfeld ein. Er verlangte von Firmen und Kriegsgewinnlern, die eng mit dem Hitlerregime zusammengearbeitet hatten, sich finanziell an diesem Wiederaufbau zu beteiligen.[149] Aus diesem Grund hatte er auch die Firma Bemberg im Visier. Der Hinweis von Ginkel auf Nazispenden der Firma führten zu seiner Entlassung. Das Arbeitsgericht Wuppertal hob die Entlassung auf. Die Firma stellte Emil Ginkel aber nicht wieder ein.[150] Erst als das Landesarbeitsgericht Anfang 1948 für Ginkel entschied, wurde er wieder eingestellt. Die Firma fand jedoch schon ein Jahr später einen Vorwand, sich von Emil Ginkel zu trennen. Obwohl er Betriebsrat war, wurde er entlassen.

Seine Partei bot ihm die gering entlohnte Stelle des Lokalredakteurs an den Zeitungen „Freiheit" und „Freies Volk" an. Für ein kleines Gehalt – ein kommunistischer Redakteur erhielt damals ca. nur ein Drittel des normalen Angestelltengehaltes[151] –, arbeitete er 12-14 Stunden am Tag. Täglich bereiste er sein Gebiet, den niederbergischen Kreis, und berichtete als Wirtschaftsredakteur aus Betrieben und Verwaltungen. Diese aufreibende Arbeit führte er trotz starker asthmatischer Beschwerden durch, bis zum Verbot der Zeitung im Jahr 1956. In der jungen DDR erschienen in diesen Jahren mehrere Gedichtbände von ihm: „Lieder überm Strom – Gedichte eines Arbeiters" (1950), „Fabrik ohne Aktionäre" (1950), und die Erzählungen „Die Gelegenheiten" (1951).[152] In Wuppertal hatte er als bekannter Kommunist keine Möglichkeit zu publizieren.

Er wohnte mit seiner Frau in der Wiesenstraße, in der Elberfelder Nordstadt. Dieser Stadtteil hatte auch seine ersten Gedichte inspiriert.[153] Am 31. März 1959 starb er. Trotz Kaltem Krieg drängten sich bei der Beerdigung auf dem Kommunalfriedhof Ronsdorf 200 Menschen um das Grab. Sein ehemaliger Arbeitskollege Ewald Hemmers berichtet: *„Mein Lebensweg wurde entscheidend von Emil Ginkel beeinflusst. Als junger Mensch, ich hatte gerade Abitur gemacht und war gemaßregelt worden, gewann er mich für die Redaktionsarbeit. Ginkel war ein sehr aufrechter Mensch. Mit ungeheurem Engagement verfocht er die Sache der kleinen Leute. Als Berichterstatter aus den niederbergischen Betrieben, bei Streiks und Problemen, war er überall präsent – und beliebt. Er war mir ein Vorbild."*[154]

Ginkel kann als einer der wichtigsten Vertreter der Arbeiterdichtung in unserer Stadt gelten. 1982 erscheint ein letztes Mal ein Sammelbändchen seiner Werke, das mit zwei Arbeiten von Konrad Felixmüller illustriert ist. Zu Ginkels Werk und Leben hat Dr. Uwe Eckardt in „Geschichte in Wuppertal 1993" weiteres zusammengetragen.[155]

Emil Ginkel und der „Bund proletarisch-Revolutionärer Schriftsteller"

Viele Leser der kommunistischen Presse wünschten sich eine Verbesserung des Lokalteils, der Berichterstattung aus Betrieben und Wohnvierteln und des Feuilletons. Die Kommunisten und Sozialdemokraten bemühten sich, Korrespondenten und Schriftsteller aus Arbeiterkreisen zu fördern. Ab 1924 fanden lokale Konferenzen der „Arbeiterkorrespondenten" der KPD statt. Etwa 500 Arbeiter in Deutschland beteiligten sich regelmäßig an dieser Initiative,[156] auch der Kommunist Emil Ginkel. Er schrieb Berichte aus Betrieb und Wohnviertel für die lokale Presse. Doch seine Neigung galt vor allem der Lyrik. Seine Gedichte, die sich mit der Lebenslage des Proletariats und dem Kampf um Befreiung befassten, erschienen verstreut in Zeitungen und Almanachen. Oft haben sie konkreten lokalen Bezug, wie die Gedichte „Rote Fahnen auf dem Ölberg"[157] oder die „Gräber am Berg"[158]. Doch auch in aktuelle Fragen, wie der umstrittene Bau des Panzerkreuzers, bezog er mit seinen Gedichten Stellung.[159]

Als im Oktober 1928 in Berlin der „Verband proletarisch revolutionärer Schriftsteller“ (BPRS) gegründet wurde, formulierte er seine Haltung zur Literatur folgendermaßen: *„Neben meiner Arbeit in der Fabrik schreibe ich Agitation. Bei dem ernsthaften Versuch, damit den anderen recht nahezukommen, habe ich heute eine Form gefunden, von der neuerdings Kritiker die Behauptung aufstellen, mein Werbematerial wäre zu einem dichterischen Ereignis geworden. Ich selbst weiß darum nicht. Somit kann ich mich auch nicht jenseits meiner parteipolitischen Betätigung als proletarischer Dichter fühlen. Ich fühle mich auch hier als Funktionär der Partei des klassenbewussten Arbeiters, woraus sich auch meine Stellungnahme gegen die bürgerlichen Dichter sozialen Charakters ergibt. Ich will dazu nur noch sagen – mit dem Mitleid kommt man nicht aus, nicht allein mit der Anprangerung. Etwas mehr scheint mir notwendig, denn ich kenne und erlebe tagtäglich die Not des unterdrückten Proletariats. Meine Arbeit gilt seiner Organisation zum Marsch gegen das Unrecht.“* [160]

Die Arbeitsgemeinschaften für „Lyrik“, „Kurzgeschichte“ und „Reportage“ förderten den Austausch der Autoren.[161] In dieser Zeit erschien sein Gedichtsband „Pause am Lufthammer“ als erstes Heft in der Reihe „Arbeiterdichtungen“ im „Internationalen Arbeiterverlag“ Berlin. Selbst der Rezensent der sozialdemokratischen Zeitung „Der Kulturwille“ konstatierte: *„Als ich unlängst einiges über Emil Ginkel schrieb, fragte ich mich manchmal: Warum bist du von diesen groben fehlerhaften Versen so gepackt? Heute, nachdem ich viele Stunden über anderer Arbeiterdichtung gesessen habe, weiß ich die Antwort wieder ganz genau. Weil Ginkel mehr Kraft hat als die anderen, mehr Natürlichkeit und Eigenart, weil er eindringlicher, als die vielen sauberen Verse der anderen zeigt, was und wie Arbeiterdichtung sein kann und sein soll. Einige Handgriffe ohne jede Kunst sind immerhin lernbar. Beachtet die „Pause am Lufthammer“.*[162] Auch Johannes R. Becher schrieb eine überschwängliche Rezension.[163]

Karl Grünberg hatte in „Brennende Ruhr“ die Ereignisse des Arbeiteraufstandes gegen den Kapp-Putsch dargestellt. Doch kein Verlag war bereit, den Roman zu drucken. Erst nach großen Schwierigkeiten und Bemühungen des Schriftstellers Johannes R. Becher konnte er erscheinen. Dieser Anstoß führte zur Gründung eines eigenen Verlages und der Literaturzeitung „Linkskurve“.[164] Als das erste Heft im August 1929 erschien, war auch Emil Ginkel vertreten. Sein Beitrag war sogar auf dem Titelblatt des Heftes hervorgehoben. In den verbleibenden Jahren bis 1933 erwarb er sich über das Bergische Land hinaus den Ruf eines guten proletarischen Lyrikers. Auch in der Würdigung der proletarischen Literatur Alfred Kleins[165] wird er neben Hans Lorbeer[166], Hans Marchwitza und Wilhelm Tkaczyk zu den bedeutenden Arbeiterdichtern der Weimarer Jahre gezählt.

Ernst Dröner – Mitbegründer der Weimarer Republik *Wiesenstraße 39 (13)*

Wir gehen die Wiesenstraße hinunter und gelangen zum Haus Nummer 39.

Im Erdgeschoß dieses Hauses hatte die Konsum- und Produktionsgenossenschaft „Befreiung“ ebenfalls eine Verteilungsstelle. In der ersten Etage wohnte Ernst Dröner (1878-1951), der 1920 einer der wichtigen Vertreter der SPD war. Er war im Januar 1919 für den Wahlkreis Elberfeld-Barmen in die Nationalversammlung gewählt worden. Hier wirkte er bei der Ausarbeitung der ersten republikanischen Verfassung Deutschlands mit. Ernst Dröner zählt zu den Gründervätern der lokalen Arbeiterbewegung.

Ernst Dröner war Mitbegründer der Konsumgenossenschaft „Befreiung" und Mitglied der Weimarer Nationalversammlung. Im März 1920 stellte er sich gegen die sozialdemokratischen Minister in Berlin und verlangte ultimativ die Einhaltung des Bielefelder Abkommens. (Foto StAW)

1897 gründete er den Handlungsgehilfenverband in Elberfeld und wurde Vorsitzender. 1899 war er zudem Mitbegründer der Konsumgenossenschaft „Befreiung" in Elberfeld und wurde auch hier vermutlich aufgrund seiner kaufmännischen Fähigkeiten zum ersten Vorsitzenden gewählt.[167] Ab 1903 arbeitete er bei der sozialdemokratischen „Freien Presse", zwischen 1913 und 1918 war er Bezirkssekretär der SPD-Niederrhein, die ihren Sitz in der Robertstraße hat.

In der Novemberrevolution wurde er kurzzeitig Vorsitzender des Arbeiter- und Soldatenrates in Elberfeld. Im Dezember 1918 war er Elberfelder SPD-Delegierter auf dem ersten Reichsrätekongress in Berlin. Als der Aktionsausschuss am 17. März 1920 die Aufsicht über die Kommunalverwaltung übernahm, entließ sie den Dezernenten für das Wucheramt. Ernst Dröner übernahm diese Aufgabe,[168] bei der er für die gerechte Verteilung von Lebensmitteln zuständig war. Bis 1933 blieb er städtischer Beigeordneter.

Dröner gehört zu den SPD-Funktionären, die am 29. März der Reichsregierung das „Gegenultimatum" stellten und im bergisch-märkischen Industriegebiet mit Generalstreik drohten.[169] Zwei Tage später suchten ihn die „Linkskommunisten" um Hensmann[170] in seiner Wohnung zu verhaften. Die Ereignisse um den Kapp-Putsch und das leichtfertige Vertrauen des Reichspräsidenten Ebert in die Militärs brachten auch ihn in einen Gegensatz zu seiner Parteiführung. In einer Erklärung im April 1920 übte er scharfe Kritik an Ebert, der in einer Erklärung die Loyalität der Reichswehr konstatierte. Dröner proklamierte im Gegensatz dazu, *„den Kampf gegen Rechts mit aller Schärfe zu führen. Jetzt gilt es nicht Leichenreden zu halten sondern Fanfaren hinauszublasen in das Land zum Kampf gegen die Reaktion, für den Sozialismus."* [171]

Doch trotz dieser Kritik veränderten die politischen Ereignisse nach dem Kapp-Putsch auch die Mehrheitsverhältnisse in seinem Wahlkreis Elberfeld-Barmen drastisch. Die USPD wurde stärkste Partei. Bei den Reichstagswahlen erhielt sie 56.113 Stimmen und ließ die SPD mit 22.546 Stimmen weit hinter sich. Ernst Dröner errang nicht das erwartete Reichstagsmandat. Der Wahlkreis wurde nun von seinem Konkurrenten Paul Sauerbrey[172] von der USPD vertreten.

Doch diese parlamentarische Niederlage war nur vorübergehend. Später wurde Dröner Mitglied im preußischen Staatsrat. Er blieb aber vor allem den Aufgaben im Verlag der „Freien Presse" und der örtlichen Konsumgenossenschaft verbunden. Dort bekleidete er die Funktion des Geschäftsführers. Er starb am 15.8.1951.

Elberfelder SPD diskutiert die Ergebnisse von Bielefeld
25.3.1920 – Wiesenstraße 29

Im Eckhaus Nummer 29 (erhalten) befand sich 1920 das Lokal Holte. Es war das Versammlungslokal der SPD sowie das des „Arbeiter-Athleten-Clubs", dem die beiden am Ostersbaum Gefallenen Karl Lückenhaus und Otto Everts angehörten. Am 20.3.20 trafen sich die Arbeiter-Athleten an ihrem Lokal, um von hier aus mit Fahnen und Musikkapelle zur Trauerfeier und Beerdigung der beiden Vereinskameraden auf dem Ehrenfriedhof Elberfeld zu ziehen.

Einige Tage später, am 23.3.1920, fand hier die interne Funktionärsberatung der SPD statt.[173] Die SPD, sie verfügte über direkte Kontakte zur Regierung, war über den Verlauf der Verhandlungen in Bielefeld telefonisch informiert worden. So konnten die örtlichen Sozialdemokraten frühzeitig zu den Verhandlungsergebnissen Stellung beziehen.

Abraham Frowein fürchtet die Besetzung des Bergischen Landes
29.3.1920 – Ullendahler Str. 72

Einige Meter weiter biegen wir links in die Froweinstraße ein. Der Straßenname erinnert an eine bedeutende Textilunternehmerfamilie in Elberfeld.[174] Wir überqueren die Eckernförderstraße und gehen auf der Mirker Straße weiter bis zur Straßenbiegung über die Ullendahlerstraße.

An der Straßenbiegung haben wir einen schönen Blick auf zwei ehemalige Textilfabriken aus der Zeit der Jahrhundertwende: Hoch über dem gegenüberliegenden Hang steht die aus gelben und roten Ziegeln erbaute Riemendreherei Huppertsberg. Gleich gegenüber, an der Eckernförderstraße sehen wir die schöne ockerfarbenen Fassade der Zwirnerei Hebebrand (geb. 1888), die mit einem Turm und kleinen Reliefs verziert ist.

Einige Meter nach der Eisenbahnüberführung sehen wir vor uns die Bandweberei Abraham Frowein & Co. AG (gegr. 1899). Alle drei Fabrikgebäude sind typische Fabrikbauten der Jahrhundertwende.

Die Fassade der Fa. Frowein mit ihrer Attika im Mittelbau und dem reich verzierten Kranzgesims erinnert an die Berliner Bauakademie Schinkels.[175] Über der Mitteltür des Fabrikgebäudes ist das Wappen der Familie Frowein und das Gründungsdatum der Firma zu sehen. Hinter dem fünfgeschossigen Vordergebäude dehnen sich die Sheddächer der Fabrikationshalle aus.

Hier standen 1920 die Webmaschinen, an denen die Arbeiter in drei Schichten arbeiteten. Rechts neben dieser Halle ragt auch heute noch der Schornstein aus dem ehemaligen Kesselhaus der Dampfmaschine hervor.

Einer der Mitbesitzer der Band- und Litzenfabrik war Abraham Frowein jun. Er war in der Zeit nach dem Weltkrieg eine der prägenden Unternehmergestalten im bergischen Landes und hatte, als stellvertretender Präsident des „Reichsverbandes der deutschen Industrie", eine wichtige Stellung für ganz Deutschland.

Beim Arbeiteraufstand im März 1920 nutzte Abraham Frowein seine Position als bergischer Unternehmer und Präsident im „Reichsverband" (RDI), um auf die politische Entwicklung der bergischen Region Einfluss zu nehmen.

Am 23. März 1920, unmittelbar vor den Verhandlungen in Bielefeld, richtete Abraham Frowein die dringende Bitte an Berlin, nicht militärisch gegen das Ruhrgebiet vorzugehen, bevor nicht alle Verhandlungsmöglichkeiten ausgeschöpft worden seien.[176] Sein Eingreifen verhinderte auch den Vormarsch der Regierungstruppen ins Bergische Land. Am 29. März schrieb er – in seltenem Einklang mit der SPD[177] – an die Regierung, dass die Bedingungen des Ultimatums der Militärs „beim besten Willen nicht zu erfüllen sind“.[178]

Als die Städte im Bergischen nach der Niederschlagung des Aufstandes zur Enklave der Flüchtlinge geworden waren, bat er jedoch um den Einmarch der Reichswehr und begründete dies durchaus eigennützig: „Ein Generalstreik ist nicht zu befürchten“ und „auswärtige und ausländische Agitatoren (haben sich) im Bergischen Industriebezirk festgesetzt und bereiten einen anarchistischen Putsch vor“.[179] Bei einem Zusammentreffen des Reichskanzlers Ebert mit verschiedenen Ruhrindustriellen am 28. April[180] trug er diese Bitte auch mündlich vor.[181]

Diese politischen Bestrebungen deckten sich mit denen der Reichswehr. In deren Denkschrift vom Mai 1920 hieß es: *„Man kann das Wuppertal und die Gegend von Hagen als das heilige Land der USP bezeichnen, das niemals von sozialistischen Regierungsvertretern angetastet wird und daher den Bolschewismus … in aller Ruhe züchten kann. Man bezeichnet vielfach die Wetterecke von Hamborn-Bottrop als 'Wildwest', nach den hiesigen Erfahrungen liegt die größere Gefahr aber wie gesagt in der Gegend von Hagen-Elberfeld, Barmen und Remscheid.“*[182] Das so entworfene Szenario sollte den Reichspräsidenten dazu bewegen, die Reichswehr zur „Entwaffnung“ ins Bergische Land zu schicken.

Dieser Bitte hat Ebert aber nicht entsprochen. Zum einen hatte die verärgerte französische Besatzungsmacht aus Protest über den Einmarsch der Reichswehr in die „neutrale Zone Ruhrgebiet“ fünf Mainstädte besetzt. Zum anderen wurde diese Besetzung durch die entschiedene Stellungnahme der Wuppertaler Gewerkschaften,[183] die Forderungen der Gewerkschaftsspitze und nicht zuletzt die persönlichen Verbindungen Eberts mit dem Bergischen Land glücklicherweise verhindert. Erst später wurde die „Sipo“ in kleineren Formationen ins Bergischen Land geschickt, um punktuell nach Waffen zu suchen.

Abraham Frowein – ein bergischer Unternehmerführer

Abraham Frowein jun. (1878-1957) war Vorsitzender der bergischen Fabrikanten und der Handelskammer. 1919 begründete er mit anderen den „Reichsverband der deutschen Industrie“ (RDI) und wurde ihr 2. Vorsitzender. Als die aus der Revolution hervorgegangene Regierung die zugesagte Sozialisierung der Wirtschaft mit dem Betriebsrätegesetz einleiten wollte, war Abraham Frowein der Verhandlungspartner der Regierung.

Er legte zunächst eine besonnene Haltung an den Tag, war bereit, die Gewerkschaften und flächendeckende Tarifverträge anzuerkennen. Er verhinderte eine Generalaussperrung der Arbeitgeber und wollte auf jeden Fall einen Großkonflikt mit der Arbeiterschaft vermeiden. Abraham Frowein erreichte bei der Regierung jedoch eine solche Verwässerung des Betriebsrätegesetzes, dass es bei der zweiten Lesung vor dem Reichstag im Januar 1920 zu einer Demonstration von 400.000 Berliner Arbeitern kam. Für Arbeiter und Belegschaften wurde lediglich ein Beschwerderecht vorgesehen und nicht, wie erwartet, ein Recht zur Kontrolle der Geschäftsführung und Betriebsleitung.[184]

Die Gegenwehr der Arbeiter gegen die geplante Fassung des Betriebsrätegesetzes und das brutale Durchgreifen von General Lüttwitz[185] gehört zu den entscheidenden Ereignissen, die dem Putsch vom

März 1920 vorausgingen.[186]

Im Oktober 1920 setzte ein erneuter Konzentrationsprozess in der Textilindustrie ein und vier der bedeutendsten Elberfelder Textilunternehmen, darunter die Firma Frowein, schlossen sich zu den „Elberfelder Textilwerken" zusammen. Diese Konzentration erhöhte das Gewicht der bergischen Textilindustrie. 1929 war Frowein mit einem anderen Vertreter der Wuppertaler (Chemie-)Industrie, Carl Duisberg,[187] für die Aussperrung von 200.000 Metallarbeitern im Ruhrgebiet verantwortlich. Dieser Wirtschaftskampf leitete den Niedergang des Tarifvertragssystems und somit die Bedeutungslosigkeit der Gewerkschaften am Ende der Weimarer Republik ein.

Frowein legte das Amt des stellvertretenden Vorsitzenden des Reichsverbandes erst 1931 nieder, als die Schwerindustrie mit Unterstützung der NSDAP Krupp an die Spitze der deutschen Unternehmer setzte.[188] Er wurde 1932 zum Präsidenten der internationalen Handelskammer in Paris gewählt und hielt eine Aufsehen erregende Einführungsrede. Er sagte: „Nach meiner Überzeugung wird die Wirtschaft Europas nicht genesen, ohne dass in Europa ein großes, nicht durch Zollgrenzen getrenntes Wirtschaftsgebiet geschaffen wird".

Abraham Frowein, der als Mitglied der reformierten Gemeinde u.a. den Bau der Friedhofskirche und der Schule Am Opphof stark gefördert hatte, stand in der Nazizeit der Bekennenden Kirche nahe und erhielt später das große Bundesverdienstkreuz.

Heim der Arbeiterschwimmer im Freibad Mirke

Nur einige Minuten Fußweg weiter, an

Der „Arbeiter-Schwimm-Verein Elberfeld" war 1906 gegründet wurden. 1922 baute er sich ein Vereinsheim im Freibad Mirke. Die Aufnahme zeigt die Mitglieder im Jahr 1922. (Foto Freie Schwimmer 07)

der Kreuzung Vogelsangstraße, finden sich interessante städtische Wohnungsbauten der 20er Jahre.[189]

Dahinter liegt das Freibad Mirke. Es war 1920 Bad des Arbeiterschwimmvereins Elberfeld. Maximilian Manns war einer der Sportgenossen des ASV-Elberfeld aus dem Stadtteil Ostersbaum, der den Kämpfen am 17. März zum Opfer fiel.

Die Arbeiterschwimmer errichteten 1921 ein eigenes Vereinsheim auf dem Gelände des Freibads Mirke. Das Bild zeigt die Vereinsmitglieder vor ihrem Heim im Jahr 1922.[190]

Bei der ersten internationalen Arbeiterolympiade im Jahr 1925 in Frankfurt/Main errang die Elberfelderin Schwimmerin Hedwig Sopha, geb. Weller,[191] als Schimmerin der deutsche Kraulstaffel Olympiagold.[192]

Wir gehen durch die Unterführung der Rheinischen Strecke zurück. Auf der rechten Seite findet sich eine Bushaltestelle. Von hier aus kommen wir wieder zum Zentrum Elberfelds zurück. Man kann mit Bussen der Linie 623 jedoch auch zur Stadthalle Elberfeld (Kap. 6) oder zum Ehrenfriedhof Elberfeld (Kap. 11) fahren.

Tour 8:
Die Schließung des Landgerichts und ein altes Hotel mit einer bewegten Geschichte
Ein Spaziergang durch Unterbarmen

Der Spaziergang beginnt an der Schwebebahnstation „Landgericht“ und führt an verschiedenen öffentlichen Gebäuden vorbei zur nächsten Station in Unterbarmen, „Völklinger Brücke“. Hier an der Grenze zwischen Elberfeld und Barmen befanden sich eine Reihe von öffentlichen Gebäuden, vor allem des Justizwesens, die von den beiden ehemals eigenständigen Städten gleichermaßen genutzt wurden. Das Gerichtsgebäude am Eiland und das nahegelegene Gefängnis war nach dem erfolgreichen Arbeiteraufstand das Ziel der „direkten Aktion“ des syndikalistischen Anwalts Bernhard Lamp.

Hier stand auch das Elternhaus des Schriftstellers Robert Wolfgang Schnell. Für ihn ist die revolutionäre Unruhe der Jahre 1919/20 eine prägende Kindheitserinnerung. Er verarbeitete diese Erlebnisse in seinem Buch „Erziehung durch Dienstmädchen“, das zu einem literarischen Erfolg wurde.

Das Gewerkschaftshaus, die Geschäftsstelle der Arbeiterwohlfahrt sowie die Lichtheilstätte der AOK, die damals ein Ausdruck der Reformbestrebungen im Gesundheitswesen war, wurde ebenfalls in den 20er Jahren in dieser verkehrsgünstigen Lage gebaut. So entstand ein kleines Zentrum von Einrichtungen der Arbeiterschaft am Schnittpunkt der beiden Städte Elberfeld und Barmen, bevor sie zu einer Stadt vereinigt wurden.

Nicht zuletzt das renommierte Unterbarmer Hotel Hegelich verdankt seine Bedeutung, die ihm in den revolutionären Monaten im März 1920 und darüber hinaus zukam, seiner Lage zwischen den beiden Städten. Die Versammlungen, die hier von März bis Mai 1920 stattfanden, sind ein Spiegel der politischen Ereignisse. Die Stationen wissen von der „Freie Volksbühne“, dem Arbeiterschwimmsport und anderen kulturellen Institutionen der Arbeiterschaft zu berichten.

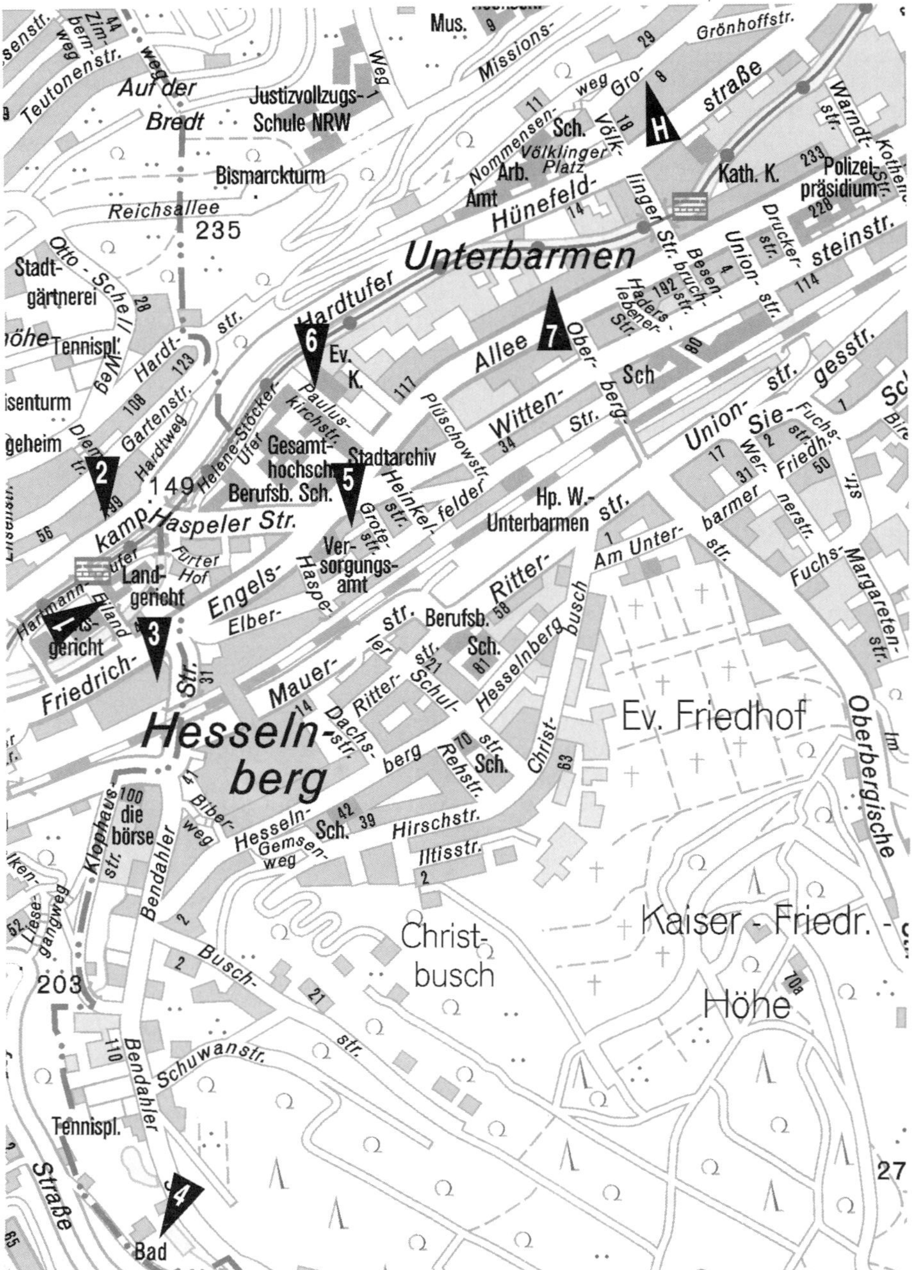
Mus.
Grönhoffstr.
Missions-
Teutonenstr.
Auf der Bredt
Justizvollzugs-Schule NRW
Bismarckturm
Reichsallee
235
Nommensen-weg
Sch.
Völklinger Platz
Arb. Amt
Hünefeld-straße
Kath. K.
Polizei-präsidium
Warndt-str.
Unterbarmen
Stadt-gärtnerei
Otto-Schell-Weg
Tennispl.
Hardtufer
Hardt-str.
Hardtweg
Gartenstr.
Ev. K.
Paulus-kirchstr.
Allee
Ober-berg
Witten-Str.
Union-str.
Drucker-str.
Union-str.
Haders-lebener-Str.
Besen-bruch-str.
steinstr.
Gesamt-hochsch.
Stadtarchiv
Berufsb. Sch.
Heinkel-str.
Plüschowstr.
Hp. W.-Unterbarmen
Grote-str.
Ver-sorgungs-amt
Haspeler Str.
Helene-Stöcker-Ufer
149
Land-gericht
Furter Hof
Engels-
Elber-
Haspe-
Ritter-str.
Berufsb. Sch.
Am Unter-barmer str.
Friedrich-Str.
Mauer-str.
Schul-str.
Hesselnberg
Hesselnbusch
Christ-busch
Ev. Friedhof
Oberbergische
Hesseln-berg
Dachs-str.
Rehstr.
Sch.
die börse
Klophaus-str.
Biber-weg
Hesseln-berg
Gemsen-weg
Hirschstr.
Iltisstr.
Bendahler
Liese-gangweg
203
Busch-str.
Christ-busch
Kaiser-Friedr.-Höhe
Schuwanstr.
Bendahler
Tennispl.
Straße
Bad
H
1
2
3
4
5
6
7

Bernhard Lamp schließt das Landgericht *18.3.1920 – Landgericht Elberfeld (1)*

Am Tag nach dem Waffensieg der Arbeiter in Elberfeld, als der Aktionsausschuss die Arbeiter wieder in bürokratischer Manier zur Arbeit schickte, kam es zu improvisierten Versammlungen der Streikenden, die beschlossen, den Streik um weitere zwei Tage fortzusetzen, bis die Gefallenen bestattet sein würden.[1] In diesen Versammlungen trat der Rechtsanwalt Bernhard Lamp für eine radikale Umwandlung der bürgerlichen Justizbehörden ein.

Bernhard Lamp war seit 1912 in Elberfeld akkreditiert und als engagierter Streiter für Arbeiterinteressen bekannt. Er kannte den Justizapparat aus eigenen Erfahrungen. In der Revolution 1918 hatte er seine Vorstellungen von einer radikalen Umgestaltung entwickelt[2] und ließ sich auf der Versammlung vor dem Rathaus Elberfeld zum „Volksbeauftragten für die Sozialisierung der Rechtspflege“ ernennen.

Das Landgericht Elberfeld hatte eine lange Tradition antidemokratischer Rechtsprechung. Wenige Jahre nach der Fertigstellung des klassizistischen Baus im Jahr 1844 standen hier die Aufständischen der Revolution von 1848/49 vor Gericht. Während der Sozialistengesetze wurde August Bebel mit vier weiteren sozialdemokratischen Reichstagsabgeordneten und 130 Elberfelder Genossen in einem „Geheimbundprozess“ angeklagt.

Die undemokratische Gesinnung der Gerichtsbehörden drückte sich auch beim Kapp-Putsch aus. Am 13. März 1920 hatten sich die Beamten nicht am Generalstreik gegen die Putschisten beteiligt. Selbst als der Kampf in der Stadt entbrannt war, hatten Gerichtsverhandlungen stattgefunden. Nach der Versammlung auf dem Neumarkt zog Bernhard Lamp mit einigen Anhängern zum Landgericht, ließ die Zugänge mit Drahtverhauen versperren und beurlaubte die ca. 300 Gerichtsbeamten für unbestimmte Zeit. An den Türen ließ er ein Manifest anschlagen, in dem er in schwungvollen Worten seine Vorstellung einer neuen Rechtsprechung entwickelte. Dieser Text ist nicht erhalten doch am selben Tag schrieb Lamp in einer Zeitung:[3] *„Das unsere Gesetze mehr nach den Interessen der Rechtsprechenden als nach denen der Rechtssuchenden gemacht worden sind … Der Erziehungsgedanke hat an die Stelle des Strafgedankens zu treten. Die gedankenlose Einsperrung armer schwacher Menschen, die den rechten Weg nicht kannten oder sich daran nicht halten konnten, in Zuchthäusern und Gefängnissen, widerspricht der Menschenwürde, ebenso natürlich die Todesstrafe. Eine Volksversammlung muss darüber beschließen, was weiter geschehen soll. Auf ein paar Tage bis zur Einberufung dieser Volksversammlung kommt es nicht an, da ein Stillstand der Rechtspflege geradezu ein Idealzustand ist gegenüber der Rechtspflege, wie wir sie bisher gehandhabt haben.“* [4]

Der Aktionsausschuss einschließlich der Kommunisten distanzierte sich „auf das entschiedenste von Lamp“ und stellte fest, dass er keiner der drei Arbeiterparteien angehöre. In den Arbeiterzeitungen wurde ihm immerhin guter Wille und Einsicht in die Notwendigkeit einer gründlichen Umgestaltung der Gerichtsbarkeit bestätigt. Doch es wurde ihm „vorgehalten, dass seine Kapriolen die Sache der Revolution schwer schädigen“.[5] Lamp, der einen offenen Konflikt mit dem Aktionsausschuss vermeiden wollte, brach seine Aktion nach drei Tage ab. Wegen seinen gezielten Aktionen gegen die einäugige Klassenjustiz und den alten Beamtenapparat, wegen seiner Verteidigung im Aufsehen erregenden „Weißenseer Kommunistenprozess“ geriet Lamp selbst ins Blickfeld der Justiz. Ende 1920 wurde Bernhard Lamp wegen eines Anschlages auf das Gefängnis Bendahl angeklagt. Wenige Monate später wurde er selbst Opfer der Justiz.[6]

Die gründliche Reform des Justizwesens blieb trotz der Zusagen des Bielefelder Abkommens auch nach dem Kapp-Putsch aus. Noch oft standen politisch engagierte Arbeiter vor den Schranken dieses Gerichtes. Vor allem in den Monaten nach dem Aufstand bis zur Amnestie im August 1920 wurden Mitglieder der „Roten Armee“ pauschal, mit vorgefertigten Urteilen und meist ohne Rechtsbeistand, zu drakonischen Strafen verurteilt. Diese Prozesse fanden vornehmlich in Wesel und Hamm statt. Ob es solche Urteile auch am Landgericht Wuppertal gab, ist unbekannt. Das folgende Beispiel, ein Prozess gegen Dr. Richard Sorge vom Sommer 1922, zeigt auf amüsante Art die Beschränkung des Gerichtes.

Richard Sorge – und der Prozess um den Doktortitel *1922 – Landgericht Elberfeld*

Dr. Sorge (1895-1944) wurde in den 40er Jahren als „Meisterspion“ weltbekannt, und es liegen mehrere Biographien über ihn vor. In Elberfeld ermittelte man gegen Sorge wegen Verdachts auf Titelschwindel. Der Wirtschaftswissenschaftler Richard Sorge hatte in Hamburg mit einer Arbeit über das Verhältnis von Gewerkschaften und Genossenschaften promoviert. An der Hochschule in Aachen wurde er im März 1920 als Assistent entlassen, weil er auch die Hochschule in den Streik gegen den Kapp-Putsch miteinbeziehen wollte. Vorübergehend arbeitete er als Bergmann und kam im Auftrag der KPD Ende 1920 ins Bergische Land. Er wohnte zunächst in Remscheid und arbeitete als Redakteur bei der Solinger „Bergischen Arbeiterstimme“. Als Wirtschaftswissenschaftler hielt er an der Volkshochschule Ohligs Vorträge zu Themen wie „Volkswirtschaftlehre für Betriebsräte“, „Was man vom Betriebsrätegesetz wissen muss“ oder „Philosophische Grundlagen des Gesellschaftswissenschaften“.[7]

1921 baute er in Wuppertal eine eigene Parteischule mit diesen Schwerpunkthemen auf. Sorge bearbeitete das Buch „Akkumulation des Kapitals“ von Rosa Luxemburg, um es der breiten Arbeiterschaft zugänglich zu machen. Die Aktivitäten von Sorge und anderer Dozenten mündeten 1922 in einem der auffälligsten Bildungsprojekte dieser Zeit, der Gründung des „Freigewerkschaftlichen Seminars des Wuppertales“.[8] Diese erste professionelle Schulungseinrichtung für Betriebsräte wurde als Kooperation der Gewerkschaften mit der Barmer Volkshochschule[9] eingerichtet. Richard Sorge erlangte im hiesigen Bezirk schnell Ansehen und wurde, neben Otto Braß, Clara Zetkin und Paul Schröder, einer der Parteitagsdelegierten in Jena. Dem Staatsanwalt Elberfeld war das Wirken von Sorge ein Dorn im Auge. Er konnte sich nicht vorstellen, dass ein Mensch mit diesem politischen Engagement zu Recht einen Doktortitel trug. So leitete er ein Verfahren gegen Sorge ein, das im November 1922 jedoch eingestellt werden musste. Die Hochschule in Hamburg hatte das Zeugnis von Dr. Sorge bestätigt.[10] Im Oktober 1922 verließ Sorge die Region. Als Leiter einer Spionageorganisation hatte er im Zweiten Weltkrieg in Japan kriegswichtige Informationen der japanischen Militärs an die Rote Armee funken können. 1942 wurde die Gruppe enttarnt und 1944 wurde Richard Sorge hingerichtet.

Die Jahre 1935/36 bildet den Höhepunkt der arbeiterfeindlichen Rechtsprechung, als 1.200 Arbeiter in den sogenannten „Wuppertaler Gewerkschaftsprozessen“ wegen illegaler Gründung von Gewerkschaftsgruppen angeklagt wurden. Die bleiverglaste Inschrift im Eingangsbereich des Landgerichts und das Mahnmals der Wuppertaler Gewerkschaften vor dem Eingang zum Hochhaus erinnern daran.

Auch Licht, Luft und Strahlen gehören zur neuen Gesellschaftsordnung *1922 – Lichtheilstätte, Hofkamp 187/189 (2)*

Gleich gegenüber der Schwebebahnhaltestelle „Landgericht" befindet sich ein interessantes Gebäude mit der Inschrift „Lichtheilstätte" über dem Portal.

Dieses Gebäude wurde 1922 von der Allgemeinen Ortskrankenkasse Barmen-Elberfeld in verkehrsgünstiger Lage als ambulante Gesundheitseinrichtung errichtet.

Das Gebäude wurde mit qualitätsvollen rheinischen Tuff- und Trachitsteinen verblendet und steht heute unter Denkmalschutz. Der Bau war von dem Architekten Fritz Vogt entworfen und von der „Bergischen Bauhütte"[11] ausgeführt worden. Drei Jahre benötigte man zu seiner Fertigstellung. An der Einrichtung hat Wilhelm Enz, damals schon leitender AOK-Mitarbeiter, sicherlich verantwortlich mitgewirkt. Auch im Aufstand 1920 war der Sozialdemokrat Enz ein wichtiger Akteur gewesen.[12]

Der Begriff „Lichtheilstätte" rührt von der damals sich verbreitenden „alternativen" Bestrahlungstherapie her.[13] Im Haus befanden sich verschiedenste medizinische Bäder (Kohlensäure-, Sol-, Schwefel-, und Fichtennadelbäder), Dusche-, Brause- und Massagebäderräume, Dampf- und Heißluftbad, Galvanische Bäder und Räume für unterschiedlichste Bestrahlungstherapien sowie Inhalationsgeräte, Ruheräume und Beratungsstellen.

Die Lichtheilstätte diente der Behandlung und Vorbeugung von Krankheiten. Sie war seinerzeit eine vorbildliche Gesundheitseinrichtung. (Foto: KNI)

In manchen Räumen konnten bis zu 50 Personen gleichzeitig bestrahlt werden.[14] Solche „Ambulatorien" wurden von den Ortskrankenkassen zur besseren Behandlung und Vorsorge für ihre Mitglieder errichtet. Ca. 25 Prozent aller Krankheitsfälle wurden mit dieser sich damals ausbreitenden Strahlentherapie behandelt.

Aufgrund ihrer großen Mitgliederzahl konnten die AOKs, anders als die selbstständigen Ärzte, eine Vielzahl verschiedener Behandlungsmöglichkeiten anbieten und kostspielige Behandlungsgeräte anschaffen. Diese dienten nicht nur der Therapie, sondern auch vorbeugenden Maßnahmen. So übernahmen die AOKs eine wichtige Funktion für die Gesundheitsvorsorge. Da hierdurch den niedergelassenen Ärzten auch Einnahmen entgingen, kam es wegen dieser Ambulatorien häufiger auch zu heftigen Auseinandersetzungen zwischen den Ärzteverbänden und der AOK. In Köln kam es sogar zu einem Ärztestreik.[15] Mit dieser Einrichtung für Strahlentherapie war die Krankenkasse Vorreiter einer damals aufstrebenden Lebens- und Gesundheitsreform. Gegen Ende der 20er Jahre wurde die „Lichtheilstätte“ auch von städtischen Behörden, wie z.B. der sportärztlichen Untersuchung genutzt. 1933 wurden die Ambulatorien von den neuen Machthabern aufgelöst und die Selbstverwaltung der Krankenkassen abgeschafft. Nach 1945 entstanden nur wenige neu, nicht zuletzt wegen des Drucks der Ärzte und ihrer Vereinigungen. Die „Lichtheilstätte“ diente jedoch bald wieder als Zentrale der AOK und Arbeitsstelle ihres Direktors, des ehemaligen Drechslergesellen Wilhelm Enz.

Der „Verband Volksgesundheit“ und das Luftbad am Brill *In der Hüsbeck*

Träger der damals „alternativen“ Behandlungsmethoden der Strahlentherapie waren unter anderem die Naturheil- und Lebensreformverbände. Auch in der Arbeiterbewegung gab es seit Anfang des Jahrhunderts naturheilorientierte Arbeitervereine, die mit der gesundheitspolitischen Diskussion auch spießige und körperfeindliche Vorstellungen der kaiserlich bürgerlichen Gesellschaft angriffen. Der Sozialist und Lehrer Adolf Koch war Vordenker dieser Bewegung und hatte eine Heil- und Ausgleichsgymnastik entwickelt, die auch Massage und Wassertherapie vorsah und in den vereinseigenen Körperkulturschulen unterrichtet wurde. Die örtlichen Vereine richteten „Licht-, Luft,- und Sonnebäder“ ein, veranstalteten gymnastische Übungen zur körperlichen Ertüchtigung und zum seelischen Ausgleich. Fortschrittliche Ärzte hielten Vorträge über Sozialhygiene und sozialmedizinische Themen.

Die Bewegung hatte sich im „Verband Volksgesundheit“ zusammengeschlossen. Er gliederte sich in die Sparten „Naturheilvereine“, „Kleingartenvereine“ und „Proletarische Lebensreform“ und Freikörperkultur“. Die Grenzen zwischen diesen Themen waren fließend. Der Verband gehörte wiederum dem Dachverband der Arbeitersportorganisationen, der „Zentralstelle für Sport und Körperpflege“ an. Durch diese Verbindung wird auch deutlich, dass der Mensch ganzheitlich mit seinen kulturellen, sportlichen und gesundheitlichen Aspekten betrachtet wurde. Auf den Sportveranstaltungen und jährlichen Maifeiern wurden auch die Losungen der „Volksgesundheit“ auf den Transparenten getragen:

> *„Luft und Licht in deinem Haus*
> *Treiben die Krankheit zur Tür hinaus“*,
> oder:
> *„Die besten Ärzte in der Welt*
> *Trotz aller Neider, aller Hasser*
> *Sind im Bunde treu gesellt:*
> *Diät, Bewegung, Licht, Luft, Wasser!“* [16]

In Barmen-Elberfeld gab es neben den „Kleingärten“ und der „Liga für Mutterschutz und soziale Familienhygiene e.V.“[17] seit Beginn der 20er Jahre ebenfalls einen proletarischen „Freien Körperkulturkreis e.V. Barmen Elberfeld“.[18] Die Mitglieder trafen sich in dem „Luftbad“ in der Nüll. Hans Schmitz kann sich noch an dieses Luftbad erinnern. *„Am Hasenberg, dort wo heute die Autobahn die Schrebergartensiedlung von der Nüller Straße trennt, lag früher ein Luft- und Sonnenbad. Er gehörte einem Lebensreformverein.[19] Hier trafen sich FKK-Freunde und auch einige 'Aussteiger', wie man sie heute nennen würde. Meine Eltern waren beide ebenfalls in diesem Verein und so bin ich auch öfter dort gewesen. In der unmittelbaren Nähe des Freigeländes, am Hang hoch im Buchenwald, hatte sich ei-*

Auch in Barmen wurde in diesen Jahren ein Licht- und Luftbad von der Stadt eingerichtet. Es lag auf den Höhen oberhalb des Barmer Krankenhauses an der Heusnerstraße und fiel in den 60er Jahren dem Bau der Autobahn zum Opfer. (Foto: Stadtarchiv Wuppertal)

nige Mitglieder kleine Hütten gebaut. In diesen Hütten aus Fachwerk, mit Laub isoliert, lebten sie als 'Aussteiger'. 'Richterhütten' wurden sie genannt, vermutlich nach einem der ersten Bewohner. Hier lebte zum Beispiel Willy Muth mit seinem Bruder Heini. Zu Beginn der zwanziger Jahre war Willy Muth[20] *Vorsitzender der 'Freien Jugend Morgenröhte', einer anarchistisch-pazifistischen Jugendorganisation."*[21] Über Willi Muth heißt es an anderer Stelle: *„Von hier aus betreibt er sozialistische Kinder- und Jugendarbeit, er geht mit Freunden und Freundinnen auf Fahrt in die Umgebung, übernachtet im Freien, hält viel von freier Liebe und Nacktkultur, spielt Gitarre und singt."*[22] Auch sein Bruder Heini[23] trat als politischer Redner auf. *„Ich kann mich auch an Heinz Willitz erinnern, der dort auch eine Hütte hatte. Er war ein richtiges Original und lebte von seiner Geige – als Straßenmusiker. Nach dem Krieg habe ich ihn mal in Düsseldorf auf der Straße getroffen. Da berichtete er mir stolz, in seinem Leben noch nie 'gearbeitet' zu haben."*[24]

Die Bewohner der kleinen Kolonie beteiligten sich im März 1920 trotz pazifistischer Haltung an den Kämpfen gegen die Kapp-Putschisten.[25] Auch heute noch befindet sich in der Schrebergartensiedlung „In der Hülsbeck" ein Sonnenbad.

Wilhelm Enz – Direktor der AOK

Wilhelm Enz (1878-1966) war im März 1920 für die Sozialdemokraten in den Aktionsausschuss berufen worden. Er war gemeinsam mit den Kommunisten Oskar Triebel und Fritz Charpentier als Delegierter von Elberfeld-Barmen an den Verhandlungen in Bielefeld beteiligt. Er sollte auch über die nächsten Jahrzehnten eine der prägenden Gestalten der Wuppertaler Sozialdemokratie und der Allgemeinen Ortskrankenkassen (AOK) bleiben

Wilhelm Enz war 1908 ins Wuppertal gekommen. Er hatte das Drechslerhandwerk bei seinem Vater erlernt und war als Geselle durch die deutschsprachigen Länder, Österreich und der Schweiz gezogen. Schon in diesen ersten Berufsjahren hatte er einen schweren Berufsunfall. So wechselte er in die Berufsgenossenschaft der Holzarbeiter und wenig später in die Stuttgarter Allgemeine Ortskrankenkasse.[26] Diese waren die ersten öffentlichen Institutionen, in der die Gewerkschaften und Sozialdemokraten durch die vereinbarte Selbstverwaltung bis zu zwei Drittel der Stimmen erreichen konnten.[27] „Die Verwaltungsämter der Krankenkassen wurden alsbald zur Domäne der Sozialdemokratie, und die Kassenverwaltung zu einer Art hohen Schule und Stätte praktisch-politischer Wirksamkeit ihres mittleren Funktionärs- und Führungspersonals.“[28]

Viele führende Funktionäre erhielten ihre erste „Verwaltungsausbildung“ in den AOK, so Otto Braß in Remscheid, Adolf Uthmann in Barmen und – Wilhelm Enz. Als Geselle hatte er sich der schwäbischen Arbeiterbewegung und der SPD angeschlossen. Dieses Engagement und das Vertrauen der Kollegen wird ihm auch die Tätigkeit bei der AOK ermöglicht haben. Eine Stelle bei der AOK.-Barmen war es dann auch, was den jungen Mann ins Wuppertal zog. Der bekannte Komponist Gustav Adolph Uthmann war damals stellvertretender Geschäftsführer der Barmer AOK.[29]

Zum ersten Mal trat Wilhelm Enz bei der Revolution 1918 öffentlich in Erscheinung. Er war während des Krieges Soldat gewesen und bei der Mehrheitssozialdemokratie geblieben. Als die revolutionären Soldaten aus Kiel am 8. November 1918 die Revolution ins Wuppertal brachten, war er bei der Kundgebung am Spätnachmittag einer der vier Redner, die „Ein Hoch auf die kommende Republik“ ausriefen.[30] Er wurde als Vertreter der Soldaten in den Arbeiter- und Soldatenrat berufen.

Bei den ersten demokratischen Gemeinderatswahlen wurde Wilhelm Enz in den Barmer Stadtrat gewählt. Später übernahm er den Fraktionsvorsitz der SPD. Man sagte ihm einen guten Draht zum bürgerlich-liberalen Oberbürgermeister nach. Dem Stadtrat gehörte er bis zur Vereinigung der Städte Elberfeld und Barmen an. So ist er auf dem Bild der Barmer Stadtverordnetenversammlung von 1929 zu erkennen.[31] Bei den Wahlen zum Preußischen Landtag im Jahre 1928 wurde er zum Abgeordneten gewählt, so dass er für die neue Wuppertaler Stadtverordnetenversammlung nicht mehr kandidierte. Schon zu Beginn der 20er Jahre hatte er, neben dem Vorsitzenden Sauer, leitende Funktionen in der örtlichen AOK übernommen. 1924 eröffnete die Familie Enz parallel zur Tätigkeit des Vaters in der Marpe das Gasthaus „Haus Marpe“; es wurde zu einem beliebten Ausflugsziel der Barmer Arbeiterschaft.

1933 wurde Wilhelm Enz gemeinsam mit seinem Sohn Kurt im KZ Kemna interniert. Als AOK-Leiter wurde er entlassen, die Restauration in der Marpe geschlossen. In dieser schweren Zeit wurden die Kontakte über die AOK überlebenswichtig. Der Leiter der Cronenberger AOK, Gustav Pickard, half dem ehemaligen Kollegen und seiner Familie mit größeren Lebensmittelspenden über die Runden.[32]

1945 wurde Wilhelm Enz, wie 1918, wieder einer der Männer der ersten Stunde. Die Alliierten benannten ihn zum Leiter des Entnazifizierungsausschusses. Er baute die Allgemeine Ortskrankenkasse neu auf. Im Januar 1946 arbeitetet er wieder als Direktor der AOK in dem alten Gebäude in der Lichtheilstätte“.[33] Darüber hinaus gehörte er wieder der neuen Stadtverordnetenversammlung an. 1952 ging er in den Ruhestand.

Rückblende 1916 – Polizeispitzel im Einsatz[34]
20.7.1916 – Hofkamp 191 (2)

In den Haus neben der Lichtheilstätte (damals Berliner Straße 20) befand sich während des Ersten Weltkrieges die Gaststätte „Stöcker", die als Treffpunkt der Sozialdemokraten bekannt war. Am Abend des 20. Juli 1916 kam es hier zu einem geheimen Treffen, das für die Beteiligten einschneidende Folgen haben sollte. Der Redakteur Oskar Hoffmann hatte über Mittelsmänner ein Paket mit illegalen Flugblättern erhalten, die sich gegen den Krieg und die Verhaftung von Karl Liebknecht richteten. An diesem Abend sollte das Material verteilt und in Umlauf gebracht werden. Doch die Elberfelder Polizei hatte von den Militärbehörden einen Hinweis bekommen und verdeckte Spitzel entsandt.

In der Gaststätte erschienen an diesem Abend bekannte sozialdemokratische Funktionäre, wie der Gewerkschaftssekretär Paul Sauerbrey, der Geschäftführer der Konsumgenossenschaft, Carl Drescher, der Arbeiterdichter Werner Möller, der Soldat und Kaufmann Max Löwenstein[35] und Otto Dattan,[36] der sich vor allem um die sozialdemokratische Jugendgruppe kümmerte und nach 1918 Vorsitzender der örtlichen KPD wurde. Die Polizei ließ die Oppositionellen zunächst gewähren. Erst als sie mit Paketen unter den Arm den Heimweg antraten, griffen sie zu. Möller, Löwenstein und Dattan ergriffen sie auf frischer Tat, als sie auf dem Weg nach Barmen die Flugblätter plakatierten. Paul Sauerbrey, Carl Drescher und Paul Sandweg entkamen der Polizei auf der Hardt. Das Paket mit den Flugschriften fiel allerdings in ihre Hände. Die Verhafteten wurden im königlichen Gefängnis Elberfeld festgesetzt und zunächst in Elberfeld, später vor einem Reichsgericht in Leipzig wegen Landesverrates angeklagt. Paul Sauerbrey wurde mangels Beweisem am 1.9. nach kurzer Haft entlassen und am 5.9. zum Kriegsdienst eingezogen. Oskar Hoffmann wurde von Hugo Haase, dem stellvertretenden Vorsitzender der SPD[37], verteidigt. Er wurde lediglich zu drei Monaten Haft verurteilt. Anschließend ist er ebenfalls an die Front nach Russland geschickt worden. Die Übrigen wurden zu neun Monaten Haft verurteilt. Wie seine Genossen wurde auch Otto Dattan anschließend zum Kriegsdienst eingezogen. Drescher und Sandweg, die sich nicht offen zur Parteiopposition bekannten, wurden nicht angeklagt. Die politische Zielrichtung des Verfahrens war deutlich: „Die führenden Kriegsgegner in der SPD sollten isoliert und mögliche Gefolgsleute durch die harten Strafen abgeschreckt werden."[38] Auch der Zeitpunkt der Verhaftung war bezeichnend. Wenige Tage später, am 30. Juli 1916, fand die Mitgliederversammlung der Partei im Barmer „Olympia"[39] statt, auf der der Parteivorsitzender Friedrich Ebert eingeladen war, um unter den Wuppertaler Sozialdemokraten für seine Politik des „Burgfriedens" zu werben. Die führenden Köpfe der Opposition, wie Carl Drescher, Otto Niebuhr[40] und Paul Sauerbrey, wurden zu diesem Zeitpunkt durch die Anklagen und Verhaftungen kriminalisiert und eingeschüchtert. Werner Möller hat diese Erfahrungen später in seinen Gedichten verarbeitet:

Kampfruf
Und ragen wir einsam zur Stunde,
scheinen ein Häuflein wir klein und schwach,
Gähnt auch die Finsternis rings in der Runde,
Wir werfen den Anker in festem Grunde,
Und einmal wird's doch Tag! [41]

Wir Schreiten
Und mit uns zieht das schweigende Heer
Der Brüder, der toten Genossen;
Und um uns rinnt das dampfende Meer
Des Blutes, das nutzlos verflossen.
Und Flüche verzittern verzweifelt im Ohr,
Das reißt die Müden aufs neue empor:
Wir schreiten! [42]

Robert Wolfgang Schnell – und der Kapp-Putsch in der Wuppertaler Literatur *17.3.1920 – Eiland / Ecke Friedrich-Engels Allee (3)*

Einer der bekannten Wuppertaler Autoren wuchs gleich neben dem Elberfelder Landgericht, gegenüber der Bendahler Straße auf.[43] Robert Wolfgang Schnell (1916-1989) verarbeitete in seinem autobiographischen Roman „Erziehung durch Dienstmädchen“[44] seine frühesten Kindheitserinnerungen. Schnell schilderte die Tage der Novemberrevolution und des Kapp-Putsches aus der Sicht des kleinen Jungen Ernst Brück, Sohn einer gutbürgerlichen Fabrikantenfamilien, der mit den aufständischen Arbeitern sympathisiert.

„Ernst ist hin und hergerissen zwischen der bürgerlichen Wohnstube und der Dienstmädchenkammer, zu der die Küche das Bindeglied ist. Die Erziehung Ernsts findet so auch im Umkreis des Dienstmädchen statt, das mit dem von der Familie verachteten roten Onkel Kuno die Küche in ein Nachrichtenquartier der Revolution verwandelt, während sich der Vater in sein Bett verschanzt. Der Junge wird Kurier zwischen den einzelnen Einheiten der Revolutionstruppen, erlebt ihren Kampf und den Untergang im Terror der Reichswehr.“[45] *'Die Erziehung durch Dienstmädchen' hat Ernst zu einem Menschen gemacht, der inneres Einverständnis mit der Welt der 'kleinen Leute' entwickelt, und denen auch sein Herz gehören wird.“*[46]

Die Geschichte wird Schnells bekanntester Roman und später sogar verfilmt. Der Hauptschauplatz des Buches liegt in unmittelbarer Nähe des Gefängnisses in der Elberfelder Straße. In der Villa der Familie richteten die Arbeiter ihren Gefechtsstand ein. Die Atmosphäre dieser Tage, der Zusammenhang der Ereignissen von 1918 und 1920, lässt sich anhand dieses Buches gut nachvollziehen. Das Villenviertel, die Färbereien, illegalen Waffentransporte, die improvisierte Arbeiter-Armee, eine Gefangenenbefreiung und auch das brutale Vorgehen der Soldaten, all dies wird hier aus der naiver Sicht eines Schuljungen geschildert. Viele Szenen beruhen auf authentischen Erinnerungen des Autors. So auch das Kapitel, „Von der Hardt herunter…“, das den Sieg der Arbeiter nach den Kämpfen auf der Hardt am 17. März schildert:

„Einer legte ein Kabel an der Mauer entlang, das über eine Holzrolle lief und brüllte die Straße hinunter, wenn es stockte. Dort betreute der nächste das Kabel, den ich nicht sehen, aber hören konnte. Der Garten füllte sich nach und nach mit immer mehr Gardisten. Auch Bock kam, er hatte seine Kappe auf, ein Gewehr um und die rote Binde am Arm wie die anderen. Ich lief auf ihn zu. Er streichelte mir über den Kopf und ging eilig weiter, um mit Onkel Kuno zu sprechen.

Onkel Kuno hatte nun seinen Telefonkasten in der Ecke. Er hob den Hörer ab und drehte die Kurbel, dann bewegten sich seine Lippen. 'Klappt' rief er. 'Ins ‚Lido‘ weiterlegen!' Er winkte dem Kabelmann zu, der den Rest der Rolle aufdrehte. Ich ging in die Küche, dort hantierte Anna zwischen den Möbeln. Sie lachte. 'Jetzt ist was los! Ernstchen, sei glücklich, dass du das miterlebst! Solche Tage sind selten, an denen richtige Menschen regieren'.“

Robert Wolfgang Schnell ist in einen bürgerlichen Haushalt in Unterbarmen groß geworden, zog aber dann nach Berlin, wo „Kaktus vom Bendahl“ zu seinem Kosename wurde. Er arbeitet als Schauspieler, Regisseur, Journalist und Kohlenträger. Nach 1945 gehört er der Literatengruppe „Der Bund" an – einer Gesellschaft zur geistigen Erneuerung. Die Erzählungen „Wuppertal 1945" handelt von den versäumten Chancen auf einen politischen Neuanfang.

Gefangenenbefreiung am Bendahl
17.3.1920 – Bendahler Str. / Ecke Friedrich-Engels-Allee, Gefängnis Bendahl (3)

Auf der gegenüberliegenden Straßenseite, an Stelle des neu errichteten Büro- und Kaufhauses, stand bis vor einigen Jahren eine hohe abweisende Mauer und dahinter das Gefängnis Bendahl. Dieses Gefängnis spielte in den politischen Ereignissen der Stadt immer wieder eine wichtige Rolle. Hier wurden im Mai 1849 nach dem Aufstand für eine Reichsverfassung ca. 120 politische Gefangene festgesetzt und abgeurteilt. Unter den Sozialistengesetzen im Jahr 1889 wurde der sozialdemokratische Reichstagsabgeordnete aus Elberfeld, Friedrich Harm, wegen seinen Aktivitäten verhaftet und – trotz Haft – bei der anstehenden Wahl erneut in den Reichstag gewählt. Die Elberfelder Arbeiter zogen mit Freudentänzen vor das Gefängnistor, um ihren Genossen zu feiern.

Auch am 17. März 1920 versammelten sich dort Menschen. Diesmal wurden die Tore gewaltsam geöffnet und die ca. 700

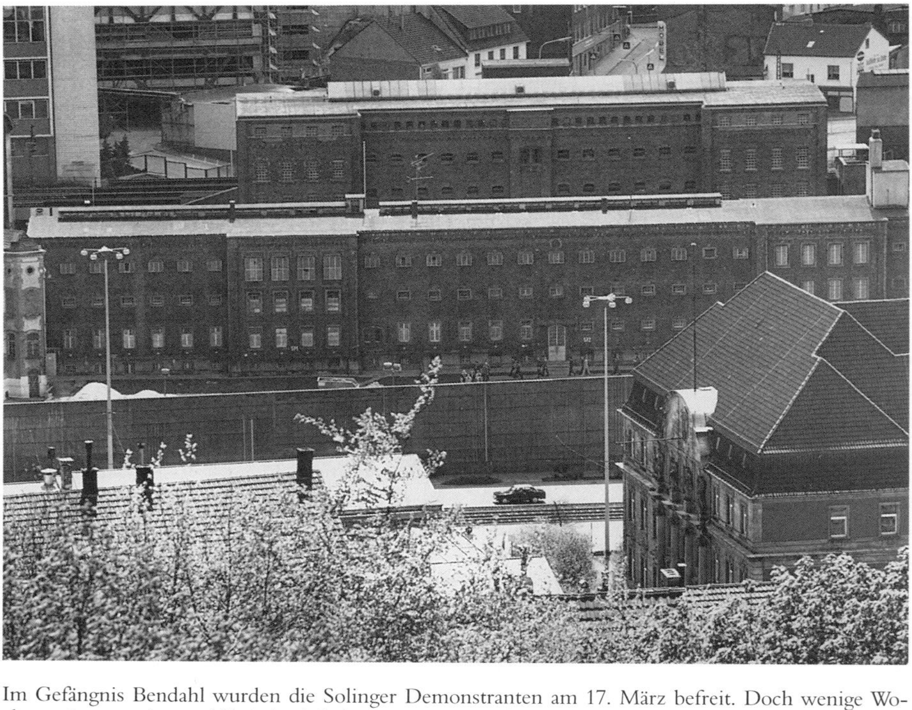

Im Gefängnis Bendahl wurden die Solinger Demonstranten am 17. März befreit. Doch wenige Wochen später wurden sozialistische Arbeiter erneut verurteilt und hier festgehalten. Heute steht an dieser Stelle ein Kaufhaus. (Foto: StA W)

Gefangenen freigelassen. Vor allem wollte man die 50 „Solinger", die am Tag zuvor bei dem Massaker am Hahnerberg festgenommen worden waren (vgl. Kap. 3) und andere politische Gefangene befreien. Doch bei dem Feuergefecht zwischen Gefangenen und den Aufsehern gelang allen die Flucht. Ein Aufseher wurde bei dem Kampf erschossen.

In den nächsten Tage konnte die vom Aktionsausschuss eingerichtete „Arbeiterwehr" einige der zu unrecht entlaufenen kriminellen Gefangenen wieder festnehmen. Nun saßen ca. 90 Sipo und Freikorpsoldaten, vor allem die gefangenen Offizieren, im Gefängnis ein.[47]

Fritz Ellinghaus desertiert und bewacht seine Vorgesetzten *17.3.1920 – Gefängnis Bendahl (3)*

Einer der Soldaten im Freikorps Haketau war Fritz Ellinghaus jun. (1902-1939) aus Barmen. Er hatte sich bei den Kämpfen in Elberfeld auf die Seite der Arbeiter geschlagen. Nun wurde der ausgebildete Soldat zur Wachmannschaft im Gefängnis beordert und musste die eigene Kameraden bewachen.

Der Neffe Rainer Ellinghausens, heute Betriebsratsvorsitzender einer namhaften Wuppertaler Firma, berichtet: *„Mein Onkel Fritz Ellinghaus war ein politisch bewusster Soldat. Die Familie wohnt damals auf der Carnaper Straße 23. Vater Fritz Ellinghaus sen. (geb. 1868) war ein alter Sozialdemokrat aus Barmen, der schon in der Kaiserzeit oft gemaßregelt worden war. Die Familie musste aus politischen Gründen mehrere Jahre nach Lüttich gehen, weil der Vater hier auf der „schwarzen Liste" stand und mehrere Jahre ohne Arbeit war. Später war er Betriebsrat in mehreren Metallfirmen, unter anderem bei Bemberg und 1918 wurde er Kommissar im Wucheramt. Er hat mir einmal erzählt, wie er bei Pfarrer Van der Bruck Lebensmittelvorräte entdeckt und beschlagnahmt hat. Der war den Arbeitern sowieso verdächtig, weil er während des Krieges immer fürs Durchhalten gepredigt hatte. Im Jahr 1920 wurde er stellvertretender Vorsitzender des Metallarbeiterverbandes in Barmen. In dieser Zeit wurde auch ein Gewehr im Garten vergraben. Es müsste heute noch dort vergraben sein."*[48]

Fritz Ellinghaus war nicht der einzige, der sich von den Offizieren betrogen sah. Große Teile des Freikorps Lichtschlag gaben nach dem Sieg der Arbeiter eine Erklärung ab[49] und berichteten, dass ihre Vertrauensleute wegen Meuterei in Haft genommen wurden, als sie gegen das Vorgehen der Offiziere protestierten. Nach dem Sieg wählten sie Vertrauensleute – ganz so wie in der Revolution im November 1918. Doch wenige Wochen später, als die Reichswehrführung ihre Verluste bekannt gab, wurde die Zahl der Vermissten mit 123 beziffert. Dahinter verbargen sich zum großen Teil die Deserteure, die nun untertauchen mussten, um sich vor Strafen zu schützen.[50]

Das Loch in der Gefängnismauer und Rechtanwalt Lamp vor Gericht *21.8.1920 – Gefängnis Bendahl (3)*

Nach der Niederlage und der Kriminalisierung des Arbeiteraufstandes kamen viele Arbeiter ins Gefängnis, die sich an den Aktionen beteiligt hatten, oder bei denen man später noch Waffen gefunden hatte. Die Gefängnisse waren überfüllt. Auch im Gefängnis Bendahl saßen einige Arbeiter ein. So zum Beispiel der USPD-Beigeordnete der Stadt Lennep, in dessen Gartenlaube die „Sipo" im Mai 1920 Waffen gefunden hatte. Auf Bestreben der Stadtverwaltung Lennep kam er jedoch im Juli 1920 frei. Über das Gefängnis Bendahl liegen uns keine genaueren Informationen vor, doch man kann davon ausgehen, dass hier noch viele andere Arbeiter einsaßen.

Am 20. August 1920 kam es in Velbert zu Unruhen und einem Putschversuch der Linkskommunisten von der KAPD. Am nächsten Tag, am frühen Morgen des 21. August 1920, wurde der Briefkasten am Gefängnis Bendahl gesprengt. Mehreren politischen Gefangenen gelang durch das Loch in der Mauer die Flucht. In diesen Tagen kam es zu weiteren Anschlägen der extremen Linken.

Wochen später wurde Bernhard Lamp verdächtigt, am Anschlag auf den Briefkasten am Gefängnis beteiligt gewesen zu sein. In den Wochen zuvor hatte er in Berlin die Verteidigung im „Weißenseer Kommunistenprozeßes" übernommen. Dieser Prozess war ein Sondergerichtsverfahren gegen Angehörige der KAPD und hatte wegen seiner fragwürdigen Beschuldigungen im ganzen Land großes Aufsehen erregt. Einige Tage nach der Rückkehr aus Berlin, am 11. Oktober, wurde Bernhard Lamp verhaftet. Eine Prostituierte sollte ihn in der fraglichen Nacht am Gefängnis Bendahl gesehen haben.

Am 19. Oktober forderten alle linken Arbeiterorganisationen einmütig die sofortige Haftentlassung Lamps. Die Beschuldigung sei an den Haaren herbeigezogen und eine Flucht nicht zu erwarten.[51] Nach einigen Tagen Haft im Bendahl wurde er „aus Sicherheitsgründen" – die Unterstützung der hiesige Arbeiterschaft schien bedrohlich – ins Gefängnis nach Werl verlegt.

Die Aussagen der Kronzeugine in stellten sich als falsch heraus. Richter Müggel setzte durch, dass Lamp als „unzurechnungsfähig" in eine Irrenanstalt überwiesen wurde. Wenige Wochen später starb er. Die Teilnahme der Elberfelder Arbeiterschaft an der Trauerfeier war überwältigend. (vgl. Kap. 7)

Robert Wolfgang Schnell erinnert sich

Der junge Robert Wolfgang Schnell wohnte gleich gegenüber dem Gefängnis. Er hatte die frühkindlichen Eindrücke des Jahres 1920 in einer Szene in seinem Buch „Erziehung durch Dienstmädchen" beschrieben: *„So war sie auch bei mir, als ich mich endlich hinausschleichen konnte, um zu erkunden, was gestern auf der Straße passiert war. Von der Treppe aus sah ich vor dem Gefängnistor eine Traube Menschen, die über die Elberfelder Straße hinaus bis vor unsere Tür immer lockerer wurde, bis es nur noch wenige waren, die auf und ab gingen, dann wieder mal stehenblieben und zum Gefängnis hinsahen. Ich drückte mich durch die Menschen, von denen ich niemand kannte, niemand war aus unsrer Nachbarschaft.*

In der Mauer des Gefängnisses, wo der Briefkasten gehangen hatte, war ein großes Loch. Da hindurch sah man im Hof viele Wärter, alle trugen ein Gewehr. An dem Loch arbeiteten drei Gefangene. Einer schichtete einen Haufen Ziegelsteine, ein andrer rührte Speis im Holzbottich mit vier Tragearmen. Der dritte mauerte. Auf dem Bürgersteig, zwischen den Zuschauern und der Mauer, standen drei Männer in blauen Monteuranzügen, rote Binden am Arm, die das Gewehr mit dem Kolben nach oben trugen, wie Onkel Kuno es getragen hatte, als er am Todestag des alten Zehr nach Hause kam.

Kein Mensch sprach, nur die Köpfe gingen hin und her. Ich konnte durch das Loch sehen, wie ein vierter Gefangener eine Leiter herbeibrachte. Ich wurde gestoßen, musste ein paar Schritte machen, da lag vor meinen Füßen ein Stück Eisen mit scharfen, zerrissenen Kanten. Es war auf der einen Seite gelb. Ein Stück des ehemaligen Briefkastens. Ich hob es auf und steckte es schnell in die Hosentasche. Nachdem ich nun mehrmals gesehen hatte, wie der mauernde Gefangene den Speis auf den unteren Stein warf, dann einen neuen Stein hineinlegte, mit der spitzen Seite der Kelle mehrmals darauf schlug, dann den überquellenden Speis abkratzte und auf der Kartätsche abstrich, langweilte mich das. Es war sonst kein Kind dort. In den Fenstern der Wärterwohnungen lagen ein paar Frauen.

Eine rief: »Jetzt gehen die Mörder spazieren!«.

Die Männer mit den roten Binden sahen nach oben.

»Fenster schließen!«, rief der links stehende und nahm sein Gewehr in die Hand.

Sofort gingen die Fenster zu.

Dann trat er einen Schritt vor: »Weiter gehen!«.Langsam setzte sich die ganze Traube in Bewegung.

»Mach, dass du nach Hause kommst!«, sagte er zu mir und stieß mich in den Rücken.

Ich drängelte mich durch und lief über Griesheims Hof in unsere Küche.

Anna war nicht da, sie konnte nur oben sein und die Betten machen. Auf Kehlbergers Etage hörte ich die Tür ihres Verschlages. Das Geräusch war unverkennbar, da die Tür nur ein in Angeln gesetztes ausgeschnittenes Stück der papierverklebten Bretterwand war.

Die Betten waren gemacht, friedlich wie alle Tage. In ihrer Kammer steckte der Schlüssel außen und ich drehte rum. Anna stand am Waschtisch und putzte den Kump mit einem Lappen aus.

Sie sah mich nicht an. »Was willst du hier?«, fragte sie und putzte weiter.

Ich hielt mich an ihrem Rock. Unter dem weißgestrichenen Eisengestell des Bettes sahen zwei Schuhe hervor, mit den Sohlen nach oben. »Es hat keinen Zweck«, sagte sie. »Komm.« Ein Mann kam unter dem Bett hervorgekrochen. Es war Carlos Henke aus dem Gefängnis.

»Du brauchst keine Angst vor mir zu haben«, sagte er, klopfte den Staub vom Rock und versuchte, mich von Anna fortzuziehen. Aber ich hielt mich an ihr fest. »Das ist Carlos, du kennst ihn ja.« Ich nickte. Er war noch größer als Anna. Der kahlgeschorene Kopf glänzte vor dem Licht, das durch das schräge Fenster fiel. »Du bist das Ernstchen?«.

Er hatte dunkelbraune Augen wie Anna, in die man immer tiefer hineinsehen konnte, ohne je den Grund zu entdecken. »Ich wohne jetzt hier oben«, sagte er, »aber das darf niemand wissen, deshalb lag ich' unter dem Bett. Ich konnte ja nicht ahnen, wer hereinkommt. Anna sagt, du bist der Vernünftigste hier im Haus, deshalb spreche ich gleich mit dir. Es darf wirklich niemand wissen, dass ich hier bin, nicht mal deine Mutter. Ich bleibe nicht lange, ein paar Tage nur. Du hast mich ja gesehen, als du Heringe holtest. Seit gestern bin ich heraus. Unsere Freunde haben eine Bombe in den Briefkasten gelegt und die Mauer gesprengt.« »Das Loch machen sie schon wieder zu«, sagte ich. »Ich habe es gesehen.“[52]

Arbeiterschwimmverein „Freie Schwimmer 1907“ *14.6.1920 – Bad Bendahl – Bendahler Straße (4)*

Einige hundert Meter die Bendahler Straße aufwärts liegt links das alte Bad Bendahl. Dieses Bad ist eng mit der Geschichte der Arbeiterschwimmvereine von Elberfeld und Barmen verbunden. Auch heute noch haben die „Freien Schwimmer 07 Wuppertal e.V.“, die aus den Arbeiterschwimmvereinen hervorgegangen sind, hier ihr Stammbad mit Jugend- und Vereinshaus.

Der Arbeiter-Schwimm-Verein (ASV) Elberfeld wurde im Jahr 1906 gegründet. In Barmen erfolgte die Gründung ein Jahr später. Die Vereine wuchsen schnell auf 500 Schimmer. Doch als Arbeitervereine wurde sie den meist kaiserlich-militaristischen bürgerlichen Schwimmvereinen gegenüber stark benachteiligt. Erst nach jahrelangen Eingaben wurde dem Elberfelder Verein endlich eine Übungszeit im städtischen Schwimmbad zugesprochen – Sonntagmorgens von 6-7 Uhr. Doch die sonntäglichen Besucher wehrten sich dagegen, das Wasser der „roten Arbeiterschwimmer“ anschließend benutzen zu müssen. So wurde schließ-

1923 baute der Arbeiterschwimmverein Barmen auf gepachtetem Grund sein erstes eigenes Vereinsheim im Bad Bendahl. Auch heute noch ist das Bad am Bendahl vereinseigen. (Foto: Freie Schwimmer 07 Wuppertal)

lich am Montagabend eine Zeit für die Schwimmübungen vereinbart.[53]

Die Vereine, die sich der sozialistischen Arbeiterbewegung verbunden fühlten, standen ständig in Gefahr, als „politische Vereine" verboten zu werden. Als sich die Mitgliederzahl im Jahr 1911 auf über 1.000 verdoppelt hatte, fand im April 1912 sogar der Bundestag des „Arbeiter-Schwimmerbundes" in Elberfeld statt.[54] Von diesem Treffen ging die Initiative zur Gründung eines Dachverbandes für den gesamten Arbeitersport aus. Die „Zentrale für Sport und Körperkultur" wurde noch im gleichen Jahr gegründet. Emil Luckhard, der Wirt des Barmer Gewerkschaftshauses in der Parlamentstraße, war ebenfalls Mitglied im ASV-Barmen. Er hatte 1906 den deutschen Text der „Internationalen" aus dem französischen übersetzt. Im November 1914 war er einer der ersten Vereinskameraden, die Opfer des Krieges wurden.[55] Auch heute noch sind verschieden Angehörige der Familie Luckhard Ehrenmitglieder bei den „Freien Schwimmer 07".[56]

Wie in anderen Bereichen auch, so erlangten die Arbeitersportvereine die gesellschaftliche Anerkennung erst durch die Revolution vom November 1918. Die Sportstätten standen ihnen offen und sie konnten in den angestammten Freibädern eigene Vereinsheime errichten. So entstand im Jahre 1921 im „Freibad Mirke" das Heim der Elberfelder Arbeiterschwimmer und im „Bendahl" das des ASV-Barmen. Am 14. Juni 1920 machte ein Unfall im Bad Bendahl Vereinsgeschichte. Die Zuschauer waren bei einem Schwimmwettkampf der Arbeiterschimmer entgegen der Vorwarnungen auf die Umkleidekabinen geklettert. Als das zu schwache Dach einstürzte gab es 22 Verletzte. Die Vereinskasse wurde zum Regress herangezogen. Diesen Aderlass konnte der Verein nicht verkraften. Er löste sich auf und gründete sich unter dem Namen „Freie Schimmer 07" neu.

Mitte der 20er Jahr erlebten die Wuppertaler Arbeiter-Schwimmer sicherlich ihre Blütezeit. Es entstand ein Trommlerkorps, eine Paddelabteilung und der Barmer ASV verfügten alleine über 10 Wasserball-Mannschaften. Bei der ersten internationalen Arbeiterolympiade im Jahr 1925 in Frankfurt/Main errang die Elberfelderin Hedwig Sopha, geb. Weller, als Schimmerin in der deutschen Kraulstaffel Olympiagold.[57] Gegen Ende der 20er Jahre verschärften sich die Spannungen zwischen kommunistischen und sozialdemokratischen Arbeitersportlern. Der Dachverband ATSB schloss die kommunistischen Vereine und Sportler aus, die sich nun zum „Fichte Sport", der „Kampfgemeinschaft für rote Sporteinheit" zusammenschlossen. In Wuppertal entstand ein eigenes Bad dieser „Fichte"-Schwimmer auf der Hardt.[58] Wenige Jahre später wurden die feindlichen Brüder(vereine) gleichermaßen verboten und verfolgt. Einer der am 17. März gefallenen Arbeiter war das Vereinsmitglied Maximilian Manns. Er liegt auf dem Ehrenfriedhof Elberfeld begraben.

Hinweise:

Hintersudberg, Sportplatz „Auf der Platte", Kap. 3
Arbeiterschwimmbad auf der Hard, Kap. 4
Sportplatz Opphof, Kap. 4
Remscheid Haddenbacher Straße, Schwimmbad Ölmühle, Kap. 5
Ronsdorf, Schwimmbad Kottsiepen, Kap. 5
Freibad Mirke, Kap.7

Das neue Gewerkschaftshaus Elberfeld-Barmen
1926 – Wittensteinstraße 2/ Ecke Grotestraße (5)

Der Ortsausschuss der freien Gewerkschaften Barmer-Elberfeld-Vohwinkel errichtete 1926/27 durch seine (eigens gegründete) „Bürohaus-Genossenschaft" das Gewerkschaftshaus in der Wittensteinstraße. Es war ein großes Eckhaus am damaligen Wittensteinplatz. Auf dem First stand in großen Lettern „Gewerkschafts-Haus". Das Haus wurde von der „Bergische Bauhütte" errichtet.[59] In dem Haus waren die viele Gewerkschafts- und Berufsverbände angesiedelt. Das Adressbuch von 1930 listet 20 verschiedene Verbände auf. Hier befand sich aber auch die Geschäftsstelle des SPD-Unterbezirks und des „Reichsbundes der Kriegsbeschädigten, Kriegsteilnehmer und Hinterbliebenen".[60] Das Haus verfügte über einen großen Saal für Theater- und Kulturveranstaltungen, der Wirt Wilhelm Saure betrieb ein vielbesuchtes Restaurant. Das Haus wurde so für wenige Jahre zum Mittelpunkt der Wuppertaler Arbeiterbewegung.

Nur wenige Meter entfernt, auf der Haspeler Straße 42, stand die Geschäftsstelle der Arbeiterwohlfahrt, die 1924 eröffnet worden war. Die Rechts- und Sozialberatung der Arbeiterwohlfahrt arbeitete eng mit den Sekretariaten der Gewerkschaften zusammen. Im Haus am Haspel waren auch die Gewerkschaftsbüros der Fleischer, der Brauereiarbeiter, der Maler und Anstreicher und des Baugewerkbundes untergebracht.[61] Gemeinsam mit der „Lichtheilstätte" der AOK war hier, am Schnittpunkt der beiden Städte, in wenigen Jahren ein kleines Zentrum der Arbeiterorganisationen entstanden.

Schon 1932 begannen die SA-Kolonnen systematisch das Haus anzugreifen. So musste der Gewerkschaftssekretär

Das Gewerkschaftshaus an der Wittensteinstraße war nur für wenige Jahre Zentrum der freien Gewerkschaften. Am 2. Mai 1933 wurde es besetzt und 1943 bei den Bombenangriffen zerstört. (Foto: KNI)

Franz Landowski fluchtartig sein Büro verlassen, um sich vor den brutalen Schlägern der SA in Sicherheit zu bringen. Am 2. Mai 1933 wurde das Haus von der Deutschen Arbeitsfront übernommen. 10 Jahre später wurde es bei den Bombenangriffen zerstört.

Die proletarischen Buchgemeinschaften „Büchergilde" und „freiheitliche Bücherfreunde"
Gewerkschaftshaus Wittensteinstraße (5)

Im Gewerkschaftshaus befand sich auch der Verband der Buchdrucker. Dieser Verband hatte wenige Jahre zuvor, am 29.8.1924, auf Initiative seines Vorsitzenden Bruno Dreßler eine „Buchgenossenschaft" gegründet, mit dem Ziel, gute und preiswerte Bücher für die Arbeiterschaft herzustellen. Der Gründungsaufruf, der sich an die Buchdrucker wandte, erbrachte sogleich einige tausend Mitglieder. Die „Büchergilde" arbeitete nach den Prinzipien der Genossenschaft. So konnte die vermutete Auflagenhöhe aufgrund des großen Mitgliederkreises zu einem gewissen Grade voraus kalkuliert werden konnte. Die fixen Kosten sanken bei dem stabilen Verkauf des Buches. In einer Zeit, in der für weite Bevölkerungskreise das Buch noch ein Luxusartikel war, baute die „Büchergilde" ein Netz von betrieblichen „Vertrauensleuten" auf, die eine neue Leserschicht mit guter Literatur versorgte. So wurde die „Büchergilde Gutenberg" bald zur drittgrößten Buchgemeinschaft in der Weimarer Republik. Der gelernte Buchdrucker und Arbeiterdichter Ernst Preczang wurde Geschäftsführer. Er führte neue Autoren wie B. Traven[62] und seine unvergänglichen Romane in den deutschen Buchmarkt ein. Später übernahm der Arbeiterdichter Erich Knauf die Geschäftsführung. Er war selbst Teilnehmer an den Kämpfen gegen den Kapp-Putsch gewesen und hatte hierüber den Reportageroman „Ca ira!" geschrieben.[63]

Beinahe parallel zu dieser Gründung entstanden Buchgemeinschaften der SPD („Bücherkreis"), der KPD („Universum-Bücherei für Alle") und der anarchosyndikalistischen Gewerkschaftsorganisation. In den Geschäftsstellen der sozialdemokratischen „Freien Presse" in der Robertstraße und der reformierten Kirchstraße[64] war gleichzeitig auch eine „Volksbuchhandlung" eingerichtet. Hans Schmitz, dessen Vater Funktionär der „Freien Arbeiter Union Deutschland" (FAUD), der syndikalistischen Gewerkschaft, war, erinnert sich an die „freiheitlichen Bücherfreunde":

„Unser Vereinslokal war das 'Sportheim' auf der Klotzbahn. Über dem kleinen Hof stand ein vernachlässigtes Fachwerk-Hinterhaus, das der Wirt unserer syndikalistischen Jugendgruppe überlassen hatte. Hier fanden die Gruppenabende statt, probte die Theatergruppe oder wurden Sprechchöre für die Straßenagitation eingeübt. In einer Ecke stand ein großer Schrank. Hierin befand sich das Lager der 'Gilde freiheitlicher Bücherfreunde'. Diese Gilde vertrieb ihre Bücher über die Gewerkschaftsgruppen, über die proletarischen Freidenker … Auch einzelne Sozialdemokraten und später SAP-Mitglieder waren Mitglieder in der 'Gilde'. Die beliebtesten Autoren waren bei uns in der Gruppe Upton Sinclair und Tolstoi, aber wir lasen und diskutierten natürlich auch aktuelle politische Bücher." [65]

Die Bemühungen um die Verbreitung des guten Buches liefen parallel zu der Bewegung der Arbeiterkorrespondenten und Arbeiterschriftsteller, die Laien aus der Arbeiterschaft an das Schreiben heranführen wollte.[66] Die Büchergilde Gutenberg feierte im September 1999 ihr 75jähriges Bestehen. Seit den sechziger Jahren befindet sich ihr kleiner Laden in der Nähe des heutigen Gewerkschaftshauses in der Oberbergischen Straße.

Die Handwerker- und Kunstgewerbeschule und der Kreis um den Maler Gustav Wiethüchter *Paulus Kirch Straße 7 (6)*

In der Pauluskirchstraße befindet sich heute eine Außenstelle der Bergischen Universität in dem ehemaligen Gebäude der Barmer Handwerker- und Kunstgewerbeschule.

Diese Schule war eigentlich für Prinzipalsöhne aus dem graphischen Gewerbe gedacht, doch nach der Novemberrevolution, als sich die Künstlergruppe „Aktivistenbund" später „Junges Rheinland" bildete, wurde sie zu einem Ausgangspunkt neuer künstlerischer Impulse. In Düsseldorf hatte sich der „Aktivistenbund" 1919 gegründet, der „gegen die zu seelenlosen Formalismus erstarrte bürgerliche Tradition, die trotz der Revolution Kunst und Kunsturteil im einzelnen und in der Presse fast ausschließlich beherrscht" angehen wollte. Nach Gerd Arntz, der damals in Düsseldorf lebte, kam hier „alles zusammen, was links war": „Schriftsteller, Journalisten, Schauspieler, Maler und übrige Intelligenz, nicht zu vergessen die Rechtsanwälte der linken Parteien".[67]

Auch Gustav Wiethüchter, einer der bekannten Lehrer der Barmer Schule, hatte sich dem Bund angeschlossen. Hierdurch wurde Barmen neben Köln zur wichtigsten Stadt im Rheinland, die den Impuls aus Düsseldorf aufnahm. Schon seit Beginn des Jahrhunderts arbeitete der Maler Gustav Wiethüchter als „Lehrer für Malen nach der Natur und Formenlehre" in Barmen. Durch seine Arbeiten, unter anderem die Ausgestaltung der Martin Luther Kirche in Barmen 1909 und diverse Ausstellungen, war er 1915 vom preußischen Minister zum Professor ernannt worden. Im November 1919 vermittelte er die Wanderausstellung „Junges Rheinland" nach der Eröffnung in Düsseldorf als zweite Station an das Barmer Museum in der „Ruhmeshalle".[68]

Er und einige seiner Schüler präsentierten hier ihre neue Kunstauffassung. Seine Schüler Jankel Adler, Franz W. Seiwert und Heinrich Hoerle aus Köln spielten in den künstlerischen Auseinandersetzungen der folgenden Jahre eine wichtige Rolle. Gerd Arntz[69] aus Remscheid stellte wenig später zum ersten Mal seine Arbeiten auf Anregung dieses Freundeskreises in Barmen aus. Einige Künstler kamen auch aus dem Bergischen: Otto Pankok aus Mülheim, Karl Lauterbach aus Burscheid, Curt Beckmann aus Solingen, Carl Bart aus Haan. Gegen Mitte der 20er Jahre trennten sich die Wege mancher Beteiligten. Aus einigen Rebellen wurden ordentliche Professoren, andere schlossen sich der KPD-nahen „Asso-Gruppe" zusammen. Seiwert und Hoerle gründeten die revolutionäre Kunstzeitschrift „a-z", das einzige unabhängige Organ in der Weimarer Zeit, in dem die Bestrebungen der modernen Kunst und ihre Verbindung zur „Weltkultur der Arbeiterinternationalen" zur Sprache kamen.[70] Gerd Arntz schreibt über diese Zeit: „Damals war in der Tat noch Hoffnung, dass man die Oberklasse wegfegen würde, und diese Hoffnung lag bei den Arbeitern. Ich habe mit meinen damaligen Arbeiten 'Lehrbilder' machen wollen…"[71]

Gustav Wiethüchter wurde in den 20er Jahren zu einem der anerkannten Teilnehmer im Kunstleben der Weimarer Republik. 1919 war seine Schrift „Die kunstpflegerischen Aufgaben der deutschen Republik" erschienen. Er war immer wieder auf den Veranstaltungen der Dresdener Kunstgenossenschaft, des Kunstvereins Hannover der preußischen Akademie der Künste oder des Deutschen Künstlerbundes vertreten. Nach der Machtübernahme der Nationalsozialisten trat Wiethüchter von seinem Lehramt zurück. In den 33 Jahren seiner Tätigkeit hatte er mehr als 5.000 Schüler, überwiegend Handwerker und Kunsthandwerker unterrichtet. Am 6. Februar 1946, nach längerer Krankheit, starb Wiethüchter in Wuppertal.[72] Eine Reihe von Bildern dieser Künstlergruppe findet man im Von-der-Heydt-Museum. Hier hängt auch eines der bekanntesten Porträts der Dichterin Else Lasker-Schüler, das von Jankel Adler gemalt wurde.

Hotel Hegelich – ein traditioneller Treffpunkt vieler Arbeitervereine *Friedrich Engels Allee 163 (7)*

In dem Haus Friedrich-Engels Allee 163 befand sich das alteingesessene Unterbarmer Hotel Hegelich. Seit 1863 wurde es von der Familie Hegelich betrieben und war mit seinem großen Saal und der Kegelbahn im Hinterhaus ein beliebtes Gasthaus in Unterbarmen. Durch die nun verschlossenen Toreinfahrt gelangte man zum Hintergebäude, in dem sich heute der Lagerraum eines Handwerksbetriebes befindet. Doch die einst prächtige Treppe zum Saal ist noch vorhanden. Hier fanden Familienfeiern, Hochzeiten und Stiftungsfeste der örtlichen Vereine statt. Dieses Gasthaus fällt bei Durchsicht der sozialdemokratischen „Freien Presse" schon seit dem Ende der Sozialistengesetze 1890 als Lokal der Sozialdemokratischen Partei und anderer Arbeiterorganisationen auf. Vermutlich wegen der zentralen Lage zwischen Barmen und Elberfeld und des großen Saales wurde das Lokal für große Feiern und Konzerte der Arbeitermusikvereine genutzt. So hatte hier der „Verband der Barbier-, Friseur- und Perückenmachergehülfen" sein Vereinslokal. Am 20. März 1898 fand hier eine große „Märzfeier" der SPD mit „Vokal- und Instrumentalkonzert, lebenden Bildern und turnerischen Aufführungen" zum 50. Jubiläum der Revolution von 1848 statt.

Hier probten auch die Arbeitergesangvereine und veranstalteten ihre Sängerfeste und Liederabende. Ein Plakat lädt zum „humoristische Liederabend" des „Gesangverein Typographia" am 20. April 1902 ins Hotel Hegelich ein. Der Gesangverein der Buchdrucker hatte seine befreundete Arbeitergesangvereine „Gutenberg" und der Zitherclub „Edelweiß" aus Barmen als Mitgestalter des Abends eingeladen. In der Ära des Kaiserreiches wurden die Wirte für solche Veranstaltungen oft von der Polizei belangt. Herr Hegelich hatte offenbar genügend Mut gegenüber den staatlichen Behörden. Möglicherweise sympathisierte er sogar mit den Ideen der Sozialdemokraten. Auch im Jahr 1920 war Hegelich ein bedeutender Treffpunkt der Arbeiterschaft. Die Anzeigen der Arbeiterzeitungen weisen wöchentlich auf Funktionärsversammlungen des Metallarbeiterverbandes, auf die Mitgliederversammlungen der Bauhütte oder z.B. auf eine Taubstummenversammlung der USPD, vor welcher der Reichstagsabgeordnete Paul Sauerbrey berichtete, hin.[73]

Hotel Hegelich – ein kalendarischer Spiegel der Auseinandersetzungen *24.3. – 4.5.1920*

Die verschiedenen politischen Versammlungen, die im März/April im Hotel Hegelich stattfanden, spiegeln die politischen Ereignisse in diesem Zeitraum wider:

24.3.1920

Am 24.3. hatte die SPD ihre örtlichen Funktionäre eingeladen, um über die Verhandlungsergebnisse in Bielefeld zu beraten. Dort trafen sich Vertreter der Reichswehr, der Regierung in Berlin und der Aktionsausschüsse aus dem Aufstandsgebiet, um über einen Waffenstillstand und einer politischen Übereinkunft zu beraten. Aus Barmen war der Kommunist Oskar Triebel, der Sozialdemokrat Hermann Enz aus Elberfeld, Fritz Charpentier (KPD) und als Beobachter August Winckelhock (SPD) an den Verhandlungen beteiligt.[74] Doch die Verhandlungsführer waren entgegen den Erwartungen erst spät in der Nacht wieder in Wuppertal eingetroffen: Reichswehrsoldaten hatten sie bei der Rückfahrt vorübergehend festgenommen. So legte Hugo Lande[75] den ca. 300 Funktionären dar, „welche furchtbare Situation eintreten würde, wenn sich die Verhandlungen zerschlagen und es nochmals zu einer blutigen Auseinandersetzung zwischen der zusammengezogenen Reichswehr und den bewaffneten Rheinisch-westfälischen Arbeitern kommen sollte. Wenn bei dieser Auseinandersetzung die Reichswehrtruppen siegen würden, so werde dieser Sieg fürchterliche Folgen haben. Der Kampf würde ungeheure Opfer erfordern ... und ein Sieg der Reichswehrtruppen werde höchstwahrscheinlich zur Militärdiktatur der Generäle führen, zumal der größte Teil der alten Behörden der Gegenrevolution keinen Widerstand entgegensetzte."[76] Wie recht Hugo Lande mit einzelnen Punkten seiner Befürchtungen haben sollte, zeigte sich später, als das Bielefelder Abkommen[77] zwar unterzeichnet war, vom Militär aber brutal mißachtet und die politische Zusage auch von der Regierung nicht eingehalten wurde.[78] Hugo Lande schlug den Versammelten vor, sich mit der „intensiven Kleinarbeit" zu beschäftigen, „mit der ja im Wuppertal schon begonnen worden sei, um die Republik zu sichern und das Errungene festzuhalten". Die Behörden müssten von reaktionären Beamten gesäubert werden. Die höheren Schulen seien eine Brutstätte der Reaktion und auch in „den Volksschulen stecke noch viel reaktionärer Geist". „Zahlreiche Kräfte seien am Werke, die die Errungenschaften der Revolution lächerlich zu machen und als minderwertig zu bezeichnen suchen."[79]

Der „Elberfelder Lehrerverein", der vor allem die Volksschullehrer vertrat, hatte seine Mitarbeit angeboten, um künftig die vereinzelt noch üblichen Kaisergeburtstagsfeiern zu unterbinden, und die Schülerbibliotheken von monarchistischen Schriften zu säubern. Auch sollten endlich Förderklassen eingerichtet werden, damit auch begabten Volksschülern ein schulischer Aufstieg ermöglicht werden könne. Die Vorschulen für Kinder aus wohlhabenden Familien sollten abgebaut und der Weg zu einer Einheitsschule freigemacht werden. Die Vorschläge, die Jahrzehnte später noch auf bürgerlichen Widerstand stoßen sollten, wurden aufgenommen und erste Schritte zu ihrer Umsetzung beschlossen.

28.3.1920

Im Hotel Hegelich fanden in diesen unruhigen Tagen auch gewöhnliche Gewerkschaftsversammlungen statt. Am 28.3. hatte der „Verband der Buchdrucker und Papierverarbeiter" hier seine außerordentliche Generalversammlung. „Vor Eintritt in die Tagesordnung gedachte der Vorsitzende Klinkert den gefallenen Kämpfern von Elberfeld-Barmen, die in den Märzkämpfen von 1920 für die Freiheit gefallen sind" berichtet die „Freie Presse".[80] Am 30.3. fand hier die Mitgliederversammlung des „Verbands der Gemeinde- und Staatsarbeiter, Filiale Elberfeld-Barmen" statt, auf der die neu auszuhandelnden Lohntarife debattiert wurden.

7.4.1920

Am 7. April tagte hier erneut eine Funktionärsberatung der Sozialdemokraten. Genosse Winkelhock begrüßte in seinem Situationsbericht die Einrichtung der örtlichen Arbeiterwehr, wie sie im Bielefelder Abkommen gegen den Druck der Reichswehr und auch der Regierung durchgesetzt werden konnte. So habe man einen nicht zu unterschätzenden Einfluss auf die Verwaltung der Waffen gewonnen und den reaktionären Kräften im Militär und den Behörden endlich etwas entgegenzusetzen.[81]

Die Versammlung bedauerte, dass sie sich bei dem gemeinsamen Aufruf zum Generalstreik, den die SPD-Bezirksleitung am 13.3. mit den anderen sozialistischen Parteien (USPD und KPD) verfasst hatte, auf die Rätediktatur als Ziel des Kampfes festgelegt habe. „Dies sei mit den Grundsätzen der Demokratie nicht vereinbar". Doch es wurde auch deutliche Kritik an dem Reichspräsidenten und Parteigenossen Friedrich Ebert und seiner Haltung gegenüber den alten Machteliten beim Militär und im Staatsapparat geübt. Einer der Redner hielt „die Auflösung der Reichswehr für unumgänglich notwendig". Ernst Dröner, der sozialdemokratische Abgeordnete für Elberfeld-Barmen in der Nationalversammlung, betonte hinsichtlich der anstehenden Reichstagswahl, dass „der Kampf gegen rechts mit aller Schärfe zu führen sei. Jetzt gelte es nicht Leichenreden zu halten über das, was gewesen ist, sondern Fanfaren hinauszublasen in das Land zum Kampf gegen die Reaktion, für den Sozialismus.“[82]

23.4.1920

Am 23.4.1920 tagten im Saal des Hotels die Gewerkschaftsvorstände und die Delegierten der Generalkommission Barmen-Elberfeld (was dem heutigen DGB entspricht). Auf der Tagesordnung standen die Themen: Unterstützung der Opfer der Märzkämpfe, Bildung der örtlichen Arbeiterwehren und die Vorbereitung der Maifeier. Der Sekretär der Gewerkschaftskommission, Paul Sauerbrey, berichtete von der Konferenz, die am 20. April in Barmen stattgefunden hatte, um die Unterstützung der Opfer der Märzkämpfe und der Familienangehörigen zu regeln.[83] Entgegen den Zusagen in Bielefeld erhielten die Familien bisher keine staatliche Unterstützung. Nun hatten die Vertreter der Arbeiterschaft vorgeschlagen, dass jeder Arbeiter und jedes Gewerkschaftsmitglied einen vollen Tagesverdienst zu diesem Zweck abführen solle. Dazu brauchte Sauerbrey die organisatorische Unterstützung aus den Betrieben und den einzelnen Gewerkschaftsverbänden. Täglich erschienen Listen mit den Beiträgen aus den Betrieben und von den Arbeiterorganisation in den Arbeiterzeitungen. Am 7.4. hatten die „Bayer Farbenfabriken“ mit 6.000 Mark den höchsten Betrag zu verzeichnen. Doch auch die öffentlichen Dienste, Badeanstalten, Wasser- und Gaswerke, die Straßenreinigung bis hin zu den Polizeibezirken fielen durch hohe Unterstützungsbeiträge auf. Um die Frage der örtlichen Arbeiterwehren klären zu können, wollte man sich so bald wie möglich gemeinsam mit Vertretern aus dem ganzen Rheinland beraten, um zu einer einheitlichen Regelung zu kommen. Zunächst hatte man eine vorläufige „Wache“ von 160 Personen eingerichtet, die die Beaufsichtigung der eingesammelten Waffen und die Bewachung öffentlicher Gebäude und Verkehrseinrichtungen übernehmen sollte.

Der Vorsitzender der Gewerkschaftskommission, Wilhelm Wichelhaus, der bei den Kämpfen am 17. März seinen einzigen Sohn verloren hatte,[84] berichtete über die anstehenden Maifeiern. Es war geplant, dass vormittags die Gewerkschaften in Elberfeld und Barmen demonstrierten, während am Nachmittag die Maifeiern und Familienfeste der Arbeiterparteien stattfinden solten. Dies war die erste Maifeier, die mit offizieller Anerkennung der Behörden stattfinden konnte. Nach einigen Auseinandersetzung mit den Schulbehörden war es den gewerkschaftlich organisierten Lehrern gelungen, dass auch die Schüler an diesem Tag frei bekamen.

30.4.1920

Am 30. April, dem Vorabend des ersten Mai, hatten sich die Gewerkschaftsvorstände erneut im Hotel Hegelich verabredet, um die letzten Absprachen für den kommenden Tag zu treffen. Doch die Diskussion wurde von der drohenden Besetzung des Bergischen Landes durch Reichswehrtruppen beherrscht. Bisher standen die Soldaten entsprechend der Anweisung der Regierung bis südlich der Ruhr, doch in den letzten Tagen war es zu eigenmächtigen Vorstößen der Soldateska bis an die Grenzen der Stadt gekommen. Die Unruhe wuchs. In Schwelm und Hasslinghausen war es zu Hausdurchsuchungen, Verhaftungen und Erschießungen gekommen. Nun hatten sich auch die Bergischen Arbeitgeber und ihr Vertreter im Reichsverband der deutschen Industrie, der Textilfabrikant Abraham Frowein,[85] persönlich an den Reichspräsidenten Ebert gewandt und um die Besetzung des Bergischen Landes gebeten. Die Reichswehr und „interessierte Kreise“ hatten Provokateure engagiert, um die Unruhe weiter zu schüren und „erst Gründe für eine Besetzung zu schaffen“.[86] In der auswärtigen Presse erschienen Meldungen über die Reorganisation der „Roten Armee“ und über eine „drohende Anarchie“ im Wuppertal. Wilhelm Wichelhaus und Paul Sauerbrey berichteten den Versammelten von nächtlichen Telefonaten mit der Regierung, um Schlimmes zu verhindern. Die Versammlung legte in einem längeren Schreiben an die Regierung mit einer Kopie an den Gewerkschaftsbund und die Parteizentralen in Berlin die Unhaltbarkeit der Vorwürfe dar. Die Besetzung, die die Reichswehrgeneräle so gerne vorgenommen hätten, konnte so noch einmal abgewendet werden. Die Maifeiern am nächsten Tag hatten eine so überwältigende Beteiligung wie sie wohl niemals zuvor und danach erreicht worden ist. Das Selbstbewusstsein der Arbeiterschaft war im Bergischen durch den erfolgreichen Aufstand und trotz der Bedrohung aus dem Ruhrgebiet enorm gewachsen.

Die Gründung der „freien Volksbühne für das Wuppertal“ *Januar 1921 – Friedrich-Engels-Allee 163*

Die kulturell nachhaltigsten Veranstaltungen fanden wohl im Januar 1921 statt. „Auf Initiative des Bildungsausschusses der freien Gewerkschaften (Metallarbeiter- und Textilarbeiterverband) kommt am 27. Januar 1921 der Generalsekretär der deutschen Volksbühnenbewegung, Dr. Siegfried Nestriepeke, ins Tal, um im Hotel Hegelich in Unterbarmen „über Inhalt und Ziele der Bewegung“[87] zu referieren.

Geladen waren alle Gewerkschaftsfunktionäre, Parteivertreter und Vertreter anderer Arbeitervereine. Es sollte beraten werden, wie „auch die Kunst und geistige Erholung dem Proletariat erkämpfte werden kann“.[88] Bisher hatten die „freien Gewerkschaften“ schon vereinzelt den Verkauf von Theaterkarten in Betrieben organisiert. Doch das reichte nicht aus, um eine wirkliche Beteiligung der Arbeiterschaft am Kulturleben zu erreichen. Der Vortrag des in Arbeiterkreisen bekannten Schriftstellers Nestriepke trug Früchte. Am 18. Juni 1921 traf man sich erneut im Hotel Hegelich. Es sollte nach dem berühmten Berliner Vorbild die „Freie Volksbühne des Wuppertals“ gegründet werden. An diesem Abend wurde ein Komitee gewählt, das die ersten praktischen Schritte der „Volksbühnengenossenschaft“ vorbereiten sollte. Zu den Gewählten gehörten einige der schon öfter genannten Personen: der Gewerkschaftsführer Paul Sauerbrey, der Schriftleiter Max Löwenstein, der Buchhändler im Verlag der „Freien Presse“, Karl Lünemann, der Kommunist Walter Vesper[89] und die sozialdemokratische Stadtverordnete Fr. Dr. Thekla Lande. Der Kulturhunger der politisierten Arbeiterschaft sollten die Bemühungen rechtfertigen. Im September fanden erste eigene Konzerte in den Stadthallen von Barmen und Elberfeld statt. Schon in der ersten Spielzeit wurden 35 Vorstellungen mit 32.000 Besuchern vermittelt. „Die Mitgliederstatistik zählt Ende 1921 allein in Barmen 1.500 Personen während es das Barmer Bildungsbürgertum auf ganze 75 Theaterabonnenten bringt.“ Nach einem Jahr hatte die Organisation 11.800 Mitglieder und die Aufnahme neuer Mitglieder musste zeitweise abgelehnt werden, weil nicht genügend Vorstellungen zu bekommen waren.[90] Mit dieser Initiative wurde die Welt des Theaters und der klassischen Musik auch einem breiten Arbeiterpublikum erschlossen. Die neue Kulturorganisation der Arbeiterschaft ermöglichte durch den Ankauf großer Kontingente von Theaterkarten günstige Tarife für die Mitglieder. Nun wurden, in Kooperation mit den Volkshochschulen, Ar-

Die „Allee" in der Vorkriegszeit

beitsgemeinschaften zur Beschäftigung mit den Stücken gegründet. So hielt das Vorstandsmitglied Max Löwenstein dort Vorlesungen zu „Ibsen" und anderen literarischen Themen. Die Volksbühne nahm Einfluss auf den bisher eher konservativen Spielplan und organisierte eigene Vorstellungen mit ausgesuchten politischen Stücken, mit neuer Musik und modernem Theater, wie es die „freien Volksbühne" in Berlin mit dem bekannten Regisseur Piscator vorgemacht hatte. Auch heute noch ist die „Freie Volksbühne" als engagierte Besucherorganisation in der Stadt aktiv.[91]

Das rätselhafte Verschwinden von Karl Wilhelm Diederichs und dessen Sohn
Mai 1920 – Friedrich-Engels-Alle (Alte Post)

Einige Meter vor der Straßenkreuzung Völklingerstraße befindet sich das stattliche Gebäude der „alten Post". In einem der Nachbarhäuser wohnte bis 1920 der Ofenbauer Karl Wilhelm Diederich. Herr Klapp weiß aus Familienerzählungen die Geschichte von seinem Urgroßvater Karl Wilhelm Diederichs zu berichten: *„Mein Urgroßopa Karl Wilhelm Dietrich hatte in der Nähe der alten Post in Unterbarmen ein Ofengeschäft. Er war Klempner- und Schmiedemeister von Beruf und damals, 1920, ca. 45 Jahr alt. Er war, wie die ganze Familie, politisch links eingestellt. Im März 1920 hat er sich vermutlich an den Kämpfen beteiligt. Jedenfalls wurde er und sein Sohn, der damals so ca. 18 Jahre alt war, von den Soldaten verhaftet und nach Wesel gebracht. Von dort sind die beiden nie wieder zurückgekehrt. Die Nachforschungen haben nichts ergeben. Vermutlich sind sie dort erschossen worden.*

Diese Geschichte wurde in unserer Familie nur ungern angesprochen, sie war ein brisantes Thema. Mein Großvater war Sparkassenangestellter und musste das Ofengeschäft seines Schwagers Karl Wilhelm Diederichs auflösen. Doch trotz Tabu – einige Male erzählte mir

Großvater von dem rätselhaften Verschwinden der beiden Verwandten.“ [92]

Offene Nachforschungen waren in den Monaten nach dem Putsch nur unter Gefahren durchzuführen. Die Lobby der Reichswehr war zu groß. Erhard Lucas schildert einen ähnlichen Fall von politischen Mord in der Nähe von Wesel, der aufgrund drohender Repressalien nie aufgeklärt werden konnte.[93]

Wilhem Wichelhaus wird erschossen *17.3.1920 – Loher Platz*

Geht man die Gronaustraße bis zu ihrem Ende durch, so gelangt man auf den Loher Platz.

Am Vormittag des 17.3. wurde hier der junge Metallarbeiter Wilhelm Wichelhaus vermeintlich von einem Beamten der Barmer Polizei erschossen. Die Polizei war nach ihrer Niederlage an der Ziegelei auf Clausen in wilder Flucht zurück ins Barmer Polizeipräsidium gestürmt. Die aufgebrachte Bevölkerung am Loh säumte die Straßen. Die Polizisten wurden beschimpft und es flogen kleine Steine auf die Polizeiautos. An anderer Stelle wird berichtet, das eine leer Konservendose das Polizeiauto traf. „Ein nicht uniformierter Polizeibeamter feuerte daraufhin blindlings in die Menge und tötete den völlig unbeteiligten 21jährigen Genossen Wilhelm Wichelhaus“,[96] berichtet die „Volkstribüne“ am 18.3.1920. Möglicherweise stand die Menschenansammlung im Zusammenhang mit dem Büro des Barmer Metallarbeiterverbandes, das sich auf der Loher Straße 37 befand. Wilhelm Wichelhaus war Arbeiter bei der Maschinenfabrik Ernst Pott und wohnte nicht weit vom Loher Platz, auf der Buchenstraße 36. Er war der einzige Sohn des gleichnamigen Wilhelm Wichelhaus sen. Wilhelm Wichelhaus sen. war Sekretär des Barmer Metallarbeiterverbandes und Stadtverordneter der USPD in Barmen. Schon 1918 hatte er dem Arbeiter- und Soldatenrat Barmens angehört, im März 1920 war er einer der wichtigen Organisatoren des Aufstandes. Sein Sohn wurde zunächst mit den anderen Opfern auf dem Sportplatz an der Rudolfstraße, später im Gewerkschaftshaus in der Parlamentsstraße in Barmen aufgebahrt und dann auf dem Ehrenfriedhof Barmen beigesetzt. Die Arbeiterzeitungen forderten die Aufklärung des Falles und die Verhaftung des Schützen. Am nächsten Tag wurde der Polizeioberwachtmeister Sobotta verhaftet und ins Barmer Polizeigefängnis gebracht. Er war Chef der berittenen Polizeiabteilung von Barmen und verantwortlich für den Einsatz. In den bürgerlichen Zeitungen erschienen Berichte über seine Misshandlung im Gefängnis. Doch diese Berichte mussten wenig später dementiert werden.[95]

Gustav Ellinghaus (1905-1999) war Zeuge des Vorfalls in der Loherstraße gewesen. An diesem Tag, dem 17. März, war er als 15-jähriger von der Carnaper Straße in Barmen nach Clausen gelaufen.[96] Er kannte Wilhelm Wichelhaus jun. ganz gut, denn sein Vater Fritz Ellinghaus[97] war stellvertretender Vorsitzender des DMV in Barmen gewesen. Wohl deshalb blieb ihm dieser Mord immer in Erinnerung. Später wurde er aktiver Gewerkschafter im öffentlichen Dienst. Bei seiner Ehrung für 75-jährige Gewerkschaftsmitgliedschaft in der Elberfelder Stadthalle trat er ans Rednerpult und erinnerte an diesen fast vergessenen Toten der Wuppertaler Arbeiterbewegung.[98]

Tour 9:
Der Zentralrat in Barmen, der Flüchtlingsstrom aus dem Ruhrgebiet und die Solidaritätsaktion der Gewerkschaften
1. April bis 18. Mai 1920
Ein Spaziergang durch die Barmer Innenstadt

Die Wanderung durch die Innenstadt von Barmen schildert die letzte Phase des Aufstandes, in der der „Zentralrat der Vollzugsräte von Rheinland-Westfalen“ nach Barmen flüchtet und sich einige Tage später auflöst. Die Rolle der Wuppertaler Gewerkschaften bei den Solidaritätssammlungen für die Opfer der Kämpfe und die politischen Auseinandersetzungen um die im Bielefelder Abkommen zugesagten Forderungen nach Einflussnahme der Arbeiterschaft werden an Beispielen, wie der Barmer Polizeiverwaltung, erläutert.

Auf dieser Tour wird an die vormals bekannten Arbeiterführer Paul Sauerbrey und Walter Vesper sowie an das alte Barmer Gewerkschaftshaus erinnert. Die Wanderung setzt sich über den „roten“ Sedansberg fort und schildert Personen und Gebäude, die mit der Arbeiterkultur der 20er Jahre eng verbunden waren.

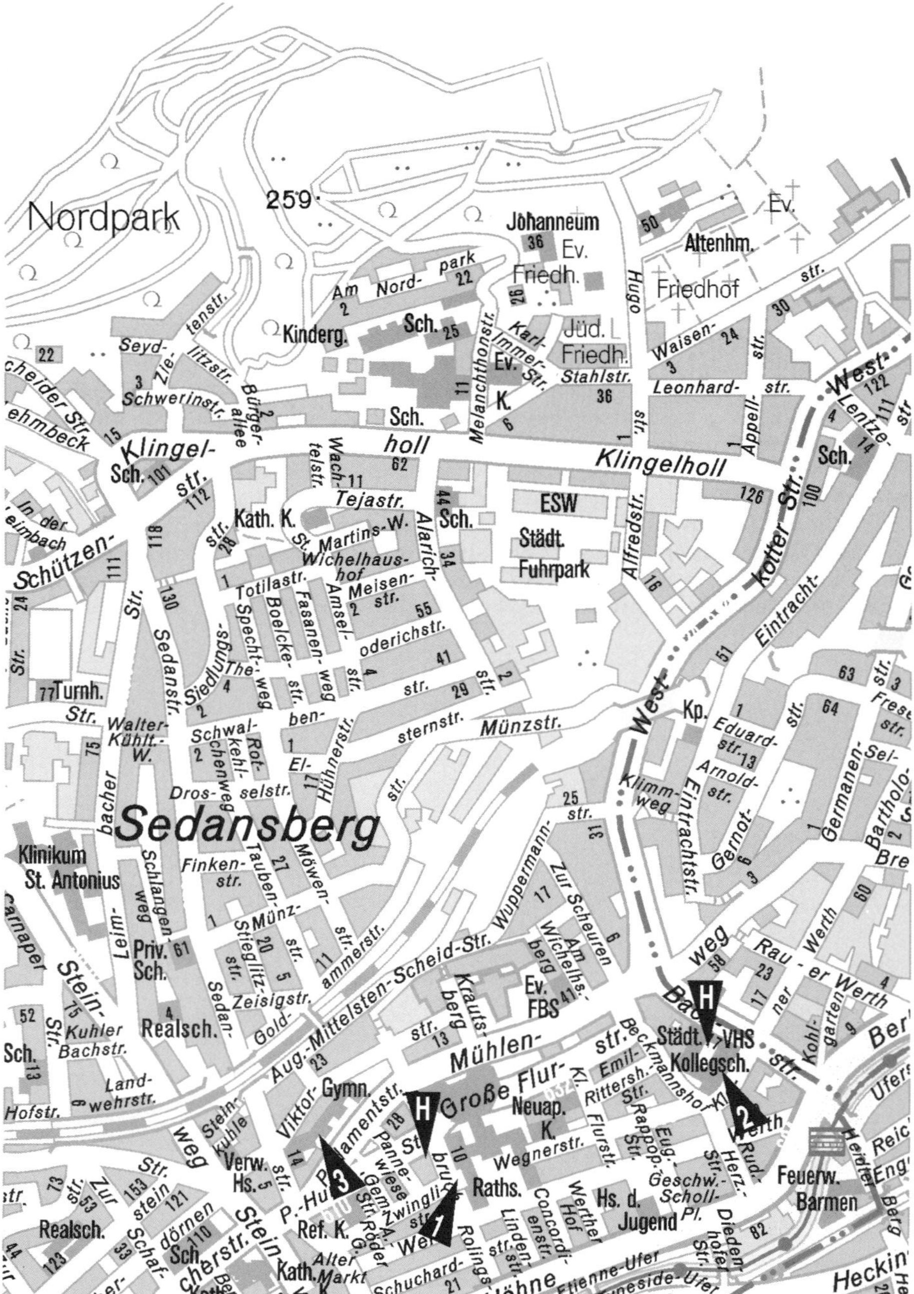
Nordpark
259
Johanneum
Ev. Friedh.
Altenhm.
Ev.
Friedhof
Am Nordpark
Kinderg.
Sch.
Jüd. Friedh.
Stahlstr.
Waisenstr.
Leonhardstr.
Westkotter Str.
Schwerinstr.
Bürgerallee
Melanchthonstr.
Hugostr.
Klingelholl
Sch.
Klingelholl
Tejastr.
Kath. K.
Martins-W.
Wichelhaushof
ESW
Städt. Fuhrpark
Alfredstr.
Alarichstr.
Schützenstr.
Totilastr.
Meisenstr.
Boelckestr.
Fasanenweg
Amselstr.
Sedanstr.
Siedlungsstr.
Münzstr.
Eintrachtstr.
Turnh.
Kp.
Eduardstr.
Arnoldstr.
Germanenstr.
Drosselstr.
Sedansberg
Klinikum St. Antonius
Finkenstr.
Taubenstr.
Möwenstr.
Wuppermannstr.
Zur Scheuren
Gernotstr.
Rauer Werth
Schlangenweg
Leimweg
Carnaper Str.
Priv. Sch.
Steinstr.
Stieglitzstr.
Zeisigstr.
Aug.-Mittelsten-Scheid-Str.
Krautsberg
Ev. FBS
Bachstr.
Realsch.
Städt. VHS
Kollegsch.
Kuhler Bachstr.
Landwehrstr.
Mühlenstr.
Beckmannshof
Viktor
Gymn.
Große Flurstr.
Neuap. K.
Emil-Rittersh.-Str.
Rappop.-Str.
Hofstr.
Parlamentstr.
Wegnerstr.
Werth
Verw. Hs.
Pannewiese
Zwinglistr.
Raths.
Geschw.-Scholl-Pl.
Feuerw. Barmen
Realsch.
Ref. K.
Alter Markt
Hs. d. Jugend
Kath. K.
Schuchardstr.
Rolingsw.
Höhne
Heckinghauser Str.
Werther Hof
Concordienstr.
Lindenstr.
Diedenhofer Str.
Tyneside-Ufer
St.-Etienne-Ufer
Heidter Berg
1
2
3
H
H

Das Bild zeigt die „Verteilungsstelle 58" der Konsumgenossenschaft „Vorwärts-Befreiung" im Seitenflügel des Barmer Rathauses an der Straße Heubruch, ca. 1928. Hier befand sich 1920 vermutlich die Polizeiwache, in der die Arbeiter die Waffen der Bürgerwehr erbeuteten. (Foto: KNI)

Die Polizeiwache wird gestürmt
17.3.1920 – Heubruch / Ecke Wegnerstraße (1)

1920 war das heutige Rathaus noch im Bau.[1] Lediglich der Seitenflügel an der Straße Heubruch war von verschiedenen Behörden bezogen worden. In der Unterführung an der Wegnerstraße war die Polizeistation Wegnerstraße untergebracht. Der Bürgermeister und die Beigeordneten saßen jedoch noch im alten Rathaus, das seinen Platz auf dem heutigen Rathausvorplatz hatte. Unter den Arbeitern gab es schon seit dem Putsch in Berlin erhebliches Misstrauen gegen die örtliche Polizei. Viele Beamte galten als monarchistisch und republikfeindlich. So waren die Arbeiterparteien und die demokratisch-liberalen Parteien der Mitte schon am 13.3. beim Oberbürgermeister von Barmen vorstellig geworden und hatten erreicht, dass alle Polizeistreifen von einem unbewaffneten Arbeiter zu Kontrollzwecken begleitet werden sollten. Das Misstrauen wurde auch dadurch gefördert, dass der Personaldezernent, Herr Weggen, allen streikenden Verwaltungsangestellten und Beamten die Entlassung angedroht hatte.[2] Nun, am 17.3., kam es an der Polizeiwache im „neuen" Rathaus zum Eklat. Als die Bevölkerung in Barmen erfuhr, dass die Barmer Polizei auf Clausen in Gefechte mit Arbeitern verwickelt war, kam es zu spontanen Protestkundgebungen vor der Polizeiwache. Auch viele Polizeibeamte teilten, unter dem Misstrauen der Bevölkerung leidend, den Unmut der Menge. Unmittelbar nach dem Ausrücken der Polizeitruppe erschien eine dreiköpfige Abordnung des Beamtenausschusses beim Bürgermeister und verlangte „in Zukunft vor einem Einsatz genau über dessen Zweck unterrichtet zu werden“[3]. Viele Barmer Polizisten fühlten sich missbraucht.[3] Die Wut richtete sich vor allem gegen den zuständigen Beigeordneten Markull, der den Einsatz angeordnet hatte. Bei dem Tumult wurde aus der Polizeistation heraus auf die Menschenmenge geschossen. Eine Arbeiterfrau wurde dabei schwer verletzt.[4] Vertreter der Arbeiterparteien, unter anderen August Cristmann und Wilhelm Enz, versuchten die Menge zu beruhigen und traten in Verhandlungen mit dem Bürgermeister. Sie forderten:

- Kontrolle der Stadtverwaltung durch Vertreter der Arbeiterschaft, wie 1918
- Bildung einer Arbeiterwehr und Auflösung der Einwohnerwehr[5]
- Amtsenthebung des Polizeidirektors und Beigeordneten Dr. Markull und Einleitung einer Untersuchung gegen ihn.

An diesen Verhandlungen nahmen auch Vertreter der Polizeibeamten teil, die sich hintergangen fühlten. „Oberbürgermeister Dr. Hartmann gestand die Forderungen zu. Als das Ergebnis der Menge mitgeteilt wurde, schien sie sich zunächst damit zufriedenzugeben; kaum waren die Parteienvertreter fort, stürmte sie jedoch das Polizeigebäude, entwaffnete die Polizei und bemächtigte sich der Waffen der Einwohnerwehr“,[6] die in dieser Polizeistation gelagert waren. Sie erbeuteten ca. 800 Gewehre mit Munition, Handgranaten und einige Maschinengewehre.[7] Mit diesen Waffen ausgerüstet, stürmten viel junge Männer nach Clausen, um den dort kämpfenden Arbeitern zur Hilfe zu eilen. In den nächsten Tagen erschienen Berichte und Klarstellungen in den Zeitungen. Beteiligte Polizeibeamte beteuerten immer wieder, dass sie mit falschen Darstellungen in den Kampf geschickt wurden. Unter ihnen regte sich ebenfalls der Unmut über die Polizeiführung. So waren auch die gewerkschaftlichen Sammlungen Hinterbliebenen vom 17.3. unter den Polizeibeamten erstaunlich ertragreich.

Der Aktionsausschuss sorgte dafür, dass die Verpflichtungen des Bielefelder Abkommens eingehalten wurden. (Plakat StA W)

Im Seitenflügel des Barmer Rathauses an der Straße „Heubruch“, dort, wo sich heute ein Jagdgeschäft angesiedelt hat, befand sich die „Verteilungsstelle 58“ der Konsumgenossenschaft „Vorwärts-Befreiung“. Sie trug die Nummer 58. Gegenüber ist ein kleines Relief von Paul Kuhnle über dem Hauseingang (Heubruch 9) zu erkennen. Er hat auch den „Sämann“ auf dem Grabmal der Barmer „Märzgefallenen“ geschaffen.[8] In dem anderen Seitenflügel des Rathauses, Wegenerstraße 8, zogen mit seiner Fertigstellung eine Reihe gewerkschaftlicher Organisationen ein. Das Adressbuch des ADGB von 1924 listet auf: Die Gauleitungen des Textilarbeiterverbandes, der Sattler und Portefeuiller, der allgemeine freie Angestelltenbund (AFA), der Werkmeister-Verband und das Parteibüro der SPD-Barmen.

Wilhelm Hellkötter flüchtet ins Bergische
21.4.1920 – Rathaus Barmen

Wilhelm Hellkötter, ein Huf- und Waffenschmied aus Herringen bei Hamm war als Rotarmist bei den Kämpfen in Pelkum beteiligt. Am 1. April fand dort ein Massaker der Reichswehr an den Arbeitern statt, die sich auf einen Friedhof südlich der Lippe zurückgezogen hatten, um von dort den Rückzug der „Roten Armee", wie er in Bielefeld und Münster vereinbart worden war, zu sichern. 150 bis 300 Arbeiter und Arbeitersamariterinnen wurden an diesem Tag ermordet. Auf dem Friedhof von Pelkum liegt das größte Massengrab der „Märzkämpfer" im Ruhrgebiet. Wilhelm Hellkötter war damals 19 Jahre alt und berichtete von seiner Flucht, die ihn ins Bergische Land führte:

„Wie wir nun in Kamen ankamen, wurden wir gleich auf Lastwagen verladen und dann ging es ab nach Essen. Aber was uns da gleich auffiel, die Burschen hatten alle schon weiße Armbinden um. Wir wurden in einen Saal einquartiert und mussten dann abwechselnd am Kanal Wachen machen. In dem ganzen hin und her hörte man, hatten sie dann eine Rote-Kreuz-Schwester von uns erschossen.

Das hat ungefähr zwei Tage gedauert, das war so um Ostern herum, da sind wir dann weiter gemacht. Die Gewehre hatten sie alle abgegeben und wir wurden nach Grefrath/Solingen heruntergeschickt. Mittlerweile kriegten wir auch mal Besuch von den Frauen von einigen von den Leuten (…) Sie erzählten uns dann alles, daß in Pelkum viele erschossen worden wären und alles; an die acht Tage müßten wir bestimmt wohl hier bleiben, bis alles ruhig wär. Da haben wir uns dann die Zeit totgeschlagen, sind nach Wuppertal mal gefahren nach der Schwebebahn, überall da herum und dann kamen die Frauen wieder und erzählten uns, es wäre alles erledigt und wir könnten ruhig nach Hause gehen. Wir bräuchten nichts mehr zu befürchten.

Aber die Befürchtung, die lag ja nun wieder anders. Entweder kriegte ich noch ein Strafmandat oder ich hatte schon bald eins weg. Dann bin ich acht Tage später nach Hause gefahren und wie ich acht Tage zu Hause war, da kam die Polizei und holte mich weg. Ich dachte sofort, das wird mit den Fahrrädern zusammenhängen, und die brachten mich nach Hamm ins Gefängnis. Hab ich da 14 Tage in Hamm gesessen, dann kriegten wir den Prozeß.

Da war noch ein Richter bei uns, der war auch in der Partei. Wir wurden dann abgeführt zur Verhandlung. Ich kriegte ein Jahr und er kriegte anderthalb Jahre. Drei, vier Tage war ich dann hier im Gefängnis, dann wurde ich nach Bochum geschickt, ins Zentralgefängnis. Da sollte ich Matten flechten. Das gefiel mir nicht, weil ich gelernter Huf- und Waffenschmied bin. Und dann haben sie mich in die Schmiede gesteckt. Da habe ich dann Nägel machen müssen, Schmiedenägel. Das hat dann ungefähr zwei Monate gedauert, bis auf einmal die Amnestie kam. Alles was unter ein Jahr ist, wurde entlassen. Na, wurde ich nach zwei Monaten dann entlassen." [9]

Viele Flüchtlinge hielten sich entgegen den Anweisungen des Zentralrates westlich der Wupper, in Remscheid und den Wupperstädten auf. Hier waren sie in der Nähe der Grenze und konnten bei einem evtl. Vormarsch der Reichswehr schnell ins englisch besetzte Gebiet flüchten. Für die Verpflegung kamen die Stadtverwaltungen auf. Unterkunft fanden sie jedoch meist in der Häusern und Wohnungen der Arbeiterviertel.[10] In Remscheid soll es jedoch auch ein Lager für 2.000 Flüchtlinge gegeben haben.[11]

Die Bürgermeister der Städte Barmen, Elberfeld, Remscheid, Vohwinkel und Cronenberg richteten am 21. April einen dringenden Antrag an den Innenminister in Berlin. Hier hieß es: *„Die Unterbringung und Ernährung des Flüchtlingsstromes wie auch die Versorgung der Massen (auch Frauen) mit Kleidern und nicht zuletzt die durch viele Erkrankungen notwendige ärztliche*

Behandlung haben den Städten eine gewaltige Schuldenlast mehr verursacht." [12] Diese Kosten müssten wie zugesagt von der Regierung übernommen werden.

In dem Schreiben wurden auch die Wirren dargestellt, die durch das eigenmächtige Handeln der Militärs unter den Flüchtlingen im Bergischen Land ausgelöst wurden:

Hierzu hieß es: *„In einem Teil der Presse wurde plötzlich das falsche Gerücht (aus den Reichswehrberichten – d. Verf.) verbreitet, der Zentralrat stelle im Bergischen Lande eine neue Rote Armee auf. Dies hatte zur Folge, dass eine ungeheure Zahl von Flüchtlingen das Dellbrücker Lager verliess und aufs neue in das Bergische Land zurückflutete. Die Notlage der Städte wuchs. Vertreter der Städte Elberfeld, Barmen und Remscheid beriefen sofort eine Konferenz nach Barmen, an der alle Gemeindebehörden und Landratsämter des Bergischen Landes so wie Vertreter aus Hagen teilnahmen. Hier wurde ein Ausschuß gebildet, welcher den Abtransport aller Flüchtlinge regeln sollte. An einer dieser Ausschußsitzungen nahm Unterstaatssekretär Stock vom Reichswehrministerium teil. Eine engere Kommission reiste mit Herrn Unterstaatssekretär nach Münster, um sich für die freie Rückkehr der Flüchtlinge nach den Heimatorten bzw. früheren Arbeitsstätten einzusetzen. Nachdem die freie Rückkehr aller Flüchtlinge durch den Herrn Reichskommissar telegraphisch gewährleistet war mit der ausdrücklichen Versicherung, dass keinem der Flüchtlinge ein Haar gekrümmt werden dürfe, beschloß der Ausschuß hierauf, nunmehr den sofortigen Abschub in die Wege zu leiten. Jede Person erhielt – den Vereinbarungen der Vertreterversammlung gemäss – 10 M Barunterstützung und eine Freifahrkarte nach der Heimat. So glaubte man berechtigt zu sein, anzunehmen, bald den Wirren zu begegnen und die Ruhe und Ordnung im Bergischen Land wieder herzustellen. Doch weit gefehlt. – Schon bald nach den ersten Abtransporten kam eine (...) große Zahl der sich sicher gefühlten Flüchtlinge zurück mit der unglaublichen Nachricht, dass viele ihrer Kameraden verhaftet, einige sogar erschossen worden seien. Die Panik löste ihre Wirkung aus! Die wieder zurückflutenden Massen waren nun mehr zum Verlassen des Bergischen Landes, besonders aber zur Rückkehr nach ihren früheren Wohn- und Aufenthaltsorten bzw. Arbeitsstätten nicht zu bewegen. Die Engländer sperrten die Grenze und so blieb – um sie endlich los zu werden – nichts anderes als der Versuch übrig, sie nach entfernteren Arbeitsstätten abzutransportieren."* [13]

Ebert gegen Niebuhr – Ein Streit um Krieg und Frieden[14] *Gaststätte Olympia, Heubruch 21 (1)*

30.Juli 1916

Einige Meter weiter, an der Straßenkreuzung Heubruch/Paul-Humburg-Straße befand sich früher die bekannte Barmer Restauration „Olympia". Dieses „Varietee-Theater" war seit Ende des letzten Jahrhunderts eines der bekanntesten Vergnügungslokale der Stadt. Das Haus hatte einen prachtvollen orientalischen Pavillon und einen großen Saal mit umlaufender Galerie, in dem etwa 1.000 Menschen Platz fanden. Exotische Kellner (meist Schwarze), musikalische Dressuren von Störchen, Hunden und Elefanten, Ring- und Boxkampfveranstaltungen sorgten dafür, dass das Lokal immer Gegenstand des Stadtgesprächs war. Das Lokal hat aber auch einige aufsehenerregende politische Veranstaltungen erlebt. Im Sommer 1916, als der Streit um den Krieg die sozialdemokratische Partei vor eine Zerreißprobe stellte, fanden hier, im vollbesetzten Haus, die Redeschlachten zwischen den Kriegsgegnern und -befürwortern statt. Die Mehrheit der Barmer Sozialdemokraten befand sich in Opposition zur Politik des Parteivorstandes. Ihre Wortführer waren der SPD-Bezirksvorsitzende und Redakteur Otto Niebuhr und Carl Drescher, der Geschäftsführer der Konsumgenossenschaft „Vorwärts". Am 30. Juli 1916 kam der hiesige Reichstagsabgeordnete und Vertreter des Parteivorstandes Friedrich Ebert, wie häufiger in diesem Sommer, nach Elberfeld-Barmen, um die Kriegsgegner im Bezirk Niederrhein umzustimmen. Im vollbesetzten „Olympia" trafen die Kontrahenten aufeinander. Otto Niebuhr war kurz zuvor wegen eines kriegsfeindlichen Artikels verhaftet worden. Das gleiche Schicksal erfuhren am 20. Juli sieben andere Sozialdemokraten, sie wollten Flugblätter gegen den Krieg und die Verurteilung des Reichstagsabgeordneten Liebknecht verteilen.[15] Carl Drescher sollte die Resolution der Parteiopposition vertreten. Die Anhänger von Ebert blieben bei der Abstimmung mit 20% eine kleine Minderheit und gründen in Folge dessen einen eigenen „sozialdemokratischen Volksverein", der die „Burgfriedenspolitik" des SPD-Parteivorstandes unterstützte.[16] Kurz darauf wurde auch Carl Drescher wegen der Flugblattaffäre angeklagt und verhaftet. Doch zu einer Verurteilung kam es nicht.

Hinweis:

Polizeispitzel im Einsatz, Kap. 8
Otto Niebuhr, Kap. 11

20. November 1918

Eine weitere wichtige Versammlung fand im November 1918 statt. Zwei Wochen zuvor war der Kaiser ins Exil getrieben worden: Mit Beginn der „Novemberrevolution" waren die alten Eliten entmachtet, und überall Arbeiter- und Soldatenräte installiert worden. Am 20. November fand eine erste regionale Konferenz der Räte statt. Dafür entsandten die Räte aller Städte und Landkreise am Niederrhein und im westlichen Westfalen jeweils vier bis sechs Delegierte. Die Konferenz wurde ins Wuppertal einberufen, weil die Bezirksleitungen der Arbeiterparteien SPD und USPD in Elberfeld ihren Sitz hatten (vgl. Robertstraße, Kap.1). Es galt über den weiteren Fortgang der Revolution zu beraten, und die Delegierten dieses Bezirks für den ersten Reichsrätekongress in Berlin zu benennen. Ein Vollzugsausschuss sollte die Kontrolle über die Bezirksregierung in Düsseldorf übernehmen. Der Feilenhauer und unabhängige Sozialdemokrat Otto Braß aus Remscheid (siehe Kap. 5) übernahm den Vorsitz. Nach heftigen Auseinandersetzungen zwischen den Vertretern der SPD und der USPD wurde ein Aufruf verabschiedet, der die Sozialisierung der Banken, Schlüsselindustrien und Verkehrsmittel forderte und den Arbeiterräten eine bestimmende Funktion in der Wirtschaft zuwies. Die Nationalversammlung sollte erst nach der Festigung dieser revolutionären Veränderungen gewählt werden.[17]

Es wurden 19 Delegierte nach Berlin geschickt. Unter ihnen Herbert Herberts sen., Paul Sauerbrey, Max Löwenstein, Otto Ibanez[18], und der später in München hingerichtete jüdischen Revolutionär Eugen Levine.[19] Otto Braß wurde einer der wichtigsten Wortführer auf dem Reichsrätekongress vom 16. bis zum 20. Dezember 1918. Er saß dort im Präsidium des Kongresses. Doch ihre politischen Vorstellungen, auf die sich die Delegierten im „Olympia" geeinigt hatten, konnten sie dort nur teilweise durchsetzen.

Der „Zentralrat" in Barmen und die Demobilisierung der „Roten Armee"

Kleiner Werth 7 – ehemalige Polizeiverwaltung (2)

3.4.1920

In dem alten Gebäude auf der Ecke Bachstraße 19 / Kleiner Werth ist heute Volkshochschule der Stadt Wuppertal untergebracht. Auf der Giebelseite am kleiner Werth ist noch das Baujahr zu sehen. 1894 wurde das Gebäude als Erweiterung des damaligen Barmer Krankenhauses errichtet.[20] Seit der Fertigstellung des neuem Krankenhauskomplexes an der Heusnerstraße im Jahre 1911 waren in den Räumlichkeiten verschiedene städtische Einrichtungen, vor allem aber die Polizeihauptwache und Polizeiverwaltung Barmens untergebracht.

Das benachbarte dreistöckige Verwaltungsgebäude, Kleiner Weerth 7, stand etwas zurückgesetzt und wurde später abgerissen. Nach der Vertreibung des Militärs nahm hier der Barmer Aktionsausschuss seine Arbeit auf[21] und Paul Sauerbrey hatte hier als Chef der Barmer Arbeiterwehr Quartier bezogen.

Am 3. April 1920 nahm hier höchstwahrscheinlich auch der „Zentralrat" der Vollzugsräte von Rheinland-Westfalen seinen Sitz. Er war in den Tagen nach dem Bielefelder Abkommen in Essen gebildet worden und stützte sich auf die lokalen Aktions- oder Vollzugsräte, deren Vertreter mehrmals zu zentralen Konferenzen zusammengekommen waren. Der Zentralrat bestand aus 16 Mitgliedern, die als Vertreter der drei Arbeiterparteien, der freien Gewerkschaften, der Genossenschaften und des Eisenbahnerverbandes gewählt worden waren.[22] Seine Autorität war umstritten, denn auch in diesem Rat debattierte man vor allem nach dem illegalen Vormarsch der Reichswehr ins Ruhrgebiet heftig über Rückzug oder Widerstand. „In dieser aussichtslosen Lage beschloss der Rat trotz des Verrats der Gegenseite, zur strikten Einhaltung der Abmachungen (von Bielefeld und Münster) durch die Arbeiterschaft aufzufordern."[23] Er ordnete Maßnahmen an, um den Widerstand in den eigenen Reihen an einzelnen Frontabschnitten zu brechen. So hoffte er, den weiteren Vormarsch der Reichswehr und damit den „weißen Terror" im Ruhrgebiet zu verhindern. Bei dieser diffizilen Aufgabe waren die Parteiorganisationen und Arbeitertruppen des Bergischen Landes verlässliche Partner. So berichtet die „Volksstimme" aus Hagen am

In diesem alten Gebäude des Barmer Krankenhauses war 1920 die Polizeiverwaltung von Barmen untergebracht. Im März 1920 war das Haus das Quartier der neugegründeten „Ortswehr". Hier arbeitete der Aktionsausschuss mit Paul Sauerbrey an der Spitze und für einige Tage im April 1920 auch der aus Essen geflüchtete „Zentralrat". (Foto: StAW)

2.4.1920: „Von Düsseldorf und Elberfeld-Barmen sind bereits 1,500 gute Arbeitertruppen unterwegs, um in Duisburg usw. jene Elemente, (die sich dem Waffenstillstand widersetzten – R.R.), zu entwaffnen und geordnete Zustände herzustellen."[24] Doch die Rechnung ging nicht auf. Aufgrund des weiteren Vormarschs der Reichswehr eskalierten schon am 3. April die Zustände in Essen. Die Reichswehr und der Zorn von Arbeitertruppen, die sich verraten glaubten, bedrohten den Zentralrat. An diesem Tag wurde Ernst Langensiepen[25] im Essener Gefängnis von aufgebrachten Arbeitern erschossen. Der Zentralrat verließ die Stadt Essen und nahm seinen neuen Sitz in Barmen ein. Die Aufgabe, die er zu bewältigen hatte, war riesig: Der Rückzug und die Entwaffnung musste organisiert, die zurückkehrenden Kämpfer und Flüchtlinge untergebracht und versorgt, der Propaganda der Reichswehr, die auf den vollständigen militärischen Sieg und die Erlaubnis zur Besetzung des Bergischen Landes hoffte, entgegengetreten werden.

Trotz der Unterstützung durch den lokalen Aktionsausschuss verfügte der Zentralrat jedoch kaum über die nötigen Mittel. Es gab kein Geld, kaum Kuriere und Kommunikationsmittel. Am 5. April, zwei Tage nach dem Umzug nach Barmen, wurde der Zentralrat auf fünf Mitglieder reduziert. Der Hagener Gewerkschaftssekretär Josef Ernst[26] hatte den Vorsitz, der Kommunist Wilhelm Düwell aus Essen, der Sozialdemokrat Kollasch,[27] Paul Sauerbrey aus Barmen und Otto Braß aus Remscheid waren weitere Mitglieder. Angesichts dieser Voraussetzungen erreichte er vieles. Die Verhandlungen mit den Besatzungsmächten (hinter der Wupper bei Solingen und Köln lagen die Engländer) ergaben: Die Flüchtlinge könnten ohne Waffen hinüber und würden als politische Flüchtlinge behandelt, die „Substanzlosen"[28] in einem Sammellager bei Köln Dellbrück versorgt und interniert.

Der Zentralrat sammelte Berichte und dokumentierte so die Greueltaten, die die Soldateska im Ruhrgebiet anrichtete.[29] Die großen proletarischen Organisationen, die Parteien und Gewerkschaften, wurden gebeten, „Sammlungen für die Opfer der Revolution zu veranstalten".[30]

Ein Schreiben an die Regierung und der Hilferuf an das „gesamte deutsche Proletariat", dem Vormarsch der Reichswehr durch Streik und gezielte Maßnahmen in den Arm zu fallen, blieb erfolglos.

Trotz der Zusicherung des Reichspräsidenten, nur das Gebiet nördlich der Ruhr besetzen zu lassen, gab es in den folgenden Tagen immer wieder Vorstöße der Reichswehrtruppen über die Ruhr hinweg. Auch dem Reichskommissar Severing war die Existenz und Tätigkeit des Zentralrates ein Dorn im Auge. „Am 8.

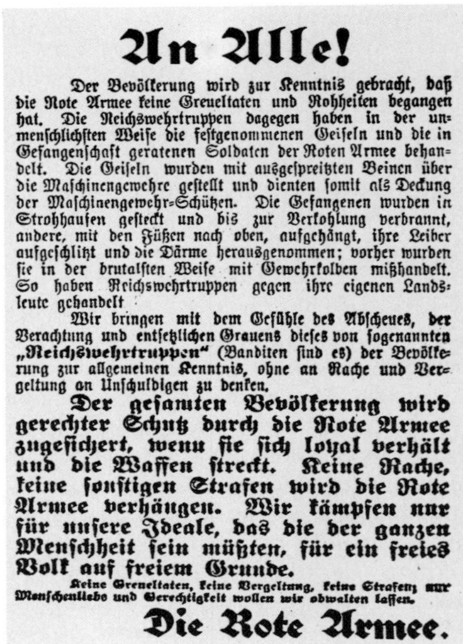

An Alle!

Der Bevölkerung wird zur Kenntnis gebracht, daß die Rote Armee keine Greueltaten und Rohheiten begangen hat. Die Reichswehrtruppen dagegen haben in der unmenschlichsten Weise die festgenommenen Geiseln und die in Gefangenschaft geratenen Soldaten der Roten Armee behandelt. Die Geiseln wurden mit ausgespreitzten Beinen über die Maschinengewehre gestellt und dienten somit als Deckung der Maschinengewehr-Schützen. Die Gefangenen wurden in Strohhaufen gesteckt und bis zur Verkohlung verbrannt, andere, mit den Füßen nach oben, aufgehängt, ihre Leiber aufgeschlitzt und die Därme herausgenommen; vorher wurden sie in der brutalsten Weise mit Gewehrkolben mißhandelt. So haben Reichswehrtruppen gegen ihre eigenen Landsleute gehandelt

Wir bringen mit dem Gefühle des Abscheues, der Verachtung und entsetzlichen Grauens dieses von sogenannten „Reichswehrtruppen" (Banditen sind es) der Bevölkerung zur allgemeinen Kenntnis, ohne an Rache und Vergeltung an Unschuldigen zu denken.

Der gesamten Bevölkerung wird gerechter Schutz durch die Rote Armee zugesichert, wenn sie sich loyal verhält und die Waffen streckt. Keine Rache, keine sonstigen Strafen wird die Rote Armee verhängen. Wir kämpfen nur für unsere Ideale, das die der ganzen Menschheit sein müßten, für ein freies Volk auf freiem Grunde.

Keine Greueltaten, keine Vergeltung, keine Strafen; nur Menschenliebe und Gerechtigkeit wollen wir obwalten lassen.

Die Rote Armee.

Ein Flugblatt aus den letzten Tagen der „roten Armee", als die Reichswehr das Ruhrgebiet besetzte und der Zentralrat in Barmen versuchte, einen geordneten Rückzug zu koordinieren. (Abb. aus: Weimarer Republik, Kunstamt Kreuzberg [Hg.])

Einzelnummer 20 Pfg.

Elberfeld-Barmen. Dienstag, den 6. April 1920. Nr. 80. 36. Jahr.

Freie Presse

Organ des werktätigen Volkes von Rheinland und Westfalen.

Zerfall der roten Armee.

Die Entwaffnung. — Gefährliche Treibereien in Wilhelmshaven. — Ein Aufruf des sozialdemokratischen Parteivorstandes.

Zur Lage im Industriegebiet.

Elberfeld, 6. April.

Die heute vorliegenden Nachrichten lassen erkennen, daß es langsam gelingt, in den einzelnen, unter dem Terror seufzenden Städten Ordnung und Ruhe zu schaffen. In Hamborn, Mülheim, Duisburg sind Reichswehrtruppen eingezogen. Auch Dortmund ist zum Teil besetzt. Streng wird darauf geachtet, daß das Militär nur in den Städten erscheint, wo infolge der Nichtanerkennung der Bielefelder Beschlüsse rote Truppen die Gegend gefährden. Ein Maueranschlag des Oberbürgermeisters und des Aktionsausschusses in Elberfeld bringt aus der Reichskanzlei in Berlin folgende Nachricht:

Landkreis Hörde schreitet die Reinigungsaktion vorwärts. Der Bahnhof Wickede wurde von roten Truppen gestürmt, ebenso die Zechen Admiral und Glückauf. In Dortmund selbst haben erhebliche Plünderungen stattgefunden. In Essen nehmen die Plünderungen ihren Fortgang. Von dem Postdirektor wurden 130 000 M erpreßt. Die Konsumanstalt von Krupp ist gestern abend beraubt worden. Auch die ländliche Bevölkerung zwischen Essen, Velbert und Mülheim leidet erheblich unter Plünderungen. Sehr ernst ist auch immer noch die Lage in der Stadt Mülheim, wenn sich auch das Gros der roten Banden, das bisher dort gelegen hat, zu verlaufen beginnt. Der Abgeordnete Hue hat ausdrücklich erklärt, daß eine Befreiung von Essen und Mülheim ohne Einsetzen des Militärs undurchführbar sei. Es ist zu erwarten, daß am Dienstag oder Mittwoch Essen entsetzt werden kann. Der Zentralrat soll aus Essen geflohen sein, angeblich hat er sich nach Barmen begeben. Hier wie überhaupt im bergischen Lande, so auch in Düsseldorf herrscht im großen und ganzen Ruhe und Ordnung.

tieren. Die Vorschläge des Reichskommissars blieben nach wie vor unbeachtet. Die Koalitionsparteien in Wilhelmshaven haben deshalb weitere Mitarbeit abgelehnt, solange die Regierung der Reaktion die Wege ebnet. Der oldenburgische Ministerpräsident sandte an die Reichsregierung folgendes Telegramm:

„Nach Kenntnis aller Beratung und Anordnungen in Wilhelmshaven, soweit sie bis heute getroffen worden sind, erhebe ich pflichtgemäß als Reichskommissar und als Ministerpräsident im Namen der oldenburgischen Staatsregierung Einspruch gegen Anerkennung des alten Systems, welches sich ausdrückt in der Herrschaft der reaktionären Offiziere der Admiralität, in der Unterstellung der Nordseestation unter die Reichswehrbrigade X, der Ablehnung der Vorschläge des Reichskommissars Zitter, die von den hiesigen Koalitions-

Die „Freie Presse“ vom 6. April verkündet: „Zerfall der roten Armee“. In dieser schwierigen Phase hatte der „Zentralrat in Barmen eine hohe Verantwortung für das Schicksal der Kämpfer“. (StAW)

April erschienen Reichswehrpatrouillen in Velbert und Heiligenhaus (nahe bei Elberfeld) und am 9. April in Hasslinghausen, unmittelbar vor den Toren von Barmen.“[31] Meldungen und Berichte der Reichswehr sollten den politischen Druck auf den Zentralrat erhöhen. Am 10. April hieß es im täglichen Lagebericht des Wehrkreiskommandos: *„In Vohwinkel befindet sich eine Arbeiterwehr, die sich aus bolschewistischen Flüchtlingen zusammensetzt. Es ist anzunehmen, dass sie sich weiter verstärkt und sich in eine Räuberbande verwandelt … Rote Truppen sammeln sich im Abschnitt Gevelsberg-Schwelm-Barmen-Elberfeld-Remscheid. Hier soll Widerstand bis zum Äußersten geleistet werden. Die Stärke der ansässigen Roten Armee Elberfelds und Barmens ist 6.000 Mann, die sich jedoch bei einem Angriff der Reichswehr sofort auf 16.000 Mann erhöhen wird. Dazu kommen noch die sich jetzt aus Barmen zurückziehenden Rotgardisten aus anderen Industriegebieten, so daß man mit einer Gesamtzahl von 35.000 Mann zu rechnen hat“.*[32]

Am 20.4 lautet der Lagebericht: *„Dem oberflächlichen Betrachter … erscheint die Rote Armee von der Bildfläche verschwunden zu sein. Und doch ist sie noch vorhanden, die ‘Rote Armee’ schläft sich an der Wupper aus, nutzt die Atempause aus zur Stärkung kommender Kämpfe. Spricht man doch hier von einer latenten bolschewistischen Republik Wuppertal.“*[33] In einzelnen Fällen musste die Ortswehr die Entwaffnung der Flüchtlinge in der Tat auch mit Gewaltandrohung durchsetzen. Doch der Zentralrat, der Bürgermeister und seriöse Presseorgane bestreiten die Übertreibungen diese Berichte energisch. So schreibt der Bürgermeister von Elberfeld an den Reichskanzler folgendes Telegramm: *„Nach militärischen Berichten, veröffentlicht in der ‘Westdeutschen Zeitung’, soll im Bergischen Lande eine neue Rote Armee von 30.000 Mann gebildet werden, 8.000 Mann alleine in Elberfeld-Barmen, auch Waffenabgabe (soll) kaum erfolgt sein. Angaben entsprechen nicht den Tatsachen. Waffenabgabe reichlich erfolgt, wie bereits gemeldet. Alarmierende falsche Nachrichten bringen neue Unruhe in den Bezirk. Ersuche ständige Fühlungnahme mit den Ortsbehörden und Entsendung eines Zivilkommissars.“*[34] Die politische Absicht der Reichswehr war zu offensichtlich. Sie wollte die Militärherrschaft auch auf das Bergische Land ausdehnen und die dort stark verankerten Arbeiterorganisationen zerschlagen. Die Schreckensmeldungen der Berichte sollten dafür den nötigen Vorwand bieten.

Sipo oder „Ortswehr" – zwei Konzepte für das Polizeiwesen *Kleiner Werth 7 (2)*

24.4.1920

Wie es das Bielefelder Abkommen vorsah, wurden am 12.4.1920 die örtlichen Aktionsausschüsse aufgelöst. An ihre Stelle traten „Ordnungsausschüsse" in denen alle Gewerkschaften und demokratischen Parteien vertreten waren. Der Ausschuss war zuständig für Sicherheit und Ordnung und hatte die Befehlsgewalt über die neu gebildete „Arbeiterwehr". In der alten Polizeiverwaltung Barmen, wo die kaiserliche Polizei ihren Sitz hatte, waren auch diese neuen Institutionen untergebracht.

Hier trafen im Frühjahr 1920 die gegensätzlichen Vorstellungen zur Reformierung des preußischen Polizeiwesens aufeinander. In den ersten Wochen im April 1920 hatten die örtlichen Polzeibehörden vom „Büro Köplin", der Münsteraner Geheimdienstzentrale der Reichswehr, die Anweisung erhalten, Listen der Flüchtlinge und der örtlichen Rädelsführer anzulegen.[35] Mit Hilfe dieser Listen sollten später die Hausdurchsungern und Fahndungen durchgeführt werden. Die Listen wurden zum Teil schon seit Beginn des Generalstreiks geführt und erfassen Spartakisten und Unabhängige genauso wie Mehrheitssozialdemokraten.[36] So machte sich die städtische Polizei zum Büttel des Militärs.

Die Reformer in den Reihen der Arbeiterparteien stritten hingegen für eine „Entmilitarisierung" der städtischen Polizei. Der „Schutzmann" sollte z.B. nach Vorstellung des Ordnungsausschusses keinen Säbel mehr tragen und, wie in den USA und England, lediglich mit einem Gummiknüppel bewaffnet sein. Doch die Stadtverordneten der bürgerlichen Parteien beharrten auf der traditionellen Bewaffnung – und setzten sich mit einer Stimme Mehrheit durch.

Am 23. und 24. April erschien auf der Titelseite der Volkstribüne ein aufsehenerregender Artikel. Unter dem Titel „Zur Reform des Polizeiwesens" beleuchtete Oskar Hoffmann die Hintergründe der wenige Monate vor dem Putsch eingerichteten staatlichen Sicherheitspolizei, die in den Städten des Wuppertals (am 16. und 17.3.) einen so Schrecken erregenden Eindruck hinterlassen hatte.[37] Hoffmann zitierte hier Hauptmann Pabst, aus dem Korps Lüttwitz, der in einer Eingabe an das Innenministerium schrieb: *„Die Unterbeamten der Schutzmannschaft haben sich als unverwendbar erwiesen. Zur Sicherung der Regierung und zum Schutze des Lebens und des Eigentums der Bevölkerung muß eine schlagfertige Polizeitruppe geschaffen werden, die stark militarisiert, kaserniert und gut mit Offizieren besetzt sein müßte."*[38] Von diesem Waldemar Pabst wissen wir heute, dass er als verantwortlicher Hauptmann der „Garde-Kavallerie-Schützen Division", mit Billigung des sozialdemokratischen Reichswehrministers Noske, im Januar 1919 die Ermordung von Rosa Luxemburg und Karl Liebknecht veranlasst hat.[39]

Waldemar Pabst hatte so großen Einfluss im Innenministerium, dass seine Vorschläge aufgegriffen und umgesetzt wurden. Dies belegt ein weiteres Mal die enge Verbindung zwischen den Militärs und der sozialdemokratischen Regierungsspitze. Als die Pläne zur Einführung der Sicherheitspolizei durchsickerten, wurden sie heftig kritisiert. Die Linke und auch Oskar Hoffmann sah hierin den preußischen Militarismus nur neu bezeichnet. Am 11. März, als die Gerüchte

Einzelnummer 20 Pfg.

Erscheint jeden Nachmittag, außer Sonntags – Der Abonnementspreis beträgt pro Monat Mark 6.00, durch die Post bezogen vierteljährlich Mk. 12.00 und Bestellgeld. – Hauptgeschäftsstelle und Redaktion: Elberfeld, Paradestraße 75, Fernspr. 5526. Geschäftsstelle Barmen, Heckinghauserstr. 13, Fernsprecher 3699.

Volkstribüne

Anzeigenpreise: Die 8gespaltene Zeile 30 Pfg. für den Millimeter, außerhalb des Verbreitungsbezirks 35 Pfg. Anzeigen in dem Reklameteil: 50 Pfennig für den Millimeter

Schluß der Redaktion und Schluß der Anzeigenannahme Tags vorher 5 Uhr nachm.

Organ des werktätigen Volkes von Elberfeld und Barmen

Publikationsorgan der freien Gewerkschaften und der Arbeiterräte von Elberfeld und Barmen.

Elberfeld-Barmen. Freitag, den 23. April 1920. 3. Jahrg. Nr. 80

Zur Reform des Polizeiwesens.

Die staatliche Sicherheitspolizei verkappter Militarismus.

Von Oskar Hoffmann, Elberfeld.

I.

Die preußische „Schutzmanns-Zeitung“ macht in einem Leitartikel zum Kapp-Putsch folgende bemerkenswerte Darlegungen: „Vor Jahresfrist schrieb der Generalstabsoffizier der Garde-Kavallerie-Division beim Korps Lüttwitz, Hauptmann Pabst: „Die Unterbeamten der Schutzmannschaft haben sich als unverwendbar erwiesen. Zur Sicherung der Regierung und zum Schutze des Lebens und des Eigentums der Bevölkerung muß eine schlagfertige Polizeitruppe geschaffen werden, die stark militarisiert, kaserniert und gut mit Offizieren besetzt sein müßte.“ Als uns dieser Schriftsatz seinerzeit zur

ging bereits so weit, daß sie die von den Gemeinden angeforderten Polizeistellen einfach verweigerte und alles tat, die kommunale Polizei abzubauen und die sogen. „militärische Polizei“ einzufügen. Das führte mit Recht zu energischen Protesten in den Gemeinden und zu wuchtigen Kundgebungen der organisierten Arbeiterschaft gegen die staatliche Sicherheitswehr. Auch wandten sich die Organisationen der Polizeibeamten gegen diese reaktionäre Militärorganisation. Wie militärisch die staatliche Sicherheitswehr zum Ausbau gelangte, zeigen die vor mir liegenden Richtlinien der staatlichen Sicherheitswehr, Gruppe Elberfeld:

desto größerem Nachdruck muß der Ausbau und die Entmilitarisierung der Polizei auf kommunaler Grundlage erfolgen, müssen die Ortswehren entsprechend dem Bielefelder Abkommen geschaffen werden. Die Auflösung der Reichswehr und der staatlichen Sicherheitspolizei muß unbedingt erfolgen, damit endlich die größte Gefahr beseitigt wird, ein Wiederaufbau des Wirtschaftslebens erfolgen kann. **Macht sich dazu die Regierung nicht stark, duldet sie eine Sabotierung des Bielefelder Abkommens, so wird sie erneut den Kampf haben. Das organisierte Proletariat ist auf dem Posten!**

Nach der Abstimmung in Schleswig.

In Regierungskreisen wird man sich allmählich bewußt, daß das Resultat der Abstimmung in Schleswig, das für Deutschland so günstig ausgefallen ist, nunmehr auch einer Sicherung für die Zukunft bedarf, die nur durch eine vernunftgemäße Politik mit Dänemark geschaffen werden kann. Es ist zu hoffen,

Oskar Hoffmann forderte die Demokratisierung des Polizeiwesens. Später wurde er für seinen Artikel angeklagt.

um den bevorstehenden Putsch bis zur Regierung durchdrangen, erließ Reichswehrminister Noske Schutzhaftbefehl gegen Pabst (der an dem Putsch maßgeblich beteiligt war) und drei weitere Offiziere. Auf Anraten des Staatskommissar wurde er gegen eine Kaution jedoch wieder freigelassen.[40]

Während der Herrschaft der Arbeiterparteien fielen Oskar Hoffmann im Gebäude der Polizeiverwaltung eine Reihe von Unterlagen in die Hände, die die Planungen für die Elberfelder „Sipo“ betrafen. Allein die Stärke der Sicherheitswehr für Elberfeld sollte etwa 2.100 Mann betragen. Zu ihr gehörten auch ein eigener Nachrichtendienst und eine technische Abteilung, die so ausgestattet werden sollte, dass sie auch Streikmaßnahmen unterlaufen konnte. Hoffmann zitierte aus den Richtlinien zur Ausbildung:

1. Pflege von Waffen und Ausbildung
2. Ziel- und Schießdienst mit verschiedenen Waffen
3. Bewegungen in geschlossener und aufgelöster Ordnung
4. Nachrichtendienst
5. Verhalten bei Unglücksfällen
6. Absperrung
7. Barrikaden und Hindernisbau
8. Verteidigung, Erstürmung und Absuchen von Häusern
9. Streikunternehmungen
10. Straßenkampf
11. Sport[41]

Diese Formation wurde im Februar und März 1920, in der Zeit vor dem Putsch, im Sennelager[42] ausgebildet. Am Tag nach dem Kapp-Putsch wurde die Sicherheitswehr Elberfeld ausgerüstet mit Verpflegung für fünf Tage und mit „allen modernen Mordwaffen, Flammenwerfer“ nach Elberfeld in Marsch gesetzt, um gegen das eigenen Volk Krieg zu führen.[43] Die Offiziere der Sicherheitswehr operierten dabei an den kommunalen Behörden vorbei und verlangten zur Unterbringung der Truppe die sofortige Räumung von Schulen und öffentlichen Gebäuden.

Die Pläne von Pabst sahen in einem späteren Schritt auch die Verstaatlichung der kommunalen Polizeibehörden vor.

Nun, nach Niederschlagung des Putsches und nach den Vereinbarungen des Bielefelder Abkommens, erwartete jedermann die Revidierung der Pläne. Oskar Hoffmann verlangte die Auflösung „diese(s) gefährlichen Hortes der Reaktion“[44] und beklagte, dass entgegen den Sonntagsreden der sozialdemokratischen Minister noch immer keine praktischen Schritte zur gründlichen demokratischen Umgestaltung der Polizei erfolgt seien. Doch trotz seiner maßgeblichen Beteiligung am Putsch wurden die Pläne von Hauptmann Pabst weiter verfolgt. Der neue preußische Innenminister Severing forcierte den Aufbau der preußischen Sicherheitspolizei.[45]

Die im Bielefelder Abkommen festgeschriebenen „Ortswehren“ stellten den Versuch der Arbeiterparteien dar, eine demokratische Polizei zu schaffen, die „mit dem Volke leben, fühlen und empfinden könne“.[46] Die „Ortswehr“ bestand aus 480 Mann und war aus Mitgliedern der verschiedenen Arbeiterparteien und Gewerkschaften zusammengesetzt. Sie wurde vom „Ordnungsausschuss“ kontrolliert, in dem auch die christlichen Gewerkschaften und die liberale DVP vertreten war. Für die Arbeiterschaft stellte diese Truppe auch einen Schutz gegen erneute Repressalien durch die militaristischen Kräfte dar. Doch Oskar Hoffmann misstraute schon zu diesem Zeitpunkt dem zuständigen Reichskommissar Mehlich (SPD),[47] der die Nachfolge von Reichskommissar Severing angetreten hatte. „Er tut alles, um das Bielefelder Abkommen (und die dort festgeschriebenen Rechte der Arbeiterschaft, R.R.) zu sabotieren, und arbeitet so der Reaktion in die Hände“.[48] Schon wenige Wochen später sollte dieser Befürchtung bittere Wahrheit folgen. Auch für den Autor Oskar Hoffmann hatte dieser Artikel Folgen. Als sich einige Monate später die Machtverhältnisse revidierten, wurde Oskar Hoffmann wegen der Akten, auf die er Bezug genommen hatte, unter Anklage gestellt. Die Sipo nahm ihn fest und führte brutale Durchsuchungen in der Wohnung und am Arbeitsplatz durch.[49]

Reichskommissar Mehlich dreht die Uhr zurück
Kleiner Werth 7 (2)

18.5.1920

Am 18. Mai 1920 marschierte erneut die Sipo in die Städte des Wuppertals ein. Vorausgegangen war ein heftiges Tauziehen um die Besetzung des Bergischen Landes und um die Abgabe der in der Arbeiterschaft vorhandenen Waffen.[50] Nun begannen die gleichen Sicherheitspolizisten, die am 17. März von den Arbeitern vertrieben worden waren, die Häuser und Wohnungen nach Waffen zu durchsuchen. Laut Bielefelder Abkommen sollten diese von der Ortswehr gesammelt und in ihrer Obhut gelagert werden. Täglich erschienen Aufrufe in den Tageszeitungen, bei Nichtabgabe in schweren Fällen drohte sogar die Todesstrafe. Die Bürgermeister meldeten an die vorgesetzten Behörden: *„Die meisten Waffen sind nun in Gewahrsam der Ordnungsausschüsse und Kommunalbehörden.“*[51] *„Die übrigen Waffen sind an der Front zurückgeblieben und oder wurden den englischen Patrouillen im besetzten Gebiet zugespielt.“*[52]

Doch die militärischen Behörden in Münster waren damit nicht zufrieden. Ihre Berichte an die Regierungsbehörden behaupteten: „Die rote Armee schläft sich aus im Wuppertal“. Auch prominente Vertreter der Bergischen Industrie, wie Abraham Frowein,[53] verlangten von der Regierung den Einmarsch der Reichswehr. Die Regierung schenkte diesen Stimmen mehr Gewicht, als denen der Bürgermeister und eigenen Parteigenossen vor Ort. Sie ordnete den Einmarsch der Sipo-Einheiten zur „völligen Entwaffnung der gesamten Bevölkerung“[54] an. Als die Sipo mit den Hausdurchsuchungen begann, verlangte sie auch die Herausgabe der Waffen der „Ortswehr“. Die örtlichen Polizeiverwaltungen und „Ordnungsausschüsse“ verlangten Aufklärung. Reichskommissar Mehlich, der Nachfolger von Reichskommissar Severing, teilte den beiden Städten Elberfeld und Barmen in altem bürokratischen Ton mit: *„Ich bestätige Ihnen, dass das Verlangen des Wehrkreiskommandos auf Abgabe aller Heereswaffen, also auch derjenigen von Ortswehren berechtigt ist. … Da im ganzen Gebiet die Verwendung von staatlicher Polizei vorgesehen ist, erübrigt sich die Aufstellung von Ortswehren“.*[55] Diese Verfügungen übertraf die schlimmsten Befürchtungen von Oskar Hoffmann. Die Ortswehren, die für Sicherheit und Ordnung in den Städten sorgten und das für die Arbeiterschaft wichtigste Ergebnis der Verhandlungen in Bielefeld waren, wurden aufgelöst. Die Arbeiterschaft blieb bei dem Einmarsch der Sipo besonnen. Die befürchteten Unruhen blieben aus. Doch die Verbitterung und Enttäuschung war maßlos. Aus den Siegern vom März waren im April Staatsfeinde und Verfolgte geworden. Und man kann sich vorstellen, wie die besiegten Putschisten in den Wohnungen der Arbeiter auftraten – sie brauchten Genugtuung für die als Schmach empfundenen Niederlage. Die Durchsuchungen der Häuser nach Waffen erbrachten jedoch keine nennenswerten Funde. Die „Ordnungsausschüsse“ waren nun die letzten anerkannten Organe, die den Einfluss der Arbeiterschaft symbolisierten. Sie setzten sich in jeder Stadt aus 20 Personen zusammen und waren die durch das Bielefelder Abkommen legitimierten Nachfolger der „Aktionsausschüsse“, die sich am 12. April aufgelöst hatten. Als der Reichskommissar Ende Mai intern auch die Auflösung dieser Ausschüsse ankündigte, schrieb der OB von Elberfeld an den Regierungspräsidenten: *„Da eine Aufhebung des Ordnungsausschusses zweifellos eine weitgehende Erbitterung in Arbeiterkreisen hervorrufen würde, bitte ich von einer formellen Verfügung der Aufhebung des Ausschusses vorläufig Abstand zu nehmen, sie auf jeden Fall bis zur Erledigung der Wahl hinauszuschieben. Der Kommandeur der hiesigen staatlichen Polizei … teilt diese Auffassung.“*[56]

Dieser Bitte wurde stattgegeben. Doch die Erbitterung der Arbeiterschaft war auch ohne diese Information groß genug. Die Klientel der Sozialdemokraten war fassungslos. Die SPD verlor bei den Wahlen zum Reichstag am 6. Juni im Wuppertal 42.000[57] ihrer Wähler, 37.000 davon an die USPD. Die USPD wurde nun zur stärksten Partei der Region. Am 25.6.1920, drei Wochen nach den Wahlen zum Reichstag, wurden auch die Ordnungsausschüsse aufgelöst.

Polizeioberwachtmeister in Gewahrsam *26.3.1920 – Bachstraße 19 (2)*

In dem alten Haus an der Bachstraße 19, in dem bis vor kurzem die Altentagesstätte der AWO angesiedelt war, befand sich über viele Jahrzehnte hinweg das Polizeigefängnis Barmen. Im Vorderhaus waren Wachmannschaft und Verwaltung, im Hinterhaus die Zellen untergebracht. In den Kellergewölben sind heute noch die Zellengrundrisse erhalten. Nach dem Sieg der Arbeiter übernahm die Arbeiterwehr hier das Kommando. Hier wurde der Polizeioberwachtmeister Sobotta festgesetzt, weil er in Verdacht stand, den jungen Wilhelm Wichelhaus aus dem fahrenden Polizeiauto heraus erschossen zu haben.[58] In den bürgerlichen Zeitungen erschienen in den nächsten Tagen Berichte, Polizeioberwachtmeister Sobotta würde im Gefängnis von Arbeitern misshandelt. Paul Sauerbrey, der Chef der Barmer Arbeiterwehr, ging der Sache nach. Er ließ sich Sobotta vorführen und dieser gab zu Protokoll: *„Ich bin im Gefängnis nie misshandelt worden, ich erhalte meine Verpflegung regelmäßig. Zu Beschwerden und Klagen habe ich keinen Anlass.“* [59]

Im ganzen Land erschienen solche Berichte über Mißhandlungen und Willkürakte der Roten im Ruhrgebiet und im Bergische Land. Sie sollten die Arbeitermacht diskreditieren und das Bild der „Roten Ruhr-Armee“ auch Jahrzehnte später noch prägen.

Ernst Langensiepen – ein mutmaßlicher Spitzel *29.3.1920 – Bachstraße 19, (2)*

Ernst Langensiepen und seine Eltern wohnte nur einige Häuser weiter, im Haus Westkotter Straße Nummer 1. Sein Vater, Ernst Langensiepen sen., war Drechsler und in Barmen ein bekannter Sozialdemokrat. Die Kinder Anni, Herta, Ernst und Kurt waren in die politischen Fußstapfen des Vaters getreten. Da ein sozialdemokratisches Elternhaus in den Jahren des Kaiserreiches nicht nur als politisch verdächtig, sondern auch unfähig zur verantwortungsbewußten Erziehung galt, kam Ernst Langensiepen 1911 in die staatliche Fürsorgeerziehung. Die Familie bemühte sich um seine Freilassung und tatsächlich gelang es der Initiative der sozialdemokratischen Reichstagsfraktion, dass er nach einigen Jahren entlassen wurde.[60] Mit Kriegsbeginn, 1914, begann er eine Lehre und übernahm die Leitung des Barmer „Jugendbildungsvereins“, in dem sich im Laufe des Krieges die oppositionelle sozialdemokratische Jugend sammelte. Der Verein wurde zu einem Stützpunkt des „Spartakusbundes“.[61] Vermutlich nach der „Steckrübenschlacht“ am Barmer Rathaus im Februar 1917 emigrierte Ernst Langensiepen nach Holland. Dort gab es einen aktiven Kreis oppositioneller Sozialdemokraten. Er traf auf Oskar Triebel[62] und Wilhelm Piek, die dort die Zeitung „Der Kämpfer“ herausgaben. Nach seiner Rückkehr trat er der gerade gegründeten KPD bei, wurde aber schon im Laufe des Jahres 1919 ausgeschlossen. Er hatte vielfältige Kontakte und Informationen im Exil sammeln können, erregte aber den Verdacht, sie für Spitzelberichte an die staatlichen Organe zu nutzen. In der KPD wurde vermutet, dass man ihn im Laufe der Fürsorgeerziehung als Spitzel angeworben hatte. Während des Aufstandes im März 1920 erregte er erneut das Misstrauen seiner Genossen. Er hatte auffällig häufig das Parteibüro der USPD besucht. Am 29.3. wurde er auf der Straße verhaftet, als er versuchte ein Telegramm mitzulesen, das ein Genosse soeben erhalten hatte. Bei der Durchsuchung fand man „bei ihm 3 Patronen mit angefeilten Spitzen und einen ausführlichen Bericht über die jüngsten Kämpfe der Arbeiter gegen die Reichswehr und Sipo mit genauen Angaben von Adressen einzelner Personen“.[63] Paul Sauerbrey, Leiter der USPD und Führer der Arbeiterwehr, übernahm persönlich die Vernehmung. Hierbei gab Langensiepen zu, in bezahltem Auftrag des „Bürgerrates“[64] zu stehen, um die Arbeiterbewegung auszuspionieren. Auch die Patronen, sogenannte Dum-Dum-Geschosse, die besonders schwere Verwundungen verursachten und deshalb völkerrechtlich geächtet waren, lösten Verdächtigungen aus. Die Reichswehr behauptete immer wieder, diese Geschosse würden von der Roten Armee verwendet. Durch den Fund dieser Patronen wurde die Wut auf Provokateure neu entfacht; sie sollten der Reichswehr oder der Presse Vorwände liefern, gegen die Arbeiter vorzugehen. Am gleichen Tag noch erschien eine Notiz in der Zeitung, in der Vater Ernst Langensiepen und Bruder Kurt, beide aktiv in der

Ernst Langensiepen wurde als Spitzel verhaftet und in den Wirren des Aufstandes ermordet. (Foto Rainer Ellinghaus)

USPD, erklärten, „mit der Handlungsweise des Sohnes und Bruders nichts zu tun zu haben".[65] Die Nachrichten über die Verhaftung löste große Empörung aus. Auch im Polizeigefängnis schien er vor diesem Zorn nicht sicher zu sein. „Zu seinem Schutz" wurde Langensiepen nach Essen, dem Sitz des Zentralrates, transportiert. Als „Plünderer" wurde er ins dortige Gefängnis eingeliefert. Den wirklichen Verdacht der Spionage und Provokation hatte man den Wachmannschaften verheimlicht. Doch vergeblich – der Verdacht sickerte durch. „In der Nacht vom 3. zum 4. April – in einer Situation äußerster Spannung, als der Vormarsch der Reichswehr in Essen bevorstand – wurde Langensiepen von einigen Arbeitern ohne Urteil erschossen".[66] An diesem Tag war der Zentralrat von Essen nach Barmen geflüchtet und die Herrschaft des (kommunalen) Vollzugsrates Essen war nahezu zusammengebrochen. Die Nachrichten von den Gräueltaten der vorrückenden Reichswehr drangen in die Stadt und lösten vermutlich diesen brutalen Akt der Selbstjustiz aus. Es blieb, entgegen der späteren Propaganda, der einzige derartige Fall von politischem Mord.[67]

Als die Familie Langensiepen von diesem Tod erfuhr, suchte sie nach den Verantwortlichen. Sie sprach davon, dass er „von ruchloser Mörderhand unschuldig erschossen" wurde und kündigte an, „diejenigen, die mitschuldig sind an dem Verbrechen, aufs schärfste zu bekämpfen".[68] Vater Langensiepen beschuldigte in einer Zuschrift zur „Volkstribüne"[69] auch Paul Sauerbrey. Der von der Familie angestrengte Prozeß zog sich über viele Jahre hin.

In den Monaten nach dem Aufstand und im Jahr 1921 entfachte der Elberfelder „Bürgerrat" mit diesem Vorwurf eine massiver Pressekampagne gegen Paul Sauerbrey. Bei der Bürgermeisterwahl 1921 sollte Sauerbrey als Kandidat der Linksparteien Bürgermeister in Ohligs werden. Die rechten Parteien suchten dies zu verhindern. Ihm wurde unter anderen die Ermordung von Ernst Langensiepen vorgeworfen. „Das Elberfelder USP-Organ 'Volkstribüne' widerlegte die Anschuldigungen in einer fast täglich erscheinenden Sonderberichterstattung."[70]

Ernst Langensiepen wurde auf dem Ehrenfriedhof in Essen bestattet. Die Erinnerung an ihn blieb in der Familie erhalten. *„Meine Oma, die Mutter von Ernst Langensiepen hat den Tod ihres ältesten Sohnes nie überwunden. Sie trug auch in späteren Jahren immer ein Foto von ihm und ein altes Schulheft bei sich, in dem er seine Lieblingsgedichte gesammelt und notiert hatte"*, berichtet der Enkel Rainer Ellinghaus. Das Bändchen lässt in Ernst Langensiepen einen literarisch interessierten Menschen vermuten.[71] Es finden sich darin u.a. auch Gedichte des Barmer Arbeiterdichters Werner Möller,[72] mit dem er möglicherweise gut bekannt war. Familie Langensiepen war auch weiterhin politisch aktiv. Kurt wurde Obmann bei den Barmer Naturfreunden. Seine Schwester Anni bekleidete Funktionen im kommunistischen Jugendverband. Selbst in der Nazizeit war sie an den Widerstandsaktionen beteiligt.[73]

Das alte Barmer Gewerkschaftshaus
Parlamentsstraße 3 (3)

Die Parlamentsstraße war noch bis in die 50er Jahre mit Kopfhölzern gepflastert. Parallel zur Straße floss der noch offene Mühlengraben, der nun verrohrt unter der Straße liegt. Im Haus Nr. 3 stand damals das erste Barmer „Gewerkschaftshaus", heute sieht man dort lediglich eine abweisende Betonfassade. Hier hatte vor allem der für Barmen wichtige Textilarbeiterverband seinen Sitz.[74] Das Mietshaus beherbergte eine Gastwirtschaft, Konferenzräume und einen großen Versammlungssaal im 1. Stock des Hinterhaus, wo im März 1920 vermutlich wichtige Versammlungen stattfanden. Die Geschichte des Hauses ist eng mit der Familie Luckhardt verbunden. Der Sozialdemokrat Heinrich Luckhardt sen. bewirtschaftete seit Anfang des Jahrhunderts das Haus mit Gaststätte und Hotel, später übernahmen es seine Söhne.[75] Der Enkel Karl Luckhardt berichtet: *„In der Paterre gab es einen großen Schankraum, in der ersten Etage Wohnräume, Besprechungszimmer und im Hinterhaus einen Versammlungssaal. Hier fanden abends die größeren politischen Versammlungen statt oder es probten die verschiedenen Arbeitergesangvereine. Oben unter dem Dach hatte das Haus einige Gästezimmer, in denen die Funktionäre und Redner, die in die Stadt kamen, untergebracht wurden. Es kamen aber auch oft Boxer, Ringer oder Schausteller hier unter, die im „Olympia" auftraten. In der 2. Etage hatten die Generalkommission der Barmer Gewerkschaften und der Freidenkerverband ihre Büros".*[76]

Das Gebäude hatte seit der Jahrhundertwende die Funktion des Barmer „Volkshauses" inne und bildete den Mittelpunkt des kulturellen Lebens der sozialdemokratischen Arbeiterschaft. Hier war im Mai 1899 die Konsumgenossenschaft „Vorwärts" Barmen gegründet worden. Auch der jetzige Reichspräsident Friedrich Ebert[77] hatte bei seinen Besuchen als Reichstagsabgeordneter für Elberfeld-Barmen vermutlich hier logiert. In der ersten Etage bewohnte Carl Drescher,[78] Vorsitzender der Konsumgenossenschaft „Vorwärts", ein kleines Gästezimmer. Im Nachbarhaus lebte der AOK-Vorsitzende Sauer, der ebenfalls den Naturfreunden und anderen sozialdemokratischen Kulturvereinen angehörte.

Das Haus wurde im März und April 1920 zum Zentrum der Ereignisse. Es wurde als Lazarett und Versammlungsort großer politischer Konferenzen genutzt. Dass es auch Treffpunkt der Arbeitersänger und Freidenker war, zeigt die Verbundenheit mit dem kulturellen Leben der Barmer Arbeiterschaft.

1927 wurde ein neues Gewerkschaftshaus an der Wittensteinstraße in Unterbarmen gebaut, das Haus in der Parlamentsstraße ging an den Textilarbeiterverband (Berlin), eine der größten Gewerkschaften in Barmen. Die Familie Luckhardt übernahm die Gastronomie in der Barmer Stadthalle.

Am 2. Mai 1933 wurde das Gebäude von Nazis besetzt und von der „Deutschen Arbeitsfront" (DAF) als „Ortsverwaltung Barmen" genutzt. Seit 1936 hatte hier auch die NS-Tourismusorganisation „Kraft durch Freude" ihren Sitz. 1943 wurde die Häuserzeile bei den Bombenangriffen zerstört.

Emil Luckhard übersetzt die „Internationale“ *1906 – Parlamentsstraße (3)*

Im Gewerkschaftshaus probte u.a. einmal wöchentlich der Arbeitergesangverein „Proletaria“ unter der Leitung des bekannten Arbeiterkomponisten und Dirigenten Gustav Adolf Uthmann.[79] Im Chor sang auch Emil Luckhardt (1880-1914), der älteste Sohn der Wirtsleute Wilhelmine und Heinrich Luckhardt.

Im Jahr 1906 bemühte sich Uthmann, das aus Frankreich stammende Arbeiterlied „Die Internationale“ neu zu arrangieren.

Die sechs Strophen der „Internationale“ waren 1871 nach der Niederschlagung der „Pariser Kommune“ von dem Arbeiterdichter Eugen Pottier auf der Flucht getextet worden. Anlässlich eines Arbeitersängerfests schrieb der Drechsler und Arbeiterkomponist Pierre Degeyter dazu 1888 in Lille eine Melodie. Das Lied gewann schnell in ganz Europa Popularität, vor allem nachdem es 1896 auf einen Parteitag von 20.000 Kundgebungsteilnehmern vor internationalen Delegierten gesungen worden war. Uthmann hatte den Übersetzungsauftrag und die nötigen Unterlagen aus Frankreich vom deutschen Bundesvorstand der Arbeitersängervereine erhalten und suchte nun jemanden, der das Vorhaben durchführen konnte. Dabei stieß er auf das Vereinsmitglied Emil Luckhardt. Luckhardt hatte, für Schüler aus sozialdemokratischen Arbeiterfamilien eine Seltenheit, das Gymnasium in der Sedanstraße besucht und verfügte deshalb über einige Französischkenntnisse. Der 26-jährige machte seine Sache gut: Für die Übersetzung sprach ihm der Bundesvorstand der Arbeitersänger „unbegrenzte Hochachtung“ aus.[80] Uthmann schrieb: „Es ist die Dritte (Übersetzung), die mir zu Gesicht kommt, aber ich muss sagen, dass sie

Emil Luckhard schrieb den deutschen Text der „Internationalen“. 1914, bei dem großen Völkermorden, starb in Frankreich, wo das berühmte Lied entstanden war. (Foto: K. Luckhard)

(die) anderen, selbst die Lavant'sche, bei weitem übertrifft, sowohl in der dem Original eigenen Form, als auch inhaltlich.“[81] Das Arrangement von Uthmann wurde von Zeitgenossen als „ein unsterbliches Werk“ bezeichnet.[82]

Der Text war 1906 schon mehrfach ins Deutsche übersetzt worden (u.a. von Franz Diederich, „Nur Mut – Verfemte dieser Erde“). Doch erst in der Übersetzung von Emil Luckhardt und in Zusammenhang mit Uthmanns mitreißenden Musik erlangte sie einen so hohen Bekanntheitsgrad, dass sie schon wenig später polizeilich verboten wurde. In Dortmund verhängte ein Gericht für das Singen des Liedes sogar eine Gefängnisstrafe. Doch es waren vermutlich erst die Kriegsjahre, die der Version Emil Luckhardts trotz Verbot zum Durchbruch verhalfen. Der Krieg gab dem Lied einen neuen, radikalpazifistischen Sinn. Im Jahr 1918 wurde der Text zur Hymne der Revolution. Als am 8.11.1918 die Kieler Matrosen in die Stadt kamen, wurde es auf dem Elberfelder Bahnhof, später bei

Das Deckblatt der „Internationale" von 1906 weist die beiden Barmer Gustav A. Uhtmann und Emil Luckhard als Schöpfer der Deutschen Fassung der Internationalen aus. (Archiv K. Luckhardt)

der Befreiung der Gefangenen im Gefängnis Bendahl sowie bei verschiedenen Demonstrationen gesungen.

Doch Emil Luckhardt hat den Triumph seines Liedes nicht mehr erlebt. Wie sein Bruder hatte er das Handwerk des Brauers gelernt und musste 1912/13 nach dem frühen Tod seines Vaters die Gastwirtschaft im Gewerkschaftshaus übernehmen. In dieser Zeit heiratete er und wurde Vater zweier Kinder. Sein jüngster Sohn war gerade erst geboren, als man den unbequemen und „internationalistisch" eingestellten Zeitgenossen gleich zu Beginn des Krieges als Wehrmann eingezog. Wenige Monate später, am 5. November 1914, „fiel" er an der Westfront. Er liegt in der Erde des Landes begraben, dessen berühmtes Lied der Völkerverbrüderung er übersetzt hatte. Die Familie Luckhardt erfuhr erst ein halbes Jahr später von dem Tod des Angehörigen. Seine Frau, Wilhelmine, geb. Rudat, bewirtschaftete noch bis 1916 das Gewerkschaftshaus; dann übernahm ihr Schwager Heinrich den Betrieb. Sie heiratete 1927 den Geschäftsführer der Konsumgenossenschaft Carl Drescher.[83]

Auch heute noch sind die Rechte an dem Lied eine lukrative Einnahmequelle. Als die Frage der Anrechte auf dieses bekannte Arbeiterlied nach der Auflösung der DDR erneut aufgeworfen wurde, konnte sich ein Verleger für Schlagermusik alle Ansprüche sichern. Der Enkel Rainer Luckhard, ein Musiklehrer, wurde durch einen Artikel im Jahr 1989 auf die Namensgleichheit aufmerksam. Er stellte Nachforschungen an und verhandelte mit dem Musikverleger Bayerlein. In dem angestrebten Verfahren konnten die Wuppertaler Nachfahren Emil Luckhardts aufgrund juristischer Feinheiten jedoch keinerlei Ansprüche geltend machen. Doch auf diese Weise wurde ganz nebenbei der Ursprung der deutschen Fassung des Liedes aus Barmen bekannt.

Die ersten Gegenmaßnahmen werden beschlossen
13.3.1920 – Parlamentsstr. 3 (3)

Am Nachmittag des 13.3.1920 fand im Gewerkschaftshaus eine gemeinsame Sitzung der Vorstände von SPD, USPD und des Gewerkschaftskartells statt, um über die Situation und die zu ergreifenden Maßnahmen zu beraten. Am Vormittag waren die Berichte über den Putsch in Berlin bekannt geworden. Ein Treffen der sozialdemokratischen Parteien mit dem Oberbürgermeister Hartmann und anderen Parteien der bürgerlichen Mitte hatte ergeben, dass der von den Gewerkschaften proklamierte Generalstreik auch von ihnen unterstützt werden würde. Der alte Beamtenapparat galt als republikfeindlich und konterrevolutionär. Deshalb sollte die städtische Polizei durch die Begleitung unbewaffneter Arbeiter auf ihre Loyalität hin überprüft werden. Nun galt es, diese Maßnahmen gemeinsam anzugehen. Doch vielen Arbeitern reichten diese Maßnahmen nicht aus. Einige hatten sich die alten Waffen vom November 1918 ergriffen und forderten die Gründung einer „Arbeiterwehr", um die befürchteten Gewalttaten der Militärs abwehren zu können. Diese Forderung wurde auf der Versammlung vehement vorgebracht, der Kommunist Walter Vesper trat sogar mit Handgranaten und Pistole auf. Paul Sauerbrey, der die Versammlung leitete, rief erregt in den Saal *„Spartakus wittert Morgenluft! Immer sind sie mit dem Schießprügel bei der Hand! Sie versuchen ihre eigene Suppe zu kochen! Folgt den Anweisungen der Parteien und Gewerkschaften! Weist alle Provokationen, die sich gegen die Geschlossenheit der Bevölkerung richten, entschieden zurück!"* [84] Doch schon am nächsten Tag wurde den Erwartungen der Arbeiterschaft auf der Kundgebung von 15.000 Menschen auf dem Karlsplatz (heute Geschwister Scholl-Platz) entsprochen und von dem Redner Paul Sauerbrey die Bildung einer Arbeiterwehr angekündigt. Bei den Kämpfen einige Tage später, am 17.3.20, wurden die Räumlichkeiten im Gewerkschaftshaus für ein provisorisches Lazarett des Arbeitersamariterbundes genutzt.

Die letzte Vollversammlung der Vollzugsräte aus Rheinland und Westfalen *8.4.1920 – Parlamentsstr. 3 (3)*

Seit dem 3. April hatte der „Zentralrat" des Aufstandes seinen Sitz in Essen vor dem anrückenden Militär verlassen müssen und sich in das weniger bedrohte Barmen zurückgezogen.[85]

Am 8. April fand im Gewerkschaftshaus Barmen auf Einladung des „Zentralrates" die letzte Versammlung der Vollzugsausschüsse aus dem Aufstandsgebiet statt. Die Lage war deprimierend. Die rote Ruhrarmee hatte sich weitgehend aufgelöst oder war auf der Flucht ins Bergische Land. In den von der Reichswehr besetzten Teilen des Ruhrgebiets, herrschte brutaler Terror der Soldateska. Die Reichswehrsoldaten standen nur wenige Kilometer vom Versammlungsort in Hasslinghausen. Tausende Flüchtlinge mussten in den Bergischen Städten täglich verpflegt werden. Die Familien der Opfer wussten nicht, wie sie ihren Lebensunterhalt finanzieren sollten. Die Frage der Unterstützung der Hinterbliebenen musste also baldmöglichst geklärt werden.

Doch immerhin: Aus 75 Orten des Ruhrgebiets und des Bergischen Landes, in denen es Räte und Ausschüsse der Arbeiterschaft gab, waren die Delegierten erschienen. Auf der letzten Delegiertenkonferenz am 1. April in Essen waren es noch 94 Ortschaften gewesen. Im Abkommen von Münster war die Auflösung des Zentralrates auf diesen Tag festgesetzt worden. In vielen Städten hatten die Sozialdemokraten am Tag zuvor ihre Mitarbeit in den Aktionssauschüssen eingestellt. So war die SPD auf der Konferenz nur mit 19 Delegierten vertreten. Der Zentralrat gab vor diesem Forum ein letztes Mal Rechenschaft über seine Tätigkeit und beriet, in welcher Form die dringlichsten Aufgaben angegangen werden könnten. Die Menschen brauchten ein Signal gegen die Mutlosigkeit. Ihren Willen zum weiterem Widerstand brachten die Delegierten dann auch in einer Resolution an die Regierung zum Ausdruck: *„Die heute in Barmen versammelten Delegierten der Vollzugsräte und Vollzugsausschüsse nehmen mit Abscheu Kenntnis von dem vertrags- und rechtwidrigen Eindringen der Reichswehrtruppen und ihrer Greueltaten im Ruhrgebiet. Sie protestieren vor aller Welt gegen die schändlichen Handlungen der Soldateska und ihrer Offizierskamarilla, über die die deutsche Regierung alle Macht verloren hat. Trotz aller Verfolgung, trotz der überaus ernsten und schwierigen Lage im Ruhrgebiet geloben die Versammelten, mit allen Kräften den politischen Kampf gegen die Reaktion weiterzuführen, mit proletarischen Mut alle Kräfte zu organisieren, um die Militärdiktatur in Rheinland-Westfalen und in ganz Deutschland zu beseitigen.“* [86]

Der Zentralrates beschloss seine Auflösung und gleichzeitige Umgestaltung. „Die Grundlage derselben solle in den Betrieben liegen.“[87] Es wurde ein „geschäftsführender Ausschuss“ benannt, der bis zur Konstituierung der „Aktionsausschüsse der Betriebsräte“ die anstehenden Aufgaben übernehmen sollte. Diesem Ausschuss gehörte auch der Vorsitzende der Barmer Gewerkschaftskommission, Paul Sauerbrey, an. Er hatte vor allem organisatorische und finanzielle Aufgaben und bereitete eine neue Konferenz vor, die die dringlichste Aufgabe, die Unterstützung der Hinterbliebenen und Invaliden, regeln sollte. Schon wenige Tage später fand die Konferenz an gleicher Stelle, im Barmer Gewerkschaftshaus, statt.

An einer eigenständigen Betriebsräteorganisation für Rheinland und Westfalen wurde in den nächsten Monaten im ganzen Land gearbeitet. Nach einem ersten Kongress in Düsseldorf fand der zweite Kongress am 20. August im Volkshaus Elberfeld statt.[88] Hier wurde die Reichskonferenz der Betriebsräte vorbereitet, die vom 5. bis zum 7. Oktober in Berlin stattfand. Doch hier blieb die Initiative der rheinischen Betriebsräte zu einer reichtsweiten Organisation der Betriebs- und Wirtschaftsräte ohne ausreichende Unterstützung. Nicht zuletzt die Gewerkschaften sahen darin eine unliebsame Konkurrenz.

Unterstützung für die Opfer der Märzkämpfe *20.4.1920 – Parlamentsstr. 3 (3)*

Am 20.4. fand die geplante Konferenz zur Unterstützung der Opfer der Märzkämpfe statt. Diesmal waren neben Vertretern des Zentralrates, die Bezirksleitungen aller drei sozialistischen Parteien, die Bezirksleitungen der freien Gewerkschaften und die Zentralstelle der Betriebsausschüsse vertreten. Sauerbrey hatte exakte Vorschläge zur Aufbringung und Verwaltung der nötigen Gelder erarbeitet, die nach kurzer Debatte einstimmig angenommen wurden.[89] Jeder organisierte Arbeiter im Rheinland und Westfalen sollte einen Tagesverdienst stiften. Man einigte sich auf drei zentrale Sammel- und Verteilungsstellen für das Rheinland und Westfalen (Düsseldorf, Barmen und Hagen). Das Gewerkschaftshaus in Barmen wurde Sammelstelle für das Rheinland, Paul Sauerbrey der verantwortliche Leiter des Solidaritätswerks. Diese Mittel sollten über die erste Not helfen. Die Versammlung verlangte zudem die Einlösung der Zusage, die Reichsminister Giesbert[90] gegeben hatte, nämlich eine Versorgungsregelung für die Opfer der Kämpfe zu treffen. Sie appellierten gleichzeitig an die Parteivorstände und Fraktionen in Berlin, die Reichsregierung zu entsprechenden Schritten zu veranlassen. Parallel hierzu sollte die Sammelaktion auch reichsweit durchgeführt werden.[91] In die Wupperstädten war die Spendenbereitschaft sehr hoch. Jeden Tag erschienen Listen in den Arbeiterzeitungen, in denen die Spendenbeiträge von Einzelpersonen, Vereinen und Belegschaften veröffentlicht wurden.[92] So konnten hier auch die höchsten Unterstützungssätze gezahlt werden: „Arbeitsunfähige Verwundete und Frauen, die ihren Ernährer verloren hatten, erhielten 100 Mark pro Woche, dazu für jedes Kind 20 Mark".[93] Diese Unterstützungssätze waren trotzdem zu gering für den Lebensunterhalt und es kam zu bewegenden Szenen bei der Auszahlung der Beträge. Für diese Arbeit, so klagte ein Gewerkschaftssekretär, habe es starker Nerven bedurft.[94] Dies galt sicherlich auch für Alfred Dobbert, der damals als frisch gewählter Gewerkschaftssekretär für Barmen-Elberfeld gerade seinen Dienst aufgenommen hatte.[95]

Schon am 12. Mai wurde das „Reichstumultschadensgesetz" verabschiedet. In diesem Gesetz wurde die Versorgung der Hinterbliebenen der „Märzkämpfer" geregelt. Diese zügige Lösung ist sicherlich auch auf die politischen und praktischen Bemühungen in Barmen zurückzuführen.[96]

Die gesammelten Gelder wurde in den folgenden Monaten auch gebraucht, um die vor Gericht stehenden Arbeiter von einem Rechtsanwalt verteidigen zu lassen. Die Justiz hatte dort, wo die alten „bürgerlichen" Verhältnisse wieder gefestigt waren, pauschale Anklagen und Urteile verfasst und drakonische Gefängnisstrafen verhängt. Die Strafen wurden erheblich niedriger, wenn sich die Angeklagten von einem Anwalt verteidigen ließen. Erst durch das Amnestiegesetz im August 1920 wurde bei einem Großteil der Arbeiter die Klagen aufgehoben. Die reaktionäre Justiz der Weimarer Republik versuchte in den folgenden Jahren, die den Hinterbliebenen zugebilligten Versorgungsansprüche durch rechtliche Feinheiten zu hintertreiben. So legten Vertreter des Reichsfiskus Beschwerde gegen die Bewilligungsbescheide ein, mit dem Hinweis, der Aufruf zum Widerstand gegen den Putsch sei nicht von der gesamten Regierung, sondern lediglich von einigen sozialdemokratischen Ministern erlassen worden. Der Rechtsstreit zog sich bis 1925 hin. Vielen Witwen wurde die Pension aberkannt. Den Putschisten, allen voran General Lüttwitz, gelang es jedoch, ihre Pensionsansprüche rückwirkend vom Zeitpunkt des Kapp-Putsches einzuklagen.[97]

Der „Verband für Freidenkertum und Feuerbestattung", Barmen *Parlamentsstraße 3 (Station 3)*

Das Haus in der Parlamentsstraße war auch mit den Barmer Freidenkern verbunden. Der „Verband für Freidenkertum und Feuerbestattung, Ortsgruppe Barmen" hatte hier in der 2. Etage sein Büro und eine kleine Ausleihbibliothek für seine Mitglieder. Heinrich Luckhardt jun., der Wirt des Hauses, war bis 1933 der Vorsitzender der Barmer Ortsgruppe.[98] Die Freidenkerbewegung hat in den Städten des Wuppertals eine lange Tradition. Schon vor der Revolution von 1848 hatte sich hier eine starke „Deutsch-katholische Gemeinde" gebildet, deren Mitglieder bei dem Elberfelder Aufstand im Mai 1849 beteiligt waren.[99] Diese Religionsbewegung wurde später über die freireligiöse Gemeinde zu einem der Vorläufer des „Deutschen Freidenkerverbandes". Dieser wurde 1881 aus einem Kreis ehemaliger 48er gegründet. Schon 1884, unter den restriktiven Bedingungen der „Sozialistengesetze", hatte sich in Barmen eine Ortsgruppe des Verbandes gegründet. Ein Barmer Polizeispitzel be-

Heinrich Luckhardt und Karl Drescher, der Geschäftsführer der Konsumgenossenschaft „Vorwärts" mit Ehefrauen ca. 1930. (Foto: Karl Luckhardt)

richtet am 28.5.1884 über ein amüsantes Missgeschick: *„Über die Ziele des vorgenannten Vereins habe ich in der für gestern Abend 8 1/2 Uhr anberaumten Versammlung im Korbach'schen Lokale Näheres nicht ermitteln können." „Kaum hatte ich mich niedergelassen, als der Restaurateur in Begleitung von drei Fremden im Zimmer erschien, mir und den beiden anderen anwesenden Personen die Bitte aussprechend, uns in den links gelegenen Restaurationssaal zu begeben, da er dieses Zimmer dem Barmer Freidenker-Verein für diesen Abend überlassen habe. Auf die meinerseits an einen der mit dem Restaurateur hereingekommenen Herren gerichtete Frage, ob man nicht als Freidenker Zutritt zu der Versammlung haben könne, erklärte derselbe, dass dies zulässig sei, wenn ich mich durch ein mir bekanntes oder befreundetes Mitglied des Vereins einführen lasse. Da ich dies nicht vermochte, konnte ich ohne aufzufallen, nicht länger in dem reservierten Zimmer bleiben."* [100]

Wenige Jahre später, am 29.4.1890, war der Mitbegründer und langjährige Präsidenten des deutschen Freidenkerverbandes, Ludwig Büchner, mit dem Vortrag „Der vorgeschichtliche Mensch"[101] zu Gast im Elberfelder Volkshaus.[102] Ludwig Büchner (1824-1899) war der jüngere Bruder des Dichters Georg Büchner. Er war Medizinprofessor in Darmstadt und mit dem bekannten Arbeiterführer Wilhelm Liebknecht[103] befreundet. Sein Buch „Kraft und Stoff", das einer atheistisch-naturwissenschaftlichen Weltsicht den Weg bahnte, wurde, wenn man die Anzeigen in der Wuppertaler Arbeiterzeitung in Betracht zieht, hier ebenfalls viel gelesen.[104] Die Freidenker verstanden sich als Träger einer neuen Kultur, die das unabhängige und selbstständige Denken der Menschen in den Mittelpunkt stellte. Sie grenzten sich von den Kirchen ab, die die Arbeiterschaft schon so lange im Sinne der Herrschenden beeinflusst hatte. So wurden sie bald zu einem kulturellen Verband der sozialdemokratischen Arbeiterschaft. Die Ortsvereine organisierten Kultur- und Vortragsveranstaltungen und die jährlichen Jugendweihen, meist in Kooperation mit den „freien Schulen". Die Vereine vertrieben und verliehen naturwissenschaftliche und philosophische Bücher. Die Bestattung von Atheisten war ebenfalls eine wichtige Aufgabe. Noch immer nahmen die Kirchengemeinden mit Verbotsmaßnahmen massiven Einfluss, wenn es um die Bestattung von atheistisch oder sozialistisch gesonnenen Arbeitern ging. Der Gebrauch von Symbolen auf Grabsteinen wurde untersagt oder eingeschränkt, Lieder und Reden auf den Trauerfeiern verboten etc.[105] Die Einrichtung von kommunalen Friedhöfen war aus diesem Grund ein wichtiges Anliegen. Während solche Friedhöfe in Cronenberg und Ronsdorf auf Bestrebungen von Freidenkern und Sozialdemokraten eingerichtet werden konnten, waren die Bemühungen in Barmen immer wieder erfolglos. Der Verband propagierte die Feuerbestattung und organisierte die Begräbnis- und Trauerfeierlichkeiten. Als 1905 das erste Krematorium Preußens in Hagen errichtet werden konnte, konnten hier in würdigem Rahmen die Verbrennungen vorgenommen werden.[106] Ein Teil der monatlichen Beiträge wurde als Sterbeversicherung verwendet, um die Bestattungskosten zu begleichen. Viele der hier erwähnten Personen wie Carl Drescher, Thekla Lande, Heinrich Luckhardt u.a. wurden in Hagen eingeäschert und auf dem Kommunalfriedhof Ronsdorf beigesetzt. Der Leiter der Elberfelder Ortsgruppe war Fritz Grimpe,[107] vermutlich Sohn des Begründers der „Freien Presse" Hermann Grimpe[108]. In Verlauf der 20er Jahre spaltete sich auch die Freidenkerbewegung. In der „Gemeinschaft proletarischer Freidenker" hatten Kommunisten und Syndikalisten die Führung. Der Leiter der Wuppertaler Gruppe war der Kommunist Hupparch.[109] Als der (sozialdemokratische) „Verband für Freidenkertum und Feuerbestattung" und ihr Vorsitzender Heinrich Luckhardt im Mai 1933 ihre jährlichen Jugendweihefeiern in der Stadthalle Elberfeld durchführen wollten, wurde die Veranstaltung von Schlägern der SA gesprengt.[110] Freidenkerorganisationen der verschiedenen Richtungen wurden verboten.

Paul Sauerbrey – der populäre Arbeiterführer in Barmen
Parlamentsstraße 3 (3)

Die Ereignisse im März 1920 in Barmen wie im Bergischen Land sind immer wieder mit dem Namen Paul Sauerbrey verbunden. Er wohnte mit seiner Familie nicht weit vom Gewerkschaftshaus, in der Landwehrstraße 6.[111] Paul Sauerbrey wurde am 16.11.1876 in Martinroda, Thüringen, geboren. Er erlernte das Tischlerhandwerk und begab sich anschießend für fünf Jahre auf die Wanderschaft – durch Deutschland, die Schweiz und Holland. Nach seiner Rückkehr und Heirat im Jahr 1901 ließ er sich in Großbreitenbach im Thüringer Wald nieder. Durch sein gewerkschaftliches Engagement wurde er 1907 Gewerkschaftssekretär und 1908 zum Vorsitzenden des örtlichen Gewerkschaftskartell gewählt. Im Juli 1911 wurde er für kurze Zeit Bereichsleiter des Holzarbeiterverbandes und wechselte dann als Gewerkschaftssekretär nach Barmen. Hier wurde er 1913 für die SPD in die Stadtverordnetenversammlung gewählt und schon im Juni 1914 vertrat er gemeinsam mit Karl Haberland die Barmer Sozialdemokraten auf dem Bezirksparteitag.[112] Als im Sommer 1916 einige Sozialdemokraten verhaftet wurden, die Flugblätter gegen den Krieg verteilen wollten, war auch Paul Sauerbrey darunter. Die Beweise reichten wohl nicht zu einer Verurteilung aus. Doch wenige Tage nach seiner Freilassung, am 5.9.1916, wurde er zum Kriegsdienst an die russische Front eingezogen.[113] Als Soldat und Kriegsgegner ging er 1917 zur USPD.

Als er im November 1918 in seine Heimatstadt Barmen zurückkehrte wurde er in den Soldatenrat gewählt und übernahm den Vorsitz des militärischen Ausschusses des Arbeiter- und Soldatenrates Barmen. Als sich Ende November die Auseinandersetzung zwischen SPD und USPD um den Besitz der sozialdemokratische Zeitung „Freie Presse“ zuspitzte, besetze Sauerbrey in einer spektakulären Aktion gemeinsam mit Carl Drescher und einigen Soldaten des Barmer Soldatenrates das Verlagsgebäude an der Robertstraße. Hier gab er die Zeitung in eigener Regie heraus. Doch schon am nächsten Tag mussten die USPD-Leute das Gebäude verlassen. Die SPD hatte es mit Unterstützung des dortigen Soldatenrates im Handstreich – eine Wachablösung vortäuschend – „zurückerobert“. Wenige Wochen später wurde unter Sauerbreys Mitwirkung die neue USPD-Zeitung „Volkstribüne“ gegründet.

Im Januar 1919 übernahm er den Vorsitz des Arbeiter- und Soldatenrates Barmen und wurde Vorsitzender der sozialdemokratischen „Freien Gewerkschaften“ in Barmen. Als Dozent beteiligte er sich am Aufbau der Volkshochschule.

Als am 13. März 1920 die Kunde vom Putsch des Militärs nach Wuppertal drang, leitete er als Vertreter der Gewerkschaften die Beratungen der Arbeiterorganisationen im Barmer Gewerkschaftshaus über den Generalstreik und eine gemeinsame Gegenwehr. Er wurde Mitglied des sechsköpfigen Aktionsausschusses, den die drei sozialistischen Parteien gebildet hatten. Am folgenden Tag kündigte er auf der Protestkundgebung von 15.000 Menschen auf dem Barmer Karlsplatz (heute Geschwister Scholl Platz) die Bildung einer Arbeiterwehr an. Bei den Kämpfen um Remscheid bildete er gemeinsam mit Otto Braß aus Remscheid und Walter Paul aus Ronsdorf die Kampfleitung der dort zusammengezogenen Arbeiterwehren.[114] Diese befehligte die ca. 20.000 Arbeiter bei der erfolgreichen Belagerung und Eroberung der Stadt. Bei der Trauerfeier für die Gefallenen am 20.3.1920 bilanzierte Sauerbrey diese bewegenden Tage mit den Worte: *„Am Sarge der toten Kameraden gelobt die Arbeiterschaft: Die Einheit des Proletariats bleibt bestehen in dem großen Kampfe um die Frei-*

Paul Sauerbrey war im März 1920 sicherlich der einflußreichste Arbeiterfunktionär in den beiden Wupperstädten. Wenig später errang er hier auch ein Reichstagmandat. (Foto: MK.)

heit und die Zukunft des deutschen Volkes.“ [115] Als sich die Arbeiterwehren aus dem Bergischen Land an den Kämpfen im Ruhrgebiet beteiligten, wurden er und Otto Braß Mitglieder der zentralen Kampfleitung in Hagen. In dieser Funktion führten sie auch die Verhandlungen mit Innenminister Carl Severing und den Vertretern der Reichswehr. Paul Sauerbrey war an der Verhaftung des mutmaßlichen Spitzels Ernst Langensiepen beteiligt. Der späterer gewaltsame Tod dieses Häftlings und der Tod einiger Kinder bei den Kämpfen um Remscheid nahmen die Bürgerparteien später zum Anlass, eine heftige Pressekampagne gegen ihn zu starten. Zeitweise standen täglich Beschuldigungen und Richtigstellungen über Sauerbrey in den verschiedenen Zeitungsorganen Elberfelds. Nach der Niederschlagung des Aufstandes wurde von der Arbeiterschaft Rheinlands und Westfalens ein Solidaritätsfond ins Leben gerufen. Mit den Geldern wurden angeklagte Arbeiter und die Familien der Gefallenen unterstützt. Eine der drei regionalen Sammelstellen dieser Aktion war das Barmer Gewerkschaftshaus. Paul Sauerbrey übernahm die maßgebliche Verantwortung. Bei den Wahlen im Juni 1920 wurde die USPD stärkste Partei im Wahlkreis und Paul Sauerbrey wurde für sie in den Reichstag entsandt. Im Januar 1921 war er Mitbegründer der „Freie Volksbühne für das Wuppertal“. Im März 1921, dem ersten Jahrestag des Aufstandes, weihte er im Rahmen einer großen Kundgebung das Grabmal auf dem Ehrenfriedhof Barmen ein, das auf Initiative der Barmer Gewerkschaftskommission geschaffen worden war. Im Januar 1922 wurde Paul Sauerbrey von der USPD/KPD-Mehrheit des Stadtverordnetenkollegiums der damals noch selbstständigen Stadt Ohligs zum Bürgermeister gewählt. Doch die Bestätigung durch den preußischen Innenminister Severing (SPD) sollte sich über ein halbes Jahr hinziehen. Der Amtantritt erfolgte im September 1922. Inzwischen war Paul Sauerbrey mit der USPD wieder zur SPD zurückgekehrt. Auch unter einer bürgerlichen Mehrheit übte er seit 1924 für insgesamt 12 Jahre dieses Amt aus. Er macht sich in diesen Jahren vor allem um die städtischen Kultureinrichtungen verdient. Seit 1929 Beigeordneter der (vereinigten) Stadt Solingen für Kultur und Sport, wurde er 1931 in den vorzeitigen Ruhestand versetzt. Im April 1931 wurde er zum Vorsitzenden des SPD-Unterbezirks Solingen gewählt. Am 4.12.1932 starb er an einer Lebensmittelvergiftung. Seine Frau wurde nach der Machtübernahme der Nationalsozialisten die Pensionszahlungen gesperrt. Heute erinnert eine wichtige Straße zwischen Bahnhof und dem alten Rathaus von Ohligs an Sauerbrey. (M.K./R.R.)

Walter Vesper und die Barmer Arbeiterwehr[116]
Parlamentsstraße 3 (3)

In der Nähe des Gewerkschaftshauses ist ein anderer später bekannt gewordener Arbeiterfunktionär groß geworden, der zur Zeit des Kapp-Putsches als radikaler „Karabinerkommunist" immer wieder in Konflikt mit Paul Sauerbrey, dem Barmer Gewerkschaftsvorsitzenden, kam. Während Paul Sauerbrey als politisch verantwortlicher Funktionär die Kampfleitung in Remscheid inne hatte und an verschieden Verhandlungen beteiligt war, erlebte Walter Vesper den Arbeiteraufstand als beteiligter Kämpfer und Führer einer kleinen Kompanie der Barmer Arbeiterwehr. In seinen 1965 niedergeschriebenen Lebenserinnerungen nehmen diese Ereignisse breiten Raum ein und sind deshalb eine wichtige Quelle, die jedoch, aufgrund mancher Übertreibungen, kritisch hinterfragt werden muss. Walter

Walter Vesper (1897-1965).

Vesper wurde am 27. Juni 1897 am ‚Steinweg 58 in Barmen geboren. Die Familie Vesper hatte eine jahrzehntealte sozialdemokratische Tradition. Schon der Großvater beteiligte sich als Färber an den großen Streiks von 1848 und 1857, den ersten Massenstreiks in Deutschland, und war mit Friedrich Engels bekannt. Walter Vesper schrieb über die „Kuhle" – das Viertel, in dem er aufwuchs: *„Die soziale Not der Bewohner dieses Gebietes war unvorstellbar. Fast nur kinderreiche Familien bevölkerten diese Wohnungen. In dem von uns benutzten fünfstöckigen Haus lebten zum Beispiel 107 Kinder."* [117] Enge Hinterhöfe, Lärm, feuchte Tapeten, die Abwässer der Färbereien, Arbeitslose in den dunklen Hausfluren – diese Szenerie prägte seine Kindheit. Wegen Beteiligung an einem Streik drohte ihm als 13-jähriger die Einweisung in die Landesfürsorge. Zwei Jahre später zog er als Mitglied der sozialistischen Arbeiterjugend begeistert an der Spitze der Maidemonstration. Karl Liebknecht trat als Redner im Zirkusgebäude auf dem Carnaper Platz auf. Er forderte den Achtstundentag und prangerte die Kriegspolitik der Regierung an. Die berittene Barmer Polizei schritt mit gezogenem Säbel ein – und verletzte den jungen Fahnenträger Walter Vesper. Der Krieg und die illegalen Aktionen der Kriegsgegner trug zur weiteren Radikalisierung bei. Im November stellte er sich der Arbeiterwehr zur Verfügung, im Januar 1919 fuhr er nach Berlin, um an der Gründung der kommunistischen Partei mit Karl Liebknecht teilzunehmen und geriet in die Auseinandersetzung um das „Vorwärts"-Gebäude „bei dem sein Freund Werner Möller"[118] als Parlamentär von den Freikorpssoldaten erschossen wird. Im März 1920 war er wieder an vorderer Stelle beteiligt. Am Tag des Putsches bewaffnete er sich mit einigen Genossen auf eigene Faust und forderte im Barmer Gewerkschaftshaus die Gründung einer Arbeiterwehr. Er war am 17.3. am Überfall auf die Polizeistation Wegenerstraße beteiligt. *„Noch in den Abendstunden räucherten wir die letzten noch in den Händen der Polizei befindlichen Wachen im Stadtteil Wichlinghausen aus. Hier wurden die kirchlichen Gemeindehäuser und Polizeireviere zu Stützpunkten für die Reorganisation der Arbeiterwehren, mit den erbeuteten Waffen ausgerüstet und in Alarmzustand versetzt"*, heißt es in seinen Erinnerungen. In Remscheid war er mit seiner Einheit an der Eroberung der Hauptpost und des Schlachthofs beteiligt: *„Am 19.3.1920 rückten wir als Barmer Arbeiterwehr mit Lastwagen an die Stadtgrenze Essen (vor), wo bereits Kampfverbände aus vielen Orten des Reviers eingetroffen waren."* [119] Er war dabei, als sich die Arbeiter Haus für Haus bis zum Zentrum der Stadt vorkämpften und als zum Schluss, unter großen Verlusten, die letzte Bastion der Freikorps, der Wasserturm in Essen-Steele eingenommen wurde. Später war er an den Kämpfen vor Wesel beteiligt und schilderte die brutale Verfolgung der Arbeiter bei dem Rückzug nach dem Bielefelder Abkommen.[120] Er verließ seine Partei, die KPD, und schloss sich der linken Abspaltung, der „Kommunistischen Arbeiterpartei“ (KAPD) an. So war er im März 1921, bei einem linksradikalen Putsch, an der Besetzung der „Bergisch Märkischen Zeitung“ beteiligt. Um der Verhaftung zu entgehen verließ er die Stadt. Erst 1925, nach der Amnestie, kehrte er zurück. Er hatte sich inzwischen wieder der KPD angeschlossen und wurde Leiter der Ortgruppe Barmen -Nord. Nun begann eine steile kommunistische Karriere: Leiter des Unterbezirks Elberfeld-Barmen, Mitglied der Bezirksleitung Niederrhein, und seit 1928 als Bezirkskassierer hauptamtlicher Mitarbeiter der KPD. Die alte besonnene Gründergeneration der KPD, die schon in der Vorkriegs-SPD politische Verantwortung trug, hatte die KPD zum großen Teil verlassen[121] und der radikalen Nachkriegsgeneration Platz gemacht. Im April 1931 wurde Walter Vesper mit einer außergewöhnlichen Aufgabe betraut. Er organisierte den geheimen Parteitag der verbotenen italienischen Kommunistischen Partei im Remscheider Naturfreundhaus. Verborgen vor der aufmerksamen deutschen Polizei, konnten die höchsten Funktionäre, wie der Parteiführer Palmiro Togliatti und andere, in Italien heute geehrte Personen, an der Konferenz teilnehmen.[122]

Später ging Vesper in den antifaschistischen Widerstand und beteiligte sich am spanischen Bürgerkrieg. Seit November 1945 wieder in Düsseldorf, wurde er bald Landtagsabgeordneter der KPD und Bezirksvorsitzender des Bezirks Niederrhein. Ab 1949 saß er für die KPD im Bundestag. 1952 legte er sein Mandat nieder und ging in die DDR. Hier bekleidete er verschiede Positionen, u.a. den Botschafterposten in Ungarn. 1965 starb er als hochdekorierter Arbeiterveteran.

Tour 10: Arbeiterkultur auf dem Sedansberg

Ein Spaziergang durch ein Arbeiterviertel der 20er Jahre im Barmer Norden

Der Sedansberg bildete lange die natürliche Grenze der Stadt Barmen. In den Jahren der Hochkonjunktur nach dem Sieg Preußens über Frankreich wurde er von der „Barmer Baugesellschaft für Arbeiterwohnungen“ (gegr. 1872), einer Gründung Barmer Fabrikanten, erschlossen. Es entstanden Arbeiterhäuser, die nach den Vorstellungen der Bauherren, genossenschaftlich verwaltet werden sollten. In einer Reihe von Straßen sieht man heute noch die kleinen einfachen Fachwerkhäuser mit Flachdach. Der Name des Viertels und seiner „Hauptstraße“, der „Sedanstraße“, erinnert an den Sieg über die Franzosen bei Sedan und somit auch an die erste Bebauungsphase des Viertels, den Boomjahren nach dem Krieg. Auf diesem Berg entstanden noch in der Kaiserzeit die Zentralen der Barmer Konsumgenossenschaft „Vorwärts“ und des gewerkschaftlichen Versicherungsunternehmen „Volksfürsorge“. In den Straßen des Viertels lässt sich jedoch auch der Arbeitersiedlungsbau der 20er Jahre wiedererkennen. Als die Sozialdemokraten mit dem Ende des Weltkrieges Regierungsverantwortung übernahmen, wurde der Arbeiterwohnungsbau erstmals auch von staatlicher Seite gefördert. So entstand hier, ähnlich wie in Wien, ein „rotes Viertel“, in dem die aufstrebende Arbeiterkultur erblühte. So wurde die zentrale Achse der damaligen Neubausiedlung, die heutige Bölkestraße,[2] die auf das Hochhaus mit Kindergarten und anderen öffentlichen Einrichtungen führt, nach August Bebel, dem Begründer der Sozialdemokratie, benannt.

Die damaligen Merkmale qualitätsvollen Bauens und Wohnens fanden bei diesen öffentlichen Bauten trotz finanzieller Notlage weitgehend Berücksichtigung. Die Bewohner sollten Licht, Luft und Sonne in ihren Wohnungen spüren. Die Straßenzügen haben entsprechend der „Gartenstadt-Idee“[3] ein weitgehend einheitliches Aussehen. Doch die Individualität der Häuser wird durch kleine Unterschiede bei den Hauseingängen unterstrichen. In diesen Wohnungen der Gemeinde Barmen lebten vornehmlich Arbeiterfamilien, und auch einige leitende Arbeiterfunktionäre: Genossenschaftler, Redakteure, Mitarbeiter der Arbeiterwohlfahrt und Abgeordnete der Arbeiterparteien. Diese Generation von Sozialdemokraten hatte die Unterdrückung des Kaiserreiches und das Wachstum der Arbeiterbewegung erlebt. Nun, nach den Zäsuren von Krieg und Revolution, stand sie vor der Entscheidung, Verantwortung im neuen Staat zu übernehmen. Hier wohnte bis 1920 auch Adolf Uthmann, der populärste Arbeiterkomponist in Deutschland, dem die Arbeiterorganisationen später ein Denkmal auf den Höhen über dem Viertel setzten.

Der Weg durch das Viertel zeigt die Häuser der verschiedenen Bauphasen[1] des Viertels. Er führt an interessanten Wohnhöfen und genossenschaftlichen Siedlungen vorbei und beschreibt Bauten und Denkmale der Arbeiterorganisationen. Dabei werden die Lebensgeschichten von einigen früheren Bewohnern eingeflochten. Der Verlauf der Strecke ist der Skizze zu entnehmen.

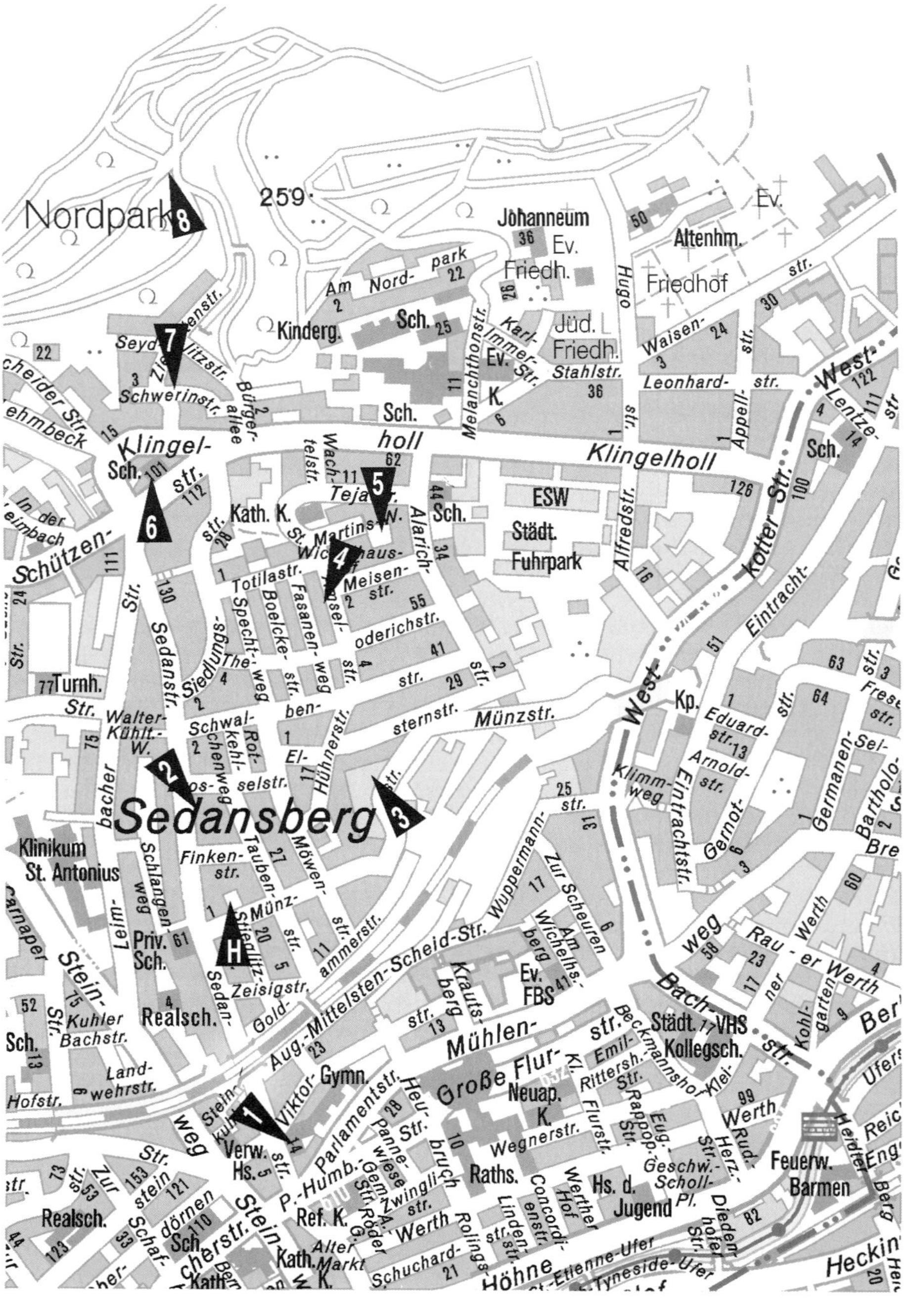
Nordpark
8
259
Johanneum
Ev. Friedh.
Ev. Altenhm.
Friedhof
Jüd. Friedh.
Am Nordpark
Kinderg.
Sch.
7
Seydlitzstr.
Schwerinstr.
Bürgerallee
Melanchthonstr.
Karl-Immer-Str.
Stahlstr.
Hugostr.
Waisenstr.
Leonhardstr.
Appellstr.
Westkotter Str.
Lentzestr.
Klingelholl
Klingelholl
Sch.
Wachtelstr.
Tejastr.
5
Alarichstr.
ESW
Städt. Fuhrpark
Alfredstr.
Kath. K.
St. Martinsw.
Wichelhausstr.
4
6
Schützenstr.
Meisenstr.
Amselstr.
Totilastr.
Spechtweg
Boelckestr.
Fasanenweg
Roderichstr.
Theodorichstr.
Siedlungsstr.
Sedanstr.
Münzstr.
Eintrachtstr.
Westkotter Str.
Kp.
Eduardstr.
Arnoldstr.
Germanenstr.
Turnh.
Walter-Kühlt-W.
Schwalbenweg
Rotkehlchenweg
Elsterstr.
Hühnerstr.
2
3
Klimmweg
Gernotstr.
Sedansberg
Klinikum St. Antonius
Finkenstr.
Taubenstr.
Möwenstr.
Wuppermannstr.
Zur Scheuren
Schlangenweg
Leimweg
Stieglitzstr.
H
Zeisigstr.
Priv. Sch.
Realsch.
Aug.-Mittelsten-Scheid-Str.
Ev. FBS
Am Wichelhsberg
Krautsberg
Rau-er Werth
Steinweg
Kuhler Bachstr.
Landwehrstr.
Goldammerstr.
Mühlenstr.
Beckmannshof
Städt. VHS
Kollegsch.
Bachstr.
Große Flurstr.
Neuap. K.
Emil-Rittersh.-Str.
Viktor-Gymn.
Parlamentstr.
Heubruch
1
Verw. Hs.
P.-Humb.-Str.
Rathhs.
Wegnerstr.
Hs. d. Jugend
Geschw.-Scholl-Pl.
Feuerw. Barmen
Ref. K.
Zwinglistr.
Werth
Kath. K.
Alter Markt
Höhne
Heckinghausen

Die kultursozialistischen Anfänge der Volkshochschule Barmen
1920 – Sedanstraße 4 (1)

Im Gebäude des Realgymnasiums Sedanstraße nahm 1919 die Volkshochschule Barmen ihre Arbeit auf. Der neuen Volkshochschule wurden von der Stadtverordnetenversammlung und dem „Volksbildungsausschuss" weitgehende Rechte zur Selbstverwaltung zugestanden und so nahm die Hörerschaft starken Einfluss auf Arbeit und Programm. Über ihre „Obleute" stand die Hörerschaft in steter Verbindung mit der VHS-Leitung. Die in der „Volkshochschulgemeinde" zusammengeschlossenen Hörer organisierten häufig sogar selbstständig, lediglich unter „Mitwirkung" der Dozenten, Fest- und Vortragsabende.[4] Die VHS wies mit Stolz darauf hin, das 70% der Hörer aus der Arbeiter- und Angestelltenschaft kamen und ein enger und vertrauensvoller Kontakt zu den Gewerkschaften gepflegt wurde. „Fach- und Fortbildung" hatte eine zweitrangige Bedeutung. Das Hauptanliegen war die gesellschaftspolitische „aufklärerische Allgemeinbildung".[5]

Die Gewerkschaften vertrieben ein Großteil der Hörerkarten über ihre Geschäftsstelle. Themen wie „Die Geschichte der sozialistischen Ideen"[6], „Wege zur Sozialisierung", „Erziehung zum Sozialismus" und „Karl Marx, Leben und Lehre" nahmen im Veranstaltungsprogramm neben lebenspraktischen und psychologischen Fragen einen großen Raum ein. 1922 wurde hier „eines der auffälligsten Bildungsprojekte der bergischen Arbeiterschaft" in enger Zusammenarbeit zwischen Gewerkschaften und Volkshochschule eingerichtet. Das „Freigewerkschaftliche Seminar des Wuppertals" versuchte erstmalig Betriebsräte über ihre praktischen und gesetzlichen Möglichkeiten zur Wahrnehmung und zum Ausbau von Arbeitnehmerrechten zu unterrichten.[7] Dr. Richard Sorge, im Zweiten Weltkrieg als „Meisterspion" bekannt geworden, stand bei diesem Bildungsprojekt Pate.[8]

Einige Namen, die Sie im Laufe der Wanderung durch das Viertel kennenlernen werden, finden sich im Dozentenverzeichnis der Barmer Volkshochschule wieder. Der sozialistische Lehrer Bamberger, der Literat und Schriftleiter Max Löwenstein oder der Pfarrer Hans Lic. Hartmann waren zu Beginn der 20er Jahre bekannte Politiker der Linken und gleichzeitig beliebte Dozenten der Barmer Volkshochschule. Auch der Gewerkschaftsführer Paul Sauerbrey hielt hier Vorträge. Gemeinsam mit der „Freien Volksbühne" wurden Arbeitsgemeinschaften zum besseren Verständnis kultureller Werke eingerichtet.

Der sozialistische Einfluss auf die Arbeit der Volkshochschule scheint sich jedoch Mitte der 20er Jahre zurückentwickelt zu haben. So wurde 1927 gegen den Protest der Gewerkschaften einem erklärten Sozialisten die Ausübung der Dozententätigkeit an der Barmer Volkshochschule untersagt.[9] Bis heute haben sich die damaligen Ansätze fortgesetzt. Nach dem Krieg wurde die Zusammenarbeit von Volkshochschulen und Gewerkschaften institutionalisiert. Seitdem bietet die „Arbeitsgemeinschaft Arbeit & Leben" Weiterbildung für Arbeitnehmer an.

„Der Bund – Gemeinschaft für sozialistisches Leben"

Adolf Reichwein, einer der Vordenker der Volkshochschulbewegung, entwickelte an der Jenaer Volkshochschule weiterreichende Vorstellungen: Dem Arbeiterbildner kam es wesentlich darauf an, den Menschen in einer tieferen Schicht als der des Wissens zu bilden. Die Mittel dazu sah er im gemeinsamen Erleben, in Gemeinschaft und Reisen. So lebten die Schüler in seinem Volkshochschulheim am Beutelberg in Jena ein ganzes Jahr zusammen, um sich als Persönlichkeit in der Gemeinschaft weiterzuentwickeln. Eine andere bekannte Heimvolkshochschule war im Schloß Tinz in Thüringen während der Revolution 1918 eingerichtet worden. Hier wurden ganze Generationen von jungen Arbeiterfunktionären in halbjährigen Lehrgängen auf ihre Aufgabe vorbereitet. Sie wurden von den verschiedensten Arbeiterorganisationen entsandt, so auch der junge Metallarbeiter Hermann Herberts jun. aus Cronenberg.[10] Diese ganzheitliche Ausbildung begründete seine politische Karriere als Redakteur, Politiker und späterer Oberbürgermeister von Wuppertal. Adolf Reichwein propagierte neben der (ländlichen) Heimvolkshochschule auch das „städtische Heim, das ein Kernstück jeder mittelstädtischen Volkshochschule“ werden sollte. Diese Idee wurde auch in Barmen aufgegriffen.

Aus einem losen Volkshochschulkreis von Lehrern und Arbeitern kristallisierte sich zu Beginn der 20er Jahre ein fester Kreis von Menschen heraus, „denen es nicht genügte, ihre sozialistische Überzeugung durch begeisterte Reden und hochgestimmte Zusammenkünfte ... oder gelegentliche Teilnahme an politischen Aktionen Ausdruck zu geben.“ So „Der Bund – Gemeinschaft für sozialistisches Leben.“ in einer Selbstdarstellung.[11]

1924 hatte sich auf Anstoß eines Bewegungschores der VHS Essen auch in Barmen eine Gruppe gebildet, die „eine sozialistische Lebensform anstrebte, die den ganzen Menschen mit Leib, Geist und Seele umfassen sollte“. Bewegung und Menschenbildung sollten Hand in Hand gehen, die Gruppe „ist ein Lebensganzes, in dem alle Fragen des modernen Lebens durchdacht und praktisch angepackt werden“.[12] Zunächst nannte sich die Gruppe „Internationaler sozialistischer Orden“ (ISO). Man traf sich regelmäßig als Arbeitsgemeinschaft der Volkshochschule Barmen. Es wurde musiziert und diskutiert und man unternahm regelmäßig gemeinsame Reisen.

Ein Bewegungschor diente sowohl der sportlichen und künstlerischen Betätigung, trat jedoch auch bei Veranstaltungen der Arbeiterorganisationen zur politischen Propaganda auf. In der Gruppe waren Lehrer der freien Schulen[13] stark engagiert. Auch Rudolf Bamberger, Lehrer an der freien Schule Schützenstraße und später Rektor an der freien Schule Bartholomäusstraße, war in diesem „Bund“ Mitglied. In der Familie Bamberger wurde später öfter die Anekdote erzählt, wie er eine der Tageswanderungen der Gemeinschaft mitgemacht hatte: Mit „Jesuslatschen“ und ohne Strümpfe hatte er sich auf die Wanderung begeben, und, entsprechend der propagierten Ernährungsumstellung, nur Dörrpflaumen gegessen. Dies blieb jedoch ein einmaliger Versuch, denn in den nächsten Tagen klagte der Lehrer über die bekannten Verdauungsschwierigkeiten.[14]

Gegen Ende der 20er Jahre gründete sich aus diesem Kreis eine Wohngemeinschaft im Stadtteil Sedansberg, die Aufsehen und Ausstrahlung auf große Kreise politisch engagierter Jugendlicher gewann. Viele der in diesem Kreis engagierten Mitglieder fanden aufgrund der Prägung durch die Gemeinschaft auch nach 1933 ausreichend Mut und Kraft für den Widerstand.[15]

Pfarrer Lic. Dr. Hans Hartmann – Volksbildner und Sozialist *1919-1927 Sedanstraße 4 (1)*

Pfarrer Dr. Hans Hartmann war zu Beginn der 20er Jahr sicherlich eine der interessanten Persönlichkeiten des kulturellen Lebens im Bergischen Städtedreieck. Er wurde 5.11.1888 in Berlin geboren. Auf Studienaufenthalten in England befasste er sich mit religiösen Strömungen in der dortigen Arbeiterbewegung.[16] 1915 kam er als Pfarrer der kleinen evangelischen Gemeinde Solingen-Foche[17] ins Bergische Land. In Wuppertal trat der streitbare Geistliche erstmals als Vertreter der linksliberalen „Deutsche Demokratischen Partei" (DDP) in den revolutionären Monaten nach dem November 1918 auf. Der Elberfelder DDP wurde von ihren konservativen Gegner aus dem Lager der DNVP ein „internationaler, jedem Machtgedanken abholder Weltpazifismus"[18] vorgeworfen. Bei den im Januar 1919 anstehenden Wahlen zur Nationalversammlung wurde er als Kandidat nominiert, um der konservativ-evangelischen DNVP die evangelischen Wählern und Mitgliedern der Freikirchen streitig zu machen[19]. In dieser Zeit suchte er wohl auch die Verbindung zu der in den Bergischen Städten starken USPD. So erschienen in der Solinger USPD-Zeitung „Bergische Arbeiterstimme" mehrere Leitartikel von Hartmann.

Obwohl die DDP Elberfelds innerhalb der regionalen Partei eine starke Position erringen konnte, reichte es nicht für ein Mandat in der Nationalversammlung. In der Folgezeit engagierte sich Pfarrer Hartmann stark in der Volkshochschulbewegung. Vor allem in der Barmer Volkshochschule, die, gerade in ihrer Vorläuferphase, ein Kind des linksliberalen Julius Gressler (1877-1946)[20] gewesen war. Gressler, Lehrer am Realgymnasium Sedansstraße, hatte schon 1912 den „Volkshochschulegedanken" an seiner Schule zu etablieren versucht.[21] 1919 war Gressler Beigeordneter der Stadt Barmen geworden und beteiligte sich im Frühjahr 1920 an der Diskussion um die Reformierung des Schulwesens. Auch Pfarrer Hartmann engagierte sich für die „Freie Schule". Während des Generalstreiks im März 1920 hielt er in Langerfeld auf Einladung der „freien Schulgesellschaft" einer Vortrag „Religionsunterricht und Kultur".[22] Am 28. März war Pfarrer Hartmann Trauerredner und Seelsorger, als die in Remscheid und Elberfeld gefallenen Solinger Arbeiter beigesetzt wurden. Dies ist eine der wenigen Bestattungen von „Märzkämpfern" im Bergischen Raum, die ein christlicher Pfarrer übernahm. Im Programm der Volkshochschule tauchte er in den Folgejahren mit philosophisch-christlichen und musikalischen Themen auf („Einführung in das Verständnis von Musik anhand von Werken von J.S. Bach", 1924; „Urchristentum"; philosophische Studien z.B. Otto Rühe, „Erziehung zum Sozialismus", 1920; „Das Judentum in der Literatur", 1925; „Die Krisis des Sozialismus", 1927[23]). In diesen Jahren beteiligte er sich jedoch auch an praktischen Bestrebungen, Antworten auf die politischen und kulturellen Fragen der Arbeiterbewegung zu finden.

Gemeinsam mit dem Lehrer und Begründer der Remscheider Volkshochschule Johannes Resch,[24] rief er Wochenendkonferenzen ins Leben, zu denen Sozialisten aller Richtungen geladen waren. Die erste dieser Konferenzen fand am 18. Juli 1920 in der Heimatgemeinde des Pfarrers, Solingen-Ketzberg statt. Hier hielt er das einleitende Referat über die „Krisis der Arbeiterbewegung".[25] Bei diesen Aussprachen fiel vor allem das Suchen nach Überwindung des sozialistischen Richtungsstreites, des „Bruderkampfes", nach einem neuen, entspannteren Verhältnis zu Intellektuellen und zur Religion auf.[26] Parolen und Begriffe der Linksparteien wurden kritisch hinterfragt und Hartmann stritt dafür, die soziale Realität und ihre zunehmende Differenziertheit wahrzunehmen und zu verarbeiten. Die Konferenzen fanden im Abstand von mehreren Monaten an verschiedenen Orten der Region statt, in Duisburg, Essen und Remscheid. In den Jahren weitete Pfarrer Hartmann seine Bildungstätigkeit in der Region aus und wollte *„dem Proletariat auf anderen Wegen, der Feier oder der Belehrung, zur tieferen Kenntnis seiner Aufgabe verhelfen“.* [27] Er entwickelte sich zu einem auch reichsweit bekannten Kulturkritiker und arbeitete unter anderem an der Zeitschrift: „Die Tat – Monatsschrift für die Zukunft deutscher Kultur“ mit. Im September 1927 erschien eine seiner Rezensionen, in der auch sein Selbstverständnis deutlich wird. Hier hieß es: *„Und so kommt es entscheidend auf die grundsätzliche Klärung an: zu wissen, dass, so lange es noch eine herrschende und eine bloß als Objekt dienende Klasse gibt, an einer Neubelebung des Religiösen in der breiten Masse nicht zu denken ist, von einer Rückkehr zur Kirche ganz zu schweigen, die oft, vielleicht ungewollt, in der praktischen Wirkung zu Gunsten des Bestehenden, bürgerlicher Ängstlichkeit und Besitzgier Stellung nimmt. So nur kann heute Christentum von der breiten Masse als echt gewertet werden, wenn es zugleich rast- und ruhelos an der Verwirklichung einer brüderlichen Gemeinschaft der Menschen arbeitet.“* 1928 gab Hans Hartmann seine Pfarrstelle in Solingen auf, um wohl einer der ersten hauptberuflichen Volkshochschuldozenten im Bergischen Land zu werden.[28] Am 17.5.1976 verstarb er.[29]

Die „kombinierte Verteilungstelle“ an der Sedanstraße wurde von der „Bergischen Bauhütte“ gebaut. Hier wohnte auch Carl Drescher. (Foto KNI)

Die „kombinierte“ Verteilungsstelle der Konsumgenossenschaft *Sedanstraße 86/88 (2)*

Das Haus Nummer 86/88 wurde in den Jahren 1927-28 von der Konsumgenossenschaft „Vorwärts-Befreiung“ errichtet. Es war eine „kombinierte“ Verteilungsstelle, in der vorbildliche hygienische Voraussetzungen geschaffen wurden, um Fleischwaren, Backwaren und sonstige Lebensmittel zu vertreiben. Die Verteilungsstellen der Genossenschaft waren numeriert. Diese Filiale trug die Nummer 143. In den seitlichen Fenstervergitterungen lassen sich noch die Buchstaben „V“ und „B“ für „Vorwärts-Befreiung“ erkennen. In den Verteilungsstellen wurden die Mitglieder betreut, hier fanden die Mitgliederversammlungen statt, die ihre Vertreter in die Gremien der Genossenschaft wählten: Auf 120 Mitgliedsfamilien einen Delegierten. In der ersten Etage des Hauses wohnte der langjährige

Geschäftsführer der Konsumgenossenschaft, Carl Drescher. Die Verteilungsstellen wurden im Dritten Reich meist von Nazis übernommen, die Mitarbeiter terrorisiert.[30]

Carl Drescher – ein erfolgreicher Manager der Genossenschaften *Sedanstraße 86/88*

Der Schreiner Carl Drescher (21.9.1880-29.10.1959) wurde als Sozialdemokrat mit dem Aufstieg der Partei einer der ersten hauptamtlichen Funktionäre im Tal. Bis 1913 war er Geschäftsführer der SPD Barmen. Als bei der Reichstagswahl 1912 Friedrich Ebert auf Wunsch des Parteivorstandes zum Reichstagsabgeordneten im „sicheren" Wahlkreis Elberfeld-Barmen nominiert wurde, freundeten sich die beiden Männer an. Ein Kartengruß aus Wien von Ebert an Carl Drescher (November 1912 vom SPD Parteitag), ist eines der seltenen Zeugnisse der Verbindung von Friedrich Ebert nach Wuppertal.[31] Anekdoten besagen, das Carl Drescher sich bei Fritz Ebert Rat holte, bevor er seine Parteifunktion aufgab, um die Leitung der stark wachsenden Konsumgenossenschaft „Vorwärts"-Barmen zu übernehmen.

Möglicherweise war Drescher schon 1899 eines der 45 Gründungsmitglieder der Genossenschaft. Während des Krieges entwickelte sich Carl Drescher zu einem entschiedenen Gegner der „Burgfrieden"-Politik des Parteivorstandes. Für diese Politik war vor allem sein einstiger Freund Friedrich Ebert verantwortlich. Im Juni 1916, nach der Verurteilung von Karl Liebknecht, war er in die Flugblattaffäre verwickelt, bei der vier Parteigenossen zu mehrmonatigen Haftstrafen verurteilt wurden.[32] Er war dabei, als sich in Berlin die USPD konstituierte und wurde einer ihrer Wortführer im Bezirk Niederrhein. Während der Novemberevolution polarisierte er den Streit zwischen den zerstrittenen sozialdemokratischen Parteien in Wuppertal. Am 4.1.1919 kam es auf einer Konferenz in der Stadthalle Elberfeld zu einer handgreiflichen Auseinandersetzung am Rednerpult zwischen Carl Drescher und dem Mehrheitssozialdemokraten Hugo Lande. Der Vorfall löste den lokalen Bruch zwischen SPD und USPD aus.[33] Die SPD stellte daraufhin ihre Mitarbeit im örtlichen Arbeiter- und Soldatenrat ein. Doch 1922 schloss sich Carl Drescher mit dem Großteil der „Unabhängigen" wieder mit der SPD zur VSPD zusammen und wurde Stadtverordneter der wiedervereinigten Partei.

Zu Beginn der 20er Jahre wohnte Karl Drescher im Gewerkschaftshaus. 1928 Jahre heiratete er Wilhelmine Luckhardt, die Witwe des gefallenen Wirts des Gewerkschaftshauses. Das Ehepaar Drescher zog nach dem Verkauf des Hauses in der Parlamentsstraße in die Sedanstraße 86/88. Dieses Haus war in den Jahren 1927/28 von der Konsumgenossenschaft „Vorwärts-Befreiung" als moderne Filiale gebaut worden.[34] In dieser Zeit, als Drescher Geschäftsführer der Konsumgenossenschaft „Vorwärts" war, erlebte die Genossenschaft eine enorme Entwicklung. 1924 wurden die beiden Konsumgenossenschaften aus Elberfeld und Barmen zur Konsum- und Produktionsgenossenschaft „Vorwärts-Befreiung" zusammengeschlossen. Auch hier wurde Drescher Geschäftsführer und schrieb über das Genossenschaftswesen im Jahrbuch der Stadt Elberfeld.[35] In den folgenden Blütejahren versorgte die Genossenschaft ca. ein Drittel der Wuppertaler Bevölkerung mit Lebensmittel. Unter Dreschers Regie wurde 1927/28 die neue Zentrale auf Clausen geplant. Der zukunftsweisende Gebäudekomplex ist ein „bedeutendes Zeugnis neuen Bauens in Wuppertal"[36] und war zu dieser Zeit das größte Genossenschaftsgebäude in Deutschland.

Als am 26. Juni 1933 die Nazis die neue Zentrale der Konsumgenossenschaft „Vorwärts-Befreiung" stürmten, wurde auch Karl Drescher seines Amtes enthoben und von seinem Lebenswerk vertrieben. Zuvor hatte er mit seinem Referenten für Öffentlichkeitsarbeit, Ernst Schüssler, verabredet, sich am Tag X wieder an gleicher Stelle einzufinden. In den Jahren der Naziherrschaft erlitt er die üblichen Verfolgungen. Doch am 15. April 1945, als die Amerikaner vor der Stadt erschienen, traf er sich verabredungsgemäß mit Genosse Schüssler auf Clausen. Die Zentrale war von den Nazis zum Wehrmachtslager genutzt worden und die Amerikaner hatten Mühe, sie vor Plünderungen zu schützen. Schüssler und Drescher übernahmen erneut die Aufgabe der Geschäftsführer.[37] In dieser Zeit machte sich Drescher auch um die örtliche Parteigeschichte verdient. Er führte Gespräche mit alten SPD-Genossen, die zum Teil schon in der Zeit der Sozialistengesetzte politisch aktiv waren. So hielt er 1948 im damaligen Ratsaal (im Polizeipräsidium) einen Vortrag über die örtliche Parteigeschichte. Auf Grundlage dieser Aufzeichnungen von Drescher schrieb Hermann Herberts 1963 einige Teile seines Buches über die Geschichte der Wuppertaler SPD. Heute lagern diese Unterlagen im Archiv der Friedrich-Ebert-Stiftung. Carl Drescher starb 1954. Sein Leichnam wurde entsprechen der Tradition der Freidenker im Krematorium Hagen verbrannt, seine Urne auf dem Kommunalfriedhof in Ronsdorf beigesetzt.[38]

Zentrale der Konsumgenossenschaft „Vorwärts"
Münzstraße 35-53 (3)

Den „sozialdemokratischen" Konsumgenossenschaften, die in den Jahren vor Kriegsausbruch eine erste Blüte erlebt hatten, und nun, im Jahr 1920, über ein weitverzweigtes Netz von Handelsbeziehungen und Verteilungsstellen verfügten, kam bei der Organisation des Arbeiteraufstandes im März 1920 eine zentrale Rolle zu. Die Genossenschaften waren die einzige Arbeiterorganisation, die als Wirtschaftsunternehmen einen eigenen Fuhrpark, dabei auch schon einige LKW, besaßen. Einige Mitkämpfer von damals berichteten, dass sie vor allem mit diesen LKW, und anderen, die sie in den Brauereien „organisiert" hatten, an die Front gefahren seien.

Die Genossenschaft „Vorwärts", die hier an der Münzstraße damals ihre Zentrale hatte, war sicherlich eine der größten im bergisch-märkischen Raum. Durch Zusammenschlüsse umfasste sie 1920 neben dem Gründungsort Barmen die Städte Schwelm, Gevelsberg, Ronsdorf und Hagen. Sie hatte ca. 200 Mitarbeiter und reichte bis an die Ruhr. Noch aus den Kriegsjahren, wo die Konsumgenossenschaften auch von staatlicher Seite aus zur Verteilung von Lebensmitteln genutzt worden waren, verfügte die Leitung der Genossenschaft über Erfahrungen bei Lebensmittelnotlagen und Verteilungsproblemen. Die Versorgung der Front und der Städte mit Lebensmitteln war eines der größten Probleme, das die aufständischen Arbeiter lösen mußten. So ist es nicht verwunderlich, dass in den sechzehnköpfigen „Zentralrat" in Essen auch zwei Vertreter der Konsumgenossenschaften gewählt worden waren. Hier wurden Handelsbeziehungen bis nach Holland geknüpft, um Lebensmittel gegen Kohle zu tauschen. Auch der örtliche Aktionsausschuss Barmen-Elberfeld hatte

Der LKW der Konsumgenossenschaft „Vorwärts" um das Jahr 1920. Als die Arbeiterwehren Barmen nach Remscheid und ins Ruhrgebiet ausrückten, wurde vor allem auf Fuhrwerke der Konsumgenossenschaften zurückgegriffen, über die die Arbeiterorganisationen direkt verfügen konnten. (Foto: KNI)

einen entsprechenden Unterausschuss „Lebensmittelversorgung" gebildet. In den Jahren bis 1933 sollte die Konsumgenossenschaft einen weiteren imposanten Aufschwung nehmen.

Bei einem Rundgang durch das Gelände werden die noch sichtbaren Spuren der Geschichte sichtbar. Auf dem Gelände von ca. 7.000 qm am Fuße des Sedanbergs sind fast alle Gebäude aus der damaligen Zeit erhalten. Das Gelände gehört der Stadt Wuppertal. Auf ihm befinden sich Wohnhäuser, Lager und Werkstattgebäude, die sowohl von städtischen Betrieben genutzt werden als auch privat vermietet sind. Zum Gelände gehörten ehemals sieben Wohnhäuser (D) auf der Elsternstraße (8-20), in denen die Mitglieder guten und preiswerten Wohnraum mieten konnten.

Der Rundgang macht auf die Bedeutung der Genossenschaften als Selbsthilfeorganisation der Wuppertaler Arbeiterschaft deutlich. Er führt aber auch in die Zeit der Naziherrschaft, des Krieges und der Not der Nachkriegsjahre, als hier u.a. eine SA-Kaserne untergebracht war. Es gibt vermutlich nur wenige Gebäude in der Stadt, an denen die jüngere Geschichte so hautnah nachzuvollziehen ist.

Die Barmer Konsumgenossenschaft „Vorwärts" wurde im Mai 1899 auf Initiative der Gewerkschaftskommission Barmen – Elberfeld gegründet und war zunächst nur ein kleiner Verein von 200 Mitgliedern mit einer Verkaufsstelle.

Das Kontorgebäude (A)

Jedoch schon 1904 wurde das Gelände am Bf. Heubruch erworben und mit dem eindrucksvolle Bau begonnen. Das Gebäude mit seiner qualitätsvollen Fassade (Naturstein, Jugendstilelemente etc.) ist Ausdruck des Selbstbewusstsein der Wuppertaler Arbeiterbewegung, die schon seit

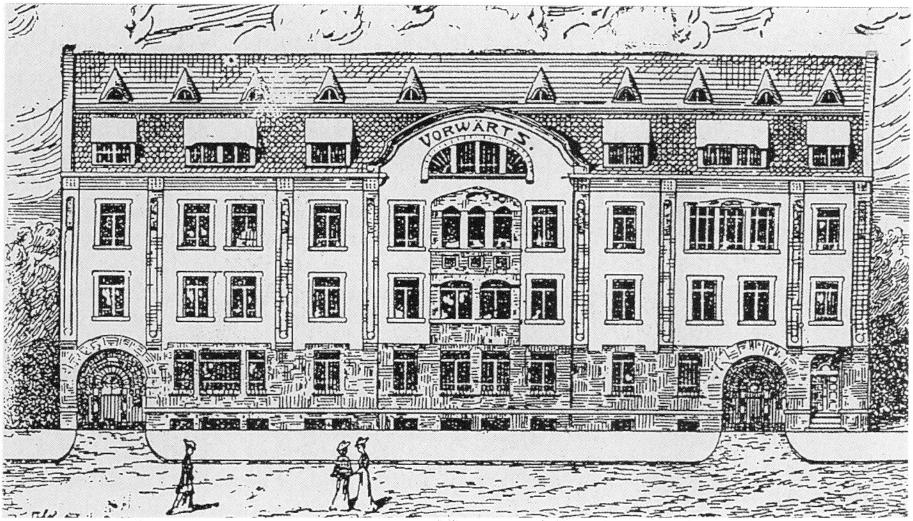

In der alten Zeichnung der Fassadenansicht ist der frühere Schriftzug „Vorwärts" zu erkennen. (KNI)

drei Jahrzehnten die stärkste politische Kraft der Stadt war, der man aber immer noch die gesellschaftliche Anerkennung versagte. Im Kontorhaus (A) an der Münzstraße fanden zunächst alle Bereiche der Genossenschaft, die Verwaltung, das Zentrallager, eine Bäckerei und eine Metzgerei ihren Platz. In den repräsentativen Räumen der ersten Etage zog die Geschäftsstelle der genossenschaftseigenen „Sparkasse" ein. Die Spargroschen der Arbeiterschaft bildeten das wirtschaftliche Rückgrat der Konsumgenossenschaft. Neben Lebensmitteln und Gütern bot die Genossenschaft auch schon früh Versicherungen an, schloss Pensionsverträge für ihre Mitarbeiter ab und richtete später sogar Erholungsheime für sie ein. Als 1913 die freien Gewerkschaften und der Verband der Konsumgenossenschaften gemeinsam die Versicherungsgesellschaft „Volksfürsorge"[39] gründeten, wurde ihre erste „Rechnungsstelle" im Haus in der Münzstraße eingerichtet.

Das Gelände an der Münzstraße war wie alle Wuppertaler Genossenschaftszentralen wegen der Anbindung an die Rheinische Strecke gekauft worden. So wurde ein Großteil des Areals, zwei Etagen tief, bis auf das Niveau des Bahnhofsgeländes unterkellert und eine Zugtrasse (F) tief in den Berg gebaut, auf der mehrere Eisenbahnwagons gleichzeitig entladen werden konnten. Auf dem Hof hinter dem Haus hat man einen guten Überblick über das gesamte Gelände. Die Funktionen und Bauphasen gehen aus dem Plan hervor.

Bäckerei und Turm (C)

Die Inschrift über dem Eingang zum Turm und zur ehemalige Bäckerei weist auf das Baujahr hin. Sie war in damaliger Zeit wohl die rationellste der Stadt: Im obersten Stockwerk befand sich das Mehllager; über Schütten und Trichter wurde das Material jeweils in die nächste Etage weitertransportiert. Darunter wurde in großen Kübeln der Teig hergestellt. In der untersten hohen Etage wurde das Brot in großen Öfen gebacken. Im Flachbau (E) nebenan wurde es zum Abtransport verpackt. Die Bäckerei konnte in

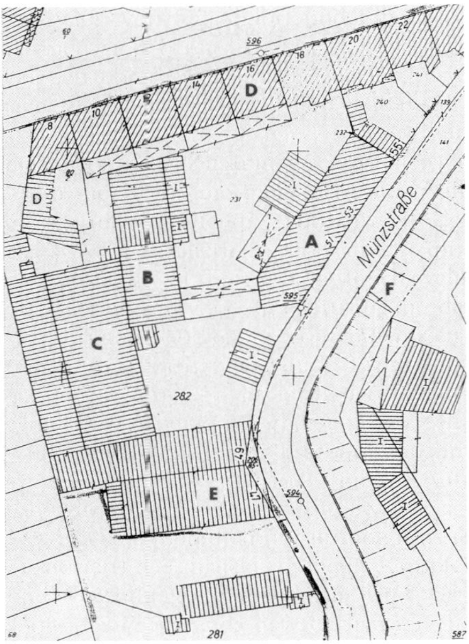

Der Lageplan zeigt das mit Wohnhäusern, Werkstätten und Lagerhäusern bebaute Gelände der Konsumgenossenschaft an der Münzstraße. Von der Zugeinfahrt (links neben der Straße, Pfeil) führt die Zugtrasse bis unter das hintere Lagergebäude (B). (Plan: Stadt Wuppertal)

den ersten Kriegsjahren u.a. deshalb gebaut werden, weil die militärischen und staatlichen Stellen erkannten, wie günstig das Netz der Genossenschaften für eine reibungslose Verteilung der rationierten Lebensmittel war. Dadurch erlangten die Genossenschaften erstmals eine staatliche Anerkennung. In den ersten Jahren der Republik erlebten die Genossenschaften erneut einen großen Aufschwung. Die Hoffnung der sozialistischen Arbeiterschaft wurden nach der Novemberrevolution enttäuscht. Umso wichtiger wurden deshalb Selbsthilfeprojekte und die Idee der Umgestaltung der Gesellschaft von unten. Die Genossenschaften waren für ihre Mitglieder/Eigentümer aus der Arbeiterschaft nicht nur eine Möglichkeit zum preiswerten Einkauf, sie setzten auch neue Standards in Lebensmittelhygiene und bei den Arbeitsbedingungen der Angestellten. Für die Mitglieder wurden aus den Überschüssen soziale Leistungen, wie eine Sterbeversicherung, und ein eigenes Schullandheim finanziert. In regelmäßigen Abständen fanden Versammlungen der Genossenschaftler in den Verteilungsstellen statt, die über die Belange der Genossenschaft debattierten und entschieden. So wurde Unabhängigkeit und Selbstbestimmung in einem wichtigen Lebensbereich erreicht und nicht zuletzt ein Weg zur demokratischen Umgestaltung der kapitalistischen Wirtschaft beschritten.

1924 schlossen sich die Barmer, Velberter und Elberfelder („Befreiung") Konsumgenossenschaften unter dem Namen „Konsum- und Produktionsgenossenschaft Vorwärts-Befreiung" zusammen. In dieser Blütezeit des Genossenschaftsgedankens versorgte die Konsumgenossenschaft „Vorwärts-Befreiung" ca. ein Drittel der Wuppertaler Haushalte. Die Räumlichkeiten in der Zentrale in der Münzstraße waren bald zu klein. Bis 1929 wurde eine neue Zentrale auf Clausen[40] errichtet, seinerzeit das größte Genossenschaftsgebäude in Deutschland. In die Gebäude der Münzstraße zogen ab 1933 die SA und die Wehrmacht ein. An den Fassaden der Häuser lässt sich bei genauem Hinsehen die Geschichte des Hauses erkennen: Man findet Inschriften wie „Vorwärts", (A) (SA-)„Reitersturm 1/72" (E) und auch ein übermaltes Hakenkreuz.

Hinweise auf weitere Gebäude der Konsumgenossenschaften:

> Konsumstraße Clausen, Zentrale von „Vorwärts-Befreiung", Kap. 4
> Verteilungsstelle Sedanstraße, Kap. 10
> Verteilungsstelle Sattlerstraße , Kap 7
> Konsumgenossenschaft „Befreiung" Bayreuther Straße 50/52

Die „Volksfürsorge", das genossenschaftliche Versicherungsunternehmen *Münzstraße 51 (3)*

Im Juni 1913, ein Jahr vor dem Ersten Weltkrieg, war von den freien Gewerkschaften und dem Verband der Konsumgenossenschaften ein eigenes Versicherungsunternehmen gegründet worden, die „Volksfürsorge". Gleich nach der Gründung konnte das junge Unternehmen im Haus an der Münzstraße ein eigenes Büro einrichten. So war hier, zusammen mit der Arbeiterbank, eine „Finanzzentrale" der kleinen Leute entstanden, deren Mittel in den weiteren Ausbau der Gemeinwirtschaft investiert wurden. Durch die Unterstützung der beiden Gründerorganisationen hatte die „Volksfürsorge" einen glänzenden Start,[41] doch der bald folgenden Weltkrieg machte die anfänglichen Hoffnungen zunichte. In den Jahren nach der Revolution jedoch verbuchte das Arbeiterunternehmen erneut ein enormes Wachstum. Von 1917 bis 1922 vervierfachte sich der Policenstand und überschritt 1922 die Millionengrenze.[42] In dieser Zeit entstanden auch eigene Geschäftsstellen in den Stadtzentren.

Im März 1920, nach dem tragischen Tod vieler Arbeiter, erschien eine Anzeige in der lokalen Arbeiterpresse,[40] die auf die schnelle und unkomplizierte Hilfe des Versicherungsunternehmen hinwies. Die versicherten Arbeiter, die bei den Kämpfen gefallen waren, wurden mit den jeweiligen finanziellen Hilfeleistungen namentlich aufgelistet. Darunter der Aufruf: *„Arbeiter und Angestellte, unterstützt nur Eure Unternehmen und laßt Euch bei keiner Privatgesellschaft versichern."*

Das „rote Milieu" in der Elsternstraße *Elsternstraße 8-18 (3)*

Die Häuserzeile in der Elsternstraße 8-18 (D) wurde ebenfalls von der Genossenschaft „Vorwärts" um 1906 errichtet. Sie bot zu ihrer Bauzeit einen beachtlichen Komfort zu guten Preisen. Die hier entstandene Hofsituation, in der Wohnen und Arbeiten in Gemeinsamkeit stattfand, förderte das selbstbewusste „Wir"-Gefühl und sollte ausdrücken: „Wir schaffen eine neue Welt!"

Im Haus Nr. 16 befand sich eine von drei „Verteilungsstellen" des Viertels. In den Häusern wohnten ausschließlich in SPD oder KPD und in der Genossenschaft organisierte Arbeiter. Kurt Matthes (Jg. 1914) erinnert sich. *„Wenn Wahlen anstanden, sah man überall die Fahnen der Arbeiterparteien. In den städtischen Häusern auf dem Sedansberg überwiegend die schwarz-rot-goldenen der SPD, in den Gründerzeithäusern an der Leimbach und an der Amselstraße die roten der KPD. Hier in den Genossenschaftshäusern war es gemischt. Alle waren in der Genossenschaft."*

Auch einige Funktionäre wohnte hier, so z B. Karl Eberle (1869-1950) im Haus Nr. 16. Er war als wandernder Drechslergeselle aus dem Saarland nach Barmen gekommen. Durch sein gewerkschaftliches Engagement wurde er Vorsitzender der Gewerkschaftskommission Elberfeld-Barmen und unterzeichnet 1899 den Aufruf zur Gründung der Konsumgenossenschaft Barmen. Für einige Jahre (bis 1913) war er auch ihr Vorsitzender. Er gehörte zu der Generation von Sozialdemokraten, die schon die Verfolgungen unter dem Sozialistengesetz erlebt hatten. Auch Eberle hatte schon mehrfach Haftstrafen abgesessen – für den „Bierboykott", wie Karl Haberland, aber auch für die Autorenschaft von Artikeln in der „Freien Presse". In den Jahren zwischen

1898 und 1918 war er Reichstagkandidat der SPD gewesen. Nun, nach der Revolution, wurde er im September 1919 der erste sozialdemokratische Beigeordnete der Stadt Barmen. Im Februar 1921 wurde er für die MSPD in den rheinischen Landtag entsandt.[43] Seine Funktion als Beigeordneter behielt er bis zum November 1933. Im Juli des Jahres 1933 nahmen die neuen nationalsozialistischen Machthaber ihn in Schutzhaft und erkannten ihm sein Amt ab.

Im Haus Nr. 10 wohnte August Hoff, SPD-Stadtverordneter und im März/April 1920 Mitglied im „Aktionsausschuß" Barmen tätig. Im Haus Nr. 16 wohnte der SPD-Stadtverordnete Rudolf von Döringk. Nur einige Straßen weiter, in der Allarichstraße, lebte damals Kurt Matthes – bei seinen Großeltern. Sein Opa war Bäckermeister in der Konsumgenossenschaft. So wuchs er in diesem Viertel auf, ging in die „freie Schule" und später zur „Sozialistischen Arbeiterjugend". Er lernte Stoffdrucker, wurde nach dem Krieg SPD-Geschäftsführer und bei den Kommunalwahlen im Jahr 1948 von seinem Viertel in den Stadtrat gewählt. In den Jahren 1965 bis 1972 vertrat er den Wahlkreis im Bundestag.

Auch die Familie des langjährigen sozialdemokratischen Bundestagsabgeordneten Rudolf Dreßler stammt der Elsternstraße. Im Haus Elsternstraße Nr. 14 wohnte Großvater Wilhelm[45], Onkel Willy und Rudolf Dreßler sen. Der Großvater Wilhelm Dreßler kam aus dem Spessart und war bei seinen Wanderjahren in Barmen geblieben. Er wurde Sozialdemokrat und arbeitete als Schreiner bei der Konsumgenossenschaft. Er bezog die genossenschaftliche Wohnung in der Elsternstraße vermutlich schon bei seiner Heirat im Jahr 1905, als die Häuser gebaut wurden. Auch in der Familie Dreßler war die politische Spaltung der Arbeiterbewegung spürbar. Der älteste Sohn Willy schloss sich der USPD an. Im Juni

Kurt Matthes (Jg. 1914) vor dem Gebäude der Bäckerei in der Münzstraße, in der schon sein Großvater gearbeitet hatte. (Foto: WZ-Archiv)

1920 bis November 1921 arbeitete er als Bergmann in einer Zeche im Ruhrgebiet. Möglicherweise musste er, wie Kläre Muth von ihrem Bruder berichtet,[46] wegen den Verfolgungen nach dem Kapp-Putsch für einige Zeit aus seiner Heimatstadt verschwinden. Nach der Spaltung ging er zur KPD, schloss sich 1931, wie Kurt Matthes und Max Löwenstein, jedoch der linkssozialdemokratischen SAP an. In diesem Jahren betrieb er mit einigen Freunden aus den Naturfreunden intensives Selbststudium. Am Rande des Viertels, auf den Höhen des Nordparks, wo heute die Autobahn verläuft, hatte die Naturfreunde-Gruppe ihr Vereinslokal. In der Nachkriegszeit wurde Willy Dreßler Sozialdemokrat und einer der prägenden Vorsitzenden der Naturfreunde Wuppertal. Sein jüngerer Bruder Rudolf wurde Schlosser und blieb, wie der Vater, in der SPD. In den 20er Jahren war er vor allem im „Verein für Leibesübungen“ (VfL), dem Barmer Arbeitersportverein engagiert und im Viertel als ein guter Turner bekannt.[47] In seiner Firma war er Vorsitzender des Betriebsrates und nach 1933 an Widerstandsaktionen beteiligt. Durch Denunziation verlor er seinen Arbeitsplatz und kam als „Kanonenfutter“ an die Front. Ein enger Freund von Willi Dressler aus der Nachbarschaft war Albert Lange (1901-1954). Als eines von zwölf Kindern aufgewachsen, wurde er Bermann in einer Zeche in Hasslinghausen. Bei dem kleinen Freundeskreis war ein starker Wille vorhanden, sich trotz der schlechten Lernbedingungen fortzubilden. Albert Lange wurde Redakteur bei der örtlichen kommunistischen Zeitung, der „Roten Volkstribüne“. Die Artikel des Autodidakten fanden Betrachtung. Lange wurde nach Berlin, zum Zentralorgan der KPD, der „Roten Fahne“, berufen. 1933 kam er ins KZ Emsland und war einer der „Moorsoldaten“. Später lernte er im Strafbataillon 999 in Ägypten Wolfgang Abendroth[48] kennen.[49] Weitere Nachbarn und Freunde der Familie Dreßler waren Anton und Karl Meulenaers. Anton Meulenaers war Betriebsrat der Firma Vorwerk und führend in der Textilgewerkschaft sowie der „freien Volksbühne“ tätig. 1933 kamen eine Reihe der Anwohner in „Schutzhaft“ nach „Kemna“, so auch Hans Michaelis (Nr. 10) und Paul Müller (Nr. 22). Nach 1945 traf sich der zersprengte Kreis wieder in Wuppertal. Sie bauten das politische Leben wieder auf und verbrachten ihre Freizeit im Kreis der Naturfreunde. Auch heute noch ist ein Teil der Familien bei den Wuppertaler Naturfreunden organisiert, so auch der Abgeordnete Rudolf Dreßler. Einigen der Namen begegnet man heute, wenn man über den Kommunalfriedhof in Ronsdorf spazieren geht.

Die Naturfreunde in Barmen

Die erste Naturfreundegruppe des Wuppertals wurde 1912 in Barmen gegründet. Drei „ortsfremde“ Wandergesellen,[50] die es hierhin verschlagen hatte, brachten die Idee mit. Am 23.11.1912 wurde die Gruppe auf der Westkotter Straße, im Lokal „Frempes“, gegründet.[51] Das Anliegen war, den Menschen trotz der harten Arbeitsbedingungen in der kurzen freien Zeit die Natur näher zu bringen, damit sie so neue Kraft für den Alltag schöpfen könnten. Doch auch politische Ziele, wie der freie Zugang zu Seen und Wäldern und ihr Schutz vor Zerstörung, wurden thematisiert. Wie schon bei der Gründung der Bewegung 1895 in Wien, sollte der bürgerlichen eine eigenständige Kultur der Arbeiterbewegung entgegengesetzt werden. Das traf in diesem von Industrie geprägten Wuppertal, in dem es schon eine starke Arbeiterbewegung gab, auf großes Interesse. 1914 konnte auch eine Gruppe in Elberfeld gegründet werden. Doch die eigentliche Blüte erlebte die Bewegung erst nach der Zäsur des Krieges. Die politischen Beschränkungen des Vereinsgesetzes entfielen, auch Jugendliche ab 14 Jahren konnten sich einem „politischen“ Verein anschließen. Bis 1922 sollte die Mitgliederzahl auf 360 Genossen steigen.[52] 1919 entstand die Gruppe in Ronsdorf, 1920 in Wichlinghausen und auf dem Rott, 1921 in Langerfeld und Nächstebreck, 1922 in Cronenberg und 1923 in Heckinghausen. Die Jugendgruppe traf sich im städtischen Jugendheim in der Brucherschulstraße. Die Ortsgruppe Barmen verfügte über eine eigene Bibliothek in der Leimbacher Straße. Bei dem „Obmann“ Kurt Langensiepen,[53] der Bruder des 1920 beim Kapp-Putsch erschossenen Ernst Langensiepen, traf sich der Vorstand. Ein zentrales Anliegen der Naturfreundebewegung war die Erholung in der freien Natur, in eigenen Häusern, gemeinsam mit der Gruppe. Schon 1919

Die Naturfreunde Barmen bauten ihre erste eigene Hütte ins Wibachtal an der Wupper. Sie wurde ein beliebtes Ausflugsziel, bis sie die SA 1933 zerstörte. Heute überdeckt das Gelände die Wuppertalsperre. (Foto: Naturfreunde Wuppertal)

hatten die Barmer ein Haus bei Breckerfeld erworben, die Ronsdorfer kauften ein Hütte am Ortsrand und 1925 wurde bei Hammersteinsöge an der Wupper die „Wibachtalhütte“ auf gepachtetem Grund errichtet. In dieser Zeit war in einem Artikel über der Naturfreunde in der rheinischen Gauzeitung von der Wupper folgendes zu lesen: *„Das Schmerzenskind der deutschen Flüsse. Wir brauchen ein wirksames Heimatschutzgesetz. Aber auch hier ist wieder der beste Beweis für die Macht des Kapitals. Die Farbgewaltigen haben nicht nur die Möglichkeit, Arbeiter auszubeuten, sondern auch ganze Flussläufe zu verseuchen, und zwar in einem Umfang, der jeder Beschreibung spottet. … denn alle Arbeiter, sofern sie die ganze Woche in staubdurchwehten Fabrikräumen, in der staubigen Werkstatt oder in den muffigen Büros sind, können in den Waldgebieten der Wupper Erholung finden, wenn die Verseuchung beseitigt würde.“* Im April 1932 konnte das Grundstück an der Wupper gekauft werden und die Gruppe errichtete ein festes Haus.[54] Doch die Freude war kurz: Das Haus wurde 1933 von der SA zerstört und das Grundstück dem „Sauerländischen Gebirgsverein“ übergeben. Nach 1945 erhielten die Naturfreunde nach langem Rechtsstreit lediglich eine Abfindung. Die Wuppertaler Naturfreunde verfügten im Laufe ihrer Geschichte alleine über sieben Häuser. „Jedes Naturfreundehaus, das neu entsteht, ist ein Stück Klassenkampf!“, hieß es auf der Hauptversammlung der Naturfreunde 1928. Das Bergische Land bildete neben dem Land Baden-Württemberg eine der Hochburgen der „grünen Roten“.

Im Jahr 1930 spalteten sich auch die Naturfreunde. Fast die Hälfte der Mitglieder verließen nach dem „Unvereinbarkeitsbeschluss“ mit der KPD den Verband.[55] Im April 1932 fand jedoch der Parteitag der italienischen Kommunisten, die in Italien unter Mussolini hart verfolgt wurden, im Bergischen Land statt. In den Naturfreundehäusern Remscheid und Leichlingen, verborgen vor den Augen der deutschen Polizei, organisierte Walter Vesper[56] mit Unterstützung der örtlichen Naturfreunde dieses konspirative Meisterwerk. Damals prominente Parteiführer, wie Palmiro Togliatti, Luigi Longo[57], Guiseppe Dozza[58], Guiseppe di Vitorio[59], Vertreter der Komintern und Delegierte aus allen Regionen Italiens mussten auf versteckten Wegen hierher gebracht werden.[60] Die historische Bedeutung dieses IV. Parteitages lag darin, dass, entgegen den Ratschlägen der Komintern, zum ersten Mal ein eigener, westeuropäischer Weg zum Sozialismus eröffnet wurde.[61]

Die freundschaftlichen Bande, die auch während der Nazizeit zwischen den Mitgliedern gepflegt wurden, ermöglichten vielen einen lautlosen Widerstand gegen die Nazibarbarei. In einem alten Gasthof in Mollseifen im Hochsauerland traf man sich, um diese Kontakte ungestört zu halten. 1961, als Willi Dreßler zum Vorsitzenden der Wuppertaler Naturfreunde gewählt wurde, konnte dieses Haus als Erholungs- und Wintersportzentrum erworben werden. Neben den Häusern in Ronsdorf, Cronenberg und Unterbarmen ist es eines von vielen hundert Naturfreundehäuser in Deutschland, in denen neben Sport, Geselligkeit und Erholung auch politische und ökologische Bildung betrieben wird.

Hinweis:

Naturfreunde in Cronenberg, Kap. 3

Die Barmer Arbeitersportler
Leimbacher Straße 88

Der Barmer „Arbeiter-, Turn- und Sportbund“ (ATSB) verfügte 1925 über 16 angeschlossene Vereine mit ca. 1.600 Mitgliedern.[62] Bei den jährlichen „Reichs-Arbeiter-Sporttagen“ oder dem „Schauturnen“ in der Barmer Stadthalle waren die Ränge gefüllt. Hier erwarb sich u.a. der Sportler Rudolf Dreßler sen. seine sportlichen Auszeichnungen. Die Barmer Arbeitersportler zogen, ähnlich wie die Naturfreunde, am Sonntag die Wupper hinauf, um auf der „Himmelswiese“ bei Krebsöge einen entspannten Tag unter Gleichgesinnten zu verbringen.[63] Wie eng die Verbindungen zwischen den bei-

Die Barmer Arbeitersportler zogen sonntags nach Krebsöge zur „Himmelswiese“. Hier turnte man auch zum Zeitvertreib. (Foto: StA W, H. Schwerter)

den Bewegungen waren, zeigt sich auch in der Person Theodor Schneiders. Er war Obmann der Naturfreundegruppe von Barmen und gleichzeitig Vorsitzender des „Arbeitersportkartells Barmen".[64] In diesem Kartell waren wahrscheinlich auch die Naturfreunde als Wanderverein vertreten. In seiner Wohnung in der Leimbacherstraße 88 hatte er auch die Bibliothek der Barmer Naturfreunde untergebracht, in der wöchentlich Donnerstags Ausleihe war.

Hinweis:
Arbeitersport in Ronsdorf, Kap. 5

Karl Haberland – Organisator der Arbeiterwohlfahrt am Niederrhein
Amselstraße 13 (4)

In der Amselstraße 16, befand sich die „Verteilungsstelle 61" der Konsumgenossenschaft „Vorwärts-Befreiung". Schräg gegenüber, in der Amselstraße 13, wohnte der alte Sozialdemokrat Karl Haberland (1863-1938). Er war schon 1891, nach dem Ende der Unterdrückung durch die Sozialistengesetze, als Delegierter der Barmer Sozialdemokraten zum Parteitag nach Erfurt entsandt worden. 1893 wurde er wegen politischer Aktivitäten zu zwei Wochen Gefängnis verurteilt.[65] Auf dem Parteitag von 1903 gehörte er zu denjenigen, die „revisionistische Bestrebungen auf das entschiedenste ablehnen."[66]

Bei den Nachwahlen zum Reichstag im Jahre 1911 wurde Karl Haberland im Wahlkreis Düsseldorf-Ost nominiert und konnte diesen Wahlkreis erstmals der katholischen Zentrumspartei abringen.[67] Bei den regulären Wahlen von 1912 bestätigte er diesen Sieg. Im August 1914, als es um die sozialdemokratische Haltung zum Krieg ging, kam es in der Parteiorganisation seines Wahlkreises jedoch zu teilweise handfesten Auseinandersetzungen.[68] Entgegen der Haltung seiner Genossen in der lokalen Parteiorganisation stimmte Haberland im Reichstag für die Kriegskredite. Er war es auch, der im Auftrag des Parteivorstandes[69] die kritischen Artikel des Bezirksvorsitzenden und Redakteurs Otto Niebuhr in der „Freien Presse" zensieren sollte. Otto Niebuhr[70] nahm diese Demütigung nicht hin und verließ die Redaktion. 1918 war Karl Haberland, neben dem Ratvorsitzenden, Max Löwenstein von der USPD,[71] das prominenteste Mitglied im Barmer Arbeiter- und Soldatenrat. Als Mehrheitssozialdemokrat bekleidete er die einflussreiche Funktion des „städtischen Kommissars", der die Verbindung zwischen dem Arbeiterrat und der städtischen Verwaltung hielt und dort auch die kommunale Legislative kontrollierte.[72]

Er arbeitete als Parteisekretär beim SPD-Bezirksvorstand. Als der SPD-Parteivorstand 1919 die „Arbeiterwohlfahrt" als sozialpolitische „Selbsthilfe der Arbeiterschaft" ins Leben rief, war Haberland für die Gründung der entsprechenden „Ortsausschüsse" der AWO im Bezirk Niederrhein verantwortlich. So wurden im Jahr 1920 auch die Ortsausschüsse Barmen und Elberfeld gegründet. Als im November 1921 eine Bezirkssatzung verabschiedet wurde, war Elberfeld der Sitz des AWO-Bezirksauschusses. In der Robertstraße in Elberfeld, dem Sitz der Bezirksleitung, knüpfte Karl Haberland das Netz der Organisation.[73] Bei den Wahlen zum Preußischen Landtag im Februar 1921 wurde Karl Haberland zum Landtagsabgeordneten gewählt. Auf einer Konferenz im Jahr 1924 führte Haberland zu den Schwierigkeiten seiner Organisationsarbeit und dem emanzipatorisch-politischen Selbstverständnis der Arbeiterwohlfahrt aus: (Manche Genossinnen und Genossen) *„meinen, es handele sich um eine Art karitativer Wohltätigkeitsver-*

eine, ... durch den die Parteigenossen von den wichtigeren politischen und wirtschaftlichen Aufgaben der Arbeiterklasse abgehalten werden könnten. In Wirklichkeit handelt es sich darum, unseren Parteigenossen, die früher nur Objekt der öffentlichen Wohlfahrtspflege waren, jetzt zur Betätigung auf diesem Gebiet heranzuziehen und die Interessen der notleidenden Arbeiterfamilien von Männern und Frauen vertreten zu lassen, die die Leiden und Nöte der Arbeiter aus eigener Erfahrung kennen." [74]

Im Jahr 1925 wurde in den beiden Städte Barmen und Elberfeld jeweils ein eigenes Büro der AWO mit Auskunftsstelle eingerichtet. Diese Büros waren sogar mit einem eigenen Angestellten ausgestattet, wie es zu diesem Zeitpunkt nur in vier Städten am Niederrhein möglich gewesen war.[75]

Im Juni 1926, konnte in der Friedrichstraße (Elberfeld) in einem Geschäftshaus der Konsumgenossenschaft „Vorwärts-Befreiung" erstmals eine professionelle „Heimstatt für Mädchen" eröffnet werden. Hier wurden jungen Mädchen in Abgrenzung von bisher üblichen paternalistischen Erziehungsmethoden ein „neuzeitliches", vorbildliches Obdach gewährt.[76] Bis dahin stand für die Unterbringung von verwaisten Kindern und Jugendlichen lediglich eine Baracke in Elberfeld zur Verfügung.

In späteren Jahren wurde eine gemeinsame AWO-Geschäftsstelle am Haspel, gleich in der Nähe des Gewerkschaftshauses eingerichtet. Die Zusammenarbeit der beiden Organisationen bei Beratung und Rechtsauskünften konnte so einfacher gehandhabt werden. Neben Karl Haberland war es vor allem Oskar Hoffmann,[77] der sich um den Aufbau der Elberfelder Arbeiterwohlfahrt kümmerte und die Themen Wohlfahrtspflege und Jugendfürsorge in den Stadtrat einbrachte. Er wirkte als SPD-Stadtverordneter im Elberfelder AWO-Ortsausschuss mit und vertrat ihn in diesen Jahren auf den Bezirkskonferenzen.[78]

Der „Wichelhaushof"
Wichelhaushof 6-12 (5)

Der Name „Wichelhaushof" erinnert an die alte Barmer Bauernfamilie, die ursprünglich diesen Berg bewirtschaftete. Als zu Beginn der 20er Jahre dieser Wohnhof mit Wohnungen für kinderreiche Familien gebaut wurde, ist ihm der Name dieser alten Familie gegeben worden.

In dieser Zeit nach dem Krieg herrschte große Wohnungsnot und die Städte wuchsen durch weitere Zuwanderung. Die sozialdemokratisch geführte Regierung verfügte wegen leerer Kassen eine „Hauszinssteuer", mit der der öffentliche Wohnungsbau effizient gefördert werden konnte. So entstanden neue Wohngebiet, in denen meist auch die architektonischen Ideen der „Neuen Sachlichkeit" berücksichtigt wurden. Der Gedanke der Gemeinschaft wurde durch Wohnhöfe, Plätze, Arkaden (Orte des Kommunikation) und Gärten gefördert. Auch wichtige Merkmale der Wohnqualität, wie Licht, Luft, Sonne, sanitäre Einrichtungen etc., wurden erstmals auch im Arbeiterwohnungsbau, wie in diesem Viertel, berücksichtigt. In den ersten Jahren hatten die Familie hinter ihren Häusern kleine Gärten zur Selbstversorgung zur Verfügung. Später wurden daraus Grünflächen.

Hinweise auf weitere interessante Wohnhöfe auf dem Sedansberg:

Boelkestraße
Klingelholl 41-45
Alarichstraße 37-43
Sedanstraße 53-59
Münzstraße 5-13

In Elberfeld

Kohlstraße/Ecke Uellendahlerstraße,
Jahnplatz

Ein Gedicht für die Toten
Wichelhaushof 9 (5)

Im Wichelhaushof wohnten zwei bekannte Familien von Arbeiterfunktionären, die jüdische Familie Max und Meta Löwenstein und Familie August und Sofie Christmann.

Max Löwenstein war in der Barmer Arbeiterschaft als Redakteur und Dichter bekannt. In den Tagen des Arbeiteraufstandes hatte er die Grabrede an den Gräbern der Opfer gehalten. Zum Tod der Gefallenen verfasste er ein Gedicht, das am 20.3., dem Tag der Beerdigung, auf den Titelseiten der beiden Arbeiterzeitungen, „Volkstribüne" und „Freien Presse", abgedruckt wurde.

„Den toten Revolutionskämpfern von Elberfeld-Barmen" [79]

Wir trauern und klagen
Zur Erde wir senken die toten Genossen,
Die Körper zerrissen, die Augen geschlossen,
Nie werden die Fäuste sich trotzig mehr ballen.
Nie werden die Stimmen mehr schmetternd schallen.
Von Staube bist du, zum Staube wirst du.
Und weinende Mütter und jammernde Bräute,
Des zehrenden Kummers schmerzliche Beute.
Die Gräber gähnen, die Schollen fallen.
Wir trauern und klagen.

Wir jauchzen und singen,
in allen Lüften ein Funkeln und Sprühen,
in allen Zweigen ein Knospen und Blühen.
Dem Schoße der Erde entquillt der Segen,
Ein keimendes Leben, ein starkes Sichregen,
Vom Lichte bist du, zum Lichte schwingst du!
Die Gräber sich öffnen, und Hände sich ballen,
und Augen erglänzen und Stimmen erschallen:
Zum Lichte, zur Freiheit ihr herrlichen Geister,
ihr sprenget die Ketten, des Todes Meister.
Wir jauchzen und singen.

Max Löwenstein

Hier mischen sich Revolutionshoffnung, christliche Auferstehungsvorstellung mit dem Kult des Lichtes, wie er sich in den Lebensreformvorstellungen[80] der Freidenker und Vordenkern der „Freien Körperkultur" wiederfindet.

Arbeiterfunktionär, Dichter, Redakteur – das Schicksal des Juden Max Löwenstein und seiner Familie (5)

Max Löwenstein wurde am 24.10.1873 geboren. Er war mit Meta Löwenstein, geb. Klett, einer Nicht-Jüdin verheiratet. Möglicherweise ist Max Löwenstein ein Sohn von Hermann Seligmann Gabriel Löwenstein, einem Geschäftsmann in Barmen, der während der Sozialistengesetze als illegale Anlaufstelle für die Zeitschrift „Der Sozialdemokrat" in Barmen fungierte und deshalb 1889 in dem bekannten „Geheimbundprozess" gemeinsam mit 128 Sozialdemokraten angeklagt wurde.[81]

Vermutlich war Max Löwenstein in der Kaiserzeit schon Mitarbeiter der sozialdemokratischen „Freien Presse". Wie fast alle jungen Männer wurde im August 1914 auch Max Löwenstein zum Kriegsdienst eingezogen.

Karl Liebknecht hatte am 1. Mai 1916 öffentlich Flugblätter gegen den Krieg verteilt und war zu schwerer Haftstrafe verurteilt worden. Auch in Wuppertal verteilten vier Anhänger der Partei-Opposition[82] Flugblätter, die zu Proteststreiks aufriefen. In der Nacht zum 22.Juli 1916 wurden sie verhaftet. Max Löwenstein, der ebenfalls als Kriegsgegner bekannt war, wurde auch in dieser Nacht verhaftet.[83] Am Tag zuvor war er von der russischen Front für einen kurzen Heimaturlaub zurückgekehrt. Im Februar 1917 wurden die Oppositionellen wegen Landesverrats angeklagt, zu meh-

Das Foto zeigt die letzte Barmer Stadtverordnetenversammlung von 1929 auf einem gemeinsamen Ausflug. In der ersten Reihe (3.v.r.) ist Max Löwenstein zu sehen. Vorne links (3.l) ist der konservative Lehrer Groß abgebildet.[93] (Foto: StA W)

reren Monaten Haft verurteilt und anschließend an die Front geschickt. Auch sein Redaktionskollege Oskar Hoffmann war darunter.[84]

Bei seiner Rückkehr im November 1918 war Max Löwenstein ein bekannter Politiker der Linken und wurde zum Vorsitzenden des Barmer „Arbeiter- und Soldatenrates" gewählt. Er wurde Mitglied im Volksbildungsausschuss und in der Zeitung erschienen seine Gedichte, in denen er sich kritisch mit den „Mehrheitssozialisten" auseinandersetzte (vgl. „Die Revolution, wie ich sie anfasse!"). Er schloß sich der USPD an und arbeitete bei ihrer Zeitung „Volkstribüne" als Redakteur und Schriftleiter. Neben Werner Möller, dem Arbeiterdichter aus Oberbarmen, der mit ihm wegen der Flugblattaktionverhaftet worden war, ist Max Löwenstein einer der bekanntesten lokalen Poeten, die ihre literarische Arbeit in den Dienst der gesellschaftlichen Umwälzung stellten.[85] Im Dezember 1918 war er einer der 17 Delegierten des Bezirkes Niederrhein auf dem Reichskongreß der „Arbeiter- und Soldatenräte", die die Weichen für einen republikanische Gesellschaftsordnung stellten. Gemeinsam mit Wilhelm Backhaus[86] vertrat er dort die Stadt Barmen. Max Löwenstein wohnte in dieser Zeit am Fuße der Sedanstraße (Nr. 2), gleich in der Nähe des Gewerkschaftshauses. Bei der Spaltung der USPD schloss er sich nicht der KPD an, sondern fand 1922 den Weg zurück in die „Vereinigte" SPD. Er gehörte über viele Jahre der Stadtverordnetenversammlung an, zunächst für die USPD, später für die (V)SPD. Im Januar 1921 war er einer der Mitbegründer der „Freien Volksbühne für das Wuppertal."[87] Sein literarisch-kulturelles Engagement führte ihn auch in die Volkshochschularbeit. Sein Name findet sich im Programm der Barmer Volkshochschule z.B. mit dem Seminar „Frauenprobleme im Spiegel Ibsenscher Dichtung".[88]

Sein Sohn Siegmund (1910-1944) wurde später ebenfalls Mitarbeiter der „Freien Presse“ und Gruppenführer des Bezirkes Sedansberg im „Reichsbanner Schwarz-Rot-Gold“.

1931 kam es erneut zu einer politischen Zerreißprobe. Die SPD verließ sich, trotz gravierender Lohnsenkung, Millionen von Arbeitslosen und Notverordnungen der Regierung Brüning, auf die Selbstheilungskräfte der Marktwirtschaft. Auf dem Leipziger Parteitag spaltete sich die Linke der Partei ab und gründet die „Sozialistische Arbeiterpartei“ (SAP), der auch Willi Brandt und ein Großteil der Parteijugend angehörten. In Wuppertal waren es ca. 500 Sozialdemokraten, die sich der neuen Partei anschlossen, u.a. Kurt Matthes und Willi Dreßler. Max Löwenstein wurde Vorsitzender und Hauptredner auf den Versammlungen der kleinen Partei.[89] Doch der neuen Gruppierung blieb der nachhaltige Erfolg bei den Wahlen versagt. Max Löwenstein betrieb nun ein Textilgeschäft in Elberfeld[90] und wurde von den Nazis sowohl aus rassistischen als auch aus politischen Gründen verfolgt. 1935 wurde er verhaftet, vermutlich im Zusammenhang mit den Wuppertaler Gewerkschaftsprozessen, und im Gefängnis Bendahl ermordet.[91]

Sein Sohn Siegmund[92] floh in der Wahlnacht im März 1933 und lebte in Rouen, Frankreich. Seine Verlobte Hildegard Bunn aus Barmen folgte ihm 1934 nach Frankreich, wo sie 1935 heirateten. Das Ehepaar hatte zwei Kinder: Sonja, geb. am 9.7.1935, und Michael, geb. am 11.9.1943. Ab 1940 lebte die Familie unter falschem Namen in Toulouse. Kurz nachdem das jüngste Kind zur Welt gekommen war, wurde Siegmund Löwenstein von den deutschen Besatzern ergriffen und in das KZ Saarbrücken überstellt. Hier wurde er am 21.2.1944 ermordet.

„Die Revolution, wie ich sie anfasse!“
Notschrei eines Mehrheitssozialisten.

Nur nicht mit wehendem Lockenhaar,
Nur nicht die Fahne blutig rot,
Nur nicht das blanke scharfe Schwert,
Die Fackel nicht, die glüht und loht!
Nicht schreite sie mit eh'rnem Schritt,
Der aus der Ruh den Bürger weckt,
Und auch die Lumpen lieb ich nicht,
Drin noch der Dunst vom Zuchthaus steckt.
Nicht frech und mit entblößter Brust
Geht sie am lichten Tag einher,
Das passt sich nicht, das schickt sich nicht,
Und das geniert mich gar zu sehr,
nein, heimlich kommt sie in der Nacht
Mit ausgeschnittenem Seidenkleid,
Durchbrochnen Strümpfen, Stöckelschuhen,
Die Röckchen raffe sie recht weit,
Und wohl erzogen, wohl frisiert
Sei sie, dabei hübsch rot geschminkt,
Auch hab ichs gerne, wenn das Parfüm
Nach Rosen und nach Veilchen stinkt.
sie redet den und jenen an
Und gibt für Geld sich allen hin,
das Dirnchen; nun wie nenn ich sie
Revolution, nach meinem Sinn.

Volkstribüne 13.1.1919, Max Löwenstein

Das Ehepaar August und Sofie Christmann *Wichelhaushof 6 (5)*

Ab ca. 1924 wohnte die Familie Christmann am Wichelhaushof. August Christmann, ein Buchdrucker, war 1908 mit seiner Frau ins Wuppertal gekommen. Das Ehepaar hatte drei Kinder. August engagierte sich bei der SPD, später bei der USPD. Im März 1920 war er für die USPD in den Aktionsausschuss der Arbeiterparteien gewählt worden. Seine Frau Sofie Christmann, (4.8.1883, geb. Neumann), kam aus Vorbach, einem Ort im Saarland, nahe der französischen

Sofie Christmann kurz vor einer Wahlkampfrede in der Elberfelder Stadthalle im November 1932. Sie hatte kurz zuvor Morddrohungen erhalten und trat trotzdem, im Schutz der Reichsbanners, auf die Bühne. Auch ihr Sohn August war am Saalschutz beteiligt, obwohl seine Frau in Wehen lag. (Foto: Marianne Christmann, M.C.)

Der sozialdemokratische Parteisekretär August Christmann war im März 1920 für die USPD im Aktionsausschuss. Das Foto zeigt ihn im Juli 1955 bei einem Kuraufenthalt in Bad Wildungen. (Foto: M.C.)

Grenze. Sie erhielt eine gute Ausbildung in einem Nonnenkloster und war ebenfalls, spätestens seit 1912, Mitglied der SPD. Ihre Enkelin Marianne Christmann berichtet, dass sie im März 1920 bei den Kämpfen im Stadtteil unter ihren Röcken Munition zu den kämpfenden Arbeiter schmuggelte. Im den Monaten im Frühjahr 1920, kurz vor der Reichstagswahl, war sie eine der engagiertesten Rednerinnen auf den Frauenversammlungen der Partei. Das gerade erkämpfte Frauenwahlrecht und die politische Aufklärung und Beteiligung der Arbeiterfrauen war auf diesen Versammlungen immer wieder ihr Thema.[94] So wurde sie im Februar 1921 bei den Wahlen zum Preußischen Landtag für die USPD nominiert. Sie erhielt 10.173 Stimmen in ihrem Wahlkreis[93] und zog in den preußischen Landtag ein. Neben Thekla Lande wurde sie eine der prominentesten weiblichen Abgeordneten der Arbeiterparteien. Das Landtagsmandat (ab 1922 für die VSPD) behielt sie bis 1933, als die Nazis der Demokratie ein Ende machten. Ihr Mann August wurde 1922, bei der Vereinigung von SPD und USPD, zum Parteisekretär bestellt. Dieses Amt hatte er bis 1933 inne.

Kurt Matthes erinnerte sich an die Versammlungen der Sozialdemokraten in der Barmer Stadthalle in den 20er Jahren. Hier schloss der Parteisekretär die Versammlungen mit dem Ausruf *„Es lebe die völkerverbindende Sozialdemokratie, Sie lebe* *hoch!*" und stimmte die „Internationale" an, die dann von allen Versammelten gesungen wurde.[96] 1933 wurde August Christmann verhaftet und die umfangreiche Bibliothek beschlagnahmt. In den nächsten Monaten trat er die schreckliche Odyssee über das KZ Kemna ins KZ Börgermoor an. Hier im Emsland traf er Oskar Triebel[97] wieder und es entstand eine enge Freundschaft. Auch nach seiner Entlassung Weihnachten 1936 beteiligte er sich an illegalen Treffen und Aktionen in Wichlinghausen. Seine Frau, die Abgeordnete Sofie Christmann, floh über Sachsen in die Schweiz. Hier verkehrte sie mit ihrer Familie über eine verdeckte Briefadresse. Später konnte sie nach Berlin[98] zurückkommen. Dort half sie, die selbst französischer Herkunft war, nach Kräften, die französischen Fremdarbeiter mit geschmuggelten Lebensmitteln zu unterstützen. Am 30.4.1944 starb sie.

1945 ist August Christmann einer der Männer der ersten Stunde. Er wird Vorsitzender des „Aktionsausschusses der antifaschistischen Einheitsbewegung", in der sich SPD, KPD, liberale und christliche Antifaschisten zusammenschließen und erste Maßnahmen zur Linderung der großen Not und zur „Liquidierung der nationalsozialistischen Partei und deren Ideologie" in die Wege leiten. Dieser „Antifa"-Ausschuss tagte im April und Mai 1945 täglich unter der Leitung von August Christmann.[99] Später wurde August Christmann erneut kurzzeitig Sekretär der SPD. 1955 verstarb er und wurde auf dem Kommunalfriedhof Ronsdorf beigesetzt.[100]

Die Wahlen im Februar 1921 – die Abgeordneten vom Sedansberg *20.2.1921*

Die Wahlen zum rheinischen Provinziallandtag und zum preußischen Landtag in Berlin waren das erste politische Stimmungsbarometer nach der Spaltung der USPD. Sie machten auch die langfristigen politischen Schlussfolgerungen deutlich, die ein Großteil der damals beteiligten Arbeiterschichten aus den Ereignissen im Jahr 1920 zogen. Diese Wahlen brachten in den Bergischen Städten einige der politischen Führungspersönlichkeiten der Arbeiterparteien in politische Verantwortlichkeit, die ihnen bisher versagt geblieben waren. Nachdem die SPD über Jahrzehnte das Dreiklassenwahlrecht bekämpft hatte, wurden nun viele ihrer alten politischen Funktionäre in Abgeordnetenstühle gewählt. Im Juni 1920 waren für die USPD, damals die weitaus stärkste Arbeiterpartei, schon Otto Braß aus Remscheid, Paul Sauerbrey aus Barmen und Lore Agnes aus Düsseldorf in den Reichstag gewählt worden. Doch nun, 1921, war die alte Arbeiterpartei in drei fast gleich große Gruppen zerfallen. Allein vier der damals gewählten Abgeordneten aus den konkurrierenden Arbeiterparteien wohnten auf dem Sedansberg. Viele der anderen Abgeordneten sind uns nach den bisherigen Touren ebenfalls bekannt. Bei den Wahlen zum preußischen Landtag erhielt die MSPD in Barmen 15.892 Stimmen und entsandte Karl Haberland nach Berlin. Die USPD verlor in Barmen zwei Drittel ihrer Stimmen vom Juni 1920 (30.328). Mit 10.173 Stimmen wurde Sofie Christmann nach Berlin entsandt. Die VKPD erhielt 7.912 Stimmen. Für sie nahm Fritz Charpentier das Abgeordnetenmandat wahr. Auch der Redakteur der „Bergischen Arbeiterstimme" Oskar

Plenge aus Solingen, der in dieser Zeit vor allem ein kritischer Berichterstatter der Strafjustiz nach dem Kapp-Putsch war, wurde für die VKPD gewählt. Die Deutschnationalen wurden nun mit 24.548 Stimmen die stärkste Partei in Barmen und schickte Magdalene von Tilling[101] aus Elberfeld nach Berlin.[102]

Auch in den rheinischen Provinziallandtag wurden Männer gewählt, die bei dem Arbeiteraufstand eine herausragende Rolle spielten: der Redakteur Oskar Hoffmann[103] aus Elberfeld und der Lehrer der freien Schule Schützenstraße, Rudolf Bamberger, für die USPD; Karl Eberle, der langjähriger Gewerkschaftsvorsitzende von Elberfeld-Barmen und der SPD-Bezirkssekretär Wilhelm Ullenbaum für die MSPD.

Doch in der relativen Stärke der USPD spielt Elberfeld und Barmen eine Sonderrolle. Im Wahlkreis Düsseldorf-Ost, der darüber hinaus die Städte Remscheid, Solingen, Mettmann, Lennep, Essen und Düsseldorf umfasste, erreicht die VKPD fast so viele Stimmen wie die MSPD und ließ die USPD weit hinter sich. Die Kommunisten wurden in vielen Städten, wie Essen, Hamborn, Remscheid und Solingen, zur stärksten Arbeiterpartei. Im Wuppertal und Hagen, wo sich die örtlichen Arbeiterparteien SPD und USPD für die Politik ihres linken Parteiflügels entschieden hatten, konnten sie ein Großteil ihrer Wähler halten.[104]

Im Wahlkreis Düsseldorf-Ost konnte die KPD ihren hohen Wähleranteil (22,4%) bei der Arbeiterschaft auch in den folgenden Jahren halten und sogar ausbauen (Nov. 1932 – 28,3 %).

Nicht zuletzt unter dem Eindruck des Kapp-Putsches ging diese breite Wählergruppe der demokratischen Arbeiterbewegung für die Weimarer Republik verloren.[105]

Freie Schule Schützenstraße
Schützenstraße 103 (6)

In der evangelischen Schule an der Schützenstraße entstand 1920 die erste „Dissidentenklasse“. 1921 wurde sie zur „Freien Schule“ erklärt. Hier war der Pädagoge und Sozialist Rudolf Bamberger tätig, der sich engagiert für die Schulreform einsetzte. Schon am 16. Januar 1920 hatte ein „Aktionsausschuss“ für die weltliche Schule zur Demonstration aufgerufen. Als sich im März 1920 mit der Macht der Aktionsausschüsse auch die Möglichkeit bot, endlich praktische Reformen in der Schule durchzusetzen, kam es zu teilweise tätlichen Auseinandersetzungen. Vielen Arbeiterfamilien war die Prügelstrafe autoritär-konservativer Lehrer verhasst. Die Eltern griffen zur Selbsthilfe und stellten die Lehrer vor der Klasse zur Rede. So berichtet Wilhelm Vogelsang, damals Volksschulrektor in Barmen-Wichlinghausen in seinem Schultagebuch: *„Am 18.(März) erschienen vor unserer Schule 4 Unabhängige mit Gewehren, erschreckten meine Frau in höchstem Maße, fragten nach dem Rektor, und eröffneten mir, dass es in Zukunft verboten sei, die Kinder körperlich zu züchtigen.*

In unserer Nachbarschule (Collenbuschstraße) wurde ein Lehrer von dem Wortführer dieser Unabhängigen vor seiner Klasse geschlagen und gezwungen vor den Kindern zu sagen, er habe ihnen oft Unrecht getan, bedaure das und werde sie in Zukunft nicht mehr schlagen.“ [106]

Am 23.3. ließ der „Aktionsausschuss der vereinigten sozialistischen Parteien“ Barmen folgende Notiz in der „Volkstribüne“ veröffentlichen: *„In den ersten Tagen der Revolution ist es in einzelnen Fällen zu Ausschreitungen gegen mißliebige Lehrer gekommen. Solche Vorkommnisse schaden aufs schwerste unserer Sache, der Sache des Proletariats ... Wenn die Eltern glauben, Ursache zu haben, sich über die Behandlung ihrer Kinder in der Schule zu beklagen, so müssen sie sich an die zuständige Stelle, an die Schulverwal-*

tung im Rathaus wenden.“ [107] Beschwerden sollten an den Beigeordneten Greßler oder den Lehrer Rudolf Bamberger, in der Schützenstraße 112, adressiert werden. Die Wohnung von Rudolf Bamberger, gleich gegenüber der Schule, wurde so zur Anlaufstelle der auf Veränderung drängenden Eltern.

Der konservative Rektor Vogelsang, der 1919 das Bild des Kaisers nur widerstrebend aus der Klasse genommen hatte und seither im Lehrerzimmer für eine zukünftige Wende „aufbewahrte“[108], schrieb zu dem Vorfall in der Schule Collenbuschstraße weiter: *„Dem Eingreifen der gesamten Lehrerschaft in der amtl. L.Konferenz am 26.3. ist es zu verdanken, daß der betr. Wortführer in Gegenwart des Rektors, des Kr.Sch. Peter und des Beig. Greßler vor der Klasse hat Abbitte tun müssen.“* [109]

Im Oktober 1920, nach einem Streik der Eltern, konnten einige „Freien Schulen“ eingerichtet werden. Kurt Matthes wurde in diesem Jahr in der „Freien Schule Schützenstraße“ eingeschult und erinnert sich: *„Bei uns in der freien Schule war die Prügelstrafe verpönt. Lediglich einzelne alte Lehrer, wie der konservative Stadtverordnete Groß, konnten ihre Gewohnheit nicht ändern. Wir hatten einen Schulgarten auf der Hard eingerichtet und verfügten sogar über ein eigenen Schullandheim in Eitdorf an der Sieg.*

Unter uns Schülern wurde viel politisiert. Kommunistische und sozialdemokratische Anhänger hielten sich auf unserer Schule die Waage. Wenn Wahlkämpfe anstanden, hatten fast alle ein Abzeichen an Revers. Wir Sozialdemokraten trugen die Farben Schwarz-Rot-Gold an einem Band, meine kommunistischen Mitschüler nur die Farbe rot. Auf unserer Schule waren auch die Kinder der Familien Sauerbrey, Bamberger und Luckhardt. Und unser Lehrer Rudolf Bamberger war damals stadtbekannt.

Zum Ende der Schulzeit erhielten die Abgänger die „Jugendweihe“. Manche Schulen richteten die Feier gemeinsam im Saal der Barmer 'Conkordia' aus.“ [110]

1926 wurde vom Rheinischen Lehrerverband ein Denkmal für Johannes Langermann, einem Vordenker der Lebens- und Arbeitsschule, errichtet.[111] Dieser Schulreformer hatte lange in Barmen gearbeitet und seine Ideen in knappen Thesen dargelegt:

Nicht Stoffanhäufung – sondern Kraftentwicklung
nicht Wissen – sondern Können
nicht Zwang – sondern freies, freudiges Wollen
nicht Konkurrenz – sondern Ergänzung
nicht Isolierung – sondern organische Eingliederung
nicht Lernen zu Prüfungszwecken – sondern Erleben zum Zweck des Lebens

Viele dieser Ideen wurden von engagierten Lehrern an den freien Schulen umgesetzt. Langermann selbst hatte kurz vor seinem Tod, im Jahr 1923, gesagt: „Die weltliche Schule ist das Ausfalltor der neuen Erziehung. Da hindurch führt der Sieg, an den ich glaube.“[112]

Schützenstraße 112 (6)

Hier wohnte der Lehrer Rudolf Bamberger (1889-1974). Der unabhängige Sozialdemokrat wurde 1919 in den Stadtrat gewählt und gehörte ihm bis 1933 an. 1921 wurde er Abgeordneter im rheinischen Provinziallandtag. Er war Dozent an der Barmer Volkshochschule („Die Geschichte der sozialistischen Ideen“[113], „Aufbau des utopischen Staates“[124] u.a. Themen) und trat als Trauerredner der Freidenker auf.[115] 1923 wurde er Rektor an der „Freien Schule Bartolomäusstraße“, später an der Schule Germanenstraße. Auch nach dem Krieg war er für die SPD im Stadtrat und übte zwischen 1946 und 1953 das Amt des Stadtdirektors aus.

Schützenstraße 49

In Haus Schützenstraße 49 entstand gegen Ende der 30er Jahre aus der Gruppe des „Internationalen sozialistischen Ordens“ (ISO) eine Wohngemeinschaft, die die Ideen von Adolf Reichwein[116], dem Pionier der Heimvolkshochschulen, aufgriff. Reichwein schrieb zu der von ihm propagierten sozialistischen Lebensgemeinschaft: *„Innerhalb dieser gegenüber dem früheren Leben der einzelnen doch recht straffen Form hat jeder den Beweis zu erbringen, das er nach einem wirklich gemeinsamen Leben strebt, das er mit anderen Worten bereit ist, die sozialen und politischen Ideen, für die er streitet, selbst in Wirklichkeit umzusetzen. Diese schwere Probe auf die tägliche Praxis, die natürlich mit vielen Enttäuschungen verknüpft ist, ist das Fundament, auf dem die unterrichtliche Tätigkeit erst ihren vollen Sinn bekommt.“* [117]

Es ist nicht verwunderlich, dass sich an dieser Wohngemeinschaft vor allem Lehrer und Lehrerinnen der Freien Schulen beteiligten. Manche betrachteten ihre Arbeit als den Versuch, den „Neuen Menschen“ zu erziehen. So wohnten im Haus an der Schützenstraße Luise Speer von der Freien Schule in der Ziegelstraße, die Gymnastiklehrerin Erna Michaels und Ernst Jungbluth von der freien Schule an der Schützenstraße. Kurt Matthes war damals dort Schüler und berichtet: *„Ernst Jungbluth war ein feiner Kerl und sehr beliebt bei uns Schülern. Er war politisch weit links stehend und über seine Wohngemeinschaft an der Schützenstraße gab es viele Diskussionen. Nach dem Krieg saßen wir zusammen im Stadtrat, ich für die SPD und er für die KPD. In den 50er Jahren, als die KPD verboten war, wurde er SPD-Mitglied.“* [118]

Fritz-Senger-Platz

Wenige Meter hinter dem Haus Nr. 49 befindet sich der eindrucksvolle städtische Wohnhof aus den 20er Jahren. Er ist nach Fritz Senger benannt, dem Betriebsratsvorsitzenden bei den Wuppertaler Stadtwerken (bis 1933). Er kam ins KZ-Kemna und in das Elberfelder Polizeigefängnis. Dort haben ihn die faschistischen Folterer an seinem 50. Geburtstag in den Tod getrieben.

Genossenschaftliche Siedlung am Nordpark *1912 – Seydlitzstraße / Ecke Bürgerallee (7)*

1908 gründeten 42 Beamte die heutige „Allgemeine Baugenossenschaft Wuppertal e.G.“. Ab 1912 wurde das Gelände am Nordpark bebaut, das die Stadt Barmen in Erbpacht zur Verfügung gestellt hatte.[119] Die Siedlung orientierte sich an der „Gartenstadtidee“[120]. Die Häuser der Beamten wurden im konservativ-romantischen „Heimatstil“ entworfen.

Bis zur Revolution im Jahr 1918 war es lediglich den Beamten gelungen, entsprechende öffentliche Unterstützung für solche genossenschaftlichen Bauvorhaben zu erhalten.[121] Hier wohnten vornehmlich konservative Beamte. So der Lehrer Groß,[122] der an der „freien Schule Schützenstraße“ arbeitete. *„Er saß für eine konservative Splitterpartei im Stadtrat. Dieser autoritäre Lehrer war im Lehrerkollegium und bei den Schülern sehr umstritten. Bei ihm gab es sogar manchmal Hiebe“,* erinnert sich Herr Matthes.

Hinweise zu weiteren genossenschaftlichen Siedlungen:

Siedlung Frankenplatz, Kap. 4
Siedlung Am Hackland,
Siedlung „Eigener Herd“, geg. 1911, Eschenbeekerstraße, Vogelsangstraße
Siedlung Unterbarmer Friedhof, Unterbarmer Friedhof 40-50, Wernerstraße
Siedlung Goethestraße, Vohwinkel

„Das Banner kann stehen wenn der Mann auch fällt" *Juni 1920 – Uthmann-Denkmal, Nordpark (8)*

Das Denkmal auf der Höhe des Nordparks wurde 1930, nach fast 10-jährigen Auseinandersetzungen mit der Stadt Barmen, von den Wuppertaler Arbeitergesangvereinen dem Arbeiterkomponisten Gustav Adolf Uthmann errichtet.[123] Adolf Uthmann war in den ersten Jahrzehnten des Jahrhunderts einer der bekanntesten Arbeiterkomponist in Deutschland. Er war 1867 in Barmen geboren und wohnte in der Sedanstraße. Uthmann schuf ca. 400 Lieder und Kompositionen. Die bekanntesten waren „Zum Lichte empor" (1905) und „Tord Foleson" (1905). „Tord Foleson" knüpft an eine alte norwegische Sage über einen Freiheitskämpfer an. Der Norweger Per Sivle hatte sie in ein Lied gefasst. Uthmann komponierte hierzu ein gewaltiges und ergreifendes Werk für Männerchöre. „Es wurde das mit Abstand beliebteste Chorlied sei seinem Erscheinen um 1905".[124] Der pathetische Chorsatz erforderte Chöre nicht unter 300 Sängern und wurde deshalb oft bei den großen Arbeitersängerfesten gesungen. Erhard Lucas, der sicherlich die umfassendste Recherche zu den lokalen Vorkommnissen im März 1920 angestellt hat, bemerkt dazu: „Als im März 1920 die gefallenen Kämpfer bestattet wurden, wurde dieses Lied 'Tord Foleson'" „in fast allen Fällen gesungen"[125]. Der pathetische Text symbolisiert den Streit der alten gegen „die neue Zeit".[126]

Tord Foleson

Sie standen in Norwegs Feld gerüstet zum Streit:
Die alte gegen die neue Zeit.
Das, was musst' fallen, gegen das, was bestehen sollt';
das, was wollt' wachsen, gegen das, was vergehn sollt'.
Da zogen das Schwert sie zur selbigen Stund',
der kühne junge Olaf und der graue Torehunt.
Und der Heerruf erscholl, dass die Erdfesten dröhnten,
und die Pfeile schwirrten, und die Spieße stöhnten.
Nun meldet die Sage: Da trug ein tapferer Mann,
Tord Foleson, Olafs Banner voran.
Von diesem Bannerträger wird man singen und sagen,
solang man in Norweg Banner wird tragen.
Denn wie er die tödliche Waffe empfing,
Weit vor in den Kampf mit dem Banner er ging.
Und bevor er fiel mit der letzten Kraft
fest in die Erde stieß er den Schaft.
Und die alte Sage, sie tut uns kund:
Tord fiel zu Boden, doch das Banner stund!
Und solches sollt' fürder ein jeder noch wagen,
der das Freiheitsbanner im Kampfe mag tragen!
Der Mann mag sinken wenn das Banner nur steht
gleich jenem in Norwegs Feld, wie die Sage geht.
Und das ist das herrliche, Große auf der Welt:
Das Banner kann stehn, wenn der Mann auch fällt! [127]

Gustav Adolf Uthmann gilt als bekanntester Arbeiterkomponist der Jahrhundertwende in Deutschland. Seine Kompositionen wurden sogar von den Chören der amerikanischen Arbeiterbewegung gesungen. (Foto: Rolf Kleinhans)

Hier findet sich die lang tradierte und uns heute fragwürdig erscheinende Weltanschauung wieder, in der der Fortschritt der Weltgeschichte (das Banner) alles, der Einzelne wenig zählt.[128] Die Popularität des Liedes bedeutete für den Komponisten Uthmann sicherlich einer der Höhepunkte seiner musikalischen Karriere. Drei Monate später, am 22. Juni 1920, kurz vor Vollendung seines 53. Lebensjahres, starb er unerwartet an einer Blutvergiftung und Lungenentzündung.

Die Trauerfeier fand im Saal des Gymnasiums Sedanstraße statt, er wurde auf dem Friedhof Bartolomäusstraße bestattet. Sein Grab ist in die Liste der Grabstätten „verdienter Bürger" aufgenommen worden und wird mit städtischen Mitteln gepflegt. Sein Lied lebte jedoch weiter – es wurde in Stein gehauen. Zum ersten Jahrestag im März 1921 wurden die Grabmale enthüllt. Auf diesen Denkmalen finden sich öfter die letzten Zeilen des Liedes wieder:

Das Banner kann stehn, wenn der Mann auch fällt! So stehen diese Wort auch auf den Grabmalen des Ehrenfriedhofs Barmen und des Friedhofs in Cronenberg.[129]

Gustav Adolf Uthmann – ein Sänger der Arbeiterschaft (8)

Gustav Adolf Uthmann wurde am 29.6.1867 in die Familie eines „kleinen“ städtischen Beamten geboren. Seine Mutter war musikbegeistert und förderte die musischen Fähigkeiten des Sohnes. Er erhielt ersten musikalischen Unterricht bei seinem Onkel und besuchte die „Präparanden“-Schule, auf der er zum Volksschullehrer ausgebildet werden sollte. Als junger Mann engagierte sich Gustav Adolf beim CVJM. 1882, noch während der Schulzeit des Sohnes, verstarb der Vater nach langer Krankheit, die Mutter erblindete. Die kleine Pension reichte nicht aus und Adolf verließ die Schule, um zum Unterhalt der jüngeren Geschwister beizutragen. Er erlernte das Färberhandwerk und kam so mit dem proletarische Milieu in Berührung. Trotz der materiellen Not bildete er sich musikalisch fort: Er nahm Musiktheorie bei dem Elberfelder Theaterkapellmeister und Komponisten Georg Rauchenecker und Gesangunterricht beim Opernsänger Heinrich Böhlhoff. Später wurde er Chorleiter des CVJM-Chores. Als 1891 der Barmer Arbeiterchor „Freier Sängerkreis“ einen Dirigenten suchte, übernahm Uthmann die Aufgabe. Er wuchs in die Arbeiterbewegung hinein und setzte sich mit ihren politischen Zielen auseinander. Da gerade die Arbeiterchöre kaum über ausgebildeten Dirigenten verfügten, betreute Uthmann zeitweise bis zu 12 Chöre im Wuppertal. Anhand von Musiklehrbüchern arbeitete Uthmann als Autodidakt an seiner musikalischen Vervollkommnung. 1891 komponierte der 24jährige erste eigene Lieder (z.B. „Lied des Chikos“). Er vertonte Gedichte von Freiligrath, Herwegh und Lessen. Im Laufe seines Lebens wuchs die Zahl der Kompositionen auf ca. 400. 1897 trat er mit seinen Chören und Werken erstmals in der Barmer Stadthalle auf. Es wurden die Balladen „Gethemane“, „Verheißung“ und „Prometeus“ aufgeführt. Das Arbeiterpublikum war begeistert. Vor allem „Gethemane“ erlebte viele weitere Aufführungen. 1898 bekam Uthmann wie seine Mutter ein Augenleiden und konnte das Färberhandwerk nicht mehr ausüben. Vermutlich gelangte er über den Einfluss der Sozialdemokratie zu einer Stellung als Krankenkontrolleur bei der AOK-Barmen.[130] Später wurde Uthmann aufgrund seiner guten Allgemeinbildung und „Federgewandtheit“ stellvertretenden Geschäftsführer der AOK.

Vor allem die Feste der Arbeiterbewegung, die „Märzfeiern“,[131] die Maifeiern und „Lassalle-Feiern“, boten ihm Gele-

Das Uthmann-Denkmal im Nordpark von Wilhelm Koopmann konnte am 22. Juni 1930, nach 10jährigen Auseinandersetzungen, endlich errichtet werden. Zur Uhtmann-Gedenkfeier waren ca. 10.000 Arbeitersänger aus dem In- und Ausland angereist. In den Stadthallen von Barmen und Elberfeld und auf vielen öffentlichen Plätzen fanden Konzerte statt. (Foto: Archiv Rolf Kleinhans)

genheit zu großen Aufführungen. Die Kompositionen Uthmanns orientieren sich in Stil und Form an der herkömmlichen Wilhelminischen „Liedertafel", doch sie unterscheiden sich von dieser durch die mitreißenden Texte engagierter Dichter.[132] Seine Werke wurden in Zürich, Wien, New York aufgeführt. Der Ehrgeiz der Arbeitersängerbewegung bezog sich vor allem auf Anerkennung ihrer musikalischen Leistung. Eine Folge der Ausgrenzung, welche die bürgerliche Kulturgesellschaft gegenüber der Arbeitersängerbewegung praktizierte. In Barmen stellten die Arbeitersänger die bedeutsamsten Chöre. Auf den vom Kaiser veranstalteten deutschen Sängerfesten war die Stadt Barmen nicht vertreten; die Arbeiterchöre wurden nicht eingeladen. In vielen Konzerten trat Uthmann auch als Solist (Bariton) auf. Viele seiner Lieder finden sich in den Liederbüchern der Arbeiterchöre wieder. Auf den Bundesfesten des deutsche Arbeitersängerbundes wurde er oft als Dirigent des Gesamtchores eingesetzt. Uthmann wurde so der populärste Komponist und Dirigent der deutschen Arbeitersängerbewegung. 1906 arrangierte Uthmann die „Internationale" für Männerchöre.[133] „Ein unsterbliches Werk" lautete hierzu das Urteil des Festredners Emil Lehmann bei der Gedenkfeier in der Barmer Stadthalle im Jahr 1926. 1910 komponierte er ein Lied mit dem Titel „Das freie Wahlrecht". Auf seine Weise unterstützte er so die Kampagnen der SPD gegen das preußische Dreiklassenwahlrecht. Weitere bekannte Lieder sind: „Sturm", „Empor zum Licht" (1905), „Der Freiheit mein Lied", „Weltenfrieden", „Frühling", „Proletarier Wiegenlied". Uthmann blieb auch nach dem Streit über die Kriegskredite (1914-1917) der SPD treu. Seine Anerkennung behielt er jedoch bei allen Flügeln der Arbeiterparteien. Heute ist er weitgehend vergessen, trotz eines Denkmals im Nordpark.

Tour 11: Die Geschichte der Grabstätten und Gedenksteine

Eine Spurensuche auf Bergischen Friedhöfen

Dieses Kapitel führt zu den Grabstätten (soweit sie nicht schon im Rahmen der einzelnen Touren beschrieben wurden) und erzählt ihre bewegte Geschichte bis in die Gegenwart.

Die Grabstätten und Gedenksteine der „Märzgefallenen" liegen verstreut im Bergischen Land, in den damals noch selbstständigen Städten und Gemeinden. Hervorzuheben sind die Grabanlagen in Elberfeld, Barmen, Remscheid, Hagen und Solingen. Neben den auch heute selbstständigen Städten Schwelm und Velbert gibt es erhaltene Ehrengräber in Cronenberg, Ronsdorf und Vohwinkel. Hinzu kommen die Gräber derjenigen, deren Angehörige sich für eine familiäre Bestattung auf einem konfessionellen Friedhof entschieden. Die Ehrengräber haben meist eine bewegte Geschichte. Hier fanden über viele Jahre hinweg die Märzfeiern der Arbeiterorganisationen statt. Diese Gräber waren aber auch immer wieder Stein des Anstoßes, bis sie 1933 sogar eingeebnet wurden: Die Erinnerung wurde verboten.

Doch die heutige Gestalt der Gräber spiegelt auch das Ringen um die Erinnerung und die politische Bewertung der Ereignisse von 1920 bis in unsere Zeit wider. Anders als in vielen Städten des Ruhrgebietes sind die Erinnerungsstätten im Bergischen Land weitgehend erhalten und angemessen gepflegt worden.

In diesem Kapitel werden Denkmale beschrieben, die in unmittelbarem zeitlichem oder inhaltlichem Zusammenhang mit dem in diesem Buch beschriebenen Zeitraum stehen – so das Denkmal für Johannes Langermann, den Barmer Reformpädagogen, das Grab von Otto Niebuhr, während des Krieges einen exponierten Kriegsgegner, und der Gedenkstein für Friedrich Ebert, an dessen Wirken sich die Meinungen in der deutschen Arbeiterbewegung schieden.

Eine Begegnung mit diesen Orten kann zum besseren Verständnis der hier beschriebenen Arbeiterkultur beitragen und auch heute noch zur kritische Auseinandersetzung mit unserer Gesellschaft anregen. Die Ideale und der Opfermut der hier bestatteten Menschen und die Rechte und Freiheiten, für die sie stritten, können in Zeiten der vielzitierten Politikverdrossenheit Anstoß für ein „Denk-mal" sein.

Käthe Kollwitz schuf schon 1913 die Lithographie mit dem Titel „Märzfriedhof“ nach ihren Eindrücken von den jährlichen Feiern der Berliner Arbeiterschaft für die Märzgefallen von 1848. Diese Tradition der Märzfeiern bekam vor allem im Ruhrgebiet und im Bergischen Land einen neuen Sinn, als im März 1920 so viele Tote zu beklagen waren. (Kollwitz, Berlin, Katalog 1967)

Gräber am Berg

Mit dem Laub zu meinen Füßen
Spielt der Wind
Ich kam her die Gräber grüßen,
Die uns teuer sind.
Kreuz an Kreuz, aus Tannenlatten,
Hügeldicht,
Werfen lange, schmale Schatten.
Regen wusch die Schrift.
Abend wird's: Die Sonne schwindet
Hinterm Wald.
Hie und da ein Blatt uns kündet:
Frühjahr wird es bald!
Mit dem Laub zu meinen Füßen
Spielt der Wind.
Die im Kampf ihr Leben ließen,
Längst vermodert sind.
Doch wir bringen diesen Gräbern unser Wort:
„Dank ihr toten Bannerträger!
Ihr lebt in uns fort!“
Abend ist's, dass Morgen werde:
Märzwind stürmt!
Und das Sklavenheer der Erde
Barrikaden türmt!
Welkes Laub zu meinen Füßen
Wirbelt auf.
Rote Schar, den März zu grüßen,
Zieht vom Tal herauf.

Dieses Gedicht „Gräber am Berg“, schrieb der Elberfelder Arbeiterdichter Emil Ginkel[1] zu den jährlichen „Märzfeiern“

Der Ehrenfriedhof Wuppertal-Barmen
Lönsstraße

Der Ehrenfriedhof Barmen wurde 1915 für die vielen verwundeten Soldaten eingerichtet, die in den Lazaretten der Stadt starben. Die Gräber sind meist in Kreisform angelegt, was vermutlich an die altgermanischen Thingstätten erinnern sollte. An der zentralen Gedenksäule mit dem Bergischen Löwen finden sich öfter Kränze fragwürdiger Organisationen wie der HIAG, einer Hilfsorganisation von ehemaligen Angehörigen der Waffen-SS. Nicht weit vom Eingang einige Meter vor der Säule führt links eine Treppe zu einer kleinen Terrasse unterhalb des Hauptweges. In der Stützmauer zum Hang steht, geschützt von einer Mauernische, ein verwitterter Kalkstein, der im Relief einen Sämann unter der Sonne zeigt. Das ist der originale Grabstein des Grabmals, das die Barmer Gewerkschaften den gefallenen Arbeitern im März 1921, ein Jahr nach dem Arbeiteraufstand und der Niederschlagung des Kapp-Putsches, stifteten.

Weiter oberhalb, links des Weges, der nach oben führt, liegt verborgen hinter Sträuchern ein kleines Gräberfeld mit einem zentralen Grabmal am Kopf des Feldes. Hier sind zwölf der Barmer Arbeiter begraben, die bei den Kämpfen im März/April 1920 ihr Leben ließen.

Die Trauerfeier
20.3.1920

All diese Toten wurden nach den Kämpfen im Barmer Krankenhaus an der Heusnerstraße aufgebahrt. Hier an den Särgen fand am Sonntag, den 21. März, die Trauerfeier statt. Der Stadtverordnete Paul Sauerbrey[2] hielt eine Rede, aus der die Zeitung zitiert: *„Am Sarge der toten Kameraden gelobt die Arbeiterschaft: Die Einheit des Proletariats bleibt bestehen in dem großen Kampfe um die Freiheit und die Zukunft des deutschen Volkes.“* Dieser Satz drückt wohl die besondere Atmosphäre jener Tage aus: die Aufbruchsstimmung für gesellschaftliche Veränderung und die Freude über die endlich wiedergewonnene Einheit der Arbeiterbewegung, die jedoch so schnell wieder zerbrechen sollte. Anschließend formierte sich ein langer Trauerzug. Kurt Matthes wohnte damals als sechsjähriger Junge mit seinen Eltern in der Apellstraße und kann sich erinnern, wie der Zug die Westkotter Straße hinabzog. *„Ich zwängte mich durch die dichte Menschenmenge, die die Straße säumte. In der Mitte des Zuges fuhren drei flache Leiterwagen, bespannt mit je zwei Pferden, auf denen die Särge mitgeführt wurden. Man sah viele Fahnen. Vor allem die roten der Arbeitervereine.“*[3] Der Vorbeimarsch des Trauerzuges dauerte ca. eine Stunde. An den offenen Gräbern auf dem Ehrenfriedhof hielt der USPD-Stadtverordnete Max Löwenstein[4] wiederum eine kleine Rede.

Als letzten Gruß sangen die Arbeiterchöre das damals so populäre Lied des Barmer Arbeiterkomponisten Gustav Adolf Uthmann,[5] „Tord Foleson“. Nach Durchsicht der Anzeigen waren an den Trauerfeierlichkeiten in Barmen mindestens fünf Chöre beteiligt, die Arbeitergesangvereine „Hoffnung“, „Einigkeit“, die „Sängervereinigung Barmen“, der Frauen- und Mädchenchor „Vorwärts“ und das „Arbeitersängerkartell Barmen“, so dass das Lied seine volle Wirkung entfalten konnte. Dieses sicherlich fragwürdige Stück war schon seit 1905 sehr populär, doch im März 1920 traf es das (heroische) Empfinden der Menschen derart, dass es auf fast allen Begräbnisfeierlichkeiten im Bergischen Land und im Ruhrgebiet gesungen wurde.[6] Der Refrain inspirierte ein Jahr später die Inschrift mancher Gräber.

Die „Märzgefallenen“ auf dem Ehrenfriedhof Barmen

Acht dieser Toten starben bei den Kämpfen auf Clausen und am Loh am 17.3.1920:

Wilhelm Mortsiefer war Anwohner an der Rudolfstraße (Nr. 156) und starb durch einen Kopfschuß. Er war 44 Jahre alt und Mitglied im Arbeiter-Gesangverein „Einigkeit“, Barmen.

Bei den Kämpfen um die Marmeladenfabrik an der Rudolfstraße starb auch Julius von der Schlusen, 42 Jahre. Er war Vater mehrerer Kinder und in der „Neutralen Schulgesellschaft Wichlinghausen“ engagiert. Zudem war er erster Vorsitzender der „Lotterie Gesellschaft II – Neu Wichlinghausen“.

Die „freien“ Schulvereine, in denen auch Julius von Schlusen mitgewirkt hatte, gab es in fast allen Arbeiterstadtteilen. Mit ihrer Hilfe setzte die Arbeiterschaft die ersten (konfessions-) „Freien Schulen“, meist mit reformpädagogischen Ansätzen, in den verschiedenen Stadtteilen durch. In der Todesanzeige, die der Verein aufsetzten ließ, heißt es, dass Julius von Schlusen „bei den schweren Kämpfen auf Clausen den Heldentod für sein Ideal, den Sozialismus, gefunden hat.“ Auch die „Lotterie Gesellschaft“ schrieb, dass ihr erster Vorsitzender „im Kampf gegen die Kapp-Truppen den Heldentod für die Völkerbefreiung“ fand und wollte „seinen guten und aufrechten Sinn“ stets in Ehren halten.[7]

Fritz Jellissen (40 Jahre alt) war Mitglied der Arbeitersamariter, Kolonne Barmen. Er organisierte mit seinen Kameraden den Sanitätsdienst bei den Kämpfen am Loh. Dabei wurde er erschossen.

Der 21jährige Wilhelm Wichelhaus jun. kam ums Leben, als Barmer Polizisten aus der fahrenden „grünen Minna“ wahllos in eine Menschenmenge am Loher Platz schossen. Er war Arbeiter bei der Maschinenfabrik Ernst Pott und einziger Sohn des stellvertretenden Vorsitzenden der Metallarbeitergewerkschaft (DMV), Wilhelm Wichelhaus sen. Dieser ist ein wichtiger Arbeiterfunktionär der Stadt gewesen[8] und trat auch bei den Ereignissen im März 1920 öfter in Erscheinung.

Rudolf Leverkus, 28 Jahre alt, fiel ebenfalls bei den Kämpfen am Loh am Nachmittag des 17. März. Er war Elektromonteur bei der Fa. Mutz und aktiv in der Branchengruppe der Elektromonteure im DMV, in der USPD, Bezirk Wichlinghausen, und in der „Sängervereinigung Barmen“. Seine Familie und Emmy Wagner, seine Braut, bedankten sich neben den genannten Vereinen bei seinen Arbeitskollegen und Vorgesetzten und bei gleich drei verschiedenen Arbeiterchören für die erwiesene Anteilnahme.

Friedrich Wilhelm Bredmann, Arbeiter bei den Farbwerken Janßen & Co, Barmen, wurde ebenfalls „in den schweren Kämpfen um die Befreiung des Proletariats am 17.3.“[9] nachmittags auf Clausen schwer verwundet. Das 23-jährige USPD-Mitglied starb zwei Tage später an den Folgen seiner Verwundung. Seine Kollegen und Kolleginnen schrieben: „Er hat treu und tapfer für die Ideale des Sozialismus gestritten. Seinen edlen Charakter werden wir stets bewahren.“[10] Auch sein „verehrter Chef“, eine Formulierung aus der Danksagung der Familie, erwies dem Gefallenen die letzte Ehre.

Wie aus einer Anzeige hervorging, erhielten die Familien der drei letztgenannten Personen größere Unterstützungsbeiträge der „Volksfürsorge“.[11] Sie waren in dem gewerkschaftseigenen Unternehmen versichert; die Anzeige brachte so die Verbundenheit dieses Unternehmens mit der Sache der Arbeiterschaft aus.

Über Friedrich Ronsdorf, 36 Jahre alt, und Hermann Zimmerling, 24 Jahre alt, finden sich keine Anzeigen in den Arbeiterzeitungen, die näheren Aufschluss über die Personen geben könnten.

Bei den Kämpfen um Remscheid, zwei Tage nach dem Sieg der Arbeiter in

Elberfeld, fiel am 19. März der Bauarbeiter Johann Rabenau. Er war 48 Jahre alt, Mitglied der USPD und im „Deutschen Bauarbeiterverband“ aktiv. Rabenau war, wie so viele seiner Kollegen, nach Remscheid gezogen, wo sich eine Armee von 20.000 Arbeitern formiert hatte, um das verhasste Militär aus seiner letzten Bastion im Bergischen Land zu vertreiben. Der Arbeitergesangverein „Hoffnung“ gab ihm ein besonderes Geleit.

Die Bestattung der im Ruhrgebiet Gefallenen *3.4.1920*

Einige Tage später wurde eine zehnte Person, vermutlich Edmund Otto Görtz, bestattet. Er war ebenfalls bei den Kämpfen um Remscheid[12] gefallen. Zwei Wochen später, am ersten Osterfeiertag, dem 3. April 1920, wurden wieder zwei Gräber auf diesem Ehrenfeld ausgehoben:

Eugen Lenzen war mit der „Arbeiterwehr Barmen“ an den Kämpfen an der Lippe vor Wesel beteiligt. Am 27.3.wurde er durch einen Lungenschuss schwer verletzt. (vgl. Kap. 7, Eugen Lenzen)

Walter Rendel fiel bei den Kämpfen der „roten Ruhrarmee“ bei Dinslaken am 28.3.1920. Der Ortsteil Lohberg bei Dinslaken war bekannt für seine Zeche und ihre kämpferische Belegschaft. Bei dem Vormarsch der Reichswehr war er einer der heftig umkämpften Orte. Hier, wo die Soldaten besonders rücksichtslos und brutal vorgingen, wurde vermutlich auch Walter Rendel ermordet.

Drei Gefallene wurden in der „Ruhmeshalle“ in Barmen, heute „Haus der Jugend“, aufgebahrt. Bei einer großen Trauerfeier verabschiedeten sich ihre Kampfgenossen von der Arbeiterwehr, von ihren „guten und tapferen Genossen“.[13]

Die Grabanlage und der Sämann *20.3.1921*

Im Laufe des Jahres 1920 startete die Generalkommission der Barmer Gewerkschaften eine Spendenaktion in der Arbeiterschaft, um den Gefallenen einen würdigen Begräbnisplatz zu gestalten. Sie beauftragten damit den bekannten Architekten Heinrich Müller aus Elberfeld. Hinweise auf dessen Aktivitäten für Genossenschaften[14] lassen vermuten, dass er im Wuppertal weitere Gebäude für die Arbeiterorganisationen entworfen hatte.

Der „Sämann“ (1921) von Paul Kuhnle wurde nach 47 Jahren wiedergefunden.

Der Bildhauer und Lehrer der Kunstgewerbeschule Paul Kuhnle war beauftragt worden, den zentralen Grabstein zu gestalten. Paul Kuhnle hatte drei Jahre zuvor einen Wettbewerb des Bundes deutscher Gelehrter und Künstler (Kulturbund) zu

Kriegsdenkmälern gewonnen.[15] Nun schuf er das Relief eines Sämanns als Symbol des Kampfes, der Früchte bringen sollte. Viele Bildhauer und Künstler setzten sich in diesen Jahren mit dem Thema „Märzgefallene" auseinander. Das bekannteste Werk ist wohl das Grabmal, das der Bauhaus-Begründers Walter Gropius in Weimar geschaffen hat.[16]

Am Sonntag den 20.3.1921 wurde anlässlich einer Feier bei den Gräbern das Grabmal enthüllt. Die Einweihung ist von einer gewaltigen Demonstration der Arbeiterschaft begleitet worden, zu der die Gewerkschaften aufgerufen hatten. Bei dieser ersten „Märzfeier" an den Gräbern führte der Festredner Paul Sauerbrey zum Relief des Künstlers aus: *„Die kraftvolle Gestalt des Sämanns versinnbildlicht das dahinschreitende Proletariat, das dem Boden den fruchterzeugenden Samen anvertraut, während leuchtend die Sonne durch das dunkle Wolkengewirr hervorbricht. So verkörpert das Denkmal die großen geschichtlichen Kämpfe dieser und vergangener Zeiten."* [17]

Im oberen Teil des Gedenksteins standen die Worte:

„Das Banner bleibt stehen
wenn der Mann auch fällt"
März 1920

Sie entstammten dem zitierten Lied „Tord Foleson" von Gustav Uthmann.

Die Geschichte der Märzfeiern *1921-1932*

Schon seit 1874 findet jährlich am 18. März eine sozialdemokratische „Märzfeier" im Andenken an die Revolution von 1848/49 statt. Sie hatte am 18. März 1849 in Berlin ihren Ursprung, an dem über 300 tote Demokraten, vom Militär erschossen, zu beklagen waren. Die Tradition setzte sich nun in den Märzfeiern im Andenken an den Arbeiteraufstand von 1920 fort. Von nun an fanden diese Feiern nicht mehr im Saal statt, sondern wurden mit Demonstrationszügen,

Die Sozialistische Arbeiterjugend Barmen ca. 1925. Mit ihren Geigen, Gitarren und Mandolinen gestalteten sie die „Märzfeiern" der 20er Jahre. Max Heimann, der Vorsitzende der Barmer SAJ (2. Reihe, 2.v.l.), hält seine Geige unter dem Arm. (Foto: M. C.)

Kranzniederlegungen und Gedenkfeiern an dem Gräberfeld auf dem Ehrenfriedhof begangen. Zunächst wurden diese Feiern noch von allen Arbeiterparteien und den verschiedensten Arbeiterorganisationen gemeinsam begangen, doch mit zunehmender Radikalisierung und Zuspitzung der inneren Auseinandersetzungen in der Arbeiterbewegung wurden sie zum Streitpunkt zwischen Sozialdemokraten und Kommunisten.

Ein deutliches Zeichen dieser Auseinandersetzung ist eine Aufsehen erregende Veranstaltung bei der Reichspräsidentenwahl im März 1925. Reichspräsident Friedrich Ebert war gestorben, eine Neuwahl stand an. Die Kommunisten hatten ihren Parteichef Ernst Thälmann als „Arbeiterkandidaten" aufgestellt. Doch ihr Wahlkampf wurde stark behindert. Zeitweise waren die Wuppertaler Zeitung „Rote Volkstribüne" und die Versammlungen in Wuppertal verboten. Unter diesen Umständen riefen sie am 22.3.1925 mit Flugblättern zu einer Demonstration an den Gräbern der „Märzgefallenen" auf dem Ehrenfriedhof Barmen auf. Dort sollte der Kandidat Ernst Thälmann sprechen. 10.000 Menschen versammelten sich vor der Ruhmeshalle (heute Haus der Jugend, Barmen) und pilgerten auf die Höhen der Barmer Anlagen, um den damals in Arbeiterkreisen populären „Teddy" Thälmann zu hören. Am gleichen Abend trat Ernst Thälmann zusätzlich in der überfüllten Barmer Stadthalle auf. Mit solchen Veranstaltungen erhoben beide großen Arbeiterparteien (SPD und KPD) Anspruch auf das Vermächtnis der „Märzgefallenen". Der Geist von 1920 – Erfolg durch die geeinte Arbeiterschaft – wurde in sein Gegenteil verkehrt. An die „Märzfeiern" der Jahre 1928-1932 kann sich Kurt Mattes noch immer erinnern. Er gehörte damals der Sozialistischen Arbeiterjugend, (SAJ), der Jugendorganisation der SPD, an. Jährlich zogen einige hundert Menschen aus den verschiedenen Arbeiterorganisationen, den Parteien, den Gewerkschaften, dem Verein der Naturfreunde und den Jugendorganisationen zu den Gräbern. Dort gab es gab Reden und Liedervorträge. Die SAJ hat meist die „Warschawjanka" („Unsterbliche Opfer") eingeübt und vorgetragen, eine Weise aus der russischen Revolution von 1905. Zum Abschluss wurde gemeinsam die alte Hymne „Brüder zur Sonne zur Freiheit" gesungen.

Der lautlose Widerstand des Friedhofsgärtner Rüttgers[18] *1933*

1933 wurden die Feiern verboten, die Gräbern sollte auf Anordnung der Nationalsozialisten zerstört werden. Doch hier, wie in Elberfeld, zeigte sich, dass die Machthaber die Erinnerung nicht auszulöschen vermochten. Der für diesen Auftrag zuständig städtische Friedhofsgärtner F. Rüttgers, war Kommunist. Um die Grabplatten zu erhalten, vergrub er sie in der Nähe der Gräber. Auch das Relief mit dem Sämann von Kuhnke wurde vergraben.[19] Nach 1945 war zunächst nicht mehr festzustellen, wo es geblieben war. Auf welche Weise der schwere Stein versteckt wurde und wer es tat, war unbekannt.

F. Rüttgers wohnte mit seiner Familie etwas unterhalb des Friedhofs in einem kleinen städtischen Schieferhäuschen an der damaligen Kohlenstraße. Bei der zweiten Verhaftungswelle zu Beginn des Jahres 1934 wurde er gemeinsam mit 130 anderen politisch Verdächtigen wegen Landesverrats angeklagt und zu 1 1/2 Jahren Haft verurteilt. Die Familie musste die Dienstwohnung in dem alten Häuschen verlassen und zog in die Nähe des Barmer Bahnhofs. 1945 konnte Rüttger jedoch über das Versteck der Grabplatten Auskunft geben.

Ein mühsamer Weg, Geschichte zurückzugewinnen *1945-1999*

Nach 1945 setzte sich vor allem der Arbeiterschriftsteller und Kommunist Emil Ginkel (1894-1959)[20] für die Wiedererrichtung der Grabstätte ein. Ginkel war Transportarbeiter und Betriebsrat bei der Fa. Bemberg und wurde im Dezember 1945 von der englischen Militärregierung zum Mitglied der ersten „Stadtvertretung" benannt. Schon in den ersten Monaten seiner Amtszeit setzte er mit dem Betriebsrat der Firma Bemberg nach heftigen Auseinandersetzungen mit der Betriebsleitung[21] durch, dass fünf Arbeiter der Firma für die Wiedereinrichtung der Grabanlage freigestellt wurden. Der Betriebsrat hatte argumentiert, dass während der Hitlerzeit viele Ausgaben seitens der Firma für die Ziele Hitlers gemacht worden seien[22] und dies als Wiedergutmachung begriffen werden könne. Um die Namen und Daten der Toten festzustellen, wurden mit Hilfe von Zeitungsanzeigen die Angehörigen und Bekannten um Hilfe gebeten. Vermutlich sind deshalb auch nicht alle Grabsteinen gleichermaßen mit Daten versehen worden. Bei der Zweitfassung des Steins musste sich der Wuppertaler Bildhauer Fritz Lücken auf alte Fotos stützen. Der ursprüngliche Text wurde leicht verändert.

Emil Ginkel, der Elberfelder Arbeiterdichter, hatte sich schon in den Jahren nach 1920 mit den Gräbern auf den Bergen befasst. Der Literaturwissenschafter Alfred Klein, der sich besonders mit der Arbeiterliteratur dieser Zeit beschäftigte, schreibt zum anfangs zitieren Gedicht Ginkels: *„Hier verschmilzt seine Trauer über die 'toten Bannerträger' und seine Hochachtung vor ihnen mit der Hoffnung auf die Wiederkehr der Revolution. (...) Mit einer völlig homogen bleibenden Bildsprache, die die Empfindungen des lyrischen Subjekts durchgängig aus dem Kontrast von herbstlich-winterlicher Stimmung und anbrechendem Frühjahr, Abend und Morgen, Totenverehrung und Kampfeszuversicht entwickelt, schlägt er die Brücke zwischen der revolutionären Vergangenheit und dem ersehnten 'März' einer neuen revolutionären Erhebung."* [23]

Klaus Brausch von den Wuppertaler Naturfreunden vor dem wiedergefundene Grabstein von 1921. (Foto: Klaus Brausch)

Die erste „Märzfeier" nach der Befreiung konnte schon an der neu eingerichteten Grabstätte abgehalten werden. Der Sozialdemokrat Alfred Dobbert,[24] der 1921 selbst Redner bei der Einweihung des Grabmals auf dem Ehrenfriedhof in Elberfeld gewesen war, hielt gemeinsam mit dem Kommunisten Willi Spicher die Gedenkrede. Die Zeitung zitierte Dobbert: *„Wir sind wieder da, um unsere Toten vom März 1920 zu ehren, die für den Sozialismus und die Einheit Deutschlands gefallen*

Das Grabmal der „Märzgefallenen“ auf dem Ehrenfriedhof Barmen. (Foto: WZ Archiv)

sind. Diese Toten mahnen uns, die Lebenden, zu kämpfen, damit die Erde ganz frei werde.“[25] Doch schon 1947 war eine gemeinsame Feier von Kommunisten und Sozialdemokraten nicht mehr möglich. Mit Beginn des Kalten Krieges und der Zeit des Wirtschaftswunders gerieten die Gräber zunehmend in Vergessenheit. Fast 50 Jahre lang galt der Stein von 1921 mit dem Originalrelief des Sämanns von Paul Kuhnle als verschollen. Im Frühsommer 1980 wurde bei Wegearbeiten mit dem Bagger auf dem Friedhofsgelände ein großer, gleichmäßiger Stein gefunden. Sonja Priester, die Geschäftsführerin des Barmer Verschönerungsvereins, war bei den Arbeiten zufällig anwesend und erkannte auf dem zunächst unscheinbaren Stein das leicht verwitterte Relief einer Saatgut ausstreuenden Gestalt. Der wiedergefundene Stein fand zunächst einen Platz in der Nähe des Fundortes am Barmer Höhenweg. Hier wurde sein politischer Hintergrund jedoch nicht deutlich. Zudem drohte er dort durch Witterung und Frost zerstört zu werden. Die Naturfreunde Wuppertal setzten sich deshalb 1997 für einen geschützten und würdigeren Standort ein. Die Naturfreunde, die sich auch in Cronenberg um ein Andenken an die Ereignissen vom März 1920 verdient gemacht haben, sehen sich in der Tradition der Arbeiterkultur. Sie beteiligten sich aus diesem Grund an den Märzfeiern der letzten Jahre. Nun steht der Stein in einer geschützten Nische unterhalb der zentralen Säule des Ehrenfriedhofes. Hier wird dieser denkwürdige Stein mit seiner bewegten Geschichte jedoch nur von Eingeweihten wahrgenommen.

Johannes Langermann – Reformpädagoge in Barmen
9.4.1926 – Langermann Denkmal – Barmer Anlagen

Nicht weit vom oberen Ausgang des Barmer Ehrenfriedhofes, einige Meter in Richtung Toelleturm, steht auf der linken Seite des Weges ein massiver Quader.

Dies ist das Denkmal für Johannes Langermann. Er war einer der Reformpädagogen, die mit ihren Schriften und ihrem Wirken schon in der Kaiserzeit die Reformbestrebungen vorbereiteten, und nach der Revolution von 1918 auf deren Durchbruch drängten. Langermann war 1848 in Mecklenburg geboren. Er besuchte das Lehrerseminar und kam 1880 als Lehrer einer „Garten-Volksschule" nach Barmen. „Langermanns ganze Liebe galt den Kindern, deren Erziehung zur freien Persönlichkeit – ohne reglementierenden Druck von Kirche und Staat – er zu verwirklichen suchte".[26] „Wie in einem Samenkorn, so seien auch in jedem Kinde bereits alle Anlagen vorhanden, die durch unterstützende Erziehung zur Entfaltung gebracht werden können". Den dominierenden Einfluss von Rektoren und Lehrern wollte er zugunsten einer Schülerselbstverwaltung zurückgedrängt sehen.[27] Den Kern seines Erziehungsprinzips legte Langermann in knappen Thesen dar:

Nicht Stoffanhäufung –
sondern Kraftentwicklung
nicht Wissen – sondern Können
nicht Zwang – sondern freies, freudiges Wollen
nicht Konkurrenz – sondern Ergänzung
nicht Isolierung –
sondern organische Eingliederung
nicht Lernen zu Prüfungszwecken –
sondern Erleben zum Zweck des Lebens

Diese Erziehungsprinzipien erprobte er über viele Jahre in seiner Schule in Barmen. Es gab verschiedene Auseinandersetzungen mit den preußischen Aufsichtsbehörden.[28] So verließ er 1906 die Stadt Barmen, um bei Darmstadt eine eigene Reform-Schule, die „Stein-Fichte-Schule" zu gründen. 1910 fasste er seine Erkenntnisse und Lehren in dem Buch „Volksgesundheit durch Erziehung" zusammen. Langemann verfocht hier die Chancengleichheit durch Erziehung und wurde deshalb oftmals als „Lehrer zum Sozialismus" verstanden.[29] Einige Jahre später zog er in die Abgeschiedenheit des Allgäus, um dort die „Stillach-Schule" zu gründen. Seine Ideen und seine Persönlichkeit blieben den Lehrerkollegen im Rheinland jedoch in guter Erinnerung. Als er 1923 starb, war der „Rheinische Lehrerverein" bemüht, ihrem mutigen Kollegen ein Denkmal zu setzten. Als im April die jährliche Hauptversammlung in Barmen stattfand, war es soweit: Ein massiver Gedenkstein mit dem Relief von Johannes Langermann konnte enthüllt werden. Wilhelm Koopmann[30] hatte den Stein und das Relief geschaffen. Die Inschrift auf dem Stein lautet:

Johannes Langermann
1848 – 1923 /
Volksgesundung durch Erziehung /
Liebe zur Jugend /
Liebe zu allen Kindern des Volkes/
Stein – Pestalozzi – Fichte

Dieser Text ließ vieles offen. Der Streit um die Auslegung des streitfreudigen Pädagogen hielt an. Auf der Jahreshauptversammlung hatten sich die Lehrer der verschiedenen Richtungen um die Trennung von Schule und Kirche heftig gestritten. Die „Freie Schulgesellschaft", die die Ideen Langermanns in den gerade erstrittenen „freien Schulen" umzusetzen gedachten, waren zu dieser Feier nicht eingeladen worden.[31] Umgekehrt ehrte der geladene „preußische Lehrerverein" mit einem Kranz und schwarz-weißer Schleife den Toten. Die sozialdemokratische „Freie Presse" kommentierte: „Wir sahen am Gedenkstein Lehrervertreter, die den lebenden Langermann aufs heftigste bekämpft haben."[32] Das Denkmal wurde der Stadtverwaltung und dem Barmer Verschönerungsverein übergeben. Der engagierte Volksbildner Julius Gressler (1877-1946)[33] war Beigeordneter der Stadt Barmen für Bildung und Kultur und hatte das Denkmal sicherlich nach Kräften unterstützt.

Hinweis:

Freie Schule Schützenstraße, Kap. 10

Wilhelm Koopmann – der Bildhauer der republikanischen Denkmäler

An einigen der in diesem Buch beschriebenen Denkmalen stößt man auf den Namen Wilhelm Koopmann. Er schuf das Ebert- (1926) und das Langermann-Denkmal, 1930 das Denkmal für Gustav Adolf Uthmann. Weitere Werke fanden sich an der Paradestraße, an der Straße Heubruch, in Essen-Kupferdreh und Görlitz.[34]

Der Bildhauer, der von den republikanischen und Arbeiterorganisationen immer wieder in Anspruch genommen wurde, war Lehrer an der Wuppertaler „Meisterschule des deutschen Handwerks“.[35] Parallel dazu betrieb er ein Atelier in Elberfeld. Er war verheiratet mit der Jüdin Sibilla Kußel. Dies, und die Tendenz seiner Werke, machten ihn für die Machthaber nach 1933 verdächtig. Schon 1935 konnte er kein Atelier mehr halten, sein Name erschien auf der Liste „Juden in Wuppertal“. Er zog in das Haus der jüdischen Gemeinde, gegen Ende des Krieges siedelte er nach Norddeutschland in die Nähe von Hamburg über. Hier starb er im Mai 1946. Über das Schicksal seiner Frau ist nichts bekannt.

Die Gräber auf dem Ehrenfriedhof Elberfeld *20.3.1920 – Königshöher Weg*

Man erreicht den Ehrenfriedhof Elberfeld über die Buslinie 623, Endstation. Die Gräber der „Märzgefallenen“ befinden sich am untersten Teil des Friedhofsgeländes. Die Angaben auf den Grabsteinen sind nicht immer exakt.

Bei den Kämpfen in Elberfeld am 17.3. oder an den Verletzungen dieses Kampfes starben:

- Karl Simon, 24 Jahre,
- Erich Hauck, 14 Jahre, am Fenster der elterlichen Wohnung erschossen,
- Paul Stachelhaus, 19 Jahre, unter der Pappel am Ostersbaum erschossen,[36]
- Rudolf Wilms, 21 Jahre,
- Emil Jungheim, 20 Jahre,
- Rudolf Schemann, 22 Jahre, standrechtlich vor der Wohnung der Eltern erschossen,
- Karl Dahl, 17 Jahre, standrechtlich in der elterlichen Wohnung erschossen,
- Karl Lückenhaus, 35 Jahre,
- Bertholt Bolt, 22 Jahre, am 17.3. hatte er einen Rückenschuss erhalten,
- Ferdinand Brück, 27 Jahre, Packer, beim Kampf um die Marmeladenfabrik gefallen,
- Emil Huckenbeck, 16 Jahre, Angestellter als Automechaniker, „starb für seine Überzeugung“,[37]
- Maximilian Manns, 26 Jahre, Eisenbahner,
- Ferdinand Emmert, 46 Jahre, Meister bei der Fa. Reinhard Schmidt,
- Paul Hagen, 26 Jahre,
- Elfriede Mayer, 29 Jahre.

Viele der hier Bestatteten und die Umstände ihres Todes wurden schon in Kapitel 4, bei der Schilderung der Kämpfe im Stadtteil Ostersbaum, genannt.
In Remscheid fielen drei weitere Elberfelder Arbeiter, die hier an den äußeren Grabstellen bestattet wurden:

- Rudolf Hilgert, 28 Jahre, gefallen bei einem Patrouillengang in Lennep,
- Maximilian Luckey, 27 Jahre, starb am 20.3. bei einem Automobilunglück,
- Herman Bihl, Eisenbahner und Mitglied der Kampftruppe Ostersbaum.

Bei den Kämpfen der Arbeiterwehr Elberfeld im Ruhrgebiet fielen:

- August Belz, 22 Jahre, aufgebahrt im Arrenberger Krankenhaus,
- Otto Bulwien, 32 Jahre, Schlosser, fiel am 26.3.1920 bei Wesel.

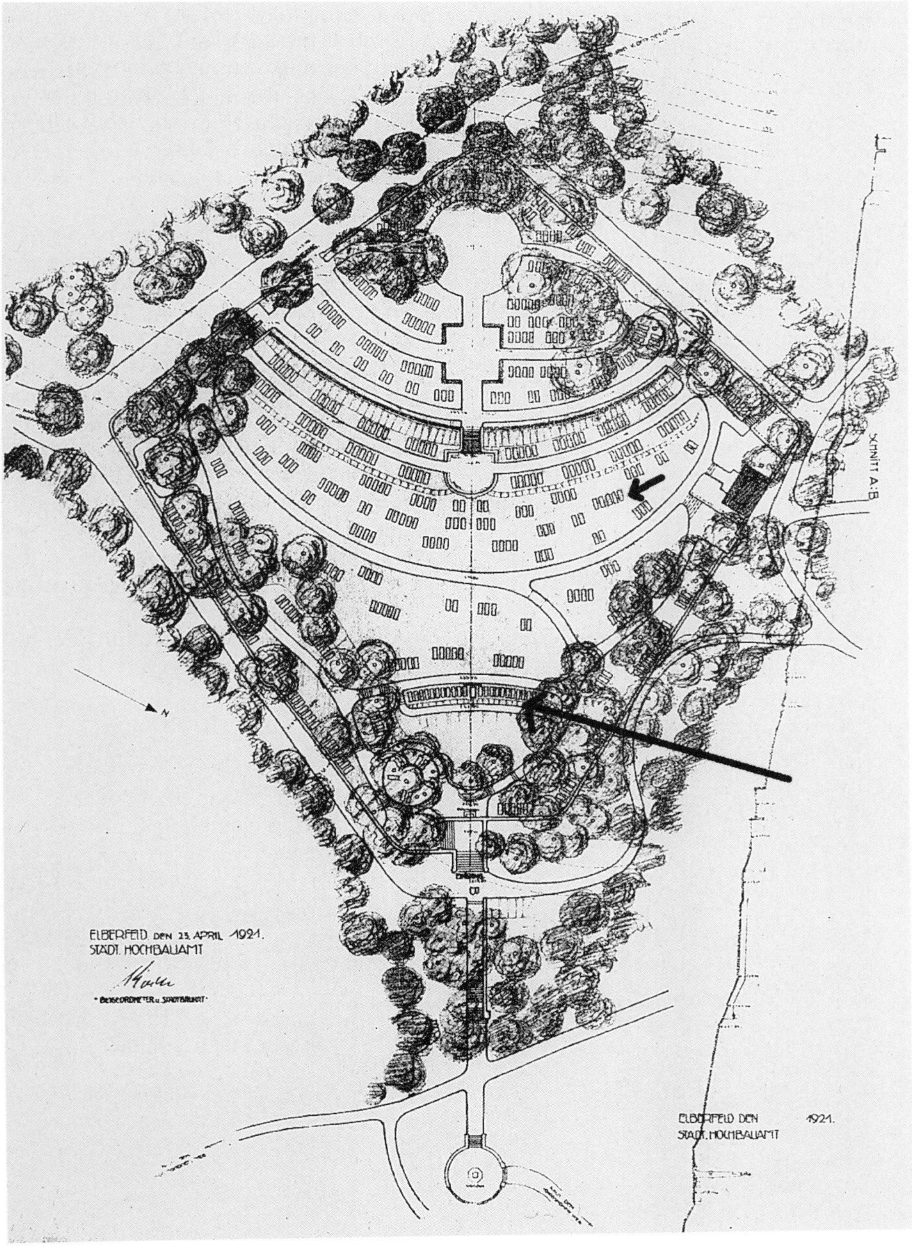

Der Ehrenfriedhof Eberfeld. Im untersten Winkel ist die Gräberreihe vom März 1920 mit dem zentralen Sarkophag dargestellt. (Plan von 1921, Dari 1925)

Belz wurde am 28.3. bestattet. Neben der Familie, den Freunden der „roten Kompanie“ und den Gesangvereinen nahmen auch die „Mannschaften des 6. Polizeibezirkes“ teil.[38]

Bulwien wurden am 3.4.1920, ebenfalls unter großer Anteilnahme, bestattet. Der Vorsitzende des Arbeiterrates Otto Ibanez sprach den letzen Gruß.

Die Wuppertaler Gewerkschaften hatten im Jahr 1920 eine Sammlung für ein würdiges Grabmal der „Märzgefallenen“ gestartet, wie es Fritz Charpentier schon bei der Trauerfeier in der Elberfelder Stadthalle angekündigt hatte.

Der Architekt Heinrich Müller entwarf eine Grabanlage am Fuße des Ehrenfriedhofes, die gleichsam seinen unteren Abschluss bildete. Ein Weg führte oberhalb und unterhalb an den Gräbern vorüber. In der Mitte der Grabreihe wurde, entsprechend der Symmetrie des gesamten Grabfeldes, ein Sarkophag errichtet.

Alfred Dobbert,[39] der spätere Vizepräsident des Landtages von NRW, war 1921 Bezirksleiter der „Freien Proletarischen Jugend“.[40] Er hielt bei dieser zweiten „Märzfeier“ an jenem Ort die Festrede und enthüllte vor einigen tausend Menschen diesen Gedenkstein. Die letzten Zeilen eines Gedichts von Heinrich Heine waren auf dem schlichten Grabstein verzeichnet.

Doch fall ich unbesiegt, und meine Waffen sind nicht gebrochen – Nur mein Herze brach

Aus diesen Worten spricht Trauer, Mut und Entschlossenheit. Das Gedicht „Enfant Perdu“ hatte Heine 1851, zwei Jahre nach der niedergeschlagenen Revolution von 1848/49 und auch im Rückblick auf sein zu Ende gehendes Leben verfasst. Das Gedicht war in Arbeiterkreisen eines seiner bekanntesten und im Jahr zuvor mehrfach bei den Todesanzeigen der Märzkämpfer zitiert worden. Neben der Trauer um die Toten hört der Wissende jedoch auch die Enttäuschung – die Enttäuschung um die Nichterfüllung der demokratischen/sozialistischen Hoffnun-

1923 gab die Gewerkschaftskommission Barmen-Elberfeld eine Postkarte heraus, die die Gräber mit Kränzen geschmückt zeigt. (Sammlung Kurt Schnöring)

gen, die mit dem Sieg über Kapp, wie vormals mit der Revolution von 1848/49, verbunden worden waren. Sebastian Haffner, der kritische Beobachter deutscher Geschichte, schreibt von dieser Enttäuschung in seinem Buch „Zwecklegenden, die SPD und das Scheitern der Arbeiterbewegung“: *„Der Kollektivheld dieser Revolution, die deutsche Arbeiterschaft, hat sich von dem Nackenschlag, der ihr damals versetzt wurde, nie erholt. Die sozialistische Einigkeit, für die sie so tapfer kämpfte und blutete, ist 1918 (1920) für immer verloren worden ... Dieselben Arbeiter, die sich 1918 – und auch noch 1919 und 1920 – so tapfer und glücklos geschlagen hatten, fanden ihren Kampfgeist gebrochen, als sie ihn fünfzehn Jahre später noch einmal gebraucht hätten – gegen Hitler.“* [41]

Die Geschichte der Gräber

In den nächsten Jahren fanden auf dem Ehrenfriedhof Elberfeld, wie in Barmen, Vohwinkel und Cronenberg, jährlich die Märzfeiern der Arbeiterorganisationen statt. 1933 mussten auch diese Gräber verschwinden. Der Gewerkschafter Ferdinand Koethe war damals städtischer Reviergärtner. Er erinnert sich: *„Auf Anweisung von ‘oben’, den Nazis, mussten wir die Gräber einebnen. Die Steine sollten zerschlagen werden. Reviergärtner Ditz hat (auf eigene Verantwortung) neben dem Fundament des Sarkophags eine Grube ausheben lassen und der Gedenkstein wurde vom Fundament genommen und in die Grube versenkt. Die Fläche wurde eingesät. Als die Machtverhältnisse sich 1945 wieder geändert hatten, konnte*

Bei der Gedenkfeier im Jahr 1998 erinnerte man sowohl an die Opfer von 1920 als auch an die von 1848. Bürgermeister Kremendahl und der Vorsitzende des DGB, Hans Peters, erinnerte an das Vermächtnis der Freiheitskämpfer. Das städtische Schillertheater, Naturfreunde, Freidenker etc. sowie viele Besucher sangen das alte Arbeiterlied: „Brüder zur Sonne, zu Freiheit“.[42]

so die Grabstätte in alter Form wieder hergestellt werden.“[43] Die Grabsteine wurden neu errichtet. Nicht alle Daten der Gefallen konnten exakt recherchiert werden.

Im März 1946 konnte wieder die erste Märzfeier stattfinden. Wilhelm Enz, der 1920 Mitglied im Aktionsausschuss war, hielt gemeinsam mit dem Kommunisten Kunz die Ansprache. Wieder wurde die „Einheit der Arbeiterklasse“[44] beschworen, die schon bald erneut auseinanderbrechen sollte. Wie überall gerieten die Gräber und die „Märzfeiern“ auch hier in Vergessenheit. Seit 1981 wurde die Bronzetafel mit der Inschrift Heines vermisst. Zu der ersten Märzfeier im Jahr 1998 wurde diese Tafel wieder angebracht. Der Oberbürgermeister enthüllte sie. Die Gewerkschaften und Parteien hielten Ansprachen. Selbst einige Angehörige der Gefallenen waren, nach vielen Jahrzehnten der Vergessenheit, zu dieser Feier erschienen.

Otto Niebuhr – eine Symbolfigur gegen den Krieg *Mai 1917, Ehrenfriedhof Elberfeld*

Einige Meter weiter oberhalb, in einer der langen Grabreihen, steht ein unscheinbares Kreuz mit dem Namen „Otto Niebuhr“. Dieser Name war im Januar 1917 in aller Munde.

Er wurde zur Symbolfigur der Wuppertaler Kriegsgegner. Wann Otto Niebuhr nach Elberfeld kam und woher er stammte, ist unbekannt. Spätestens seit 1912 ist er Redakteur der SPD-Zeitung „Freie Presse“. Otto Niebuhr wohnte in der Elberfelder Nordstadt, in der Allemannenstraße 31. Das Haus ist noch erhalten. Niebuhr erwarb sich den Ruf eines engagierten Journalisten und schrieb Reportagen, die weithin Beachtung fanden. Seine Reportage über den großen Bergarbeiterstreik im Ruhrgebiet im Jahr 1912 wurde in „Die neue Zeit“, dem „Theorieblatt“ der SPD, veröffentlicht.[45]

Auf dem Bezirksparteitag im Juni 1914, wenige Monate vor dem Beginn des Krieges, wurde Otto Niebuhr zum Bezirksvorsitzenden gewählt.[46] Gemeinsam mit Lore Agnes, der später so bekannten Mitbegründerin der Arbeiterwohlfahrt, sollte er den SPD-Bezirk auf dem internationalen sozialistischen Kongress in Wien im August 1914 vertreten. Hier schlugen die europäischen Sozialisten ein internationales Schiedsgericht zur Verhinderung eines drohenden Krieges vor. Doch der Ausbruch des Krieges kam dem zuvor. Otto Niebuhr gehörte den Kriegsgegnern der Partei an. Als diese Spannungen im Mai 1916 auf einem „kleinen Parteitag“ in Berlin diskutiert werden sollten, wurde er von der örtlichen Parteiorganisation delegiert.[47] Doch kurz zuvor wurde Niebuhr verhaftet. Statt seiner nahm sein Stellvertreter Carl Drescher, ebenfalls ein Kriegsgegner, dieses Mandat wahr. Einige Wochen später erschien der Reichtstagsabgeordnete des Wahlkreises und Parteivorsitzende Friedrich Ebert im Wuppertal.[48] Wieder sollte Niebuhr als Wortführer die Resolution der Kriegsgegner begründen – und wieder wurde er zuvor von der Polizei verhaftet. Doch die Resolution wurde dennoch angenommen – mit einer Mehrheit von 80% der Stimmen.

Als 1917, nach dem Ausschluss der Kriegsgegner, die Unabhängige sozialdemokratische Partei gegründet wurde, war auch Otto Niebuhr als Vertreter der Wuppertaler Sozialdemokraten dabei. Es entstand ein heftiger Streit um die sozialdemokratische „Freie Presse“. Der Generalstab verbot die Zeitung für eine Woche, weil sie zwischen den Zeilen kritisch über den Krieg berichtete. Um das Weitererscheinen zu ermöglichen, sollten die „linken“ Redakteure Oskar Hoffmann und Otto Niebuhr „hinausbefördert“ werden. Der Parteivorstand in Berlin verfügte, dass dem kritischen Redakteur Niebuhr einen Maulkorb zu verpassen sei. Er musste alle Artikel nicht nur dem Militärzensor, sondern auch seinem Genossen vom rechten Parteiflügel, Karl Haberland[49], vorlegen. Diese Zumutung war für Niebuhr zuviel. Er verließ die Redaktion. Kurz darauf wurde er zum Militär einberufen, obwohl er aus gesundheitlichen Gründen kriegsuntauglich geschrieben worden war. Viele örtliche Parteimitglieder mutmaßten, dass der Parteivorstand bei dieser Einberufung die Hand im Spiel hatte.[50] Nur kurze Zeit später, im Mai 1917, starb Otto Niebuhr an Lungenentzündung in Frankreich, in der Etappe an der Westfront.[51]

Als einfacher „Landwehrmann" wurde Otto Niebuhr in den langen Gräberreihen bestattet.[52] Dieses Grab rief auch im März 1920 als warnendes Beispiel zum Kampf gegen den Militarismus auf – und stand zwischen den zerstrittenen Flügeln der Wuppertaler Sozialdemokratie.

Karl Schnell musste umgebettet werden
Ehrenhainstraße – Evangelischer Friedhof Vohwinkel

Bei den Kriegsgräbern des Ersten Weltkrieges in Vohwinkel wurde auch der Märzkämpfer Karl Schnell bestattet. Sein Vater war zu jener Zeit einer der bekannten sozialdemokratischen Funktionäre der Stadt.[53] Karl Schnell jun. war mit der Arbeitertruppe von Vohwinkel nach Remscheid gezogen, um dort die Freikorps zu vertreiben. Am 19.3. wurde er bei den Gefechten in Remscheid erschossen. Die „Vereinigten sozialistischen Parteien" von Vohwinkel riefen zur ehrenvollen Bestattung des Toten auf. Am Dienstag, den 23.3. sammelte sich eine große Trauergemeinde auf dem Kaiserplatz. Gemeinsam ging es zum Trauerhaus auf der Nathrather Straße 10. Hier hatte man den Toten aufgebahrt. Der Leichnam wurde neben den im Weltkrieg Gefallenen bestattet. Einige Tage später schrieb die Familie Schnell in ihrer Danksagung: *„Zurückgekehrt vom Grabe unseres lieben Verstorbenen ist es uns ein dringendes Bedürfnis, für die rege Teilnahme und die reichlichen Kranzspenden anlässlich des Todes und Begräbnisses des für die gerechte Sache gefallenen Helden, allen Verwandten, Freunden, Hausbewohnern, Nachbarn und Bekannten, besonders dem Frauen- und Mädchenchor „Lyra", dem Arbeiter-Gesangverein „Eintracht", Vohwinkel und dem Genossen Schüssler für seinen trostreichen Worte am Grabe unseren innigsten Dank an dieser Stelle auszusprechen."*[54]

Die ehrenvolle Beisetzung des Toten bei den Gräbern der im Weltkrieg Gefallenen schien den Konservativen in der Kirchengemeinde und im Stadtrat von Vohwinkel unangemessen. Deshalb erzwangen sie im März 1922, dass der Freiheitskämpfer umgebettet werden musste. Die Arbeiterparteien, die auch in Vohwinkel sehr stark waren,[55] wollten für ihren Toten einen Gedenkstein mit der Darstellung eines Bannerträgers und einer entsprechenden Inschrift errichten. Dies wurde ebenfalls vom Kirchenvorstand verweigert. Da es keinen kommunalen Friedhof in Vohwinkel gab, musste man sich dieser Anordnung fügen. Über das Verbot, am Grab eine Rede zu halten und Lieder zu singen, setzte man sich jedoch hinweg.[56]

Auf welche Tradition die bürgerliche Mehrheit im Stadtrat von Vohwinkel sich in den Weimarer Jahren berief, zeigt die Namensgebung einiger Straßen. In einem ganzen Viertel wurden die Straßen nach Generälen benannt, die in der preußisch-militaristischen Tradition standen. Unter diesen Namen ist bis heute auch der Name „Lettow-Vorbeck-Straße". General Paul von Lettow-Vorbeck arbeitete schon 1919 mit Freikorpsführern gegen die Republik. Im März 1920 war er der

Befehlshaber der Reichswehr in Necklenburg und übernahm bei dem Putsch die Regierungsgewalt. Seine Elitetruppen begingen gezielt Morde an den Landarbeiterführern, die sich zu 60% dem Generalstreik angeschlossen hatten.[57] Nach der Flucht von Kapp und Lüttwitz wurde der General vom Dienst suspendiert. Doch sein Ruf als „Verteidiger von Deutsch-Ostafrika" während des Ersten Weltkrieges machte ihn bei den konservativ-nationalistischen Kreisen auch in Vohwinkel zu einem Helden. In den Jahren 1928-1930 wurde er von der DNVP in den Reichstag entsandt. Vermutlich in dieser Zeit wurde in Vohwinkel eine Straße nach ihm benannt. An den Sozialdemokraten Karl Schnell, der für die Republik gefallen ist, erinnert heute nichts mehr.

Ernst Schüssler sprach auf dem Kaiserplatz
Kreuzung Kaiserstraße/ Bahnstraße – Vohwinkel

Ernst Schüssler (1890-1980) war gelernter Telegraphenbeamter und Sozialdemokrat. Seit 1918 war er Mitglied der Stadtverordnetenversammlung von Vohwinkel. Als die Nachrichten vom Putsch in Berlin in Vohwinkel bekannt wurden, kam es zu einem Menschenauflauf auf dem Kaiserplatz. Die Menschen waren empört und unruhig, wollten sich zur Wehr setzten. Ernst Schüssler stieg auf den Balkon im Eckhaus der Gaststätte Schnieders. Er beruhigte die Leute: „Geht auseinander, lasst Euch nicht aufhetzen, morgen ist alles vorbei!". Doch am nächsten Tag war es nicht vorbei. In Elberfeld marschierten die Soldaten ein. Auch in Vohwinkel bildete sich ein Aktionsausschuss der „vereinigten sozialistischen Parteien". Am 19.3. wurde eine Truppe von Arbeitern aufgestellt, die an den Kämpfen in Remscheid teilnahm. Als die Truppe zurückkehrte, brachte sie einen Toten mit, den Sohn des SPD-Parteigenossen Karl Schnell. Ernst Schüssler hielt die Rede am Grab des „Märzgefallenen". In den nächsten Jahren wurde Schüssler zum prominentesten Sozialdemokraten der Stadt. 1921 gab er seinen alten Beruf auf und wurde Sekretär der Konsumgenossenschaft „Befreiung". Später wurde er ehernamtlicher Beigeordneter der Stadt Vohwinkel und in den Kreistag gewählt. Gemeinsam mit Carl Drescher aus Barmen leitete er die Konsumgenossenschaft auf Clausen. Bei der Vereinigung der Stadt Vohwinkel mit den übrigen Städten des heutigen Wuppertals war er einer von vier Vohwinklern, die die Gemeinde im neuen Stadtrat vertraten. Von den Nazis wurde er 1933 verhaftet. Nach seiner Entlassung musste er sich als Bäcker durchschlagen. Um die Anerkennung von Verfolgung und Wiedergutmachung stritt er nach 1945 lange juristisch, wie viele seiner Genossen.[58] In dieser Zeit baute er die Konsumgenossenschaft wieder auf. Als er 1950 als Personalchef der Genossenschaft in den Ruhestand ging, spendete er die ihm zugedachte Prämie für die Einrichtung einer betriebseigenen Bibliothek.

Der Landrat in Vohwinkel wird beurlaubt
Gräfrather Straße 9

Das etwas zurückliegende Haus aus der Jahrhundertwende an der Gräfrather Straße 9 war über viele Jahrezehnte das Landratsamt des Landkreises Mettmann. Dr. Walter zur Nieden (1870-1939) führte hier seit 1904 die Geschäfte als Landrat.[59] Als kaisertreuer Beamter galt er bei den Vohwinkeler Arbeiterparteien als ein Sympathisant der putschenden Generäle in Berlin.

Am 24. März war das „Bielefelder Abkommen" zwischen den aufständischen

Arbeitern und dem Reichskommissar Severing geschlossen worden. Punkt 3 der Vereinbarung sah vor: *„Gründliche Reinigung der gesamten öffentlichen Verwaltungen und Betriebsverwaltungen von gegenrevolutionären Persönlichkeiten, besonders solchen in leitenden Stellungen und Ersatz durch zuverlässige Kräfte."* [60]

Am 25. März, am Tag nach den Vereinbarungen von Bielefeld, erklärte der „Aktionsausschuss der sozialistischen Parteien" von Vohwinkel den Landrat Dr. Walter zur Nieden für beurlaubt. Man bat den Regierungsassessor Dr. Hugo Heineberg darum, das Amt kommissarisch auszuüben.

Dr. Heineberg stimmte zu, vorrausgesetzt er erhalte die Zustimmung der vorgesetzten preußischen Justizbehörden. Schon wenige Tage später, als die aufständischen Arbeiter ihren Einfluß verloren hatten und das Abkommen von Bielefeld nur noch Makulatur war, konnte Herr zur Nieden wieder seine Landratstätigkeit aufnehmen. Er hatte dieses Amt bis zum Jahr 1929 inne.[61]

Für den Regierungsassessor Dr. Hugo Heineberg hatte diese Episode jedoch ein Nachspiel. Als er im Jahr 1921 seine Zulassung als Anwalt beantragte, wurde sie ihm von den Justizbehörden verweigert. „Er habe sich mit den Aufständischen gemein gemacht" wurde ihm als Begründung vorgehalten.

Im Oktober 1921 trat ein Ehrengericht zur Entscheidung zusammen. Hier wurde festgestellt, dass der Vorschlag des Aktionsausschusses für Dr. Heineberg keineswegs bedeutet hatte, das er im März 1920 mit den aufständischen Arbeitern sympathisiert hatte. Dr. Hugo Heineberg erhielt seine Zulassung als Anwalt.[62]

Die Gräber in Remscheid-Bliedinghausen
Remscheid-Bliedinghausen, Sternstraße

Die gefallenen Remscheider Arbeiter wurden auf dem Friedhof der evangelischen Gemeinde in Remscheid-Bliedinghausen beigesetzt. Der Friedhof ist über die Haltestelle Steinackerstraße zu erreichen. Der Weg zum Grabfeld führt an der Friedhofskapelle vorbei, rechts über den asphaltierten Weg und nach 30 Metern links über einen Schotterweg. Nach weiteren 50 Metern sehen wir rechts die Gräberanlage.

Sie ist seit Jahren vernachlässigt, die Inschriften vom Moos überwachsen. Doch jedes Jahr am Volkstrauertag legt die Stadt Remscheid auch hier einen Kranz nieder, mit der wenig differenzierenden Aufschrift: *„Den Opfern von Krieg und Gewalt – Stadt Remscheid"*.

Von den 21 Toten aus Remscheid, die den Kämpfen zum Opfer gefallen sind, wurden hier 14 gemeinsam beigesetzt. Einige Tage später veröffentlichte die Remscheider Arbeiterzeitung eine Anzeige, vermutlich vom Aktionskomitee, mit den Namen der Toten, ihren Geburtsdaten, Berufen und Anschriften. Aus Remscheid starben:

- Hermann Hausmann, Vorarbeiter, geb. 3.12.1882, Fischerstr. 4,
- Friedrich Wilhelm Adorf, Feilenhauer, geb. 5.11.1875, Holz 36,
- Adam Gast, Maler und Anstreicher, geb. 15. 5.1895, Scheiderstr. 13,
- Heinrich Klein, Dreher, geb. 8.11.1877, Langestr. 63 a,
- Heinrich Ditzel, Maurer, geb. 17.1.1868, Freiheitstr. 120,
- Leo Müller, Maurer, geb. 22.12.1879, Vieringhausen 10,
- Robert Wilden, Feilenschmied, geb. 7.12.1892, Kleinbeckerstr. 10,

- Ernst Hofmeister, Packer, geb. 11.9.1897, Honsberger Str. 110,
- Albert Eugen Schöne, Werkzeugschleifer, geb. 21.4.1899, Baisieperstr. 13,
- Ernst Prinz, Feilenhauer, geb. 1.1.1874, Mauerstr. 5a,
- Karl Alexander Sigl, Buchdruckmaschinenmeister, geb. 26.4.1894, Maxstr. 15,
- August Hermann Groß, Zuschläger, geb. 22.4.1877, Elberfelder Str. 24,
- Friedrich Konstantin Hoffmann, Ronsdorfer Str. 94; Fabrikarbeiter, geb. 5.11.1884,
- Gustav Hahn, Hilfsarbeiter, geb. 26.7.1899, Intzestr. 33,
- Ernst Nöcel, Fabrikarbeiter, geb. 30.4.1901, Rath 22,
- Werner Emil Dörr, geb. 2.3.1912, Brückenstr. 24,
- Frau Walter Krämer, geb. 17.10.1879, Haddenbrockerstr. 63,
- Mathilde Honsberg, geb. Debus, geb. 30.7.1849, Hindenburgstr. 9,
- Johanne Helene Müller, geb. 30.6.1902, Brüderstr. 67,
- Benjamin Gräfe, geb. 3.4.1908, Kremenhol 14.
- Franz Selbach, Formerlehrling, geb. 27.2.1902, Honsberger Str. 116.

Bei den 15 erwachsenen Männern aus Remscheid handelte es sich ausnahmslos um – in der großen Mehrzahl – qualifizierte Arbeiter, ein Hinweis auf die soziale Zusammensetzung der Kämpfer gegen die Truppen. Die politisch-gewerkschaftliche Heimat der Toten geht aus zwei weiteren Anzeigen hervor: demnach waren elf der 15 Männer Mitglieder des Deutschen Metallarbeiter-Verbandes (DMV), dem Vorläufer der IG Metall, acht gehörten zur USPD, der stärksten Arbeiterpartei in Remscheid.[63] (W.F.)

Die Beerdigung der Remscheider „Märzgefallenen“ und ein gescheitertes Grabmal

Die Arbeiterschaft, die das Ruhrgebiet und das Bergische Land von kappistischen Truppen freigekämpft hatte, begleitete ihre toten Mitkämpfer bei den Beerdigungen in den verschiedenen Orten in solchen Menschenmassen, wie man sie nie vorher gesehen hatte. Mitbeerdigt wurden meist auch die toten Soldaten, in Solingen etwa ausdrücklich mit der Begründung, dass kein „Unterschied nach dem Tode“[64] gemacht werden solle.

In Remscheid ließ die Härte des Kampfes eine gemeinsame Beerdigungsfeier offenbar nicht zu. Am 21. März 1920, einem Sonntag, wurden auf dem evangelischen Friedhof Bliedinghausen 14 getötete Arbeiter zu Grabe getragen, zwei Tage später, am 23. März, fand auf dem Reinshagener Friedhof die Beerdigung der 34 Freikorpssoldaten und des einzigen toten Zeitfreiwilligen aus Remscheid, Fritz Rocholl, statt.[65]

Die Totenfeier für die Arbeiter begann im geschmückten Rathaussaal; Angehörige und nahe Freunde füllten den Raum. Der Rathausplatz war voller Menschen. Trauerreden, Lieder, dann ein Gedicht, das auch in anderen Städten rezitiert wurde: Ferdinand Freiligraths „Die Toten an die Lebenden“, „diesen ernsten Klage- und Warnungsruf der toten Kämpfer von 1848 an die Lebenden, das festzuhalten, was sie mit ihrem Herzblut errangen“, wie die hiesige Arbeiterzeitung schrieb, also die erkämpfte Freiheit nun auch endgültig zu sichern. Dazu passend ein Symbol der Arbeiterbewegung am Kopfende des Saals: die aufgehende Sonne. Der Trauerzug bewegte sich anschließend durch ein dicht gedrängtes Spalier von Menschen. Der Weg führte durch die Alleestraße, die Bismarckstraße zum Zen-

Hier ist ein Teil des Remscheider Trauerzugs vom 21.3. in der oberen Alleestraße zu sehen. Einige Kämpfer der Remscheider Arbeiterwehr begleiten die Leichenwagen. Auf anderen Fotos sieht man die Frauen des Arbeitersamariterbundes. (Foto: W.F.)

tralpunkt, der Burger-, damals Kölner Straße; von dort zur Bliedinghauser Straße und zum Friedhof. Die Toten lagen auf offenen Wagen und wurden von bewaffneten Arbeitern begleitet, die ihre Gewehre nicht mehr nach unten richteten wie 1918, sondern einsatzbereit auf den Schultern hielten. An den Gräbern waren noch einmal Ansprachen und Lieder mit dem gleichen Tenor zu hören: die Toten haben dafür gekämpft, dass das „Reich des Sozialismus ... heranreifen" konnte, nun müsse es verwirklicht werden.[66]

Die Bestattung der „Märzgefallenen" in Solingen *28.3.1920 – Friedhof Grünbaumstraße; Solingen*

Die Gräber der Solinger Kämpfer befinden sich auf dem evangelischen Friedhof Grünbaumstraße. Vom Haupteingang an der Grünbaumstraße geht der Weg, an der Kapelle vorbei, in den hinteren rechten Teil des Friedhofs. Hinter den anderen Ehrengräbern für die Weltkriegssoldaten befindet sich das Grabfeld der „Märzgefallenen".

„Die Beerdigung der Solinger und Höhscheider Märzgefallenen, der Opfer der Kämpfe in Remscheid und der Schießerei am Hahnerberg, fand gestern Nachmittag in stillester Weise statt unter Anteilnahme eines Trauerzuges, wie er in Solingen noch nie gesehen wurde. Mehr als 25 Minuten dauerte der Vorbeimarsch dieses schier endlosen Leichenzuges, dessen Spitze bereits den Friedhof an der Grünbaumstraße erreicht hatte, als der Schluss sich noch in der mittleren Kaiserstraße befand. Aus den Nachbargemeinden, ja aus dem unteren Kreise, waren die Parteigenossen der Gefallenen und Verstorbenen in großen Scharen nach Solingen gekommen, um mit ihren hiesigen Freunden die Toten zur letzten Ruhestätte zu geleiten. Der Trauerzug nahm seinen Anfang an der Leichenhalle an der Kasinostraße, wo die Verstorbenen aufgebahrt waren und Pfarrer Hartmann[67] aus Ketzberg eine Trauerandacht abgehalten hatte. In Zuge waren sämtliche sozialistischen Partei-, Gesangs-, Sport- und sonstige Vereine mit zahlreichen Fahnenabordnungen vertreten. Weitere Abordnungen von Vereinen, Vereinigungen und Gruppen trugen prachtvolle Kranzspenden mit roten und weißen Schleifen. Von Vertretern der Behörden bemerkten wir im Zuge unseren Oberbürgermeister mit dem Beigeordnetem Schmidhäußler und Assessor Krups, die sozialistischen Beigeordneten, Stadtverordnete beider sozialdemokratischen Fraktionen und von der Fraktion der Demo-

Der Entwurf für das Denkmal an den Gräbern in Remscheid-Bliedinghausen sollte nie ausgeführt werden. Die aufstrebende Skulptur stand bis 1933 im Stadtpark von Remscheid. Die Grabreihen existieren heute noch. (Foto: W.F.)

kraten Lehrer Jäger und Frau Postdirektor Kind; ferner der Bürgermeister und Beigeordnete und Stadtverordnete von Höhscheid. Vor dem Leichenwagen, einem großen Flachwagen, der hierfür von der Firma Ernst Hinzen besonders hergerichtet worden war, so dass alle sechs Särge der hier Verstorbenen darauf Platz fanden, schritten die Arbeitergesangsvereine, die auf dem Friedhof den toten Freunden den letzten Gruß darbrachten. Dem ersten Wagen folgte in einiger Entfernung ein gewöhnlicher Leichenwagen mit einem siebenten Opfer der Kämpfe, einem Mannes namens Schumacher, der in Barmen gefallen ist und den man erst gestern früh auf einer Photographie wiedererkannt und nach Solingen geholt hatte. Drei Musikkapellen waren auf den Zug verteilt. – An den Gräbern der Märzgefallenen sprachen Merkel und Schaal Abschiedsworte. – Angesichts des Todes, vor dem wir alle gleich sind, muß jede Kritik schweigen … Mögen die Opfer der Bergischen Märzkämpfe in Frieden ruhen!“ So beschrieb eine der bürgerlichen Tageszeitungen des Solinger Industriegebietes, die „Solinger Zeitung“, am 29. März 1920 die gewaltige Trauerdemonstration der Solinger und Bergischen Arbeiterschaft anläßlich der Beerdigung von sieben Solinger Opfern des Kapp-Putsches im Bergischen Land.[68]

Die Trauerfeier in Solingen war nach den vorliegenden Zeitungsberichten die einzige im Bergischen Land, die durch einen evangelischer Pfarrer ein christliches Gepräge bekam. Pfarrer Hartmann war als Sozialist bekannt und sollte in der Arbeiterbewegung des Bergischen Landes in den kommenden Jahren noch wichtige Impulse setzten. Hermann Merkel, führender Vertreter der Solinger Unabhängigen Sozialdemokraten, drückte in seiner Grabrede das Credo der linken, antikriegerisch eingestellten Sozialdemokraten aus: *„Nicht Klassenkampf ist es, den wir wollen, nicht mit Menschenblut soll die angebrochene neue Epoche besiegelt werden. O nein, wir wollen eine friedliche, unblutige Ablösung dieser verrotteten und verderbten Gesellschaft durch den Menschheitsbeglücker Sozialismus.“*[69] Die USPD, die in den Kommunalwahlen des Solinger Industriebereiches Ende des Jahres 1919 eindeutig mit über 50% der Wählerstimmen zur stärksten politischen Kraft in den fünf Solinger Stadtparlamenten geworden war, wurde vom Solinger Stadtrat am 23. März 1920 einstimmig beauftragt, die Trauerfeier für die Opfer auszurichten. Die Beerdigungskosten wurden ebenfalls von der Stadt Solingen übernommen, nachdem die USPD-Vertreter in der Stadtratssitzung zugesagten hatten, unter den gleichen Bedingungen auch die gefallenen Reichswehrsoldaten zu bestatten. Allerdings distanzierten sich die Stadtverordneten zugleich von den Reichswehrtruppen.[70] Der einstimmige Ratsbeschluss bahnte den Weg dafür, dass die evangelische Kirchengemeinde Dorp ihren Friedhof sämtlichen Opfern, unabhängig von ihrer Konfession, zu Verfügung stellte.[71]

Bei den sieben Toten im Gräberfeld auf dem Friedhof handelt es sich um Karl Dinger (Höhscheid), Rudolf Heethoff (Solingen) und Johann Esser (Höhscheid) – sie waren in den Auseinandersetzungen in Cronenberg am Hahnerberg erschossen wurden – sowie um Wilhelm Becker (Solingen), Paul Schumacher (Solingen) und August Wohlbold (Solingen), die bei den Kämpfen in Elberfeld/Barmen fielen. Wilhelm Gruner (Gräfrath) kam bei den Kämpfen in Remscheid ums Leben. Ferner starben die Solinger Wilhelm Bergfeld, Werner Hitdorf sowie Ernst Decker. Ernst Decker fiel in einem Hinterhalt südlich von Dorsten im nördlichen Ruhrgebiet.[72]

Die angeführte Opferliste muss nicht vollständig sein: Inge Sbosny und Karl Schabord erwähnen in ihrem Buch „Widerstand in Solingen“[73] einen weiteren

Der Trauerzug an der Straße Werwolf. Im Vordergrund die Fahnen der Vereine und dahinter die Kranzdelegation der Solinger Polizei. (Foto: M.K.)

gefallenen Solinger, Paul Burgmer, der zu den ersten Mitgliedern der Solinger KPD gehörte. Er kam bei den Kämpfen am Hengstey-See ums Leben und wurde dort auch begraben. Wilhelm Esser[74] schildert die näheren Umstände, unter denen sein Bruder Johann ums Leben kam. (M.K.)

Streit nach 60 Jahren

Nach den Erinnerungsfeiern der 20er Jahren dauerte es 50 Jahre, bis in der Geschichtswissenschaft und in der regionalen Öffentlichkeit die Märzereignisse des Jahres 1920 neu thematisiert wurden.[75] Dabei geriet auch ins Blickfeld, dass die Gräber auf dem Friedhof Grünbaumstraße ohne jegliche Inschrift waren. Das Für und Wider einer Gedenkstätte wurde über Jahre hinweg diskutiert. In einer umfangreichen Studie ist der Frage nachgegangen worden, ob die aufständischen Arbeiter von 1920 überhaupt als Demokraten angesehen werden könnten.[76] Erst Mitte der 80er Jahre gelang es der neuen Stadtratsmehrheit von SPD und Grünen, die Geldmittel für einen repräsentativen Grabstein bereitzustellen. Er trägt nun die Namen der auf dem Friedhof beigesetzten Opfer und die Inschrift „Sie starben für Demokratie". (M.K.)

Auch in Schwelm wurden die Gräber zerstört
Friedhof Barmer Straße 56a

Auf dem Schwelmer Friedhof auf der Barmer Straße, gleich an der Stadtgrenze zu Wuppertal, befindet sich an der Friedhofsmauer eine alte Gedenktafel,

Eine Gruppe der Solinger Arbeiterwehr lagert bis zum nächsten Kampfeinsatz vor dem Gasthaus Müller in Duisburg-Laar. (Foto: Chronik Ruhrgebiet, Seite 341 und Könnemann, Seite 320)

die unter anderem die Namen der Toten vom März 1920 aufführt. Die Tafel befindet sich auf Feld Nr. 36. Man findet es, wenn man in dem Nebeneingang zwischen den beiden Friedhofsgärtnereien Krause und Beckenhusen, gegenüber der Grenzöhde Straße den Friedhof betritt. Nach ca. 100 Metern findet man auf der linken Seite das kleine Grabfeld mit dem Erinnerungsstein an der Mauer. Hier sind die Namen *Eugen Birkelbach, Emil Böhmer* und *Fritz von der Wiesche* aufgeführt.

Diese drei Schwelmer Arbeiter, der Former Emil Böhmer (1899-1920), Kölner Straße 57, der Fabrikarbeiter Hermann Birkelbach[77] (1894-1920) aus dem „Weustenfelde“[78] und der Fabrikarbeiter Fritz von der Wiesche, sind bei den Kämpfen um Remscheid und Lennep am 19. März gefallen.[79] Am 22.3. rief der örtliche Aktionsausschuss auf, sich an der Trauerfeier zu beteiligen. Die Gefallenen wurden am 23. März hier beigesetzt. Während die lokale bürgerliche „Schwelmer Zeitung“, bis auf den Hinweis vom 19.3. nicht über das Thema berichtete, findet sich in der Elberfelder „Freie Presse“ (SPD) folgendes: *„Die Beerdigung der unserern in Remscheid gefallenen Helden gestaltete sich zu einer machtvollen Kundgebung, wie sie Schwelm noch nicht gesehen. Tausende brachten hiermit zum Ausdruck, dass sie von dem selben Willen beseelt waren, der unsere Helden veranlasste, in den Kampf zu ziehen um die Knechtung des Proletariats durch die Reaktion abzuwehren. Punkt 4:30 wurde die Trauerfeier mit dem „Schottischen Bardenchor“, „Stumm schläft der Sänger“ und „Ruh' sanft, du müder Schläfer“ eröffnet. Unter Glockengeläut setzte sich der Zug vom städtischen Krankenhaus, wo die Särge, mit Kränzen überhäuft, vor dem Toreingang aufgestellt waren, in Bewegung; voran die Feuerwehrkapelle mit der anschließenden Kampftruppe, an deren Seite die Verstorbenen gekämpft haben. Auf dem Friedhof angelangt, wurden die für Freiheit und Recht gefallenen Helden dem Schoß der Erde übergeben, und die Kampftruppe sandte ihnen mit einer Ehrensalve den letzten Scheidegruß. Auch wurden von den Sängern als letzter Gruß „Der junge Barde“ vorgetragen. Magistratsmitglied Sasse hielt eine recht eindrucksvolle Trauerrede, in der er die fluchwürdige Rebellion der Kapp-Verbrecher mit scharfen Worten geißelte und die heroische Tat der Gefallenen als die lebendige Verkörperung des Volkswillens bezeichnete … Die Vorstände der Parteien, Gewerkschaften und Sportvereine legten sodann mit kurzen Widmungen ihre Kränze nieder, deren Zahl sich insgesamt auf 83 belief. Mit einem Choral der Feuerwerkskapelle fand die Beerdigungsfeier ihr Ende.“* [80]

Heute findet sich über dem kleinen Grabfeld eine Tafel mit der Überschrift: „Im Kampfe gegen den Faschismus gefallen!“ Es folgt eine Reihe von Widerstandkämpfern aus Schwelm, die in der Zeit von 1933 bis 1945 ihr Leben ließen. Tatsächlich wurden hier, auf dem kleinen Feld, jedoch nur die drei genannten Arbeiter vom März 1920 bestattet.[81] An diesem Feld haben, wie in den umliegenden Orten, jährlich die „Märzfeiern“ der Schwelmer Arbeiterschaft stattgefunden. Dies war den Nazis ein Dorn im Auge und so wurden die Gräber 1933 eingeebnet und die Grabsteine zerstört. Nach der Befreiung wurde die Erinnerung an die Gefallenen wiederhergestellt, diesmal ergänzt um die Freiheitskämpfer aus den Reihen der Arbeiterschaft, die im Widerstand gegen den Faschismus ihr Leben ließen. Doch so falsch ist die Inschrift nicht: Die „Märzgefallenen“ waren wohl die ersten Kämpfer, die im Kampf gegen den aufkommenden Faschismus starben.

Die Einweihungsfeier auf dem Rembergfriedhof am 25.9.1921. Walter Öttinghaus steht unter dem Grabbildnis der „Trauernden mit Kind“. (Foto KNI)

Das Grabmal auf dem Rembergfriedhof in Hagen[82]
Rembergstraße, Eikertstraße

Auf dem Rembergfriedhof in Hagen befindet sich eine der interessantesten Grabanlagen für die „Märzgefallenen“. Schon in der Novemberrevolution, im Januar 1919, war es zu einem Zwischenfall zwischen dem neu gebildeten Freikorps „Lichtschlag“ und der Arbeiterschaft gekommen. Fünf Tote waren auf Seiten der Arbeiter zu beklagen, zwei auf Seiten der Soldaten. Auf städtischen Beschluss wurden sie gemeinsam auf einem Grabfeld auf dem Rembergfriedhof bestattet.

Im März 1920 wurde Hagen zur Zentrale des Widerstandes gegen die Putschisten: Hier bildete sich am 16.3., einem Tag vor den Kämpfen am Ostersbaum,[83] zum ersten Mal eine „Proletarische Armee“. In dem Aufruf hieß es: *„Wer bis zum 10. März 1920 Mitglied einer der drei sozialistischen Parteien ... der Gewerkvereine Hirsch-Duncker oder der christlichen Gewerkschaften und der Beamtengewerkschaften war, kann Mitglied werden. Ungediente junge Leute können bei der jetzigen Bildung nicht aufgenommen werden ... Alle unsere außenstehenden Genossen aber, auch alle anderen, haben die Pflicht, die Soldaten der reaktionären Reichswehr aufzuklären, damit diese den Kampf gegen die Arbeiter einstellen.“* [84]

Während der Märzkämpfe fielen acht Arbeiter aus dem Stadtgebiet Hagen. Der Kranführer und Gewerkschafter Heinrich Öttinghaus kam am 15.3. in Wetter zu Tode. In Remscheid fielen am 18. und 19.3. Heinrich Engelking, Mitglied der USPD Berchum-Halden, der Metallarbeiter und Gewerkschafter Karl Gusowski (USPD), der Arbeitersportler Karl Pädderich und Kurt Plätterig, Finkenkamper Straße 3.[85] Wilhelm Opfer, Mitglied der USPD, fiel in Wattenscheid. Der Metallarbeiter Karl Fuchs, Gewerkschafter und Arbeitersänger aus Hagen, fiel in Unna. Er war „Wehrmann der 6. Volkswehrkompanie (Eilpe)"

Als die Gefallen am 22. März auf dem Rembergfriedhof beigesetzt wurden, berichtete die Zeitung: „Im Anbetracht der noch immer unsicheren Verhältnisse ist eine größere Kundgebung nicht geplant. Alle Betriebe und Behörden arbeiten."[86] Ostern 1921 fielen fünf weitere Arbeiter bei einem Aufstandsversuch der Kommunisten. Die USPD, in Hagen weiterhin stärkste Arbeiterpartei und Initiatorin des „Märzgefallenendenkmal", sprach von „irregeleiteten Freiheitskämpfern" und distanzierte sich deutlich von diesem linken Putschversuch. Am 25. September wurde das „Märzgefallendenkmal", diesmal im Rahmen einer großen Feier, eingeweiht. Im Zentrum der halbrunden Anlage befindet sich eine Figurengruppe mit einer trauernden Mutter und ihrem trostsprechenden Sohn. Links und rechts der Figurengruppe befinden sich aus der Mauer herausragende Säulen, in die die Jahreszahlen „1919" und „1920" eingemeißelt sind. Unterhalb davon die Sprüche: „Den Tapferen, die das Leben hingaben im Kampfe für die Freiheit" und „Fessele durch Taten die jagende Zeit – schmiede den Tag an die Ewigkeit". Dazwischen – an der Mauer – Holzkreuze, später Grabplatten, der Gefallenen. Das Mal wurde durch Spenden der Hagener Arbeiterschaft errichtet. Die Hagener „Neue Freie Presse" führte bei der Feier neben dem Sängerkartell, dem Sportkartell, der Jugendverbände und der Frauenorganisationen allein 30 verschiedene Berufs- und Gewerkschaftsverbände auf.[87] Immer noch war die Gefahr von rechts deutlich spürbar. Erst wenige Tage zuvor hatten die drei Hagener Arbeiterparteien gegen die Ermordung des Zentrumspolitikers Matthias Erzberger durch rechte Geheimorganisationen demonstriert. Der USPD-Reichstagabgeordnete Walter Öttinghaus hielt die Rede bei dieser Einweihungsfeier. Er machte bei seiner Rede den Unterschied zu den Gefallenen des Weltkrieges deutlich. Während die einen, dem Gesetz entsprechend, der „Fahne" gefolgt seien, hätten die „Märzgefallenen" gewusst, wofür sie kämpften. Und auch die MSPD-Zeitung kommentierte pathetisch: *„Solange das Proletariat seiner Toten so gedenkt, wird es auch bereit sein, genau wie jene sein Leben zu opfern, wenn es erneut seine Freiheit verteidigen muss."*

Für die nächsten Feiern gab es eine gemeinsame Kommission von ADGB, dem allgemeinen freien Angestelltenbund (AfA), der SPD und des Reichsbanners „Schwarz-Rot-Gold", die die jährlichen Märzfeiern ausrichtete. Trotz Bemühungen kam keine gemeinsame Feier mit dem Kommunisten zustande. Die Einzelgräber wurden nach 1933 zerstört. 1945 wurden die Namen von 18 der 19 Toten, soweit sie neu ermittelt werden konnten, auf einer weiteren Tafel verzeichnet. Die Unterlagen belegen bis in die fünfziger Jahre hinein regelmäßige Erinnerungsfeiern; seit 1974 wurde die Tradition von der SPD Hagen aufgegriffen und fortgesetzt.

Das bewegte Leben von Walter Öttinghaus

Einer der prägenden Personen der Arbeiterbewegung in Hagener Raum war Walter Öttinghaus. Der Metallarbeiter aus Schwelm wurde einer der führenden Kollegen im Metallarbeiterverband. Bei den Verhandlungen in Bielefeld vertrat er den Ort Gevelsberg und wurde im Juni 1920 für die USPD in den Reichstag entsandt. Wie die Mehrheit der Hagener USPD war er gegen den Anschluss an die

Kommunistische Internationale und die KPD. 1922 schloss er sich wieder mit der Mutterpartei, der MSPD zusammen und wurde der Vorsitzende des Kreises Schwelm-Hagen. Doch als sich die Widersprüche in der Parteilinie mit der Weltwirtschaftskrise ab 1929 bis zum Parteitag 1931 erneut zuspitzten, war er entschieden gegen die kapitalfreundliche Politik des Parteivorstandes. Viele Sozialdemokraten traten aus und gründeten die SAP.[88] Walter Öttinghaus trat als Vorsitzender der Hagener SPD und Reichstagsabgeordneter des Wahlkreises der KPD bei. Nach dem Reichstagsbrand floh er nach Frankreich und gelangte über Nordafrika 1942 nach Mexiko.[89] Hier erlitt er zwei Schlaganfälle und wurde 1946 in New York von einem Freund gesundgepflegt. Er brach mit der KPD und kehrte 1948 nach Milspe (Hagen) zurück, wo er 1950 verstarb.[90]

Hinweis: Die Grabstätten in Velbert (Kap. 2), Cronenberg (Kap. 3) und Ronsdorf (Kap. 5) wurden in den vorangegangenen Kapitel erläutert. Auf vielen weiteren Friedhöfen im Stadtgebiet Wuppertal wurden einzelne Opfer der Märzkämpfe bestattet. Der Übersicht im Anhang kann man Weiteres entnehmen.

Der Grabstein an der Lippe *31.3.1920 – Jüdischer Friedhof Krudenburg*

Auf dem jüdischen Friedhof des kleinen Ortes Krudenburg an der Lippe bei Hünxte, auf einer kleinen Anhöhe, steht ein Grabstein mit der Aufschrift: „Hier ruhen Gustav Dahl, Otto Wehner aus Barmen und fünf weitere unbekannte.“ Weiteren Aufschluss über diese Toten gibt eine Notiz der Elberfelder USPD-Zeitung „Volkstribüne“ vom 4.Juni 1920. Unter dem Titel: „Bestialischer Mord der „Sipo“ berichtet sie: *„Über das tragische Ende unserer jugendlichen Parteigenossen Gustav Dahl und Otto Wehner aus Barmen werden uns von Ihren Familien folgende Mitteilungen gemacht: Als unsere Söhne. Die in den Märztagen gegen die Kapp-Truppen gekämpft hatten, nicht wieder zurückkehrten, fuhren wir am 10. Mai nach dem Kampfgelände und forschten überall nach den Vermissten. Im Lazarett zu Wesel sprachen wir mit einem Angehörigen der „Sipo“ welcher meinte, wir sollten uns keinen Hoffnungen machen, denn was von ihnen gefangen genommen worden, sei von den 5. Ulanen erschossen oder erschlagen worden. Bei weiteren Nachforschungen kommen wir an ein Bauerngehöft, wo gekämpft worden war. Dort erfuhren wir, dass unsere Söhne ganz in der Nähe verscharrt lagen. Die Bauern erzählten, die grüne Polizei hätte sie in bestialischer Weise erledigt. Die Leichen habe man beraubt und geplündert. Geld Militärpapiere, Zeugnisse, Bilder, alles, alles hätten sie mitgenommen. Dabei hätten sie aus der Brieftasche Visitenkarten und Postkarten zerstreut, auf denen die Adresse Otto Wehner, Barmen, stand. Ganz in der Nähe fanden wir dann auch die zerrissene Mütze unseres Gustav Dahl.*

Das Grab unserer unglücklichen Söhne fanden wir auf einen jüdischen Friedhof, wo noch weitere fünf gemordete Freiheitskämpfer lagen, die jeweils auch von ihren Angehörigen gesucht werden. Man erzählte uns, vier von Ihnen seien von einem Auto heruntergerissen, und in der Grausigsten Art von den Grünen ermordet worden, der fünfte sei im Schloß Schwarzenstein gefallen. Denen, welchen man die Köpfe zerschlagen, habe man den Rock aufgeknöpft und über die furchtbar entstellten Köpfe zusammengebunden.

Während nun Tausende der tapferen Märzkämpfer „von Rechts wegen“ inzwischen zu den schwersten Strafen verurteilt worden sind, ist noch nicht ein einziger der grünen Mordbuben zur Rechenschaft gezogen worden.

Der 6. Juni, der Wahltag, ist auch der Zahltag. Beamte Arbeiter und Angestellte, Väter, Mütter und Bräute, rächt am Sonntag die Kriegs- und Märzopfer durch die Wahl der unabhängigen Kandidaten.“[91]

Auf dem jüdischen Fredhof in Krudenburg liegt der Barmer Arbeiter Otto Wehner begraben. Ca. 1928 setzte man den Toten aus Barmen einen Grabstein.(Foto: Archiv Wohlert)

Der Grabstein heute. Die erneuerte Inschrift gibt keinen Hinweis auf den Hintergrund der Toten. (Foto: Günter Gleising)

Am 31.3.1920, nach während der Waffenstillstandtage, war in Peddenberg die Einheit der „Roten Armee“ in einen Hinterhalt geraten. Die Reichswehr vergrub die ermordeten Arbeiter nicht zufällig auf dem jüdischen Friedhof. Dieser geächtete Ort schien den meist antisemitischen Reichwehroffizieren „angemessen“ für die „Roten“. [92]

Vermutlich auf Initiative der Barmer Angehörigen und Arbeiterparteien wurde zum Ende der zwanziger Jahre über dem Grab ein Grabstein errichte. Die Inschrift trägt die Namen der Toten und die gleiche Widmung wie auf dem Grabmal in Barmen: „Das Banner kann stehen, wenn der Mann auch fällt“.

Der Stein hat die Wirren der Nazizeit überstanden. Die Inschrift wurde zerstört und später erneuert. Die neue Inschrift gibt keinen Hinweis auf den Zeitpunkt und die Umstande.

Auf einem Feld einige hundert Meter weiter wurden ca. 40 weitere Rotgardisten verscharrt. Als die Arbeiterorganisationen diesen Teil des Feldes erwerben wollten um dort ein Erinnerungsmal zu schaffen, weigerte sich der Bauer. So wurden die Leichname im Jahr 1930 umgesetzt zu den anderen Gefallene auf dem Friedhof in Dinslaken.

Epilog – Der „Flaggenstreit“ von Elberfeld

28.2.1925 – Friedrich-Ebert-Denkmal auf der Hardt

Wenn man den in Kapitel 4 (Wuppertal-Ostersbaum) beschriebenen Weg über die Hardt nach Clausen geht, stößt man an der Reichsallee auf den Gedenkstein für Friedrich Ebert. Am Volkstrauertag, dem 28.2.1926, ein Jahr nach dem Tod des Reichspräsidenten, wurde dieser Gedenkstein für Friedrich Ebert enthüllt. Die Inschrift auf der drei Meter hohen Natursteinsäule lautete:

Dem ersten Präsidenten
der deutschen Republik
Friedrich Ebert
des Volkes Wohl meiner Arbeit Ziel

Der republikanische Schutzbund „Reichsbanner Schwarz-Rot-Gold“ hatte den Stein zu Ehren des ersten deutschen Präsidenten aus der Arbeiterschaft gestiftet. Die Ausführung hatte die „Bergische Bauhütte“ übernommen. Der Bildhauer des Reliefs war Wilhelm Koopmann,[93] der auch andere Kunstwerke zum Gedenken an Demokraten in der Stadt schuf. Als zur Beisetzung des Reichspräsidenten Friedrich Eberts am 5.3.1925 die staatlichen Stellen die Fahnen auf Halbmast flaggen sollten, wurde an der Schupo-Unterkunft Waldesruh in Barmen die Reichsfahne mit ihren Farben „Schwarz-Rot-Gold“ auf den Boden gerissen und zerstampft. Die Farben der Republik waren den Monarchisten ein ständiger Dorn im Auge. Die Redakteure der SPD-Zeitung „Freie Presse“, Oskar Hoffmann, und Quitzau, brachten diesen Fall an die Öffentlichkeit. Erst auf massives Drängen der Zeitung wurde von den Behörden die Ermittlung aufgenommen. In Verdacht stand der zuständige Oberstleutnant Schubert, ein ehemaliger Offizier der Freikorps aus dem Baltikum – den Putschisten von 1920. In der Polizeikaserne fand man bei den Ermittlungen viele Kaiser- und Hakenkreuzfahnen. Doch von den Justizbehörden wurde der Fall weiter nicht verfolgt: „Auf die Weiterverfolgung legen wir keinen Wert“. Oskar Hoffmann blieb hartnäckig. Er brachte den Fall vor ein Reichsgericht und schaltete sogar das Innenministerium ein. Nun erregte der „Wuppertaler Flaggenstreit“ großes Aufsehen. Dennoch wurde das Verfahren nach einigen Monaten eingestellt. Hoffmann und Quitzau mussten sich ihrerseits wegen Beleidigung von Oberleutnant Schubert verteidigen und wurden am 13.4.1926 zu einer Geldstrafe verurteilt.[94] Der Einfluss der reaktionären Kräfte, die später die nationalsozialistische Diktatur in Deutschland errichten sollten, war schon Mitte der 20er Jahre in den Wuppertaler Behörden deutlich spürbar. Für die Betroffenen wurden die 1920 versäumten Chancen nun schmerzlich spürbar. Der Schriftsteller Stefan Hermlin fasste diese Empfindungen in folgende Worte: *„Dies ist unser Leben geworden. Sie waren die Angeklagten, aber sie kamen aus dem Richterzimmer. Sie schritten, und wir lagen am Boden. Sie lachten, und wir hatten den Mund zu halten. Sie trugen Orden davon, und wir nur unsichtbare Wunden.“*[95]

Friedrich Ebert und das Bergische Land

Friedrich Ebert hatte eine besondere Beziehung zu dieser Stadt. Schon 1891, während seiner Wanderjahre als Sattlergeselle, kam er nach Elberfeld. Vermutlich hatte er bei der Firma Schmimenz in der Elberfelder Nordstadt gearbeitet.[96] Für einige Monate wirkte der gewerkschaftliche Agitator auch im Bergischen. In Remscheid gründete er einen Fachverein der Sattlergesellen. 1912 kam er erneut hierher. In dem „sicheren“ sozialdemokratischen Wahlkreis Barmen-Elberfeld sollte er auf Wunsch der Parteivorstandes zum ersten Mal in den Reichstag gewählt werden. Das erregte durchaus den Missmut vieler örtlicher Sozialdemokraten,[97] die in dem Genossen vom rechten Parteiflügel nicht ihren Vertreter sahen. So fand Ebert in seinen Wahlreden markige Worte, die den Wuppertalern in guter Erinnerung blieben: *„Lange genug ist das Volk Amboss gewesen, es ist Zeit, dass es Hammer wird, dass es selbst seine Geschicke in die Hand nimmt.“*[98] Doch in der Revolution von 1918, in der das Volk zum Hammer wurde, setzte er sich mit den alten Generälen ins Benehmen. Er formierte das alte kaiserliche Offizierskorps zu den

Das Denkmal für Friedrich Ebert wurde an seinem ersten Todestag im Februar 1926 eingeweiht. Es wurde vom „Reichsbanner Schwarz-Rot-Gold“ errichtet. Den völkisch-nationalistischen Kreisen, auch im örtlichen Polizeiapparat, war dieses Denkmal und die Feiern zum Todestag ein Dorn im Auge. (Foto: KNI)

Freikorps um und setzte sie gegen die vormaligen Parteigenossen ein, die für die alten sozialdemokratischen Ziele stritten.[99] Von Ebert soll der Ausspruch stammen: „Ich hasse die Revolution wie die Sünde“. So endete diese widersprüchliche Figur tragisch. Die monarchistischen Kräfte, die er als Präsident in Amt und Würden beließ, wandten sich später, als sie wieder stark genug waren, gegen ihn: Zunächst beim Putsch im März 1920, wo das Gemeinschaftsgefühl der drei Arbeiterparteien, die aus der SPD entstanden waren, jedoch noch stark genug war, um diese Bestrebungen gemeinsam zu verhindern. Doch die Chance zu einem neuen Anfang wurde vertan. Ebert entsprach zwar nicht den Wünschen der Militärs, auch das Bergische Land besetzten zu lassen – Lucas vermutet, weil er die Genossen in Elberfeld-Barmen als disziplinierte Sozialisten in Erinnerung hatte – doch wieder half er, die alten kaiserlichen Machtstrukturen zu bewahren. Er stellte sich gegen die, die die Republik verteidigt hatten, jedoch auch konsequente demokratische und sozialistische Reformen einforderten. Wieder waren die sozialdemokratischen und sozialistischen Arbeiter die Verlierer. Auch Friedrich Ebert wurde zum Verlierer der Geschichte: Ein „Sattlergeselle“ als Reichspräsidenten, dafür hatten die reaktionären Kräfte nur Verachtung übrig. Die alten Machthaber in der Justiz klagen ihn wegen seiner Beteiligung an der Revolution im November 1918 an. Als Aufwiegler und Streikführer stellten sie ihn in eine Reihe mit den „vaterlandslosen Gesellen“, die der Front in den Rücken gefallen seien. Dieser schäbige Vorwurf, das entwürdigende Vorführen des Reichspräsidenten vor Gericht, brach diesem Menschen das Herz und trieb ihn in den frühen Tod. *„Man könnte Mitleid mit ihm empfinden, wenn in der Art, wie sich die Geschichte an ihm rächte, nicht auch eine raffinierte Gerechtigkeit läge“*, schreibt Sebastian Haffner[100] in seinem Essay über den ersten Reichspräsidenten der Republik.

Nachbetrachtung

Das Jahr 1920 brachte nicht nur im Bergischen und im Ruhrgebiet Unruhen und Aufstände mit sich. Neben Deutschland waren viele andere europäische Länder von politischen Erschütterungen betroffen. Das bis dahin unbekannte Ausmaß der mörderischen Kriegsmaschine, die der Weltkrieg entfesselt hatte, der Hunger und die Not, die Revolution in Russland, all das ließ die Menschen nach neuen gesellschaftspolitischen Wegen suchen – „es stand die alte gegen die neue Zeit", wie es in dem damals so populären Lied Tord Foleson von Uthmann[1] hieß. Der Arbeiteraufstand gegen den Kapp-Putsch richtete sich vor allem gegen die wichtigste Stütze der alten Gesellschaft, den Militarismus: der „größte Feind der Arbeiterklasse"[2], wie Oskar Hoffmann damals formulierte. Überall kam es zu bewaffneten Auseinandersetzungen und gleichzeitig zu neuen kulturellen Bewegungen. Das Jahr 1920 erinnert in so mancher Hinsicht an 1968. In beiden Fällen kam es zu Unruhen und Straßenkämpfen. Von den Bewegungen, die an diesen Kämpfen beteiligt waren, gingen nachhaltige, gesellschafts- und kulturpolitische Anstöße aus. „Wohngemeinschaft", „freie Schule", „Lebensreform" – selbst die Begriffe gleichen sich. Beide Jahre veränderten die Gesellschaft.

Auch in Italien war es 1920 zu Straßenkämpfen, massenhaften Fabrikbesetzungen und Ansätzen der Arbeiterselbstverwaltung gekommen. Antonio Gramsci[3] (1891-1937), später Führer der italienischen Kommunistischen Partei, gab 1920 in Turin, der Hauptstadt der italienischen Arbeiterbewegung, die kulturpolitische Zeitschrift „L'Ordine Nuovo" heraus. Auch hier wurde Politisches neben Kulturellem – wie Erziehung, Presse, Theater und Volksgesundheit – diskutiert. Wenige Jahre später entwickelte Antonio Gramsci die These, der militärische „Bewegungskrieg", der in Russland die Revolutionäre zur Macht geführt hatte, sei in Westeuropa nicht möglich. Hier ginge es um den „Stellungskrieg", in dem die Arbeiterschaft Schritt für Schritt die gesellschaftspolitischen Institutionen erobern und dort ihre eigenen kulturellen Werte etablieren müsse. So wurden die verschiedenen Wege, die zur gesellschaftlichen Veränderung führen könnten, erstmals auch theoretisch gefasst.

Wenn man die Ergebnisse des Aufbruchs von 1920 betrachtet, haben viele kulturellen Vorstöße dieser Zeit die Gesellschaft nachhaltig beeinflusst: Volkshochschule, liberale Erziehung, Volksbühne, Büchergilde, Konsumgenossenschaften und viele weitere Vereine veränderten mit der Zeit das Gesicht der Gesellschaft – zumindest bis zu der Zäsur von 1933.

Eine Diskussion der Thesen von Gramsci fand in der europäischen Linken nicht statt. Hier setzten sich ab 1924 leninistisch-stalinistische Vorstellungen durch. Andere Strömungen passten sich den kapitalistischen Gegebenheiten an. Dieses Versäumnis vertiefte die Kluft in der Arbeiterbewegung und schwächte ihre Kraft, als es gegolten hätte, den Faschismus zu verhindern.

Heute bleibt uns, den damaligen Auseinandersetzungen, dem Kampf gegen das Militär und dessen verheerenden Einfluss auf die Gesellschaft sowie den Auseinandersetzungen um neue kulturelle Vorstellungen den Stellenwert zuzuweisen, den sie in der gesellschaftspolitischen Entwicklung tatsächlich inne hatten. Gleichzeitig kann ein solcher Rückblick auch den Blick für die leise Veränderungskraft schärfen, die von kulturellen Anstößen ausgeht. Hierzu kann auch eine lokale Betrachtungsweise anregen.

Biographische Skizzen zu Personen, die an den Ereignissen im Frühjahr 1920 maßgeblich politisch oder künstlerisch beteiligt waren

Stichwortverzeichnis zur Arbeiterkultur

Die Chronologie der Ereignisse im Bergischen

- **13.3.1920**
  Der gemeinsame Aufruf der drei Arbeiterparteien des Bezirks Niederrhein in Elberfeld und die großen Kundgebungen der Arbeiterschaft
  In Velbert bildet sich eine Sicherheitswehr
- **14.3.**
  Kundgebung in Barmen und Elberfeld
- **15.3.**
  Der Einmarsch der Sipo und des Freikorps Haketau in Elberfeld
  Kundgebungen in Barmen, Elberfeld und Velbert
  kurzzeitige Ausrufung der „Räterepublik“ in Wiesdorf, Ohligs, Wald und Langenfeld
- **16.3.**
  Die Demonstration der Solinger Arbeiter nach Elberfeld und das Massaker am Wasserturm am Hahnerberg
  Gefechte in Dalbecksbaum, Velbert und Heiligenhaus
- **17.3.**
  Die Kämpfe an der Ziegelei und um den Stadtteil Ostersbaum
  die Unterstützung in Barmen, Ronsdorf, Cronenberg, Vohwinkel
- **18./19.3.**
  Aktionsausschüsse übernehmen in den Städten die Macht
  Die Belagerung von Remscheid und die Herausbildung militärischer Strukturen der „Roten Armee“
- **19.3.**
  Die Elberfelder Arbeiterschaft setzt den Streik entgegen der Anordnung des Aktionsausschusses bis zur Beerdigung der Opfer fort
- **20.3.**
  Bestattung der Gefallenen in Barmen-Elberfeld
- **21.3.**
  Ende des Generalstreikes in Elberfeld
  Beisetzung der Gefallenen in Remscheid
- **22.3.**
  Rücktritt des Reichswehrministers Gustav Noske
- **23.3.**
  Besuch des engl. Besatzungsoffiziers in Elberfeld
  Annahme der gewerkschaftlichen Forderungen, Ende des Generalstreiks
- **24.3.**
  Verhandlungen in Bielefeld
  Die Bergischen Delegierten sind Oskar Triebel, Wilhelm Enz, Fritz Charpentier und Walter Paul
- **26.3.**
  Der Kongress in Hagen beschließt den Abbruch der Kämpfe
- **28.3.**
  Ultimatum der Regierung und Zusatzbedingungen des Generals von Watter
  Beisetzung der Gefallenen in Solingen
- **29.3.**
  Ein Gegenultimatum der SPD und erneuter Generalstreik
- **31.3.**
  Erneut Verhandlungen in Münster: Rensmann (Barmen), Nellessen (Elberfeld)
- **1.4.**
  Putsch der Linkskommunisten in Elberfeld
- **2.4.**
  Zusammenbruch der Front bei Wesel, Arbeiterwehren zur Entwaffnung bei Duisburg
- **3.4.**
  Der„Zentralrat“ der Aufstandsbewegung flieht von Essen nach Barmen
  Erschießung von Ernst Langensiepen
- **2. – 12.4.**
  Versorgung des Flüchtlingsstroms, der ins Bergische kommt
- **6.4.**
  Appell der Freien Gewerkschaften und von Herman Molkenbuhr (SPD-PV) zur Einhaltung der Vereinbarungen von Bielefeld und gegen den Einmarsch der

Reichswehr ins Bergische Land

- **7.4.**
  Austritt der SPD aus dem Aktionsausschuss
- **8.4.**
  Konferenz der Vollzugsräte Rheinland und Westfalen in Barmen
  Reichswehrpatrouillen erscheinen in Velbert und Heiligenhaus
- **9.4.**
  Reichswehrpatrouillen erscheinen in Hasslinghausen vor Barmen
- **10.4.**
  Konferenz von Industriellen mit Reichspräsident Ebert
  Abraham Frowein plädiert für die Besetzung des Bergischen Landes
- **12.4.**
  Auflösung der örtlichen Aktionsausschüsse und Bildung der Ordnungsausschüsse
- **20.4.**
  Konferenz von Gewerkschaftsvertretern aus dem rheinisch-westfälischen Industriegebiet in Barmen. Eine von drei zentralen Sammelstellen ist in Barmen
- **27.4.**
  Rücktritt des Generals von Watter und Konferenz führender Industrieller mit reichspräsident Ebert, wegen der Weigerung der Regierung, das Bergische Land besetzen zu lassen
- **29.4.**
  Beschluss zur Besetzung des Bergischen Landes
- **30.4.**
  Ende der Standgerichte im Ruhrgebiet
- **1.5.**
  Maidemonstration gegen die Besetzung des Bergischen Landes, Resolution der Arbeiterparteien
- **19.5.**
  Einmarsch der Sipo in die Wupperstädte
  Auflösung der Arbeiterwehr Barmen und Elberfeld
- **6.6.**
  Bei den Wahlen zum Reichstag wird die USPD stärkste Partei
- **17.6.**
  Beendigung des Belagerungszustandes im Regierungsbezirk
- **22.6.**
  Tod von Gustav Adolf Uthmann
- **25.6.**
  Auflösung der Ordnungsauschüsse Barmen und Elberfeld
- **27.8.**
  Anklage und Hausdurchsuchung bei der Volkstribüne, dem Büro des Arbeiterrates und bei Oskar Hoffmann
- **30.7.**
  Abzug der Sicherheitspolizei
- **1.8.**
  Generalamnestie für Opfer und Täter
- **10.8.**
  Anschlag auf das Gefängnis Bendahl
- **29.8.**
  2. Betriebsrätekonferenz Rheinland-Westfalen im Volkshaus Elberfeld
- **11.10.**
  Verhaftung des Anwalts Bernhard Lamp
- **18.10.**
  Solidaritätsbekundung der Arbeiterparteien für Bernhard Lamp
- **Okt. 1920**
  Einrichtung der freien Schulen in Elberfeld und Barmen
- **26.12.**
  Tod von Bernhard Lamp

Literaturverzeichnis

Monographien

Bergmann, Theodor: *Gegen den Strom – Die Geschichte der KP-Opposition,* Hamburg 1987

Braun, Bernd: *Hermann Molkenbuhr (1851-1927) – Eine politische Biographie,* Düsseldord 1999

Döpp, Annette: *Arbeiterbewegung in Solingen 1918-1920,* Rheinbeck 1981

Eggerath, Werner: *Nur ein Mensch,* Weimar 1947

Eliasberg, George: *Ruhrkrieg von 1920,* Verlag Neue Gesellschaft, Bonn-Bad Godesberg 1974

Esser, Willi: *Geschichte und Chronik der Solinger Arbeiterbewegung der letzten 60 Jahre*, Solingen 1978

Gietinger, Klaus: *Eine Leiche im Landwehrkanal,* Berlin 1995

Günter, Roland: *Im Tal der Könige,* Essen 1992

Haffner, Sebastian: *Der Verrat,* Berlin 3. Auflage 1995

Heine, Heinrich: *Sämtliche Gedichte,* Frankfurt 1993

Herberts, Hermann: *Zur Geschichte der SPD in Wuppertal - Ein Beitrag zum Hundertjahr Jubiläum 1963,* Wuppertal 1963

Herbig, Rudolf: *Notizen aus der Sozial-, Wirtschafts- und Gewerkschaftsgeschichte vom 14. Jahrhundert bis zur Gegenwart,* 6. Aufl. Düsseldorf 1978

Heuter, Christoph: *StadtSchöpfung – Siedlungen der 1920er Jahre in Wuppertal Barmen,* Wuppertal 1995

Judik, Günther: *„Ihr sollt die Kraft von dem Verband noch lange Zeiten spüren!". Aus 100 Jahren Geschichte der IG Metall Velbert,* Köln 1991

Kaminski, Andrzej J.: *Vom Polizei- zum Bürgerstaat - Zur Geschichte der Demokratie am Beispiel einer deutschen Stadt,* Wuppertal 1976

Klein, Alfred: *Im Auftrag ihrer Klasse – Weg und Leistung der deutschen Arbeiterschriftsteller,* Berlin und Weimar 1976

Klönne, Arno: *Die Deutsche Arbeiterbewegung - Geschichte, Ziele, Wirkungen,* Köln und Düsseldorf 1980

Krause, Manfred: *Die Gewerkschaftsbewegung und die sozialistische Arbeiterbewegung in Solingen 1914-1925,* (MS) Bochum 1981

Lucas, Erhard: *Vom Scheitern der deutschen Arbeiterbewegung,* Basel und Frankfurt/Main 1983

Lucas, Erhard: *Märzrevolution 1920 – Band 1, Vom Generalstreik gegen den Militärputsch zum bewaffneten Arbeiteraufstand,* Frankfurt 1974

Lucas, Erhard: *Märzrevolution 1920 – Band 2, Der bewaffnete Aufstand in seiner Struktur,* 2. Aufl., Frankfurt 1983

Lucas, Erhard: *Märzrevolution 1920 – Band 3, Die Niederlage,* Frankfurt/Main 1978

Luxemburg, Rosa: *Herzlichst ihre Rosa, Ausgewählte Briefe,* Berlin 1990

Marchwitza, Hans: *Sturm auf Essen,* Tribüne-Verlag, Leipzig, 1978, erstmals erschienen 1930

Mader, Julius: *Dr. Sorge Report,* Berlin 1984

Matull, Wilhelm: *Der Freiheit eine Gasse – Geschichte der Düsseldorfer Arbeiterbewegung,* Bonn 1980

Meyer-Kahrweg, Ruth: *Denkmäler, Brunnen und Plastiken in Wuppertal - Biographien der beteiligten Künstler, Beiträge zur Denkmal- und Stadtbildpflege des Wuppertals*, Wuppertal 1991

Regler, Gustav: *Das Ohr des Malchus*, Köln, Berlin 1958

Schnell, Robert Wolfgang: *Erziehung durch Dienstmädchen*, Berlin und Neuwied 1968

Schnöring, Kurt: *Wuppertal – Ein Stadtführer,* Wuppertal 1989

Stracke, Stephan: *Mit rabenschwarzer Zuversicht – Kommunistische Jugendliche in Wuppertal 1916 - 1936,* Bochold 1998

Wickert, Christel: *Helene Stöcker 1869-1943, Frauenrechtlerin, Sexualforscherin und Pazifistin, Ein Biographie*, Bonn 1991

Wolf, Friedrich: Briefe. Eine Auswahl, hg. im Auftrag der Deutschen Akademie der Künste zu Berlin von Else Wolf und Walter Pollatschek, Berlin und Weimar 1969

Monographien einer Reihe

Boch, Rudolf, Manfred Krause: *Historisches Lesebuch zur Geschichte der Arbeiterschaft im Bergischen Land,* Köln 1983 (Band 33, Schriftenreihe der Otto Brenner Stiftung)

Deutsche Geschichte, Band 3, VEB Deutscher Verlag der Wissenschaften, Berlin 1968

Deutschland Städebau – Elberfeld, DARI – Verlag, Berlin 1925

Errettung des Ruhrgebietes (1918-1920) Berlin 1943 (Darstellung aus den Nachkriegskämpfen deutscher Truppen und Freicorps. Im Auftrag des Oberkommandos des Heeres bearb. u. hg. v. d. Kriegsgeschichtliche Forschungsanstalt des Heeres, Band 9

Fey, Wolfgang: März 1920: Kapp-Putsch, bewaffneter Arbeiteraufstand und die Ereignisse in

Remscheid. Materialien für den Unterricht, hrsg. vom Stadtarchiv Remscheid, Remscheid 1994

Geschichte – Lehrbuch der Klasse 9, Berlin 1974

Könnemann, Erwin, Brigitte Berthold u.a.: *Arbeiterklasse siegt über Kapp und Lütwitz* – Quellen, Archivarische Forschungen zur Geschichte der deutschen Arbeiterbewegung Band 7/I, Berlin 1971

Kritische Bibliothek der Arbeiterbewegung, Nr. 1: Allgemeiner Kongreß der Arbeiter- und Soldatenräte 16.21.12.1918, Stenographischer Bericht, Nachdruck, Berlin 1973

Schädlich, Christian: Bauhaus Weimar 1919-1925, Weimar 1989 (Heft 35, Tradition und Gegenwart – Weimarer Schriften)

Spicher, Willi: In der Zelle zum Abgeordneten gewählt –, Wuppertal 1981 (Heft 1, Antifaschistische Reihe)

Selbständige Buchveröffentlichung mehrerer Verfasser

Falkenberg, Rudolf und Bernd Ferchand, u.a.: *Geschichte der deutschen Arbeiterjugendbewegung 1904-1945,* Dortmund 1973

Fittkau, Ludger und Schlüter, Angelika: *Ruhrkampf 1920, Ein politischer Reiseführer,* Essen 1995

Goebel, Klaus und Manfred Wichelhaus: *Aufstand der Bürger,* Wuppertal 1974

Hannover, Heinrich und Elisabeth Hannover-Drück: *Politische Justiz 1918-1933,* Bornheim-Merten 1987

Könnemann, Erwin und Hans-Joachim Krusch: *Aktionseinheit contra Kapp-Putsch,* Berlin 1972

Mader, Julius, Gerhard Stuchlik, Horst Pehnert: *Dr. Sorge funkt aus Tokyo,* Berlin 1965

Niemann, Dietmar und Franz-Josef Göbel: *Die Düsseldorfer Arbeiterwohlfahrt von ihren Ursprüngen bis zur Gegenwart,* Düsseldorf, 1980

Novy, Klaus und Michael Prinz: *Illustrierte Geschichte der Gemeinwirtschaft,Wirtschaftliche Selbshilfe in der Arbeiterbewegung von den Anfängen bis 1945,* Berlin/Bonn 1985

Sbosny, Inge, und Karl Schabrod: *Widerstand in Solingen, Aus dem Leben antifaschistischer Kämpfer,* Frankfurt/M. 1975

Walter, Franz und Viola Denecke: Der „Verband der Vereine für Volksgesundheit", in: Walter, Franz/Viola Denecke/u.a.: *Sozialistische Gesundheits- und Lebensreformverbände,* Bonn 1991

Herausgeberschriften

Bund deutscher Architekten – Kreisgruppe Wuppertal (Hg.): *Architektur in Wuppertal,* Wuppertal 1993

Bund Deutscher Pfadfinder (Hg.):*Generalstück für Freiheit und Demokratie, März 1920,* Solingen 1980

Erdmann, Wulf, Jochen Zimmer (Hg.) *Hundert Jahre Kampf um die freie Natur, Illustrierte Geschichte der Naturfreunde,* Essen 1991

Goebel, Klaus (Hg.): *Wuppertal in der Zeit des Nationalsozialismus,* Wuppertal, 1984

Heller, Heinz-B. und Peter Zimmermann (Hg.): *Literatur im Wuppertal – Geschichte und Dokumente.* Wuppertal 1981

Institut für Marxismus Leninismus beim ZK der SED (Hg.): *Geschichte der deutsche Arbeiterbewegung, Biographisches Lexikon,* Berlin 1970

Institut für Marxismus Leninismus beim ZK der SED (Hg.): *Geschichte der deutsche Arbeiterbewegung,* Band 2, Berlin 1966

Institut für Marxismus Leninismus beim ZK der SED (Hg.): *Geschichte der deutsche Arbeiterjugendbewegung 1904-1945,* Lizenzausgabe Dortmund 1973

Institut für Marxismus Leninismus beim ZK der SED (Hg.): *Protokoll des Gründungsparteitages der Kommunistischen Partei (30.12.1918 – 1.1.1919),* Berlin 1972

Deutscher Metallarbeiter-Verband (Hg.): *Jahr- und Handbuch des DMV 1919,* Siebter Bezirk, Stuttgart 1920

Deutscher Metallarbeiter-Verband (Hg.): *Der Deutsche Metallarbeiter-Verbandes im Jahr 1921,* Stuttgart 1922

Krempel, Ulrich (Hg.): *Am Anfang: Das junge Rheinland, Zur Kunst und Zeitgeschichte einer Region 1918-1945,* Düsseldorf 1985

Kürbisch, Friedrich G. (Hg.): *Der Arbeitsmann, er stirbt, verdirbt, wann steht er auf? – Sozialreportagen 1918 bis 1920,* Bonn 1982

Marx-Engels-Lenin-Stalin Institut beim Zentralkomitee der SED (Hg.): *Zur Geschichte der Kommunistischen Partei Deutschlands – Eine Auswahl von Materialien und Dokumenten aus den Jahren 1914-1946,* Berlin 1954

Noltenius, Rainer (Hg.): *Illustrierte Geschichte der Arbeiterchöre,* Essen 1992

Novy, Klaus, Arno Mersmann, Bodo Hombach (Hg.): *Reformführer NRW – Soziale Bewegungen, Sozialreform und ihre Bauten,* Köln und Wien

Ritter, Gerhard und Susanne Miller (Hg.): *Die deutsche Revolution 1918-1919, Dokumente,* Hamburg 1975

Sammlung Bernhard Kaufmann (Hg.): *Die alten Worpsweder Meister,* Worpswede o. J.
SPD Unterbezirk Wuppertal (Hg.): 1929-1979, *Sozialdemokraten in Wuppertal,* Wuppertal 1979
Viesel, Hansjörg; *Literaten an der Wand – Die Münchner Rääterepublik und die Schriftsteller,* Büchergilde Gutenberg, Frankfurt 1980
Von der Heydt-Museum, Wuppertal (Hg.): *Bildführer, Gemälde des 19. und 20. Jahrhunderts,* Wuppertal 1996

Unselbständige Veröffentlichung in einem Sammelwerk

Andraschke, Hans Peter: Der IV. Parteitag der italienischen Kommunisten in den Naturfreundehäusern Remscheid und Leichlingen, in: Erdmann, Wulf und Jochen Zimmer (Hg.): *Hundert Jahre Kampf um die freie Natur, Illustrierte Geschichte der Naturfreunde,* Essen 1991
Haffner, Sebastian: Drei Legenden, in: Haffner, Sebastian, Stefan Hermlin u.a.: *Zwecklegenden - Die SPD und das Scheitern der deutschen Arbeiterbewegung,* Berlin 1996
Hodann, Max: Die Sexualnot der Erwachsenen, in: Flemming, Jens, Klaus Saul u.a. *Familienleben im Schatten der Krise – Dokumente und Analysen zur Sozialgeschichte der Weimarer Republik 1918-1933,* Düsseldorf 1988, Seite 35
Krohn, Burkard: Vom „Karabinerkommunisten" zum Botschafter Walter Vesper, in: Forschungsgruppe Wuppertaler Widerstand (Hg.): *„...Se krieje us nit kaput". Gesichter des Wuppertaler Widerstands.* Essen 1994, Seite 181ff
Lucas-Busemann, Erhard: Notstand 1920, in: Haffner, Sebastian u.a.: *Zwecklegenden - Die SPD und das Scheitern der Arbeiterbewegung,* Berlin 1996, Seite 198f
Knies, Hans Ulrich: Arbeiterbewegung und Revolution in Wuppertal - Entwicklung und Tätigkeit der Arbeiter- und Soldatenräte in Elberfeld und Barmen, in: Rürüp, Reinhard (Hg.): *Arbeiter und Soldatenräte im rheinisch-westfälischen Industriegebiet,* Wuppertal 1975, Seite 83-154
Menne, C.: Schwelm zur Zeit der Weltkriege, in: *500 Jahre Schwelm,* hg. v. d. Stadt Schwelm, Schwelm 1996
Stracke, Stefan: Der „Rote General von Elberfeld" - Alfred Steinhage, in: Forschungsgruppe Wuppertaler Widerstand (Hg.): *„...Se krieje us nit kaput". Gesichter des Wuppertaler Widerstands,* Essen 1994
Ünlüdag, Tania: „Frau Muth ist zweifelsohne als eine der größten Staatsfeine der heutigen Regierung anzusehen." Cläre Quastm verw. Muth, geb. Riedesel, in: Forschungsgruppe Wuppertaler Widerstand (Hg.): *„...Se krieje us nit kaput". Gesichter des Wuppertaler Widerstands,* Essen 1994
Zieseke, Christiane: Die Politik der „Linkskurve" - Funktion einer Literaturzeitschrift bei der Entwicklung einer Kultur der Arbeiterklasse, in: Kunstamt Kreuzberg (Hg.): *Weimarer Republik,* Berlin und Hamburg 1977, Seite 631

Unselbständige Veröffentlichung in wissenschaftl. Fachzeitschrift

Abresch, Johannes: Lydia Stöcker (1877-1942), in: Romerike Berge Zeitschrift für das Bergische Land, 4/1996, Seite 41f
Beek, Karl-Hermann: Bürgerliche Mentalität und der Umsturz von 1918 am Beispiel unserer Region, in: Geschichte in Wuppertal 1998
Eckardt, Uwe: Emil Ginkel (1993-1959), in: Geschichte in Wuppertal 1993
Eckardt, Uwe: Werner Möller (1888-1919), in: Geschichte in Wuppertal 1996, Seite 67ff
Echardt, Uwe: Franz Lande (1993-1942), in: Geschichte in Wuppertal 1993
Eckardt, Uwe: Ewald Blaser (1898-1979), in: Romerike Berge, Zeitschrift für das Bergische Land, 1 (1999) S. 29-33
Ein Jahrhundert Arbeiterbildung in Deutschland – Bekenntnisse, Wege, Ziele, Arbeit und Leben 2-3/1964, Düsseldorf
Gupta, Milon: *Die städtische Wohlfahrtspflege in Elberfeld,* in: Geschichte in Wuppertal 1993, Seite 53
Herbers, Winfried: *Jagd auf Flugblätter – Die Polizei und der Richtungskampf in der SPD 1916/17 in Wuppertal,* in: Geschichte in Wuppertal 1999, Seite 97ff
Schnöring, Kurt: Alfred Dobbert 1897–1975, in: Wuppertaler Biographien, 13. Folge, Wuppertal 1977, Seite 17ff
Schnöring, Kurt: Oskar Hoffmann, in: Wuppertaler Biographien, 14. Folge, Wuppertal 1984, Seite 36ff
Weber, Hubert: Solingen in den Tagen des Kapp Putsches 1920, in: Die Heimat, März 1970, Jg. 36, Nr. 3

Zeitungsartikel

Höh, Susanne, 75 Jahre Volksbühne, in: Wuppertal Magazin 7/8/96
Volkstribüne, Elberfeld
Volkszeitung Düsseldorf, Mai 1926
Cronenberger Anzeiger
Remscheider Generalanzeiger
Bergische Volksstimme 21.11.1919
Freiheit Wuppertal 22.3.1946
Volkstimme Hagen 3.4.1920
Freie Presse – Elberfeld
Rhein-Echo, Solingen 1946
Rheinisches Land, Zeitschrift der Naturfreunde – Gau Rheinland, 1926
Remscheider General Anzeiger (RGA)
Senioren Bote, Altenheim Cronenberg, April 1991
Schwelmer Zeitung 1920
Solinger Tageblatt
Solinger Zeitung
Generalanzeiger Elberfeld
Bergisch-Märkische Zeitung Elberfeld
Wuppertal Magazin Jan.1990
Wuppertal Magazin, Mai 1997
Wupper-Nachrichten 2/96
Westdeutsche Rundschau, März 1920

Dissertationen und Hochschulschriften

Kaiser, Kerstin *Rechte und rechtsradikale Organisationen im Wuppertal in den Anfängen der Weimarer Republik,* (Magisterarbeit) 1999
Krause, Manfred: *Die Gewerkschaftsbewegung und die sozialistische Arbeiterbewegung in Solingen 1914-1925,* (MS) Bochum 1981
Winterhagen, Artur: *Unruhen im Wuppertal im Jahr 1920,* 1964 (Maschinenschrift im Stadtarchiv Wuppertal)

Festschriften

75 Jahre Touristenverein Die Naturfreunde Wuppertal e.V. 1912-1987, Wuppertal 1987
75 Jahre Freie Schwimmer 07 Wuppertal e.V. Festzeitschrift, Wuppertal 1982
70 Jahre Kapp-Putsch, ein Beitrag zur Geschichte des „Märzgefallenendenkmals" auf dem Hagener Rembergfriedhof, Hg. SPD-Unterbezirk Hagen, 1989
1929-1979, Sozialdemokraten in Wuppertal, SPD Unterbezirk Wuppertal (Hg.), Wuppertal 1979
Bücher, Bilder und Ideen 75 Jahre: Büchergilde, Mainz 1999
Erster Rang 6/96, Sonderausgabe, 75 Jahre Volksbühne Wuppertal
Die Remscheider Märzkämpfe im Jahre 1920. Ein Kapitel aus dem Kriege nach dem Kriege. Dargestellt vom Zeitfreiwilligenkorps Remscheid, Remscheid 1934
Festschrift zum 90jährigen Jubiläum des Katholische Arbeitnehmer Bewegung Bezirksverband Bergisch-Land 1904-1994, Wuppertal 1994
Happ, Paul: Das Pelerinenviertel – Ostersbaum, Frankenplatz o. J. Wuppertal
Heinrich, Christian Gottlieb, Bürgermeister a.D. in Bad Neuenahr, früher in Wald (Rheinl.) Aufzeichnungen und Erinnerungen aus meinem Leben von der Wiege bis zum 70. Geburtstag am 24. Januar 1926 (MS)
Industriegewerkschaft Chemie-Papier-Keramik (Hg.): *100 Jahre Industriegewerkschaft Chemie-Papier-Keramik,* Köln 1990
Wittmütz, Volkmar, 100 Jahre Bergische Diakonie, Bonn 1972

Unveröffentlichte Quellen, mündliche Berichte und Aktenbestände

Eckardt, Uwe: Vom Krankenhaus zur Volkshochschule, Vortrag Mai 1997
Rau, Otto: Endstation Honsberg, masch. Manuskript, Remscheid, 1980
Vesper, Walter: Erinnerungsbericht. Stiftung Archiv der Parteien und Massenorganisationen der DDR im Bundesarchiv, EA 1337 1&2.
Archiv der Stadt Wuppertal SXI, Nr. 8, Märzunruhen 1920, dort zwei Telegramme, 10. Mai 1920
Verwaltungsbericht der Stadt Remscheid, in: Stadtarchiv Remscheid
Staatsarchiv Düsseldorf, Bestand Regierung Düsseldorf 15978, Entstehung und Verlauf des Aufstandes im Regierungsbezirk Düsseldorf, Bd. II. Schreiben vom OB Elberfeld, 29.5.1920
Brief von GA. Uthmann an den Bundesvorstand des DAS vom 17.6.1906, Nachlass von Emil Luckhard
Potsdam, RK u. Stk Severing, Nr. 10 Bl. 218,
Nachlass des „Arbeitergesangvereins 'Liederlust 1884'", Hans Bachmann, Wuppertal
Gedenkrede von Emil Lehmann auf einer Uthmann-Feier 1926, Archiv Stadtbibliothek Wuppertal, Gustav A. Uthmann, Stadtarchiv Wuppertal O IX (15)

Schriftliche Erinnerungsberichte

Gerda Wüster: Kapp Putsch am Frankenplatz, masch. Manuskript Wuppertal, o.J.
Frau Aubke-Meister: Kapp Putsch am Frankenplatz, masch. Manuskript Wuppertal, o.J. Sammlung Benninghoven
Ferdinand Köthe: Schriftlicher Bericht 19.2.1998, Sammlung Rhefus
Herta K. aus Remscheid: Tonbandaufnahme der „Werkstatt der Erinnerungen“, Remscheid, am 31. Marz 1989; verwahrt von Wolfgang Fey.

Mündliche Berichte von

Herr Ernst Roßbach, August 1998, Wuppertal
Frau Ingrid Müller, August 1999, Wuppertal
Herr Schimenz, Sommer 1998, Wuppertal
Herr Hans Schmitz, Wuppertal
Herr Heinz Czerlitzki, Aug. 1999, Wuppertal
Herr Karl Luckhardt, 6/97, Wuppertal
Herr Kurt Matthes, Wuppertal
Herr Otto Rau, Wuppertal
Herr Rainer Ellinghaus, Wuppertal
Herr Kurt Schwerter. 6.1.2000, Wuppertal
Herr Battefeld, Wuppertal
Herr Paul Happ, Wuppertal
Herr Thielenhaus, Wuppertal
Herr Otto Lücke, Wuppertal
Herr Klapp, Wuppertal
Herr Gersch, Wuppertal
Frau Dross, Wuppertal
Herr Kampschulte, Wuppertal
Frau Marianne Cristmann, Wuppertal
Frau Roswita Rensmann, Wuppertal
Frau Ilse Kötting, Wuppertal
Geschwister Benninghoven, Wuppertal
Herrn Professor Engelhard, Wuppertal
Herrn Rainer Hardenbruch, Wuppertal-Cronenberg
Frau Anni Herberts, Wuppertal-Cronenberg
Herr Fritz Schemann, Wuppertal
Herr Gustav Ellinghaus, Wuppertal
Frau Marianne Hecht-Wieber, Wuppertal
Ehepaar Ilse und Ernst Rabanus, Wuppertal
Herrn Rudolf Dressler, Wuppertal, Berlin
Herrn Paul-Günther Wülfrath, Wuppertal-Ronsdorf
Herr Prof. Ernst Hoffmann, Berlin
Frau Ida Bitza, Remscheid, Köln
Herr Gerd Simoleit, Wuppertal
Frau Ilse Simoleit, Wuppertal
Frau Waltraud Bläss, Wuppertal Ronsdorf, Sommer 1999
Herr Friedel Kalthöfer, USA/Barmen Oktober 1999
Frau Ruth Kolb-Lünemann, Wuppertal
Herr Heinz Wohlert, Velbert
Herr Ewald Hemmers, Velbert
Herr Andre Poloscheck, Wuppertal
Frau Metzmacher, Wuppertal
Herr Helmut Schüssler, Wuppertal-Vohwinkel
Herr Bernhard Koep (VRLG), Wuppertal
Herr Karl Eckgold, Wuppertal
Herr Ferdinand Köthe, Wuppertal
Frau Ursula Kraus, Wuppertal
Herr Günter Gleising, Bochum

Liste der Gefallenen

Insgesamt sind 125 Personen aus den Anzeigen und Auflistungen in den Zeitungen bekannt geworden, die im bergischen Raum den Kämpfen zum Opfer fielen. Die folgende Auflistung gibt die recherchierten Herkunftsorte und die Orte, in denen sie zu Tode kamen, an:

Name	Vorname	gefallen in:	bestattet in:
Aus Velbert fielen:			
Schulte,	Karl	Velbert	Velbert
Tönnes,	Alfred	Velbert	Velbert
Aus Cronenberg fielen:			
Bertram	Ernst	Cronenberg	Cronenberg
Erklinger	Axel	Cronenberg	Cronenberg
Hummelbeck	Gustav	Cronenberg	Cronenberg
Schwalfenberg	Wilhelm	Cronenberg	Cronenberg
Steup	Hugo	Cronenberg	Cronenberg
Aus Barmen fielen:			
Bredtmann	Willy	Barmen	Barmen, Ehrenfriedhof
Breuning (Polizist)		Barmen	
Dahl	Gustav	Krudenburg/Hünxte	Krudenburg
Diederich	Karl Wilhelm sen.	vermisst in Wesel	
Diederich	Karl Wilhelm jun.	vermisst in Wesel	
Engel (Polizist)	Herman	Barmen	
Görtz	Edmund Otto	Barmen	Barmen, Ehrenfriedhof
Grimm	Karl	Barmen	Unterbarmer Friedhof
Hochbein	Frau	Barmen	Barmen Ehrenfriedhof
Jellissen	Fritz	Barmen	Barmen Ehrenfriedhof
Keil (Polizist)	Robert	Barmen	
Kötter		Barmen	
Lenzen	Eugen	Wesel	Barmen Ehrenfriedhof
Leverkus	Rudolf	Barmen	Barmen
Lippken	W.	Barmen	
Löhrl		Barmen	
Mortsiefer	Wilhelm	Barmen	Barmen Ehrenfriedhof
Müller (Polizist)	Paul	Barmen	
Nelle (Polizist)		Barmen	
Rabenau	Johann	Remscheid	Barmen
Rendel	Walter	Barmen	Barmen Ehrenfriedhof
Ronsdorf	Fritz	Barmen	
Schlusen	Julius von der	Barmen	
Thieman (Polizist)		Barmen	
Wehner	Otto	Krudenburg/Hünxte	Krudenburg
Wichelhaus	Willi	Barmen	Barmen Ehrenfriedhof
Zimmerling	Hermann	Barmen	Barmen

Aus Elberfeld fielen:

Beltz	August	Wesel	Elberfeld Ehrenf.
Biehl	Hermann	Remscheid	Elberfeld Ehrenf.
Bold	Hermann	Elberfeld	Elberfeld Ehrenf.
Brandt	Anna	Elberfeld	Elberfeld Ullendahl
Brück	Ferdinand	Elberfeld	Elberfeld Ehrenf.
Bulwien;	Otto	Remscheid	Elberfeld Ehrenf.
Dahl	Karl	Elberfeld	Elberfeld Ehrenf.
Emmert	Ferdinand	Elberfeld	Elberfeld Ehrenf.
Emsinghof	Emil	Elberfeld	
Evertz	Otto	Elberfeld	
Grebener;	Wilhelm	Elberfeld	
Hagen	Paul	Elberfeld	Elberfeld Ehrenf.
Hartmann (Soldat)		Elberfeld	
Hauck	Erich	Elberfeld	Elberfeld Ehrenf.
Hilgert	Rudolf	Elberfeld	Elberfeld Ehrenf.
Huckenbeck	Emil	Elberfeld	Elberfeld Ehrenf.
Jungheim	Emil	Elberfeld	Elberfeld Ehrenf.
Kurr	Wilhelm	Elberfeld	
Lückenhaus	Karl	Elberfeld	Elberfeld Ehrenfriedhof
Luckey	Max	Elberfeld	Elberfeld Ehrenfriedhof
Manns	Maximilian	Elberfeld	Elberfeld Ehrenfriedhof
Mayer	Elfriede	Elberfeld	Elberfeld Ehrenfriedhof
Pohlen	Hubert	Elberfeld	kath. Friedhof; Hochstr.
Rauert	Christian	Elberfeld	
Schemann	Rudolf	Elberfeld	Elberfeld Ehrenfriedhof
Simons	Karl	Elberfeld	Elberfeld Ehrenfriedhof
Stachelhaus	Paul	Elberfeld	Elberfeld Ehrenfriedhof
Tiedt (Soldat)	Georg	Elberfeld	
Wallmichrath	Fritz	Elberfeld	luth. Friedhof; Hochstr.
Weller	Willi	Wesel	Vermisst
Wilms	Rudolf	Elberfeld	Elberfeld Ehrenfriedhof
Zander	Paul	Elberfeld	

Aus Vohwinkel, Ronsdorf und Nächstebreck fielen:

Schnell,	Karl	Remscheid	Vohwinkel
Lank,	Paul	Elberfeld	Nächstebreck
Söhrmann,	Heinrich	Remscheid	luth. Friedhof Ronsdorf

Aus Remscheid fielen:

Adorf	Wilhelm	Remscheid	Remscheid
Schöne	Albert-E.	Remscheid	Remscheid
Deutz		Remscheid	
Distel	Heinrich	Remscheid	Remscheid
Dörr	Emil-Werner	Remscheid	Remscheid
Gast	Adam	Remscheid	Remscheid
Gräfe	Benjamin	Remscheid	
Groß	August-H.	Remscheid	Remscheid
Hahn	Gustav	Remscheid	Remscheid
Haussmann,	Her.	Remscheid	Remscheid
Hoffmann,	Fried. K.	Remscheid	Remscheid

Hofmeister,	Ernst	Remscheid	Remscheid
Honsberg,	Mathilde	Remscheid	Remscheid
Müller,	Johanna-H.	Remscheid	
Klein,	Heinrich	Remscheid	Remscheid
Frau Krämer		Remscheid	Remscheid
Müller	Leo	Remscheid	Remscheid
Prinz	Ernst	Remscheid	Remscheid
Rödel	Ernst	Remscheid	Remscheid
Selbach,	Franz	Remscheid	
Sigl,	Alexander	Remscheid	Remscheid
Wilben	Robert	Remscheid	Remscheid
Aus Hagen fielen:			
Engelking,	Heinrich	Remscheid	Hagen
Fuchs	Karl	Unna	Hagen
Gusoski,	Karl	Remscheid	Hagen
Pädderich,	Karl	Remscheid	Hagen
Opfer,	Wilhelm	Wattenscheid	Hagen
Öttinghaus,	Heinrich	Wetter	Hagen
Plätterig,	Kurt	Remscheid	Hagen
Aus Milspe fielen:			
Fuchs	Max	Remscheid	Hagen
Klee	Artur	Remscheid	Hagen
Aus Schwelm fielen:			
Birkelbach,	Eugen	Remscheid	Schwelm
Böhmer,	Emil	Remscheid	Schwelm
v. d. Wiesche,	Fritz	Remscheid	Schwelm
Aus Solingen fielen:			
Becker,	Wilhelm	Remscheid	Sol. Grünbaumstraße
Bergfeld,	Wilhelm	Solingen	Sol. Grünbaumstraße
Burgmer,	Paul	Essen	Essen
Dinger,	Karl	Hahnerberg	Sol. Grünbaumstraße
Esser,	Johann	Hahnerberg	Sol. Grünbaumstraße
Heethoff,	Rudolf	Hahnerberg	Sol. Grünbaumstraße
Hittdorf,	Werner		Sol. Grünbaumstraße
Renner,	Wilhelm	Remscheid	Sol. Grünbaumstraße
Schumacher,	Paul	Remscheid	Sol. Grünbaumstraße
Wohlbold,	August	Remscheid	Sol. Grünbaumstraße
Auf Heiligenhaus fielen:			
Dammgarten	Erich	Heiligenhaus	Heiligenhaus
Witwe Cronenberg		Heiligenhaus	Heiligenhaus
Kohlhaas	Heinrich	Heiligenhaus	Heiligenhaus

In den Zeitungsanzeigen werden folgende Personen angegeben, die bei den Kämpfen im Stadtteil Ostersbaum fielen und deren Herkunft unbekannt blieb:
Bubenzer, Theodor; Mathan, Emil; Rein (Soldat); Schmidt, Peter; Schrader, Karl (Soldat); Tischner

Und mindestens drei weitere Personen, deren Namen man nicht ermitteln konnte.

Anmerkungen

zur Einleitung:

1 Elisaberg, George: Ruhrkrieg von 1920, Bonn 1974, S. 259.

2 Fey, Wolfgang: Kapp-Putsch in Remscheid, März 1920, Materialien für den Unterricht, hrsg. vom Stadtarchiv Remscheid, Remscheid 1994, S. 6.

3 Herberts, Hermann: Zur Geschichte der SPD in Wuppertal, Ein Beitrag zum Hundertjahr-Jubiläum 1963, Wuppertal 1963. Herberts behandelt hier vor allem die Geschichte bis 1914.

4 Ritter, Gerhard und Susanne Miller (Hg.): Die deutsche Revolution 1918-1919, Dokumente, Hamburg 1975, S. 208.

5 Lucas, Erhard: Märzrevolution 1920, Bd. 1, Vom Generalstreik gegen den Militärputsch zum bewaffneten Arbeiteraufstand, Frankfurt/Main 1974, S. 91.

6 Lucas, Erhard: Märzrevolution 1920, Bd. 1, S. 231.

7 Lucas-Busemann, Erhard: Notstand 1920, in: Haffner, Sebastian u.a.: Zwecklegenden – Die SPD und das Scheitern der Arbeiterbewegung, Berlin 1996, S. 198f. Der Ausnahmezustand wurde nicht in Süddeutschland verhängt.

8 Gleichzeitig gab es auch Unruhen in der Bergarbeiterstadt Hamborn.

9 Mit dieser Verordnung übergab die republikanische Regierung die reale Macht dem Militär und damit der Konterrevolution. Freilich war die Regierung längst nicht mehr Herr ihrer Entschlüsse; beim gegebenen realen Kräfteverhältnis war die Ausnahmeverordnung praktisch vom Militär erzwungen. Lucas: Die Märzrevolution, Bd. 1, S. 44f.

10 Fittkau, Ludger und Angelika Schlüter (Hg.): Ruhrkampf 1920. Die vergessenen Revolution. Ein politischer Reiseführer, Essen 1990, S. 25.

11 Lucas: Die Märzrevolution, Bd. 1, S. 130.

12 Wilhelm Düwell aus Essen war Redakteur und Mitglied der KPD-Bezirksleitung. Er kritisiert den Aufruf gleichzeitig als „dünne Planke eine Führerparole“. In: Lucas: Die Märzrevolution, Bd. 1, S. 130.

13 Freie Presse (FP), 13.3.1920.

14 Eggerath, Werner: Nur ein Mensch, Weimar, 1947, S. 38 ff.

15 Vgl. Kap. 1, Station Eisenbahndirektion.

16 FP, 15.3.1920.

17 Das Zeitungsgebäude stand an der Hausecke, an der sich heute eine Apotheke befindet.

18 Eggerath, Werner: Die Stadt im Tal, Berlin 1952.

19 Heller, Heinz-B. und Peter Zimmermann (Hg.), Literatur im Wuppertal – Geschichte und Dokumente, Wuppertal 1981, S. 206.

zu Tour 1:

1 Die „Pariser Kommune“, vom 18. März bis 25 Mai 1871, war neben dem 18. März 1848 das zweite Ereignis, dass von der internationalen Arbeiterbewegung, vor allem aber in Deutschland und Frankreich jährlich am 18 März als Feiertag begangen wurde. In diesem Zusammenhang wurden dann auch die „Märzkämpfe“ im Jahr 1920 als eine Kette der Versuche zur sozialen Befreiung betrachtet. In diesem Zusammenhang knüpft der Begriff „Märzgefallene“ an eine lange Tradition an.

2 Vgl. Knies, Hans-Ulrich: Arbeiterbewegung und Revolution in Wuppertal, in: Rürüp, Reinhard (Hg.): Arbeiter und Soldatenräte im rheinisch-westfälischen Industriegebiet, Studien zur Geschichte der Revolution 1918/1919, Wuppertal 1975, S. 135.

3 Generalanzeiger Elberfeld (GA), 6.1.1920.

4 Lebensmittel wurden jedoch weiterhin befördert.

5 Im Laufe der parlamentarischen Beratungen war das Gesetz stark verwässert worden. Es ließ fast nichts mehr von den ursprünglich vorgesehenen substanziellen Mitbestimmungsrechten für die Betriebsangehörigen und ihre Räte über.

6 Die ursprüngliche Fassung sah wirtschaftliche Mitbestimmung vor, die letztliche Fassung lediglich Mitwirkung in einzelnen Fragen.

zu Tour 2:

1 1922 wurde das neue Haus des Unternehmerverbandes am Anfang der Sternbergstraße erbaut.

2 Vgl. Kap. 1.

3 Adressbuch von 1922.

4 Stadtarchiv Velbert.

5 FP, 19.3.1920.

6 Anzeige Freie Presse, 23.3.1920.

7 Ebd.

8 FP, Elberfeld 19.3.1920.

9 Soweit dem Autor bekannt wurde die Parteizugehörigkeit eingefügt.

10 Protokolle der Sitzungen des Arbeiterrates, 1919/20, S. 29. Unterlagen im Stadtarchiv Velbert.
11 Anzeige VT 25.3.1920.
12 Bürgermeisterbericht der Stadt Velbert 1920, S. 37, Stadtarchiv Velbert.

zu Tour 3:
1 Vgl. hierzu Döpp, Annette: Arbeiterbewegung in Solingen 1918-1920, Reinbeck 1981, S. 107-114 und Manfred Krause, Die Gewerkschaftsbewegung und die sozialistische Arbeiterbewegung in Solingen 1914-1925, (MS) Bochum 1981, S. 127f.
2 Bergische Arbeiterstimme 15.3.1920, zitiert nach: Boch, Rudolf und Manfred Krause: Historisches Lesebuch zu Geschichte der Arbeiterschaft im Bergischen Land, Köln 1983, S.161/162.
3 Vgl. Solinger Zeitung und Bergische Arbeiterstimme, 16.3.1920.
4 Solinger Tageblatt (ST), 16.3.1920
5 Resolutionstexte vgl. ST, 16.3.1920
6 Vgl. Bergische Arbeiterstimme 24.3.1920. Oberbürgermeister August Dicke hatte sich noch wenige Wochen zuvor den Zorn der in der Bürgerlichen Arbeitsgemeinschaft organisierten bürgerlichen Parteien Zentrum, DDP und DNVP zugezogen, da er sich während des Februargeneralstreiks hinter den Beschluß der Stadtverordnetenversammlung gestellt hatte, für eine unentgeldliche Verpflegung der Streikenden zu sorgen und sogenannte „Volksküchen“ einzurichten.
7 Novy, Klaus, Arno Mersmann, Bodo Hombach (Hg.): Reformführer NRW – Soziale Bewegungen, Sozialreform und ihre Bauten, Köln 1991, S. 108.
8 Vgl. Kap. 9, Freie Schule Schützenstraße.
9 Heinrich, Christian Gottlieb, Bürgermeister a.D. in Bad Neuenahr, früher in Wald (Rheinl.) Aufzeichnungen und Erinnerungen aus meinem Leben von der Wiege bis zum 70. Geburtstag am 24. Januar 1926 (MS) S. 60f. Denselben Sachverhalt aus Sicht der organisierten Arbeiterschaft schildert ein ausführlicher Artikel in der „Bergischen Arbeiterstimme“ vom 16.3.1920.
10 Boch: Historisches Lesebuch, S. 163.
11 Döpp, Annette: a.a.O.,S. 117.
12 Vst, 25.3.1920.
13 Dies entsprach auch den Vorstellungen der Lebensreform. Vgl. hierzu Kap. 10, Volkshochschule Barmen.
14 Bericht Emil Kühn, 17.1.1999.
15 Ebd.
16 Noltenius, Rainer (Hg.): Illustrierte Geschichte der Arbeiterchöre, Essen 1992, S. 5.
17 Höh, Susanne: 75 Jahre Volksbühne, in: Wuppertal Magazin 7/8/96, S. 7.
18 Lucas: Märzrevolution 1920, Bd. 1, S. 208.
19 Vgl. Kap. 4, Remscheid.
20 Cronenberger Anzeiger, 20.3.1920
21 Ebd.
22 Allgemeiner Kongreß der Arbeiter und Soldatenräte, Berlin 16. – 21.12.1918, Protokoll, Nachdruck, Berlin 1973.
23 Der Kommunist Konni Büsch übernahm dieses Amt. Vgl. Kap. 3, Station Hauptstraße 142, ehemalige Geschäftsstelle des DMV.
24 Vgl. Station Hermann Herberts jun., Neuenhofer Straße und Kap. 6 , „Volkstribüne“, Paradestraße.
25 Bericht Emil Kühn, April 1999.
26 Bericht Emil Kühn, 17.1.1999.
27 Deutscher Metallarbeiter-Verband (Hg.), Jahr- und Handbuch des DMV 1919, Siebter Bezirk, Stuttgart 1920, S. 232.
28 Er hatte mit 150.000 Mitglieder ca. 30% aller Organisierten
29 Deutscher Metallarbeiter-Verband (Hg.) Der Deutsche Metallarbeiter-Verbandes im Jahr 1921, Stuttgart 1922, S. 125.
30 Hausnummer 48. Das Haus ist erhalten.
31 Das Haus lag einige hundert Meter weiter auf der Hauptstraße. Es wurde bei den Bombardierungen 1943 zerstört.
32 Vgl. Kap. 10, Volkshochschulbewegung.
33 Bericht Emil Kühn. 17.1.1999.
34 Bei den Wahlen im September 1930 erhielt die KPD 34,7% die SPD 10,7 %.
35 Die Angaben sind, wenn nicht anders angegeben, aus: Institut für Marxismus Leninismus beim ZK der SED, Geschichte der deutschen Arbeiterbewegung, Biographisches Lexikon, Berlin 1970, S. 139f.
36 Angaben Wolfgang Fey, 4.12.1999.
37 Angaben Emil Kühn, 17.1.1999.
38 Bericht Kurt Matthes, 17.12.1999.
39 Vgl. Kap. 6, „Volkstribüne“, die Journalistenschule am Paradeberg.
40 Vgl. Kap. 10, Volkshochschulbewegung.
41 Bericht von Frau Anni Herberts, der Ehefrau von Hermann Herberts, 20.12.1920.
42 SPD Unterbezirk Wuppertal (Hg.): 1929-1979, Sozialdemokraten in Wuppertal, Wuppertal 1979, S. 113.
43 Schnöring, Kurt:: Oskar Hoffmann, in: Wuppertaler Biographien, 14. Folge, Wuppertal 1984, S. 36.

44 Lucas: Märzrevolution 1920, Bd. 1, S. 209.
45 Er hatte sich dort dem Zug der Solinger angeschlossen.
46 Cronenberger Anzeiger, 24.3.1920.
47 Die Picard Werke befinden sich an der Hauptstraße schräg gegenüber der katholischen Kirche von Cronenberg.
48 Lucas: Märzrevolution 1920, Bd, 1, S. 208f.
49 Cronenberger Anzeiger, 20.3.1920.
50 Die Ehrengräber sind erhalten. Vgl.: Kap. 11, Solingen.
51 Lucas: Märzrevolution 1920, Bd. 1, S. 209.
52 Ebd., S. 211.
53 Cronenberger Anzeiger, 20.3.1920.
54 StA Wuppertal: Elb S XI, Nr. 49 (Bd. XVI), Nr. 54.
55 GA 20.3.1920; BMZ 19.3.1920, FP 17.3.1920.
56 Bericht eine Untersuchungskommission in FP 22.3.1920.
57 Lucas: Märzrevolution 1920, Bd. 1, S. 211.
58 Ebd., S. 209 f.

zu Tour 4:

1 Wüstenhagen, Artur: Unruhen im Wuppertal im Jahr 1920, Wuppertal 1964 (Maschinenschrift im Stadtarchiv Wuppertal) S. 37.
2 Die Uhrzeiten sind lediglich ungefähre Angaben.
3 Vgl. VT. 18.3.1920.
4 Bericht Ernst Roßbach, Sommer 1998.
5 Vgl. Stracke, Stephan: Der „Rote General von Elberfeld" – Alfred Steinhage, in: „Se krieje us nit kaputt". Gesichter des Wuppertaler Wiederstandes, Essen 1995, S. 44.
6 Stracke: Alfred Steinhage, S. 48.
7 Ebd., S. 49.
8 Ebd., S. 49.
9 Ebd., S. 39ff.
10 Lucas: Märzrevolution 1920, Bd. 1, S. 210.
11 Ebd.
12 Ebd.
13 Ebd.
14 Eliasberg, George: Ruhrkrieg von 1920, Bonn-Bad Godesberg 1974, S. 89.
15 Vgl. Kap. 9, Station Rathaus Barmen.
16 Lucas: Märzrevolution 1920, Bd. 1, S. 210.
17 Ebd.
18 Berichte Herr Gersch, Jg. 32, Herr Battefeld, Herr Happ, Anwohner Ewaldstraße und Ostersbaum.
19 Märker, Helga: Arbeitersport, Historische Entwicklung, in: Kunstamt Kreuzberg (Hg.) Weimarer Republik, Berlin 1977, S. 626.
20 Bericht Herr Paul Happ, 11.10.1999.
21 Novy, Klaus; Mersmann, Arno u.a.: Reformführer NRW, Böhlau Verlag, Köln 1985, S. 187.
22 Bericht Frau Wüster, Pelerinenkreis, undatiert.
23 Dbd.
24 Bericht Otto Lücke, Sommer 1999.
25 Bericht Gerd Simoleit, Herbst 1999.
26 Brief von Paul Hagen an Grete Hagen, vom 31.12.1917, Archiv Herr Kampschulte.
27 Vgl. Kap. 11, Ehrenfriedhof Elberfeld.
28 Bericht Ernst Roßbach, Sommer 1998.
20 Bericht Otto Lücke, Sommer 1998.
30 Die Beerdigung fand „vom Rathschen Saale, Hottenstein" aus statt. FP, 20.3.1920.
31 Ebd.
32 VT, 23.3.1920.
33 VT, 20.3.1920.
34 VT, 18.3.1920.
35 Vgl. Kap. 11, Friedhof Grünbaumstraße in Solingen.
36 Bericht Gustav Ellinghaus, 21.11.1998.
37 Vgl. Kap. 8, Loher Platz.
38 VT, 22.3.1920 und 19.3.1920.
39 Vgl. Kap. 9, Rathaus Barmen.
40 Einen Arbeiter namens Bunse findet man allerdings nicht in den Listen des ASB.
41 Bericht Herr Thielenhaus, sen., Sommer 1999.
42 Günter, Roland: Im Tal der Könige, Essen 1994, S. 152.
43 Vgl. Kap. 10, Wohnungsbau auf dem Sedansberg.
44 Dieser Betrieb ging durch die Inflation 1923 in Konkurs.
45 Bericht Frau Wüster, Pelerinenkreis, undatiert.
46 Bericht Frau Aubke-Meister, Pelerinenkreis, undatiert.
47 Bericht Herr Thielenhaus, Sommer 1999.
48 Adressbuch des ADGB 1924.
49 FP, 20.3.1920, Anzeige der Belegschaft der Fa. Reinhard Schmidt.
50 Vgl. Arbeiterschwimmvereinen, Kap. 8, Unterbarmen, Bad Bendahl.
51 Vgl. Kap. 7, Marienstraße.
52 Anzeige des Zentralverband deutscher Kriegsbeschädigter.
53 Anzeige seiner Gewerkschaft, FP, 20.3.1920.
54 Oskar Hoffmann ist 1920 auch Redakteur bei der USPD-Zeitung „Volkstribüne" und Mitglied im Elberfelder Aktionsausschuss. Die Familie Hoffmann wohnte in der Elberfelder Nordstadt (vgl. Kap. 7, Station Schusterstraße).
55 Bericht Prof. Ernst Hoffmann, Berlin, 1.8.1999.

56 Hoffmann, Oskar: Politische Erinnerungen und Erlebnisse, Maschinenschrift im Besitz von Prof. Ernst Hoffmann, Berlin
57 Vgl. Station Platz der Republik.
58 Vgl. Kap. 10, Sedansberg, Freie Schule Schützenstraße.
59 GA, 9.1.1920.
60 An einigen dieser Schulen, an der Schützenstraße (Kap. 10), und der an der Marienstraße (Kap. 7), führen die weiteren Touren vorbei.
61 Bericht Marianne Hecht- Wieber, Oktober 1999.
62 Helene Stöcker (1869-1943), wurde als Frauenrechtlerin und Sexualreformerin bekannt. Vgl. Stichwort: Liga für Mutterschutz.
63 Abresch, Johannes: Lydia Stöcker (1877-1942) in: Romerike Berge 4/96, S. 42.
64 Wittmütz, Volkmar: 100 Jahr Bergische Diakonie, Bonn 1982, S. 45.
65 Vgl. Biographie Ernst Langensiepen, Kap. 9, Barmen, Station Gefängnis Bachstraße.
66 Bericht Hans Schmitz, Düsseldorf, Sommer 1997.
67 FP, 18.3.1920, vgl. auch Kap. 6, Station Gefängnis Bendahl
68 Volkstribüne 18.3.1920; Lucas: Märzrevolution 1920, Bd. 1, S. 212.
69 Bericht Hans Schmitz, 17.10.1999.
70 Helene Stöcker wirkte als Sozialistin und Pazifistin in verschiedenen proletarischen Organisationen wie der „Roten Hilfe" u.a. mit.
71 Hodan, Max: Die Sexualnot der Erwachsenen, Rudolfstadt 1928, S. 43ff., in: Flemming u.a.: Familienleben im Schatten der Krise, Düsseldorf 1988, S. 35.
72 Wickert, Christel: Helene Stöcker 1869-1943 Frauenrechtlerin Sexualreformerin und Pazifistin, Eine Biographie, Bonn 1991, S. 167.
73 Vgl. Kap. 5, Biographie zu Friedrich Wolf.
74 1. Etage, Adressbuch Elberfeld 1933.
75 Vgl. Kap. 8 Bendahler Straße, Bad der Freien Schwimmer.
76 Bericht Hans Schmitz.
77 Goebel, Klaus: Wuppertal in der Zeit des Nationalsozialismus, Wuppertal 1984, S. 192.
78 VT, 30.4.1920.
79 Bericht Frau Dross, 7.8.1999.
80 Vgl. Kap. 6, Station Kleine Klotzbahn, Arbeiterrat im Rathaus Elberfeld.
81 Fritz Charpentier, KPD (vgl. Station Deweerthstraße) und Ernst Dröner, SPD, (vgl. Kap. 7, Station Wiesenstraße).
82 Vgl. Kap. 7, Station Marienstraße.
83 Vgl. Kap. 6, Mäuerchen.
84 Das Haus wurde im Krieg zerstört.
85 Siehe Kap. 7.
86 Zu Herman Enz Kurzbiographie in Kap. 8, Station Lichtheilstätte.
87 BASt, 8.2.1928; Lucas, Erhard: Märzrevolution 1920, Bd. 3, S. 455.
88 Marianne Hecht-Wieber, 20.4.1997.
89 Siehe hierzu auch Kap.1, Station Paradestraße.
90 Wüstenhagen, S. 37; Klaus Gießen, Der Sturm auf die Marmeladenfabrik, in „Senioren-Bote" Wuppertal Cronenberg, 1991.
91 Lucas: Märzrevolution 1920, Bd. 1, S. 214.
92 Giesen: „Senioren Bote" Altenheim Cronenberg, April 1991.
93 VT, 20.3.1920; VT, 22.3.1920.
94 „Zeitschrift für Geschichtswissenschaften" Berlin, DDR, Heft 6/1958, S. 1304, zitiert in: Geschichte 8, Lehrbuch, Berlin DDR 1969, 7. Auflage, S. 141.
95 Die Städte Bochum, Wanne, Voerde, Berkum und Hattingen sind hier aufgeführt.
96 Todesanzeige Rudolf Hilgert, VT, 23.3.1920. Der Text lautet: „Kampfgenossen der Truppe Ostersbaum verabschieden sich von ihrem Kameraden Rudolf Hilgert, der bei einem Patrouillengang bei Lennep erschossen wurde". Das Lokal der Truppe ist der Wirt Walter, Ostersbaum.
97 Vgl. Kap. 10, Sedansberg, Kurzbiographie zu Max Löwenstein.

zu Tour 5:

1 Angaben von Paul Sauerbrey, in: Lucas: Märzrevolution 1920, Bd. 1, S. 61.
2 Adressbuch Ronsdorf 1923.
3 Bericht von Herrn Schwerter 7.1.2000.
4 Vgl. Station Volkshaus Remscheid.
5 Eliasberg: Ruhrkrieg von 1920, Bonn 1974, S. 90.
6 Eliasberg: S. 91.
7 Bericht Kurt Schwerter.
8 Die Angaben zur Person sind, soweit nicht anders angegeben, folgendem Buch entnommen: Institut für Marxismus Leninismus beim ZK der SED: Geschichte der deutschen Arbeiterbewegung, Biographisches Lexikon, Berlin 1970, S. 61ff.
9 Knies, S. 140.
10 Die Parteiorganisation der SPD geht geschlossen zur USPD. Eine SPD-Gruppe gibt es zunächst nicht.
11 Bericht Adressbuch Ronsdorf 1923.
12 Die genauen Stimmenzahlen lauten: Liste Betzold (USPD) 2272 Stimmen; Liste Fern (SPD): 1197 Stimmen; Liste Benninghoven

(DVP) 1510 Stimmen, 6 Sitze; Liste Korte (DNVP): 1945 Stimmen und 9 Sitze.
13 Die Sozialdemokratie wurde von der KPD als linke Faschisten bezeichnet.
14 Bericht Kurt Schwerter.
15 Bericht Kurt Matthes. 6.12.1999.
16 In: Schnöring, Kurt: Wuppertal – Ein Stadtführer, Wuppertal 1989, S. 249.
17 Ebd.
18 Auskunft Ingrid Müller August 1999.
19 Anzeige Bergische Volkstimme 24.3.1920.
20 Vgl. Kap. 11, Vohwinkel.
21 Bericht Waltraud Bläss aus Ronsdorf, Sommer 1999.
22 Bericht Kurt Schwerter.
23 Karl Hetzel war seit 1920 als Kommunist in Heckinghausen engagiert. Er wurde als Betriebsratsvorsitzenden bei der Firma Vorwerk und Sohn im Juli 1948 entlassen. Die Belegschaft erzwang in einem sechswöchigen Streik, mit Unterstützung der Gewerkschaften aus der ganzen Bundesrepublik, seine Wiedereinstellung. In: Industriegewerkschaft Chemie-Papier Keramik (Hg.) 100 Jahre Industriegewerkschaft Chemie-Papier Keramik, Hannover 1990, S. 374.
24 Kap. 9, Station Parlamentstraße zum Thema Freidenker.
25 Vgl. Station Haddenbacher Straße, Teufelsteich.
26 Bericht Kurt Schwerter.
27 Walter, Franz: Der Arbeiter-Samariter Bund, in: Walter u.a.: Sozialistische Gesundheits- und Lebensreformverbände, Bonn 1991, S. 406.
28 Bericht Rainer Hardenbruch aus Cronenberg, Sommer 1997.
29 Lucas: Märzrevolution 1920, Bd. 1, S. 259f.
30 Vesper, Walter: Erinnerungsbericht. Stiftung Archiv der Parteien und Massenorganisationen der DDR im Bundesarchiv, EA 1337 1 & 2. S. 77f.
31 Vgl. Kap. 9, Kurtbiographie Walter Vesper.
32 Lucas: Märzrevolution 1920, Bd. 1, S. 260.
33 Ebd.
34 VVN- Bund der Antifaschisten Wuppertal (Hg.): In der Zelle zum Abgeordneten gewählt – Willi Spicher, nach Interviews und Gesprächen bearbeitet von Klaus Himmelstein, Wuppertal 1981, S. 13.
35 Lucas: Märzrevolution 1920, Bd. 1, S. 257.
36 Ebd., S. 284.
37 Solinger Tageblatt, 27.3.1920, in: Eliasberg: S. 138.
38 Vgl. Kap. 9, Station Kleiner Weerth.
39 VT, 7.7.1920.
40 Der Text zu dieser Station ist entnommen aus: Novy, Klaus: Reformführer NRW, S. 452f.
41 Vgl. Kap. 4, Schwimmbad auf der Hardt.
42 In: Lucas: Märzrevolution 1920, Bd. 1, S. 76.
43 Die folgenden Stationen bis zu dem Denkmal im Stadtpark Remscheid wurden von Wolfgang Fey erstellt.
43 Lucas, Märzrevolution Band 1, S. 75f.
44 Bergische Volksstimme (BVSt), 1919-03-04; Prozentangaben errechnet.
45 Verwaltungsbericht der Stadt Remscheid, in: Stadtarchiv Remscheid; Remscheider General-Anzeiger (RGA), 1921, 06-16; BVSt, 1921-06-20.
46 Vgl.: Fey, Wolfgang: März 1920: Kapp-Putsch, bewaffneter Arbeiteraufstand und die Ereignisse in Remscheid. Materialien für den Unterricht, hrsg. vom Stadtarchiv Remscheid, Remscheid 1994, Themenbereich 2; Remscheid unter militärischem Belagerungszustand.
47 Ebd., Themenbereich 3: Der Militärputsch.
48 Ebd.
49 Quelle: Friedrich-Wolf-Archiv, Lehnitz; maschinenschriftlicher Abdruck in: Friedrich Wolf: Briefe. Eine Auswahl, hrsg. im Auftrag der Deutschen Akademie der Künste zu Berlin von Else Wolf und Walter Pollatschek, Berlin und Weimar 1969, S. 77f..
50 Der Remscheider Zeitfreiwilligen-Prozeß. Bericht über die Verhandlungen vor dem Remscheider Schöffengericht nach stenographischer Aufzeichnung, o.O. (Remscheid), o.J. (1921), S. 38.
51 Kampf im Kohlenpott, in: Wolf, Friedrich: Vier Romane, Berlin und Weimar 1966, S. 206f.
52 Vgl. Kap. 6, Werner Möller.
53 Vgl. Kap. 7, Station Wiesenstraße, Emil Ginkel.
54 Ein sehr schöner Bildband liegt vor mit: Friedrich Wolf. Bilder einer deutschen Biographie. Dokumentation von Lew Hohmann, Berlin 1988. – Zur Remscheider Zeit: Fey, Wolfgang: Zur pädagogischen Bedeutung der Arbeit Friedrich Wolfs in Remscheid, in: „Mut, nochmals Mut, immerzu Mut“ Protokollband. Internationales wissenschaftliches Friedrich-Wolf-Symposion, hrsg. von der VHS Neuwied und dem Friedrich-Wolf-Archiv Lehnitz, Neuwied 1989, S. 139f.
55 Vgl. Kurzbiographie Kap. 5.
56 Rau, Otto: Endstation Honsberg, masch. Manuskript, Remscheid 1980, S. 198; das Manuskript befindet sich im Besitz von Manfred Krause, Solingen.
57 Ebd., S. 198 f.

58 Ebd., S. 200 f.
59 Ebd.
60 Vgl. hierzu etwa: Remscheider Generalanzeiger (RGA), 1933-09-30; Fey, Wolfgang, a.a.O.
61 Rau, Otto: Endstation Honsberg, masch. Manuskript, Remscheid, 1980, S. 200 f.
62 RGA, 1920-03-24
63 Rhein-Echo, Solingen, 1946-11-16. – Diese Kurzbiografie wurde zusammengestellt aus zahlreichen Mitteilungen verschiedener Stadtarchive und Notizen aus vielen Ausgaben der Remscheider Zeitungen vor allem der Jahre 1918 bis 1924.
64 Der Text zu Gerd Arntz beruht weitgehend auf: Fey, Wolfgang: Der Kapp-Putsch in Remscheid März 1920, Materialien für den Unterricht. Heft 11.
65 Vgl. Kap. 9, Station Pauluskirchstraße, Kunstgewerbeschule.
66 Das junge Rheinland, Katalog, S. 312.
67 Die Galerie Remmert und Barth in Düsseldorf, Bilker Straße, fühlt sich diesem Künstlerkreis besonders verpflichtet.
68 RGA, 1920-03-22.
69 Tonbandaufnahme der „Werkstatt der Erinnerungen", Remscheid, am 31. März 1989; verwahrt von Wolfgang Fey.
70 Rau, Otto; a.a.O.
71 Siehe Station Spelsberg,
72 Über das Bürgerbüro im Rathaus, Zimmer 28, Tel. 02191-163390, muss vorher ein Termin für die Besichtigung ausgemacht werden, an jedem dritten Dienstag im Monat um 15 Uhr und jeden ersten Mittwoch um 10 Uhr braucht man sich lediglich im Bürgerbüro zu melden, um dann in Begleitung die Turmbesteigung zu beginnen.
73 RGA, 1920-03-23.
74 Bericht Otto Rau, S. 199.
75 Revolutionsnachrichten, 22.3.1920, Abgedruckt in: Die Remscheider Märzkämpfe im Jahre 1920. Ein Kap. aus dem Kriege nach dem Kriege. Dargestellt vom Zeitfreiwilligenkorps Remscheid, Remscheid 1934, Anhang.
76 Bericht Frau Ida Bitza, 15.12.1999.
77 BVSt, 1921-09-24; Freie Presse, Elberfeld (FPE), 1922-11-02.
78 FPE, 1922-10-02; BVSt, 1922-11-03.
79 So die Nachforschungen nach 1945, vgl.: Stadtarchiv Remscheid, Bestand: D 36.
80 RCA, 1977-07-19.
81 Lucas: Märzrevolution 1920, Bd. 1, S. 261f.
Vgl. Kap. 3, Station Solinger Straße, ref. Friedhof Cronenberg,
83 Esser, Willi: Geschichte und Chronik der Solinger Arbeiterbewegung der letzten 60 Jahre, Solingen 1978, S. 12.
84 Lucas: Märzrevolution 1920, Bd. 1, S. 263.
85 Vgl. Station ev. Friedhof Ronsdorf.
86 VT, 22.3.1920.
87 Vgl. Kap. 11, Kap. Vohwinkel.
88 Oberstraße 16, Todesanzeige der Eisenbahnergewerkschaft, FP, 23.3.1920.
89 VT, 23.3.1920. In der Todesanzeige seiner Kampfgenossen in der gleichen Zeitungsangabe wird allerdings der 17.3.1920 als Todestag angegeben.
90 Todesanzeige der Familie, FP 23.3.1920.
91 Anzeige in: VT, 10.3.1920.
92 Anzeige des Aktionsausschusses in: FP, 22.3.1920
93 Stadt Schwelm (Hg.), Schwelm. Wuppertal 1996, S. 88.
94 Lucas: Märzrevolution 1920, Bd. 1, S. 75.
95 Ebd., S. 149f.
96 Todesanzeige in: FP, 20.3.1920.
97 Bericht Rainer Hardenbruch, Sommer 1998.
98 Anzeige des Aktionsausschusses in: FP, 22.3.1920.
99 FP, 25.3.1920.
100 Esser, S. 14f.
101 Solinger Tageblatt, 29.3.1920.
102 Vgl. Kap. 9, Flucht der roten Armee.

zu Tour 6:

1 Vgl. Kap. 11, Station Ehrenfriedhof Elberfeld.
2 Die politischen Gremien arbeiteten an ihrer neuen Rechtsgrundlage, die die Gestaltung des Wirtschaftslebens durch paritätisch besetzte Räte vorsah. Durch entsprechende Gesetze wie das Betriebsrätegesetz und die beabsichtigte Sozialisierung großer Wirtschaftszweige sollte die Arbeiterschaft an der aktiven Gestaltung des Wirtschaftsleben beteiligt werden. Paragraph 165 der Verfassung sah die Lenkung der Wirtschaft über lokale, regionale und nationale Wirtschaftsräte vor.
3 Cramer, Rätedämmerung. In: Der Zentralrat. Nr. 16.1. März 1920, zitiert nach: Eliasberg: S. 133.
4 Vgl. 9 Punkte Programm der Gewerkschaften, in: Klönne, Arno: Die deutsche Arbeiterbewegung,Geschichte Ziele Wirkungen, Köln 1980, S. 202 f.
5 Der 18. März ist der Gedenktag an die deutsche Revolution von 1848.
6 Vgl. Kurzbiographie Paul Sauerbrey, Kap.. 9, Station Parlamentsstraße.

7 Vgl. Kurzbiographie Kap. 10, Sedansberg, Station Wichelhaushof.
8 Vgl. Kurzbiographie Kap. 8, Unterbarmen, Berliner Straße.
9 Vgl. Kap. 10, Sedansberg, Station Elsternstraße.
10 Vgl. Kurzbiographie Kap. 6, Station Mäuerchen.
11 Vgl. Kurzbiographie Kap. 7, Station Hombüchel, Volkshaus.
12 Vgl. Kurzbiographie Kap. 7, Station Schusterstraße.
13 Johann Busch wohnte in der Nordstraße 60. Er war Gewerkschaftssekretär bei der Bezirksleitung Hagen des Deutschen Metallarbeiterverbandes und 1918 führendes Mitlied im Arbeiter – und Soldatenrat Elberfeld. Im März 1920 war er zeitweise Vorsitzender des Aktionsausschusses Elberfeld.
14 Vgl. biographische Angaben in Kap. 7, Schusterstraße. Er war später ein bekannter Führer des Reichsbanner „Schwarz-Rot-Gold".
15 Vgl. Kurzbiographie in Kap. 4, Station Deweerthstraße.
16 „Der blutige Weltkrieg hatte die Sozialisten des Wuppertales entzweit, das Kapp-Verbrechen hat sie wieder zusammengeführt, … mit dem festen Entschluß … die Bedingungen zu schaffen, … die Republik unbedingt (zu) sichern und die Durchführung des (zu) Sozialismus garantieren … Dazu ist in erster Linie notwendig, daß die sozialistischen Arbeiter auch weiterhin einig zusammenstehen. Hoch die Einigkeit. Es lebe der Sozialismus!", vgl. Mitteilungsblatt 18.3.1920.
17 Volkstribüne (VT), 19.3.1920.
18 Vgl. Kap. 9, Station Polizeiverwaltung.
19 Vgl. Kap. 8, Station Bendahler Straße.
20 Aufruf vom 18.3.1920, in: FP, 18.3.1920.
21 Lucas: Märzrevolution 1920, Bd. 3, S. 254.
22 FP 19.3.1920, Berg, TZ, 20.3.1920.
23 FP und VT, 20.3.1920, in Lucas: Märzrevolution 1920, Bd. 1, S. 254.
24 Vgl. BMZ, 20.3.1920.
25 Lucas: Märzrevolution 1920, Bd. 1, S. 254 f.
26 Vgl. Kap. 7, Station Volkshaus, Hombüchel.
27 Vgl. in diesem Kap. Station Kerstenplatz und Kap. 8, Station Landgericht.
28 Lucas: Märzrevolution 1920, Bd. 1, S. 254 f.
29 Noske war als sozialdemokratischer Reichswehrminister verantwortlich für die Taten der Militärs. Deshalb wurden die brutal gegen Streikende eingesetzten Soldaten auch „Noskisten" oder „Noske-Brüder" genannt.
30 Am 19. Februar 1919 sorgte das „Freikorp Niederhein" am Gebäude der Eisenbahndirektion für das blutigste Ereignis der Revolution in Wuppertal. Es erschoß 12 Menschen, die die neue Macht der Räte verteidigten und die Versprechen der Revolution einforderten.
31 Sozialdemokrat und Redakteur der „Freien Presse" später Namengeber unserer Stadt.
32 Vgl. Knies, S. 133, vgl. auch Kap. 1, Prolog.
33 Lucas: Märzrevolution 1920, Bd. 2, S. 59.
34 Ebd.
35 VT, 22.3.1920.
36 Bergisch Märkische Zeitung (BMZ), 28.4.1920.
37 Der „Michelsbau" ist ein markantes Kaufhausgebäude des Architekten Fahrenkamp aus den zwanziger Jahren mit geschwungener Fassade.
38 Lucas: Märzrevolution 1920, Bd. 3, S. 456.
39 Einem aufsehenerregendes Sondergerichtsverfahren gegen Angehörige der KAPD wegen der Ermordung von Soldaten in Berlin Weißensee.
40 Andere Quellen sprechen vom 11. Oktober 1920.
41 Dies ereignete sich am 21.8.1920 im Zusammenhang mit einem Putschversuch von Linkskommunisten (KAPD) in Velbert.
42 VT, 30.12.1920; Sauerbrey im Reichstag 26.1.1921. Vgl. Lucas: Märzrevolution 1920, Bd. 3, S. 456.
43 Vgl. Kap. 7, Station Volkshaus Hombüchel.
44 Der Bezirk Niederrhein reichte von der holländischen Grenze bis nach Hagen.
45 Vgl. auch Novy u.a.: Reformführer NRW, S. 475.
46 Sozialdemokraten in Wuppertal, Wuppertal, 1979, S. 91; vgl. Kap. 9, Station Hotel Hegelich.
47 Die Angaben stützen sich weitgehend auf den Aufsatz: Eckardt, Uwe: Werner Möller (1888-1919) – Ein Barmer Schriftsteller kämpft und stirbt für die „Befreiung des Proletariats". in: Geschichte in Wuppertal 1996, Wuppertal 1996, S. 67.
48 Das Wohnhaus der Familie Möller auf der Müllerstraße 8 ist erhalten.
48a Werner Möller: Sturmgesang und Kampf. Textausgabe zur freien sozialistischen Literatur in Deutschland Band 17, Berlin 1977. S. 60, in: Eckhardt, Uwe, Werner Möller.
49 Herbers, Winfried: Jagd auf Flugblätter, in: Geschichte in Wuppertal 1999, S. 98; vgl. Kap. 8, Station Hofkamp 191.
50 Eckardt: Werner Möller, S. 69.
51 Heinrich Vogeler ist einer der bekannten Ma-

ler aus der Gruppe der Worpsweder Malerkolonie.
52 Vgl. Kap. 9, Barmen, Kurzbiographie Walter Vesper.
53 Levine war Kommunist und einer der Führer der Münchner Räterepublik im Mai 1919. Bei ihrer Niederschlagung durch Freicorpstruppen wurde er standrechtlich erschossen. Dieser Tod machte ihn zu einer legendären Figur der Linken.
54 Haffner, Sebastian: Der Verrat – Deutschland 191871919, Berlin 1993, S.130.
55 Regler, Gustav: Das Ohr des Malchus, 1974, Köln/Berlin, S. 86f.
56 Klein, Alfred: Im Auftrag ihrer Klasse – Weg und Leistung der deutschen Arbeiterschriftsteller, Berlin/Weimar 1976, S. 46.
57 Werner Möller, Krieg und Kampf, S. 34f.
58 Dittmann war Rechtagabgeordneter von Remscheid-Lennep und im November 1918 Mitglied des „Rates der Volksbeauftragten".
59 Knies, S. 90.
60 Ullrich, Volker: Die verratenen Revolution, in: Haffner, Sebastian, Stefan Hermlin, Kurt Tucholsky u.a.: Zwecklegenden – Die SPD und das Scheitern der deutschen Arbeiterbewegung, Berlin 1996, S. 89
61 In der besetzten Zone war, ähnlich wie in Berlin, die Rede von Anarchie und tausenden Toten.
62 FP, 24.3.1920.
63 Bundesarchiv Koblenz:R 43 I 2728 Bl. 2.; in: Lucas: Märzrevolution 1920, Bd. 3, S. 200; vgl. auch Kap. 7. Station Ullendahler Straße Firmensitz Frowein.
64 Die Bezirksleitung westliches Westfalen stellte sich gegen einen Generalstreik. In Lucas: Märzrevolution 1920, Bd. 3, S. 178.
65 Gemeinsames Mitteilungsblatt der „Freien Presse" und der „Volkstribüne", Elberfeld 31.3.1920.
66 Vorwärts, 30.3.1920, in Lucas: Märzrevolution 1920, Bd. 3, S. 214.
67 Vgl. Kap. 6, Mäuerchen.
68 Vgl. VT. 4.5.1920
69 Herberts Seite 131
70 Herberts: Seite 146
71 Siehe biographische Angaben, Kap. 4, Station Platz der Republik.
72 VT, 23 und 24.4.1920, Zur Reform des Polizeiwesens, vgl. Kap. 9, Kleiner Weerth, Polizeiverwaltung Barmen.
73 VT, 27.7.1920.
74 Vgl. Kap. 7, Station Hombüchel Volkshaus.
75 Man schätzt diese Zahl auf über tausend, mehr als es Gefallene bei den Kämpfen zwischen den Arbeitern und den Putschisten gab.
76 Zu Löwenstein vgl. Kap. 10, Station Wichelhaushof.
77 Zu Hermann Herberts vgl. Kap. 3, Cronenberg, Station Neuenhofer Straße.
78 Vgl. Kap. 10, Volkshochschule Barmen.
79 50 Jahre Sozialdemokraten in Wuppertal, Wuppertal, 1979, S. 64.
80 Bericht Heinz Chyganowsky, 15.12.,1999. Beide wohnten im gleichen Haus und pflegten einen guten Kontakt.
81 Schnöring, Kurt: Alfred Dobbert 1897-1975, in: Wuppertaler Biographien Wuppertal 1977, S. 18 Kurt Schnöring schreibt in seiner Biographie von Wupperfeld in Barmen.
82 Bericht Frau Kraus, 19.12.1999.
83 Kurt Schnöring schreibt in seiner Biographie von Wupperfeld in Barmen.
84 Bericht Kurt Matthes, 17.12.1999.
85 Vgl. Kap. 9, Kurzbiographie Paul Sauerbrey
86 FP, 16.3.1920.
87 Die „Sozialistischen Proletarierjugend" war der Jugendverband der USPD. Sie war aus der Spaltung der „Freien Sozialistischen Jugend" im Herbst 1920 hervorgegangen.
88 VT, 24.4.1920.
89 FPO 19.2.1921; VT 19.2.1921.
90 Schnöring, Kurt: Alfred Dobbert 1897-1975, in: Wuppertaler Biographien, Wuppertal 1977.
91 Stoecker 1938 im KZ Buchenwald, Löwenstein 1935 im Gefängnis Bendahl, vgl. Kurzbiographie Kap. 10.
92 Vgl. zu Willi Spicher: Kap. 5 Station Radevormwald.
93 Freiheit, 19.3.1946.
94 Die USPD hatte im Sommer 1917 2.575 Mitglieder während bei der MSPD 739 Mitglieder verblieben waren. Vgl. Knies, S. 140.
95 Während der SPD Bezirk Niederrhein 1914 ca. 48.000 Mitglieder hatte, verfügte die USPD, Bezirk Niederrhein, auf ihrem Höhepunkt 1920 allein über 85.000 Mitglieder; in: VT. 8.4.1920.
96 Geschichte der Arbeiterbewegung, Bd. 2, Berlin 1966, S. 227.
97 Geschichte der deutschen Arbeiterjugendbewegung 1904-1945, Dortmund 1973, S. 116
98 Otto Dattan war Drogist und Elberfelder Sozialdemokrat. 1919 war er Mitbegründer der KPD und in späteren Jahren ihr Fraktionsvorsitzender im Elberfelder Stadtrat. 1933 emigriert er zunächst nach Frankreich, später in die Sowjetunion. Hier grät er in die stalinistischen Verfolgungswellen und stirbt in Haft in

sowjetischen Lagern. vgl. Kurt Schnöring, Wuppertal Magazin, 1997.
99 Biographisches Lexikon der Arbeiterbewegung, Berlin 1972, S. 446.
100 Biographisches Lexikon der Arbeiterbewegung, S. 445ff.
101 In: Lucas: Märzrevolution 1920, Bd. 1, S. 126.
102 Ebd., S. 127.
103 Vgl. Kap. 4: Station Straßburger Straße, Engelnberg.
104 Neben dem Verband der Eisenbahner ist dies der Verband der Lokomotivführer und der Eisenbahnbeamten.
105 Anzeige in FP, 22.3.1920.
106 Vgl. Kap. 11, Ehrenfriedhof Elberfeld.
107 Lucas: Märzrevolution 1920, Bd. 2, S. 85 ff.
108 FP, 25.3.1920.
109 FP, 25.3.1920
110 Eliasberg: S. 221. Vgl. auch Kap. 9, Kleiner Weerth, Zentralrat in Barmen.
111 Wolfgang Abendroth, (1906-1985) war der Sohn einen sozialdemokratischen Lehrerfamilie und sein Vater war Rektor in einer Elberfelder Schule. Die Familie zog ca. 1914 nach Frankfurt. Es folgte ein Jurastudium in Frankfurt. 1924 aus der KPD wegen „Rechtsabweichung" ausgeschlossen, engagiert A. sich in der KP-Opposition und ab 1933 im Widerstand. 1935 Promotion in der Schweiz, 1937 verhaftet und beim Wuppertaler Landgericht zu vier Jahren Haft verurteilt, beim Strafbataillon 999 in Griechenland Flucht, Partisan in Griechenland, zwei Jahre in britischer Kriegsgefangenschaft, 1948 Professor in Jena und Leipzig, später in Marburg, Mitglied der SPD, 1961 Ausschluss aus der SPD, Mentor der 68er. in: Historisch kritisches Wörterbuch des Marxismus, Bd. 1. Hamburg 1994, S. 22; und Bergmann Theodor; Gegen den Strom, Hamburg 1987, S. 351.
112 Hermann Herberts, Die Geschichte der SPD in Wuppertal.
113 Damals der bekannteste politische Gefangenen, der wegen seiner Gegnerschaft zum Krieg einsaß.
114 Knies, S. 90.
115 Auf dieser Kundgebung traten auf: Wilhelm Enz (SPD), Otto Ibanez (USPD), Johann Busch (Gewerkschaften), H. Wold (SPD).
116 Vgl. Kap. 4, Rudolfstraße.
117 FP, 25.3.1920.
118 Vgl. Kap. 8, Unterbarmen, Station Hotel Hegelich.
119 FP, 22.3.1920.
120 Ebd.
121 Ebd.
122 Ebd.
123 Nicht alle Gefallenen wurden auf dem Ehrenfriedhof Elberfeld bestattet.
124 Max Luckey, aus Elberfeld, Cronenberger Straßen und Emil Huckenbeck aus Cronenberg. Er hatte in Sudberg und Müngsten gekämpft. vgl. hierzu Kap. 5.
125 Vgl. Kap. 4, Ostersbaum.
126 Bericht Ernst Rossbach.
127 Für die SPD sprach der Redakteur Quitzau, für die KPD sprach Fritz Charpentier. Die Reden wurden abgedruckt in der FP, 23.3.1920.
128 Heine, Heinrich, 1830, in: Sämtliche Gedichte, Frankfurt, 1993, S. 318. Die Worte des Gedichtes sollten sich an diesem Tag noch erfüllen. Am gleichen Abend zogen die Arbeiterwehren ins Ruhrgebiet. Sie waren dringend angefordert worden.
129 Vgl. zu Gustav Adolf Uthmann, Kurzbiographie Kap. 10.
130 An einen weiteren, weitaus schlimmeren Krieg, hat damals sicherlich niemand gedacht.
131 Vgl. Kap. 7, Station Höchsten.
132 Vgl. Kap. 6
133 Vgl. Kap. 7, Station Wülfrather Straße.
134 Wolfgang Schnell schildert in seinem Buch „Erziehung durch Dienstmädchen" (Berlin/ Neuwied 1968) die Szene.
135 Karl Eckgold, 3.3.2000.
136 Vgl. Kap. 6, Station Robertstraße.
137 Zu dieser Konferenz hatte er jedoch nicht die radikalen und parteilich nicht gebundenen Armeeführen aus dem westlichen Ruhrgebiet eingeladen.
138 Lucas: Märzrevolution 1920, Erhard, B.d. 3, S. 260 f.
139 August Christmann, Mitglied im Aktionsausschuß, später prominenter Sozialdemokrat in Barmen, vgl. Kap. 10
140 Stadtarchiv Wuppertal, Barmen S XI Nr. 8.
141 FP, 1.4.1920, Täglicher Anzeiger, 2.4.1920.
142 Vgl. Station Stadthalle Elberfeld.
143 In der FP vom 1.4.20 sind zwei Beichte erhalten.
144 GA, 2.4.1920, FP, 3.4.1920.
145 Lucas: Märzrevolution 1920, Bd. 3, S. 260 f.
146 GA, 2.4.1920.
147 Lucas: Märzrevolution 1920, Bd. 3, S. 243.
148 Ebd., S. 235.
149 Ebd., S. 235.
150 Adressbuch Elberfeld 1933, Bergstraße 42.

151 So z.B. am 29.3. auf dem Karlsplatz in Barmen.
152 Generalleutnant Franz von Epp war im Mai 1919 beteiligt an der Niederschlagung der Münchner Räterepublik und 1923 beteiligt er sich am Hitler-Ludendorf-Putsch.
153 Lucas: Märzrevolution 1920, Bd. 3, S. 249f.
154 Bericht Frau Rensmann, Mai 1999.
155 Vgl. Kap. 9, Sedansberg, Station Münzstraße.
156 Knies, S. 120.
157 Sie war Oberein an dem Mädchenlyzeum in der Straße „Am Mäuerchen".
158 Knies, S. 121.
159 Könnemann, Erwin, Hans-Joachim Krusch: Aktionseinheit contra Kapp-Putsch, Berlin 1972, S. 55.
160 FP, 16.3.1920.
161 Westdeutsche Rundschau, 17.4.1920.
162 VT, 20.4.1920, vgl. auch Wüstenhagen, Artur, S. 76.
163 Tilling, Magdalene von: Frau und Kirche, Wuppertal 1924, Exemplar bei der Stadtbibliothek Wuppertal erhalten
164 Nach dem Decknamen von Erhard, „Consul".
165 U.a. hatte der Kriegerverein „Die Haketäuer" ihr Vereinslokal in der Markomannenstraße, Elberfeld.
166 Kerstin Kaiser: Rechte und rechtsradikale Organisationen im Wuppertal in den Anfängen der Weimarer Republik (Magisterarbeit) 1999, unveröffentlicht.
167 Er galt in nationalistischen Kreisen wegen seiner ausgleichenden Politik als Landesverräter. Im August 1921 plante er sein politisches Comeback.
168 Hannover. Heinrich, und Elisabeth Hannover-Drück: Politische Justiz 1918-1933, Bornheim-Merten 1987, S. 126.
169 Hannover: Politische Justiz 1918-1933, S. 128.
170 Goebel, Klaus: Wuppertal in der Zeit des Nationalsozialismus, Wuppertal, 1984, S. 12.
171 WZ, 2.6.1999.

zu Tour 7:

1 Aus: Heller, Heinz-B.: Literatur in Wuppertal, Geschichte und Dokumente, Wuppertal 1981, S. 193.
2 Vgl. Kap. 9, Station Gewerkschaftshaus Parlamentsstraße.
3 Karl Legien war von 1991 bis 1922 Vorsitzender der Generalkommission der Gewerkschaften und gilt als einer der legendären Führer der deutschen Arbeiterbewegung.
4 Ludwig Büchner ist der Bruder von Georg Büchner und Begründer der Freidenkerbewegung. vgl. zu der Freidenkerbewegung Kap. 9, Parlamentsstraße.
5 Wilhelm Liebknecht war 1896 während einer Vortragsreise in Elberfeld.
6 Vgl. Kap. 10, Uthmann Denkmal.
7 Nachlass Hans Bachmann, Schriftführer der „Liederlust 1884".
8 Eliasberg, S. 164
9 Siehe Kurzbiographie, Kap. 8, Hofkamp, Lichtheilstätte der AOK in Unterbarmen.
10 Kurzbiographie Kap. 7, Volkshaus.
11 Eliasberg, S. 176.
12 Das Vertrauen stammte sicherlich aus der gemeinsamen Parteimitgliedschaft in der alten SPD von vor 1916.
13 Lucas, Erhard: Märzrevolution 1920, Bd. 3, Die Niederlage, Frankfurt/Main 1978, S. 105.
14 Vgl. Kap. 6, Station Neumarkt.
15 FP, 26.3.1920.
16 Severing, Carl, zitiert in: Fittkau, S. 32 f.
17 Vgl. auch Kap. 4, Kurzbiographie Fritz Charpentier.
18 Friedel Kalthöfer ist Enkel von Helene Triebel, verheiratete Kalthöfer, der Schwester von Oskar Triebel. Heute wohnt er in den USA.
19 Bericht Friedel Kalthöfer, Oktober 1999.
20 Ebd.
21 In Holland hielt sich u.a. Der Barmer Kommunist Ernst Langensiepen und Wilhelm Pieck auf. Vgl. zu Ernst Langensiepen Kap. 9, Polizeigefängnis Barmen.
22 Protokoll des Gründungsparteitages der KPD, in: Institut für Marxismus Leninismus beim ZK der SED, Protokoll des Gründungsparteitages der Kommunistischen Partei (30.12.1918 – 1.1.1919) Berlin 1972, S. 148.
23 Vgl. Kurzbiographie von Werner Möller in Kap. 6, Robertstraße. Auf dem Gründungsparteitag der KPD war er Delegierter der Gruppe „Internationaler Kommunisten Deutschland".
24 Vgl. Kap. 9, Gewerkschaftshaus Parlamentsstraße.
25 Dattan ist 1939 vermutlich im stalinistischen Gulag umgekommen. Vgl. Kurt Schnöring, Wuppertal Magazin Jan. 1990, S. 6 f.
26 Das Haus ist erhalten.
27 Vgl. Kap. 8, Unterbarmen, Porträt Wilhelm Enz.
28 Vgl. Kap. 10, Sedansberg, Wichelhaushof.
29 Biographische Angaben in Lucas: Märzrevolution 1920 Bd. 3, S. 459.
30 Vgl. Kap. 10, Station Wichelhaushof, Landtagswahlen Februar 1921.
31 „Bergische Arbeiterstimme" (Solingen) und „Bergische Volkstimme" (Remscheid).

32 Vgl. Kap. 4, Anna Brandt.
33 Bericht Ernst Hoffmann, 12.6.1999.
34 So Alfred Dobbert, Hermann Herberts und Oskar Hoffmann.
35 Anzeige in VT, 22.8.1920.
36 Klönne, Arno: Geschichte der deutschen Arbeiterbewegung, S. 189.
37 Vgl. Kurzbiographie Otto Braß im Kap. 5.
38 Vgl. Kap. 9, Gewerkschaftshaus Parlamentsstr.
39 Klönne: S. 190f.
40 Herbig, Rudolf, Notizen – aus der Sozial-, Wirtschafts-, und Gewerkschaftsgeschichte. Wolframs-Eschenbach 1978, S. 192.
41 Schneider, Jochen, Wupper Nachrichten 2/96.
42 Der alte Sozialdemokrat Friedrich Bromant war von 1911 bis 1932 „Lagerhalter" (so nannte man die Filialleiter) und wohnte im oberen Stockwerk. 1933 erkannten die Nazis ihn die Zusatzrente der Konsumgenossenschaft ab. Seine Enkelin, Frau Kolb-Lünemannn, seid kurzem Ehrenbürgerin der Stadt, erinnert sich wie er bei den Gewerkschaftsprozeßen 1936 vor der Verhaftung der Nazis flüchten musste und sich für einige Wochen in einem Schrebergartenhaus versteckt. Die Nazis vermuteten in diesem Haus immer noch einen illegalen Treffpunkt der SPD.
43 Unlüdag, Tania: „Frau Muth ist zweifelsohne als einen der größten Staatsfeinde der heutigen Regierung anzusehen", in „... Se krieje us nit kaputt.", Gesichter des Wuppertaler Widerstandes Essen, 1995, S. 30 f; vgl. Station Brunnenstraße
44 Stracke, Stephan: Mit rabenschwarzer Zuversicht – Kommunistische Jugendlichen 1916-1936, Bocholt 1998, S. 20, Lebensbericht Kläre Quast verw. Muth, geb. Riedesel
45 Unlüdag, S. 30 f.
46 Vgl. Kap. 6, Station Paradestraße, Kurzbiographie Alfred Dobbert.
47 Lucas: Märzrevolution 1920, Bd. 3, S. 435, 261.
48 GA, 5.4.1920
49 Solche „Arbeiter-Gesellschaften" gab es damals mehrere In Elberfeld. Es bestand sogar ein Stadtverband Elberfeld-Barmen sowie ein reichsweit organisierter „Arbeiter Gesellschaftsbund". Diese Bewegung stellten einen Pedant zu dem bürgerlichen Gesellschaftsleben dar. In den Vereinen wurde Geselligkeit gepflegt aber auch über gesellschafts- und kulturpolitische Fragen und Fragen der damals aktuellen Lebensreform debattiert.
50 VT, 22.3.1920.
51 Bericht Prof. Heinz Engelhard.
52 Rudolf Schemann, der Bruder von Fritz Schemann, wird vor seiner eigenen Wohnung an der Rudolfstraße von den Soldaten standrechtlich erschossen. Vgl. Kap. 4, Station Rudolfstraße, Standrechtliche Erschießung von Rudolf Scheman.
53 Adressbuch des ADGB 1924.
54 Vgl. Kap. 6, Station Mäuerchen.
55 Lucas: Märzrevolution 1920, Bd. 3, S. 269.
56 Oskar Plenge wird später aufmerksamer und kritischer Beobachter der Strafjustiz gegen die am Aufstand beteiligten Arbeiter. Vgl. Lucas: Märzrevolution 1920, Bd. 3, S. 395.
57 Augenzeugebericht in Ebd., S. 271.
58 VT, 19.4.1920, in: Lucas: Märzrevolution 1920; Bd. 3, S. 270.
59 Lucas: Märzrevolution 1920, Bd. 3, S. 272.
60 Todesanzeige der Familie Weller in: FP, 7.4.1920.
61 Eingang Wasserturmstraße.
62 Fittkau und Schlüter, Essen 1990.
63 75 Jahre Freie Schimmer 07, Festzeitschrift, Oktober 1982, Wuppertal, S. 39.
64 In: Ünlüdag, S. 31
65 An einzelnen Tagen trafen bis zu 2.000 Flüchtlinge ein.
66 Zitiert in: Eliasberg, S. 222.
67 Ünlüdag, S. 31.
68 Ebd.
69 Damals vor der Vereinigung mit der Stadt Barmen hieß sie noch Weberstraße und diesen Namen trug. sie zurecht. Als die Häuser in den siebziger Jahren des letzten Jahrhunderts gebaut wurden, wohnten hier fast ausschließlich Weber und Wirker, die in Heimarbeit für die Textilverleger tätig waren.
70 Dabei fand Fritz Jellissen von der Arbeitersamariter Kolonne Barmen am 17. März den Tod. vgl. Kap. 4, Station Rudolfstraße.
71 Vgl. Station Wülfrather Straße, Willy Weller.
72 Lucas: Märzrevolution 1920, Bd. 3, S. 272 ff.
73 Ebd., S. 272 f.
74 Zeitungsbericht FP, ca. 6.4.1920.
75 Walter, Franz: Der Arbeiter-Samariter- Bund. In: Franz u.a., Sozialistische Gesundheits- und Lebensreformverbände, S. 293.
76 Adressbuch Elberfeld 1933.
77 FP, 19.3.1920.
78 Bericht Ferdi Köthe, Juni 1999.
79 Vgl. Kap. 9, Polizeiverwaltung Barmen, Bachstraße 19.
80 Vgl. Kap. 6, Station Paradestraße.
81 VT, 3.5.1920.
82 Heute hat sich der Name im Volksmund erhalten und wird fälschlicherweise oft für den angrenzenden „Hombücheler Platz" verwendet.

83 VT, 3.5.1920.
84 Siehe Kurzbiographie Charpentier, Kap. 4, Deweerthstraße.
85 Mitglied im Aktionsausschuss, vgl. Kap. 4.
86 Der Vorsitzende Paul Sauerbrey telefonierte persönlich mit Regierungsvertretern.
87 VT, 3.5.1920.
88 Sitzredakteure wurden die Redakteure genannt, die ggf. eine Haft für einen strafbaren Artikel absitzen mussten.
89 Diese einkalkulierten Haftstrafen ein damals übliches Verfahren, um den Schaden durch Haftstrafen zu begrenzen.
90 Die berittenen Elberfelder Polizei war mit Säbeln gegen unbewaffneten Demonstranten, die sich zum Teil in Türeingänge geflüchtet hatten, vorgegangen.
91 Der Rechtsanwalt Hugo Lande aus der Luisenstraße zog mit Hoffmann gemeinsam in den Stadtrat. Vgl. Station Luisenstraße.
92 Kurt Schnöring: Oskar Hoffmann, Bergische Biographien 14. Folge, Wuppertal 1984, S. 34.
93 Milon Gupta: Die städtische Wohlfahrtspflege in Elberfeld, in: Geschichte in Wuppertal 1993, Wuppertal 1993, S. 53.
94 Vgl. Kap. 6, Rathaus Elberfeld.
95 Vgl. zur „freien Volksbühne", Kap. 8, Hotel Hegelich.
96 Eckardt, Uwe: Ewald Balser, in Romerike Berge, Wuppertal, 1/1999, S. 29.
97 Die Angaben zur Familie Lande stützen sich, wo nicht anders angegeben, auf die Berichte von Professor Mävers, Bremen.
98 Vgl. Kap. 1, Generalstreik in Elberfeld.
99 Vgl. Kap. 8, Station Hotel Hegelich Freie Volksbühne.
100 Zuvor hatte es eine handgreifliche Auseinandersetzung bei einer Volksversammlung in der Elberfelder Stadthalle zwischen Carl Drescher, Vertreter der USPD, und Hugo Lande gegeben.
101 In den Wupperstädten war die „Mehrheitsfraktion" in der Minderheit.
102 Braun, Bernd: Hermann Molkenbuhr (1851-1927) – Eine politische Biographie, Düsseldorf 1999, S. 135.
103 Prof. Mävers, Bremen.
104 Vgl. Kap. 9, Station Wichelhaushof, Max Löwenstein.
105 Den Beschluss traf eine sozialdemokratische Funktionärversammlung unter Leitung von Paul Löbe. Alle jüdischen Parteimitglieder sollten ihre Vorstandspositionen niederlegen. In: Deutsche Geschichte, Bd. 3, VEB Verlag der Wissenschaften, Berlin 1968, S. 180.
106 Prof. Mävers, Bremen.
107 Vgl. Kap. 10, Uthmann Denkmal.
108 Klein, S. 432 .
109 Vgl. Kap. 7, Station Wiesenstraße: Emil Ginkel und der „Bund proletarisch-revolutionärer Schriftsteller".
110 Brecht untersagt später die Aufführung, weil sie missverständlich ist.
111 Prof. Mävers, Bremen.
112 Eckard, Uwe: Franz Lande in Geschichte in Wuppertal 1993, S. 102.
113 1927 war Pella Stadtverordneter in Elberfeld.
114 Das heutige Fuhlrottmuseum war vormals die Königsstraße 27.
115 Katholische Arbeitnehmer – Bewegung (Hg.) 90 Jahre KAB Bezirksverband Bergisch – Land 1904-1994, Festschrift, Wuppertal 1994, S. 35.
116 Katholische Arbeitnehmer-Bewegung (Hg.), 90 Jahre KAB, S. 25.
117 Ebd., S. 26.
118 WR 3.11.1999.
119 Wüstenhagen, S. 20.
120 Ebd., S. 19.
121 Stadtarchiv Wuppertal S XI (6), in: Kaminski, Andrzej: Vom Polizei- zum Bürgerstaat, Zur Geschichte der Demokratie am Beispiel einer deutschen Großstadt, Wuppertal 1976, S. 248.
122 Westdeutsche Zeitung, 17.4.1920.
123 Vgl. Kap. 8, Unterbarmen, Station Landgericht.
124 Wüstenhagen, S. 47.
125 BMZ 28.4.1920.
126 Besonders August Christmann trat mit einer solchen Rede in Barmen hervor.
127 Siehe auch Fittkau, S. 195. Hier werden die Ereignisse bei Wesel ebenfalls mir einer Radtour beschrieben.
128 Es war bei der kleinen Ortschaft Welmen zwischen Hünxte und Wesel. Vgl. Fittkau, S. 200.
129 Marchwitza, Hans: Sturm auf Essen, Tribüne-Verlag, Leipzig, 1978; erstmals erschienen 1930.
130 Ebd., S. 231f.
131 Lucas: Märzrevolution 1920, Bd. 3, S. 119.
132 In Bielefeld war die Lippe als Waffenstillstandslinie festgesetzt worden.
133 Vgl. Kap. 7, Station Höchsten. Geschichte von Eugen Lenzen. Lucas: Märzrevolution 1920, Bd. 3, S. 128.
134 Bericht Heinz Wohlert.
135 Lucas: Märzrevolution 1920, Bd. 3, S. 128f.
136 Ebd., S. 128.

137 Fittkau / Schlüter, S. 204.
138 Vgl. Kap. 7, Station Wülfrather Straße, Willy Weller.
139 Vgl. Burkhard Krohn: „Vom 'Karabinerkommunisten' zum Botschafter“, Walter Vesper, in: Forschungsgruppe Wuppertaler Widerstand (Hg.): „Se krieje us nit Kaputt.“, Gesichter des Wuppertaler Widerstandes Essen, 1995, S. 181ff.
140 Vesper, Walter: Erinnerungsbericht, S. 83.
141 Ebd., S. 85.
142 Todesanzeige der Familie in: VT, 1.4.1920.
143 Auch heute noch befindet sich hier eine Gaststätte.
144 GA, 21.3.1920.
145 Klein, S. 435.
146 Ebd., S. 447.
147 Heute ist dies die Fa. Arcordis.
148 Eckardt, Uwe: Emil Ginkel (1893-1959), in: Geschichte in Wuppertal 1993, S. 68.
149 Freiheit, 22.3.1946.
150 Spicher Willi: In der Zelle zum Abgeordneten gewählt, Wuppertal 1981, S. 52.
151 Angabe seines Redakteurkollegen H. Hemmers, 5.12.1999.
152 Eckardt: Emil Ginkel (1893-1959), S. 68.
153 Vgl. Anfang des Kap.s, „Rote Fahne auf dem Ölberg“.
154 Bericht Ewald Hemmers, Redakteur bei „Freies Volk“ 1952-1956.
155 Eckardt: Emil Ginkel, S. 68ff.
156 Zieseke, Christiane: Die Politik der „Linkskurve“ in: Kunstamt Kreuzberg (Hg.) Weimarer Republik, Berlin/Hamburg 1977, S. 635.
157 Das Gedicht ist an Beginn des Kap. 7 gestellt.
158 Das Gedicht ist an den Anfang des Kap. 11 gestellt.
159 Vgl. das Gedicht „Skagerrak“. In Klein, S. 440.
160 Zitiert nach Klein, S. 165f.
161 Zieseke: „Linkskurve“, in: Kunstamt Kreuzberg (Hg.): Weimarer Republik, S. 634.
162 Zitiert nach Klein, S. 433.
163 Der Kommunist und Schriftsteller bürgerlicher Herkunft Johann R. Becher wurde zum Förderer proletarischer Literatur und später Kulturminister der DDR.
164 Zieseke: „Linkskurve“, in: Weimarer Republik, S. 634.
165 Klein, S. 411.
166 Gedichte eines jungen Arbeiters (1925). Lorbeer dichtete 1929 das Oratorium „Panzerkreuzer Potemkin“, das der Komponist Franz Lande vertonte. Vgl. Kap. 7, Station Luisenstraße: Franz Lande.
167 Die erste Verteilungsstelle eröffnet in der Straße „Höchsten“ im gleichen Jahr.
168 Lucas: Märzrevolution 1920, Bd. 2. Der bewaffnete Aufstand in seiner Struktur, Frankfurt/Main 1973, S. 35
169 Vgl. Kap. 6, Station Robertstraße.
170 Vgl. Kap. 6, Station Mäuerchen.
171 FP, 9.4.1920.
172 Vgl. Portrait zu Paul Sauerbrey, Kap. 9, Station Parlamentstraße.
173 FP, 22.3.1920.
174 Die Familie stellte im Laufe der Jahrhunderte viermal das Stadtoberhaupt von Elberfeld bzw. Wuppertal.
175 Bund deutscher Architekten- Kreisgruppe Wuppertal (BDA) (Hg.): Architektur in Wuppertal. Wuppertal 1993, S. 103 f.
176 Lucas: Märzrevolution 1920, Bd. 3, S. 77.
177 Vgl. Kap. 6, Station Robertstraße.
178 Lucas: Märzrevolution 1920, Bd. 3, S. 200.
179 Ebd., S. 425 f.
180 An diesem Treffen nimmt auch Direktor Wenzel aus Barmen Teil.
181 Lucas: Märzrevolution 1920, Bd. 3, S. 425.
182 Nach: Ebd., S. 452.
183 Vgl. Station Schusterplatz.
184 Vgl. Kap. 6, Rathaus Elberfeld, Sitz des Arbeiterrates.
185 General Lüttwitz, der zwei Monate später den Putsch initiierte, ließ in die Menge schießen. 42 Arbeiter bezahlen ihr Demonstrationsrecht mit dem Leben. Es gibt 109 Verwundete.
186 Vgl. Kap. 1, Eisenbahndirektion Elberfeld, Prolog.
187 Carl Duisberg war 1. Vorsitzender des RDI.
188 Sein Nachfolger wurde von Bohlen und Hallbach (Krupp), der als Vertreter der Schwerindustrie auch die Unterstützung das aufstrebenden NSDAP organisierte.
189 Vgl. Wohnungsbau Sedansberg, Kap. 10.
190 Zu den Arbeiterschwimmer vgl. auch Kap. 6, Bad Bendahl.
191 Hedwig Weller ist möglicherweise die Schwester des Märzgefallenen Willy Weller. Vgl. Station Wülfrather Straße, Willy Weller.
192 75 Jahre Freie Schwimmer 07 Wuppertal e.V. Festzeitschrift, Wuppertal 1982, S. 39.

zu Tour 8:

1 Vgl. Kap. 6, Rathaus Elberfeld.
2 Jochen Schneider, Wupper Nachrichten 2/96.
3 Lucas: Märzrevolution 1920, Bd. 2, S. 40f.

4 Vgl. Direkte Aktion im Westen 19.3.1920, erhalten in Stadtbibliothek Wuppertal, FP, 23.3.1920.
5 VT, 23.3.1920.
6 Jochen Schneider, WN 2/96. Vgl. Kurzbiographie Lamp, Kap. 6, Station Kerstenplatz.
7 Mader, Julius: Dr. Sorge Report, Berlin 1985, S. 32.
8 Boch/Krause: Historisches Lesebuch, S. 183.
9 Vgl. Kap. 10, Sedanstraße, Volkshochschule Barmen.
10 Mader, u.a.: Dr. Sorge funkt aus Tokyo, Berlin 1965, S. 52.
11 Vgl. Kap. 4, Station Clausen.
12 Vgl. Kurzbiographie zu Enz, Kap. 8, Station Hofkamp.
13 Novy u.a.: Reformführer NRW, S. 88.
14 Ebd., S. 90.
15 Ebd.
16 Walter, Franz, Cornelia Regin: Der „Verband der Vereine für Volksgesundheit" in: Sozialistische Gesundheits- und Lebensreformverbände, S. 45f.
17 Vgl. Kap. 4, Platz der Republik, Bericht Hans Schmitz.
18 Walter/Regin, S. 35
19 Möglicherweise gehörte es auch dem bürgerlichen Lebensreformverein „Lichtbund".
20 Er ist ebenfalls Mitglied der „Gemeinschaft proletarischer Freidenker", später wurde er Kommunist. 1934 wurde er als kommunistischer Wiederstandkämpfer im Elberfelder Polizeigefängnis ermordet.
21 Die „Freie Jugend Morgenröthe" wurde von Ernst Friedrich in Berlin gegründet. Vgl. hierzu Ünlüdag, S. 31.
22 Ünlüdag, S. 31f.
23 Später spielte er in Dortmund eine miese Rolle als Verräter gegenüber den Nazis, berichtet Hans Schmitz.
24 Bericht Hans Schmitz, 17.10.1999.
25 Ünlüdag, S. 31f.
26 Sozialdemokraten in Wuppertal 1929-1979, S. 84ff.
27 Novy u.a.: Reformführer NRW, S. 77
28 Hentschel 1983, S. 17, zit. nach: Novy u.a.: Reformführer NRW, S. 77.
29 Vgl. Kap. 10, Uthmann-Denkmal, Nordpark.
30 Knies, S. 95.
31 Kap. 10, Sedansberg, Station Wichelhaushof, Max Löwenstein.
32 Sozialdemokraten in Wuppertal, S. 92.
33 Schreiben vom 18.1.1946 an August Drowe. Archiv „Liederlust" Akte VII, Archiv bei Herr Kleinhans, Wuppertal.
34 Die Angaben in diesem Artikel sind, soweit nicht anders angegeben, dem Aufsatz von Winfried Herbers: Jagd auf Flugblätter. Die Polizei und der Richtungskampf in der SPD 1916/17 im Wuppertal, in: Geschichte in Wuppertal 1999, S. 97ff.
35 Später ist Löwenstein Vorsitzender des Arbeiter- und Soldatenrates Barmen und Schriftleiter der „Volkstribüne" 1934 als politischer Gefangener und Jude ermordet. Vgl. Kap. 10, Kurzbiographie Max Löwenstein
36 Otto Dattan, Kaufmann, Mitbegründer der KPD, Stadtverordneter, Fraktionssprecher der KPD in Elberfeld, 1937 in der Sowjetunion verhaftet und verschollen.
37 1917 Mitbegründer der USPD, 1919 ermordet.
38 Herbers, S. 102.
39 Vgl. Kap. 9, Station Heubruch, Niebuhr gegen Ebert.
40 Vgl. Kap. 11, Station Ehrenfriedhof Elberfeld, Grab von Otto Niebuhr.
41 Werner Möller: Krieg und Kampf, Berlin 1919, S. 29.
42 Ebd., S. 30
43 Bericht von Andre Poloscheck nach Aussagen des Autors R. W. Schnell.
44 R.W. Schnell: Erziehung durch Dienstmädchen, Neuwied 1968
45 Heller, Heinz B. (Hg), S. 222.
46 Ebd.
47 GA, 22.3.1920.
48 Bericht Rainer Ellinghaus 22.12.1999.
49 Erklärung in der Freien Presse, 23.3.1920.
50 Eliasberg: S. 246.
51 Schneider Jochen, Wupper Nachrichten 2/96.
52 Schnell, S. 169.
53 FP, 23.9.1931.
54 Der Bundestag fand am 6. bis 8.4.1912 statt. Ein Bild zeigt die Delegierten vermutlich im Volkshaus Elberfeld. Foto in: Festzeitschrift 75 Jahre Freie Schwimmer 07 Wuppertal eV. Oktober 1982, S. 36, S. 31.
55 Traueranzeige des ASV-Barmen, FP 29.6.1915, Vgl. Kap. 10, Station Parlamentsstraße, Emil Luckhardt.
56 Festschrift, Oktober 1982, S. 28.
57 Festzeitschrift, S. 39.
58 Vgl. Kap. 4, Station Dietrich-Bonhoefer-Straße; Ecke Missionsstraße.
59 Novy u.a.: Reformführer NRW, S. 486.
60 Adressbuch Elberfeld 1930.
61 Jahrbuch des ADGB 1924.
62 Ret Marut, alias B. Traven war Teilnehmer an der Münchner Räterepublik und floh nach Mexiko. Er schrieb „Das Totenschiff" u.a.

63 Bücher. Bilder und Ideen; 75 Jahre Büchergilde, Frankfurt/Main 1999
64 Hier war das Büro der Freien Presse in Barmen.
65 Bericht Hans Schmitz 17.10.1999.
66 Vgl. Kap. 7, Station Wiesenstraße, „Bund proletarisch-revolutionärer Schriftsteller“.
67 Arntz, Gerd: in: Krempel, Ulrich (Hrsg.): Am Anfang: Das junge Rheinland, Zur Kunst und Zeitgeschichte einer Region 1918-1945, Düsseldorf 1985, S. 9.
68 Heute ist die „Ruhmeshalle“ das Haus der Jugend Barmen.
69 Vgl. Kap. 5, Galerie Remscheid.
70 Krempel, S. 339
71 Fehlemann, Sabine (Hg.) Bildführer Gemälde des 19. und 20. Jahrhunderts, Von der Heydt Museum Wuppertal, Wuppertal 1966, S. 12.
72 Nach biographischen Angaben in: Krempel (Hg.), S. 344.
73 VT, 9.7.1920.
74 Vgl. Kap. 7.
75 Vgl. Ebd., Luisenstraße, Porträt der Familie Lande.
76 FP, 25.3.1920.
77 Vgl. Kap. 7.
78 Ebd.
79 FP, 25.3.1920.
80 Ebd.
81 FP, 7.4.1920.
82 Ebd.
83 Vgl. Kap. 9, Station Gewerkschaftshaus Parlamentsstraße.
84 Vgl. Kap. 8, Station Loher Platz.
85 Abraham Frowein war damals stellvertretender Präsident des RDI, vgl. Kap. 7. Station Ullendahler Straße.
86 VT, 3.5.1920.
87 75 Jahre Volksbühne, Sonderausgabe „Erster Rang“ 6/96.
88 FP, 26.1.1921.
89 Lebensdaten Kap. 9, Station Parlamentsstraße
90 75 Jahre Volksbühne, Sonderausgabe „Erster Rang“ 6/96, S. 34
91 Wuppertal Magazin 6/7.96, Sonderausgabe „Erster Rang“ zum 75. Jubiläum
92 Bericht Herr Klapp, August 1999.
93 Lucas, Erhard: Vom Scheitern der Arbeiterbewegung, Basel, Frankfurt/Main 1983, S. 17ff.
94 VT, 18.3.1920.
95 Vgl. Kap. 9, Station Polizeigefängnis Barmen, Bachstraße.
96 Vgl. Kap. 4, Station Ziegelei Rittershaus.
97 Vgl. Station 8, Gefängnis Bendahler Straße.
98 Ehrung der ÖTV-Jubilare 21.11.1998.

zu Tour 9:

1 Der Bau war 1913 begonnen worden und wurde 1921 fertiggestellt.
2 FP, 16.3.1920.
3 Wüstenhagen, S. 34.
4 Vesper, Erinnerungsbericht, S. 75.
5 Die Einwohnerwehren hatten sich aus bürgerlichen Schichten gegen die Revolution von 1918 gebildet.
6 Lucas: Märzrevolution 1920, Bd. 1, S. 211.
7 Wüstenhagen, S. 36.
8 Meyer-Kahrweg: Biographien der beteiligten Künstler, S. 89.
9 Holtkötter, 1950, S. 22.
10 Vgl. hierzu Kap. 7, Station Brunnenstraße.
11 Lange, Jürgen: Die Schlacht bei Pelkum im März 1920, Legenden und Dokumente, Essen 1994, S. 182.
12 Brief der Oberbürgermeister an das Innenministerium Remscheid, den 21.5.1920. STA Remscheid; in: Fey, Wolfgang: März 1920
13 Ebd.
14 Vgl. Kap. 11, Ehrenfriedhof Elberfeld.
15 Vgl. Herbers, S. 97ff.
16 Ebd., S. 158
17 FP, 22.11.1918; BVst, 21.11.19; Knies, S. 107f.
18 Vgl. die jeweiligen biographischen Notizen zu den genannten Personen.
19 Er wurde später ein Führer der Bayrischen Räterepublik und wurde bei ihrer Niederschlagung im Mai 1919 von Freicorps hingerichtet. Vgl. Viesel, Hansjörg: Literaten an der Wand, Büchergilde Gutenberg, Frankfurt 1980, S. 411.
20 Eckardt, Uwe: Vom Krankenhaus zur Volkshochschule, Festschrift, Wuppertal Mai 1997, S. 14.
21 Hinweis Adresse des Aktionsausschusses Barmen, Kleiner Werth, in DZA Potsdam, RK u. Stk Severing, Nr. 10 Bl. 218.
22 Eliasberg, S. 221.
23 FP, 9.4.1920.
24 Volkstimme Hagen, 3.4.1920.
25 Vgl. Station Polizeigefängnis Barmen.
26 Ernst war Mitglied der USPD. Er hatte schon in der ersten „Hagener Zentrale“ am 16.3 den Vorsitz übernommen.
27 Eliasberg, S. 227. Möglicherweise ist diese Person mit dem SPD-Sekretär Kolaß aus Elberfeld identisch, die am 31.3.1920 die telefonischen Verhandlungen mit der Regierung führte.
28 Der Begriff meint mittellos.

29 Vgl. Kap. 5, Station Sattlerstraße.
30 VT, 9.4.1920.
31 Lucas: Märzrevolution 1920, Bd. 3, S. 330.
32 In: ebd., S. 350 f.
33 In: ebd., S. 351.
34 VT, 13.4.1920.
35 Lange, S. 182.
36 Ebd., S. 185.
37 Vgl. Kap. 3, Cronenbergerstraße. Die Sipo wacht am Wasserturm.
38 VT, 23.4.1920.
39 Vgl. Gietinger, Klaus: Eine Leiche im Landwehrkanal, Berlin, 1995.
40 Könnemann, S. 75.
41 VT, 23.4.1920.
42 Das „Sennelager" war großes Militärlager bei Paderborn, in dem später auch politische Gefangenen festgesetzt wurden. vgl. Kap. 5, Station Brunnenstraße.
43 VT, 23.4.1920.
44 VT, 24.4.1920.
45 Eliasberg, S. 239.
46 VT, 24.4.1920.
47 Der bisherige Reichskommissar Severing war nun Innenminister geworden.
48 VT, 24.4.1920.
49 Vgl. Kap. 7, Schusterstraße, Oskar Hoffmann.
50 Unter anderem hatte der „Eiserne General" von Watter am 27. April seinen Rücktritt erklärt, weil sein Ansinnen, die „Entwaffnungsaktion" südlich der Ruhr, von der Reichsregierung abgelehnt worden war.
51 Wüstenhagen, S. 80.
52 „Lieber dem Tommy die Waffen als den Regierungstruppen", hieß es. Das Misstrauen der Arbeiterschaft gegen die Reichswehr war so groß, das die Waffen lieber den Besatzungsmächten zugespielt wurden.
53 Vgl. Kap. 7, Ullendahlerstr. Abraham Frowein.
54 Wüstenhagen, S. 81.
55 Stadtarchiv Wuppertal SXI, Nr. 8, Märzunruhen 1920, dort zwei Telegramme, 10. Mai 1920.
56 Staatsarchiv Düsseldorf, Bestand Regierung Düsseldorf 15978: Entstehung und Verlauf des Aufstandes im Regierungsbezirk Düsseldorf, Bd. II. Schreiben vom OB Elberfeld, 29.5.1920.
57 Die SPD erhielt lediglich 12.000 Stimmen.
58 Vgl. Kap. 8, Station Loher Platz.
59 VT, 26.3.1920.
60 Bericht von Rainer Ellinghaus, dem Neffen von Ernst Langensiepen.
61 Stracke, Stephan: Mit rabenschwarzer Zuversicht, S. 18.
62 Triebel war 1920 Mitglied des Barmer Aktionsausschusses, vgl. Kap. 7, Station Hombüchel
63 Lucas: Märzrevolution 1920, Bd. 2, S. 16.
64 Der Bürgerrat war eine militante und bewaffnete Gegenorganisation bürgerlicher Kreise, die sich in der Revolution 1918 gegründet hatte und gegen den Einfluss der Arbeiterparteien richtetet war.
65 VT, 29.3.1920.
66 Lucas: Märzrevolution 1920, Bd. 2, S. 43. Vgl. Sauerbrey in: VT. 2.7.1920.
67 Lucas: Märzrevolution 1920, Bd. 2, S. 43.
68 Todesanzeige in: VT, 10.4.1920.
69 VT, 24.4.1920.
70 Lucas: Märzrevolution 1920, Bd. 3, S. 458.
71 Nachlass Langensiepen bei Rainer Ellinghaus.
72 Vgl. Kap. 6, Station Robertstraße, Werner Möller.
73 Stracke, Stephan: Mit rabenschwarzer Zuversicht, S. 70.
74 Die Gewerkschaftskommission saß auf der Allee 237, in der Nähe Haltestelle Adlerbrücke, der Angestelltenverband in der Wegnerstraße 8.
75 Er hatte sie von dem Vorgänger H. Thiel übernommen.
76 Mündlicher Bericht Ehepaar Luckhardt im Mai 1998.
77 Vgl. zu Friedrich Ebert Kap. 11: Friedrich Ebert und das Wuppertal.
78 Vgl. Kap. 10, Station Sedanstraße: Kurzbiographie Carl Drescher.
79 Vgl. Kap. 11, Uthmann-Denkmal.
80 Brief im Nachlass der Familie Karl Luckhard.
81 Brief von GA. Uthmann an den Bundesvorstand des DAS vom 17.6.1906. Bis dahin gab es schon mehrere deutsche Übersetzungen des französischen Liedes.
82 Emil Lehmann auf einer Uthmann-Gedenkrede 1926.
83 Mündlicher Bericht des Ehepaars Luckhardt, 6/97.
84 Vesper, S. 74.
85 Vgl. Kap. 9, Station Rathaus Barmen.
86 VT, 9.4.1920.
87 Ebd.
88 Vgl. Kap. 7, Station Hombüchel, Volkshaus.
89 VT, 23.4.1920.
90 Reichsminister Giesbert hatte bei den Verhandlungen in Bielefeld eine entsprechende Erklärung abgegeben.
91 VT, 23.4.1920.

92 Diese Anzeigen galten gleichzeitig als Zahlungsbeleg.
93 Lucas: Märzrevolution 1920, Bd. 3, S. 380.
94 VT, 13.10.1920.
95 Vgl. zu Alfred Dobbert, Kap. 6, Station Paradestraße.
96 Wüstenhagen, S. 48.
97 Hannover, Heinrich und Elisabeth Hannover-Drück: Politische Justiz 1918 – 1933, Bornheim-Merten 1987, S. 80ff.
98 Bericht Karl Luckhardt.
99 Der Mitbegründer und Gemeindevorsteher in Elberfeld war 1849 Präsident des Sicherheitsausschusses, Goebel, Klaus und Manfred Wichelhaus: Aufstand der Bürger. Wuppertal 1974, S. 287.
100 SAW O IX (15) in Kaminski, Andrzej J.: Vom Polizei zum Bürgerstaat, Wuppertal, 1976, S. 204.
101 FP, 27.4.1890.
102 Vgl. Kap. 5, Station Hombüchel.
103 Vgl. Lucas: Vom Scheitern…, S. 72.
104 Das Buch erlebte 19 Auflagen.
105 Vgl. Kap. 11, Trauerfeier für Karl Schnell in Vohwinkel.
106 Das heutige „Eduard-Müller-Krematorium" auf dem städtischen Friedhof Hagen-Delsern gilt als bedeutendes Kunstdenkmal des Jugendstils. Es wurde zeitweise als „Kampfkrematorium" bezeichnet, weil durch den Bau die gesetzliche Grundlage für die Feuerbestattung in Preußen erst erzwungen wurde. Vgl. Novy u.a.: Reformführer NRW, S. 396f.
107 Grimpe wohnte auf der Schleswigerstraße 49 und hatte dort die „Geschäftsstelle" der Freidenker. Vgl. Adressbuch des ADGB 1924.
108 Vgl. Herberts, S. 126 f.
109 Angabe Hans Schmitz.
110 Bericht Heinz Czerlitzki, Aug. 1999.
111 Das Ehepaar Sauerbrey hatte einen Sohn. Bericht Kurt Matthes.
112 FP, 2.7.1914.
113 Herbers, S. 101.
114 Vgl. Kap. 5, Station Haus Korizius in Ronsdorf.
115 VT, 22.3.1920
116 Die Angaben beziehen sich, soweit nicht anders angegeben, auf den Aufsatz von Burkhard Krohn: Vom „Karabinerkommunisten" zum Botschafter. Walter Vesper, in: „…se kreje us nit kaputt." S. 181.ff. und die Lebenserinnerungen von Walter Vesper.
117 Walter Vesper: Erinnerungsbericht.
118 Möller war Klempner und lebte in Oberbarmen. Er betätigte sich als Mitarbeiter der „Freien Presse" und schrieb Gedichte. Vgl. Kap. 6, Werner Möller.
119 Vesper, Erinnerungsbericht, S. 78.
120 Vgl. Kap. 7, Station Höchsten, Eugen Lenzen und die Barmer Arbeiterwehr auf dem Rückzug.
121 Beispiele dafür sind die Lebenswege Paul Levis, Otto Brass und Oskar Triebels.
122 Andratschke, Hans-Peter: Der IV. Parteitag der italienischen Kommunisten in den Naturfreundehäusern Remscheid und Leichlingen, in: Erdmann, Wulf und Jochen Zimmer: Hundert Jahre Kampf um die freie Natur, Illustrierte Geschichte der Naturfreunde, Essen 1991, S. 85ff.

zu Tour 10:

1 Die Architektur- und Baugeschichte des Viertels kann ausführlich nachgelesen werden in: Heuter, Christoph; StadtSchöpfung, Siedlung der 1920er Jahre in Wuppertal-Barmen, Wuppertal 1995.
2 1933 wurde die August Bebel Straße nach dem von den Nazis verehrten Luftwaffenflieger Bölke benannt.
3 Vgl. hierzu Kap. 4, Station Frankenplatz.
4 Deutschlands Städtebau Elberfeld, Berlin 1925, Dari Verlag, S. 202.
5 Boch, Rudolf und Manfred Krause, Historisches Lesebuch, S. 183.
6 Vgl. Volkshochschulprogramm Juni 1923. Zur Person Bamberger siehe Station Schützenstraße.
7 Boch/ Krause, S. 183.
8 Vgl. Kap. 8, Station Landgericht.
9 Boch/Krause, S. 183.
10 Bericht von Emil Kühn, Cronenberg, Aug. 1998.
11 Stracke, Stephan: Mit rabenschwarzer Zuversicht, S. 28.
12 Zitiert nach: Der Bund – Gemeinschaft für sozialistisches Leben, in: Stracke, Stephan: Mit rabenschwarzer Zuversicht, S. 29.
13 Vgl. Station Freie Schule Schützenstraße.
14 Bericht Frau Christmann, die dies über ihre Kollegin Frau Pieler, Schwägerin von Rudolf Bamberger, diese Geschichte erfuhr.
15 Stracke, Stephan: Mit rabenschwarzer Zuversicht, S. 28
16 Wenning, Wolfgang: 100 Jahre Ev. Kirchengemeinde Ketzberg 1967, S. 43; in Lucas: Vom Scheitern der Arbeiterbewegung, S. 148.
17 Pfarrer Hartmann wohnte in der Zeppelinstraße in Solingen.

18 Bericht der BMZ vom 11.12.1918.
19 Knies, S. 125.
20 Gressler war bis 1934 Beigeordneter in Barmen und 1924-1932 Abgeordneter im preußischen Landtag. 1934 wurde er von den Nationalsozialisten in den Ruhestand versetzt.
21 Eckard, Uwe: Anmerkungen zur Geschichte der Wuppertaler Volkshochschulen, unveröffentlichtes Manuskript.
22 FP, 16.3.1920. Der Artikel erwähnt auch Alfred Dobbert als Redner.
23 Programme der Barmer Volkshochschule, Stadtarchiv Wuppertal.
24 Der Schulrektor und Kommunist Resch wurde wie Hartmann ein Vordenker der proletarischen Kultur, vgl. Lucas: Vom Scheitern der Arbeiterbewegung, S. 133 ff.
25 Ebd., S. 148
26 Ebd., S. 149
27 Hartmann, Hans: Proletarischer Glaube, in: "Die Tat", Jena 1927. Jahrgang XIX, Heft 6
28 Eckard, Uwe: Anmerkungen zur Geschichte der Wuppertaler Volkshochschulen, unveröffentlichtes Manuskript, S. 4.
29 Deutsches Literaturlexikon 3. Aufl. 7. Bd. 1979 Sp 410f und Deutsche Bibliographisches Archiv Neue Folge, Microfiche Nr. 527, 421-422.
30 In einem Fall kam es sogar zum Selbstmord des Filialleiters.
31 Herberts, S. 112.
32 Vgl. Kap. 8, Jagd auf Flugblätter, Hofkamp 191.
33 Er reißt Hugo Lande (SPD) das Notizblatt von Rednerpult. Knies, S. 128.
34 Vgl. Sedanstr 88; Heuter, S. 120.
35 Deutscher Städtebau Elberfeld, Berlin 1928, Dari-Verlag, S. 140ff.
36 BDA (Hg.):Architektur in Wuppertal, S. 140.
37 Sozialdemokraten in Wuppertal, S. 94.
38 Bericht des Ehepaars Luckhardt, 8.3.99.
39 Schon 1922 hatte die Versicherung über eine Million Versicherte und wurde später zur zweitgrößten Lebensversicherung in Deutschland.
40 Vgl. Kap. 4. Clausen.
41 Im ersten Halbjahr konnten schon 70.000 Policen verkauft werden, in: Novy, Klaus und Michael Prinz: Illustrierte Geschichte der Gemeinwirtschaft, Bonn 1985, S. 143.
42 Novy/Prinz: S. 143
43 VT, 22.3.1920.
44 Vgl. Kap. 10, Station Wichelhaushof, Die Wahlen 1921.
45 Berichte von Rudolf Dressler jun., Ilse und Erwin Rabanus.
46 Vgl. Kap. 7, Station Brunnenstraße.
47 Bericht Kurt Matthes.
48 Wolfgang Abendroth (1906-1985) einer der bekanntesten Professoren der 68er-Bewegung, geboren in Elberfeld, vgl. Kap. 6, Station Eisenbahndirektion.
49 Bericht Ilse Simoleit, geb. Lange, 28.12.1999.
50 Karl Teltschick aus Sachsen, Otto Rubbel und Robert Schaller.
51 75 Jahre Touristenverein „Die Naturfreunde", Wuppertal e.V. 1912-1987, Wuppertal 1987, S. 14.
52 Rheinisches Land, Nr. 12. 1922.
53 Bruder von Ernst Langensiepen, am 3. April 1920 in Essen erschossen. Vgl. Kap. 9, Station Polizeigefängnis Bachstraße. Der mutmaßliche Spitzel Ernst Langensiepen
54 Rheinisches Land 1927, Heft 8, S. 106.
55 Erdmann, Wulf: Mit dem Wandern fing es an – Kurze Geschichte der Naturfreunde; In: Erdmann, Wulf, Jochen Zimmer (Hg.): Hundert Jahre Kampf um die freie Natur, Illustrierte Geschichte der Naturfreunde, Essen 1991, S. 23
56 Vgl. Kap. 9, Kurzbiographie Walter Vesper.
57 Longo war Chef der PCI von 1964-1972.
58 Dozza war später Oberbürgermeister von Bologna.
59 Di Vitorio war später Gewerkschaftsvorsitzender des gewerkschaftlichen Dachverbandes Italiens.
60 Andraschke, Hans-Peter: Der IV. Parteitag der italienischen Kommunisten in den Naturfreundehäusern Remscheid und Leichlingen, in: Erdmann/Zimmer (Hg.), S. 85ff
61 Ebd., S. 89
62 Deutschlands Städtebau Barmen, Berlin 1926, Dari-Verlag, S. 147.
63 Bericht Karl Luckhardt.
64 Jahrbuch des ADGB 1924.
65 Er hatte zum Boykott einer Gaststätte aufgefordert, die keine sozialdemokratischen Veranstaltungen zulassen wollte. In: Herberts, S. 150.
66 Herberts, S. 151.
67 Matull, Wilhelm: Der Freiheit eine Gasse, Geschichte der Düsseldorfer Arbeiterbewegung, Bonn 1980, S. 85.
68 Matull, S. 88.
69 Ebd., S. 92.
70 Otto Niebuhr war Bezirksvorsitzender der SPD Niederrhein. Er wurde 1916 eingezogen und ist kurze Zeit später an der Front gestor-

ben. Vgl. Kurzbiographie, Kap. 11, Station Ehrenfriedhof Elberfeld.

71 Er war Vorsitzender des Arbeiter- und Soldatenraten und Mitglied der USPD.

72 Knies, S. 100 f.

73 Düsseldorfer Freie Presse, 3.11.1921

74 Niemann, Dietmar und Franz-Josef Göbel: Die Düsseldorfer Arbeiterwohlfahrt von ihren Ursprüngen bis zur Gegenwart, Düsseldorf 1980, S. 28.

75 Aus dem Rechenschaftsbericht von Haberland geht hervor, das dies lediglich in vier Städten des Bezirkes der Fall ist. Volkszeitung 2. Mai 1926.

76 Novy u.a.: Reformführer NRW, S. 91f.

77 Vgl. Kap. 7, Station Schusterstraße, Oskar Hoffmann.

78 Volkszeitung Düsseldorf, 2.Mai 1926.

79 Titelblatt FP oder VT, 20.3.1920.

80 Vgl. Auch Kap. 8, Station Hofkamp, Lichtheilstätte.

81 Vgl. Herberts, S. 123 und 131.

82 Es sind dies: Otto Dattan, Drogist, Mitbegründer der KPD; Werner Möller, Dichter, 1918 in Berlin ermordet und Oskar Hoffmann, Redakteur der „Freien Presse" Elberfeld.

83 FP, 27.7.1916, vgl. Kap. 8, Jagd auf Flugblätter, Hofkamp 191.

84 Knies, S. 86

85 Heller, Heinz-B. (Hg.) S. 190 ff.

86 Backhaus war Vorsitzender der USPD Barmen.

87 Vgl. Kap. 8, Station Unterbarmen, Hotel Hegelich.

88 Programm VHS Barmen, Mai 1922.

89 Bericht von Kurt Matthes im September 1999. Das Parteilokal befand sich am heutigen „Fritz-Senger-Platz"

90 Kipdorf 86/88.

91 Angaben Frau Metzmacher, Wiedergutmachungsakte Löwenstein.

92 Angaben Frau Metzmacher, SAW ZK 246189.

93 Auskunft von Kurt Matthes.

94 „Die Frauen und die Reichstagswahl" lautet die häufigste Ankündigung bei den Versammlungen, VT 3.5.1920

95 GA, 21.2.1920, damit war die USPD drittstärkste Partei.

96 Bericht Kurt Matthes, August 1999.

97 Oskar Triebel war im März 1920 im Aktionsausschuss Barmen, vgl. Kurzbiographie Kap. 7, Station Hombüchel.

98 Sie lebte mittlerweile In Scheidung von ihrem Mann August und war leiert mit Dr. Schreiber, dem späteren Bürgermeister von Berlin zusammen.

99 50 Jahre Sozialdemokraten in Wuppertal, Wuppertal 1979, S. 60.

100 Bericht Frau Marianne Christmann, 16.4.1999.

101 Vgl. Kap. 6, Station Casinostraße, evangelisches Vereinshaus.

102 GA, 21.2.1921

103 Vgl. Kap. 7, Station Schusterstraße und Kap. 6, Paradestraße.

104 Eliasberg, S. 255.

105 Ebd., S. 256.

106 Beek, Hermann: Bürgerliche Mentalität und der Umsturz von 1918, in: Geschichte in Wuppertal 1998, S. 44 f.

107 VT, 23.3.1920

108 Beek, S. 44 f

109 Ebd., S. 44.

110 Bericht Herr Kurt Matthes.

111 Vgl. Kap. 11, Station Langermann Denkmal.

112 FP, 12.4.1926.

113 Programm der VHS Barmen, Juli 1923.

114 Programm der VHS Barmen, Jan. 1924.

115 So z.B. bei dem Tod vom Thekla Lande im November 1932.

116 Vgl. Station Volkshochschule Barmen, Sedanstraße.

117 Adolf Reichwein: Das Volkshochschulheim am Beuthenberg in Jena, Bericht an die Carl Zeiß-Stiftung 1923. in: Arbeit und Leben – Ein Jahrhundert Arbeiterbildung in Deutschland, 2-3 1964

118 Bericht Herr Kurt Matthes

119 Novy, u.a.: Reformführer NRW, S. 478.

120 Vgl. Kap. 4, Station Frankenplatz.

121 Ebd.

122 Siehe Foto Barmer Stadtverordnetenversammlung 1929

123 Der Obelisk ist 6,30 m hoch. Das Rondell maß 18 m². Das Reliefbild stammt von dem Bildhauer Wilhelm Koopmann. Am 21/22.6 1930 wurde das Denkmal im Rahmen einer Uthmann-Gedenkfeier des Deutsche Arbeitersänger-Bundes, Gau Rheinland eingeweiht. Aus ganz Deutschland waren ca. 10.000 Sänger nach Wuppertal gekommen.

124 Lucas: Vom Scheitern der Arbeiterbewegung, S. 48.

125 Lucas: Märzrevolution 1920, Bd. 1, S. 310.

126 „Neue Zeit" lautete auch der Titel der theoretischen Zeitschrift der SPD.

127 Lucas: Vom Scheitern ..., S. 49.

128 Ebd., S. 49 f.

129 Vgl. Kap. 3, Station Friedhof Solinger Str.

130 Die AOK`s sind nach ihrer Satzung paritätisch von Arbeitgebern und Arbeitnehmern

zu besetzen. Dies bezieht sich damals auch auf personelle Entscheidungen. Vgl. Kap. 8, Lichtheilstätte.
131 Am 18. März wurden die „Märzfeiern" zur Erinnerung an die Revolution von 1848/49 und die Pariser Kommune 1871 begangen.
132 Erst später suchen Arbeiterkomponisten eine eigene Formensprache.
133 Vgl. Kap. 9, Station Gewerkschaftshaus Parlamentsstraße, Emil Luckhardt.

zu Tour 11:
1 Vgl. Kap. 7, Station Wiesenstraße, Emil Ginkel.
2 Sauerbrey war Gewerkschaftssekretär in Barmen und 1918 zeitweise Vorsitzender des Arbeiter- und Soldatenrates Barmen. 1922 wurde er Bürgermeister in Ohligs.
3 Bericht Herr Kurt Matthes
4 Vgl. Kap. 10, Station Wichelhaushof, Biographische Notizen zu Löwenstein.
5 Vgl. Biographie Kap. 10.
6 Lucas: Die Märzrevolution 1920, Bd. 1, S. 311.
7 Volkstribüne (VT), 23.3.1920.
8 Vgl. Kap. 8, Loher Platz.
9 Freie Presse (FP), Anzeige 20.3.1920.
10 VT, 23.3.1920.
11 VT, 22.3.1920.
12 Bergische Volksstimme (BVst), 24.3.1920.
13 Anzeige der Arbeiterwehr Barmen in: VT, 1.4.1920.
14 Meyer-Kahrweg: Biographien der beteiligten Künstler, Wuppertal 1991, S. 106.
15 Ebd., S. 90
16 Das Grabmal wurde 1934 zerstört.
17 VT, 21.3.1921, in: Mayer Kahrweg: Denkmäler Brunnen und Plastiken in Wuppertal, Wuppertal 1991, S. 201f.
18 Dieser Bericht stützt sich auf Erzählung von Ilse Kötting und Paula Schwalbe am 5.12.1999.
19 Ob der Gärtner Rüttgers das Relief vergrub ist nicht bekannt.
20 Zu Emil Ginkel vgl. Kap. 7. Das Gedicht „Gräber am Berg" wurde an den Beginn des Kapitels gestellt.
21 Die Betriebsleitung mit Dr. Kurt Frowein hatte sogar mit Entlassung gedroht.
22 Freiheit; 19.3.1946.
23 Klein, S. 443.
24 Dobbert war u.a. von 1947 bis 1966 Vizepräsident des Landtages in NRW.
25 Freiheit, 19.3.1946.
26 Meyer-Kahrweg: Denkmäler, S. 239.
27 Ebd.
28 FP, 8.4.1926.
29 Ebd.
30 Vgl. Station Langermann Denkmal, Wilhelm Koopmann.
31 FP, 12.4.1926.
32 Ebd.
33 Er war Lehrer am Realgymnasium Sedanstraße, Mitglied der linksliberalen DDP und Mitbegründer der Volkshochschule Barmen, Beigeordneter von 1919-1934.
34 Meyer-Kahrweg: Biographien, S. 84.
35 WR, 25.5.1946.
36 Angabe von Herrn Ernst Roßbach, August 1998.
37 VT, 24.3.1920.
38 Danksagung der Familie Belz, VT, 1.4.1920.
39 1946 sprach Dobbert in Barmen bei der Enthüllung des erneuerten Grabmals.
40 Jugendorganisation der USPD.
41 Haffner: Zwecklegenden, S. 161.
42 WZ, 16.3.1998.
43 Bericht Ferdinand Köthe, 19.2.1998.
43 Freiheit, 19.3.1946.
45 Diese Reportage findet sich auch in späteren Sammlungen: Kürbüsche, Friedrich G. (Hg.): Sozialreportagen 1818-1918, Dietz Nachf., Bonn 1982 S. 136.
46 FP, 2.7.1914.
47 Das Mandat ist deutlich. Der Kriegsgegner Niebuhr erhält 2/3 der Stimmen.
48 Vgl. Kap. 9. Station Heubruch, Restaurant Olympia.
49 Vgl. Kap. 10, Station Amselstraße, Notizen zu Karl Haberland.
50 Knies, S. 140.
51 Ebd.
52 Warum der Leichnam in Wuppertal bestattet werden konnte, ist nicht bekannt.
53 Karl Schnell sen. ist einer derjenigen, der auf der Versammlung im Hotel Hegelich die Zusammenarbeit mit den Kommunisten kritisiert.
54 Danksagung, FP, 25.3.1920.
55 In Vohwinkel hatte die USPD 1920 29,3 % der Wählerstimmen erhalten, die SPD verfügte über 13,8 %
56 VT, 28.3.1922.
57 Könnemann, S. 232 f.
58 Bericht von Helmut Schüssler. 29.11.1999.
59 Auskunft Dr. Eckhardt, Stadtarchivar Wuppertal.
60 Bielefelder Abkommen in: Koennemann, S. 396
61 Heute erinnert die Zur-Nieden-Weg in Barmen an den Sohn, der als Widerstandkämpfer von den Nationalsozialisten hingerichtet wurde.

62 Bericht über die Absetzung des Landrates von Richter (VRLG) Norbert Koep, 4.2.2000
63 DMV: BVSt, 1920-03-24; USPD: BVSt, 1920-03-25.
64 Zitiert nach: Lucas: Märzrevolution 1920, Bd.. 1, S. 311.
65 Bvst, 1920-03-22; RCA, 1920-03-23.
66 Ebd.; RCA, 1920-03-23; Lucas: Märzrevolution 1920, a.a.O. S. 312.
67 Vgl. Kap. 10, Kurzbiographie Hartmann.
68 Ausführliche Berichterstattung ebenso am 29.3.1920 in der „Solinger Arbeiterstimme", dem Presseorgan der Unabhängigen Sozialdemokratischen Partei und dem Solinger Tageblatt.
69 Bergische Arbeiterstimme, 29.3.1920
70 Vgl. Bergische Arbeitstimme, 24.3.1920, sowie Herbert Weber: Solingen in den Tagen des Kapp Putsches 1920, in: Die Heimat, März 1970, Jg. 36, Nr. 3 und Johannes Daun: Zur Haltung der Solinger, die in den Kämpfen nach dem Kapp-Putsch umgekommen sind, Solingen 1983,Seite 17 f.
71 Vgl. Solingen Tageblatt, 25.3.1920. Reichswehrsoldaten wurden anscheinend auf dem evangelischen Friedhof Grünbaumstraße nicht begraben. lt. O.a. Presseartikel kam für Solingen auch lediglich ein Reichswehrsoldat in Betracht.
72 Vgl. Bergische Arbeiterstimme, 15.3.1930 und die für Solingen noch immer grundlegende Broschüren anlässlich des 60. Jahrestag des Kapp-Putsches des Bund Deutscher Pfadfinder (Hg), Generalstreick für Freiheit und Demokratie. März 1920, S.37.
73 Sbonsny/Schabrod, S. 16.
74 Meine Biographie, (MS) Solingen 1982, S. 11 f.
75 „Die Gräber sind verwahrlost", Frankfurter Rundschau, 12.3.1980
76 Es handelt sich um die schon erwähnte Arbeit von Johannes Daun, der allzu idealtypisch versuchte, heutige demokratische Vorstellungen und Verhältnisse auf das Jahr 1920 zu übertragen, das Verhalten der Solinger Arbeiterschaft an ihnen zu messen, ohne den realen gesellschaftlichen Entwicklungsprozess angemessen und kritisch zu reflektieren.
77 In der Anzeige steht vermutlich irrtümlich „Eugen", in den Listen des Friedhofsamtes ist der Name Hermann angegeben.
78 Notiz der Schwelmer Zeitung, 19.3.1920.
79 Siehe Kap. 5: Bilanz des Tages.
81 FP, 25.3.1920.0
82 Auskunft ev. Friedhofsamt Schwelm, 3.1.2000.
83 Alle Angaben dieses Artikels aus: 70 Jahre Kapp-Putsch, ein Beitrag zur Geschichte des „Märzgefallenendenkmals" auf dem Hagener Rembergfriedhof, SPD-Unterbezirk Hagen (Hg.), Hagen 1989.
84 Siehe Kap. 4.
85 Volksstimme Hagen, Organ der USPD, 17.3.1920.
86 Anzeige Bergische Volksstimme, 24.3.1920.
87 70 Jahre Kapp-Putsch, Hagen
88 Ebd.
89 So wie Willi Brandt oder Kurt Matthes in Barmen; vgl. Kap. 10, Max Löwenstein.
90 Wie die Widerstandskämpfer Kläre Muth und Rudolf Zimmermann aus Elberfeld. Vgl. Kap. 7, Station Brunnenstraße.
91 VT 4.6.1920
92 Angaben Günter Gleising, Bochum
93 Angaben aus: 70 Jahre Kapp-Putsch, Hagen.
94 Vgl. Kap. 11, Kurzbiographie Wilhelm Koopmann.
95 FP, 13.4.1926.
96 In: Haffner u.a.: Zwecklegenden, Buchrücken
97 Angabe Herr Schimenz, Sommer 1998.
98 Rosa Luxemburg, die ebenfalls gerade auf einer Wahlkampfreise durch das Rheinland war, bemerkt in einem Brief vom 18.5.1911 an Clara Zetkin, das „dort die Leute nicht entzückt (seien) das er (der örtliche Vorsitzende Wilhelm Gewehr auf Bitten des Parteivorstandes) ihnen ein Kuckucksei gelegt hat in Gestalt des Kandidaten Eberts in Elberfeld". In: Luxemburg, Rosa: Briefe, Berlin 1989, S. 262.
99 WR, 27.1.1962, in einer Wahlveranstaltung 1912 im Thalia-Theater.
100 Haffner, Sebastian: Der Verrat, Berlin 1996.

zur Nachbetrachtung:

1 Vgl. Kap. 10, Uthmann-Denkmal
2 FP 23.3.1920
3 Antonio Gramsci gilt als bedeutendster marxistischer Theoretiker Italiens.

Glossar

ADGB	Allgemeiner deutscher Gewerkschaftsbund
AOK	Allgemeine Ortskrankenkasse
ARB Solidarität	Arbeiter-Radfahrer-Bund Solidarität
ASV	Arbeiter Schwimm Verein
ATSB	Arbeiter-Turn- und Sportbund
AWO	Arbeiterwohlfahrt
BASt	„Bergische Arbeiterstimme“ (USPD-Zeitung Solingen)
BVSt	„Bergische Volksstimme“ (USPD Zeitung Remscheid)
BPRS	Bund proletarisch-revolutionärer Schriftsteller
DAF	Deutsche Arbeitsfront (1933 – 1945)
DAS	Deutsche Arbeiter-Sängerbund
DDR	Deutsche demokratische Republik
DDP	Deutsche demokratische Partei
DMV	Deutscher Metallarbeiter Verband
DNVP	Deutsch-nationale Volkspartei
FAUD	Freie Arbeiter Union Deutschlands
FPJ	Freie proletarische Jugend (bis 1920)
FP	„Freie Presse“ (SPD-Zeitung Elberfeld, Bezirk Niederrhein)
HVHS	Heimvolkshochschule
KAB	Katholische Arbeitnehmer-Bewegung
KAPD	Kommunistische Arbeiterpartei Deutschlands
KI	Kommunistische Internationale
KPD	Kommunistische Partei Deutschlands
KP(O)	Kommunistische Partei (Opposition)
MSPD	Mehrheitssozialdemokratische Partei Deutschlands (1917 – 1922)
NF	Touristenverein „Die Naturfreunde“
NSDAP	Nationalsozialistische Arbeiterpartei Deutschlands
OC	Organisation Consul
USPD	Unabhängige sozialdemokratische Partei Deutschlands
RFB	Roter Frontkämpferbund (KPD)
	Reichsbanner „Schwarz-Rot-Gold“ (SPD, DDP und Zentrum)
SAJ	Sozialistische Arbeiterjugend (SPD)
Sipo	Sicherheitspolizei (schwerbewaffnete staatliche Polizeitruppe)
SPJ	Sozialistische Proletarier Jugend (USPD)
SAP	Sozialistischen Arbeiterpartei
VHS	Volkshochschule
(V) KPD	Vereinigte Kommunistische Partei Deutschlands (1920 – ca. 1924)
(V) SPD	Vereinigte sozialdemokratische Partei Deutschlands (1922 – ca. 1924)
VT	„Volkstribüne“ (USPD-Zeitung Elberfeld- Barmen)